全国夜間中学校研究会70周年記念事業

全国夜間中学校
関係史料集

第3巻

第Ⅰ期

成立と模索の時代

1954－1970年

■

編集・解説

全国夜間中学校研究会

史料収集・保存・管理委員会

不二出版

凡　例

一、『全国夜間中学校関係史料集』全22巻・別冊１は、全国夜間中学校研究会70周年記念事業として、全国夜間中学校研究会（当初の名称は「中学校夜間部教育研究協議会」）による史料群を編集・復刻するものである。

一、本史料集の構成は、第Ⅰ期「成立と模索の時代　1954－1970年」全３巻（第１－３巻）／第Ⅱ期「多様化と拡充の時代　1971－1990年」全４巻（第４－７巻）／第Ⅲ期「グローバル化と人権の時代　1991－2010年」全８巻（第８－15巻）／第Ⅳ期「法制化と新展開の時代　2011年－現代」全７巻（第16－22巻）の全Ⅳ期を予定している。

一、全巻数及び構成は配本開始時（2024年10月）のものであり、変更となる場合がある。

一、本史料集の第１回配本は、第Ⅰ期「成立と模索の時代　1954－1970年」全３巻（第１－３巻）である。

一、本史料集は編者による解説を別冊として附す。

一、収録内容については各巻冒頭目次にその史料名、項目名を記した。項目の選択及び表記は原史料を生かしたが、明らかな誤植などは適宜修正した。

一、収録した史料は、全国夜間中学校研究会の史料収集・保存・管理委員会が、全国夜間中学校研究会に加盟する学校ないし現旧会員の協力のもとに収集した史料群のなかから、歴史的価値に鑑みて選定した。特に、全国夜間中学校研究大会の際に作成された大会資料及び記録誌の冊子類を基礎に据え、冊子刊行以前の時期に関してもこれに類する史料を中心に選定した。

一、原則として史料の扉（表紙）から奥付までをモノクロで収録した。その際、紙幅の関係から適宜、拡大・縮小ほかの調整を行った。

一、収録にあたって、必要最小限の誤りの修正やプライバシー権保護のための最小限の加工を行った部分に関しては注記を附した。また、複数の史料に重複する記事がある場合など、個別に判断した結果、史料内の記事の一部を掲載しなかった場合がある。

一、今日の人権の視点から不適切な表現や差別的と考えられる表現、明らかな学問上の誤りが含まれる場合でも、史料の復刻という性格上、原則としてそのまま収録した。ただし、編集委員会で必要と判断した場合は、特別に当該史料に注記を附した箇所がある。

一、歴史的に高い価値のある夜間中学校で学んだ生徒・卒業生等の体験発表の記録や作文などに関しては、著作権者の許諾が得られた場合はそのまま復刻し、著作権者への確認が困難であった場合は、編集委員会が原文を基に内容を要約して作成した紹介文を代わりに掲載した。ただし、1970年以前に作成された著作物で、著作者が当初から著作物が広く公開されることを認識していた可能性が高く、また著作物の公開後に新たな利用を拒絶する意思を表明しておらず、全国夜間中学校研究会に対して著作物の利用を許諾していると判断できる場合に限って、許諾の有無に関わらず匿名化した記事をそのまま掲載した。そのような判断が困難であった場合には、掲載しなかった。

一、史料に記載された個人名に関しては、全国夜間中学校研究会の会員および公人とみなすことができる人物に関してはそのまま掲載した。夜間中学校・自主夜間中学等の生徒や卒業生の個人名は、本人ないし遺族の許諾が得られた場合を除き、原則として匿名化して掲載した。その他の市民や団体関係者等は個別に判断したが、可能な限り著作権者に対して掲載の許諾を得た。匿名化に際しては、ひとつの記事のなかでAから順に任意のアルファベットを記載し、同じ人物に関しては同じアルファベット記号を用いた。

一、史料に記載された地名や電話番号に関しては、編集委員会で個別に判断し、必要に応じてアルファベット表記に修正する、一部を伏せるなどの加工を行った。

一、写真に関しては、全国夜間中学校研究会の会員および議員・行政職員などの公人のみが写っている写真は、原則としてそのまま掲載した。これに該当しない人物が写っている写真に関しては、個人を特定することが明らかに困難な場合や本人に掲載の許諾を得られた場合はそのまま掲載し、それ以外の写真は不掲載ないし個人が特定できないよう加工を行った。

一、史料に対する書き込みがあった場合は、個別に判断し、不要な書き込みは削除し、意味のある書き込みと判断した場合にはそのまま掲載した。

※　本史料集の著作権については極力調査いたしておりますが、不明な点もございます。お気づきの方は小社までご一報下さい。(不二出版)

全国夜間中学校関係史料集　第３巻

目　次

1968年度

研究大会

1967年度

第十四回全国夜間中学校研究大会開催のご通知

各位には爽涼の秋、愈々ご勇健で、すべての生活条件に恵まれない夜間中学生の唯一の心の支えとなり、いつも寧日なく活躍を続けていらつしやる先生方のご労苦に深甚な敬意を表します。

この難しい教育活動に携わる者が、年に一度、文部、厚生、労働の三省の主務担当官のご臨席を得て開催する恒例の年次大会を、先般あらかじめご連絡申しましたとおり、次の決定実施要項にもとづき開催いたしますから、各地方とも是非多数がご出席下さいますようご通知申し上げます。

なお実施要項の内容ご覧読の上、資料その他のご用意に特段のご配慮を煩したくお願い申し上げます。

昭和四十二年九月二十日

全国夜間中学校研究会長代理　東京都荒川区立第九中学校長　村上義恵

大会準備委員会委員長　東京都足立区立第四中学校長　勝山準四郎

各位

実施要項

一、名称　第十四回全国夜間中学校研究大会

二、主催　全国夜間中学校研究会

三、後援　東京都教育委員会　大田区教育委員会　足立区教育委員会　八王子市教育委員会
葛飾区教育委員会　墨田区教育委員会　世田谷区教育委員会　荒川区教育委員会

四、研究主題　「夜間中学の現状を再認識し、その必要性を解明する」

五、会場　東京都大田区立教育センター　（東京都大田区大森北四〜十六〜八）所在
電話（七六四）　　番

六、会期　昭和四十二年十一月一日（水）・二日（木）

七、日程

1日（水）	
8.00	受付
9.00	開会式・総会・講演
12.00	昼食
1.00	研究発表・各地域の現状報告・三省との懇談
4.30	分科会
6.00	

2日（木）	
9.00	報告と研究協議
10.30	閉会
11.30	

☆講演
挨拶

八、分科会　第一分科会　経営管理部門　第二分科会学習指導部門　第三分科会生活指導部門

九、会費　参加者　一名　三百円（各校分担金　東京、横浜地区以外は一校千円）
なお全夜中の年間会費千二百円は大会第一日終了までに、事務局会計係にお払込み下さい。

一〇、申込締切　参加申込みは十月十日必着にて、東京都足立区第四中学校第二部主事町田義三宛お申し込み下さい。

一一、宿泊　今回は宿泊につきましては、会員各位の適宜にお願いすることにいたします。

一二、発表事項　協議事項については地域毎にご相談の上、発表内容を原稿をそえて十月七日までに、準備局の前記町田までご連絡下さい。今回も準備局で各原稿を一冊に合冊して印刷物として配布いたします。

一三、交通機関　国電・京浜・東北線　大森駅東口下車　徒歩七分

一四、会場付近略図

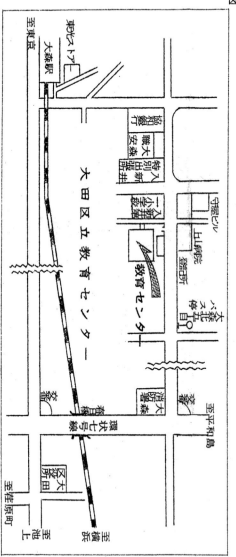

以上

第14回
全国夜間中学校研究会
大会要項
（資　料）

昭和42年11月1日（水）・2日（木）

会場　東京都大田区立教育センター

主　催　全国夜間中学校研究会
後　援　東京都教育委員会
大田区教育委員会
足立区教育委員会
八王子市教育委員会
葛飾区教育委員会
墨田区教育委員会
世田谷区教育委員会
荒川区教育委員会

あいさつ

全国夜間中学校研究会長代理
東京都荒川区立才九中学校長
村上義恵

夜間中学校のおかれている今日の、きびしい状勢のなかで、才14回の全国大会を迎えることができたということは、お互いにまず喜んでよいことだと存じます。

現在、夜間中学校は全国的にみて漸減の方向にあります。また「存在すべからざる存在であるから」という否定的意見も、時にきかれます。若年労働力の不足などによって、いわゆる義務教育をおえてなくとも、学令のうちから働くことも現実には可能な世の中です。しかし義務教育を修了してないで世の中に出た人や、長欠生徒の依然としてあとをたゝない今日、そしてそれらの人々が、義務教育を望んでいる限り、ただ廃止するだけでは問題の解決にはならず、単に矛盾を埋没させるだけだとしか思えません。

本大会が夜間中学の現段階における存在意義を明にし、またそこにいる先生や生徒の励しのため、多少でもお役に立てば嬉しいことと思います。

なお、この大会のために、ほんとうにお忙しい中を、文部省中学校教育課長奥田先生や、労働、厚生両省の先生方のご出席をいただけたことは、我々一同の意を強くするところで、まことに感謝にたえません。

また、本大会準備委員長として企画、運営全般の衝にあたってくだされた勝山校長、各夜間部主事、物心両面から格別のご後援をたまわった地元の教育委員会や飯島校長、ただありがたく厚くお礼を申しあげます。

終りに参会せられた方々が、この会で、年来の研究や抱負をおたがいに披瀝しあって、意義あるものとせられるようお願いいたします。

あ　い　さ　つ

オ１４回全国夜間中学校研究大会準備委員長
東京都足立区立オ四中学校
勝　山　準　四　郎

秋たけなわの候　皆様とともにオ１４回大会を迎えますことを心からおよろび申上げます。

さて本年度の会場は昨年以来一応広島市にお願いして開催の予定でその交渉を続けて参りました。ところが急に地元の事情により開くことが出来なくなりましたので京浜地区の設置校間でその対策を検討しましたが結局再度東京都において開催するはこびになりました。このようにきまりましたのが７月末でしたので会場さがしから出直しをいたしました。

幸いにも大田区教育委員会のご好意によって新装間もない同区教育センターを提供していただきましたのでそれを基幹として諸準備にかゝりました。この全国研究大会は何としても継続したいという会員の熱意によって、それからは忙しい大会準備の日々を過しました。

横浜地区の校長各位とも絶えず連絡をとりつゝ、関係機関とも接渉をかさねてはご指導をいただきながらようやく本日までたどりつきました。このような事情で準備の上に手落ちがありましたらご寛容下さるようお願いいたします。

夜間中学の灯を消すなと言うご参会の会員各位の情熱によって本大会が有意義な盛り上がりと成果を結ばれますことを心から期待してごあいさつといたします。

も　く　じ

オ14回　全国夜間中学校研究会大会要項

I　主　　題

夜間中学の現状を再認識し、その必要性を解明する。

II　日　　程

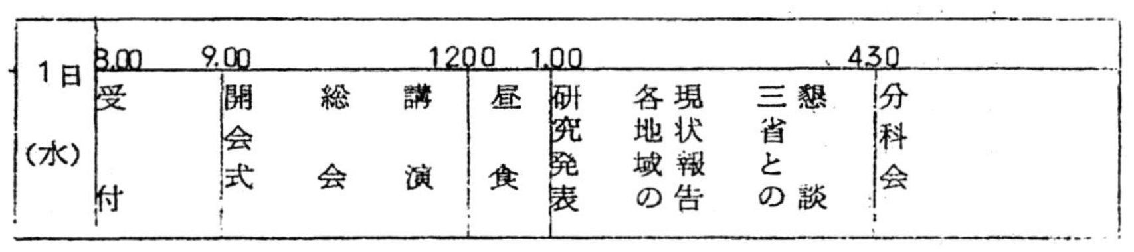

	8.00	9.00		12.00	1.00			4.30
1日(水)	受付	開会式	総会講演	昼食	研究発表	各地域の現状報告	三省との懇談	分科会

	9.00	10.30	11.30
2日(木)	研究協議と報告	閉会式	

III　オ1日　日　程

1. 開会式次オ

(1) 開会のことば

(2) 会長あいさつ

(3) 来賓祝辞

(4) 日程説明

2. 総会次オ

(1) 議長選出

(2) 業務報告

(3) 会計報告

(4) 予算審議

(5) 新役員選出

3. あいさつ

東京都教育庁指導部　日　俣　周　二　先生

4. 研究発表

(1) 夜間中学と生徒の入学

—世田谷区立新星中学校二部の場合—

東京都世田谷区立新星中学校

(2) 運動能力テスト結果から夜中生の体力問題を考える

東京都墨田区立曳舟中学校

(3) 東京都夜間中学校卒業生追跡調査報告

東京都夜間中学校研究会　特別研究部

(4) 夜間中学生の生活指導上の問題点

東京都夜間中学校研究会　生活指導部

(5) 夜間中学生の能力の実態

—知的能力と計算能力—

東京都夜間中学校研究会　教育課程部

5. 各地域の現状報告

6. 三省との懇談

文部省　初等中等教育局中学校教育課長　奥　田　真　丈　先生

労働省　婦人少年局年少労働法規係長　土　川　福　俊　先生

厚生省　児童家庭局養護課　先生

7. 分　科　会

オ1分科会（経営管理部門）

助言者　東京都教育庁指導部　日　俣　周　二　先生

司会者　東京都葛飾区立双葉中学校　小日向　毅　夫

書　記　仝　広　江　栄一郎

オ２分科会（学習指導部門）

助言者　東京都教育庁指導部　国領経郎　先生

司会者　東京都世田谷区立新星中学校　小池七郎

書　記　仝　中村昭收

オ３分科会（生活指導部門）

助言者　東京都教育庁指導部　近藤政明　先生

司会者　東京都墨田区立曳舟中学校　佐々木元信

書　記　仝　国谷藤吉

Ⅳ　オ２日　日　程

1. 分科会のまとめ

議長選出

分科会の報告

オ１分科会報告者

オ２分科会報告者

オ３分科会報告者

質疑応答研究協議

2. 閉会式次オ

(1)　理事会報告

(2)　大会宣言

(3)　新旧役員あいさつ

(4)　来年度大会について

(5)　閉会のことば

設置校現況一覧

（昭和４２年９月３０日現在）

番号	都府県	学校名	所在地	電話	校長名
1	広島	広島市立二葉中学校	広島市山根町１７	0822−62	牧原次郎
2		仝　観音中学校	広島市南観音町７３４	0822−31	吉野時弘
3		広島県豊田郡豊浜村立豊浜中学校	広島県豊田郡豊浜村豊島	広島県トヨシマ９	長谷川敏
4	兵庫	神戸市立丸山中学校西野分校	神戸市長田区三番町３～１	078−55	玉木格
5	大阪	岸和田市立岸城中学校	岸和田市町田町２３０	0724−2	内田安守
6	京都	京都市立藤森中学校	京都市伏見区深草池ノ内町	075−64	中沢良三
7		仝　嘉楽中学校	仝上京区今出川千本東入	075−43	加藤幸三郎
8		仝　皆山中学校	仝下京区間町七条上ル	075−36	宇野二三衛
9	愛知	名古屋市立天神山中学校	名古屋市西区天神山２－７０	052−521	水野清
10	神奈川	横浜市立鶴見中学校	横浜市鶴見区鶴見町１２５３	045−501	石井宗一
11		仝　浦島丘中学校	仝　神奈川区白幡東町１７	045−421	飯田赳夫
12		仝　蒔田中学校	仝　南区花の木町２～４５	045−731	高田四郎
13		仝　平楽中学校	仝　〃　平楽町１	045−641	内田吉郎
14		仝　西中学校	仝　西区西戸部町３～２８６	045−231	池田嘉一
15	東京	東京都足立区立才四中学校	東京都足立区梅島１～２－３３	03−887	勝山準四郎
16		仝　葛飾区立双葉中学校	仝　葛飾区お花茶屋１～１０－１	03−602	小日向毅夫
17		仝　墨田区立曳舟中学校	仝　墨田区文花１～18－16	03−612	佐々木元信
18		仝　大田区立糀谷中学校	仝　大田区西糀谷３～63－23	03−741	飯島孝夫
19		仝　世田谷区立新星中学校	仝　世田谷区太子堂１～３－４３	03−421	小池七郎
20		仝　荒川区立才九中学校	仝　荒川区東尾久２～23－５	03−891	村上義恵
21		仝　八王子市立才五中学校	仝　八王子市明神町９１	0426−42	広沢尭雄
計		２１校			

番号	開設年月日	在籍生徒数 Ⅰ 男	Ⅰ 女	Ⅱ 男	Ⅱ 女	Ⅲ 男	Ⅲ 女	性別小計 男	性別小計 女	合計	卒業生徒数	専任教諭数 男	専任教諭数 女	兼任並に講師数 男	兼任並に講師数 女	合計	備考
1	28. 5. 1	6	2	14	4	7	2	27	8	35	138	2	1	1	0	4	
2	28. 5. 1	3	3	4	6	11	11	18	20	38	220	2	0	2	0	4	
3	26. 1. 18	5	0	5	0	9	0	19	0	19	(推定)200	2	0	2	0	4	
4	25. 2. 16	1	9	6	4	11	5	18	18	36	240	2	1	1	0	4	
5	27. 4 25	0	0	0	0	1	3	1	3	4	159	0	0	3	0	3	
6	25. 5 1	0	1	1	2	2	2	3	5	8	233	1	0	3	1	5	
7	25. 5 1	0	0	0	0	2	1	2	1	3	271	2	0	0	0	2	
8	25. 5 1	0	1	1	1	3	1	4	3	7	244	2	0	0	1	3	
9	27.12. 10	0	0	2	1	1	1	3	2	5	220	1	0	1	0	2	
10	25. 5. 1	1	0	0	0	6	4	7	4	11	194	0	0	9	0	9	
11	25. 5. 1	2	1	0	0	6	2	8	3	11	269	1	0	9	1	11	
12	25. 5. 1	0	0	1	1	4	0	5	1	6	201	0	0	8	1	9	
13	25. 5. 1	0	0	3	2	1	1	4	3	7	105	0	0	9	0	9	
14	25. 5. 1	1	4	7	3	4	6	12	13	25	164	0	0	12	0	12	
15	26. 7. 16	3	5	7	3	7	4	17	12	29	515	4	1	3	3	11	
16	28. 4. 20	0	2	2	4	5	3	7	9	16	293	4	1	3	2	10	
17	28. 5. 1	3	4	3	5	7	5	13	14	27	452	5	1	3	1	10	
18	28. 9. 1	11	8	10	7	13	3	34	18	52	333	6	0	2	2	10	
19	29. 5. 1	5	5	10	8	8	10	23	23	46	267	4	2	6	2	14	
20	32. 2. 15	5	3	19	5	17	10	41	18	59	213	5	0	4	1	10	
21	27. 5. 12	3	2	4	1	7	5	14	8	22	190	5	1	3	2	11	
計		49	50	99	57	132	79	280	186	466	4373	48	8	84	17	157	

昭和４１年度併設を廃止した学校

学校名	所在地	廃止の時期
京都市立朱雀中学校	京都市中京区壬生中川町	昭和４２年３月３１日
名古屋市立東港中学校	名古屋市港区港楽町１～９	仝上
横浜市立港中学校	横浜市中区山下町２４１	仝上
横浜市立戸塚中学校	横浜市戸塚区戸塚町４５４２	仝上

才14回全国夜間中学校研究大会出席者名簿

学校名	職名	氏名	分科会
広島市立　観音中学校	校長	吉野時弘	
広島県豊田郡豊浜村立豊浜中学校	仝	長谷川敏	
神戸市立丸山中学校西野分校	仝	玉木格	
仝	主任	佐藤幸郎	
岸和田市立　岸城中学校	校長	内田安守	
京都市立　藤森中学校	仝	中沢良三	
仝　嘉楽中学校	仝	加藤幸三郎	
仝　皆山中学校	仝	宇野二三衛	
名古屋市立　天神山中学校	仝	水野清	
横浜市立　鶴見中学校	仝	石井宗一	
仝　浦島丘中学校	仝	飯田赳夫	
仝	教諭	中村勇作	
仝	仝	福島常次郎	
仝	仝	加瀬宣子	
仝			
仝　平楽中学校	仝	内田吉郎	
仝　西中学校	仝	池田嘉一	
仝　蒔田中学校	仝	高田四郎	
仝	教諭	北川明	
仝	仝	新妻貞子	

学校名	職名	氏名	分科会
東京都足立区立才四中学校	校長	勝山準四郎	
仝	主事	町田義三	
仝	教諭	海老原みよ子	
仝	仝	徳永孝	
仝	仝	河西靖堯	
東京都葛飾区立双葉中学校	校長	小日向毅夫	
仝	主事	広江栄一郎	
仝	教諭	撫佐昭二	
仝	仝	加藤忠幸	
仝	仝	鳴沢実	
仝	仝	古屋加寿子	
東京都墨田区立曳舟中学校	校長	佐々木元信	
仝	主事	国谷藤吉	
仝	教諭	高山環子	
仝	仝	渡貫実	
仝	仝	村井稔	
仝	仝	鳥居照日	
仝	仝	横田祐介	
東京都大田区立糀谷中学校	校長	飯島孝夫	
仝	主事	清水常吉	
仝	教諭	阿部忠司	
仝	仝	都築達郎	
仝	仝	天野憲至	

学校名	職名	氏名	分科会
東京都大田区立糀谷中学校	教諭	井出迪夫	
東京都世田谷区立新星中学校	校長	小池七郎	
仝	主事	中村昭政	
仝	教諭	池田定子	
仝	仝	上田喜三郎	
仝	仝	木原武子	
仝	仝	白勢收夫	
仝	仝	長久保光明	
東京都荒川区立オ九中学校	校長	村上義恵	
仝	主事	塚原雄太	
仝	教諭	日下田進	
仝	仝	桜井和夫	
仝	仝	見城慶和	
仝	仝	山口哲男	
東京都八王子市立オ五中学校	校長	広沢堯雄	
仝	主事	石川元重	
仝	教諭	平均二	
仝	仝	阿川貫至	

＊ 重複記事が収録されているため、本史料１３～１４頁は削除した。

全国夜間中学校研究会役員名簿

（昭和４１年１０月２９日）

会長	岡野　直	東京都足立区立才四中学校（昭和４２年３月３１日退職）
副会長	斉藤　滋	横浜市立西中学校長（昭和４２年８月３１日退職）
仝		（次期開催地校々長）
理事	村上義恵	東京都荒川区立才九中学校長
仝	石井宗一	横浜市立鶴見中学校長
仝	水野　清	名古屋市立天神山中学校長
仝	井関忠直	京都市立朱雀中学校長（昭和４２年３月併設廃止校）
仝	内田安守	大阪府岸和田市立岸城中学校
仝	細見美継	神戸市立丸山中学校長
会計監査	高田四郎	横浜市立蒔田中学校長
仝	近藤基治	名古屋市立東港中学校長（昭和４２年３月併設廃止校）
幹事（会計）	町田義三	東京都足立区立才四中学校才二部主事
仝	石井金司	横浜市立戸塚中学校長（昭和４２年３月併設廃止校）
顧問	寺本喜一	京都府立大教授
仝	伊藤泰治	元東京都足立区立才四中学校長
仝	立石実信	元横浜市立平楽中学校長
仝	関根重四郎	元東京都墨田区立曳舟中学校長
仝	小林俊之助	元東京都大田区立糀谷中学校長
仝	住友国春	東京都八王子市立才六中学校長
仝	飯田赳夫	横浜市立浦島丘中学校長

関係三省への質問事項

o 1.義務教育において夜間の勉学は法律上認め得るか（昼間の仕事をする前提提において）
2.全国の生徒数に対して関係各省の補助は不可能であろうか。

広島県豊浜中学校

o 文部省－夜間中在学生（学齢超過者）で中学校卒業程度認定試験希望者の取扱いについて

兵庫県丸山中学校西野分校

o 夜間中学校の存続について承りたい

神奈川県西中学校　池田嘉一

o 夜間中学は法的には認められないということであるが現実に生徒もあり設置校も黙認されている状態である、これは一面国の政策のひずみの具体的な現象ではないか、しかもこのような問題は毎回繰り返されている。文部、厚生両省としてこれをどうとらえているか、またこれの正常化のためにどのような具体策をもつてその施策を進めているか。

神奈川県蒔田中学校

o 文部省へひな鳥は餌を与えなくとも生きていけるかどうかということが質問の要旨である。それは義務教育が近代社会に生きようとする子女にとって、ひな鳥における餌も同然であり又教育は人間にとって精神的食物であり栄養補給の源泉であるからだ、一方憲法における「すべての子女に等しく与えられた義務教育を受ける権利」は文部省によって万全が期されなければならないところのものである、しかるに新学制実施以来２０年にして義務教育未終了者は全国で１００万を超えると言われている。この義務教育未終了者を敢えて義務教育における捨て子と呼称するならば文部省は実に大量の捨て子をして憚かることのないように思えるがどうであろうか。これでは一国文教の府があえて憲法に違反し民法における信義と誠実の原則に反し、教育基本法における教育の機会の対策をも著しく怠たることになると思うが。

東京都双葉中学校　広江栄一郎

o 文部省へ一五教科中学校卒業程度認定試験は長欠者（過年児）も受験可能か。

東京都曳舟中学校　村　井　　稔

o 学齢超過の義務教育未修了者に対する義務教育実施のためには全国各地にそのための施設例えば夜間中学に類似したものを設置する必要があると思う、これに対する文部省の方針はどうか。

東京都新星中学校　上　田　喜　三　郎

関係三省への要望事項

o 夜間中学に対して、もっと積極的なる理解と援助を要望す。

広島県観音中学校　堀　　輝　人

o 1日も早く補助の手をさしのべ、義務教育だけは国の責任において昼間の学校へ通学させるよう努力されたい

広島県豊浜中学校

o 1.専任教諭配当について
2.手当の増額について

神奈川県西中学校　池　田　嘉　一

o 学区域の拡大ー八王子五中二部は八王子市立のため入学許可は八王子市内に限られる。しかし隣接地（町田、日野、立川、昭島、福生）等にも該当者の生徒がいることは明らかであり、それらの生徒にも正式に登校の機会を与えることは出来ないだろうか。

東京都八王子オ五中学校　石　川　元　重

o 主として文部省へー長欠、不就学生徒数は近年横ばいの傾向を続け、これ以上の減少を期待することは無理のようである。従ってこれを放置することは行政官庁として怠慢のそしりは免がれないであろう、このあたりで夜間中学否認の態度を一擲して一応時限立法等をもって、これが制度化を実施抜本的に長欠者を一掃し、併せて学齢超過者中の義務教育未修了者を救済するという善政をしかれるよう強く要望する。

東京都双葉中学校　広　江　栄　一　郎

o 学齢超過者の義務教育未修了者に対する義務教育を行う施設例えば夜間中学に類似したものの全国適正設置

東京都新星中学校　上　田　喜　三　郎

研究発表要旨

東京都夜間中学校研究会

夜間中学と生徒の入学

— 世田谷区立新星中学校２部の場合 —

世田谷区立新星中学校二部
上　田　喜三郎

1. 入学する人々

毎年次々に夜間中学に入学する人々はどのような経路を経て入学するのであろうか。

大きく分けると次のようになろう。

① 昼間の中学校の紹介

何らかの理由で昼間の中学校へ通学困難なため、夜間中学通学をすゝめられたもの。

即ち経済的理由で昼間の中学校通学が困難なもの、学校嫌い、非行等の理由で昼間の中学校へ通学していないもの等が含まれる。

従つて彼らのほとんどは学令の生徒である。

② マスコミに現われたニュース、記事を見て自主的に入学するもの。

テレビ、ラジオ、映画、雑誌、新聞などで夜間中学のあることを知り義務教育を修了する機会を失つた主に学令以上の年令の人々が入学を希望する。

③ 教育委員会、児童相談所、福祉事務所等公共機関の紹介で入学するもの。

そのほとんどは学令生徒であるが中には学令以上の人にも含まれる。

ところで、これらの人々は①の中学校による紹介、③の公共機関による紹介も含めて、どのようなところで、どのようにして夜間中学の存在を知つたのであろうか。

入学者がはじめて夜間中学の存在を知り、自らの義務教育未修了状態を確認する機会を与えたのはどこであつたのか。

それを知ることによつて、我々は将来夜間中学に入学を希望するであろう、いまだなお夜間中学の存在を知らない多くの未修了者に対し、我々の呼びかけの有効な方法を見出すことができるであろう。ここにそれを示す資料がある。

夜間中学を知つた経路

夜間中学を初めて知つた経路		人数	%
近親者や近所の人などから		28	35
新聞、テレビ、ラジオ等で		22	28
前に在学していた学校の先生から		10	13
夜間中学校のポスターで		4	5
職場のすゝめで		2	3
公共機関	教育委員会	7	9
	福祉事務所関係	3	4
	児童相談所	2	3

第１３回全国夜間中学校研究会大会要項
調査報告、東京都夜間中学校研究会研究部「昭和４１年度
都夜中新入生に関する調査について」P.42より

これを見て次のようにいうことができよう。

① 「前に在学していた学校の先生」を含め、他の公共機関との働きかけで夜間中学を知つたものは約３０％、他はいわゆる公共機関外のルートでその存在を知つている。

つまり公共機関の働きかけの占める割合は我々が満足するに十分なものではない。

それでは公共機関以外の何がその大きな役割をになつているのであろうか。

② それは、「近親者や近所の人などから」３５％、「新聞、テレビ、ラジオ等で」２８％、合わせて６３％によるものである。

「近親者や近所の人などから」ということが、何を意味するか考えてみると、次のようなことが予想される。つまりごく近くに夜間中学を併設する中学校がありそのことを何らかの機会に耳にし目にしたとか、新聞・テレビ、ラジオ等のマスコミを通じて聞き知つたとか、どこか他のところから伝え聞いたとかいうことである。

これらの中でも新聞・テレビ、ラジオ等マスコミを通じての報道は、その伝達範囲の広さ、伝達内容の多さ、伝達効果の大きさの点で際立つた存在であることが予想される。

以上①、②が夜間中学を知つた経路として顕著なものであるが、中でもマスコミの効果がかなり大きな部分を占めていることを認識し、夜間中学の存在を広く世間に知らせ理解を深めてもらうために役立てる必要があろう。

2. 生徒募集の概観 ― 東京都７校 ―

毎年春が近付くと、学校、教育委員会、福祉事務所等公共機関からの紹介により、あるいは自ら訪ね来て入学を希望する人達が相次ぎ職員室はにぎわう。やがて入学式の頃になると、各学年何％かの新入生が出そろい、入学式を迎える。だが入学式が終つてもその後に三三五五と入学者はやつて来る。

東京都の夜間中学７校はそれぞれの学校の特殊性をふまえて、様々な方法を用いて毎春の入学希望者を募集する。春４月の入学式前数ケ月間にその努力は続けられる。これまで都内７校は生徒募集のために直接、あるいは関接次のような方法で、夜間中学を必要としていてもなおその存在を知らない人々に対しその存在を知らせるべく絶え間ない努力を続けて来た。

① 生徒募集ポスターの掲示

② 区の広報に記事を掲載

夜間中学校の状況、生徒募集などについての記事

③ 新聞記事として掲載

夜間中学生徒募集についての記事

④ 新聞雑誌への取材協力

夜間中学の存在を報道。入学式、卒業式、運動会、研究大会その他学校行事等のあるとき、その取材に協力。

⑤ テレビ、ラジオ出演協力。

テレビ、ラジオ放送番組に出演依頼を受け協力出演。

⑥ 自主記録映画作製

今年、昭和４２年夏荒川第９中で完成された映画は画期的な意義を持つものであつた。

⑦ 夜間中学関係者による自主出版物。

これらのものすべて、それぞれ有効であつたに違いない。

これら各々について常に検討を加えながら、さらにこれ以外にも我々の努力を注ぐべき方向を読みとることが要求されよう。

ここ3年ばかり新星中学2部の生徒募集の仕事を私が担当することとなった。この3年間、新星中学2部はどのような生徒募集あるいは学校紹介活動を行つてきたか。次にとりあげて批判の材料としたい。

3. 世田谷区立新星中学二部の場合

ここ数年をとり上げてみてその入学者の傾向について最も眼につくことは他の都内6校に比べ、学令以上の年令の人々の入学が多いことである。それは昨年度在学生の平均年令が25才を示していることをみれば明らかである。ということは、逆に学令生徒の数が少いということ、つまり、世田谷区内の昼間の中学校に通うことができず夜間中学へやつて来ざるをえなかつたという生徒が少いということを示している。

修学旅行で奈良の旅館に着いたとたんに宿の女中さんから生徒が教師に間違えられ、おまけに生徒と間違えられた教師が出たのもいたしかたないというものであろう。

新星中学二部にも、毎年春が近づくと入学希望者がやつて来た。あるいは手紙を受けとり、あるいは電話口で応待した。そしてそのまま入学式を迎えてもかなりの生徒は集まり、授業は開始できた。そしてその多くは学令以上の人々であつた。

ところで、学令生徒の夜間中学入学者は少いにもかかわらず、世田谷区にも多区同様、かなりの長欠生徒が存在していた。

東京都教育庁の行つた昭和39年度長期欠席児童生徒調査によると東京都中学校全体で3,578名、内世田谷区は172名、又昭和40年度のそれによると東京都全体で3,325名、内世田谷区は144名である。

これらの事実から我々は数次の職員会を持ち区内の中学校に在籍してはいるが昼間の中学校への通学の困難な生徒のいること、そしてその長欠生徒がどうしても昼間の中学校へ通学困難な場合には、積極的に夜間中学への入学を促進させるよう該当中学校の教師と連絡をとることが必要であるとの結論に達した。

これ以前にも直接各校を訪問して長欠生徒について問い合せたことはあつたようであつたが、我々はそれを一層体系化し実施しようと決意したのであつた。

このような主旨のもとに昭和40年度から区内の昼間の中学校への働きかけが始まつた。

それと同時に学令以上の年令の義務教育未修了者へ夜間中学の存在を知らせるための活動も始められた。

昭和40年度から順を追つてその状態を概観してみよう。

① 昭和40年度

a. 長欠生徒調査

新学期の5月末、世田谷区内28校に対し、欠席のかなり長期にわたる生徒で、昼間の通学がかなり困難と思われる生徒についての記入を求める調査用紙を配布することになつた。そしてその方法としては、校長に頼んで、この調査用紙を校長会の席上で配布してもらい、各校の校長に調査への協力を要請してもらうこととし、校長はそれを引き受けてくれた。

約1ケ月たつた6月末、区内28校のうち14校、丁度半数の学校から回答が寄せられたが、回収率は悪く満足できるものではなかつた。

そして各校からの回答を集計、約30人のリストが出来上つた。その名簿をみて、現状では病気入院中などで通学不可能とされる幾人かを除いて学校案内書を送り、二部への通学をうながした。

7月に入り夏休みを迎え、そのリストの中からかなり入学の可能性の高いと考えられる幾人かの生徒の家庭を自動車を持つ中村氏が一手に引受けて訪問してくれた。

そしてこの家庭訪問によつて数名の入学者があつたが、さらに新しい年を迎え再び新学期が近づく頃、各家庭へ入学案内書を送付して通学をすゝめた。

b. ポスターの掲示

夜間中学生徒募集のポスターである。以前作られたポスターがいくらか残つていたので、しばらくはそれを配布して貼ることにしたが、それもなくなり、区教委にポスター製作を依頼、新たに５００枚でき上つた。

区内の公共掲示板への掲示を区役所に依頼、隣接の目黒区、渋谷区にも依頼した。

さらに多くの人達の目にとまる場所として世田谷区の人々の出入りの多い国鉄渋谷駅に掲示できればと渋谷駅に相談、公共性のあるポスターなら少しは掲示料金の割引ができようということで東京駅の国鉄本社に行つて相談するようにいわれた。行つて話した結果、割引はされるものの１枚１週間で数千円という掲示料金と聞いて、とても夜間中学の予算の許すところでないことを知り、国鉄駅への掲示はあきらめた。公共性の強い掲示物には特別に安い料金で掲示できるような方法はないものであろうか。

c. 区の広報への記事掲載

区で毎月区民に配布している広報がある。その４月発行のものに、夜間中学生徒募集の記事を掲載できた。

d. マスコミの取材

ＮＨＫラジオ第２放送、日本テレビ出演、卒業式風景の新聞記事、雑誌社の学校訪問ルポ等。

以上ａ、ｂ、ｃ、ｄ等の学校紹介活動の結果、その年の春、あるいは１年後の春になつて効果をみることがあつた。これらのものから夜間中学の存在を知り入学を希望してきた人達にはその都度「何によつて夜間中学を知りましたか」と聞き、その詳しい事情を聞くことにしている。こうした聞きとりによつて今後の夜間中学紹介活動を有効にできるであろうから。その結果はａ、ｂ、ｃ、ｄの各紹介活動それぞれが有意義であつたことを示して我々を勇気づけた。

② 昭和４１年度

a. 長欠生徒調査

春５月、昨年同様の生徒を対象にして区内２８校に対し調査票を配布し、回答を依頼することにした。昨年は校長会で依頼してもらつても半数の学校しか回答がなかつたことから、今年は、各学校の生活指導主任あてに調査票を送付した。長欠生徒問題については詳しかろうし返事も

確実に得られるであろうと予想してのことであつた。しかし、予想は見事にはずれ返送された回答は１０校にもたらず、その回答の多くは「該当者なし」であつた。

b. ポスターの掲示

昨年同様世田谷区を中心に目黒区、渋谷区内公共掲示板に掲示を依頼した。昨年作つてもらつたポスターが今年で底をついたので、来年度をひかえ又新たに区教委に５００枚のポスターを製作してもらつた。

c. 広報への記事掲載

昨年同様であつた。

d. マスコミの取材

新星中学二部紹介の雑誌記事、卒業式の新聞記事、ＮＨＫテレビ生徒出演等。

これらの諸活動によつて幾人かの新入生を迎えることができ、我々の努力が決して無駄に終らなかつたことを昨年同様喜びであつた。

③ 昭和４２年度

a. 長欠生徒調査

昭和40,41年と二度にわたつた調査用紙を配布、その回答の返送を待つという調査方法に明らかに大きな欠陥が目立つた。

それは、調査用紙を受け取つた学校へ教師が、必ずしもそれに回答を寄せてくれないということであつた。なぜ回答してくれないのか。それにはいくつかの理由が考えられる。即ち多忙であつたこと。官庁から送られて来るもの以外の他校の教師の調査依頼にはとかく無視しがちであること、などであろう。

とにかく、調査を実施してもその回答が少いのでは調査の意味は減少する。そこで、今年度は我々６名の教師が、それぞれの区内の学校を分担して、学校を訪問し、長欠生徒問題担当の教師に直接会い長欠生徒に関する諸事項を記入するよう印刷された「長欠生徒調査カード」なるものに１人１枚ずつ記入してゆくことにした。調査用紙配布から面接調査へと変えたのであつた。報告会で全員一致了承のもとに、区内２８校を１人当り約５校調査して回ることになつたのは５月半ばであつた。

5月半ばから6月半ばにかけて約1ケ月間、区分の学校訪問期間とした。我々は各自自分の都合のよい日の昼間、各学校を回つて歩いた。

今回の調査では特に次の点に注意した。

ア．長欠生徒の中でも特に長期にわたつて長欠しているもので、経済的理由、病気等でどうしても通学困難な生徒を選ぶ。

イ．過去卒業せぬまま除籍された生徒を調べる。

ウ．長欠生徒のうち、すぐに夜間中学へ行かせた方がよいと思われる生徒、及び現在病気入院などで今すぐ夜間中学へは通学不可能な生徒があればそれを特記する。

エ．調査担当者は、各長欠生徒について夜間中学入学をすゝめてゆくのが望ましいか否か、尋ねた教師の意見及び自分の所見をメモする。

オ．長欠生徒調査カードの形式は、調査担当者以外の誰がみても分りやすいものとした。

6月半ば、集つたカードは約30枚。その中から将来入学勧誘が必要であるが、現在すぐには無理であるもの約10名を除き、約20枚のカードの生徒については、直ちに家庭訪問を行い、父母と話しあつて、入学をすゝめるのが望ましい生徒には入学をすゝめることになつた。

我々は第2段階として、20枚のカードを6名で再分配し各自約3名あて家庭訪問を実施することにした。

期間は6月半ばより7月はじめまで次第に夏らしい暑い日が続く頃であつた。そしてその中から3名の生徒が夏休みを待たずに入学することになつた。

今回の調査で最も有意義であつたことをここに要約すれば、

ア．各学校を直接訪問するため、全学校の様子を直接調べ回答を得ることができたこと。

イ．多くの長欠者の中から将来義務教育修了が危ぶまれる長欠者を訪問先の教師との相談の上で選び出すことができたことが上げられよう。

b．ポスターの掲示

春3月、昨年の世田谷、目黒、渋谷の各区に加え、今年度は品川、新宿、港の各区にもポスターの掲示を依頼した。

その際、各区の教育委員会に二部の入学案内を手渡しその内容を知つてもらうよう努めた。これらの各区へは我々6名が、それぞれ1人1区分担し訪問依頼した。

c．区の広報への記事掲際

ポスターを依頼する際同時に区の広報へも記事の掲載を頼んだ。今年はポスター同様6区にお願いした。

今年度現在進行中の生徒募集活動に於て特徴となつたことは、長欠調査を調査用紙配布から面接調査に切りかえたこと、及びポスター掲示、広報への記事掲載を3区より6区へ拡大したことの二つである。

幸運にもこれらの諸活動を行うことができたのは、職員の間に大小の意見の相違は現れたけれども討論によりそれを乗り越え、主事の中村氏を中心に我々職員が団結して仕事に当ることができた点に負うところが多い。様々の教育活動の中で職員間のコミュニケーションがひんぱんに行われ、そのチームワークの良いことが何よりも重要であることを痛感させられた。

4. 生徒募集のあり方を求めて

以上最近3カ年の新星中学二部の生徒募集の具体的活動を述べてきたが、ここで改めてそれをふりかえり、今後の生徒募集活動のあり方を求めて、検討を加えてみたい。

① 広く夜間中学の存在とその意義を紹介する。

生徒募集は多くの人々が夜間中学を知り理解することにより可能となる。日本全国のあらゆる地域、あらゆる層の人々に夜間中学が現に存在し、500人からの生徒が現に通学しており、義務教育を修了できなかつたさらに多くの人々が、今なお日本のどこかで暮していることを知つてもらう必要がある。

マスコミによつて学校の現状、生徒や教師の声を伝えることも、教師の日常の活動もそれぞれ有効であろう。

我々は常に広く一般の人々への呼びかけを絶やしてはならない。

② 昼間の長欠生徒への取り組み

昭和４０年、東京都に3,3２５名の長欠者があつた。彼らの中のかなりの生徒が、中学校を卒業せず、そのまま義務教育未修了者となることが考えられる。その割合がどれ程になるかそれを明らかにした教育統計は今のところない。

我々の単なる予想によつても、東京都全体からみればそれはかなりの数に上るであろう。彼らの中の、昼間どうしても義務教育を受けることのできない生徒に対しては、文部省をはじめとする国や地方公共団体にその対策を要望すると同時に、夜間中学は僅かでも積極的役割を果す必要があろう。

従来、学区内の長欠生徒に対する夜間中学の取り組みは、概して中途はんぱなものであつた。まず、自らの学区内長欠生徒対策に手をつけ、やがては近接諸地域の長欠生徒の対策へも手が加えられることが要請されている。

長欠生徒問題の重要性を再認識し、常に長欠生徒への取り組みを続けることが、夜間中学生徒の入学対策の一つの柱をなすことに注意する必要があろう。

運動能力テストの結果から夜中生の体力問題を考える

墨田区立曳舟中教諭
鳥　居　照　日

昭和４２年１０月８日(日)、世田谷区立新星中学校で、第２回都夜中連合体育大会が開かれた。その準備委員会で、昨年はリクリエーション的な種目が多かつたので、今回は何種目かは記録をとり、生徒のはげましになるようなものをいれようという意見が出た。

討議の結果、文部省の運動能力テスト５種目（５０ｍ走、ハンドボール投げ走り幅とび、懸垂、１５００持久走）のうち、５０ｍ走とハンドボール投げの記録をとつてみようということになつた。

〔方　法〕

５０ｍ走

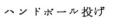

３名ずつ、スタートさせる。（１回だけ）計時して各自のカードに記入する。

ハンドボール投げ

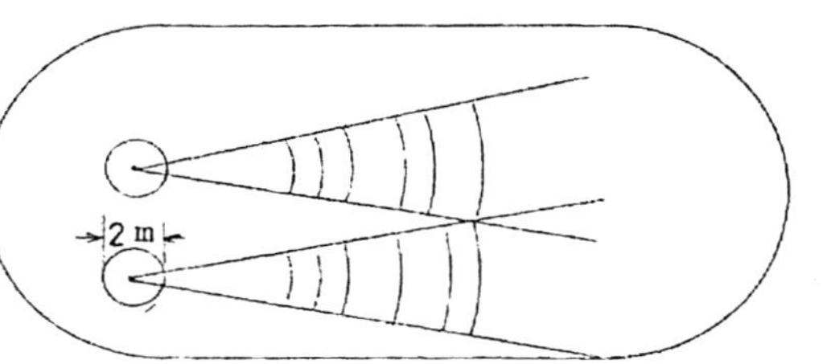

ボールは２号ボールを使用。
２回投げて良い方をカードに記入する。

各自のカードは次のようなものを用意した。

運動能力テスト		
学校名		
氏　名	男 女	才

種　目	記　録	得　点
ハンドボール	m	
50m走	秒	

あなたの思つていたより成績がわるかつたかも知れません……………………
ガツカリしないで、からだをきたえましよう。

〔結　果〕平　均　値

	男子		女子	
	50m走	ハンドボール	50m走	ハンドボール
	7.9秒	23.1m	9.7秒	13.2m
人数	60名	63名	42名	41名

このうち40才以上の女子高令生徒は除いた。

〔考　察〕

それでは結果を何と比較するかで困つたが幸い昭和41年11月、文部省の出した『青少年の健康と体力』に各種のデーターがあり更によいことには、児童・生徒だけではなく勤労青少年の記録もあるのでそれと比較をしてみよう。

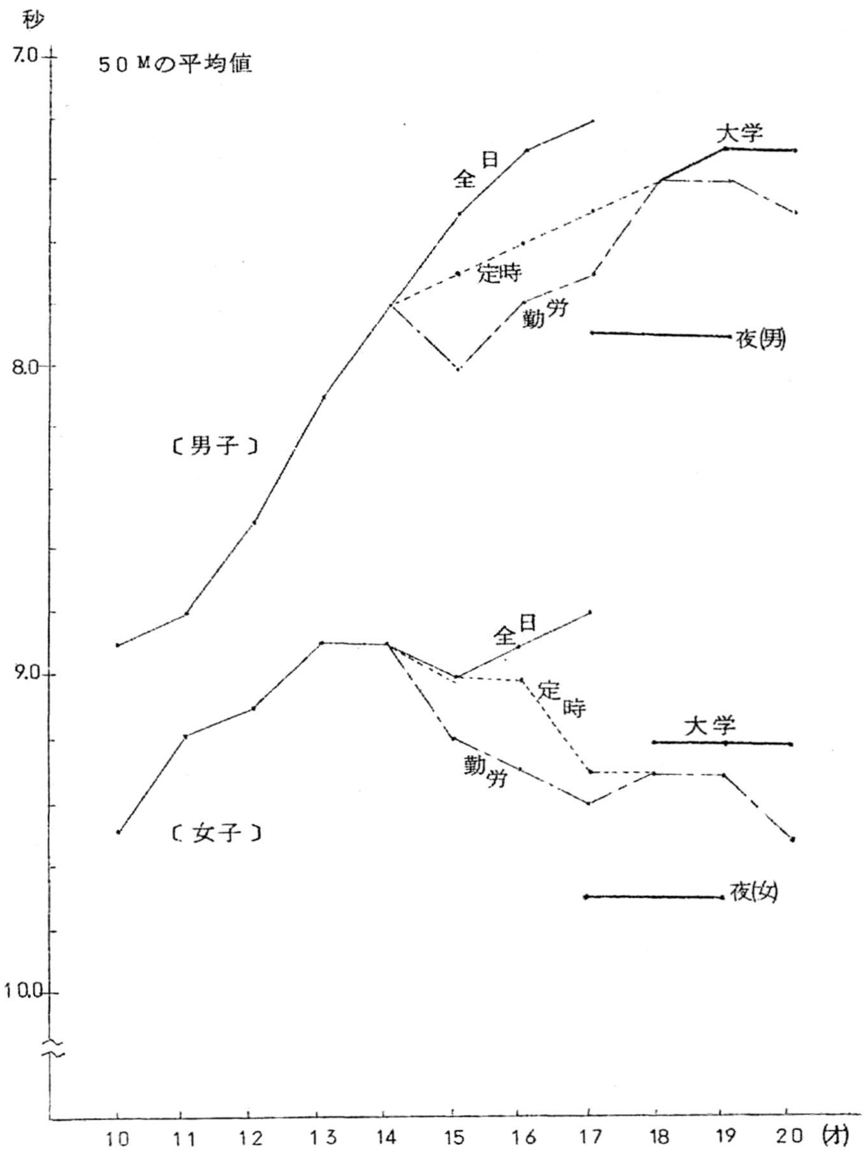

50Mの平均値

秒
7.0
8.0
9.0
10.0

〔男子〕
全日
定時
勤労
大学
夜(男)

〔女子〕
全日
定時
勤労
大学
夜(女)

10 11 12 13 14 15 16 17 18 19 20 (才)

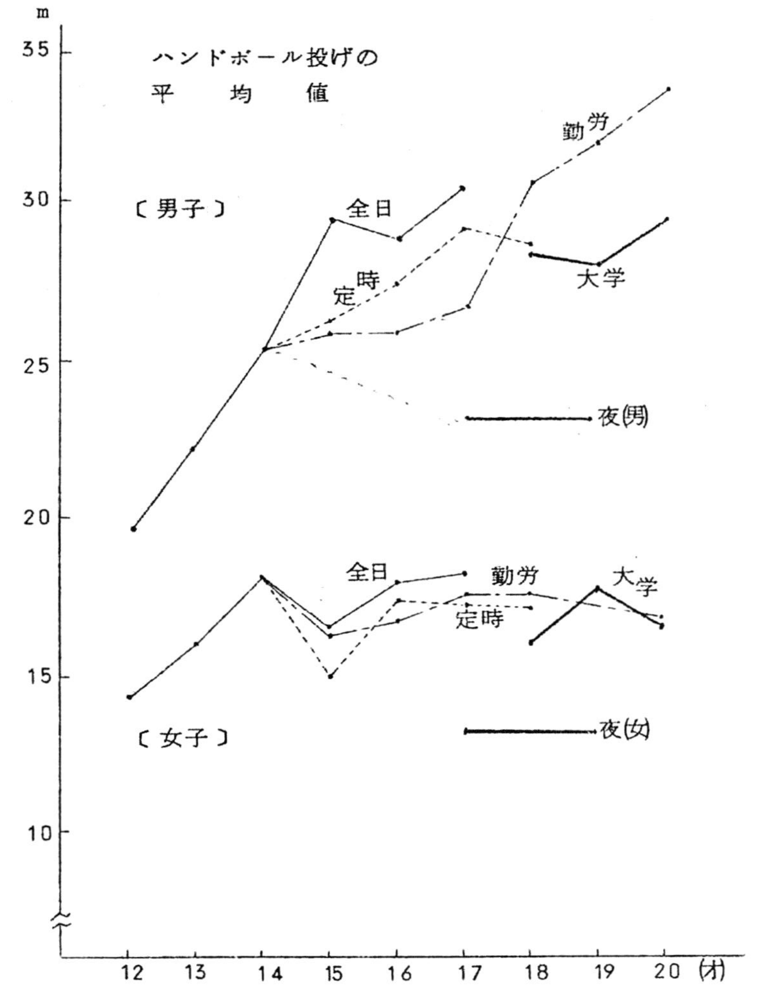

(註) 夜中生の平均年令は
男子は全員の平均
女子は４０才以上を除いたものの平均をとつてみた。

集計したカードに年令を記入してないものが相当数あつた為、年令別にグラフに記入できなかつたのは残念である。参加した生徒の平均年令を推測してみると男女とも１７才〜１９才と考えられる。

そこで夜間中学生を中学生と比較しないで年令的に考え、定時制高校・勤労青少年と比較してみるのが良さそうである。そうすると

① 男子の走・投は全日制高校・定時制高校・勤労青少年の平均値より低いが、その差は小さい。

② 女子の走・投はすべての組にくらべて平均値が非常に低い。小学校高学年程度と考えられる。

男子の場合は運動能力は１７才ぐらいまでは順調に発達するが、女子の場合は１４才ぐらいでその発達が止つてしまうので女子の平均値が低かつたのではないだろうか。

それでは走・投以外の体力・運動能力についてはどうか。文部省の「青少年の健康と体力」では次のように述べている。

○ 学生・生徒と勤労青少年の体力のちがい。

・高校の全日制と定時制、勤労青少年の体力・運動能力をくらべると、これらの中では全日制が最もすぐれ、次いで定時制、勤労青少年の順になつている。しかし筋力（握力）や持久性（ふみ台昇降運動）では定時制や勤労青少年の方が全日制よりすぐれている。

○労働の強度による体力のちがい。

・勤労青少年の労働の強さを区分して、その体力・運動能力を比べると、懸垂では労働の強度が強くなるにつれて、その成績がすぐれている。

〔まとめ〕

運動能力はスポーツに親しむ時期や経験した年数に関係があり、夜間中学生は何れにも恵まれなかつたと考えられる。その生徒達の体力をわずかな体育・クラブ活動の時間で伸ばすことは至難な業である。

しかしわずかな時間でも、体育館や校庭の照明の充実、運動内容の精選、準備体操の強化、などの設備や内容を充実させる工夫が常に必要であろう。

最后に第２回連合体育大会の記録を掲げ来年には生徒達にこの記録を書きかえてもらおう。

〔男子〕	50m走	6秒7	A	（17才）（渋谷中）
	ハンドボール投げ	32m	B	（18才）（足立四中）
〔女子〕	50m走	8秒5	C	（18才）（双葉中）
	ハンドボール投げ	20m	D	（16才）（双葉中）

東京都夜間中学校卒業生追跡調査報告

東京都夜間中学校研究部会
特別研究部

I　はじめに

昨年行なわれた第13回全国夜間中学校研究大会での話し合いの折に、文部省の石川中等教育課長さんから「夜間中学卒業生の実態を知らせてほしい」との要望が出された。ところが、断片的には各校で卒業生の実態を把握してきていたが東京都夜間中学校研究会（都夜中研）としては卒業生全体を対象にした調査はこれまでに一度も実施していなかつたので、この問題は今後の課題として残されることになつた。

都夜中研特別研究部でこれを手がけることに決定したのが42年6月で、実際に調査に着手できたのは9月になつてからのことであつた。そのために極めて短期間で全てを完了しなければならなかつたため、調査事項の検討も不充分であり調査対象も限定された。このため、この報告書は卒業生全体の実態を推し量る資料としては不備な点もあり、あくまでもこれは卒業生追跡調査の緒についた段階での報告書であることをあらかじめお断わりしておきたい。

II　調査目的

昭和26年に初めて東京都に夜間中学校が誕生してから今日迄の17年間に、都内7校の夜間中学校から2,252名の卒業生が巣立つている。

この調査では、これら卒業生たちに、Ⓐ彼らの生活状況、Ⓑ彼らの生活意識　の両面に関するアンケートに答えてもらい、その回答を分析することによつて、次のような事を明らかにしようとした。

まず第一に、彼らの生活実態を概括的に捉え、彼らの其の後の歩みの中で夜間中学を卒業したことがどのような意義を持つていたかを明らかにする。第二には、卒業生たちの生活や意識から問題点をさぐり、そこから現在の夜間中学生たちの指導のより完全を期するための留意点を明らかにする。

以上の二点を要約すれば、この調査を通して、夜間中学の存在意義及び夜間中学の今後のあるべき姿を明らかにする手がかりにしたいということになるであろう。

Ⅲ 調査方法

1. 調査対象

昭和42年10月現在の東京都夜間中学校7校の全卒業者数は第1表にみるように総計2,252名に上る。できればこれら全卒業者を対象に調査したかつた。しかし、①全卒業生を対象に調査するに十分な費用がなかつたこと、②時間の余裕がなかつたこと、③抽出により大略の傾向把握が可能であること等の理由からそれは行なわなかつた。

調査対象の抽出は系統抽出法により各校それぞれ各卒業年度の卒業生の男、女順に並べられた名簿より[illegible]人に1人の抽出を行なつた。

2. 調査方法

卒業生の家庭を訪問し面接調査を実施することは費用と時間の点で不可能であつた。従つてそれに代る方法として質問票による調査を行なうこととした。質問票を、返信用切手同封の封筒に入れて送付、回答された分を集計した。

しかし第2県にみるように卒業生の住所不明及びその後の転居で返送されて来るものがかなりあり、回答数はかなり少くなつた。

3. 調査項目

項目A「夜間中学卒業生その後の歩み」

卒業生のその後の生活の現況を具体的に把握するにはどうすればよいか。何度かの討議を通じて①取得した資格、②学歴、③所属する産業、④職業を求めることとした。

夜間中学生は、少なくとも義務教育だけは修了したいという意図のもとに通学しているが、中には教育を修了した後さらに別の資格の取得を希望する生徒もかなりあることから、果してどれ位の卒業生がどのような資格学歴を取得しているか明らかにすることを目指した。さらにその所属する産業、職業の分類を試み、その分布の特徴をみることによつて夜間中学卒業生の社会的位置を明らかにしようとした。

項目B「夜間中学に対する卒業生の考え」

夜間中学に在学したことを卒業して数年、あるいは10年以上たつた今

卒業生が自らの人生に於てそれをどのように受け取り、位置づけているかそして夜間中学の将来に何を託しているかを知るために、アトランダムな質問群を提示しその回答を求めた。その質問群は大別次のようになる。

① 夜間中学への親密感

夜間中学をどのように感覚的に受け止めているかを問う。

② 卒業生にとつての夜間中学の意義

夜間中学を卒業したことが卒業生にとつてどのような意義をもつているかを問う。

③ 夜間中学卒業生であることの差別意識

夜間中学を卒業したことで周囲から差別を受けたことはなかつたか、又自ら劣等感を抱くことはなかつたかを問う。

④ 卒業生の現状

卒業生の現在の生活に対する満足度を問う。

⑤ 夜間中学への卒業生としての希望

卒業生として今後の夜間中学に何を望むかを問う。

⑥ 社会の中での夜間中学の位置づけ

夜間中学が現代社会に存在することをどう考え、その現代社会への要望は何か問う。

以上大別6項目についてごく大ざつぱな質問を試みた。

（表－1）　都内夜間中学校卒業生実数

（42年9月）

年度＼学校・性別	足立四中 男	足立四中 女	足立四中 計	八王子五中 男	八王子五中 女	八王子五中 計	双葉中 男	双葉中 女	双葉中 計	曳舟中 男	曳舟中 女	曳舟中 計	糀谷中 男	糀谷中 女	糀谷中 計	新星中 男	新星中 女	新星中 計	荒川九中 男	荒川九中 女	荒川九中 計	合計 男	合計 女	合計 計
26																								
27	24	26	50	5	9	14																29	35	64
28	38	25	63	8	13	21				15	3	18	7	4	11							68	45	113
29	40	31	71	11	5	16	12	16	28	36	11	47	32	5	37	10	5	15				141	73	214
30	37	16	53	7	6	13	23	11	34	44	29	73	21	12	33	10	10	20				142	84	226
31	30	24	54	8	9	17	20	16	36	33	17	50	22	14	36	14	13	27				127	93	220
32	28	16	44	7	8	15	24	12	36	34	13	47	24	18	42	16	10	26	9	4	13	142	81	223
33	15	15	30	7	8	15	20	16	36	22	18	40	17	16	33	13	13	26	5	17	22	99	103	202
34	12	13	25	8	8	16	13	6	19	17	7	24	12	8	20	14	13	27	8	15	23	84	70	154
35	11	7	18	3	6	9	13	6	19	22	10	32	14	9	23	15	12	27	22	8	30	100	58	158
36	13	12	25	6	8	14	20	5	25	20	8	28	14	9	23	9	6	15	17	9	26	99	57	156
37	13	9	22	8	5	13	4	6	10	17	6	23	17	3	20	12	4	16	19	5	24	90	38	128
38	18	7	25	5	3	8	14	3	17	13	5	18	10	6	16	13	5	18	10	8	18	83	37	120
39	7	5	12	4	4	8	5	4	9	19	7	26	8	1	9	8	5	13	16	6	22	67	32	99
40	9	5	14	3	1	4	8	5	13	12	4	16	11	2	13	8	9	17	9	11	20	60	37	97
41	4	5	9	6	1	7	6	4	10	7	3	10	6	1	7	13	7	20	9	6	15	51	27	78
合計	299	216	515	96	94	190	182	110	292	311	141	452	215	108	323	155	112	267	124	89	213	1382	870	2252

（表－2）　調査対象者数及び回答者数

（42年9月）

年度	卒業生総数 男	卒業生総数 女	卒業生総数 計	抽出者数 男	抽出者数 女	抽出者数 計	回答者数 男	回答者数 女	回答者数 計
26									
27	29	35	64	7	8	15			
28	68	45	113	16	11	27	0	1	1
29	141	73	214	29	17	46	4	1	5
30	142	84	226	31	21	52	2	3	5
31	127	93	220	31	22	53	7	4	11
32	142	81	223	35	20	55	11	8	19
33	99	103	202	24	27	51	2	4	6
34	84	70	154	21	18	39	3	3	6
35	100	58	158	24	14	38	2	1	3
36	99	57	156	22	13	35	6	6	12
37	90	38	128	23	20	43	3	6	9
38	83	37	120	21	7	28	12	5	17
39	67	32	99	15	8	23	11	5	16
40	60	37	97	14	8	22	5	5	10
41	51	27	78	13	7	20	11	7	18
計	1382	870	2252	326	221	547	79	59	138

Ⅳ　調査結果の概況

A　夜間中学生の卒業後の歩み

1.　進学状況

回答者138名中、進学者総数は男子46名、女子23名、合計69名（50％）。

うち高校進学は、男子40名（29％）、女子16名（11％）、合計56名（40％）。この高校進学は、全日制、定時制両者を含む。なお高校進学後更に専門学校、短大、大学に進学したものが6名（4％）

あつた。

各種学校進学は男子７名（５％）、女子７名（５％）、合計１４名（１０％）。各種学校の種類は、美容学校（３％）、和洋裁編物学校（３％）、マッサージ学校、簿記実務学校、ＴＶ学校、広告美術学校、外国語学校、通信教育等である。

高校進学、各種学校進学および次項の各種資格取得のためには、資格として義務教育終了を当然のこととして要求することを考えれば、一旦は中学校教育のコースから落ちこぼれた者達にとつて、いかに夜間中学の存在が貴重であるかもくみとつていただけると思う。

なお、一般中学生の進学状況は、高校高専進学率６９.６％である。（文部省調査局「日本の教育統計」Ｓ41.3　による。）

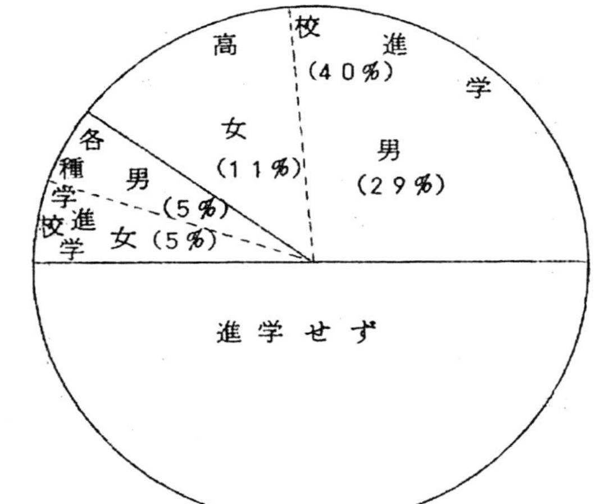

2. 資格取得状況

回答者１３８名中、資格取得者数は男子３８名（２７％）、女子１５名（１１％）、合計５３名（３８％）。資格の種類は、運転免許男子２７名女子２名、合計２９名（２１％）の他、簿記会計実務（６％）、電話交換手、タイピスト、調理士、美容師、理容師、和洋裁編物教師、生花教師、学校教師、保母、自動車整備師、溶接士、左官、マッサージ師等である。

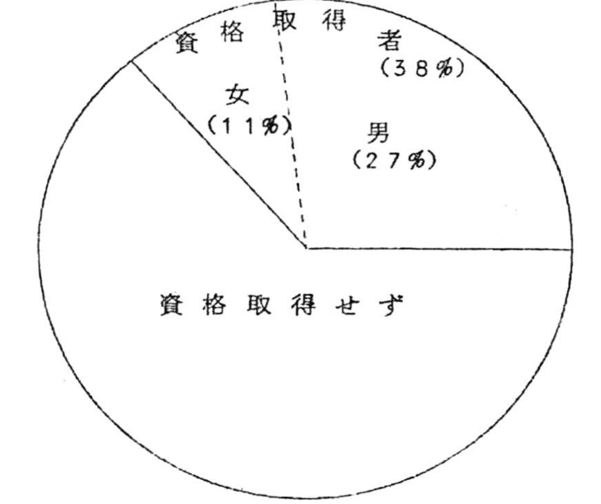

3. 卒業生の所属する産業と職業

東京都７校の夜間中学卒業生のほとんどが都内に居住し都内で働いている。従つて最近行われた調査に基く東京都内就業者の産業、職業人口の割合と夜間中学卒業生のそれとの比較を通して、その所属する産業、職業の特徴を見出し、夜間中学卒業生の社会的地位及びその生活を大ざつばに把握しようと試みた。

次に卒業生の所属する産業、職業の調査結果を表1,2で示す。

表１　卒業生の所属する産業

日本標準産業分類による（単位：人）

産業名	男	女	計	％
A 農業	0	0	0	0
B 林業，狩猟業	0	0	0	0
C 漁業，水産養殖業	0	0	0	0
D 鉱業	0	0	0	0
E 建設業	3	0	3	2.2
F 製造業	46	19	65	47.1

産業名	男	女	計	%
G 卸売，小売業	18	8	26	18.9
H 金融，保険業	0	0	0	0
I 不動産業	0	0	0	0
J 運輸通信業	1	2	3	2.2
K 電気，ガス，水道業	1	1	2	1.4
L サービス業	6	19	25	18.1
M 公務	1	0	1	0.7
N 分類不能の産業	3	10	13	9.4
計	79	59	138	100.0

表 2　卒業生の職業

日本標準職業分類による（単位：人）

職業名	男	女	計	%
A 専門的，技術的職業従事者	2	0	2	1.4
B 管理的職業従事者	3	0	3	2.2
C 事務従事者	5	8	13	9.4
D 販売従事者	13	5	18	13.0
E 農林業作業者	0	0	0	0
F 漁業作業者	0	0	0	0
G 採鉱採石作業者	0	0	0	0
H 運輸，通信従事者	6	1	7	5.1
I 技能工，生産工程作業者	41	19	60	43.5
J 単純労働者	3	0	3	2.2
K 保安職業従事者	0	0	0	0
L サービス職業従事者	4	19	23	16.7
M 分類不能の職業	0	0	0	0
N 無職	2	7	9	7.5
計	79	59	138	100.0

（42年9月）

ところで、これらの産業職業に所属する卒業生は、東京都の場合と比べどのような特徴を持つであろうか。それを次の表３４に挙げるグラフで比較してみることにしよう。

表 3　卒業生の所属する産業と東京都の場合の比較

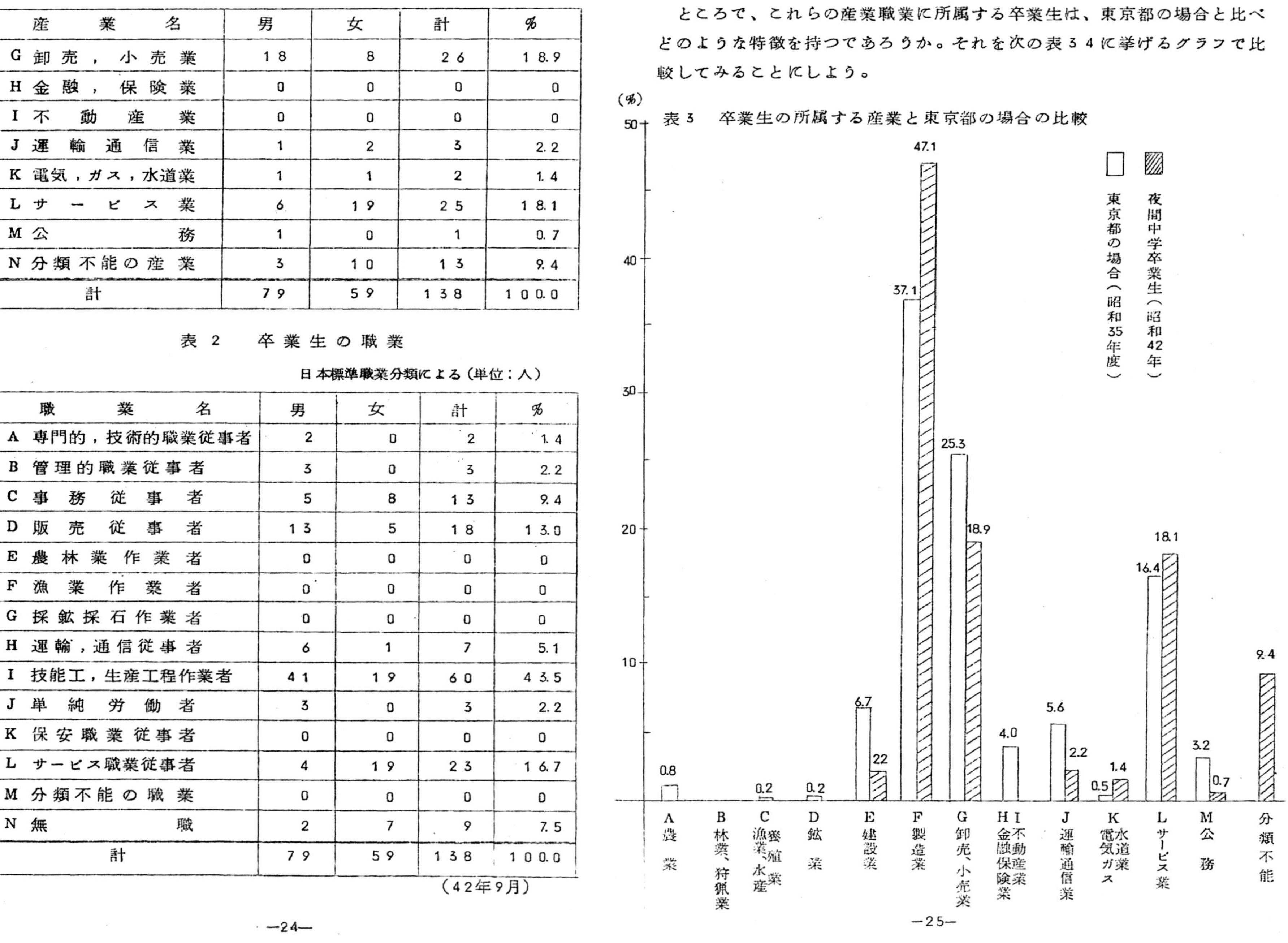

表 4　卒業生の職業と東京都の場合の比較

夜間中学卒業生（昭和42年）
東京都の場合（昭和35年度）

50
40
30
20
10

69　1.4　4.9　22　18.2　9.4　15.2　13.0　0.9　4.1　5.1　38.7　45.7　11.1　16.7

A 専門的技術的職業従事者
B 管理的職業従事者
C 事務従事者
D 販売従事者
E F 農林業作業者 漁業作業者
G 採鉱採石作業者
H 運輸通信従事者
I 技能工生産工程作業者
J 単純労働者
K 保安職業従事者
L サービス職業従事者
M 分類不能

(1)　産業について

F．製造業に属するものが４７．１％で約半数、これに続くのがG.卸売小売業とL.サービス業で両者合わせて３７％、以上３者が夜間中学卒業生の所属する産業のほとんどを占める。

都の場合に比べ、F.製造業の割合がさらに大きく、H.金融保険業、I.不動産業、J.運輸通信業、M公務に属するものがずつと少ない。

(2)　職業について

I.技能工、生産工程作業者、J.単純労働者であるものが４５．７％で約半数、次にL.サービス職業従事者が１６．７％、D.販売従事者が１３．０％C.事務従事者が９．４％と続く。

都の場合に比べ、特にI.技能工、生産工程作業者とL.サービス職業従事者の割合が大きいこと、又A.専門的技術的職業従事者、B.管理的職業従事者、C.事務従事者の割合が少いことが特徴であろう。

これをみて分ることは卒業生のほとんどが自ら額に汗して働く職業に従事する人々であることが明らかである。

(3)　ま　と　め

夜間中学では卒業してからの年数が比較的まだ短かい。平均年令は３０才程度と思われる。このことから社会の中で指導的地位にあるものは少く、社会の基底をなす労働者として生きていることが分る。

B　夜間中学に関する卒業生の考え

1.　夜間中学への親密感

アンケート　回答	回答者数	はい	いいえ
①　夜間中学を思い出すことがありますか。	１３８	１３６	2
②　卒業後母校を訪問したことがありますか。	１３８	１２６	１２
③　同期生と文通や交際をしていますか。	１３８	９７	４１
④　母校の先生と文通・交際をしていますか。	１３５	６２	７３
⑤　同窓会に出席したことがありますか。	１３６	９４	４２
⑥　同窓会に出席したいと思いますか。	１３７	１２９	8
⑦　母校の校歌のメロディーを口ずさみますか。	１４３	８１	６２
⑧　現在在学中の生徒に知人がいますか。	１３５	３８	９７

大部分の卒業生は母校を訪問しているが、交通によるつながりはぐつと少ないようだ。又教師との交通による連絡は半数にみたない。しかし同窓会への出席の希望を持つている者は圧倒的に多い。ここから今後の同窓会活動に対して何かの示唆を受けとれないだろうか。

⑨ 夜中在学中最も印象に残つたことは何ですか。	回答者117名	無回答21名

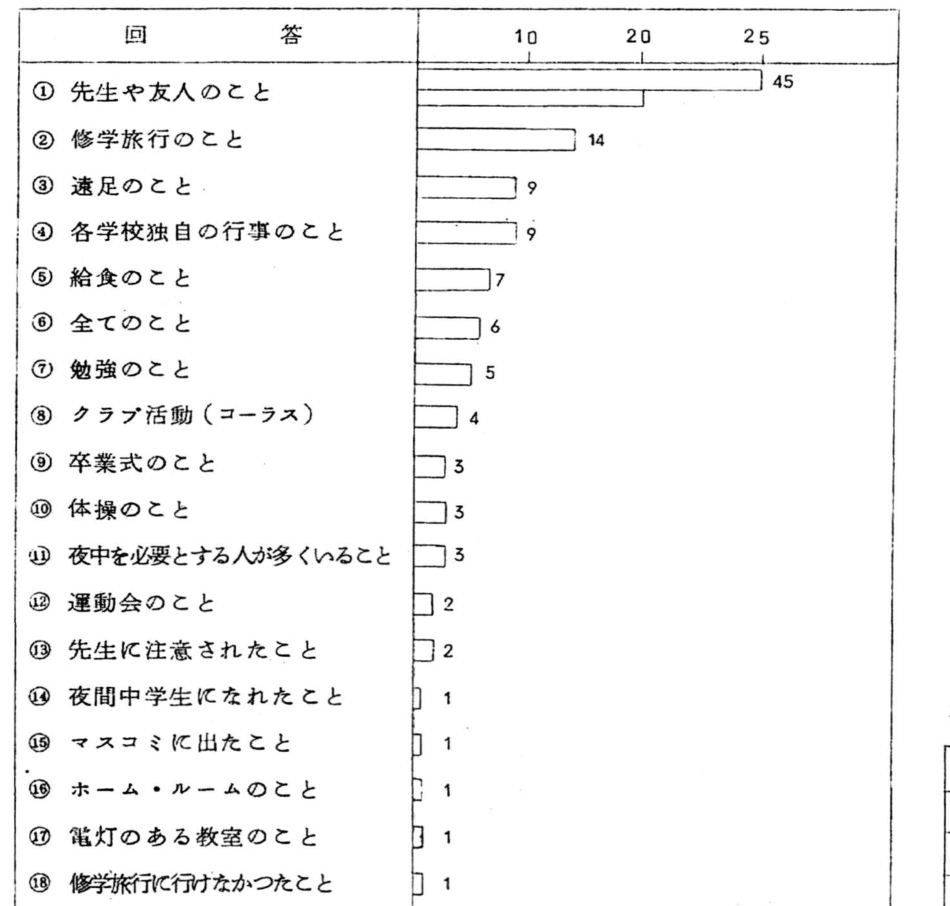

全体的に数字の上からみて、予想通り対人間関係の印象が強く残つている。（①⑪⑬）又行事に関連したことが楽しい思い出として残つているのが目立つ。とりわけ（②③）の様な校外での行事に思い出の印象をもつたものが多いのは、やはり夜間中学生の生活上の特色を表わしているといえよう。又数字の上では僅かだが、見のがすことのできない印象をもつているものも相当ある。以下いくつか卒業生の実際のことばを拾つてみよう。

「年のいかない子がこんな苦労をして明かるさをわすれないで頑張つているのだから私も頑張らなくてはと思いました」「私は小学校の時から先生も学校も大きらいでした。でも夜間にきた時から学校も先生も皆たいせつだということをしりました」「毎晩授業が終わつてから職員室に全員が集つてコーラスをした事」（以上荒川女子）

「一週間ぶつとおしで先生におこられた事」「この夜間の人たちは他人をバカにするという事がない」「先生と生徒との間の家庭的なふんいき」「学校机にむかつてすわつたとき」「社会にはぼくよりたいへんな人がたくさんいると思いました」「暗い環境の中においても皆んな明かるく助け合つた事」（以上荒川男）

「学校は学ぶ場所でもあり憩いの場所でもあつた」「会社でどんな嫌な事があつても学校に行くと忘れる事が出来ました」（以上足女）

「頭の上の電気と薄暗い教室、つかれているのにやたらと運動がしたかつた事」（足男）

「コッペパンだけの給食」（曳男）　「人間の暖かさに触れたこと」（双男）

2. 卒業生にとつての夜間中学の意義

アンケート　＼　回答	回答者数	はい	いいえ	なんともいえない
⑩ 夜間中学がなくても義務教育修了は可能でしたか。	132	20	83	29
⑪ 夜中生活を経験して物の考え方が変りましたか。	132	114	18	
⑫ 夜中卒業は有意義だつたと思いますか。	135	128	7	

義務教育終了に関しては夜間中学のお蔭と感じている者が大多数、又精

神的面から見ても、自分の考え方が変わつたと意識している者が頗る多いことは注目すべきである。従つて夜間中学を卒業したことの意義を認めている者が極めて多いのも宜哉であるといえよう。

3. 夜間中学卒業生であることの差別意識

アンケート ＼ 回答	回答者数	はい	いいえ
⑬ 自分が夜間中学を卒業したということを周囲の人に話せますか。	137	115	22
⑭ 夜間中学卒業ということで差別されたことがありますか。	138	5	133
⑯ 夜間中学に通学することは恥かしいことだと思いますか。	128	18	110

⑮ 夜間中学を卒業したことを話した時 周囲の人はどんな反応を示しましたか。	99	無回答 39人

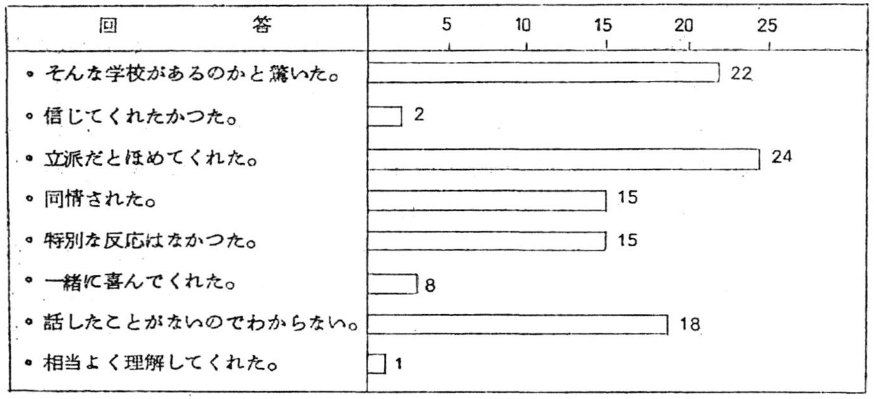

回答	人数
・そんな学校があるのかと驚いた。	22
・信じてくれたかつた。	2
・立派だとほめてくれた。	24
・同情された。	15
・特別な反応はなかつた。	15
・一緒に喜んでくれた。	8
・話したことがないのでわからない。	18
・相当よく理解してくれた。	1

⑬⑭では大多数が、自分が夜間中学の卒業生であることを周囲の人に話すことができるとし、またそのために差別されたことはないと答えている。この回答の限りでは我々夜間中学関係者はほつとさせられるのであるが、これを⑮の回答とあわせて分析してみると、この回答を素直に肯定して喜んでばかりはいられないものが浮かび出てくる。

なぜならば、⑮で全回答者の３割に当たる３９名もの者がこのアンケートには無回答であるうえ、「話したことがないのでわからない」という者が１８人もいるのである。大多数が、夜間中学を卒業したということを人

に話すことができると頭では割り切つていながら、実際には周囲の人にそれを話せないでいる者が相当いることがわかる。

だから夜間中学を卒業したということで差別を受けたことはないと答えている者が多いからといつて、夜間中学の卒業生たちが本当の意味で差別を受けていないと考えてよいかどうかは疑問である。しかしこの疑問は残るにしても、実際に卒業生たちが夜間中学出であるということで差別を受けていないということは嬉しいことであり、我々を勇気づけてくれるものである。⑯では、「夜間中学に通学することは恥かしいことではない。」と大多数の者が答えているが、このことからも、彼らが相当しつかりした意識をもつて生活していることがうかがえる。

4. 卒業生の現状

アンケート ＼ 回答	回答者数	はい	いいえ	なんともいえない
⑰ 自分の現職に満足していますか。	129	68	22	39
⑱ 自分の学歴に満足していますか。	130	26	76	28
⑲ 卒業後生活はよくなつていると思いますか。	134	108	1	26

現在の職業に満足している者が過半数であるのに対し、学歴に対してはその逆で過半数以上が上級以上の課程を望んでいるのは興味のある姿で、ここから彼らの強い勉学への意欲を汲みとることができる。一方生活状態は向上していると答えている者は回答者の８割を占めていることがわかる。

5. 夜間中学への希望

⑳夜間中学在学中にもつとこうすればよかつたということがありますか。

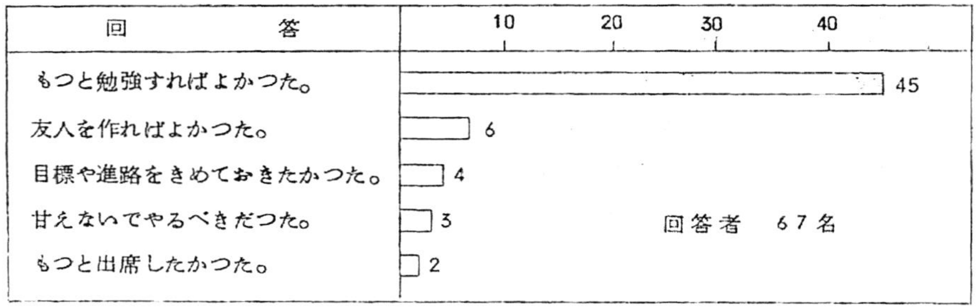

回答	人数
もつと勉強すればよかつた。	45
友人を作ればよかつた。	6
目標や進路をきめておきたかつた。	4
甘えないでやるべきだつた。	3
もつと出席したかつた。	2

回答者　６７名

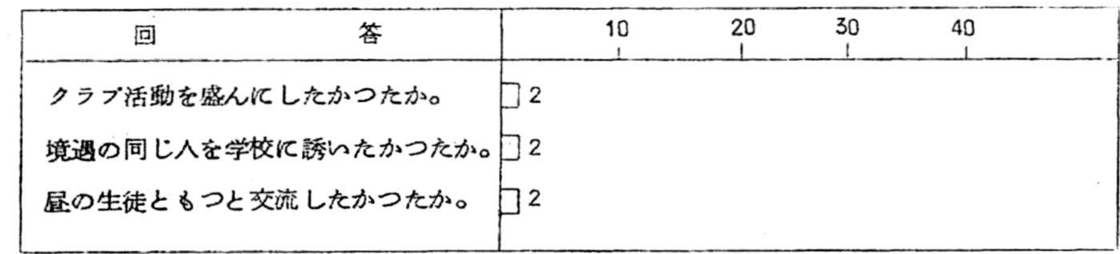

回答
10
20
30
40
クラブ活動を盛んにしたかつたか。
2
境遇の同じ人を学校に誘いたかつたか。
2
昼の生徒ともつと交流したかつたか。
2

㉑現在の夜間中学生たちに言いたいことがあつたら書いてください。

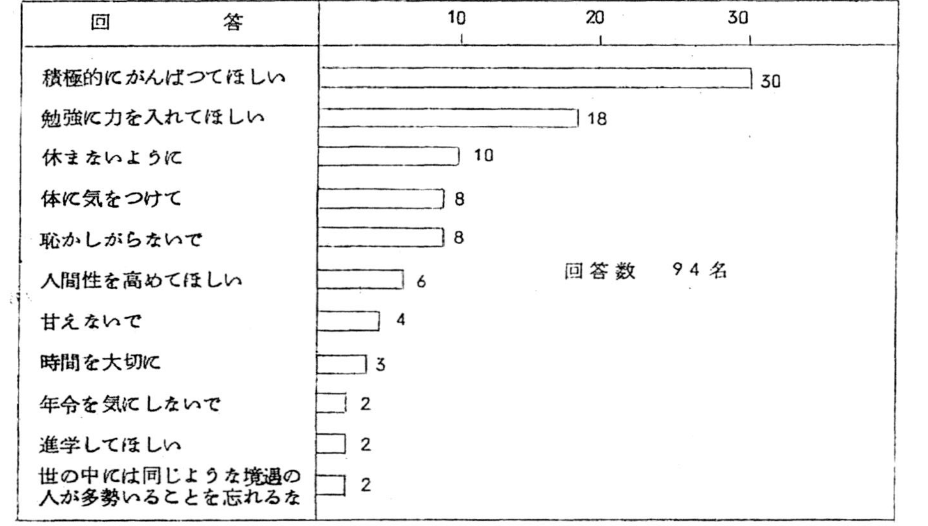

体に気をつけて

恥かしがらないで

人間性を高めてほしい

時間を大切に

年令を気にしないで

世の中には同じような境遇の人が多勢いることを忘れるな

㉒夜間中学の先生に対して何か注文があつたら書いてください。

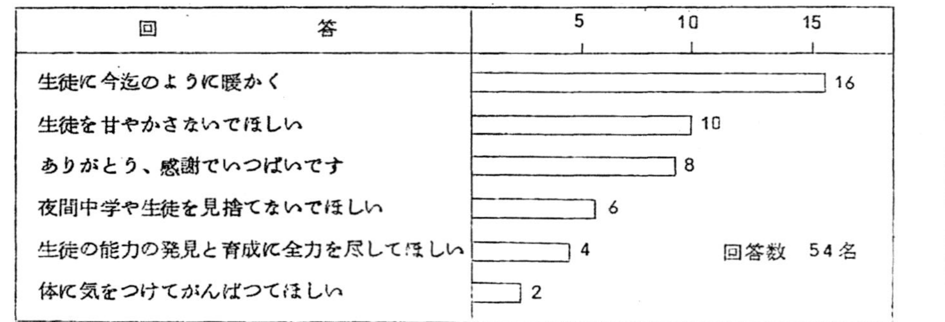

生徒に今迄のように暖かく

夜間中学や生徒を見捨てないでほしい

生徒の能力の発見と育成に全力を尽してほしい

回答数　54名

⑳在学中にもつとこうすればよかつたことは、という質問に対しては回答者の圧倒的多数が「もつと勉強すればよかつた」と答えている。この中には「もつと勉強する時間がほしかつた」と答えたものもある。働きながら学校に通い、勉強する時間を持てずに社会に出てしまつた夜中生にはこれは切実な問題であつたと思われる。「甘えてないでやるべきだつた」、「もつと出席したかつた」等の回答も夜間中学ならではのものと思われる。この他に数は少ないが「時には太陽の下、明るい所で勉強や体操をしたかつた」とか「話しというと仕事の話ばかりだつたが、もつと学生らしくつき合いたかつた」等という答もあつた。

㉑夜間中学生達に言いたいことは、という質問に多くの人は「積極的にがんばつてほしい」という励ましの言葉でこたえている。この答えも具体的に表わすと以下の、勉強に力を入れるようにとか、休まないように等々の答えと内容が重なるものであろう。

㉒夜間中学の教師に対する希望としては、その多くが「生徒に暖かくしてやつてほしい」とか「家庭がわりになつてめんどうを見てほしい」という答えである。その暖かさの反面として、「甘やかしすぎないように」という希望が二番目に多い。夜間中学はそこにやつて来る恵まれぬ生徒達を暖かくつゝむ場であると同時に教師は生徒が種々困難にもめげず生活して行かれるように力をつける厳しさもあわせ持つことを要求されるわけである。又そこを卒業した生徒の多くが教師に対して心から感謝の気持を持つていることもうかがえる。

6. 社会の中での夜間中学の位置づけ

アンケート ＼ 回答	回答者数	はい	いいえ	なんともいえない
㉓ 最近の夜間中学に関するニュースを見聞きしたことがありますか。	135	84	51	
㉔ 夜間中学校はあつたほうがよいと思いますか。	136	113	5	18
㉕ 夜間中学を制度化したほうがいいと思いますか。	135	90	11	34

㉖ 夜間中学を廃止せよという意見もありますがそれについてどう思いますか。	110	無回答　２８人

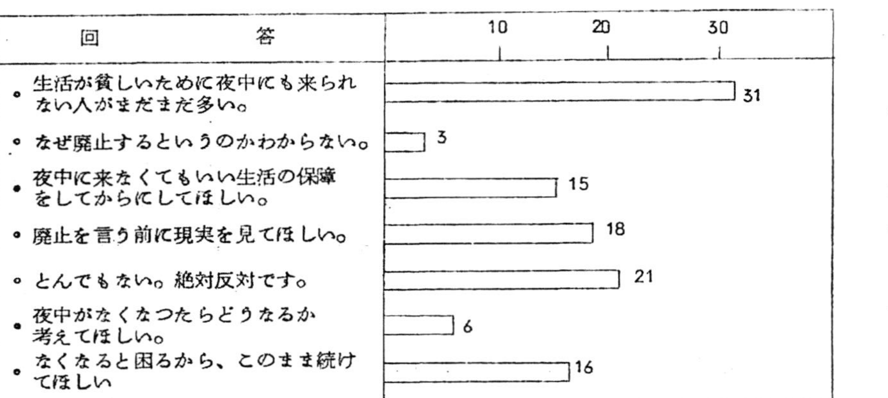

生活が貧しいために夜中にも来られない人がまだまだ多い。 31
なぜ廃止するというのかわからない。 3

とんでもない。絶対反対です。 21

なくなると困るから、このまま続けてほしい 16

㉗ 夜間中学の存在する現代社会にどんな注文がありますか。	回答者　114人	無回答者　24人

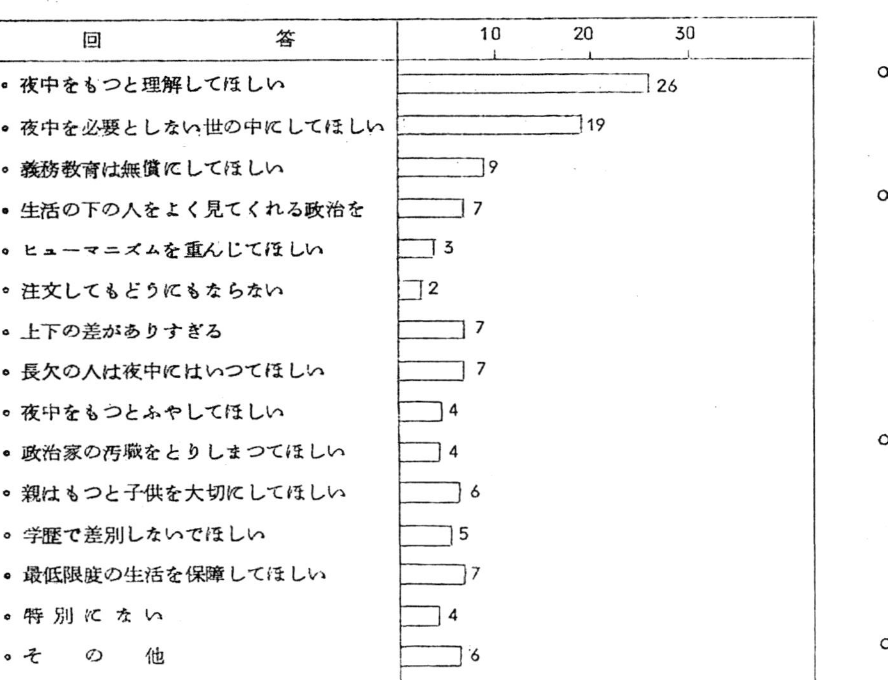

回　答
10
20
30
夜中をもつと理解してほしい 26
夜中を必要としない世の中にしてほしい 19
義務教育は無償にしてほしい 9
生活の下の人をよく見てくれる政治を 7
ヒューマニズムを重んじてほしい 3
注文してもどうにもならない 2
上下の差がありすぎる 7
長欠の人は夜中にはいつてほしい 7
夜中をもつとふやしてほしい 4
政治家の汚職をとりしまつてほしい 4
親はもつと子供を大切にしてほしい 6
学歴で差別しないでほしい 5
最低限度の生活を保障してほしい 7
特別にない 4
その他 6

㉓では、夜間中学のニュースに一番敏感であつていい筈の彼らなのだから圧倒的に「はい」が多いだろうと予想していたが、意外なことに「いいえ」と答えた者が３７％もいることがわかつた。このことから、彼らの多くが新聞やテレビのニュースをよく見ていないか、見るゆとりのないことが指摘できると同時に、逆に夜間中学の側からのＰＲがまだまだ足りないのだということを汲みとることができる。

㉔の「夜間中学はあつたほうがいいか」という問いに対して、「いいえ」や「なんともいえない」と答えた２３人の㉖㉗の回答を検討してみると、『夜間中学は現状ではなくては困るが、積極的に肯定できるものとはいえない。』というような考えからこのように答えたことがわかる。㉕の制度化の是非についてでも全く同様な考え方から「いいえ」や「なんともいえない」と答えている者が多くなつていることがわかる。

㉖㉗については寄せられた回答の中からいくつかを選んでそのままを紹介させてもらうことにする。

㉖夜間中学を廃止せよという意見について

o なくす前に、よく夜間中学の本当の姿を見て考えてからにしてください。現在廃止を口にしている人は二部がなくなつたあとの、たくさんの困る人達がどうなるかよく考えてみてください。ＭＨ（37年卒・女・21才）

o 私は中学の時父が死んだために働きに出る母にかわつて弟の面倒をみなければならず学校に行けなくなりました。家がいくらからくになつた時には中学の年令はすぎていて入れてもらえませんでした。夜間中学のお蔭げで学校を卒業できました。私の友だちにも私みたいな人が何人かいます。夜間中学は廃止しないで、このままそつとしておいてください。Ｔ・Ｓ（４１年卒・女・２４才）

o 夜間中学を必要とする人がいる以上、廃止には反対です。私たちがそうであつたように一日の仕事から解放されて本来の中学生にもどつて先生や友達とおしやべりを楽しむのは勉強と同じくらい大切な時間だつたと思います。こんなささやかな喜びを持つ人がいるかぎりどうか夜間中学を続けてください。Ｍ・Ｍ（３２年卒・女・２７才）

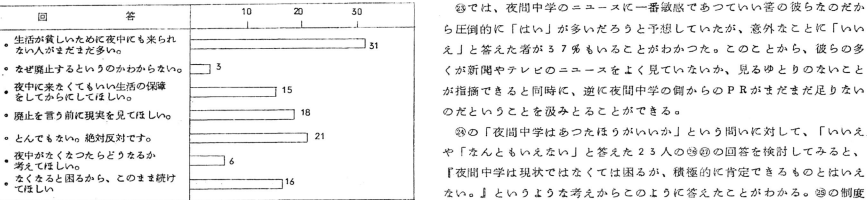

o 夜間中学を廃止せよという事はつまり昼間の学校に行けない者は学校に

行かなくてもよいという事になります。学校だけが人生のすべてではないけれど現在の世の中に果してそれが通用するかが問題です。中学が義務教育である以上等しく学校で学ぶべきです。廃止を叫ぶ前に夜間の生徒の前途を考えて下さい。AK（３９年卒・女・４２才）

o 夜間中学を廃止する問題より学校へ通えない者をどうするかが問題ではないですか。HT（３８年卒・男・２１才）

㉗夜間中学の存在する現代社会への注文

o 激しい貧富の差、入試目的のための教育が存在している間は夜間中学の必要性はなくならないと思います。国としてこの問題に対してしつかりした対策をたて安心して学校に行かれるようにしてもらいたい。T・S（３８年卒・男・２３才）

o 現代社会は第一に学歴を重視するけれども学歴だけでその人を左右せずその人の時つている技能をもつと重視してほしい。

子供の親となつたらどのような事があつても子供の義務教育だけは責任を持つて授けてほしい。T・N（３７年卒・女・３４才）

o 夜間中学を廃止せよという前に学令の子供が生活のために働かなくてもすむような生活保障が必要。9／22日の夕刊に「無形文化財一弦琴奏者の老女医療扶助打切り」の記事を見つけ、いかに法とはいえ人間らしさの失われた現代の政治のやり方に腹を立ちます。老い先短い老人の首をしめるような事をしないでもつと働きざかりの政治家の汚職をとり締まつてもらいたいものです。SM（３４年卒・女・２４才）

o 夜間中学に学ぶ人は決して悪い道へ走るようなことはしない。非行少年もここで学ぶようになればきつと悪の道から遠ざかつていくと思います。だから長欠の人は夜間中学で学ばせるべきです。僕の友だちもよくなつた人がいます。YH（３８年卒・男・１９才）

o 今の社会は外見だけよくなつているが、一人一人よく見ると苦しい生活をしている人が多くどうにもならないことばかりだ。外見と中味が早く一対になるような社会にしてもらいたい。MS（３６年卒・女・２３才）

V　おわりに

昨年１１月２９日に行政管理庁から「年少労働に関する行政監察結果」をまとめた勧告が出された。その中で夜間中学については次のように述べられている。

『全国２７校ある夜間中学は学校教育法上認められていないので、適切な保護措置のうえなるべく早く廃止する。』（41. 11. 30 東京新聞）

夜間中学校と教育法との関係についての夜間中学としての考え方や要望は「東京都夜間中学校１４年の歩み」にまとめられているのでここでは触れないが、この調査をしながらも絶えず我々の頭には、「夜間中学早期廃止」を打ち出してきたこの勧告に対する我々の回答をまとめなければならない。という使命感のようなものが渦巻いていたのである。

たしかに、適切な保護措置を講じて義務教育からの脱落者がこれ以上生み出されないようにすることは最大の急務であり、このことは我々夜間中学校関係者がずつと以前から要望しつづけてきたことである。しかしそれは容易なことではない。ということは現在の東京都の場合を考えてみても、昭和38年度以来長欠率が固定化し、中学においては少しずつ上昇している（４０年度、教育庁調査統計第２２１号）ことを例に出すまでもなく誰もが認めている事実である。

また仮に、一歩ゆずつて学令の長欠者については勧告の指摘通りに事態を好転させ得たとしても、それには依然として昭和２２年の新学制発足以来生み出され、放置され続けてきた多数の長欠過年児の問題が残つてしまうのである。夜間中学校関係者は、この点に関してもつと我々に明るい展望を持たせてくれるような解決策を待ち望んでいるのである。

さて、ここで最初に掲げたこの調査の目的にもどつて、もう一度この調査結果を見直してみよう。

Ⓐでは、義務教育すら正常な形で受けられなかつた彼らが、夜間中学卒業後その半数が進学しており、その他の者の大多数もまた進学を希望している事がわかつた。このことは彼らがいかに強い向上心を持つているかを物語つている。また彼らのほとんどが肉体労働に従事しているのであるが、Ⓑの調査から、彼らの多くがそうした自分の現在の仕事に満足して働いていること

もわかつた。額に汗して働く仕事に満足しながらもなお勉学への意欲を持ち続けているという所に、夜間中学卒業生のたくましさが躍如としているのを見ることができる。

だから夜間中学の教師は、夜間中学生に対して「あたたかく」接すると同時に彼らの実力をとことんまで鍛える「厳しさ」を合わせ持つことを要求されているのである。

夜間中学校の存在に関しては、この項の冒頭に触れた行政勧告の指摘のように、「これ以上長欠者を生み出さないようにしてほしい。」というのが卒業生たちの願いであるが、更に学令超過者に対しても国として責任を持ち、そのために現在唯一の救済の場である夜間中学の存在をもつと大切に考えてほしいというのが彼らの主張であることを、このささやかな調査が明らかにしているといえる。

附　1.

追跡調査に当つて、八王子五中の場合、地域的な特殊性から抽出者に対してアンケートを発送しようにも住所の分らない者が多いために、卒業生の一人一人を訪ね歩いて調査しなければならなかつた。これはその時の訪問調査記録をまとめてもらつたものです。

困難極めた卒業生追跡調査

この調査をどうするかを思案してみたが、本校の場合には、卒業生に面接して調査してみることにし、まず、H子から始めることにした。H子の住所の□□地区は番地が入り組みとびとびにもなつているのでどうしても見つけ出せない。この地域にくわしい雑貨店の主人の助けをかりることにする。その主人はH子の家は多分第九小学校のそばにあつたのではないか、それに、手もとの所番地も違つているらしい。やはり、第九小学校の近くかと第九小学校の附近を尋ね回つたが徒労だと思われた。しかし、当てずつぽうが当つて、家を突きとめた。本人はいない。留守番の隣の菓子屋の老婆にきくと、夜でなければ帰らないという。本人がいないのではどうにもならない。M男の家にいつてみよう。M男の家も□地区だから探すのは困難だろう。懇意にしているY食料品店の者にきいてみたが、そんな番地には、Mというものはいない、交番に行つた方がいいという。交番でも、M男という人物はいないという。念の為に当該番地まで行つたが、なる程、M男というものはいない。今日は、これで二人とも不明である。仕方がない。

三人目のK男を探そう。K男の家はすぐわかつた。然し、出て来た父は、K男が数年前に自動車事故で死亡してしまつたといつた。これだけで、すでに午前中の時間をついやす。午後の第一番目はS代の家である。私の手もとの住所の番地は□番地なのに、探し当てた家は□番地になつてしまつている。これだけで第一日目は終りなのだ。もう探しようもない。たしかにこの家だつたのだがいい。

第二日目、激しい雨、小降りになつたのは午後である。S代の家をやつと見つける。父親はS代はすでに嫁に行つてしまい、この彼岸でなければ帰らないというので、調査票をおいてくる。次は、東□[A]君の家だ。ところがこの番地もかわつてしまつている。また、交番に行つたが、警官は、どうも、その番地には家は建つていないという。

第三日目の第一の訪問は昨日と同じ交番である。M代とK一の家を聞く為だ。今日は運がいい、二人ともすぐ見つかる。だが二軒とも誰もいない。附近の人たちの話では、二軒とも夜遅くか日曜でもないといないという。先日の[A]の家をやつてみつけて弟という者に彼の消息を尋ねたがさつぱり要領を得ない。S江の家はなかなかわからない。折から通りかかつた郵便配達員にきくと、すぐ教えてくれる。訪問したがS江は□の□ビルにいるという。徒労のような気がする。

第四日目、方向を変えて西方面に向う。S女を探すためだ。I男、N男、T男、みな番地がちがつているのか、手がかり皆無、K江の家を見付けたがすでに夕闇が迫つていた。

第五日目、日曜である。日曜には在宅しているかもしれない。というM代、K一の家に行く。やつと会う。M夫の家も近くにあることがわかる。[B]、[C]□は転宅。[B]は転宅先不明、[C]は住み込み先の□裁縫所が移転してしまつている。

第六日目、同期の交際の広いものを尋ねる重点方針をとる。だが、この方法も、結婚や家を出ていたりで実際には成果なし。

実動一週間、調査できたのは、僅かに三、四名。一日一名にもならない。夜間中学の卒業生の生活の浮動は、こんなにも激しいものなのか。調査の困難さは、全く予想外のものであつた。今後は、調査の期間をもつと長くとることや情報を集めておくことなど、相当の準備を重ねて実施すべきであると、痛感した次第である。

八王子五中　（平）

附 2. 調査用紙

A　夜間中学卒業生のその後の歩み

東京都夜間中学校研究部

調査年月日（　　年　　月　　日）

※整理番号

学校名	卒業年度	番　号

ふりがな	
氏　名	

（変更姓）

（男・女）生年月日　明治・大正・昭和　　年　　月　　日

卒業時　満　　才

夜間中学卒業より現在（　　年　　月）までの略歴を書いてください。

昭和　年　月	住　　所	資格取得・学歴（進学先）	職　歴（事業所名）	職種（やっている仕事）	備　　考
卒業時					

B　夜間中学校に関する卒業生の考え

① 夜間中学事を思い出しますか。（はい・いいえ）
② 夜間中学卒業後母校を訪問したことがありますか。（はい・いいえ）
③ 夜間中学の同期生と文通や交際をしていますか。（はい・いいえ）
④ 夜間中学時代の先生と文通や交際をしていますか。（はい・いいえ）

⑤ 同窓会に出席したことはありますか。 （はい ・ いいえ）

⑥ 同窓会があつたら出席したいと思いますか。 （はい ・ いいえ）

⑦ 母校の校歌のメロディーを楽しく口ずさむことがありますか。 （はい ・ いいえ）

⑧ 現在夜間中学に在学している生徒の中に知人はいますか。 （はい ・ いいえ）

⑨ 夜間中学に在学中最も印象に残つたのはどんなことですか。 （　　　）

⑩ 夜間中学なくても義務教育修了は可能でしたか。 （はい ・ いいえ ・ なんともいえない）

⑪ 夜間中学生活を経験して自分の物の考え方が変つたと思いますか。 （はい ・ いいえ）

⑫ 夜間中学を卒業したことは自分にとつて有意義だつたと思いますか。 （はい ・ いいえ）

⑬ 自分が夜間中学を卒業したことを周囲の人に話せますか。 （はい ・ いいえ）

⑭ 夜間中学を卒業したことで差別されたことがありますか。 （はい ・ いいえ）

あつたとしたらそれはどんな場合でしたか。 （　　　）

⑮ 夜間中学を卒業したことを話したとき、周囲の人はどんな反応をしめしましたか。

（　　　）

⑯ 夜間中学に通学することは恥かしいことだと思いますか。 （はい ・ いいえ）

⑰ 現在の自分の職業についてどう思いますか。 （満足している ・ できればかわりたい ・ なんともいえない）

⑱ 現在の自分の学歴についてどう思いますか。 （満足している　できれば進学したい　なんともいえない）

⑲ 夜間中学卒業当時とくらべて、自分の現在の生活はよくなつていますか。 （はい ・ いいえ ・ どちらともいえない）

⑳ 夜間中学在学中にもつとこうすればよかつたということがありますか。 （はい ・ いいえ）

あつたらそれを書いてください。 （　　　）

㉑ 現在の夜間中学生たちに言いたいことがあつたら書いてください。 （　　　）

㉒ 夜間中学の先生に対して何か注文があつたら書いてください。

（　　　）

㉓ 最近の夜間中学に関するニュースを見聞きしたことがありますか。 （はい ・ いいえ）

㉔ 夜間中学校はあつたほうがよいと思いますか。 （はい ・ いいえ ・ なんともいえない）

㉕ 夜間中学を制度化（法律で認定する）したほうがいいと思いますか。 （はい ・ いいえ ・ なんともいえない）

㉖ 夜間中学を廃止せよという意見もありますが、それについてどう思いますか。（　　　）

㉗ 夜間中学の存在する現代社会に対してどんな注文がありますか。

（　　　）

㉘ あなたの近況をお知らせ下さい。

（　　　）

—42—

夜間中学生の生活指導上の問題点

東京都夜間中学校研究会
生活指導部

I〕 夜間中学生の生活指導上の問題

夜間中学校の生徒は、入学そのものからして既に何らかの意味で問題を持つている者である。つまり簡単に言つてしまえば、夜間中学生の多くは、大なり小なり、何かの意味で生活指導上の問題点に繋がる問題を持ちやすい立場に立つているのである。

それ故に、夜間中学校の生活指導の方向は、このいろいろの問題を、彼等の生活あるいは性格からいかに減価するかに向けられることが大きいと言える。しかし、このような生徒の問題は、一口に言つて、その生徒の入学前からの問題の持ち込みであることが殆どなので、問題そのものが教育の範囲を越えて非常に深く、学校教育内での改善が困難なものが多いといつてよい。

（だが、このような問題そのものが非常に改善困難とはいえ、夜間中学の生活を通して、生徒が自分の生活問題をよく処理していく場合も見逃しえないことである。この点は、夜間中学校の生徒の毎日の明るい生活や、また、発足以来の夜間中学校の卒業生数、及び、高校・大学・各種学校への進学者数などを見ても端的にわかるであろう。）

夜間中学の生活指導の問題点をここで取り上げてみるとき、大きく分けると、①生活指導の問題の現況の解明と、それを解きほどくべき何らかの②指導方法とに研究課題が分かれると思う。しかし、私たちは今回は、後者には触れずに、時間的制約もあつたので、前者のみに停めたのであるが、以後この研究の継続が、後者・指導方法の面に新しい時点で触れられる時が来ると思う。

Ⓐ 東京都夜間中学校在籍者年令構成

性＼年令	12才～15才	16才～20才	21才～	計
男	31	74	49	154
女	25	37	41	103
計	56	111	90	257

Ⓑ 東京都夜間中学校在籍者中の長欠年令構成

性＼年令	12才～15才	16才～20才	21才～	計
男	2 (6.4)	15 (20.3)	8 (16.3)	25 (16.2)
女	1 (4.0)	8 (21.6)	11 (26.8)	20 (19.4)
計	3 (5.4)	23 (20.7)	19 (21.1)	45 (17.5)

（　）中は長欠率

Ⓒ 東京都夜間中学校在籍者中生活指導上問題を抱える生徒

性＼年令	12才～15才	16才～20才	21才～	計
男	5 (15.9)	7 (9.5)	1 (2.0)	13 (8.4)
女	4 (16.0)	1 (2.7)	1 (2.4)	6 (5.8)
計	9 (16.1)	8 (7.2)	2 (2.2)	19 (7.4)

（　）は在籍者中に占める率

Ⓓ ⒷⒸ表中の合計

性＼年令	12才～15才	16才～20才	21才～	計
男	7 (22.6)	22 (29.7)	9 (18.4)	38 (24.7)
女	5 (20.0)	9 (24.3)	12 (29.3)	26 (25.2)
計	12 (21.5)	31 (27.9)	21 (23.3)	64 (24.9)

（　）は在籍者中に占める率

Ⓔ　東京都夜間中学生の長欠理由

年令	性別	家庭：家事多忙	家庭：家庭問題	勤務多忙	学校：学力不足	学校：学校の価値を認めず	性格行動：不良行為	性格行動：非社会的	病気：ノイローゼ	病気：内科的	その他	計	計
12～15	男						1	1				2	3
	女						1					1	
16～20	男	1	ⓐ 2	ⓑ 2			ⓒ 2	2	1	4	1	15	23
	女	1	2	1	1		2	1				8	
21～	男			4		ⓔ 3			1			8	19
	女	ⓓ 6		1	1			1		2		11	
小計	男	1	2	6	0	3	3	ⓕ 3	2	4	1	25	45
	女	7	2	2	2	0	3	2	0	2	0	20	
計	男	3		6	3		6		6		1	25	45
	女	ⓖ 9		2	2		5		2		0	20	
	総計	12		8	5		11		8		1		45

内科的病気は、次のようなものである。
（じん臓病３，胃かいよう２，心臓病１）

Ⓕ　東京都夜間中学校における生活指導上に問題をもつ生徒の問題別分類

年令	性別	家人と不和	仕事：転職多し	仕事：勤労意欲に欠く	性格行動：不良行為	性格行動：非社会的	病的	計	計
12～15	男		1	ⓗ 3	1	2	1	8	14
	女	1			1	2	2	6	
16～20	男		1		ⓘ 4	3	1	9	10
	女				1			1	
21～	男						1	1	2
	女						1	1	
小計	男	0	2	3	5	ⓙ 5	3	18	26
	女	1	0	0	2	2	3	8	
計	男	0	5		10		3	18	26
	女	1	0		4		3	8	
		1	5		14		6		26

∴　１名の問題生徒が２項目以上にわたる場合があり合計は人数と一致しない。

—45—

Ⓖ　ⒷⒸのグラフ（パーセンテイジによる）

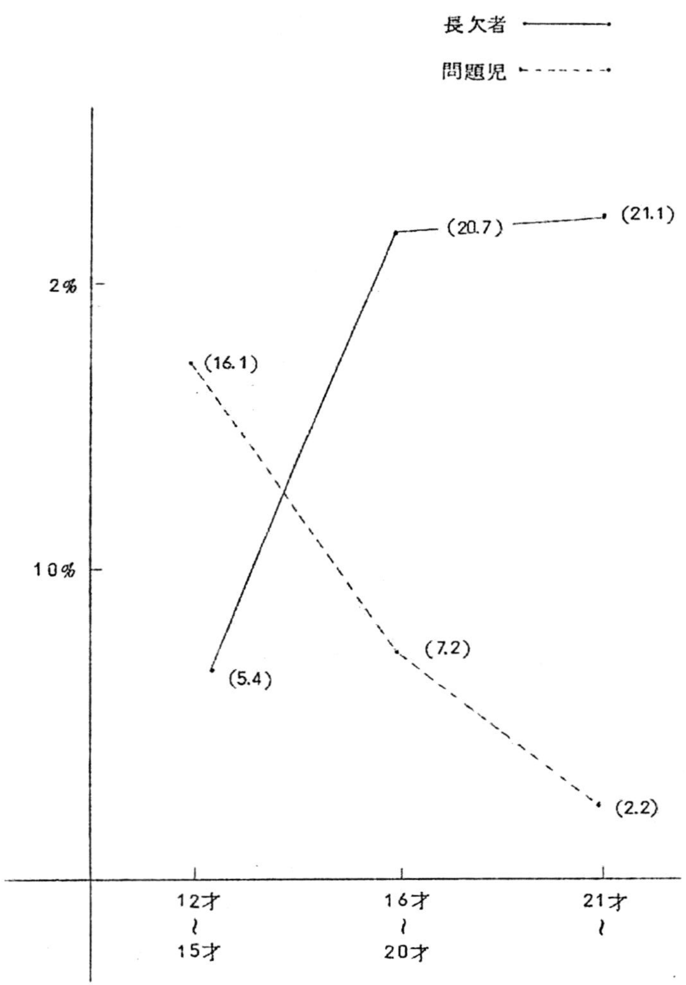

長欠者 ———
問題児 - - - - -

2%
10%
(16.1)
(20.7)
(21.1)
(5.4)
(7.2)
(2.2)
12才～15才
16才～20才
21才～

—46—

Ⅱ〕 問題の傾向

夜間中学校での生活指導上の問題生徒とはどういうものだろうか。我々はやはりここから問題を考えていかなければならないと思うが、ただ「問題」の概念を夜間部だからという理由で、普通の昼間の生徒を対象とするとき使われる「問題」の概念と異るものと思う必要は全くないと思う。というのは根本的に夜間部の生徒も、人間として昼間部の生徒と少しも異るところはないからである。

そこで、このような問題性の概念規定は一応常識に任せて、今回は次の2点から夜間中学校の生活指導上の問題を覗いてみよう。

◎ 夜間中学校の長欠者

◎ 長欠者以外の問題行為生徒

ここで注意をすることは、生活指導上の問題の中に長欠の問題を含めてみたことである。むろん、長欠者が即そのまま問題行動者ではないが、どうみても学校生活継続を生活指導の重要な方向としなければならない夜間中学に於ては、長欠者そのものを直接生活指導の問題として取り上げない限り、対象生徒の一般的傾向を見落すことにもなると思うのである。

さて、以上のようなことを含んで、調査（対象：都内7校在籍生徒全員、記入方法：担任の観察による自由形式記入）の結果をみてみよう。

先ず （表 Ⓓ）

(1) 都内夜間中学校では、生徒四人につき一人は長欠者か生活指導上に問題を持つ生徒を抱えている。——これは夜間中学校が生活指導面で大変高率な問題を抱えていることを端的に示していて、むしろ、夜間部関係者には当然すぎる結果である。

次に、（表 Ⓑ，Ⓒ，Ⓖ）

(2) 年令構成からみると、長欠生徒は過年者に多く、逆に生活指導上の問題生徒は適令生徒に多いということである。—— この傾向はどういうことを物語つているのであろうか。次に、長欠者、問題生徒と別々に結果を眺めてみてから、この傾向をもう一度考えてみよう。

Ⅲ〕 長欠生徒への考察 （表 Ⓑ，Ⓔ）

先ず、年令上の3区分に従つてその各区分の特徴をみてみよう。

(1) 適令生徒（12才～15才）

(イ) この層には長欠者は殆どみ当らない。

(ロ) 長欠理由が生徒の性格的な理由による。

(2) 未成年過年生徒（16才～20才）

(イ) 長欠理由が家庭問題にからまるものが多い（E-a）—— この年令層では、親の家庭から独立がまだ出来にくい年令か、親の転職、家人の無理解の犠牲、家庭が学校から遠い点などが挙げられている。

(ロ) 当人の勤務先の事情によるもの（E-b）——次の成人層と関係させて考えれば、年令の進むに従つて勤労の生活の中に占める比重が特に男子に重くなつてくる。

(ハ) 性格上の理由によるもの（E-c）——青年期の特徴か、放浪、盛り場徘徊、怠け等がこの事例に挙げられる。非社会的理由については後述。

(3) 成 人 層 （21才以上）

(イ) 女子層に家事・育児の為の長欠理由が目立つ（E-d）

(ロ) 勤務事情に依るもの（E-b）—— 未成年過年生徒(ロ)項と同じ理由であるが、この長欠者は未成年層のそれよりさらに目立つてくる。

(ハ) 男子でこの群の中に自分の目的が学校の目的と合わないという考えで長欠になる者が目立つ（E-e）—— この事例としては、やはりただこの年代は単に現実的になりやすいのか、生活における教養の比重の軽視と誠にせまい個人的考えによつてしか学校教育を見られないものを見る。この年代になつて、人間ははじめて大人の準備として本当に冷い現実をみつめはじめるのかもしれない。

Ⅳ〕 生活指導上の考察

Ⅲと同じ年令の3区分で考えてみる。

(1) 適令生徒（12才～15才）

(イ) 勤労意欲に欠くものの比重多い（F-h）——これは、この年令で現実に勤労することは、身心両面から非常な無理と矛盾に生徒自身ぶつかるということかもしれない。別の言葉で言えば、適令児での就労はその生徒の人間形成にとつて問題大であると言うことであろう。この若年就労の影響については後日、十分研究をつまねばならない重要な課題となる。

(2) 未成年過年生徒（16才～20才）

素行上の問題が比重が重い。（F-i ）――（Ⅱ．2．へ）参照

(3) 成　人　層　（21才以上）

問題行動は殆どないと言える。

V〕考察から仮説へ

以上、長欠生徒と問題行動の生徒の現況をごく簡単に年令層別に考察してきたのであるが、ここで、長欠と問題行動の項を合せて再び考えてみたい。

(1) 成　人　層

- 登校を決意するには、相応の真面目な意志が働いていると思われ、いわゆる学校として問題となる生徒はいない。むしろその意欲は盛んである。
- しかし、一面、この年令層の生徒は、すでに大人として生活をはじめているため、職場からの労働の圧力をうけやすく、また、どうせ中卒資格をとらなくてもともとという諦めに近いモロさがどこかにあるようである。
- 夜間中学の利用性は、この年令の層は比較的資格取得より教養的なものの比重が大きくなる。

(2) 未成年過年生徒

- 一口に言つて、この年令層の社会（家庭においても）に占る位置は不安定なものであろう。そのアンバランスからくる問題行動が多い。
- 家庭において、―― 家庭からはそろそろ成人としての要求も出てくるのであろうが、当人はまだ自信をもたない段階。つまり、逆に言うと、家庭内の登校を不可能にする原因を、家庭からの独立とか、家庭をリードするとかいう立場で解決できず、自分が家庭にしばられる立場に立ちやすい。
- 職場の仕事はそろそろ彼等に大人量を要求しはじめる。
- 以上の、不安なこの大人の周辺人は、行動表現に非行という形をとりやすい。

(3) 適 令 生 徒

- 長欠者が殆どないということは、成人層のような諦め的モロさを持たない。また、年令的に言つても小さく、囲りの物への依存性が強い。これ

は仕向け方によつては成人層以上に学校教育の影響価は大きいと思われる。

- 労働も家庭も、成人扱いはこの生徒に要求していないようだ。だが早期就労は前述のように、人間形成上から大きな問題点となりうる。

なお、最后に一つ重要な問題が残つてしまつた。それは、非社会的な性格の生徒と、それに加えて神経症的症状の生徒の問題である。（E-c　E-f　及び F-j ）、この点は恐らく現在さわがれている昼間の神経症的長欠者がこの対象なのであろうと推察されるが、これは、夜間中学の教育上の問題が決して昼間の教育と全く無関係には考えられない一つの証拠であろう。

夜間中学に関する33章

今年に入つて、夜間中学への関心が、ぐつと高まつた。夜間中学の関係者にとつてはありがたいことである。学校へ直接訪ずれる人をはじめ、手紙、電話での問い合わせなど、ほとんど毎日のようにある。そこでこの際、いろいろの質問をまとめ、回答をつくつてみたのがこれである。

① **夜間中学は本当にあるんです。** あります。今、あなたが来ているこの学校、これが夜間中学です。

② **文部省は夜間中学を認めてはいないはずですが………。** 夜間中学という名称の学校はないのです。二部ということで夜授業をやる学校として、夜間中学は経営されています。夜間中学というのは、世の中での呼び名でこういう名前の方がわかり易いからでしよう。たしかに文部省は夜間中学を認めてはいませんが、夜間に授業をやる学級としては、当分の間は、あつてもやむを得ない。としているようです。

③ **夜間中学は何校ぐらいありますか。** 昭和42年10月に全国夜間中学校研究会で調べたところでは、全国で21校あることになつています。

④ **地域的には、どこにあるのですか。** 東京7校、横浜5校、名古屋1校、京都3校、大阪府1校、神戸1校、広島3校となつていて、東北、北海道には全然ありませんし、過去にもなかつたようです。四国にもありませんし、九州には一昨年まであつたのですが、今は1校もありません。

⑤ **夜間中学はなぜ出来たのですか。** 現在の、9年間の義務教育は昭和22年4月からスタートしたのですが、昭和22年というのは国民は敗戦後の混乱のため、正直なところ学校どころではないといつた状態だつたのです。中学校をつくつてみたものの、登校しない生徒が多く、熱心な先生が家庭訪問をしてみると、昼間、生徒が働いているので登校できない。夜なら何んとか出席できそうというので、昭和23年ごろ、神戸市の駒林中学校に夜間学級をひらいたのがはじめということになつています。つまり夜間学級は、長欠生徒、不就学生徒の救済対策だつたのです。昭和28年の12月1日に、文部省が夜間中学について調査していますが、それによると、全国で71校、生徒数が3,098人もいたことになつています。昭和26年ごろの不就学、長

欠生徒は15万6千人もいたといいますから大変な数字です。このうち夜間中学に入学したのは3千人ほどですから、昭和26年頃の長欠生徒の残りの15万3千人はどうなつてしまつたのか。毎年毎年長欠になつたり学校へ行けなかつたりする人は、どのくらいいたのか。120万人位はいるのではないかといつている人もあります。99.9%が義務教育を受けているといわれている昭和40年度の東京都でも、小学校で3,741名、中学校で3,325人もの長欠者がいると発表しています。（調査統計資料第221号）また、長欠者は昭和40年度では、昭和27年度の約$\frac{1}{3}$といつていますから、全国的にみた長欠者が、5,6万人はいるとみてもいいでしよう。卒業生は全国で5,6千名です。

⑥ **それらの長欠者に対する実際的な対策はとられたことがあるのですか。** まず、ないといつていいでしようね。昭和30年9月30日に、文部省、厚生省、労働省の三省が事務次官の名で、「義務教育諸学校における不就学および長欠席児童生徒対策について」という通達を教育関係官庁に出したことがあります。中身は、生徒をよく指導したり、家庭の事情をよく調べて長欠者をなくせ、ということです。その位だつたようです。

⑦ **現在全国で、夜間中学生は何名ぐらいいますか。** 昭和41年10月に約480人でしたから、今年も大体同じくらいでしよう。

⑧ **生徒数は一校何名ぐらいになりますか。** 平均何名というにしては学校数が少な過ぎますから困るんですが、小さい学校で7,8名、多い学校で50名というところでしよう。

⑨ **教員の数は何名ぐらいですか。** これも学校によつて違うのです。東京のように、専任の定員が6名というところもあれば、横浜のように専任をおかないで講師を10名前後おいている学校もあります。

⑩ **どんな人が夜間中学に入学するのですか。** ⑤でちよつと触れたように、不就学だつた人や長欠になつてしまつて、学校に行けなくなつた人ですね。

⑪ **長欠や不就学になる原因つて何でしよう。** 夜間中学に入学する人の場合は家庭の貧困とか、家庭内のトラブルからの学校ぎらいとか、家庭の無理解だとかが多いようです。病気の場合も、けがの場合も長欠に移行するようですし、この頃では、学校ぎらいが多くなつていて、夜間中学にも、学校ぎらい

だつた、という生徒が入学するようになつてきました。

しかも、なぜ学校ぎらいになるのか。といつた問題はまだ本格的に調査もされていない状態です。　こういうことが大切なんですがね。本来の教育というよりも進学にばかりつつ走つている義務教育の実態や、その対策が考えられるべきでしょうね。長欠者が、やがて、非行にはしる。ということは明らかなことなのですが、そんなことも本腰を入れては考えられていない………。

⑫ **夜間中学生は、年令的にいつて、大きい人もいるのですか。**います。13才から15才までの生徒を、ふつう学令児というのですが、そんな生徒が$\frac{1}{3}$、16才から20才前後が約$\frac{1}{3}$、20才以上が約$\frac{1}{3}$といつてもいいでしよう。もつとも、学校によつては、学令児しか入学させないというところもあり、50才以上の生徒のいる学校もあります。

⑬ **なぜ、年をとつてから入学を希望するのですか。**自分が、ちようど学校へ行かなければならなかつた時に家が貧しくて学校へ行けなかつたり、身体が悪かつたり、毎日留守番をしていたり、親と一緒に飯場暮しをしていたり、旅芸人の子どもだつたりと、いろいろです。また、美容師や理容師や調理士になるためには、それぞれの職業学校へ行かねばならず、それらの学校では入学資格が中学卒であるという条件がありますから、どうしても中学に来たい、という人もありますし、勉強の必要性がこの年になつてわかつたので、という人もあります。

⑭ **生徒は、昼間は働いているのですか。**　ほとんど働いています。昼はたらいて夜学ぶというかたちが夜間中学生の特徴の一つですが、最近入学してくる生徒の中に登校拒否症のような子もいるので、この場合は昼間は家にいるようです。

⑮ **生徒の主な職業は何ですか。**大まかにいえば、雁、中労働、簡易労働、例えば工員、美容師の助手、店員、飲食店の店員、女中さんなどですが、年令の高い生徒、つまり30才を過ぎたりしていますと、熟練労働者であつたり自分で商売や事業をやつているということもあります。

⑯ **給料は幾らですか。**いろいろです。年令によつても、経験年数によつても違いますし、親戚に預けられた、というような場合はお小遣い程度ですね。

現在なら、日給が5.6百円。住み込んでいて、3食たべて8千円から9千円ぐらいのところでしようか。

⑰ **夜間中学生の中には、住み込みで働いている生徒もいるんですか。**います。学校によつては、$\frac{1}{3}$から半分近くが住み込みだつたりします。住み込んだ方が、部屋も広いし、食べ物だつていいし、本人の家族たちにとつてもいいのです。生徒たちは狭い家に住んでいますからね、一人でもいなくなると楽になるのです。四畳半、太陽の全然当らない部屋に6人が生活する、といつたことを、しかし、そんなへやからでさえ、出されそうになつているという事実が多い。大変なんですよ。それに、家族関係が複雑なものも多く、継父母というのは普通で、兄弟でも姓が違つていたり子どもを働かせて、何がしかの金を前借するという親もあるのです。そんなのを見かねた親戚が親から子どもを引き離したり、本人が出てしまつたりで、住み込みが意外に多いのです。酒乱の父もいますし、派手好みの母親もいますし……。

⑱ **親は一体何を考えているんでしようか。**難かしいですねえ、親が何を考えているか、というのは……。子どもが嫌つている酒乱の父でさえ、会つてみれば、物もいえないようなやさしい父だし、継母だからといつても、特に、いい加減でもない、と思えるんです。ちやんと働らいてもいるし、となるとなぜ食べられないんだ、となるんですが、父は失対の仕事、母と姉は、ぜん息持ちなので、家で内職、当人は手伝い店員、それで、やつと食べていく、といつた有様です。内職なんて、二人がかりで、朝6時頃から、夜の11時までやつても、200円ぐらいにしかならないんです。一生懸命働いているんですが、余り金がとれなさすぎる。仕事というのは、サイダーの栓ぬきか何かにつけるタツクのひも通しなんで、目も疲れる。一日200円じや、ビール二本にならない。それでも、民生保護を受けるのはイヤだというんですね。

⑲ **家が苦しいとき民生保護を受けたくない、というのはなぜでしようか。**我々もよく、生徒に聞いてみるんです。なぜ、受けたくないのか、と。生徒は、こういいます。そりやあ先生、民生保護を受けたことのない人の聞くことですよ。と、説明しようとしない、が、ある女生徒は、うちは民生受けてたのよ。ところが、うちに赤ん坊が生まれたでしよ。うちは風通しの悪いへやだ

から赤ん坊がアセモになるの、それで扇風機を使つていたら、扇風機を使つちゃ駄目だというんです。家の中に上つて来て、フトンの枚数を数えたりしてさ。ずつと前は姉ちゃんが毎月アルバイトでやつと買つたミシンを、これもあつちゃいけない。といつたと解説をしてくれた生徒がいます。「バターをなめちゃいけない。スシを食べちゃいけない、というんです。バターは病人の栄養をつけるために、スシは、病人が食べてみたい。というので、ほんの幾つか食べさせただけなんですね、そしたら、それを誰かが見ていて、告げ口したんでしょうね。民生つて、いやですねえ」と、いつた母親もありました。喜ばれないんですねえ、民生保護というのは……。中には嘘をついて保護を受けている者もいるかもしれないでしょうが、本当に受けなくてはならない人まで、受けにくい気持にさせるのはいけないことだと思うんですが………。

⑳ **夜間中学の先生は、そういう問題も扱うのですか。** うまく扱えるかどうかは別として、生活相談もやれば、親の離婚問題も扱うことがあり、一家して家出したいがどうしたらいいか、といつた相談もあります。また、生徒の書類を見ていて問題があれば見逃すことも出来ませんし、生徒の為に働き先に叱られに行つて、さんざんな目にあつてくることもある。生徒の職探しに一日中歩きまわることもある。といつたぐあいで、ほとんど何でもやります。見方によつては、こんな時間の方が授業時間よりも多いともいえるんです。こういうことを知つているから、夜間中学に生活指導の先生がほしいとか、家庭訪問を専門にする教師がほしいと毎年一回の全国夜間中学校研究大会で関係当局に訴えたこともありましたが、実現しませんでした。

しかも、地方の夜間中学では、たつた一人の先生がそれらを全部やるわけですから、いくら生徒の数が少ないからといつても、楽なはずはありませんね。

㉑ **夜間中学の先生は特別に手当でも出るのですか。** 出る学校もあれば、出ない学校もあります。夜間中学に対する教育委員会の考え方、見方で、いろいろなんでしよう。東京都の場合は7％の手当がつきます。あとの地方では、いくらと手当が出るところと、出ないところ、いろいろです。

㉒ **夜間中学の先生は特別に採用されるのですか。** いいえ、特別ではありません。夜間学級のある中学校の昼間の先生として、定員の枠をひろげて採用

されているということです。

東京なら東京都の先生としての採用試験に合格していなければならないのです。

㉓ **夜間中学入学の資格といいますか、条件といいますか、それは何ですか。** 第1に、家庭貧困で昼間働らかなければならないということ。その為に長欠になつているということです。第2には、家庭の無理解などで、長欠になつてしまつている生徒、第3は、病気とか、大きなけがのため、昼間学校には行きたくないといつた生徒。年をとりすぎてしまつて、今更昼間には行けないという人。非行の為、長欠となり、その後は学校に行つていないといつた生徒も、相談にはのつています。何といつても、中学校を修了していない、義務教育を終つていない人は年令に関係なく全部入学させたい、と、夜間中学の現場の先生たちは考えているようです。

㉔ **夜間中学に入学させにくいという人はどんな人ですか。** 義務教育をすでに終つている人です。中学は卒業して働いているのだが、どうも実力がなくて困る。今の仕事をやる上にも困つている。という人が、入学させてくれ、といつてくることがあります。いろいろ調べてみると、本当に力がない。実力がない。これでは、実社会で困るだろう、と思うのですが、入学はさせられない。すでに、中学を卒業しているのですし、まだ中学を終つていない人の為にある夜間中学なのだし、実力がないからという人は、世の中にはいくらでもいるでしょうから、無制限に入学させたらとんでもないことになる。こういう人は気の毒ですが、夜間中学に入学させられない。強度の非行少年や強度の登校拒否症の生徒も無理です。しかし、独りで学校にやつて来て先生たちとまともに話しの出来る長欠生徒や不就学者なら、何とかなるようです。入学させるさせないは別として、とにかく、一度夜間中学に相談に行つてみるべきだと思います。

㉕ **いろいろな年令の生徒がいても学校ではやりにくくありませんか。** 多少はやりにくいこともありますが、それがブレーキになるという程でもないし逆に助かる面もあります。何といつても、年をとると、英語とか数学とか、重点的な勉強をしたがるし、学令内の生徒は、体育などを非常に好む傾向がある。中学校の教育としては、バランスのとれた内容や教科をやりたいが、

高い年令の生徒は必要なことだけをやりたがるし、生徒会での発言を面倒くさがつたり、馬鹿げたこと、幼稚なことと思い勝ちのようですね。しかし、その反面、学習態度もよいし、熱意も高いし、若い年令の生徒の面倒をみたりしてくれる。おねえさんであり、おにいさんであつたりする。学校が、一軒の家族のように見えるのは、こういうようにいろいろの年令の生徒がいることにもよつていると思います。

㉖ **授業時間が不足なので、困るといつたことはないのですか。**授業時間が昼間部と同じだけやつて、果して生徒が、働いたあとで勉強するエネルギーを残せるかどうか、いう疑問があります。夜間中学生に対してクレペリ検査をやつた学校もあれば、フリッカーテストを実施した学校もあります疲労度を調べる為にやつたのですが、どちらのテストでも、疲労度が高い、という結論が出ています。しかも、生徒たちは、その成育環境からいつても、現在の環境からいつても、学校外で勉強する余裕がないのです。しかし学校では、生徒が少ないから中身の濃い授業が出来るし、一人一人の進度にあつた指導が出来るので、昼間部の進学偏重の教育にくらべたら、授業時間の少なさにもかかわらず、それ程困るということはないのです。一番困るのは、基礎学力を身につけていない生徒が多すぎる、ということでしよう。夜間中学生も小学校は卒業しているし、中学校にもある程度は通つているはずなのに、学力を身につけていないんです。この子たちは、日本の義務教育の質的な欠陥の一部を証言することの出来るような、そんな子どもたちです。勉強の為の壁は、そんなことにあるのです。そればかりではなく、夜間中学生の入学の時期というのが四月とは限りませんからね。昼間の中学について行けなくなつた時が夜間中学への入学の時期となるのですから、いろいろと面倒なのです。

㉗ **昼間部の生徒とくらべて、勉強の出来は劣りませんか。**昼間部全体の平均点を夜間部全体の平均点とくらべれば、夜間部の方が悪いかもしれませんね。夜間部のもつているいろいろのハンデキャップの分だけ……。しかし、そういうものは、一人一人の問題として考えなくてはならないのです。誰君がどうなんだということが大切なんです。昼間部の生徒と同じだけ出来る生徒もいますが、面白いのは、出来の悪い層では、昼間部の生徒より夜学の方が出

来るのです。昼間部からかわつて夜学に移つて来た直後のテストで夜間部だけで勉強して来た生徒よりよい出来の生徒がいたことはない。ということがそれを証明しています。

㉘ **夜間中学生の学校での生活は、どんなふうですか。**「今晩わ」で登校する。授業を四時間やる。友達と雑談する。先生に相談する。わからないことを先生に聞きに行く。給食をたべるのが6時か7時頃。下校は9時半頃。せいいつぱい中学生としてのエネルギーを発散する。さわやかになる。大ざつぱにいえば、こんなことになると思います。生徒数の多いところでは、生徒会もあればクラブ活動もやつています。

㉙ **学校行事というものはあるのですか。**　あります。遠足、運動会、修学旅行、キャンプ、スキヤキパーテイ、誕生会など、生徒と先生とが接触出来るチャンスをなるべく多く作るようにしているのです。ただし、外へ出るときは、休日を選ぶことが多いので、先生の方は大変ですが……。学校によつては昼間部と交歓会を持つたり、合同で行事をやるところもあります。

㉚ **夜間中学へ通う為の生徒の金銭的負担はどうなつていますか。**　もともと夜間中学は貧困からはじまつた長欠生徒や未就学者を救済する為に出来た学校ですから、生徒にはなるべく金銭的負担をかけないような方法をとるのが当り前なので、学用品も教科書も行事参加も、国や地方自治体から出してもらえるように手続きをとつています。そういう面での援助や扶助は、現在ではかなりよくなつているといえます。ただし、年上の生徒や収入の多い生徒については、なるべく、出来る範囲で、自分に負担させるようにしています。あくまで、一人一人について、よく調べてからやつています。

㉛ **生徒たちは夜間中学にどんな気持で通つて来るのですか。**　楽しく、向学心にもえて通学している、というのが本当のところでしようね。夜間中学生であることを恥じているような生徒も、年をとつた中にはいますが、通学しているうちになくなつてくることが多いようです。夜間中学生は、学校の休みがなければよいとか、夏休みをやめにしようとかいうことを真剣にいうんですね。学校が好きでたまらないというんです。

㉜ **生徒を集める方法は………。**それが問題なんです。とにかく、生徒数が2,3人になると、夜間学級の必要がなくなつた、ということで廃校になつてし

まうんですからね。教育委員会から、夜学に入学するように督促を出してくれるといいのですが、文部省が認めていないということで、直接保護者に、そういうものを出すことはないのです。学校によつては、生徒募集のポスターをはり出すとか、広報に書いてもらうとかというところもありますが、それだけでさえやつてくれる教育委員会はなかなかないのです。生徒もマスコミか何かで知るまでは、夜間中学のあることを知らなかつた。あることを知つていたら、もつと早く就学出来たのに、と、いつているのです。東京の学校では、それぞれ手をつくしているのですが、これは人手があるから出来ることで、人手のない、地方の学校では、学校内のことで手いつぱい。　これからも生徒募集の方法は研究しなければならない重要問題の一つですね。

㉝ **長欠者や不就学者の対策というのはどうなつているのですか。**　学校教育法施行令というものによると、第１９条で、校長は、つねに、生徒の出席状況を明らかにしておかなければならないし、引き続いて七日間も欠席しているときは、出席するように保護者に通知することになつています。それは守られているだろうと思うんです。ところが、それでも出て来ないときは、第２０条では、その事由がもつともでないときは校長は教育委員会に通知しなければならないし第２１条では、この通知を校長から受けた教育委員会は出席を督促することになつています。このあたりから、本当はどうなつているのか、と考えちやうのです。それでも、子どもを登校させないばあいは、学校法第９１条で、１千円以下の罰金、いうきまりもあるのです。いろいろとこの他にも、経済的理由によつて就学困難とみとめられる学令児には必要な援助を与えるような法律があるのですが、それらが果してどの位の効果をあらわしているのか、はつきりしないのです。また、家庭の無理解や、学校ぎらいという問題が手をつけられていないし、対策もとられていないのです。

㉞ **夜間中学はなくなつた方がいいのか、この儘残しておきたいのか、夜間中学の先生方はどう思つていますか。**　夜間中学が、今、どんなに子どもの為になつていても、やはり、変則的な学校である、というのは、誰もが思つていることです。だから、夜間中学がなくてもすむような世の中になればいいとはいえますが、いま、夜間中学を廃止してしまへ、というのは、暴論だと思つています。第一、長欠者が減つているとはいつても、まだ何万人もいるのです。教育というのは、数字よりも、一人一人の生きている人間を相手にしなければならないし、たつた一人の子どもであつても不幸であるのを見逃すわけにはいかないのです。だから、本当に法律が守られ、その法律が血の通つたものとして運営され、具体的な対策が樹てられなければ、夜間中学の廃止には賛成出来ないのです。夜間中学生を通して見るときこんなことがわかるのです。つまり、今の義務教育では、本人の能力はありながら、家庭の事情や身体の状態のため、学校には通つても、十分に学習の成果を身につけられなかつたものが多過ぎるのです。極端ないい方をすれば、卒業証書は貰つても卒業をしていない生徒が多いのです。通学する、学校に行くということと、勉強をする、又は勉強をしたかどうか、は、別問題なのです。せめて、中学を出たら、新聞位は読めるようにしてやらなければ義務教育を終つた、とはいえないのではないでしようかね。勉強の進度の遅れている生徒はお客さんなどといわれても、特別な指導を受けられるような具体的対策はとられていないのです。義務教育の中に、促進学級といつたものは、ほとんどないのです。長欠児からやがて除籍されてしまつた生徒は、どういう対策がとられているでしようか。全く、ないのです。昭和２９年に、初等中等教育局長は、中学校へ入学の時すでに満１５才をこえている場合には教育委員会の許可を要する、と、１５才を過ぎた者が中学へ入学することを認めてはいますが、２０才や３０才になつた人が、昼間の中学へ入学することが、実際的には出来るかどうか、考えてもわかるでしよう。心理的にも、生活の面からも、困難なことでしよう。夜間中学は、まるで、義務教育の中での救急車の役を果しているといえるのです。政治が悪いからこういう生徒や学校がいるのだ、という結論は、よく聞きます。そりやあそうです。しかし、今、目の前に、中学校に行けない人がいたら、救わなければならないのです。政治の悪さだからどうにもならない。といつたところで、今、目の前にいる長欠者や不就学者は救えない。変則的といわれようと、姑息な方法といわれようと、日本国民全員が義務教育を、本来の姿で受けられるようになるまでは、やめるべき学校ではないと信じますね。

㉟ **現場の先生として、一番いいたいことは何ですか。**　義務教育を形式的にさえ終つていない人が何十万といるという事実を知つてもらいたいのです。

このことを当局はもつと徹底的に調査して、その抜本的な対策をとるべきです。教育に関しては、表面的な現象しか論じられていない傾向が強すぎます。憲法だつて、教育基本法だつて、その精神が本当に国民のものにはなつていないということを、もつとよく知るべきです。基本的な意味で、子どもを、もつと守るべきです。

全国夜間中学校

研究会 横浜地区の概況

全国夜間中学校研究会横浜地区の概況

1. はじめに

横浜市に於ける昨年度の中学校の長欠生徒は９５３人で在籍者数の1.6％の欠席率を示しているが、その原因と思われるものは、病気、怠学、自閉症及び非行などで本人によるものがその77.7％の高率を示している。これは過去4年間、横ばい状態を続けており、貧困、家庭の無理解、家族の病気の看護、妹弟の子守りのため通学できない生徒数は相対的に減少の傾向にある。

長欠者のうちで、本人の病気が原因で通学できない生徒数が一向に減らない状態の中にあって、更に健康保健面の援助をさしむける必要があると思われるのに反して、怠学、この傾向は小学校学年から次才に速度をはやめ、中学校に入学してからの、割合では急激にふえ、倍に達しているのである。

これは、小学校終了から中学校入学までの精神的、学業的欠点が自我の成長と相反する過程をとるからであろうか。

本市における傾向を見れば、怠学の数は全区的なもので、怠学を理由に長欠し、実際には労務にたずさわっている者は全体の１０％にすぎないのである。

勉強ぎらい、友人とことばをかわすのも窮屈に感じる自閉症気味の生徒の指導は、カウンセリングすることによって少しは矯正することも可能であろうが本市では専任カウンセラーを一区一人置いて順次、各校を訪問し指導し一般の生徒からおちこぼれないような配慮はされている。

一方、家庭的な理由、たとえば、家庭がまずしいからとか、家庭の無理解、子守、留守番等で通学できない生徒数は、社会福祉の整備、徹底などで4年前の5割減となっているが、このような生徒たちは、夜は両親が帰宅する関係で夜間は自由を時間が得られるのである。そして向学にもえる者は、夜学に通学しようと思い立つのであるが、その率とし決して高いものではないが、41年度、家庭理由を長欠としている者１５７名中４７人で、３０％の生徒が、夜学へ通学しすくわれていることわみのがせない、しかし実際には、在籍のままであったり、月に数日しか出席できないのが現状である。

このような状態の中にある本市の各校の実情をつぎに報告したいと思う。

西中、浦島丘中では、夜学生の生活面について追求し、蒔田中、鶴見中では学習について言及した。更に平楽中では夜学の経営上の諸問題と取り組み、夜学の実態を記述することによって本大会の資料としていただきたいと思う。

ただ残念なのは昨年度に於ては7校あった本市の夜中も、本年度になり財源や生徒数の問題から5校に恵まれぬ子供の窓をとざされたのは残念でしかたがない。

西中学校二部の現状とその問題点

横浜市立西中学校二部

1. はじめに

9月4日(月曜日)西中学校二部の二学期の始業式の日である。教室に集まった生徒は全部で9名である。在籍数は25名であるが、それでもきようは始業式とあってか出席率はよい方である。出足好調と秘かに今学期に期待と希望をもった。彼らとよもやま話に花を咲かせて始業式は終った。しかし、彼らの話題には昼間の中学生のような夏山や海の話題に乏しい。色も白い。彼らの生活の一面を考えさせられる思いである。しかし、みんな今学期こそは必ず毎日出席しようと約束して家路についた。この少ない9名でも中学校生活を充実したものとして味あわせてやりたいと思った。また、1人前の社会人として通用するよう、立派に中学校を卒業するよう願った。

それから1週間たち、2週間たち、1カ月たった。出席簿を見るとやたらに斜線が目につき、白い部分が少ない。始業式の日の約束はどうしたのだろうか。この1カ月をふりかえって、この欠席、怠学の問題を9名の生徒にスポットをあて考えてみたいと思うのである。

2. 現状とその考察

(1) 9名の生徒の出席状況(昭和42年9月授業日数23日)

氏名	性別	学年	年令	出席日数
O．N	男	2	14	1日
Y．T	男	2	15	4日
H．H	男	2	14	5日
K．K	男	2	15	5日
H．K	女	2	16	5日
S．K	男	3	43	23日
T．M	男	3	32	22日
N．K	男	3	16	5日
N．S	女	3	15	3日

まず、この表を見ると2つの型に分類できると思う。

1型——年令超過生徒で出席率はたいへんよい。

2型——適令生徒で出席率はきわめて悪い。

この1，2型ができる原因を簡単に考えてみると学習意欲の相違ということになると思う。過年令生(S．KとT．M)2人は高校進学を考えており、勉学の必要性を十分に痛感している。意欲は昼間の中学生以上である。

反対に適年令生徒7人は、知能程度も低く学習意欲に乏しい。学習意欲が乏しいということは、ひいては将来への希望、夢の乏しさということに通ずると思う。将来への希望も薄く現在の生活の中に沈んでいく彼らをとりまく諸問題についてさらに考えを進めていきたい。

(2) 2部入学の理由及び生活環境

氏名	入学の理由	生活環境
O．N	勉強ぎらい、遊びぐせがつき、昼間の中学を長欠し夜間に入学	母親のみ。4畳半1間というアパート住い。母は仕事をもっているため、子供の面倒まで手がまわらない状態。家計は困っている。
Y．T	昼間の中学で問題を起こし学校ぎらいになる。さらになまけぐせがつき長欠し、夜間に入学した。	母親のみ。兄弟が多く、兄姉は仕事をもっており、家庭経済は中。本人は昼間兄の仕事(造船関係)を手伝っている。教育に対する関心は薄い。

H・H H・K	姉弟であり、昼間の中学を怠学し、姉は2年原級留置。そのため、夜間に入学した。	家計は極度に貧困。バラック建ての家に住んでいる。父親のみ。教育に対する関心きわめて薄く、いわゆる放任主義。
K・K	小学校の頃より怠学が始まり昼間の中学には全く通学せず夜間に入学	母親のみ。本人は新聞配達をして家計を助けているが、貧困。親の甘やかしのためか、社会的観念に乏しい
S・K	旧制小学校6年卒業。中学校の学力をつけ、子供の家庭教育の一助にしたいということで入学。現在は高校進学(工業)を希望している。	自動車の運転手をしており、家庭には妻と2人の子供がいる。妻もよき理解者であり夫の勉学を助けている。家計は普通である。
T・M	通信教育を受けようと思ったが、中学2年であと怠学し、中学卒業資格がないことがわかり夜間に入学。現在高校進学(工業)を希望している。	横浜市港局に勤務。最近結婚し妻と二人の生活である。 家計は普通
N・K	本人の勉強ぎらいと両親の教育に対する無関心が手伝って昼間の中学を怠学し、夜間に入学した。	両親は教育に対してきわめて無関心であり、家庭も貧困であり、本人を働かせている。
N・S	家庭の雑用や小さい子の面倒を見なければならなず、夜間に入学した。	父は事業に失敗し、家計はきわめて貧しい。両親共に働いている。教育に対する関心は薄い。 家族は多い。

以上の表から、入学の理由についても(1)で見たのと同じに2つの型が見られる。1つは自分から進んで入学してきた生徒(S・K・T・M)と昼間の中学を怠学してきた生徒である。前者については問題はない。後者、すなわち昼間の中学を怠学し、長欠して夜間に入学してきた生徒はいろんな問題を持っている。この問題点を考えるために生活環境の欄を見ると共通点がいく

つか見られる。

(1) 大半が片親である。

(2) 貧困家庭である。

(3) 教育に対する関心が薄い。など。

このような共通点を考えて見ると教育にとっていかに家庭の果す役割が大であるかということがわかる。これだけが子供を怠学、長欠へと追いやったとは考えないが、しかし、その占めるパーセントは大であろうと思われる。このような家庭で育った彼らは(1)表で見たとうりの出席状況であり、規律からはずれた怠惰な生活を送る毎日となってしまい欠席をすることになんの抵抗も感じなくなってしまう。さらに学校の存在意義すら疑う生徒もでてくるしまつである。

現実の生活の中にしだいしだいに沈みこんでいってしまうようである。社会的道徳的観念も乏しくなっていく。

3. これから

1人の人間を造る要因は家庭だけではない。家庭、学校そして社会全体にその因がある。私たち教師はこのような現実に直面している。児童生徒が数多くいることを認識し、1人でも多くその問題点を解明し解決していかなければならないと思う。これは私たちに与えられた大きな使命であると思う。

幸いにも昼間の中学をまったく休んでしまった生徒でも夜間では1カ月の中、1~2日といっただけでも出席するようになったことである。この努力進歩を見のがさずに暖かい目で彼らを見守ってやりたいと思う。

今後の私たちの仕事として、彼らの登校をさまたげている条件を見いだすために、

(1) 親をまじえた話し合いの場をいろいろな形で設けていきたい。

(2) 組織(児童相談所、区内カウンセラー、他学校、地域社会、警察など)との連絡を密にする。

(3) 生徒との話し合いの場を設ける。

等々、月並みなことではあるが実行していきたい。

以上西中学校の現状とその問題点をみてきたが、さらに夜間中学校にさえ

こられない、かくれた長欠児童生徒がまだ多数いることを考え、これからの諸関係方面の対策を大いに期待すると同時に１人でも多くの生徒が教育を受けられることを望んでいる。

浦島丘中学校には、つぎのような教育目標があり、これにそって教育がなされている。

教　育　目　標

- o　社会の一員としての自覚をもち、よりよい社会生活をおしすすめる人間
- o　心とからだをきたえ、ねばりづよく実践する人間
- o　考えを深め、合理と創造を尊ぶ人間
- o　「はい」と明快に答えると同時に、不合理に対しては「いいえ」ときっぱり言い切る勇気をもつ人間
- o　進路に関して多くの関心をもち、将来の方針が確立できる人間

この目標のもとに本年度の生活指導の重点をつぎのようにきめた。

- o　自主的、積極的な基本的生活態度の習慣化を図る。
- o　情操豊かな人間形成を図る。
- o　社会性の向上を図り、円満な人間関係をつくる。

このような生活指導の重点をきめたのは、ここ１，２年の間に夜学に通学してくる生徒の特徴として、「知能の差が極端に違う」ことと、「登校拒否や自閉症」にかかっている生徒が多いからである。

現在、在籍している生徒を分類するとつぎのようになる。

自閉症的症状のために長欠になっていた者
　７名（３年生５名、１年生２名）
貧困が原因になっていたもの
　４名（３年生３名、１年生１名）
計１１名

この生徒たちは、担当教師による、くりかえしての家庭訪問によってやっと学校へ通学するようになったものたちである。自閉症的生徒は夜学に通って来ても、一言も口を開くことなく、また、教師の話を聞いているのかいないのか、ただ一点をみつめたままじっとしているだけである。家庭的にもひどい貧困なので、家の人たちもどうすることもできず、ただ、「この子は変った子だ」ということでそのままにしておいたのである。

最初の家庭訪問のときなど、教師がおとずれると、便所に入ってしまい１日中こもったもの、押入れにはいって、明朝まででてこなかった者などがいた。この生徒がせっかく夜学に通いはじめたものの、友人関係などつくれるはずがない。夜間関係の教師たちはいろいろと相談して、「勉強も大切だが、今のこの生徒たちにとっては人間関係を作ってやることが先決」ということに一致した。

人間関係を作るための道具として、「卓球」を取り入れることにして、毎日のように卓球の時間をもうけることにした。最初のうちは自分のうった球を拾うこはもちろん、カウントすることもなくただだまって手だけを動かすだけだった。卓球台のまわりをかけずりまわり声をあげるのはただ教師だけだった。

授業については、会話をしなくてもよい授業を工夫し、シンクロプレイヤーを利用したりした。

２月、３月とたつうちに、おたがいにだまっていた生徒が、身体を動かすことと、機械をいじることについて、リーダらしいものがでてくるようになった。一度リーダになると、どうしても教師と会話をかわさなくてはならなくなり、このリーダから、友人へとしだいに会話の量もふえていった。

こうして、夜学の勉強の仕方とか、挨拶や物事の整理整頓などの学習へ移項することができるようになった。貧困や、家庭崩壊などとともに、さらに自閉症的症状を加えた生徒たちにも、すこしずつ社会生活への窓がひらかれようとしている。

二部学習指導上の問題点

横浜市立蒔田中学校

(1) 生徒の実態

本年度4月当初は在籍4名だったものが9月末には2名ふえて6名になった。学年別では、3年生4名、2年生2名である。

これらの生徒の2部転入学の理由は、家庭崩壊1・経済貧困2、非行問題1、病弱2となっている。なお3年生4名の内3名は職場の問題や非行問題で欠席、平常は3年生1、2年生2計3名の生徒を対象に授業を進めている。

生徒の能力についてはその差が著しく、学年相当の力の及ばない生徒もいる。そして3名とも昼間部のときは長欠経験をもっている。

しかし2部にはいってからは、根気強さもでてき、意欲的に学習しようという態度は充分認められるようになった。つまり昼間ではとうてい通学し得ない生徒が、夜間へ通うようになってからは殆んど欠席しないという姿からも窺えることである。これらの生徒の昼間の生活は、家で留守番1内職手伝い1、無職1、その他3になっている。また家庭環境は両親がそろっているもの2、母親だけのもの4で、親はみな職についており、経済的には苦しい生活をおくっている。

(2) 学習指導の目標

前記のような生徒の実態、学習指導要領の目標、授業時数の制約など勘案してそれぞれ指導目標を設けた。すなわち基本的態度として、2年生程度の学習事項に焦点をあて、家庭生活、社会生活に適応しうる基礎的な知識、技能、態度の習得を期するという立場から教科指導の目標は設定されている。価値目標は適応に集約され、具体的なおさえとして技能目標をとらえ端的に示した。つまり

○ 国　語　1.文章を正しく、速く読む。
2.用件を正しく聞く。
3.自分の考えを要領よく話す。
4.実用的文章に書き慣れる。

○ 社　会　1.地理、歴史、政治、経済にわたってそれぞれ基本的事項を理解する。
2.1の学習を通して社会のしくみや動きを理解し、自己の生き方を考えさせる。

○ 数　学　1.数量や図形に関して基礎的な知識を習得させる。
2.計算に習熟させその技能を高める。
3.物事を数量的にとらえ、その見通しをつける能力、態度を養う。

○ 理　科　1.自然の環境から問題をとらえ、事実に基き、筋道を立てて考えたり、処理したりする能力を養う。
2.科学的、合理的方法によって日常生活を合理化する態度を養う。

○ 音　楽　1.音楽の表現や鑑賞を通して美的感覚を培い、情操を高める。

○ 美　術　1.絵画、彫塑など表現や鑑賞を通して美的感覚を洗練し、美術的な表現能力を養う。

○ 保健体育　1.個人生活、社会生活における健康、安全について理解させ、健康的な生活を営む態度を養う。
2.適度な運動を通して、その技能を身につける。

○ 技術家庭　1.生活に必要な基礎的技術を習得させ、生活に処する基本的な態度を養う。

○ 外国語　1.外国語の音声に慣れさせ、聞く能力、話す能力の基礎を養う。
2.外国語の基本的な語法に慣れさせ読み書きの基礎を養う。

○ 道　徳　1.個人生活、社会生活を積極的に進めていくために、人間関係のあり方、責任と義務、公衆道徳の問題など価値追求の態度を養う。

昼間の生徒に対する指導目標と比べたらまことに粗末な内容である。しかしながら生徒の質や時間数、教師の指導の可能性などを考える場合設定しうるぎりぎりの線である。この目標に到達させるために、学習指導計画上教材の精選、組み合わせ、時間数など指導計画をたてるうえの問題がお

とってくる。

(3) 指導計画と実施上の諸問題

本校では週の時間割を次表のようにしている。

月	社会・外国語	※それぞれ1教科2時間
火	理科・音楽	但し、1時限40分で実施上は80分通し
水	数学・体育	て授業を進めている。
木	技家・美術	
金	国語・道徳	

ここでまず問題になるのは時間数のことである。1時限を50分として正規の時間に換算すれば年間56時間（1教科）にしか相当しない。昼間の時間数と比較すると国語などじっに119時間も足りないことになる。学力の差が大きくなるおそれは多分にあるわけである。そこで、それを補うための課題ということも考えられるが昼間働いている生徒はその課題を果たすゆとりもない。さらに週1回の巡り合いになると、既習事項を忘れまた復習ということもおこり得る。ここに指導計画をたてるときの困難な問題につき当たるのである。そこで、本校では、その計画をたてるときに、まず生徒の力に応じ、目標とのかね合いを考えながら最も効果的な教材を教科書から選び出し、それぞれの教材に含まれる技能習得のための素材を重点的に扱っていくように組み立てている。

しかし何よりもだいじなことは生徒に自学自習の態度をつけさせることである。さいわい生徒数が少ないために、個別指導がゆきとどき、自から問題を解決させるような習慣づくりは軌道に乗りつつある。これは生徒の自覚はもちろんだが多くの困難を打ち破って指導を進めている関係担当教師の熱意によるところが大きいのも事実である。

現在、横浜の状況は2部担当の教師は全部昼間と兼任であり、その比重は昼間が主・夜が従である。しかし従とはいえ、まったくその教育的情熱と、2部生への愛情という精神的支柱によって指導が続けられているのが実際である。2部設置校では毎年4月、2部担当者の問題で苦慮することが多い。

その要因は、制度上認められていない、あくまで従的存在、勤務が過剰

である。それに見合う報酬もない。専門外の教科も担当する。などで、教師をそろえることで一仕事というになる。学習指導上教師のもつ問題点としては、特に専門外のものについては教師のできる範囲のものを教材から抜き出し、組み立てて指導にあたっているのが実状である。

生徒の能力差の問題があるが、前述のよに個別指導の形態をとっているので、画一的な指導でない限り、個々の問題は起らないが、目標に照らしたとき、最低の線をどこでおさえるか、内容の組み立ての上から問題は残るそれからもう一つ集団指導の面で、大いに欠ける点がある。相互の連帯観なり、学級の使命観など、あるいは集団行動の様式などについて体験的に習得、訓練できないという悩が残っている。

学習指導上の問題点

横浜市立鶴見中学校

2部授業を進めて行く時の指導上の問題点を考えてみるに、大きくわけると、鶴見中学校の現状としては

① 学校側

② 生徒側

の2つになるのではないかと思われる。

まず、①の方からとりあげると

ア 専任教師がいない。

イ 9教科分の教師数が揃えられない。

ウ 授業時間の不足

エ 専用教室がない。

オ 複式授業

などがあげられる。この中で、ア及びイが最も大きな問題点であり、効果的な2部授業を進めて行く上に何を置いてもまつ先に整備しなければならないところであると考えられる。勿論この点を解決するためには市の財制上の問題。あるいは2部そのものの存在意義や社会的背景、学制上の問題までから

んできて、おいそれとは解決されそうにもない。又鶴見中学校の現状としては生徒数の問題がある。（在籍１１名　常時出席４名）つまり専任教師の問題が解決されても教師が開店休業という事態が生ずる。

ウ　については恐らく夜間中学共通の問題であろうと思われるが、鶴見中学としては、生徒の現状から考えて就業年限を１年延長するなどという方法は実行できない。いきおい学力低下に結びついてくる。

エ　については常時３～４名出席という現状から止むを得ぬことであるが、できれば、自分達の教室という意識を持ちつゝ学習を続けられればと感ずる。

オ　について、少しくわしく分析をしてみたい。この複式授業は、ア～エの各問題をすべて背負って具体的に展開される現実の場であるが、そこには１～３年合併授業などという言葉では不十分な位な「能力差」の問題がつけ加わってくる。この「能力差」については　②生徒側であらためて述べることにするが、各教科を、能力差のいちじるしいクラス編成下における指導という観点から論ずると自学自習が比較的可能な教科は指導が進めやすい。社会、数学、美術、保体等は各教科１名の教師で何とかやって行ける。

一方その正反対に指導がひじように困難な教科に英語がある、聞く、話す、文章理解等の指導を効果的に進めるには１人の教師では手にあまる場面が多い。同じ意味で国語もこれに入るかと思われる。鶴見中学校ではこの解決の一法として英語教師を２名で授業を進めている。更に数学は英語と並んでもっとも能力差の著しい教科であり自学自習のみに大きな期待をよせるだけでは教師の負担が大きすぎる。そのため数学科も本校では２名の教師で運営している。理科で一番大きな問題は実験である。生徒がもっとも興味と関心を持つのが実験であるが、それだけに他とちがった実験を１人離れて行なっていると注意がそちらにそれ学習効果が上がらない場面も多くでてくる。

次に②の方をとりあげると

ア　能力差
イ　学習意欲
ウ　学力低下
エ　出席率
オ　生活、健康

などがあげられる。この中でアについては先に取り上げたが、生徒側からみた場合、イと関連があるが、まづ考えられるのが劣等感である。

幸わい本校の生徒の現状からみると常時出席者に関しては、能力差にもとずく劣等感は表面的には出てきていない。問題は長欠児の方にあると思われる。教師側が協力してむしろ能力差を生徒各自にはっきり自覚させその上に立って毎時間を進めていっているためとも考えられる。

生徒の能力差も更に分析すると知能の劣っているための者といろいろな事情から学習の一部あるいは殆んどの部分が欠けたために劣っている者とが出席者の底辺を形成している。教師からみて後者が多い程楽しみである。又生徒の学習意欲も一番旺せいである。

最後に　エ　出席率の問題がある。現実には名前だけで殆んど欠席する生徒が鶴見中学校では全体の３分の２を越える。そして満足に家庭訪問も行ないにくい現状では生徒の実態を十分に把握できないのでその個々の対策もなかなかたたない。

全体の傾向としては比較的よく出席する生徒でもいろいろな事情で２～３日欠席すると次が出て来にくいようである。我々の方としては一人でも多く出席してもらいたいというのが毎日の授業担当者の願いである。個々の生徒とのめんみつなカウンセリングがもっともっと欲しいところである。

夜間中学校に於ける問題点

横浜市立平楽中学校　副校長　長尾　謙

夜間中学生との接触と云っても約半年の極めて狭い経験でしかないのでこれが夜間中学生の縮図にはならないかも知れない。が感じたままを一つ二つとりあげて考えてみたい。もとをただせば何かの理由、それも彼等の側に立って考えればそうするより仕方のなかった複雑な理由で常欠になったが、或いはそれがそのまま年超過になり卒業証書を手にすることのできなかった生徒が自ら気が付き、或いは又かっての担任教師の説得等により夜間に学ぶ気になり集って来たのが本校の夜間中学生である。従って平均以下の物的、心的環境で育った生徒達であることは自明である。だが少くとも夜学で勉強しようとするだけあって彼等に共通して云えることは学習意欲も高く確りした目標をもって通っていることである。この姿を見るとまことに立派なこととひそかに感じて居る一人である。小人数である為一面から云えば江戸時代に於ける寺小屋か塾のような学習形態であり集団では望めない教師と生徒との直接の肌の触れ合いによる教育が行われ、そこには自ら教師、生徒相互の熱意も一層助長され人間形成の上でも好結果をもたらせて居る。然し昼間の生徒と比べ幸福であると云える唯一のとりえはこれだけで他はどこを比較しても余りにも格差が多過ぎる現状である。夜間の存在の是非論はさておいて現実に通って来ている彼等の姿を見て、何んとかしてやりたいと痛切に感ずるのは芸能教科と教科外活動の向上である。生徒自身は余りこの事は問題にせずもっぱら基礎教科の学習に打ち込んで居るが中学校に於ける教育目的、それに見合う教育内容を考えた場合、望ましい人間像に向って夜間中学の教育が進んでいく為に是非ともとり上げたい問題の一つである。新制度になっても進歩したのは芸能教育ではないかと私は考えている。この信念に立って少しでも彼等の視野を広くしてやるには基礎教科をレベルダウンしても、現在よりもっと多くの時間を芸能科にふりむけるべきではないかと考える。更に別の問題として、前記したように個個の生徒は図に示せば丁度扇のかなめと骨組の竹ひごのような関係で目に見えない絆を持っている。この点は現在問題視されているマンモス大学等に於ける人間不在とも思えるマスプロ教育とは雲泥の差のある幸福な教育環境と云えるが、さてひとたび生徒同志の横のつながり、即ち扇の竹ひごを横に結びつけ扇面を形成する紙に相当する生徒同志の横のつながりに及ぶとこれは全くと云ってよい程欠けている。こうならざるを得ない要因は、お互いに自分のことには触れられたくない何かを心のうちに持ち、それが次才に貝がらが口を閉ざしたように自閉的になり、協同、友情の気持ちは育って居ないように思える。中学校に於ける教科外活動が如何に重要な分野を占めているかしみじみ考えさせられる一面である。給食時間等を教師はできるだけアットホームな雰囲気を作り出す工夫が欲しい。更にこの関係は一つの問題でお互いに討論し合うとか、学校の代表となって何かをするとか、要するに自分の学校の看板を背負って誇らかな気持ちで活

動をするチャンスは先ずない彼等であれば、いわゆる母校の観念はうすいように思える。校舎は単なる建造物としか心には映らず、従って彼等の学校に対する愛着、云うならば愛校心は芽生えて居ないのではないか。胸を張って母校と呼べる充実感を持たせる教育計画の必要を感ずる次才である。そうでないと義務教育は終了した。然し母校と呼べる心の寄りどころのない精神的ジプシーが生ずる様思えてならない。そうでなくても重い負担を抱えている夜間担任教師が彼等の為黙黙として指導に当っているのは教師が持つ教育愛だけである。そこに更に苦労を重ねなければならない内容を盛りこむことは困難であり適当とは思えない。夜間中学生の存在すること自体が本質的には有り得ない日本の教育制度下であれば才一になさなければいけないことは彼等を昼間の学校に戻す努力であろう。然し乍ら存在しない筈のものがたとえごく少数とは云え現実に存在している現時点では教育課程のレベルアップ、それに伴う教師の配置を是非とりあげて頂きたいと思う。

1，おわりにあたつて

長欠生徒が何らかの動機で通学を志ざした時にはすべての級友は進級し、自分の学業の不足をも手伝って、せっかくの向学心も挫折してしまう場合が多いのではないか。

たとへば、今まで通学していた学校の雰囲気が嫌いだったりして休みになりがちな子供は他の学校の雰囲気を希望したり、自閉症的な子供は昼間だから嫌うとか、夜学だったら級友も少ないし、無駄なおしやべりもしなくてすむというようになり、夜間を通して通学するという生徒数をひろい上げることも可能であり、現実にその数も多いのである。

生来的に勉学がきらいな生徒でも教師の努力、級友の援助などでいくらかでも救えるのではないか。

明治以来、義務教育における就学率が上昇しているにも拘らず、教育の断として考えるとき、その就学率の高さのみを自慢できる良き日は過ぎ去り、義務教育の内部において不適格者を出すことは、教育に関係している教師にとっては一番頭痛の種といっても過言ではあるまい。

このような現実を知り、解決を親身になって考えるのは教師自身でなければならないことは論をまたないが、それにもまして教育行政の擁護のもとに、はじめて充分な活動が期待されるのである。

昨年の東京、八王子市大会の折にも、文部厚生労働の三省に夜間中学校の現状を知ってもらいその対策を強く要望したのも、一つには、「夜学はなくてはならない」という気持が強く作用していたからではないだろうか。

夜間中学校の在籍者数は本市に関して見るならば、前年度の家庭的理由による長欠生徒数の約三割を吸収し、教育していることをかえりみるならば、夜間中学校存続はその構成メンバーの多様性をもって考えても妥当であると思う。

西中学校の報告には I 型として「年令超過生徒では出席率はたいへんよい」と論を下しているが、2型として「適令生徒は出席率はきめて悪い」と結論していることからもわかるように高年令者程、教育の必要性を痛感しているのではないか。たとへ夜学に通学しても、あふれる熱情で学業に取り組んでいけないのが本市の実態であっても、その原因を「大半が片親である」「貧困家庭が多い」など欠損家族のもたらす教育への影響を十分に考慮に入れるべきであろう。

夜間中学校の生徒における学力差を考えるとき、その程度、集中力、思考力等の不足さを補う面から見れば、夜間中学校を、特殊学級として留める措置を考えてみてはどうかと思うのである。

長欠生徒を学窓に帰着させる手段はカウンセラー、教師、民生委員、保護施設の充実等の成果によって逐次、減少の傾向を示しているとはいえ、いまだに何らかの原因で通学できない児童生徒の救済は学校という建物以外には考えられないのではないかと思われる。

本市における夜間中学校の報告を終るにあたって協力校、関係職員、ならびに関係当局者の意向を充分、記載されなかった点をおわび致すと同時に今後の夜間中学校の存続に対して紙面を借り強く訴えるものであります。

第1分科会報告　（42.11.1）　4時45分 — 5時30分

（経営管理部門）　助言者　白保周二先生　都教育庁指導部主査

講師　文部省事務官 中満知生　　司会者　小日向毅夫　東京都葛飾区立双葉中学校長

書記　広江栄一郎　同上二部主事

第1分科会では、主として夜間中学を支えようとしている校長としての要望と質問が文部省に対しておこなわれた。過去の全夜中大会の要望、つまり、夜間中学を保護育成してほしいという点に問題が集中した。

○勝山（足立四中校長）東京では、定員のワクが夜間中学に対して、一校六名設けてあるが、欠員があると、希望通りの教科の先生がとれない、といった悩みがある。

○高田．飯田（横浜市立中校長）横浜でも専任がいるし兼任手当も出しているが、先生を集めるのに苦労する。

○村上（荒川九中校長）夜間中学の先生は授業だけでなく、生活指導などのため昼間からとび歩かなければならない。そのためには専任を絶対に必要とする。これらの配慮を文部省から電話ででも指導してくれるといいが。（各教委へ）

○飯田　どうも、五大市協議会などでは夜中廃止に傾いているようだ。東京を除いた市では、弱くなっているから、横浜も、校長ががんばっても、防ぎ切れなくなる。夜間中学は必要だと思って　うんと頑張っているのだが……

○中満（文部省）文部省としても夜間中学をツブそうと考えたことはないが、夜間中学をどうしろということは文部省からはいえない。

長欠児対策については石川課長のとき2回ほど指示している。

飯田　全夜中の大会では、いつも文部省から温い言葉をいただいているのだが、教委では本当だと思っていないフシがある。

中満　夜中を認めると、生活の苦しい親たちが、安易に夜中かえてしまわないかという心配が……

村上．広江　そんな親はいない。親の愛情はもっと深いから、夜中にすぐ通わせるはずはない。

飯田　夜中の問題は文部大臣と直接会って話をしたい。

なお、学区域を拡大してもらえないか。もっと文部省から教育委員会に働きかけてもらいたい。

教育を子どもを守る立場からおしすすめてもらいたい。数字的に生徒が減少してきたから夜中を廃止するのは間違っている。

特に、地方の夜間中学の面倒を見てほしい。

など、話に熱を帯びてきたところで時間切れとなったが、全体的に、文部省から地方教委への積極的働きかけを要望する声が強かった。

第２分科会（学習指導）

助言者　東京都教育庁指導部　国領紘郎先生
司会　東京都世田谷区立新星中学校長　小池七郎
書記　中村昭次（新星中）

(1) 学習意欲を高めるにはどうしたらよいか

(2) 学力差をなくするにはどうしたらよいか

以上の２点が議題としてとりあげられたが、学習以前の問題として夜間中学を欠席している生徒をどうしたらよいか、出席を促進することが話し合いの中心になった。

(1) 生徒に義務感をあたえる

八王子五中…欠席生徒の家庭をその日の中に家庭訪問をして、給食をとどけながら話し合い、明日牛乳びんをもってくるように

(2) 生徒間の友人関係を改善する

浦島丘中…生徒同志の心のつながりをつくってやる

荒川九中…クラス通信を送る、遠足にさそう、動強を教えてやる

(3) 魅力ある学習にする

曳舟中—現在の中学校の教育課程で満足していない

荒川九中—学力の低い生徒には小学校の教科書を使用している

(4) 教師と生徒との人間関係を改善する

八王子五中…仕事のことを聞いてやると喜ぶ

浦島丘中…先生がきびし過ぎてその教科が嫌いになる

荒川九中…職場に行って動強を教えている

(5) 教科のすき嫌いをなくする

双葉中…個人指導で解決できる

最後に都教育庁指導部国領先生より

(1) 欠席の問題はそのケースによってその方法を考えないといけない。

(2) 事例を全国的に交流できるようにしたらよい

(3) 学力は低くても中学校を出させるよう努力させる

(4) 個別指導が基本である

(5) 学習指導で底辺にいる生徒が多いが上位の生徒も忘れないように。

第三分科会（生活指導）

（日時：⑬42.11.1 PM4:55～5:40）

助言者…東京都教育庁指導部　近藤　政明先生

司会者…東京都墨田区立曳舟中学校　佐々木　元信

——○○○——

〔研究発表〕"夜間中学生の休日の使い方"（プリント参照）……曳舟中学・村井

〔発　言〕横浜地区は適令生徒が殆どなので、東京の過年生徒や地方出身者の問題に実感が湧かない、もう少し説明を……浦島丘中・福島

〔助言者〕都の場合は、過年生＋適令生であり、過年生は特に意欲がある。しかし、中学卒業した者はいない。地方出身者でも地方で長欠になり、資格の必要性を感じて入学してきた者だ。

〔質　問〕この調査の利用はどんな面か……西中・石谷

〔答　〕日曜日は、生徒と接触がないため、指導はむつかしい……村井

〔助言者〕人間の行動は環境＋性格だ。環境調査の一端がこれであろう。性格面の調査を合せてみるとよい指導が出来るだろう。

〔発　言〕性格面で、近頃、都の夜間部に神経症的なものが多くなった……村井

〔発　言〕（神経症的生徒の実例と現況説明）……荒川九中・町田

〔助言者〕神経症の中で非社会的生徒は、大体マジメだと思う。それだからといって、その指導面で、環境も性格もすぐ学校で改善はできない。だが、次の２点はそのような生徒の指導に大切なことと思う。

(1) 自己充実感をもたせる　(2) 欲求不満への耐久性とコントロールの力

ただし、(2)の場合は、精神訓話ではだめで、耐久性の中には人格の柔軟性を与えることが大切だろう。先生方も柔軟性をもって指導していただきたい。こういう指導は、夜間中学ではよく出来るのではないだろうか。

〔発　言〕年少労働者福祉週間があるが、休日の使用方で、生徒が商業主義ムードにのらないよう、今後とも生徒の御指導をいただきたい……労働省

（書記……曳舟中学校　村井）

夜間中学生の能力の実態

── 知的能力と計算能力について ──

（研究会用資料）

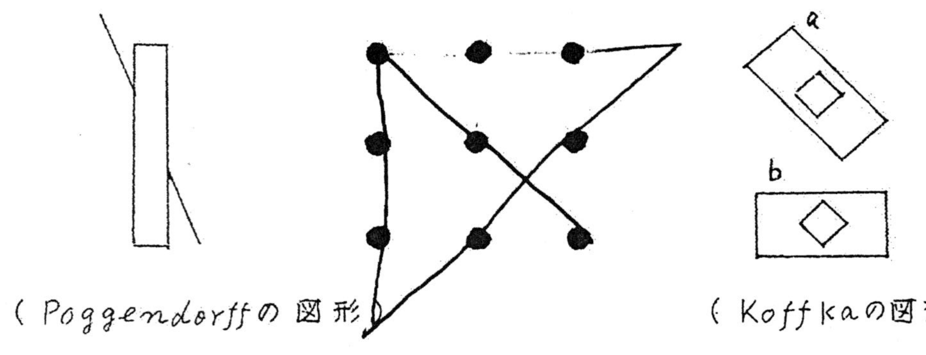

（Poggendorffの図形）　（Koffkaの図形）

〔問〕あなたは上の真中の図の9つの点を、4本の直線の1筆がきで結ぶことができますか。

東京都夜間中学研究会　教育課程部　生活指導部

（鳴沢　実）

Ⅰ 目的

夜間中学生のよりよい指導をめざし、　基礎的な能力の実態を把握する。そのために知能・計算力・読解力について調査する予定であったが、今回は前二者について報告する。

Ⅱ 方法

（イ）　東京大学教育心理学研究会著　東大Ａ－Ｓ知能検査Ｈ版
東京心理株式会社

（ロ）　四方実一著　　　算数能力診断検査── 計算篇
田研出版株式会社

上記イ）ロ）を使用して、各校の部員がテスターとなって実施

Ⅲ 対象 ---都内６中学校在学生徒

実施年月日 ----イ）　昭和４２年９月１８～２３日
　　　　　　　　　ロ）　昭和４２年１０月５～１３日

実施人数 -----イ）　１３５名　　ロ）　１２５名

（参考文献）

１）　安部北夫ほか編「人間における諸機能の発達」（現代教育心理学大系４）　中山書店

２）　柏木恵子著「知的発達」（沢田編「青年心理学」）　東京大学出版会

３）　伊藤隆二著「知能テスト」（異常心理学講座オ２巻「心理テスト」）みすず書房

４）　武政太郎著「計算力の発達」（「数学学習の心理」）　金子書房

５）　辰野千寿著「改訂学習心理学」　金子書房

Ⅳ 結果　（イ）知能検査結果

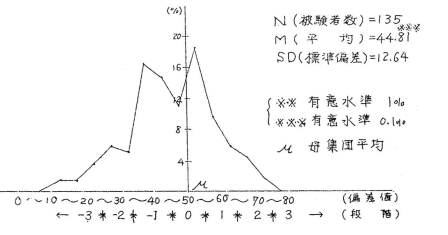

図 1.　知能偏差値分布

N（被験者数）=135
M（平　均）=44.81※※※
SD（標準偏差）=12.64

※※ 有意水準 1%
※※※ 有意水準 0.1%
μ 母集団平均

(%)　20　16　12　8　4

0～10～20～30～40～50～60～70～80　（偏差値）
← -3 ＊ -2 ＊ -1 ＊ 0 ＊ 1 ＊ 2 ＊ 3 →　（段　階）

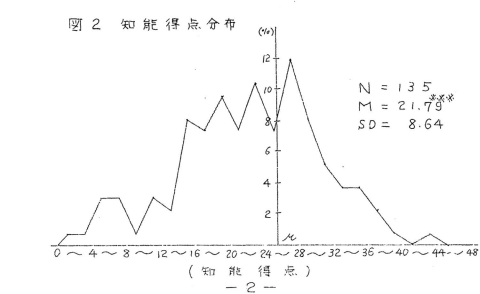

図 2　知能得点分布

N = 135
M = 21.79※※※
SD = 8.64

(%)　12　10　8　6　4　2

0～4～8～12～16～20～24～28～32～36～40～44～48
（知　能　得　点）

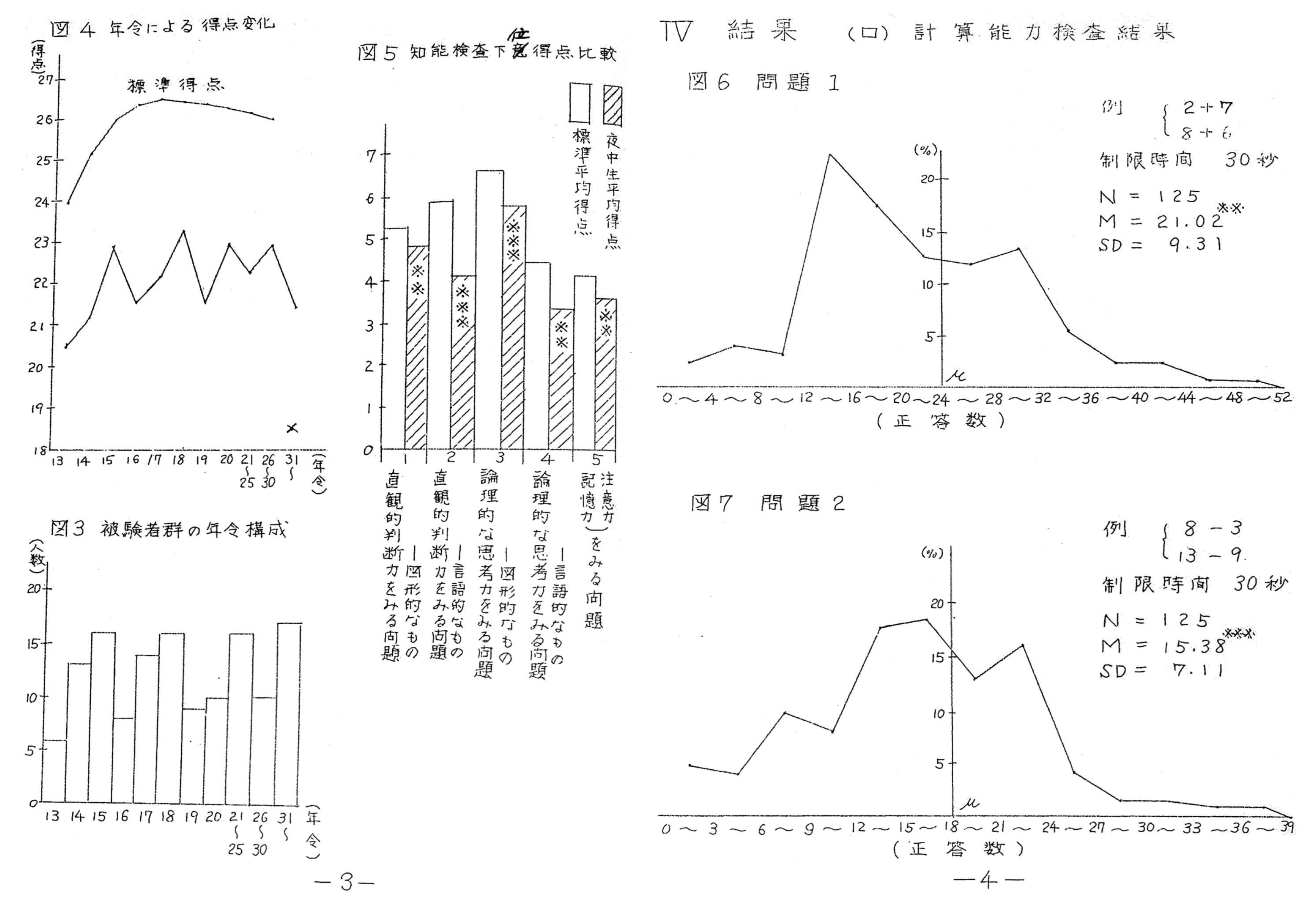

IV 結果

(ロ) 計算能力検査結果

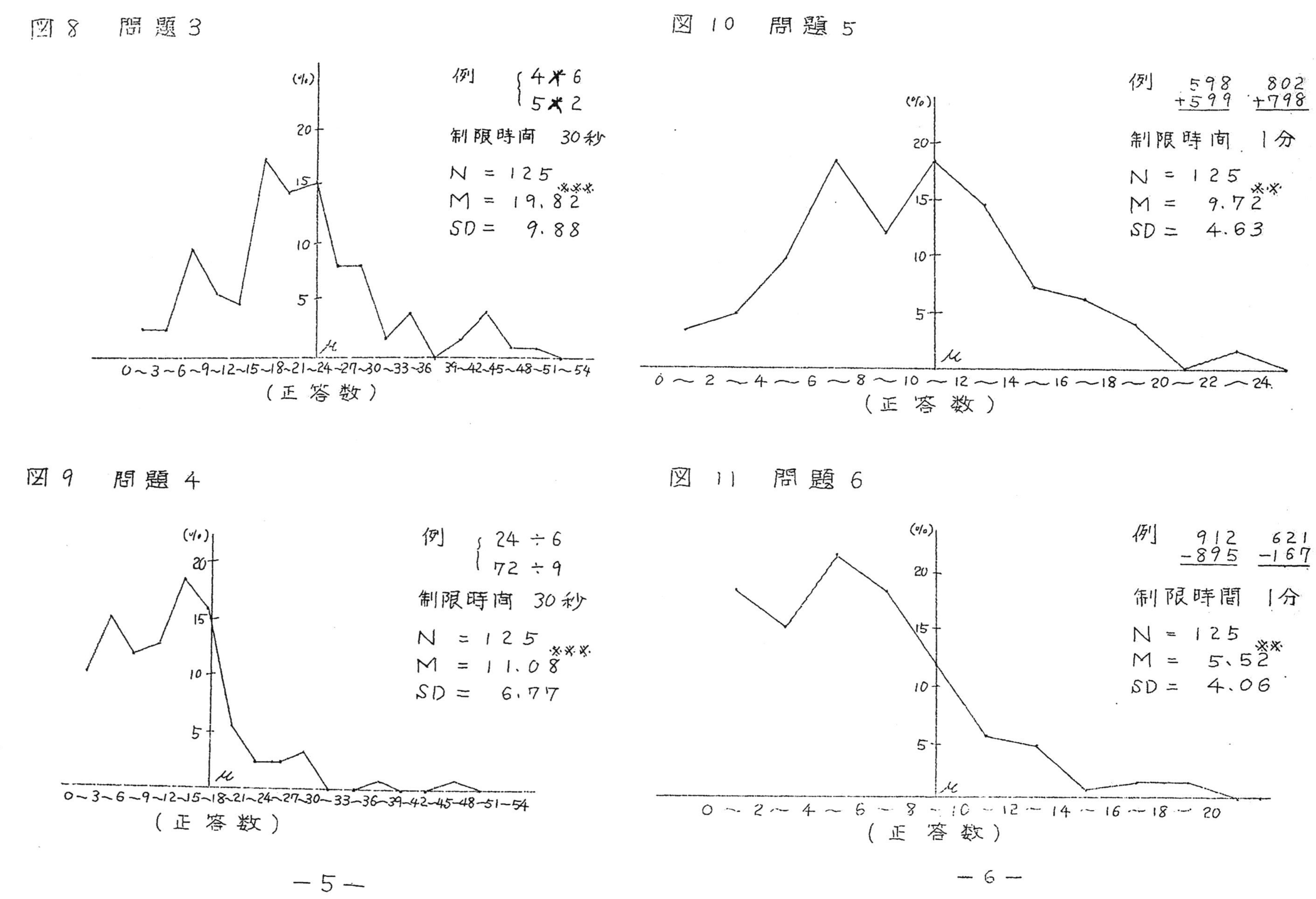
図 8　問題 3
例 4 * 6
5 * 2
制限時間　30秒
N = 125
M = 19.82 ※※※
SD = 9.88
(%)
20
15
10
5
μ
0〜3〜6〜9〜12〜15〜18〜21〜24〜27〜30〜33〜36〜39〜42〜45〜48〜51〜54
（正答数）
図 10　問題 5
例 598 +599　802 +798
制限時間　1分
N = 125
M = 9.72 ※※
SD = 4.63
(%)
20
15
10
5
μ
0〜2〜4〜6〜8〜10〜12〜14〜16〜18〜20〜22〜24
（正答数）
図 9　問題 4
例 24 ÷ 6
72 ÷ 9
制限時間　30秒
N = 125
M = 11.08 ※※※
SD = 6.77
(%)
20
15
10
5
μ
0〜3〜6〜9〜12〜15〜18〜21〜24〜27〜30〜33〜36〜39〜42〜45〜48〜51〜54
（正答数）
−5−
図 11　問題 6
例 912 −895　621 −167
制限時間　1分
N = 125
M = 5.52 ※※
SD = 4.06
(%)
20
15
10
5
μ
0〜2〜4〜6〜8〜10〜12〜14〜16〜18〜20
（正答数）
−6−

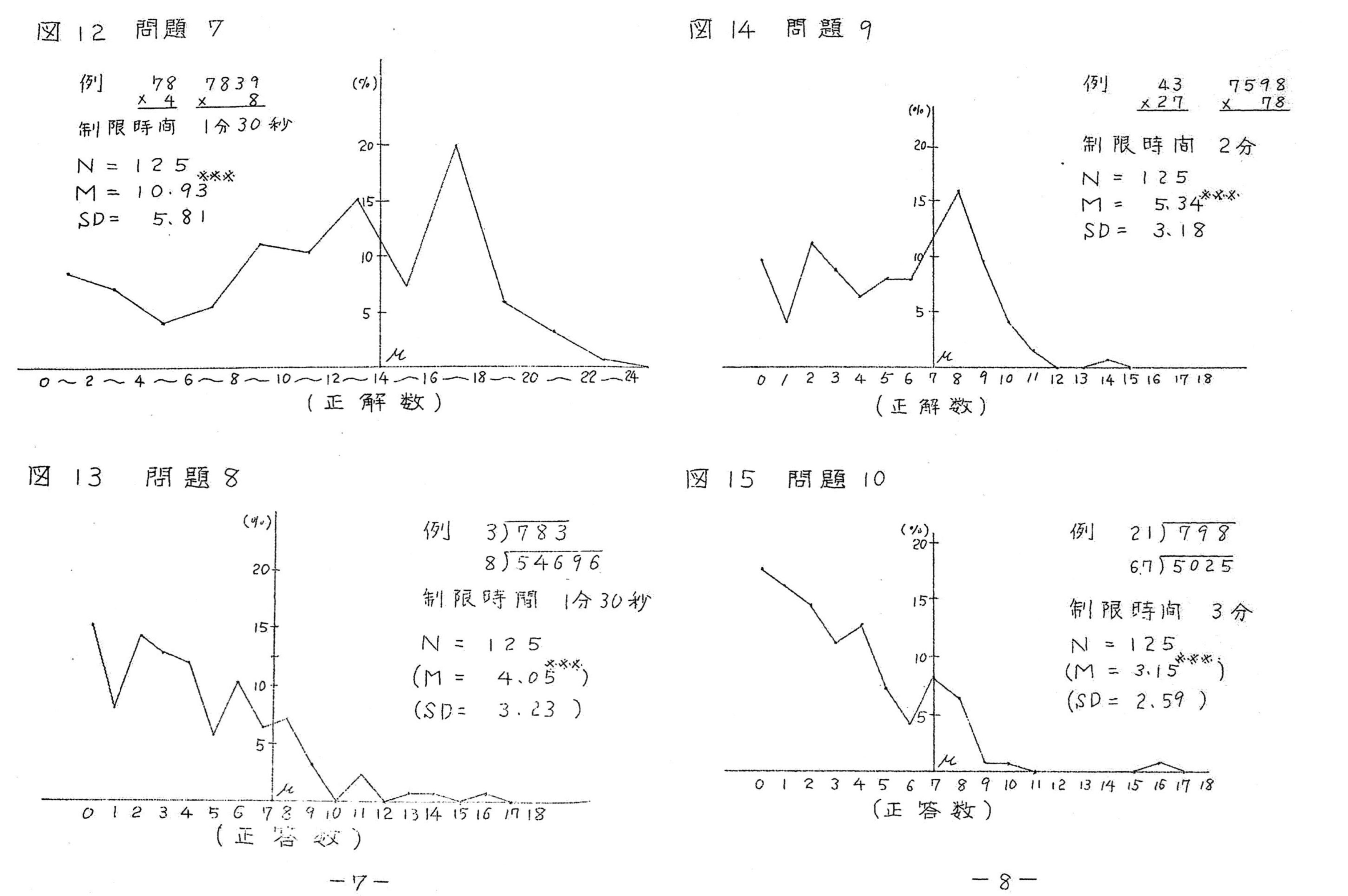
図 12　問題 7
例　78 × 4　7839 × 8
制限時間　1分30秒
N = 125
M = 10.93***
SD = 5.81
(%)
20
15
10
5
μ
0 〜 2 〜 4 〜 6 〜 8 〜 10 〜 12 〜 14 〜 16 〜 18 〜 20 〜 22 〜 24
（正解数）
図 14　問題 9
例　43 × 27　7598 × 78
制限時間　2分
N = 125
M = 5.34***
SD = 3.18
(%)
20
15
10
5
μ
0 1 2 3 4 5 6 7 8 9 10 11 12 13 14 15 16 17 18
（正解数）
図 13　問題 8
例　3)783
8)54696
制限時間　1分30秒
N = 125
(M = 4.05***)
(SD = 3.23)
(%)
20
15
10
5
μ
0 1 2 3 4 5 6 7 8 9 10 11 12 13 14 15 16 17 18
（正答数）
−7−
図 15　問題 10
例　21)798
6.7)5025
制限時間　3分
N = 125
(M = 3.15***)
(SD = 2.59)
(%)
20
15
10
5
μ
0 1 2 3 4 5 6 7 8 9 10 11 12 13 14 15 16 17 18
（正答数）
−8−

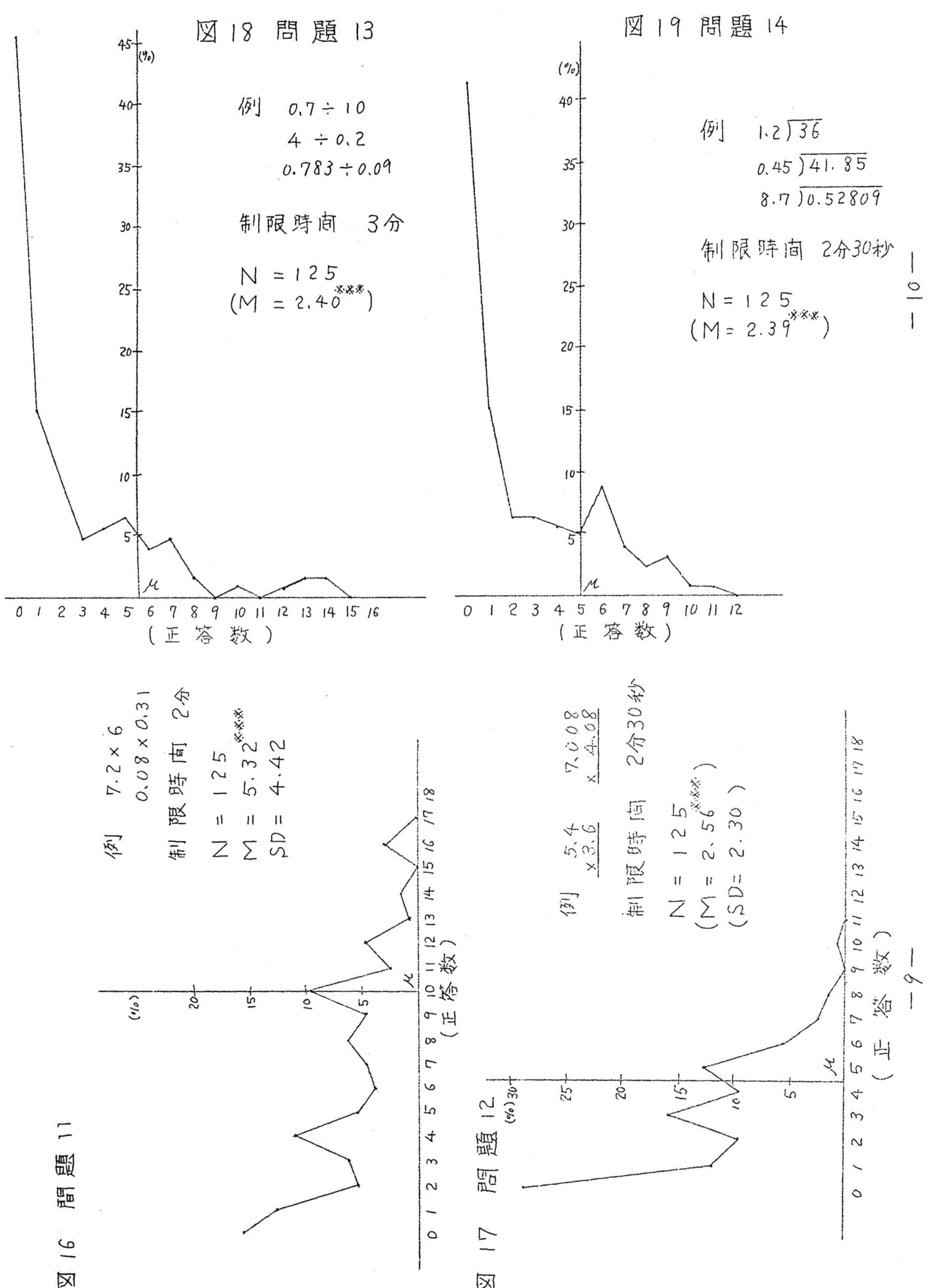

図18 問題13

図19 問題14

図16 問題11

図17 問題12

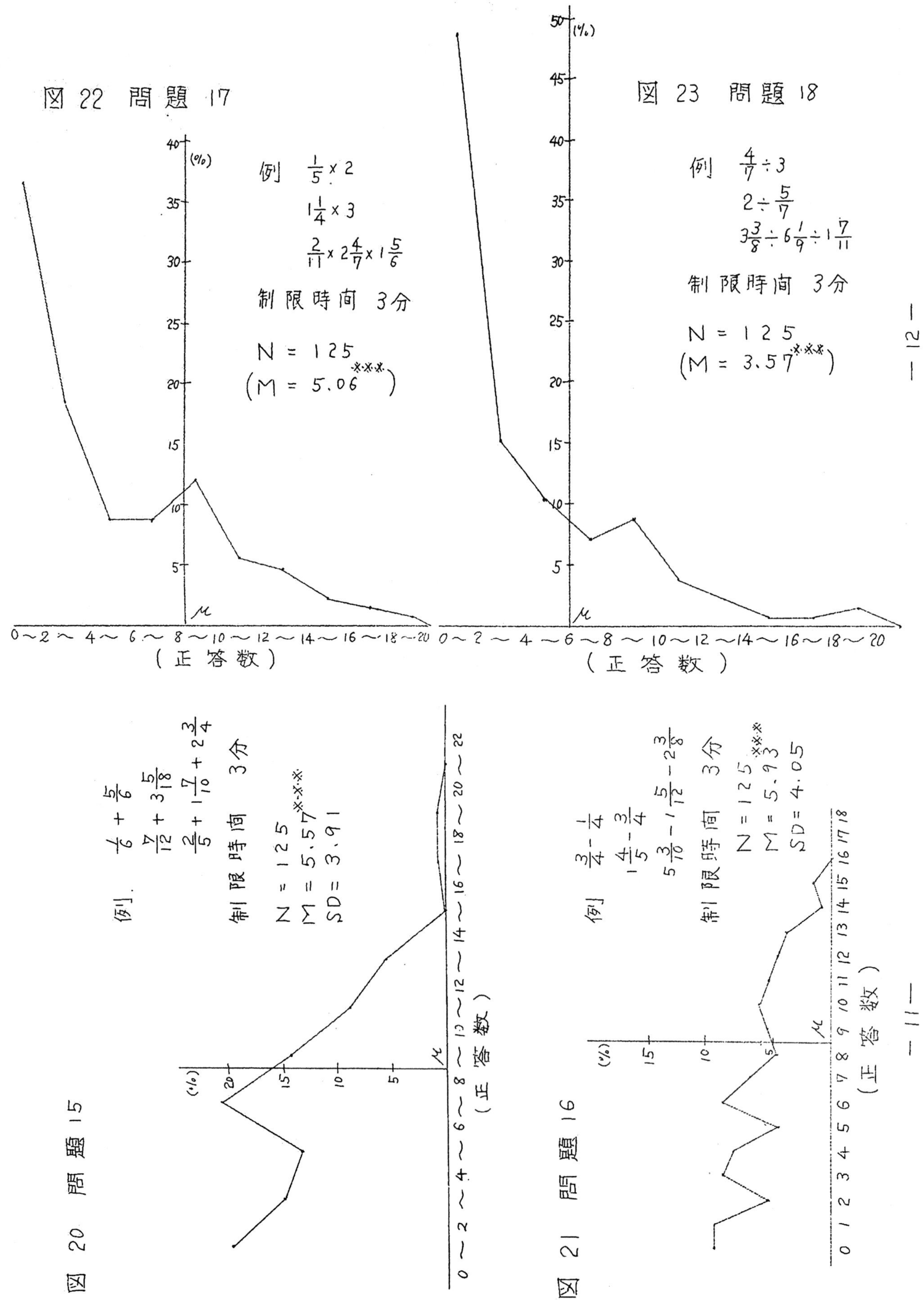

図 22 問題 17
(%)
例 1/5 × 2
1 1/4 × 3
2/11 × 2 4/7 × 1 5/6
制限時間 3分
N = 125
(M = 5.06***)
0〜2〜4〜6〜8〜10〜12〜14〜16〜18〜20
(正答数)
図 23 問題 18
(%)
例 4/7 ÷ 3
2 ÷ 5/7
3 3/8 ÷ 6 1/9 ÷ 1 7/11
制限時間 3分
N = 125
(M = 3.57***)
0〜2〜4〜6〜8〜10〜12〜14〜16〜18〜20
(正答数)
— 12 —
図 20 問題 15
例 1/6 + 5/6
7/12 + 3 5/18
2/5 + 1 7/10 + 2 3/4
制限時間 3分
N = 125
M = 5.57***
SD = 3.91
0〜2〜4〜6〜8〜10〜12〜14〜16〜18〜20〜22
(正答数)
図 21 問題 16
例 3/4 − 1/4
1 4/5 − 3/4
5 3/10 − 1 5/12 − 2 3/8
制限時間 3分
N = 125
M = 5.93***
SD = 4.05
0 1 2 3 4 5 6 7 8 9 10 11 12 13 14 15 16 17 18
(正答数)
— 11 —

図 24 整数加法

図 25 整数減法

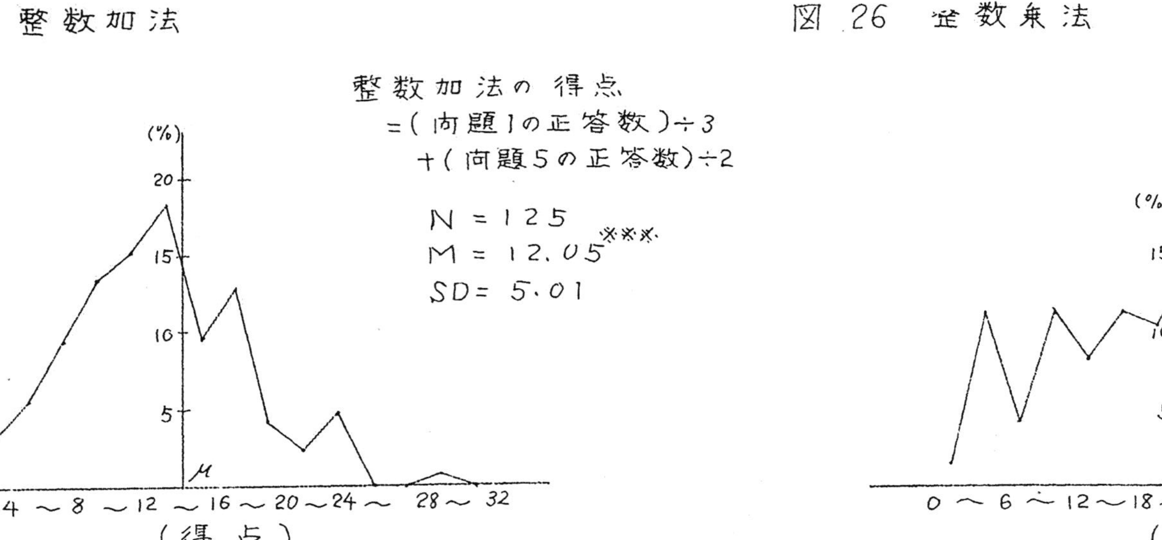

— 13 —

図 26 整数乗法

図 27 整数除法

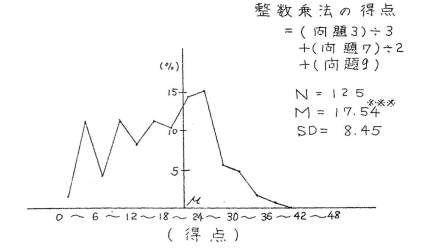

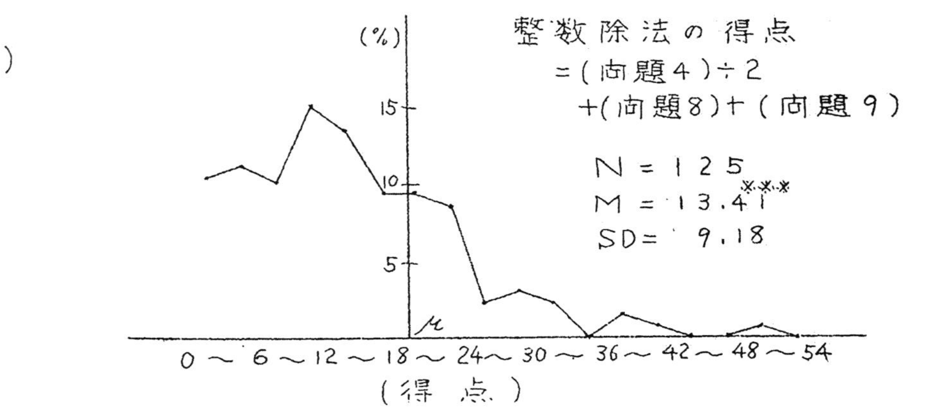

— 14 —

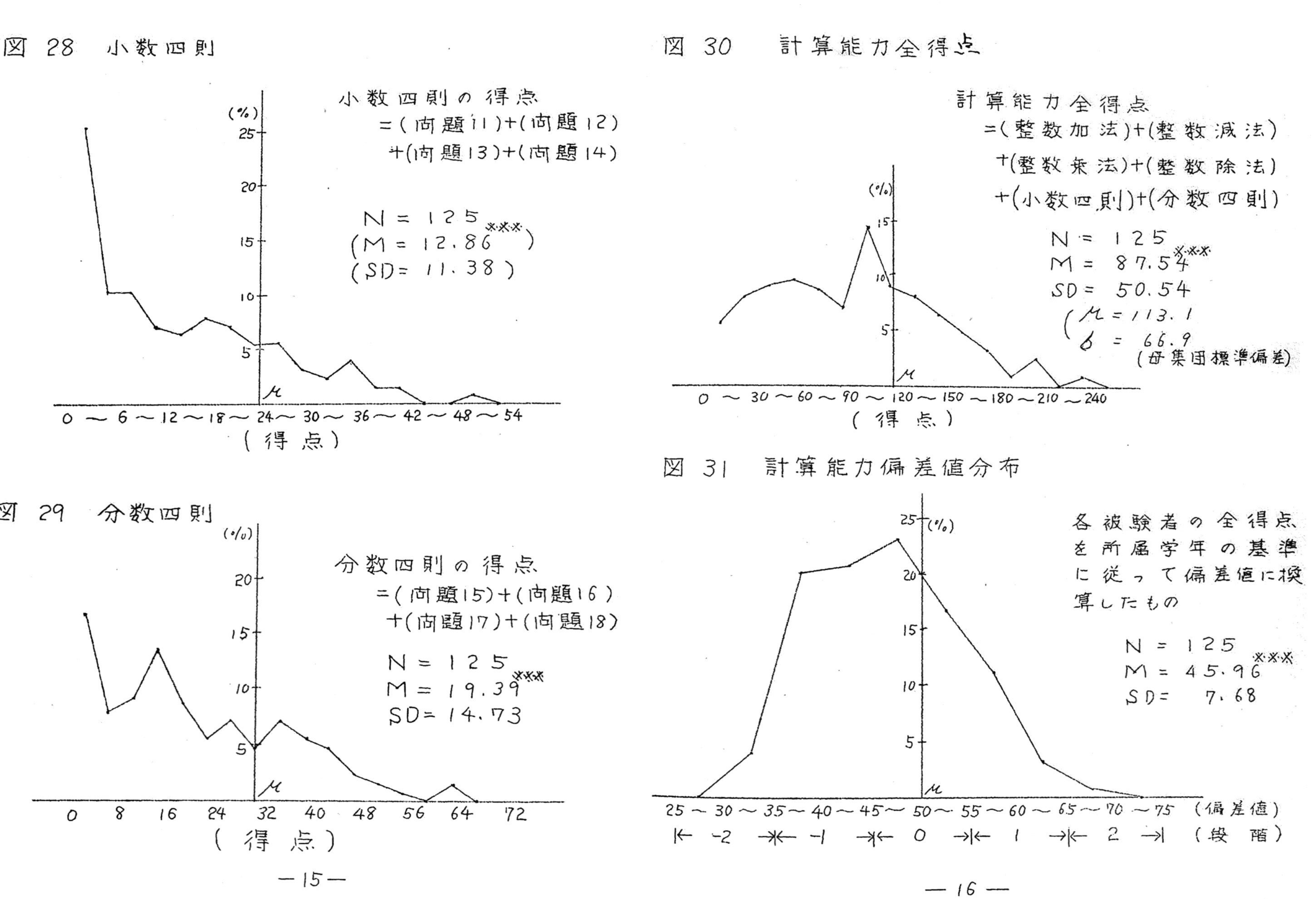
図 28 小数四則
小数四則の得点
=(問題11)+(問題12)
+(問題13)+(問題14)
N = 125
(M = 12.86※※※)
(SD= 11.38)
(%)
25
20
15
10
5
μ
0 ~ 6 ~ 12 ~ 18 ~ 24 ~ 30 ~ 36 ~ 42 ~ 48 ~ 54
(得点)
図 29 分数四則
分数四則の得点
=(問題15)+(問題16)
+(問題17)+(問題18)
N = 125
M = 19.39※※※
SD= 14.73
(%)
20
15
10
5
μ
0 8 16 24 32 40 48 56 64 72
(得点)
—15—
図 30 計算能力全得点
計算能力全得点
=(整数加法)+(整数減法)
+(整数乗法)+(整数除法)
+(小数四則)+(分数四則)
N = 125
M = 87.54※※※
SD = 50.54
(μ = 113.1
σ = 66.9
(母集団標準偏差)
(%)
15
10
5
μ
0 ~ 30 ~ 60 ~ 90 ~ 120 ~ 150 ~ 180 ~ 210 ~ 240
(得点)
図 31 計算能力偏差値分布
各被験者の全得点を所属学年の基準に従って偏差値に換算したもの
N = 125
M = 45.96※※※
SD= 7.68
25 (%)
20
15
10
5
μ
25 ~ 30 ~ 35 ~ 40 ~ 45 ~ 50 ~ 55 ~ 60 ~ 65 ~ 70 ~ 75 (偏差値)
← -2 →← -1 →← 0 →← 1 →← 2 → (段階)
—16—

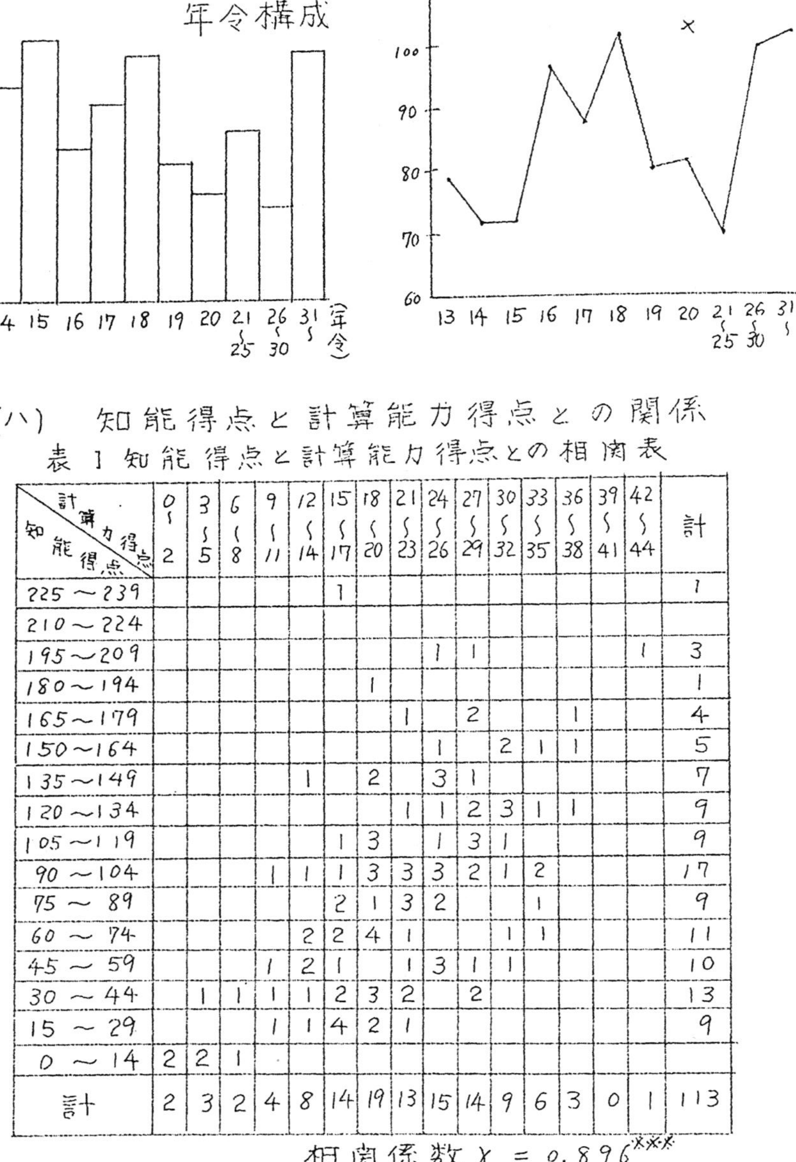

図 32　被験者の年令構成

図 33　年令による得点変化

IV (八)　知能得点と計算能力得点との関係

表 1 知能得点と計算能力得点との相関表

知能得点＼計算力得点	0〜2	3〜5	6〜8	9〜11	12〜14	15〜17	18〜20	21〜23	24〜26	27〜29	30〜32	33〜35	36〜38	39〜41	42〜44	計
225〜239						1										1
210〜224																
195〜209									1	1					1	3
180〜194							1									1
165〜179								1		2			1			4
150〜164									1		2	1	1			5
135〜149					1		2		3	1						7
120〜134								1	1	2	3	1	1			9
105〜119						1	3		1	3	1					9
90〜104				1	1	1	3	3	3	2	1	2				17
75〜89						2	1	3	2			1				9
60〜74					2	2	4	1			1	1				11
45〜59				1	2	1		1	3	1	1					10
30〜44		1	1	1	1	2	3	2		2						13
15〜29				1	1	4	2	1								9
0〜14	2	2	1													
計	2	3	2	4	8	14	19	13	15	14	9	6	3	0	1	113

相関係数 $\gamma = 0.896^{***}$

— 17 —

V　参考資料

1　知能の発達及び衰退

i）精神的な能力は中年まで増加

ii）知能検査得点では22〜3才

イ）知識の曲線は20才から60才まで

ロ）機敏さを必要とするものは17才が最高

iii）知能発達の質的な変化

iv）12〜14才にかけて記憶機能の転換

イ）聴覚型→視覚型へ

ロ）機械的な記憶→論理的・意味的な記憶へ

v）抽象的概念化・思考の発達（例. clusteringの現象）

vi）記憶痕跡の質的な変容

vii）年令とともに能力に個人差が増す。

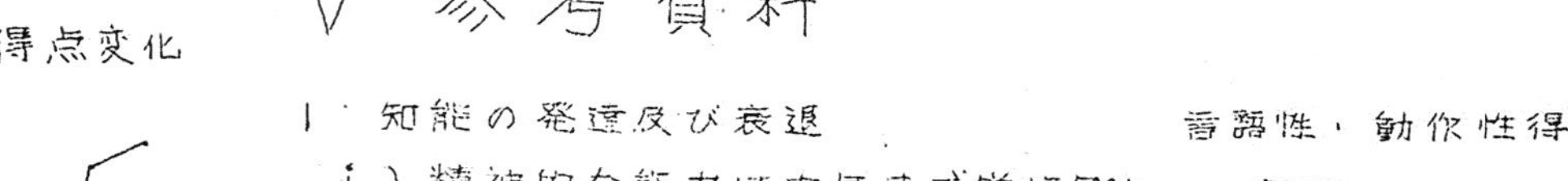

言語性・動作性得点の推移（Wechsler. D）

IQの変動（Brown）

2、個人内のIQの変動

検査の信頼性、環境条件（内・外）の変動、IQの算出方法、上昇型の個人差。

3、上級学年になるほど学力とIQとの相関は低下しており、青年期の学力は知的レベルが直接反映すること少なくなってゆく。むしろ、知能以外の人格的社会的な要因によって学業成績は左右される。

4、自我の健全なる成長発展の促進と目標意識を的確に把握するように推進することによって意志的行動が強まる。又、自我が感情に流されずに最後まで目標を指向する根気はいたずらに叱咤激励するだけでなく、相手（生徒・青年）の立場への共感とゾルゲ（配慮）から生れることを心得ておくべきである。

— 18 —

5. 計算法及枠組みの例

① 42－27　　④ 借りる方法　　⑪ 借りた数をひく方法

12－7＝5　　12－7＝5

30－20＝10　　40－30＝10

10＋5＝15　　10＋5＝15

② 「1ケ30円のりんご5ケではいくらか　④ 30円×5

⑪ 5×30円

6

社会的・身体的・物理的環境

学習者のパーソナリティ（知能・欲求・知覚体制・経験等）

学習過程

動機づけ → 正しい反応（解決）の発見 → 正しい反応の定着 → 正しい反応の持続 → 練習の転移

意欲・興味 ↔ 誘意性

↑

パーソナリティ

問題解決を妨げる習慣的な構え（枠組）

（学習の法則）

↑

学習材料

把持と忘却

↑

睡眠

フィードバック

一般化

応用

現実生活

指導者のパーソナリティ・指導法

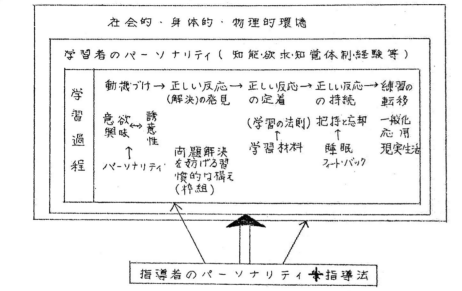

VI 考察

（皆で考えましょう）

第14回全国夜間中学校研究大会記録（抄）

とき　　昭和42年11月1日，2日．
ところ　東京都大田区立教育センター
司会　　樵佐．加藤（葛飾、双葉中）

9時30分，大田区立糀谷中．飯島校長の開会のことばをもつて全夜中大会が開かれた。

村上校長（会長代理）のあいさつに続き、小林元会長の祝辞、祝電の披露があり、日程通り総会に入つた。

《総　会》

荒川九中村上校長より今大会が東京で行われることになつた理由と今大会の意義について説明があり、足立四中町田主事より41年度会計報告及び42年度の予算案の説明があり全員一致でこれを承認した。

《研究大会》

○あいさつ　　都教育庁指導部日俣周二氏

掲示物などを見て先生方が生徒の実態をよく把握していることがわかる。夜中生には身体的、精神的な保護を与え、その障害をとりのぞいてやらねばいけない。我々も充分援助するつもりである。先生方と分科会で勉強したい。

○文部省あいさつ

初等中等教育局　中学校教育課長　奥田真丈氏

この夏に機構改革があり、中学校教育課が独立した。ひとつの課で専念して行政にあたることになり、二十年の戦後教育を総点検している。その中で、夜間中学の問題が大きく浮びあがつている。具体的に夜間中学をどうしたらいいか、むずかしいということが、現在、印象に残つている。

現在の実態分析の段階では、法制上の問題よりも、実情に即しどう改善するかという方向で考えたい。行管庁の勧告も承知はし

（1）

ているが文部省としては、廃止ということは毛頭考えず、実態の原因を充分究明した上、原因の排除に努力すべきだと考えている。

夜間中学の生徒たちが唯一の頼りとしているのは、ここにいられる先生方だ。その意味で、ぜひ、よりいっそうの努力をお願いしたい。行政の立場からは、何とかして、現実の生徒たちの環境を改善したい。生活条件の改善、就学援助をよりいっそうすすめてゆきたい。来年度予算の大きな柱ではあるが、今は具体的に中上げられず、残念だ。本日の大会の結果を生かし、具体的対策の浸透に力を入れたい。さらに、関係各機関とも相談し、総合的に原因の排除につとめたい。

○労働省あいさつ

婦人少年局　年少労働法規係長　土川福俊氏

十五才未満の年少労働者は少なくなってきている。都市では特に減少しているが、職種別にみて、違反である業務についている児童は、いわゆる「もぐり」であり、行監庁の勧告のあるなしにかかわらず、労働省としては監督を強化している。

だが、ただ監督するだけでなく、十五才以上のものについては、就学の指導もしている。パンフレットを配布し啓発活動につとめているが、十五才以上のもので、夜、学校にいく人には、時間を与えるよう指導するとともに、もぐりで年少者を使っている事業所については、もっと調査してみたい。

○二省との懇談

文部省　中等教育課　係長　中満知生氏

労働省　婦人少年局　係長　土川福俊氏

○米吉（神戸丸山中）　中学校卒業程度認定試験は、義務教育の猶予、免除を受けているものに限るのか。

○中満（文部省）　適法に猶予を受けているもののみで、夜間中学に在籍しているものは資格がない。義務を果たさなかった

ものが、チャンスを与えられるのは制度上おかしい。

○米吉　義務教育猶予申請をせずに除籍されたものと、申請したものの比率をつかんだ上の発言なのか。

○中満　それはつかんではいない。

○米吉　夜間中学在籍者にもチャンスを与えてはいかがか。

○中満　研究したい。

○塚原（東京荒川九中）　現実の長欠者にどれくらいの対策がとられているかの調査があるのか。

○中満　長欠者の数はつかんでいるが、対策はわからない。

○塚原　認定試験の制度は、大臣の発想ですぐできたのではないか。

○中満　それはそうだが、懸案でもあった。

○塚原　長欠者にもチャンスを要望する。

○中満　個人個人の事情は同情できるが、義務を履行しないものを罰しないで、履行したものと同様の資格が与えられるのは、論理上矛盾していて、制度の根本にもふれてくる。

○塚原　子供には権利があるのではないか。

○中満　その通りだが、制度の根本にふれることなので、むずかしい。

○池田（横浜　西中）　現実にある夜間中学に、専任教員の予算、備品等で配慮ねがえぬか。また、労働省は、実際に働いているものをどうしようというのか。

○中満　夜間中学は法制上認められていない。また、全体を考えれば、将来も認められない。現実にあるものを廃止しようとは思わないが育成する施策はとれない。中学校全体として学級増加、生徒数増加があればふやすが、特配はできない。

○塚原　子供個人の立場からいえば、法的根拠はあるのではないか。そのへんを考えてほしい。

○土川（労働省）　労働力の不足から、年少労働者は基礎能力が

不足してはついていけないのが現実だ。したがつて、年少者を勉学させることは、事業主の利益にもなるのだということをP.Rし指導している。

○塚原　れい細企業はどうなるのか。

○土川　十八才未満の労仂者の七割は町工場で仂いているが、一般教養は何らかの形で拡充しなければならない。

○塚原　義務教育についてどう考えるのか。

○土川　中卒者で、離、転職が多いが、職業指導がうまく行なわれていないのではないかという気がしている。中学卒業後も、何らかの形で高等教育を受けさせるべきだという情勢だ。

○塚原　最低賃金制についてはどうか。

○土川　努力はしているが、この資本主義社会ではなかなかむずかしい面もある。

○内田（横浜　平楽中）
横浜の1,680円という兼任手当では、なんとかならぬのか。手当が少ないので、どうしても生徒の為にあまり力が注げない。現実にある弊害のひとつだ。

○北川（横浜　蒔田中）　特殊学級なみの措置はとれないのか。

○広江（東京．双葉中）　率直にいつて不満だ。十八年間、十四回も同様の要望を続けている。長欠者は３３年までは減少しているが最近ではまた増加しているではないか。文部省は、ことばでは力づけるが、具体的対策がほしい。家族との団らんを犠牲にしてがんばつている教師の気持をくんではもらえぬのだろうか。

○中濱　たしかに不満だろうとは思う。積極的施策をとりえないのは、個人としては、残念だ。

○飯田（横浜　浦島丘中）　十五年、夜間中学とともに歩んできて、その都度、文部省から、理解ある「ことば」はいただいてきた。しかし、このへんで□□末どうあるべきか

を、制度上、定着させてもいいのではないか。

次年度は、1300学級の特殊学級をつくるそうだが、特殊学級として定着させる方法もあるのではないのか。自我の自覚、個人の尊厳等、教育の原型である夜間中学をなんとか、おざなりではない定着化を考えられないのか。

○塚原　文部省は特殊教育にもう少し本腰をいれられないか。病弱、虚弱な生徒の入学率は、日本では２２％ではないか。
いろいろな面で傷ついている夜間中学の子どもにも本腰をいれてもらえないか。

○上田（東京　新星中）　長欠者の調査をしてでてくる未就学の子どもをどうするのか。

○中濱　いまのところ、夜間中学に類似した長欠児救済対策は、考えられていない。

引続き三省への質問事項（大会要項Ｐ.１６）について、質疑応答があつた。

○石川（東京、八王子五中）　学区域を拡張すれば、３００人中、３０人ほどは救えると思うが。

○日俣（都指導室）　それは学務課の所管であるから、何とも返事が出来ない。学務課へは早速伝える。

○中濱　区の間の話し合いで委託料を払つて入学させる方法もある。

○石川　私の学校などはむしろ三多摩夜間中学としてもらいたい。

○広江（東京　双葉中）　全国的にみて、長欠者もへらないし、夜中生もへつていない。文部省に潜在意識があるのか、灯が消えかかつている。是非制度化してもらいたい。

○上田（東京、新星中）　学令を超過した者を救う教育施設を全国に設置されたい。

そのあと、教育センターの各部屋に分れて分科会が開かれ、5時30分才1日の日程は終つた。

才2日目　（9時30分開会）

前日の分科会の報告が、才1分科会（経営・管理）は塚原（東京荒川九中）、才2分科会（学習指導）中村（東京・新星中）、才3分科会（生活指導）村井（東京　曳舟中）の各先生よりあつた。（内容別紙にあり）

その報告に関する質疑応答は次のようであつた。

村井（曳舟中）　教科の面で、実利的な教科以外には意慾をもたない生徒があるが

国領（都指導室）　ひるでも勉強はきらいだが学校はすきだ、という生徒がある。夜の生徒には学習内容以前に問題があり、これを解決するのが一番大切なことだと思う。

石井校長（鶴見中）　夜中生のコンプレックスを取り除かなければだめだと思う。自分の学習を通じて立ち直つた生徒は何人もいる。学習から逃げてはだめだ。

塚原　僻地教育・複式学級・特殊学級用の教科書は出来ていないか。

国領　小学校用の複式学級用のものはできている。中学校用はまだである。特殊学級用のものは一部分できているが、夜中には向かないと思う。

石井校長　"中学校の課程を終了したということはどういうことか"と斉藤前課長にたずねたことがある。夜中では何も中学校の課程にとらわれることはない。東京と横浜ではシステムがちがつていてもよいのではないか。形式的な事よりも実質的な内容を考えて指導計画をたてるべきだ。

阿川（東京　八王子五中）　文部省の指導要領は頭の中に入れておいて、しぼつた内容を教えればよい。

古屋（東京　双葉中）　社会科では個人指導はむりだ。具体的な問題では生徒の方がよく知つている場面もある。

（6）

樋佐（東京　双葉中）　英語の時間にシンクロファックスを使つて教えたいと思う。これらを使つた経験をお話しねがいたい。

日俣（都指導室）　簡易L・Lでは言葉だけで反応しなければならないのが欠点だ。言葉の理解力のある生徒にはよい。プログラムの作り方にむづかしさがある。

阿川　シンクロファックス等は一種の跛行である。心と心のつながる教育がここでは必要である。

飯田校長（浦島丘中）　文部省の中嶋さんは"私も何もしないのでは明年は明年は来られない"と言つている。私達も明年は何とか法的に定着する方法をみつけねばならない。新役員を始めとしてがんばつてもらいたい。

○東京都教育庁あいさつ

指導部　課長　山地英太郎氏

日本一の米つくり名人の秘けつは、米の気持ちになることだそうだ。最近の大学などではマスプロ式の教育が行われているようだが、教育の本質は、1本1本の苗に心を配る農業に類似している。特殊教育、高校定時制、夜間中学もその面から考えたい。夜間中学がある以上、その子どもたちのしあわせを守るよう努力したいと考えている。

○42年度新役員は次の通り決定した。

会　長	勝山準四郎	（東京　足立四中）
副会長	石井宗一	（横浜　鶴見中）
同	次期開催地の校長	
理　事	池田嘉一	（横浜　西中）

（7）

理事	村上義恵	（東京　荒川九中）
〃	玉木　格	（神戸　丸山中）
〃	内田安守	（大阪　岸城中）
〃	加藤幸三郎	（京都　嘉楽中）
〃	水野　清	（名古屋　天神山中）
幹事	町田義三	（東京　足立四中）
〃	内田吉郎	（横浜　平楽中）
会計監査	広沢亮雄	（東京　八王子五中）
〃	高田四郎	（横浜　蒔田中）
顧問	岡野　直	（前会長）

このあと大会宣言案が広江起草委員より朗読され、多少の字句の修正を望む意見があったが、文を流れる堂々たる主張に拍手をもって承認。つづいて勝山、石井の新会長、副会長から明年度に対する新たな決意をこめた新任のあいさつがあつた。尚時期大会は神戸でもちたいという希望がのべられて盛会のうちに１５時閉会となつた。

——大会あれこれ——

○　大会の終る直前、「全国大会という名が堂々とうたえたのは、神戸からはるばるかけつけてくださつた丸山中、永吉先生に負うところが多かつた。拍手でお送りしようではないかという発言で、全員の大きく長い拍手がしばし鳴りやまなかつた。

○　会場の教育センターは羽田空港に近い騒音地帯である。地元の坂巻校長、「今ごろはジェット機が１０分毎に通るようですので発言する人はチョットおまちください」とおちついた名司会であつた。

○　会場のロビーをかざつたのは、先日行われた都夜間中学連合体育大会の写真。写真もよいし、文章もよし、参会者の足をとめた。

○　会場のうしろに掲げられた各種のグラフ。長欠者の変せん、夜間生徒の変化など会議の内容と常にマッチしていて、熱心な討論

（３）

をたすけた。

○　「学校教育法第〇条、第〇項によれば…………」と塚原氏。六法全書片手の質問に都指導室の先生方も苦笑。

会場のスミをうめたのは東洋大、共立女子大等の学生諸君。熱心に発表や、質疑応答に耳をかたむけていた。

（記録係——都築・鳥居）

（９）

大会宣言

われわれは才十四回全国夜間中学校研究大会の研究の成果と討議を通して、我国の義務教育には依然として未修了者が延数十万人も存在し、本年度の長欠児童生徒が約七万人にも及んでおり、これらに対する現実的効果的対策はおろか、本格的実態調査さえ行なわれておらず、わずかに全国で二十一校の夜間中学校が、各地教育委員会の良心により、現実的施設として設置されているに過ぎない事実を確認した。

しかもこれらの夜間中学校は、いわば黙認という存在であり、全国的立場からすると、未修了者に対する行政的対策は、皆無といっても過言ではない。

これらのことは、民主主義国日本の重大な盲点であり、教育関係当局の理想にも、大きく反する実態であるといわざるを得ない。

また、最近の義務教育での、長欠児童生徒の占める割合は、横ばいではなくむしろ上昇の傾向にあり、その原因も複雑であり、その対策は多岐困難を伴うと考えられるも、一日も遅滞を許されざるものと信ずる。

かかる情勢下において、なお夜間中学校の廃校が相次いでいるという現象は、教育指導行政が不在であるともいえる。

このような義務教育の実態を、われわれ現場の教職員は、教育の理想から、また民主主義を愛し、守る人間の立場から、絶対に黙視し得ないという結論に達した。

われわれは今回の主題「夜間中学校の存在意義を再認識し、その必要性を解明する」の研究討議を通じ、義務教育の未修了者及び長欠児童生徒の救済に具体的実際的対策が確立され現に存在する夜間中学校が、これらの目的のために活用され、制度上定着されることを切望するとともに、われわれの研究実践も更に一層継続することを誓い、大会の名においてこれを宣言し、次の事項を決議する。

決議

一、夜間中学校の実績を認め、その定着化をすみやかに実現されたい。

二、長欠児童生徒救済のための諸法令を活用するようつとめられたい。

三、関係当局は、義務教育未修了者及び長欠児童生徒の本格的実態調査を実施され、その実態に即した抜本的施策をすみやかに講ぜられたい。

四、夜間中学校教育の特殊性に鑑み、関係教職員の優遇措置を即時実施するようはかられたい。

五、本研究会を文部省の研究団体として指定されたい。

右決議する。

昭和四十二年十一月二日

第十四回全国夜間中学校研究大会

昭和41年度 全国夜間中学校研究会決算報告書

収入ノ部				支出ノ部			
項目	予算	金額	付記	項目	予算	金額	付記
前年度繰越	2,020	2,020		次年度大会補助金	10,000	10,000	八王子大会へ
年間会費	24,000	20,400	17校分	通信交通費	3,000	3,000	
				本部会議費	5,000	3,340	
				専門委員会	4,000	[illegible]	
				渉外費	3,000	3,000	
				雑費	1,020	1,020	
				次年度繰越		2,060	次年度へ
合計	26,020	22,420		合計	26,020	22,420	

昭和42年度 全国夜間中学校研究会収支予算(案)

収入ノ部			支出ノ部		
項目	金額	付記	項目	金額	付記
前年度繰越金	2,060		次年度大会補助金	10,000	
年間会費	25,200	21校分	通信交通費	4,000	
			本部会議費	5,000	
			専門委員会費	3,000	
			渉外費	4,000	
			雑費	1,260	
合計	27,260		合計	27,260	

1968年度

第十五回全国夜間中学校研究大会開催のご通知

各位には爽涼の秋、愈々ご勇健で、すべての生活条件に恵まれない夜間中学生の唯一の心の支えとなりいつも寧日なく活躍を続けていらっしゃる先生方のご労苦に深甚な敬意を表します。

この難しい教育活動に携わる者が年に一度、文部、厚生、労働の三省の主務担当官のご出席を得て開催する恒例の年次大会を、先般あらかじめご連絡申しました通り、次の決定実施要項にもとづき開催いたしますから、各地方とも是非多数の方がご出席下さいますようご通知申し上げます。

なお実施要項の内容ご覧の上、資料その他のご用意に特段のご配慮を煩したくお願い申し上げます。

昭和四十三年十月二十日

全国夜間中学校研究会長　東京都足立区立第四中学校長　勝山準四郎
同　副会長　兵庫県神戸市立丸山中学校長　玉本格
同　副会長　神奈川県横浜市立鶴見中学校長　石井宗一
大会準備委員会委員長　東京都墨田区立曳船中学校長　佐々木元信

各位

実施要項

一、名称　第十五回全国夜間中学校研究大会
二、主催　全国夜間中学校研究会
三、共催　兵庫県教育委員会　神戸市教育委員会
四、研究主題　「夜間中学校の実態を把握し、その重要性を解明する」
五、会場　第一日　兵庫県私学会館（神戸市生田区北長狭町四丁目）電話　神戸（三三）[　] (代)
　　　　　第二日　六甲荘（神戸市生田区北野町一丁目）電話　神戸（二二）[　]
六、会期　昭和四十三年十一月二十一日（木）・二十二日（金）
七、日程

21日（木）	
受付	8:30
開会式	9:00
総会	
講演	12.00
昼食	13:00
研究発表	
各地の現状報告	
三省との懇談	16:00
六甲荘へ移動	
夕食	18:30
分科会	20:30

22日（金）	
報告と	9:00
研究協議	10:30
閉会式	11:30

△挨拶　文部省・厚生省・労働省　兵庫県教育委員会・神戸市教育委員会
　講演　国立神戸大学教育学部教授高木太郎先生

八、分科会　第一分科会　経営管理部門　第二分科会　学習指導部門　第三分科会　生活指導部門
九、会費　参加者一名　五百円
　なお全夜中研の年間会費千二百円は大会第一日終了までに事務局会計係にお払い下さい。
一〇、分担金　（一校千円　東京横浜地区は特別分担金）
一一、参加申込みは十月三十一日まで、東京都足立区立第四中学校第二部主事　町田義三　宛お申込み下さい。
　（東京都足立区梅島一ノ二ノ三三　電〇三一（八八七）[　]・[　]）
一二、宿泊は分科会会場と同じ六甲荘です。申込みは十月末日までに別紙宿泊申込書に記入の上事務局まで至急お申込み下さい。
一三、発表事項　発表事項については地区毎にご相談の上、発表内容を原稿をそえて十月二十五日までに、事務局前記町田までご連絡下さい。今回も各原稿を一冊に合冊して印刷物として配布いたします。
一四、交通機関　兵庫県私学会館　国鉄元町駅東口下車　徒歩二分
一五、会場付近略図

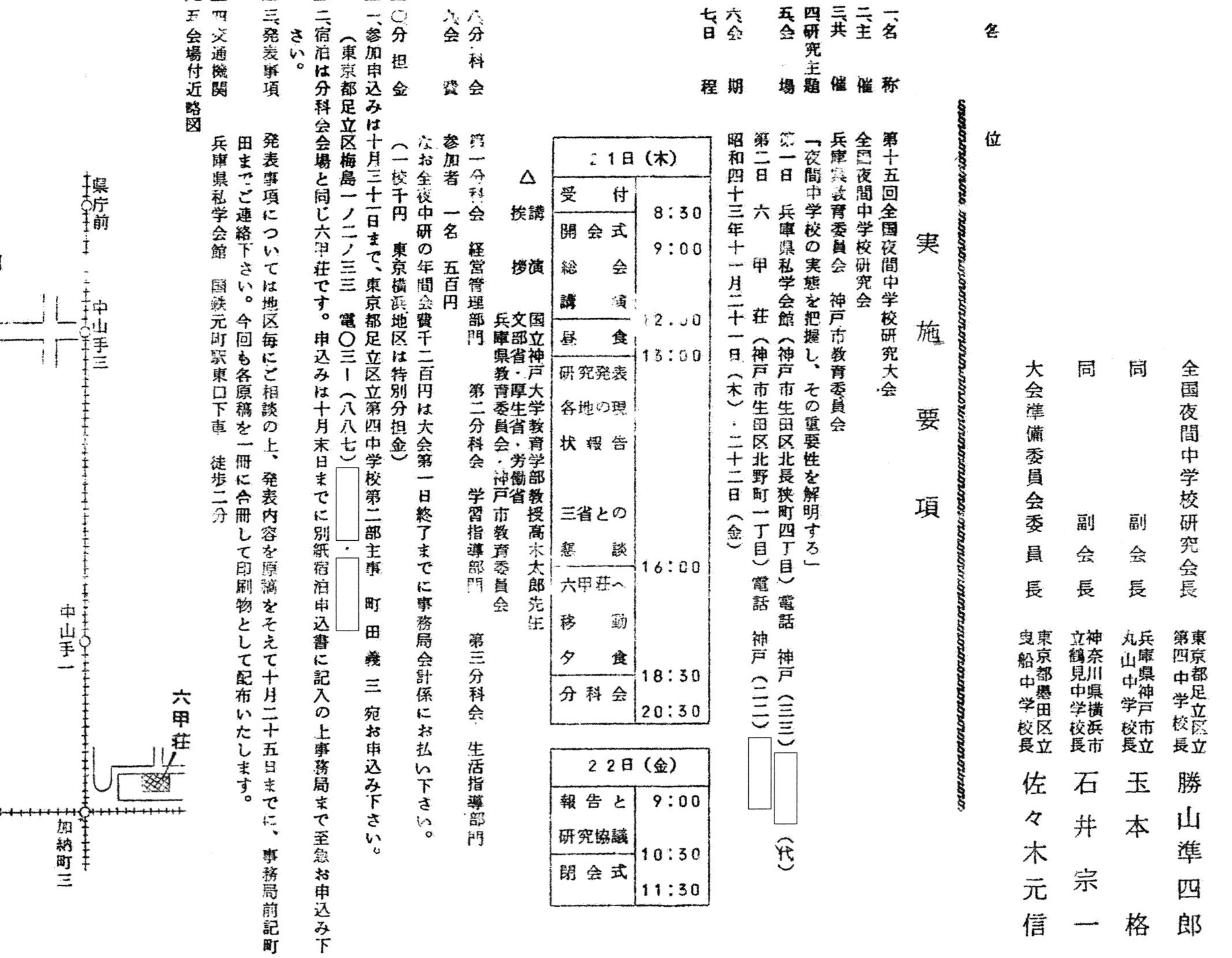

第１５回

全国夜間中学校研究会

大会要項・研究資料

昭和43年11月21日（木）・22日（金）

会場　兵庫県私学会館・六甲荘

主　催　全国夜間中学校研究会

共　催　兵庫県教育委員会

神戸市教育委員会

あいさつ

全国夜間中学校研究会長
東京都足立区立第四中学校長
勝山準四郎

兵庫県教育委員会、神戸市教育委員会ならびに地元丸山中学校のご協力により第１５回全国夜間中学校研究大会を神戸市において開催できました事を心よりうれしく思います。

本研究大会も去る昭和２９年１１月京都市洛東中学校において発会してから丁度１５周年を迎えたことになります。それ以来幾多の困難と隘路を切り開きつゝ、今大会まで毎年止むことなく大会をもち、その意義と成果を明らかにされてきた関係諸先輩各位に深く敬意を表するものであります。

新制中学校発足当初その当時の社会情勢を反映して、余りにも多い長欠生徒に対し、やむにやまれぬ教育的使命感と情熱をもつて、彼等に義務教育の門を広く開いたのか夜間中学校であり、その灯は今日にいたるまで引つがれているわけです。

それから十数年、社会状勢の変化とともに夜間学級設置校数やそこに学ぶ生徒数には多少の消長がありましたが、この間数千名の卒業生を世に送り出した実績と、今尚夜間学級に学ぶ生徒、学ばせたい生徒が実存していることは事実であり、それなればこそ夜間学級の必要性を痛感しているわけです。

本研究大会は全国夜間学級関係者が一堂に会し、共に語り、共に悩み考え、共にはげまし合う年一度の唯一の会合であります。しかし第１回大会以来提案され論ぜらつゝも、未だに解明されない諸問題をかゝえております。

今次大会が参会各位の熱意により、これら諸問題解決の大きな転機点となることを願つてやみません。

終りに本大会開催準備にご尽力下さつた地元丸山中学校玉本校長先生はじめ諸先生、大会準備委員長佐々木校長先生はじめ準備委員諸先生のご労苦に深甚なる謝意をさゝげ、ごあいさつといたします。

あいさつ

第１５回全国夜間中学校研究大会準備委員長
東京都墨田区立曳舟中学校長
佐々木　元　信

第１５回全国夜間中学校研究大会開催にあたり、文部省、労働省、厚生省、各都市教育委員会をはじめとして、全国夜間中学校研究会長勝山先生、副会長玉木、石井両先生並びに当該各中学校長の諸氏、大会準備副委員長中村先生、事務局、町田、塚原、石川３先生外各主事及び各校の先生方には、ご多忙中多大なるご協力を願い、特に兵庫県、神戸市教育委員会の方々には、本大会開催について、ご理解とご援助を賜わり、丸山中学校玉本先生には、研究会の講師、会場等に関し種々ご交渉、ご斡旋をいただきましたことを厚くお礼申し上げます。

さて大会準備委員会は９月下旬から毎週土曜日の午後から夕刻にかけて８回に亘り慎重審議をかされ、緻密な計画の下に分担された方々は、夜を日に継いで、それぞれの職務を果たされ、お蔭をもつて、愈々本日を迎えるにいたりましたことを衷心より感謝いたします。

なお研究主題「夜間中学校の実態を把握し、その重要性を解明する」を中心として、各研究発表者の方々には、平素のご研究を発表し、問題点を提示し、夜間中学校の教育の充実、展開にご協力いただきましたことをお礼申し上げます。今回の大会は、各関係の先生方が、公私ご多忙の中を積極的にご協力いただき、万一不行届の点があれば委員長の責任であり、成功した場合は副委員長はじめ諸先生方のご協力の賜物と存じます。

終りに、恵まれない生活条件の下に夜間孜々として学習に励む生徒の教育の進展に、ご指導、ご援助をいただいております諸賢に対し今後一層のご理解とご協力をお願いいたし、本大会が所期の成果を挙げることができますよう懇願し、ご挨拶といたします。

もくじ

第15回　全国夜間中学校研究会大会要項

Ⅰ　主　　題

夜間中学の実態を把握し、その重要性を解明する。

Ⅱ　日　　程

第1日　21日（木）

8.30	9.00–12.00	12.00–13.00	13.00–16.00	16.00–18.30	18.30–20.30
受付	開会式　総会　講演	昼食	研究発表　各地の現状報告　三省との懇談	六甲荘へ　夕食	分科会

←――― 兵庫県私学会館 ―――→←―― 六甲荘 →

第2日　22日（金）

9.00–10.30	10.30–11.30
研究報告と協議	閉会式

←―― 六　甲　荘 ――→

○　日程細目（第1日目）

1.　開会式次第

(1)　開会のことば……副会長　神戸市立丸山中学校長　玉　木　　格

(2)　会長あいさつ……会　長　東京都足立区立第四中学校長　勝山　準四郎

(3)　祝　　　辞……来　賓

(4)　日　程　説　明……理　事　（又は司会者）

2.　総会次第

(1)　議　長　選　出……名古屋，広島

(2)　会　務　報　告……会　長

(3)　会　計　報　告……幹　事　東京都足立区立第四中学校　町　田　義　三

(4)　会計監査報告……会計監査　横浜市立蒔田中学校長

(5)　新　役　員　選　出

3.　あ　い　さ　つ　　兵庫県教育委員会　参　事　大　村　国　雄
　　　　　　　　　　　神戸市教育委員会　指導課長　鈴　木　一　郎

4.　講　　　演　　神戸大学教育学部教授　高　木　太　郎　氏

5.　研　究　発　表　　（司会　横浜市立中学校長）

(1)　番町同和地区と訪問教師制度
　　　神戸市立丸山中学校西野分校

(2)　夜間中学校が背負った新しい課題
　　　－登校拒否的生徒の対策－
　　　　横浜市共同

(3)　東京都夜間中学校の共同作文集　あかしの生まれるまで
　　　東京都夜間中学校研究会総務部広報係

(4)　夜間中学生の一断面
　　　－貧困と登校拒否－
　　　東京都夜間中学校研究会指導研究部

(5)　義務教育未修了者をどのようにして就学させるか
　　　東京都夜間中学校研究部調査研究部

(6)　新入生と広報機関との関係
　　　東京都夜間中学校研究部総務部調査班

6.　夜間中学設置各地区の現状報告

関西地区、広島地区、京浜地区

7.　三省との懇談　（司会　副会長　横浜市立鶴見中学校長　石井　宗一）

文部省　初等中等教育局中学校教育課長補佐　柴　沼　　晋

〃　　文部事務官　上　岡　国　威

労働省　婦人少年局年少労働課広報係長　三　田　久　子

厚生省　児童家庭局育成課　（　未　定　）

8.　分　科　会

第1分科会　（経営管理部門）

司会者　東京都墨田区立曳舟中学校長　佐々木元信

助言者　文部省、神戸市教育委員会　指導部指導主事　北爪宣武、林　博夫

書　記　東京都墨田区立曳舟中学校　国谷藤吉

第２分科会　（学習指導部門）

司会者　京浜地区設置校代表

助言者　神戸市教育委員会指導部 指導主事　槗　健・谷口欣也

書　記　京浜地区設置校教諭

第３分科会　（生活指導部門）

司会者　近畿地区設置校代表

助言者　兵庫県教育委員会学校教育課 指導主事　梶原康史・内藤勇次

書　記　近畿地区設置校教諭

○　第２日目

1　分科会のまとめ・研究協議（司会 東京代表校長）　　　　）

・分科会報告

第１分科会報告（報告者）

第２分科会報告（報告者）

第３分科会報告（報告者）

・質疑応答研究協議

2.　閉会式次第

(1)　理事会報告……次年度東京地区理事

(2)　大　会　宣　言……大会宣言文起案委員各地区１名、世話係
東京地区塚原）

(3)　新旧役員あいさつ

(4)　次年度大会について

(5)　閉会のことば……新副会長

夜間学級設置校現況一覧

（昭和４３年１０月１日現在）

番号	都府県別	学校名	所在地	電話	校長名	開設年月日	在籍生徒数 I 男	I 女	II 男	II 女	III 男	III 女	性別小計 男	性別小計 女	合計	卒業生徒数	専任教諭数 男	専任教諭数 女	兼任並に講師数 男	兼任並に講師数 女	合計	備考
1	広島	広島市立二葉中学校	広島市山根町１７	０８２２−６２−	牧原次郎	28. 5. 1	5	2	14	5	7	4	26	11	37	132	3	0	3	0	6	
2		広島市立観音中学校	広島市南観音３−４−６	０８２２−３２−	増田勉	28. 5. 1	3	3	4	8	6	10	13	21	34	229	2	0	1	0	3	
3		広島県豊田郡豊浜村立豊浜中学校	広島県豊田郡豊浜村豊島	広島県豊島９	長谷川敏	26. 1. 18	0	0	5	0	5	0	10	0	10	600	0	0	4	0	4	
4	兵庫	神戸市立丸山中学校西野分校	神戸市長田区三番町３−１	０７８−５５−	玉本格	25. 2. 16	2	8	2	7	9	8	13	23	36	260	2	1	3	0	6	
5	大阪	大阪府岸和田市立岸城中学校	大阪府岸和田市町田町２３０	０７２４−２−	荒本和夫	27. 4. 25	0	0	0	0	1	1	1	1	2	165	0	0	2	0	2	
6	京都	京都市立藤森中学校	京都市伏見区深草池ノ内町	０７５−６４１−	中沢良三	25. 5. 1	0	0	0	0	3	1	3	1	4	237	1	0	3	1	5	
7		京都市立皆山中学校	京都市下京区間町七条上ル	０７５−３６１−	檜山謙	25. 5. 1	0	0	0	1	1	1	1	2	3	249	1	0	3	2	6	
8		京都市立郁文中学校	京都市下京区大宮通綾小路下ル綾大宮町５１−２	０７５−８２１−	林田晋亨	43. 4. 1	0	0	2	1	1	4	3	5	8	0	3	0	5	1	9	
9	愛知	名古屋市立天神山中学校	名古屋市西区天神山２−７９	０５２−５２１−	水野清	27. 12. 10	0	0	0	0	2	1	2	1	3	119	1	0	0	0	1	
10	神奈川	横浜市立鶴見中学校	横浜市鶴見区鶴見町１２５３	０４５−５０１−	石井宗一	25. 5. 20	0	0	1	0	6	7	7	7	14	222	0	0	8	0	8	
11		横浜市立浦島丘中学校	横浜市神奈川区白幡東町１７	０４５−４２１−	飯田赳夫	25. 5. 1	1	0	2	2	3	0	6	2	8	271	0	0	10	1	11	
12		横浜市立蒔田中学校	横浜市南区花ノ木町２−４５	０４５−７１１−	田島鳳松	25. 5. 1	0	2	0	2	1	3	1	7	8	202	0	0	7	2	9	
13		横浜市立平楽中学校	横浜市南区平楽１	０４５−２３１−	岸清	25. 5. 1	0	0	0	0	2	3	2	3	5	205	0	0	9	0	9	
14		横浜市立西中学校	横浜市西区西戸部町３−２８６	０４５−２３１−	池田嘉一	25. 5. 1	1	0	2	0	5	1	8	1	9	168	1	0	10	0	11	
15	東京	東京都足立区立第四中学校	東京都足立区梅島１−２−３３	０３−８８７−	勝山準四郎	26. 7. 16	7	5	4	3	6	4	17	12	29	526	5	1	2	3	11	
16		仝　八王子市立第五中学校	八王子市明神町９１	０４２６−４２−	岸田林太郎	27. 5. 12	4	6	6	0	2	2	12	8	20	194	6	0	2	2	10	
17		仝　葛飾区立双葉中学校	葛飾区お花茶屋１−１０−１	０３−６０２−	小日向毅夫	28. 4. 20	1	0	7	2	4	8	12	10	22	302	6	0	2	2	10	
18		仝　墨田区立曳舟中学校	墨田区文花１−１８−６	０３−６１７−	佐々木元信	28. 5. 1	3	2	6	3	3	9	12	14	26	465	4	1	3	1	9	
19		仝　大田区立糀谷中学校	大田区西糀谷３−６−２３	０３−７４１−	和泉勗	28. 9. 1	7	2	12	3	6	4	25	9	34	344	6	0	2	2	10	
20		仝　世田谷区立新星中学校	世田谷区太子堂１−３−４３	０３−４２１−	桜井保	29. 5. 1	4	3	7	7	11	8	22	18	40	282	4	2	6	3	15	
21		仝　荒川区立第九中学校	荒川区東尾久２−２３−５	０３−８９２−	清輔浩	32. 2. 15	1	4	18	7	22	12	41	23	64	231	6	0	3	1	10	
計		２１校				（合計）	39	37	92	51	106	91	237	179	416	5403	51	5	88	21	165	
						４２年度	49	50	99	57	132	79	280	186	466	4373	48	8	80	17	157	

昭和４２年度併設を廃止した学校

学校名	所在地	廃止の時期
京都市立嘉楽中学校	京都市上京区今出川千本東入	43. 3. 31

昭和４３年度開設した学校

学校名	所在地	開設時期
京都市立郁文中学校	京都市下京区大宮町綾小路下ル綾大宮町５１−２	43. 4. 1.

第15回　全国夜間中学校研究大会出席者名簿

学校名	職名	氏名	分科会
広島市立　二葉中学校	校長	牧原次郎	1
仝　観音中学校	仝	増田勉	2
広島県豊浜村立　豊浜中学校	仝	長谷川敏	2
神戸市立　丸山中学校	仝	玉本格	1
仝	主任	末吉富久男	1
仝	教諭	田中正信	3
仝	仝	小林一江	2
仝	仝	山野利幸	2
仝	仝	荒木勇	1
仝	仝	谷隆夫	2
神戸市立　岩岡中学校	教頭	佐藤幸郎	1
大阪府岸和田市立　岸城中学校	校長	荒本和夫	1
京都市立　藤城中学校	仝	中沢良三	1
仝　皆山中学校	仝	檜山謙	1
仝　郁文中学校	仝	林田普亨	1
名古屋市立　天神山中学校	仝	水野済	1
横浜市立　鶴見中学校	仝	石井宗一	1
仝	主任	平井周	2
仝　浦島丘中学校	校長	飯田赳夫	1
仝	主任	中村勇作	3
仝　蒔田中学校	校長	田島鳳松	1
仝	主任	北川明	1
仝　平楽中学校	校長	岸清	1
仝	主任	柳沢弘美	2
仝　西中学校	校長	池田嘉一	1
仝	主任	石谷隆司	3

学校名	職名	氏名	分科会
東京都足立区立　第四中学校	校長	勝山準四郎	1
仝	主事	町田義三	1
仝	教諭	海老原みよ子	3
仝　八王子市立　第五中学校	校長	岸田林太郎	1
仝	主事	石川元重	1
仝　葛飾区立　双葉中学校	校長	小日向毅夫	1
仝	主事	広江栄一郎	1
仝	教諭	旗佐昭二	2
仝	仝	鳴沢実	3
仝　墨田区立　曳舟中学校	校長	佐々木元信	1
仝	主事	国谷藤吉	1
仝	教諭	村井稔	3
仝　大田区立　糀谷中学校	校長	和泉昴	1
仝	主事	清水常吉	3
仝	教諭	都築達郎	3
仝	仝	井手迪夫	1
仝　世田谷区立　新星中学校	校長	桜井保	1
仝	主事	中村昭政	1
仝	教諭	長久保光明	2
仝	仝	上田喜三郎	1
仝	仝	木原武子	3
仝　荒川区立　第九中学校	校長	清輔浩	1
仝	主事	塚原雄太	1
仝	教諭	日下田進	3
仝	仝	桜井和夫	2
仝	仝	見城慶和	2

昭和４２年度全国夜間中学校研究会役員名簿

会長	勝山準四郎	東京都足立区立第四中学校長
副会長	石井宗一	横浜市立鶴見中学校長
仝	玉本格	神戸市立丸山中学校長
理事	村上義恵	東京都荒川区立第九中学校長
仝	池田嘉一	横浜市立西中学校長
仝	水野清	名古屋市立天神山中学校長
仝	宇野二三衛	京都市立皆山中学校長
仝	内田安守	大阪府岸和田市立岸城中学校長
仝	玉本格	神戸市立丸山中学校長
会計監査	高田四郎	横浜市立蒔田中学校長
仝	広沢堯雄	東京都八王子市立第五中学校長
幹事（会計）	町田義三	東京都足立区立第四中学校主事
顧問	伊藤泰治	元東京都足立区立第四中学校長
仝	寺本喜一	京都府立大学教授
仝	立石実信	元横浜市立平楽中学校長
仝	関根重四郎	元東京都墨田区立曳舟中学校長
仝	小林俊之助	元東京都大田区立糀谷中学校長
仝	住友国春	元東京都八王子市立第五中学校長
仝	飯田赳夫	横浜市立浦島丘中学校長
仝	岡野直	元東京都足立区立第四中学校長

－１４－

＊ 重複記事が収録されているため、本史料１２～１３頁は削除した。

関係三省への質問事項

o 毎年のことではあるが、提出された大会決議が関係当局において、どのように検討され、現場にかえされているのだろうか、因みに昨年度決議のとりあげ方について具体的にお知らせ下さい。

神戸市丸山中学校　田　中　正　信

o 長欠生徒の実態を見て教育行政面でどのような方策をたてているか。
学習の権利をどう考えているのか。

横浜市立浦島丘中学校

文部省への質問

o 全国夜間中学校研究会は昭和42年度東京で開催した大会で下のような決議をし、決議文は大会後に文部省に送付してあります。
この決議文の各項について、どのように処置されたかをおうかがいします。

1. 夜間中学の実績を認め、その定着化をすみやかに実現されたい。
2. 長欠児童生徒救済のための諸法令を活用するようつとめられたい。
3. 関係当局は義務教育未修了者及び長欠児童生徒の本格的実態調査を実施し、その実態に即した抜本的施設をすみやかに講ぜられたい。
4. 夜間中学校教育の特殊性に鑑み、関係教職員の優遇措置を即時実施するよう、はかられたい。
5. 本研究会を文部省の研究団体として指定されたい。

東京都荒川区第九中学校

o 1. 義務教育はすべての日本人子女に「受けるべき権利」として国が与えたものであり、憲法に規定されたものである。するとこれは、子どもたちの人格を完成する上で重大であり、尊厳な権利というべきである。ところでそれ程重要な義務教育を1人でも受けられない子がいるとしたら、

しかもそれを知つていながら、何等の抜本策をもとらない文部省の態度は、怠慢はさておき憲法違反の疑いがありはしないか？

2. 長欠者が学令を満了すると殆んど事務的に学籍を除き、教育的無国籍者も同然に葬り去られるのが通例である。これはこどもたちのもつ尊厳な権利に対し、甚だしく無思慮な侵害行為であるばかりか、国民の最低知識水準を義務教育によつて確保しようとする、国家的要請にも背くことになりはしないか。
3. 義務教育の本質からみて既に制度化されている中学校の通信教育や、昭和42年度から実施された検定制度は教育の重要な要素である人間関係を著しく軽視し、教師の日常果している職責に対して軽侮するものである。仮りに義務教育からの脱落者の救済上やむを得ない弥縫策であるとしても、義務教育においては避けるべきであると思うが、ご見解如何。
4. 義務教育が原則として昼間実施されるべきであることに異論の余地はない、しかし現実においてその原則だけでは完全を期すことができず、通信教育や、検定制度迄認めざるを得なくなつたのであるが、この両者は義務教育では好ましくないとしたら、残るものは文部省が認めまいとする夜間中学だけになる、しかも前者よりも遙かに教育的である夜間中学を制度化することこそ、より実際的であると思うが如何。
5. 平等を原則とする民主主義社会、しかも文明のより高い次の世代に生きようとする子女の前途に資質上早くも不適格の烙印を押すような義務教育未終了者が推計100万を超えるという事実に対して、国民全体の恥とすべきであり、教師としては忍び難いところである。文部省はそのことに対し、責任があると思いますがご見解を伺いたい。

東京都双葉中学校　広　江　栄一郎

o 1. 横浜としては現在の夜間中学校の経営に特殊学級的な扱いを了承してもらいたいが如何なものか。
2. 年少労働を認め雇用者も本人も安心して仕事に従事できるようにしたら如何―― 夜学への安定感が増す。
3. 夜間中学生の災害保償はどうなつているか。
厚生施設の利用はどうなのか。

横浜市代表として　北　川　明

研究発表資料No.1

番町同和地区と訪問教師制度

神戸市立丸山中学校西野分校
玉　木　　格

I　なぜ誕生したか

敗戦直後の日本全土、特に都市の混乱と窮乏はたいへんなものであった。ここ日本最大の同和地区といわれる番町地区の人々は、あの大空襲の中にもガンとして逃げ出さず、焼夷弾の雨の中を協力して自分たちの町を守り抜いたのであった。

しばらくは闇物資の運搬売買等で、家を焼かれた他の地区の人々よりは豊かな生活がつづいた。しかし徳川封建遺制による未解放部落差別の現実はきびしく、やがて世の中が落ちつきをとりもどそうとするとき、定職にありつけぬ部落の人々の生活はしだいにすさみ始めた。その結果が競輪場、パチンコ場に巣食う暴力団であり、売春であり麻薬であった。

このことを憂えた心ある地区の人々、特に番町青年団が中心となり、兵庫軍政部ＣＩＥのコレティ女史を後援者に「番町地区改善対策委員会」が生まれた。落合重信氏著「神戸の未解放部落」によると、「当時は進駐軍目あての街娼が街にはん濫していたが、取締りで神戸駅前その他盛り場を追われた時期があり、追われたものの中に番町へ逃げ込むものがあった。これを追って黒人兵が番町に現われる様になり、銭湯がのぞかれたり、ピストル騒ぎがあったりして、番町全体が騒然たる空気につつまれるようなことになったので、この対策を青年団は近畿民間情報局兵庫民事部にうったえた。たまたま民事部たコレティ女史がいてものすごく部落問題に熱意を示した」のであった。

地区内が大混乱を来たしているとき、忘れられた子どもたちの長欠・非行の増えることも事実である。「番町地区改善対策委員会」のくわしいことは省略するが、とにかくこの運動により、地区の心ある人々の協力を得て、番町には具体的に夜間学級が設置されることになったのである。

A−1

Ⅱ　いつ・どこに・どのように開設されたか

1. 神戸市教育史（第２集）によると、神戸市では全国にさきがけて夜間学級が開設され、「貧困により長欠生や不就学生を救済するための学級」として、つぎのような一覧表が載っている。

学校名	開設校長	開設年月日	閉鎖年月日
駒ケ林	中井順三	24. 2. 10	34. 3. 31
○ 丸山	大前久雄	25. 1. 16	
大橋	有利秀一	25. 4. 1	28. 12. 31
須佐野	上村千彦	25. 7. 15	29. 3. 31
太田	岩崎忠人	26. 4. 1	28. 4. 30
玉津	鷹尾実	26. 9. 14	32. 3. 31
住吉	古東六郎	27. 4. 1	30. 12. 31
鷹取	松平芳樹	27. 4. 6	29. 3. 31
花園	伊藤常吉	29. 4. 26	31. 3. 15

この表でみると、昭和３２年度以降は丸山中学校西野分校がただひとつ残って現在に至っているわけである。義務教育生徒は当然昼間の学校に行くべきである。社会の安定とともに他の中学校は閉鎖されていくのに、なぜ本校だけが残っているのか、このことは日本最大の同和地区ということと無関係ではありえないのである。

Ⅲ　番町同和地区とはどういうところか

1. いわれなき差別

徳川幕府は、士農工商の下に穢多（えた）非人という身分制を人為的につくり出して民衆を分裂支配しようとした。自分たちよりまだ下の人間がいるのだと思いこませて民衆の不満をそらそうとした。全国6,０００部落３００万人といわれる同和地区は、このようないわれなき差別によってつくり出されたものである。

番町地区の古老の話によると明治４年の解放令のころまでのようすを親たちから聞かされたという。お宮参りには部落の者は参道の入口からハダシにならされた。おさい銭は別のカゴに受けとられ、不浄なものとして水洗いしてから納められたという。食堂に入れば自分は部落の者だと名乗って別の器で食べねばならなかった。もしも身分をいつわったときは袋だたきの制裁にあったというようなひどい差別を受けてきている。これらの部落差別はその後、形こそ変わったとはいえいまだに結婚・就職差別として残っている。

2. うつり変わり

神戸市史編集室の落合重信氏の調査によると、番町部落の発生は元禄のころといわれ、元禄４年に１２軒７０人という記録があり、当時全国が土地持ちの年貢を納める本百姓であった。明治２年には８５軒３８８人となった。その後神戸が開港場として栄えるにつれ、仕事を求めて地方から多数の流入がはじまり、明治１０年には土着者５３０人に対し流入者４７０人１５年には６００人に対して流入者1,０００人を数えた。その後大正・昭和にかけてマッチ・ゴム産業をはじめとする底辺労働者の供給源となり、現在は約２３０業種といわれる不安定な雑業についている。

3. 番町地区一覧と校区

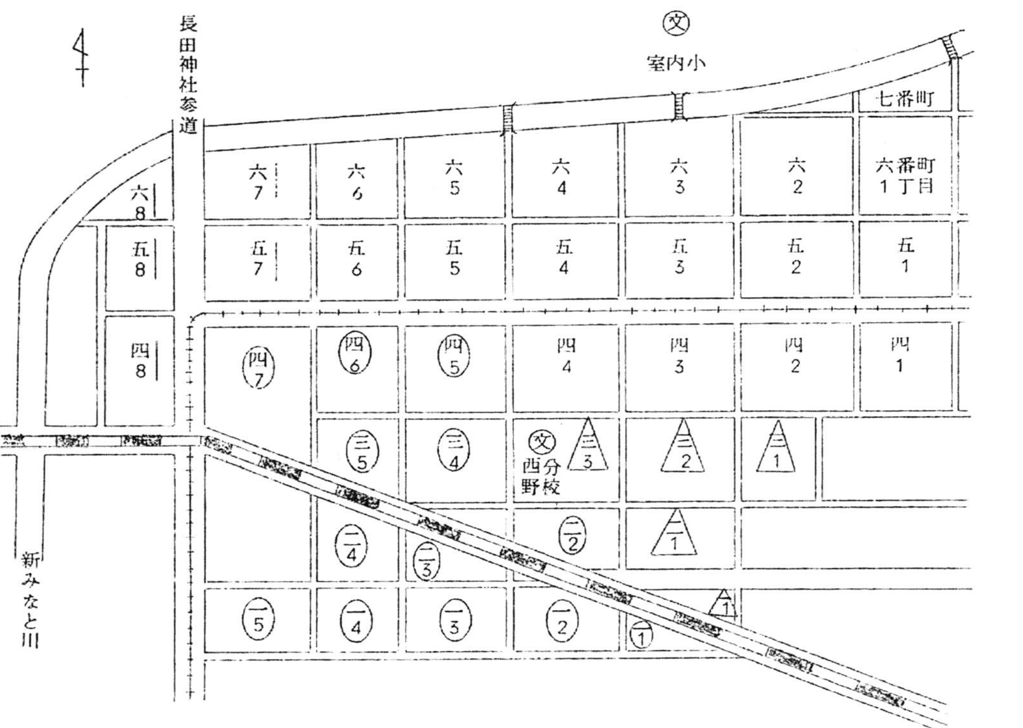

□ 丸山中・室内小校区

○ 菊藻中・御蔵小校区

△ 兵庫中（後に大開中）・水木小校区

| 西代中校区

4. 番町地区の現状

昭和４０年度の調査によると、前記「番町地区一覧図」にある地区約0.４９km^2に７,０００世帯２３,０００人、神戸全体の人口密度の２０倍に当る。

特にひどいのは、神戸市民生局の指定する１６カ町（三番町・２・３・４・５丁目、四番町、五番町、六番町の３・４・５・６丁目）で表通りこそ舗装されているが、一歩裏側に踏みこむと幅２mたらず、迷路のような路地。その両側には、くずれかけた長屋が続き、一むねの長屋が二畳三畳とベニヤでコマギレにされて住みついている。路地のカド、長屋の端に作られた共同便所には、１か所に３０人平均のところもあり、一つの共同水道を２０世帯が使用しているところもある。溝のないところに水が流れハエが飛び回る。

この地区の生活保護率は1,０００分比にして神戸平均１２.１％に対して１１０％（長田厚生館調べ）で約１０倍、結核死亡率全国平均２５.３に対して８０.２という驚くべき数字で、生活保護率・結核死亡率及び人口密度ともに全国の首位を記録している。

これらの背景には、就職差別からくる不安定な収入、重労働、過密な居住環境、貧困による栄養不良等が集約されている。現にマッチ産業のあとに栄えたゴム産業も低賃金労働者を得やすいこの地区の周辺に集まっている。ゴム工（臨時工）のほかに、人夫、手伝・土方・仲仕等の日雇労務、市の現業員（主として清掃局）、失対人夫、製靴修理等が大部分を占め無職（生活保護）も多い。

Ⅳ　長欠生たちはどうなっているのか

今もなお、夜間中学校の存在によって救われる生徒たちがある反面、長欠・不就学生はすべて救われているのだろうか。番町地区及び神戸全市のデータから述べてみたい。

神戸市教委の調査によると、年間５０日以上の長欠者数は

年　度	小学校	中学校	計	長欠率（小）	長欠率（中）
昭和３２年度	1,６２７人	1,７４２人	3,３６９人	１．３％	３．４％
３５年度	1,５４１人	1,３６７人	2,９０８人	１．３％	２．７％
４０年度	７５５人	1,１５６人	1,９１１人	０．８％	２．３％
４２年度	６４７人	７８３人	1,４３０人	０．７％	１．８％

となっている。この表でみるとおり年々減少しつつあることは喜ばしいことであるが、全市にはまだ1,5００人の長欠者がいるのである。さらにこれを区別に昭和４２年度の調べでみると、つぎのとおりである。

区	小学校	中学校	計	長欠率（小）	長欠率（中）
東　灘	5２	5２	１０４	0. ４	1. １
灘	６６	８４	１５０	0. ５	1. ５
葺　合	７４	９８	１７２	1. ０	2. ９
生　田	６３	５８	１２１	1. １	2. ０
兵　庫	１５３	１５５	３０８	0. ８	1. ７
長　田	１００	１９３	２９３	0. ６	2. ５
須　磨	６５	６９	１３４	0. ７	1. ５
垂　水	７４	７４	１４８	0. ５	1. ２
計	６４７人	７８３人	1,４３０人	0. ７％	1. ８％

これらを長欠率でみると、小学校では生田区・葺合区が多く、中学校では葺合区・長田区が多い。生田区には、［　　］同和区があることと、「疾病異常」が多い。葺合区には［　　］スラム同和地区をひかえている。長田区はもちろん番町同和地区をかかえているからである。そして、葺合区の特徴は「家庭の無理解」であり、長田区のそれは「家庭の貧困」というデータが出ている。

いずれにしても昭和４２年度の中学生長欠生が７８３人に対して、また長田区の中学生長欠生２９３人に対しても西野分校生徒は３６人であり、忘れられた子どもたち、また救いきれない子どもたちのまだまだ多いことが残念である。

しかし、ここ数年来各方面の努力により、特に経営困難校への生徒指導主事（補導教師）の配置と増員、さらにつぎに述べる神戸市が全国に先がけて実施した訪問教師制度の努力を見逃すわけにはいかない。

Ⅴ　訪問教師制度について

神戸市に訪問教師の専従員（市費）が設けられたのは、昭和３５年４月からである。全国に先がけて設けられた訪問活動の趣旨は「長欠・不就学児童生徒、その他の問題をもつ児童・生徒の家庭等を常時訪問し、直接指導にあたる。この活動を通じて家庭や地域環境の調整と連絡にあたり問題の解決につとめる」ことである。

昭和３５年当初は３名で東部・中部・西部に各１名ずつ計３名であった。それが、３６年には６名となり３７年になって東灘・灘区に１名、灘・葺合・生田・兵庫・長田・須磨・垂水区に各１名の計８名となった。

最初のころは訪問教師の制度がよく理解されず、何でも訪問教師に頼んでおけばよいという担任がいたり、逆に訪問教師は教育委員会の調査官のように思って敬遠したりすることもあった。しかし、しだいに学校、担任・訪問教師が協力して、お互いの不足を補いあって子どもたちを救済し教育していこうと理解されるようになり、訪問教師の効果も挙がってきたといえよう。

昭和４０年になって地域の広い兵庫区を北と南に分けて訪問教師が２名となり、さらに初めて番町同和地区専任の訪問教師１名が配属されることになった。この専任の同和地区担当が生まれたのは、丸山中、湖藻中で暴力非行問題があとをたたず、長欠生も多く、この日本最大の同和地区へ入りこむ必要からではなかったかと考えられる。

神戸市教育委員会が、毎年４月末に調査し、訪問教師が中心となって学校と連絡をとりなが

らとり組む長欠生の推移をみると、

昭和３９年度	５６６名	昭和４２年度	３７２名
４０	４４９名	４３	３０６名
４１	３４５名		

上記のとおり、年々減少していることはうれしいことである。これは長欠生だけであって、訪問教師はこの他にも民生安定所へ出かけて生活保護や保育所の手続き、児童相談所や補導センターへ出かけての相談、ときには家庭裁判所へ行って戸籍の手続き、または街頭補導等々目まぐるしい日々である。もちろん学校訪問・家庭訪問を中心にしての活動であり、長欠・非行対策に大きな効果を挙げつつあるが、欲を言えば番町地区以外の同和地区にも専任がほしいし、番町地区にも増員してほしいものである。

訪問教師と西野分校との関係をいえば、極力昼間の中学校へ行くようすすめてもらうけれども、例えばＴ子のように父親に捨てられた６人家族（母親及びＴ子を長女に弟妹４人）がある。Ｔ子は小学校３年生ごろから弟妹のめんどうをみるために長欠のまゝだ。中学生になってゴム工場に勤めていたが、児童福祉法で工場主が送検され、生活保護も打切られた。しかし、働かねば食えないので西野分校へ登校させ、アルバイトとして校長が証明を出して現在働いている。このような生徒の世話を訪問教師がやってくれる。

Ｍ子の父は結核で入院、母親も病弱、兄がいるが、小児マヒで不具同様、何回かの訪問にもなかなか会えず、やっと会っても逃げ出しまつ、これも最近西野分校へ来るようになった。アルバイト証明の必要からだが、彼女はいま「こんなことやったら、もっとはやく来とったらよかった」といってまじめに登校している。

西野分校に在籍していながら長欠になっている生徒もいる。これも訪問教師におねがいするときもある。Ｎ男の家庭は訪問教師が来ると協力する。母親が結核で入院しているＩ子も訪問教師のおかげで昨年卒業していった。

労働基準法だけでは解決できぬ生徒たちが、番町同和地区には特に多いのである。

残念なことだが、「同和地区をもつ小・中学校の実態調査」（昭和４２年１０月調べ）をみても、丸山中学校（本校）は<要保護・準要保護率>６４.８％、<長欠率>は２８.８％で、どちらも全市のトップである。

Ｋ子の母親は、生活の苦しさから高利貸しに金を借り、どうすることもできなくなって家族を捨てて夜逃げしてしまった。何とか昼の学校に来させようと、保育所の世話などしたが、どうしてもうまく行かず、担任と訪問教師の協力と努力で、いま西野分校に顔を見せるようになった。

夜間中学校が背負った新しい課題
―― 登校拒否的生徒の対策 ――

横浜市共同

１　主題の設定について

夜間中学校発足当時は、生活貧困のため昼間の学校の出席が不可能とする生徒のために設置されたことは周知の通りであるが、時代の推移により、その性格が変化しつつある。その理由の一つとして、ある程度経済的に生活の安定がみられ不就学生徒の減少が上げられる。横浜では発足当時、１０校設置された夜間中学校が、現在、半分の５校に減つた。これは、働いて家計をたすけ夜間部に出席する生徒が、減つたことを示していると思う。

しかし、反面、長欠生徒が完全に、いなくなつたのではない。横浜の４２年度の長欠生徒数をみると、男子５４２名、女子４１１名、総数９５３名もいる。この欠席理由を大別すると病気が約４０％、学校ぎらいが３８％、経済的理由が１０％となつている。

横浜夜中研では、本年全市中学校６５校に学校ぎらいから登校していない生徒を調査したところ、昼間部は困難であるが、夜間部ならどうやら出席が可能と思われる生徒が、回答３５校中約１５校に、１～２名位いた。

この調査の結果、現在設置校において、学校ぎらいの生徒のケースを扱つたことがあるのではないかと考え、調べてみると、後述の、登校拒否的生徒が入級し、卒業、進学、昼間への復学というケースがあげられた。

このように、発足当時の性格と、現在のそれを比較してみると、夜間中学校の性格が、情緒障害生徒の入学に伴い治療的役割を含んできているのではないか、と考えられ、上記主題を設定し、今後の研究課題としたのである。

２　４２.４３年度の長欠生徒の現状

（但し、専任カウンセラーに委託された数）

４２年度	男子	女子	計
怠学長欠	６１	２３	８４
登校拒否	５３	２３	７６
神経症	１１	１４	２５
合計	１２５	６０	１８５

４３年度（４月〜９月現在）

	男子	女子	計
怠学長欠	３６	３１	６７
登校拒否	１０	６	１６
神経症	３７	２１	５８
合計	８３	５８	１４１

登校拒否のきつかけはどのようなものかを調べてみると、

1. なんだかわからない　３２％
2. 学級、学校生活での不適応　２８％
3. 家庭内の人間関係　１６％
4. 病気からの移行　８％
5. 非行からの移行　８％
6. 非行による学校、学級不適応　４％
7. 学校学級、家庭の人間関係　３％
8. その他　１％

１００％

３　長期欠席生徒に対する指導

横浜夜中研では、本年４月、夜間中学校入級可能者の調査を全市中学校に依頼した。

その調査対象は小学校を卒業後、中学校の教育を受けていないもの

① 家庭の事情で登校できないもの

② 在学中病気その他の理由で登校できないもの

③ 情緒障害などの理由で登校しないものであつた。

この調査回答を基にして住所別に分けその該当学区夜間部に連絡し、担当職員が家庭訪問を現在も引き続き行なつている。

また一方、本市におかれている、専任カウンセラーと、合同会議を開き、長欠生徒に対して、情報の交換を行なつている。この会議で、特に夜学に対して、今後の問題点があげられたので紹介してみる。（カウンセラーは、１区に１名専任で置かれている。）

○夜間中学校が横浜市街地中心におかれている。したがつて、郊外にある中学生の指導は、困難である。

○横浜市では、教育行政面で夜間中学に変るものがないのではないか。

○最近、閉鎖された、夜間中学校があるが、閉鎖すべきではなかつた。

○中学卒業の資格を与える点や、心理治療的立場で、例えば、神経症、登校拒否、情緒障害等の点で、研究し、存続の必要がある。

○職業指導的な施設を考える必要がある。

○訪問教師的な夜学の専任の先生を考えると同時に、夜間中学校担当職員の、資質の向上を図る。

このような話し合いの内容を検討し、カウンセラーと理解が深められていくならば、一体となつて、長欠生徒の指導にあたることができるのではないか。

いずれにしろ、教育行政面で、長欠生徒の対策がない限り、夜間中学校担当職員も、覚悟を新にして、望まなければならないと考える。

浦島丘中学校における　最近入学する生徒層の変化

―― はじめに ――

「横浜市では大正末年に１８校の小学校に夜間がおかれていた。当時の小学校数３８校とくらべてみると、半数の小学校に夜間があつたのである。昭和１０年代後半には、１２校の小学校に夜学がおかれていた。世の中の経済の動きにつれて夜学の数が増減していた。また、いつの時代になつても未就学者をなくすることはできないということとあいまつて、教育の現場ではどうしても夜学が必要なのであつた。夜学に学ぶ生徒は、貧困によるもの、家庭崩壊によるもの、身体的理由によるもの」（浦島丘中学校２０年史）などによつて生徒の構成がなされていた。

本校の夜間学級は昭和２３年２月子安浜の分教場として特設されたが、それ以前は終戦まで子安国民学校に夜間学級があつた。この学級は終戦の混乱にまぎれて、全く機能を停止してしまつた。この子安国民学校の夜学には子安浜の漁師の子供及び使用人と、子安国民学校をとりまく地域一円の昼間未就学者が入学していた。しかし、終戦とともに、その機能を停止してしまつたので、教育行政の力ではなく、子安浜の民間有志の人々の手により、非公認の民間学校の性格をもつた学校として開校された。このような市民の動きは、後に「昭和２５年市教育委

員会条令により、青少年指導対策委員会の仕事の一環として、不就学生徒の救済の意味で夜間二部学級設置を認めることとなり、市内に十校設置された。」（浦中２０年史）（現在市の設置校は５校）

このようにして、昭和２５年度からは、浦島丘中学校に、本校１学級、分校２学級（子安浜）が非公式ながら認められて発足することになつた。しかし、「浜の夜間学級の生徒は同一業態からの生徒であり、漁業組合が教室と生徒の指導の面倒をみていたし、自分たちの生活の本拠で学習していたので、生活問題はあまりおこらなかつたが、本校の場合は種々な生活問題をかかえている生徒の集まりであつたので、教師は学習面の指導ばかりでなく、生徒の生活の面倒をみることが多かつた。就職の心配から家庭内のいざこざまで相談の相手にならなければならなかつた。労働基準法が彼等の生活をおびやかすこともしばしばであつた。教育法と労働法からはみ出した場所で、自からの生活を発見しなければならず、現在夜間学級に通学してきている生徒に重くのしかかつてきている。」（浦中２０年史）

私たち教師はこのような現状の中にあつて、何んとかして生徒の生活の自主的回復をはかるとともに、学習の権利を生かすべく努力している。夜間中学校が、ただそこにあるから生徒が集まつてくるのではない。職場生活や社会生活の体験を通して、どうしても教育が必要なことを身近に感じているからである。しかし、生活がある程度安定しないかぎり夜間中学校へも通学することはできない。勉強も大切だが、それよりもまず生きることの方が肝心だからである。

―― 卒業生よりみたる生徒数の推移 ――

浦島丘中学校夜間学級年度別卒業生数

（２０年史より）

学級 / 年度	本校 男	本校 女	分校 東浜（男）	分校 西浜（男）	計
２５	３	０	８	１２	２３
２６	７	１	４	０	１２
２７	１８	４	１０	１１	４３
２８	６	０	１	７	１４
２９	６	１	６	１０	２３
３０	３	２	６	４	１５
３１	７	３	５	６	２１
３２	６	２	１	１６	２５
３３	４	５	３	１２	２４

学級 / 年度	本校 男	本校 女	分校 東浜（男）	分校 西浜（男）	計
３４	２	４	３	３	１２
３５	１	０	３	１	５
３６	３	０	６	２	１１
３７	３	２	２	４	１１
３８	２	０	２	０	４
３９	８	２	２	―	１２
４０	２	１	―	―	３
４１	２	２	―	―	４
４２	５	４	―	―	９
合　計	８８	３３	６２	８８	２７１

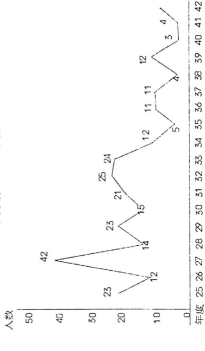

年度別にみた卒業生グラフ

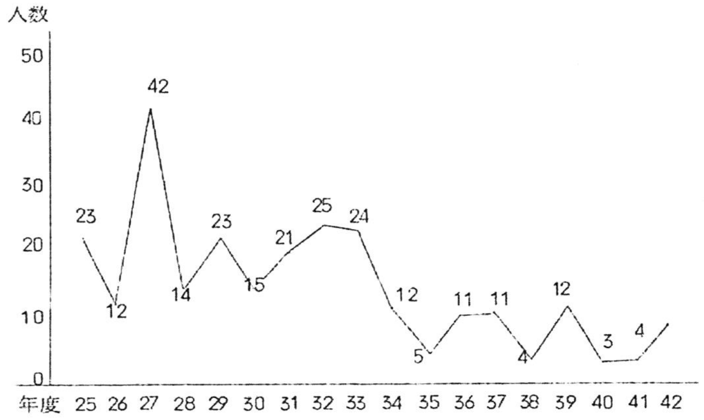

人数 50 40 30 20 10 0

年度 25 26 27 28 29 30 31 32 33 34 35 36 37 38 39 40 41 42

23 12 42 14 23 15 21 25 24 12 5 11 11 4 12 3 4

この表でも知られるように世の中の経済の動きと、家庭の経済生活と卒業生数とは不可分の関係をもつている。

浜の生徒は主に関東の北地域から、農村の口減らしとしてやつてきた子供たちと、漁師の子供たちから構成されていた。小舟をあやつる沿岸漁業にとつては、これらの子供も重要な労働力であつた。しかし、ここ１０年来の経済成長の波とともに、これらの労働力は工業労働力として転換していくものが出てきた。また、浜の在校生の中からも漁業労働から工業労働へと移動する者が多少見うけられるようになり、だんだんと生徒数の減少をしめし、浜の夜間学級は閉鎖をよぎなくれていつた。生徒全員の経済生活がよくなつたからではなく、労働力の移動という現象によつて学級が閉鎖されたのである。

本校の夜間学級の生徒は、漁業のように同一業態に従事する者でなく、あらゆる業態の業種に従事している者、もしくは、よぎなく家庭にある者から構成されていつた。したがつて、家庭状況や職場の状況などによつて、生徒の移動がかなりあつた。3年間夜間学級に通学できる生徒はまれである。

その移動の仕方をみると、家庭経済のにない手である父親の在り方によつてかなり左右されている。父親の失業、病気、または死亡などによつて、子供が家庭経済の一端をになうことになるが、少しでも労働賃の高い方へと流れがちになり、職場の移動が目立つてくるようになる。また、世の中の経済状況の思わしくない時には、職を求めて広い地域に生徒が分散していくようになる。世の中の経済成長により、職種が増々細分化されてくると、能力・適性にあう職を求めて流動する。これらの原因により、卒業生数は在校生徒数の割合からみるとかならずしも高くはない。未就学生徒から不就学者となり、学校教育を受けられなかつた数はかなりな数にのぼるものと思われる。

―― 最近入学する生徒の原因について ――

因みに本校数年間にわたる生徒の生活状況を原因別にみると、次のようになる。

原因別にみた年度分布表

○男　◎女　数字は氏名

原因	学年	39年	40年	41年	42年	43年	計
分校	1						
	2						
	3	①②					2
貧困	1						
	2						
	3	③④			㉓		3
学校嫌い	1				㉕	㉕	2
	2	⑤				㉜	2
	3	⑥	⑬⑭(5)	⑲	㉔	㉛	7

A―14

原因	学年	39年	40年	41年	42年	43年	計
身体障害	1						
	2						
	3	⑦		⑳			2
ノイロゼー	1		⑮		㉙		2
	2			㉑⑮㉒		㉙	4
	3	⑧			⑮㉑㉒㉖㉗㉘	㉝	8
家庭崩壊	1	⑩			㉚		2
	2		⑩⑯			㉚㉞	4
	3	⑨		⑩⑯			3
生徒指導上	1						
	2						
	3	⑪	⑰				2
社会的	1						
	2						
	3	⑫	⑱	⑯	⑱	㉝	5
合計		12名	8名	8名	12名	8名	48

原因別にみた割合（%）

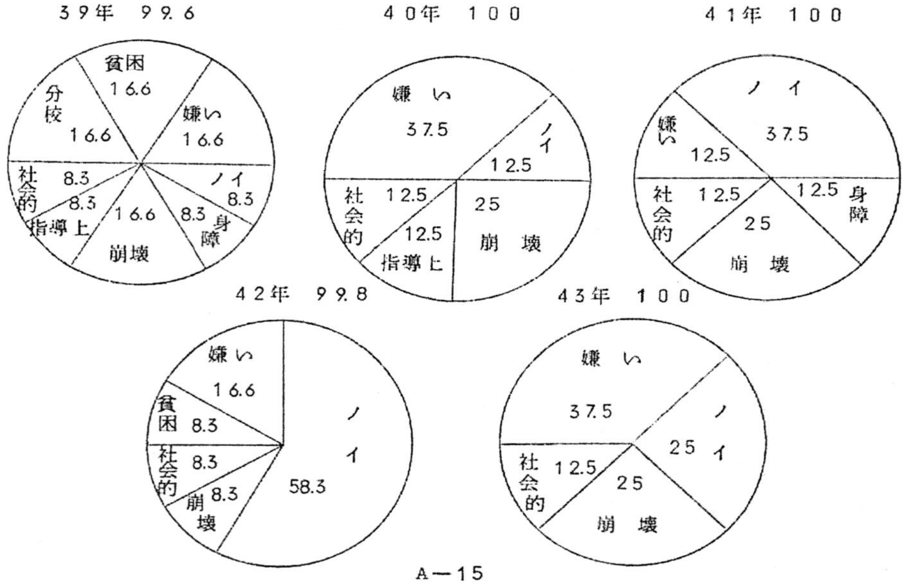

39年　99.6

40年　100

41年　100

42年　99.8

43年　100

A―15

入学する生徒を原因別にみていくと、何等かの精神的障害によつている者の割合が非常に大きいものとなつてきている。

全体からみた割合は次のようになる。（％）

	39年	40年	41年	42年	43年
ノイロゼー	8.3	12.5	37.5	58.3	25
学校嫌い	16.6	37.5	12.5	16.6	37.5
計	24.9	50	50	74.9	62.5

夜間学級が始まつて、10余年の間は入学してくる生徒は、貧困と家庭崩壊による経済的原因によるものでしめられていた。市内一円の生徒、及び関東、東北方面から口減らしに横浜に出て来た生徒であつた。ところが、ここ数年にわたつて、単純な経済的理由によるものではなく、何等かの情緒（精神的）障害によつて、昼間の学校へ来れなくなつてしまつた生徒が目立つてきた。なぜ彼等をそうさせてしまうかの原因を単純に割切つて考えることはできない。色々な要因からなり、集中的な表現として、情緒障害となつて顕著化したものだからである。彼等を正常化させるためには、顕著化したものだけを取りあつかつても仲々うまくいかない。一つ一つの要因をとりのぞいてやらなければならない。政治における社会施策としては具体的なものとしては、これ等の生徒の生活を改善させるようにはなつていない。

ではこのように、情緒障害をおこしている生徒とその家庭状況はどうなつているのかということ、家庭訪問などの結果によつて示めすと次のようになる。

生徒名	生徒	家庭
⑤	知能中、小学校よりろくに学校に行つていない。明朗活発でものごとにこだわらない。たくましく生きている。将来に希望あり。クズ屋の仕切り場で働く。	父親は外地妻（ボルネオ）を連れて日本に帰り子供たちを生む。妻は一切外に出ない。ことばも不自由、父は仕切屋の2階を借り、仕切り屋で働き、夫婦とも世にかくれたような生活をしている。 子供たちは学校に行きたがらない。
⑥	知能中、小学校の時から常欠がち。明朗活発、自分の得になることはかなり思いきつたことをやる。兄弟で野菜を売つてあるく。職を転々と変える。	父母はいるが、老年のため仕事ができない。子供たちは、学校は常欠がちで、小さい時から何等かの形で家庭経済のにない手。兄はぐれている。貧民のふきだまりのような所に小屋のような家を作り住む。

生徒名	生徒	家庭
⑧	小さい時に父と別れて姉妹とと母といつしよにくらす。小学校5.6年の時より職場に出る。知能上、時により狂暴性を発揮、いつも暗い感じでしずんでいる。 転々と職を変える。	母は若い男と家出、そのままその男と生活、ある時、死んだと思つていた父が生きていることを知り、しつように父をさがす。父は転々と居所を変える。父はかなりの会社の幹部社員でずつと一人でくらしている。子供のためにかなりの金を出すが、母が酒とバクチで使つてしまう。
⑬	知能下の上、友人との交際はできない。学校にいるのが苦痛、下をむいたままじつとしている。小学校の時から常欠。	父母とも健在、韓国人、生活はまあまあできる。教育に全く理解をしめさない。
⑭	知能中、昼間通学中は学校から逃げてしまう。明朗、どうしても勉強の雰囲気に同化できない。	家庭は漁師、生活普通。 放任教育、教育に対して、関心を全くしめさない。
⑮	知能下の上、小学校の時から、ほとんど口をきかず、椅子にすわつたまま。中学校に入つても、下をむいたまま1日を過す。のち常欠。家にいても同じ状態であつた。	父母とも健在、かなり豊かな漁師 末子なので、あまやかして育てた。
⑲	学校にくることが苦痛、知能中 どうしても勉強の雰囲気に同化できない。常欠がちになる。 勉強のことになると一切口をきかない。非行化する。	父母健在、父はペンキ職人。 放任している。教育に対して全く理解をしめさない。
㉑	知能中、ゼンソク、何を話しかけてもだまつている。一日中家にとじこもつている。気がむけばだまつて絵を書くこともある。オシャレ気が多少ある。常欠。	父なし、母工員、妹が一人いる。妹は学校に通学。子供のしたい放題にしている。 教育に対して理解にかけるところがある。 子供の状態に手をこまぬくばかり。
㉒	知能上、学習成績優秀、常欠。先生が行くと押入や便所に入つて一日中でてこない。家から一歩も外へ出ない。グッピーを飼つている。 ほとんどだれとも口をきかない。	父は日雇、家は四方隣家にかこまれて、まるで穴蔵のように小さな家、一日中くらく、電燈をつけつぱなし。 子供の状態にお手あげ。くらしはどうにかやれる。
㉔	知能下の上、たえず学校から逃げ帰える。どうしても勉強の雰囲気になじめない。やや非行化。明朗活発	父母健在、父工員、生活普通。 教育や子供の状態に対して、全く関心をしめさない。

㉕	知能下の上、兄も学校嫌いで不就学。学習にすつかり自信を失つている。働くことはいやがらず、近くの工場の雑役。	父、母、兄ともに雑役人夫、生活にはこまらないようだが、穴蔵のようなバラック一室で親子4人暮らし、子どもの教育には全く関心をしめさない。
㉖	知能中、時により、ひどいヒステリーをおこす。被害妄想がひどい。時によると、だまつたまま、一日でも二日でもじつとして何も食べずにいる。	父母なし、姉はお手伝いとして住込む。兄は白血病にもかかわらず、妹のために死ぬまで働くと言い工場に住込む。兄の仕送りで、アパートの一室をかりて、自活。
㉗	知能上。常欠、一日中家にとじこもつたまま。だれとも対話なし。無気力になつている。	父なし。母工員、妹は普通に通学。子供の状態に対して、どうすることもできない。
㉘	知能上、時々、論理性を失なつてしまう。時によるとヒステリックになる。ぼんやりしだすと、一日でも二日でも家にとじこもつてしまう。被害妄想的なところもややある。転々と職をかえる。	父大工、生活は普通の上、母は軽い精神病に似た発作を時々おこす。弟は高校に行つたが、2年の時、勉強ノイローゼーになり入院退学。
㉙	小学校の時より常欠。学校には全くよりつかず、友人もなく、一日中家にとじこもり、対話なし。運動能力はかなりすぐれている。知能下の上	父母とも健在。教育に対して全く理解をしめさず。子供に対しては放任のまま。
㉛	知能は中、なまけもので責任感にとぼしい。友人少なく孤立的	父なし、姉二人、古トタンでかこまれた小さい1軒屋、1室に4人暮らし。母は一応教育に熱心のようだが権力で押えようとする。まちがつたしつけ方
㉜	知能下の上、小学校は水上学校、欠席が多く学力が低い。中学校へ入学してまもなく水上学校といわれ、それつきり欠席、手先が器用と自信。美容院に勤務。	父大工、母病院の雑役、生活にはあまりこまらない。
㉝	別に紹介してあるA君	

これらの家庭を幾回となく訪問してみると、父母の大部分の人が「生きる」ということを真剣になつて考えようともせず、すね者的な考えをもつていたり、じだらくであつたりする場合の方が多い。ただ、今日一日を生きていることにあくせくとしているだけのようである。職場を変えるたびに、その職は前の職よりも有利なものにはつけない。何んとかして今の生活を切りぬけていこうとしても、世の中の機構がそうやすやすとは受けいれてはくれない。このような重い空気は自然と家庭内をも支配している。だから、入学してくる生徒は夜間学級をひとつのステップをして、世の中へ出て行こうと考える気力のあるものはほとんどいない。勉強も大切であるが、それよりもまず生徒たちに「生きる意欲」をおこさせることの方が先決である。

社会の仕組みが、経済的成長により高度に発展していけばいくほど、非人間的な機構となりこのように暗い谷間に落ちこんで、どうすることもできなくなつてしまう生徒と家庭が顕著になつてくるようだ。世の中に自然的なものの支配するものがいまだ幾分残つていたり、社会の機構が未分化の状態にある時の方が生徒の家庭にとつては生活しやすい時代である。現在のように人工的に社会が管理され、家庭生活までが人工的に管理されてくるようになると、生きるための管理機構からはみだしてしまつた家庭はどうすることもできなくなつてきている。生徒に学習の場をあたえて、生きる意欲をあたえると同時に、これらの家庭を精神的に経済的に救済しないかぎり、これらの問題は解決されないだろう。このことは夜間学級に通学してくるすべての生徒と家庭について言えることである。

教育行政や社会生活資源はあつても、そこにいる人は法に管理されている一機関であつて、人間ではない。私たち夜間の教師が色々な問題をかかえて、関係管理機関の人にあたつても、人工的な法から一歩もふみだしてはくれない。法を施行する人が、法と対決して人情味を出し人間として行動してくれないかぎり希望を持つことはできない。なぜならば法は一人の人間の生活を守ることから出発し、教育も一人の人間を人間たらしめるためにあるからである。人間社会の機構の中で、人間が人間をおかしくしていつてしまうことは重大事件である。

登校拒否的生徒の指導事例その一

浦島丘中学校

◇ A君の紹介

A君 —— 16歳の少年である。小柄だが眼鏡の奥から輝く目の光は小鹿のようにまろやかで、表情はややすぐれない顔色ではあるが、柔和な人なつこそうな面持ちだ。よく見ると心持ち腰を引き、あごをつきだし、ひょうひょうと歩く姿は何か一つの風格を備えた感がする。毎日５時すぎると彼は登校し、眼鏡越しに夕刊をゆつたりとした構えで見入つている。

Ａ君は、４３年５月９日から登校している。出席簿を見ると欠席は皆無とある。いま浦中の在籍は８名であるが殆んど毎日出席する者は６名しかいない。一見人見知りをするようでもあり、無口であるかに見受けられるが、結構、冗談も多く、機知に富み、大人をやり込めるぐらいの無邪気さを持つている。

知能的にも優秀で、過去の登校拒否による学力不足は否めないが、指導によつては充分とりもどす力を有している。しかも９月に入り本人自身の意欲により、学習に取り組む構えが出て来、眼鏡の奥の目の光りが一だんと増して来たきようこの頃である。

過日（１０月１９日）行なつた田中研究所編 ＴＫ式ＤＥＬ検査によると、対人不適と自己不当認識にかなり高い数字を示し、規準逸脱性と非行危険性にやや高い数字を示している。総じて特に問題にする程のこともなさそうである。

どの教科に対してもまじめに学習する態度がみられ、小人数での学習場面が彼にあつていることが実証されている。ただ、かなり字が乱雑でいわゆる中学生の優秀生徒が書くようなかい書で正確な字は書かない。難解な熟語を使用することがままみられ、彼の読書量を示している。詩が好きで、ポー　とか、朔太郎等等のを好んで愛読しているようだ。

趣味としては豊富な読書量が示すごとく文学、哲学的書物を読むこと、クラシック音楽の鑑賞などが上げられよう。

◇ 詩の学習を通して

今年度の二部学級の国語科指導は、まず書字から入つた。生徒達の学力はもちろん、知能的にも低い者が多いために、かなり低い次元からスタートさせねばならないと考えたためである。ついで硬筆習字、毛筆習字、そして漢字指導へと入つていつた。（この頃Ａ君は転入学して来た。）この間人数こそ５～６名で学年も違いはあつたが、単に能力に応じた個人指導に終わらないように、本来の学校教育であるべき集団学習にすこしでも近づけるよう配慮し、その場を与えるように努力をした。

さて、Ａ君が通学するようになると、学習の場の雰囲気がからつと変化した。つまりよくできる“生徒”が入つて来たからである。しかし幸いにもＡ君自身も、他の生徒もおたがいにすぐ融和し合い、変な違和感は全く生じなかつた。むしろ学習らしい時間がとれるようになつたくらいである。こういう好ましい状態の中で学習が続けられたが、Ａ君が通学し始めて１ケ月

詩の学習に入つた時、彼が詩にかなり興味をもつていることを発見した。しかし、国語学習としての詩に対するそれではなく個人的な執着であつた。本来詩とはそういうものでなくてはいけないのであろうが、やはり学習としての詩への理解の段階を通さなくてはならないと思い、常に学校における学習の意義を説きながら、あらためて詩の学習に入つた。自分なりに詩に対する理解と把握はできていたのでなかなかそこに無理があつたが、次第に学習の流れに入つてくるようになつた。三時間目に作詩に入つた。いくつかの鑑賞ののちに、いざ創作ということになつたが、他の生徒は思いつくままにすらすらと書きつらねていつたが、とうとう１時間かかつてもできないで終つてしまつた。止むを得ず次時までに作つてくるということにした。

Ａ君は「作りたい時に自由に作るのならいいが、作れと言われてもすぐできるものではない。」となかなかもつともな理由をあげていた。

さて、翌週、どうかと思つていたが、題は自由ということであつたが次のような、詩が、提

＊ 凡例基準に基づき、削除した。
（以下、「＊　＊　＊」とする）。

ぼくは静かに椅子をたつだろう。（６月１５日）

なかなかまとまつた作品と言えよう。

他の生徒がその場で詩を作り上げ、自分は完成し得なかつた時に、あくまでもその間中まじめに作ろうと努力し、決して自信があるが故の“おごり”は見受けられず、一斉学習へのとけこみは失われなかつた。しかも次のような、Ａ君にとつてはかなり幼稚に感ずる詩ではあつても、友人に対して感想を てらわずにしかも思いやりのある言い方で述べた点はなかなか立派であつた。

＊　＊　＊

つまり次元が異なる者同志の学習においても共に学び合つていくという態度が通学後１ケ月ででき始めて来たと言えよう。夜学という小集団の学習の場がＡ君を立ち直らせつつあるのだ。

ついで、題を決めて作詩をすることに踏みきつた。丁度雨の降つた晩だつたので「雨」という題を与えてみた。やはり仕上がるまでには他の生徒より時間はかかつたがついにその時間内に次のような詩ができ上つた。完全に詩の学習にのつたと評価される。

＊　＊　＊

＊　＊　＊

さらに、一週間のち最後の詩の学習として題自由の作詩指導に入り、次のような自分の気持ちをうたつた詩が生まれた。

＊　＊　＊

こうして約一ケ月（といつても正味は600分足らず）の詩の指導を打ち上げた。Ａ君の閉鎖的な性格が、こともあろうに、彼の好きな詩ということの学習を通して、いかに学習の流れにのつてくるだろうかという課題が解決するとともに、解きほぐされて行くような気がした。

◇

次の学習として丁度夏休みが終えた九月だつたので、作文指導を実施した。多くの生徒と同じようにかなりの抵抗があつたが、とに角「夏休みの思い出」ということで、2時間かけて、構想を練らせ、書き上げさせた。

当初出されたのは次のようなものだつた。

＊　＊　＊

A君の物事をごく簡単に、要領よくまとめる仕方がよく表われた作品だつた。誤字も多かつた。そこでおたがいに読み合つたり、訂正し合つたり、指導を受けたりで再度清書させ提出させたものが次に紹介するものである。著しい進歩があると評価し得よう。

＊　＊　＊

＊　＊　＊

この作文の終りの一段落は、A君の現在の心境として偽わざるものといえよう。その後10月15日～18日に修学旅行が実施されたのだが、二部の生徒も参加の機会が与えられた。A君は大いなる期待をもち、二人の級友とともに臆せず、昼間の生徒と同行した。事前、当日ともに極めてすなおに、まじめに、しかもうちに秘められた大きな楽しみを抑えきれないように心ゆくまで修学旅行という学習の場を味つて来たようだ。

そこで、作文指導の続きとして、今度は、質の高い紀行文を書かせたいと考えている。彼自身が立場こそ異なつてはいたが、三人の班の班長として、室長として昼間部の生徒と行動を共にしたこと、多くの実地見学で得たもの等がどんなふうに綴られるか大いに期待している。そして彼が昼間部の生徒と学校生活を久しぶりに共にしたということに対する彼の感想も……。

◇　A君と夜間中学校

いまざつとA君が通学し始めてから現在まで（5月9日～10月下旬）のことを、詩や作文を紹介しながら述べて来たが、日が経つにつれ彼自身の学校への興味。学習への執着が高まつて来ていることは、はつきり認められる。このことは、一人でもいればそこに教育の場を与えてやらねばならないという言のごとく、A君をして、夜間中学が存在し得るが故に立ち直らせたと言わしめるだろう。またＡ君のような有能な少年が、全国に存在するだろうということは悲しいながら、そう努力をしなくてもすぐ確められることだ。だからこそあえてひとりのＡ君のために夜間中学が必要なのである。Ａ君のような少年が、皆無になつた時にこそ夜間中学は文字通り闇に没してよいのである。Ａ君のような少年がいる限りいつまでもその灯は絶やすことはできないのだ。灯がともつていてもＡ君の例のように必ず成功するとは断言できなくても………。

あえてつけ加えさせてもらうとすれば、夜間中学の存在の必要性を声を大にして叫びはしたが、少年達を、いや多くの親達をして夜間中学があるのだから……という甘えた気持ちにさせてはならないということにおたがい充分心する必要があると思う。ところで、夜間中学校に対する根本的な考え方には現在多くの論があるようだが、何れ統一されたものとして徹底する必要があろう。本来的には夜間中学の存在はその必要性はなしとしなくてはいけないものだと思う。どだい存在せざるを得ないということ自体が大きな矛盾である。大いに為政者はもちろんわれわれも考える必要があると思う。しかし教育活動は中断し得ないものである以上、その過渡期として、夜間中学校を全廃するべき諸条件を整備していきながら、一人でもいる限り存続させていくべきだと思う。

◇ Ａ君のことについて

さて、再びＡ君のことにもどり、彼が本校に通学するまでの経過を簡単に紹介しておこうと思う。

今年度の授業が開始して間もなく、４３年４月２７日にＡ君の母親が、沈痛な面持ちで来校した。現在隣接のＹ中学校に在籍しているが、中学１年の終わり頃から急に登校をきらうようになり、二年生からその傾向がとくに強くなつた。おかげで２年間も原級留置である。従つてそのまま通学しつづければ、高校一年の筈だ。いろいろ悩んできたが、何とかこの辺で考えねばと思い。担任に相談したところ「住み込みで就職をさせ、少しでも学校へ通いたくなつたらお隣りの浦島丘中の夜学へ入学させたら道が開けるかもしれない」と言われたので早速お伺いしたとのこと。

そこで一先ず事情を聞き、明日からすぐ登校するように学校長とともにすすめて帰宅をさせた。ところがその後二週間何の音沙汰もなかつたので、見込みがないと思いながら、Ａ君の家を５月８日に訪問した。家は中流程度の一戸建である。母親も小柄であるが、父親もさらに小柄で、仕事は会社員である。Ａ君は一応勉強部屋もあり、印象はふつうの中学生といつた外見

で、話しかければよく答えたが、どこか消極さは打ち消せなかつた。とに角夜間中学の様子などを伝え、明日から登校するようにすすめた。

５月９日午後６時きつかり、初めてＡ君は浦島丘中学夜間部に顔を見せた。実に登校は二年ぶりのことだつた。しかし以後現在に至るまで１日も休むことはない。

一見りつぱに普通学級で続けられそうなＡ君がなぜ登校を拒むようになつたのか不思議に思えるほどだつた。まじめで成績も優秀なのに………。

そこで隣接のＹ中学校のＡ君の担任に連絡してみたところ、先ず開口一番「あの子が、あの子が、よく出席するようになつたものだ／」と驚きの声を浴びせられた。翌日再びＹ校を尋ねＡ君のいままでについていろいろ聞いてみた。

『過去２ケ年の間には担任も変わり、現在２年Ｘ組に原級留置という状態、担任もいろいろ心配し、過去次のような経過だつたという。

４２年４月８日、先年度殆ど顔を出さないＡ君に対して担任が手紙を書く。しかし全く反応がなかつた。

４２年４月１５日、家庭訪問をする。自分の部屋に閉じこもりぱなしで、顔も見せない。無理に入れてもらい、はじめて面談、ほとんど首をふつて意志表示するのみで声の聞けない状態。

以後数回にわたり家庭訪問をし同じように面談をくり返す。その間机上に詩集、哲学書などがならび、よく読書にふけり、古典音楽に耳を傾けているようだ。カウンセリング担当の他の先生にも面談を依頼し、母親は市のカウンセラー訪問などを試みる。一歩も戸外に出ることができず、散髪や好きな本屋へも行けぬ有様。時には会話もはずむようにはなつたが、一度学校の話を出すと頑として口をつぐんでしまうこともあつた。

４２年８月３１日、夏休み中にかなり好転してきたかに思われたが、月末になるにしたがつて気分が重くなるらしかつた。

本人の意志で精神科の診察を受けた後、一応住所の関係で、慶応病院に入院することになつた。病名は大したことなく、気分を変える意味での入院と考えられる。とに角学校へ行きたがらなくなつた原因が、よく考えてみると、一年の冬雪合戦の時本人にとつて恥しいと感ぜられるような何かがあつたらしいこと、同じ頃音楽の授業に教師から受けた注意が本人にとつてショックだつたらしいこと等しか考えられないことから、高度のノイローゼではなかつたかと考えられる。何れにしてもはつきりした病名の診断はくだされなかつたようだ。

４２年９月２３日、病院に見舞う。たつたひとりの親友（かつての同級生）と陽気に談合しており、病人とは思えないのに驚く。もう音楽は聞きたくないとも言い、枕元には教科書が並

ぶようになつた。

４２年１１月中旬　もう2,3ケ月前の自分がおかしかつたと省みるようになり、他の患者が退院→再入院を2,3回繰返しているのを見て、そうならないための決意をかためるために、もう少し頑張るのだと全く病人らしくない。病院内の多くの患者に接し、みなに可愛がられている存在で、主治医は「病院生活もエンジョイしすぎている。何の病的要素も持たず、強いて言えば学校へ行く気にならないのだけが病気である」との弁。非常に多弁で知能高く、会談していてもあきさせない。たのしい少年である。

４２年１２月初旬　時々外泊が許されるようになつた。届けを出せばいつでも帰れるとよろこんでいたが、土曜の午後、学校へ来ると電話がかかつて来た。「一度学校へ行けば退院が許される」との由で、その実績をつくるためであつた。今後について「中味のない卒業証書などほしくない。もう一度この学校で三年まで学習して立派に卒業をしたい。」とはつきり言い切る。

４２年１２月中旬

生徒・親・担任の三者で今後のことについて話し合う日取りを連絡すると予定時刻通りに来校した。今後のことについては前回と意志は変わらず、母親も同意した。

４３年１月７日　また全くもとにもどつてしまつたと母親から電話がある。急変に驚く。

４３年２月中旬　家庭訪問してもついに一度も返事もしないし、重症の感あり。

４３年４月中旬　母親から電話あり、「このままでは体をこわしてしまうから、どこか就職でもさせたい」と相談をかけられた。そこで、住み込みの職とか、隣接の浦島丘中学夜間部などのことについていろいろ話を聞かせた。結果、当初は親せきのところで働くことにまとまりかけていたが、親もいつそ住込みで就職させ、そのうちに学校へ行く気が起きたら、夜学へでもと決心したようだ。就職先は横浜市内のＴ区の小さな町工場に決定した。』

丁度この頃、この項の冒頭に記したように母親が浦島丘中へ来たり、ついで浦島丘中夜学担任の家庭訪問があつたわけである。

◇　終わりに

以上で本稿のペンをおきたいと考えているが、Ａ君を含めて今後も夜学の指導は続けられていくわけであるが、Ａ君の立ち直りをさらに本格的にし、肉づけをしていこうと職員全体が当つている。

なおこの実践記録的な小稿は、当初からそのつもりで準備されたものでないために、あるいは細部にわたつては事実の誤認があるかも知れないし、また読みづらい点が多々あると思う。よろしく御判読願いたい。さらに期日的にも余裕がなかつたので充分書き尽せなかつたことを付記しておく。

（43.10.25）

登校拒否的生徒の指導事例その二

横浜市立蒔田中学校

Ｂ君の指導

(1)　Ｂ君の生育歴と環境

横浜市□・昭和２３年□月□日生

父	計理士	Ｂ君１９才の時病気で死亡
母	無職	
兄弟	なし	
趣味	読書・卓球を好む	
性格	内向性で寡言、友人は少なく消極的	
健康状態	やゝやせ型、特筆するような病歴なし	

小学校卒業までは順調に通学した。

○　学校歴

昭和３６年　３月Ｍ小学校卒業

３６年　４月私立Ｎ中学校へ入学

３８年１２月公立Ｈ中学校へ転入（長欠）

４０年　２月〃　Ｍ中学夜間に転入（長欠）

４２年　９月　同　中学夜間に復学

４３年　３月　同　校卒業

４３年　４月私立Ｂ高校へ進学

○　在学中の欠席状況と成績

学校名	学年	欠席日数	成績
私Ｎ中	１	２１	平均　1.9
〃	２	８０（１０月迄）	2.4

公	H	中	2	62	平均 1.0
公	M	中	3	約3ケ年休学	
	〃		3	1（9月復学以降）	〃 3.5

(2) つまづきから復学までの概要

家庭の生活状態は中流以上で、父親は経理士で収入も多く、父母ともに教育熱心であり、小学校卒業後私立中学校へ進学させた。当時は私立中学校への進学競争は激しく、相当の難関であつた。

N中学は郊外地区にあり、電車を利用しての通学で片道1時間を必要とする。その精神的肉体的負担は大きかつたようだ。それにも増して学校生活においては、内向的性格の本人をとりまく周辺は厳しく、なかなかその中に溶け込めないで、不安な毎日を送つた。したがつて学習にも集中できず劣等感のみがつのり、その精神的負担に耐えきれず、学校を休みがちになつた。

家人が理由をたずねても、はつきり答えず、ひとり部屋にはいり、ぼんやりする日が多くなつた。

親は学校へ通わせようと、いろいろ説得したが、かえつて拒否する傾向が強くなり、ついには、だれにも逢いたがらない状態になつた。そこでやむを得ず休学の措置をとつて、医師などに相談し、治療を試みたが依然として効果はなく、ついに環境をかえたらということで公立中学校へ転学させた。

しかし、15日位通学したのみでまた前の状態にもどり、拒否的態度は以前よりも強くなつた。連日部屋にこもつて一歩も外へは出ようとせず、家族と共に食事をとることもしなくなつた。

このような状態では、義務教育も断念しなければならないと思いあぐねていた折に公立中に夜間中学があることを知り、再度夜間へ転学させた。もちろんその間には、なみなみならない説得が繰り返されたことはいうまでもない。が、これもまた転入後1日か2日学校に顔を見せただけで欠席、拒否傾向はさらにつのつていつた。こうしてとじこもる生活が約2年半も続いたのである。その間に父親は病亡し、大きな生活の変化をむかえた。母親は本人の将来を心配して慎重に復学を勧めた。最初は本人も応じなかつたが、義務教育未終了者の進路は八方ふさがりであることを知り、42年9月に復学を求めてきた。

当時夜中には3年生4名（男・女各2）1年生1名（男）が在学し、極めて家族的雰囲気の学級生活が行なわれていた。

学校としては、今までの事情からたいへん危惧の念を持つたが、校長先生の計らいで復学を認めたわけである。

(3) 指導の実際

① 受け入れ態制

夜間の生徒はそれぞれ家庭的な、経済的なあるいは本人自身の問題をもつているが、それをお互いが理解し合い励まし合うという仲間づくりができている。したがつて、新入生についてもあらかじめその立場や事情を可能な限り紹介して、受け入れ体制を整えることにしている。B君の場合も、内気であること、無口であること、ひとりでぽつんとしていることが多いことなど話し、あまり刺激的な冗談を言つたり、答を強制したりしないようにする一方、自然な形で仲間に入れるように注意した。

② 指導の方向

夜間担当の職員にB君の今までのことについて概略話し、指導の共通理解を持つた。

イ．まず解放するために

o 仲間との人間関係をつけさせる。お互いが受容し合える仲間であることを感受させる。（自然な話しかけ）

o 給食時間を利用しての気楽な話し合い

o 球技やゲームを適度に行なう。

ロ．自信をつけるために

o 基本的には他の生徒と同じように扱うが、反応は注意深くとらえ、常に引き出すような配慮をする。

o 言動に対しては適切な評価をする。

o 可能性を強調する。（事実に基づいて）

ハ．適応性を助長するために

o 基本的な生活習慣、特に共同生活における規律、義務、責任、協力など、係の仕事、清掃など作業、行動を通して体得させる。

o 共同学習を通して主体的学習態度を身につけさせる。

o 個人相談の機会を作り、問題解決の助言をする。

以上の方向を確認して、結果を急がず、まず仲間の中に安定させる配慮で出発した。

③ 指導記録より

最初は教師が話しかけても、仲間が話しかけても、かすかにうなづく程度で一言も話さず、表情もかわらない。他の生徒たちは「つまんない」「あれで何がおもしろいのかな」など蔭口をきいていた。そのつど、もうじき皆と話すようになる。仲間はずれにしてはいけない。とたしなめることを繰り返した。しかし、なかなか融和せず、孤立状態であつたが、教師も意識的に冗談を言つたり、生徒たちもそれに応じて談笑するうちに、にやつと笑う反応を示し、除々に心を開いていつた。

この反応の期をとらえ、ごくありふれたことを話しかけたら、聞きとれないほどの声で最少限度の返事をするようになつてきた。はじめて口を開いたという喜びも手伝つて、何かあるごとに話しかけを試み、続けてみた。

しかし、かえつてくるものは最少限度の答え方に変わりなかつた。自分から話すということは、もちろんまだなかつたけれど、表情の変化は大きく前進したように思えた。

やがて、運動（球技）にも参加するようになつた。意外に卓球はじようずで、動きも割合よい。打ち込む球にも変化を与えている。自然、卓球をする回数も多くなつた。みんなが交替して、友人のカウントをとる。Bも大きな声は出さないが、指でカウントを示すようになる。自分が負かす相手も、友人、先生と多くなつてくる。真剣な顔で汗を拭きながら、やつている。そんな時周辺から拍手と、激励のことばがいつもとんだ。「じようずだな」「これも負かしちまえ」と………。

学習についてもそうだ。国語などは、当用漢字のほとんどを読む。（読書の影響か）他の生徒に読めない字を読む。いつのまにか生徒たちは、Bに難読文字を聞くようになつた。Bは遠慮がちに、しかし親切に教えてやつている。他の先生方も、「Bは頭が良い。」「理解も正確だ。」と、評価している。ようやく自信らしいものがついてきたようだ。復学して3ケ月目であつた。

また、学校生活の状況も、欠席は登校開始以来1日で、定刻にはきちんと教室にはいり本を開いているか、あるいは思案げに黙つて座つている。ストーブがはいるころになつたら、ほとんど毎日当番の仕事を進んでやつていた。

12月にはいり、進路のことを相談した。はじめは「別に考えていません」という答が「高校は」と、水を向けると、「ぼくなんかにできるかな」という答えである。そこで、今まで夜中から進学した先輩のことを話し、その可能性を説いて、親と相談させた。その後、親からBが進学の意志のあることを伝えてきた。B自身は意志表示をしたもののなかなか決断するまではいかなかつた。そのうちに、B自身が「先生相談があるのですが」とやつとの思いで切り出したように、進学できる可能性があるか、ないかについて、とつと

つと話した。結果は、身近かな例を示しながら自分自身で決めるよう説得し、本人もやうやく、進学する意志を固めた。早速、担当の先生方にこのことを連絡し、学習に力を入れていつた。

3学期にはいると、学級の雰囲気にも溶け込み、わずかながら冗談にも応じたり、時には声をあげて笑うこともあつたりした。しかし、高校生活に対する不安も高まつていつた。

学習、運動、教師など、これは仲間の励ましが相当効果を示したようである。なぜなら職場の人間関係や、仕事の厳しさなどの体験を通しての話が多くなされた結果、やゝ積極的な姿勢が表われてきたからである。

3月私立B高校を受験、合格……はにかみながら満足したような顔で報告にきた。

卒業式には答辞を読み、新しい学校生活へスタートしていつた。現在は高校生活にも慣れ、元気に通学している。

④ 考　　察

B君は、登校拒否といつても、19才の時点に立つて、「このままでは」と気づき出した段階で、学校へ来た。この点からは、指導の困難さという面では軽いケースであつたと思う。

しかし、夜間中学校で、このような傾向を持つた生徒を扱つたのが始めてだけに、教師側にも相当な不安があつた。最初は薄氷を踏む思いの試みを重ねたわけである。

結果から見ると、このような生徒は、5,6人の仲間で、なるべく自然な形で、気長に接し合つている中に、心を開いていくものだということが云えそうである。だが、そのための指導計画、生活指導面では、今までとは違つた形のもの、つまり心理療法を加味したものを取り入れていかなければならないということが重要な課題となる。

登校拒否的生徒の指導事例その三

鶴見中学校

C君の指導

(1) C君の生育歴と環境

横浜市□　昭和29年□月□日生

父　会社員　54才　母　無職　43才

姉妹　姉1　弟1　妹1

趣　味　　読書を好む

性　格　　消極的　無口　暗い感じ

健康状態　　やせ型　色白と弱に見える　　病歴なし

学校歴

昭和36年4月　　Y小学校入学

39年9月　　H小学校に転入学（長欠）

42年4月　　T中学校入学（長欠）

42年4月　　T中学夜間中学校に転入

43年4月　　T中学校2年普通学級に復学

出欠状況と成績

T中学校出席　0　　T中夜学は皆勤

T中普通学級皆勤　　ただし夜中から普通学級に移行するときに20日の欠席があつた。

成績は夜中在学中1学期は平均2.0、2学期2.5 3学期4平均となる。

(2) 復学までの概要

C君は42年4月中頃、父親につれられて本校に転入学してきた。始めは普通学級への転入学かと思つたが話しを聞き夜中であることが判明し事情を聞くこととなる。

父親の話しはこうであつた。小学校4年在学中より欠席がちとなり家に閉こもるようになつたと言う。原因は、はつきりしないが転校による対友人関係及び担任教師になれない等であるらしい。それが5年生まで続き出欠は年間出席日数が半分以下であつた。6年生の年度は出席日数は5日ほどの状態であつた外、小学校側の配慮により、卒業をして中学校に行き、学校がかわればと言う学校側の好意で小学校を卒業、中学校に進学することとなつたのである。しかし中学校にはC君の前歴を知る同級生がおり、はずかしさなどもあり登校せず両親とも思案の上区教育委員に相談しに出かけ、鶴見中学校に夜間中学校のあることを知り、本校に相談に来たとの事であつた。

(3) 面接の結果と受け入れ

面接した様子は、常に下を向き質問しても答は声になつて出ないありさま、父親が横からかわつて納得させ、様子を見て父親が返事をする状態であつた、今迄の家庭での生活状態については、毎日家の中にこもり、外出は一切しないで本などをよく読んでいたとの事、他人（友人）

に顔を見られたり、あわせるのがこわい様子であつたと言う。この話し合いの中では、ついに父親や本人からは学校登校拒否理由（原団）についてはつかめなかつた。しかし、本校に入学させるにしても、できるだけ昼間部（普通学級）に入れるのが望ましいため勧めてみたが、本人は首を立てに振らず夜中に受け入れざるを得ない結果となつた。そこで学校側は条件をつけて入学許可をしたのである。許可条件とは2つあり、その1つは遅れた学力を出来るだけ早く取りもどし、それと同時に昼間部にもどること。第2に欠席を絶対しないこと。休む時は病気その他の理由を明確にしし必ず学校に電話をすること。この2点である。父親もこの2点につき納得され、C君と1度帰宅した。その日の午后6時からC君は登校することになつた。

(4) 指導の実際

その日の始業時間に転入者としての形通りの紹介も下を向いたままで、小声で一言、頁散くだけであつた。在校生は毎日出席する人は男子4名、女子2名で他は休みの方が多い状態の中であつた。

今迄の夜中生徒がそうであつた様に、2〜3日したら休むのではないかと考えていた教師側もC君については、欠席がないため考え方を変える結果となつた。そこでさつそくC君についての話し合いを開き夜中職員の態勢づくりとなつた。

○夜中の特質である個人の生活指導をてつてい的にする。

○教科のおくれに合わせた学習指導

○対友人関係を作り自主的な生活態度を作る、それには話し合いの場を多くとり入れた。

○運動をできるだけさせて仲間作りをする。

などの数項目をとりあげ各教科ごとに普通学級への復学のための指導をこころみた。

学力の面では小学校5年生程度のものであつたが、幸なことに読書が好なため、かなりの文章を理解できることであつた。そこで数学を除いて他教科においては中学校1年のレベルよりスタートさせ、数学のみは小学校6年のものより始めた。でだしはなかなか軌道にのらなかつたが、1ケ月、2ケ月と過ぎるにしたがつて宿題や予習や復習もよくやり、かなりの力がついた。そこで自信をもたせる意味も考えて普通学級で行なうテストを夜学用としてもちい、自分で採点などさせた。その結果普通学級の平均点以上をたえず取るようになり、しまいには上の部をもしめるようになつた。そこで、これらのテストは普通学級のものであることを知らせ自信をもたせることに成功して行つた。

この間にも折をみては普通学級への復学をと努力を続けてみたが、自閉的な態度は好転せず今晩は、さようなら、から給食時のいただきます。ごちそうさま、がなかなかいえず、帰りも逃げる様にして帰宅した。

しかし、先生方の各教科の指導の中で、たえず昼間部への統一した方向づけが、本人にも身にしみてきたのか、又昼間部との同一テストとその成績による自信からか、本人も移籍について考えがでてきたことである。それでも夕方登校し、昼間生徒が、まだ校庭や校舎内に残つていると、学校内に入ろうとせず、人の姿が見えなくなつてから、そつと教室に入つて来るのが常であつた。

この様な状態の中で夜中の友人との会話も、いつ知れずともなくかわされ、夜中生の中で自分の位置もきづき一番年令も若い安心感もあつたのであろう。また夜中卒業生の中で現在県立の第2部に通学している生徒（この生徒も自閉的な生徒で、カンセラーつきであつた）が、毎月1～2日顔を見せ、夜中生徒と話しをして帰るのがおり、ある面で力づけとなつたことも事実であろう。

先生方も復式授業の中で、できるだけ1対1の学習と会話の時間をもうけた。話し合いも一方通行になりがちなため、できるだけ答の返る質問や話しをした。又卓球、バトミントンスケートなど運動やレクも多く取り入れてみた。この様にして3学期も無事終了したのである。

(5) 普通学級へ

新学期を迎え夜学生の数も卒業生を送り出し半数となつた。期待しているC君が、すでに4月も半ばを過ぎているのに顔を出さず学校では暗い日が続いた。その間、私に父親から電話が二度あつたとのこと。C君のことについての相談が家族と共に4月の中旬にやつとやつて来た。その結果、家族の働きかけと本人の気持も普通学級へとかたむいた。ところがC君が、その後学校に登校せず、この間にも新学期は日一日と進み、クラス編成担任決定、グループ作り、役割決定など、クラスの態勢が整つてしまつては再び普通学級への編入が困難となつてしまう心配が先生達の間に広まり始めた。しかし、本人にとつては、それ以上の心配事であつたろう。ところが4月下旬、突然に父親と共に朝学校に見えた。この時は本人の口から普通学級へと声となつて出たことである。そこで学校側としては籍だけは現在のままにしておき、いつでも再び夜学にもどつてもよい様にしておき出発した。担任も夜学で授業し本人も気がねなく話しのできるところ、又そのクラスの中でもグループはC君に適した環境の中に入れた。紹介の時も夜中からとは言わず、打合せ通り他校より転校して来た様にとりあつかつた。この間約1ケ月と言う時期をついやしたのである。

A－36

(6) 普通学級の一員としてのC君

どうやら夜中一年に入学したC君が何とか毎日登校してくれると言う生徒が、昼の普通学級に編入するということは正直に言つて我々教師としては、一大冒険ではあつた。

しかし、普通学級に在籍して半年、結論を出すのは早すぎるかも知れないが、まずまずと言つたところである。

C君が昨年四月夜間中学一年に入学した当初を思い浮べてみると、まず十分な会話ができない、あいさつができないといつた状態であつたC君であつたが知能程度は上の部であり素直な性格の持ち主であつた。つまり小学校高学年時代を経験しないための学力のアンバランスや社会性の欠けた面をもちながらも小人数での夜間の学習には十分入り込め、しかも学力を着々と伸ばして行けるだけの素質と環境が整つていたとも言える。

入学してから一ケ月もすると受け答えの声もだんだん大きく、はつきりしてきている。周囲の気がねから、じつくり思考する余裕のないという状態が徐々にではあるが目に見えてとれてきた。家庭学習が十分出来たようで理解力もすぐれていることもあつて、これならついて行けるのではないかと言う期待が持てるようになつた。ただ、いぜんとして変化を見せないものに、疑問点があつても質問しない課題をすませると、そこで次の指示があるまでだまつて待つているといつた態度があつた。この消極性は夜間中学に在籍中にはさして改善されなかつた。

当初は学級担任のみならず、教科担任全員の慎重な取り組みによつて、思つたよりもスムーズに、しかも急速にクラスの中にとけ込んで行つた。

半年経過し現在、C君は学級の中に於ては、生徒会役員の候補に一度は名前がのぼり、支持率70%を得る程にもなつた。C君がここまで成長した原因は種々あろうが、一つには本人の学力が学級の中でも、けつしてひけをとらぬ程のものを持つていたこと、各教科の先生方が本人の性格を十分のみ込んで指導したこと、彼の所属した学級の生活班の構成がうまくマッチしていたこと等が考えられる。

学級の生徒のC君に対する感想は「すごくまじめで、おとなしい、よくできるやつ」ということになつている。大部ひかえめであるが、意志表示が明確になつてきたし、短い学級活動の司会も十分にこなせるだけになつてきた。

結論めいたことを述べると、多少なりとも可能性のある生徒は、慎重な計画のもとに、夜間中学校から昼間の普通学級に移行できるし、又させるべきだ、と言うことである。

小人数の夜間中学の学習では仲々得られない社会性がダイナミックな大集団の中に於いて

A－37

強力に達成されると思われるからである。

ただ残念であつたのは、C君についての調査の中で、本人とよく面接し、深く追求しようと思い、担任とも相談したのだが、現在の段階においては、出来るだけ過去に振れないでほしい、と言う事と、C君の過去を知つている人に、かなりの負担を感じている本人の状況を知つている先生方のお気持を尊重したため、多くの資料が不足していることをおわびします。

新しい課題にむかつて

「横浜で夜間中学校が発足したのは昭和２５年です。そのころは敗戦の傷手で衣食にも苦しみ毎日の生活に追われていました。……… 敗戦による混乱は、学校に姿を見せずに家業を手伝つた、街にさまよつている子供たちをたくさん見受けたのです。……… どうしても昼間の中学校に通えない事情の少年たちを夜間中学校で勉強させて、義務教育だけは完全に修了させてあげようということにしたのです。」横浜市夜間中学校１５年の歩みより）

夜間中学校はこのように厳しい社会状勢の中で発足し、先輩諸先生方の熱烈な教育的情熱によつて、ひとりでも多くの子供たちを救おうと積極的に教育活動を推進してきた。現在もその初志を継承して年々有為な青少年を累計して約1,０００人世に送り出している。これだけでもその存在する意義は充分に認められることであるが、さらにそこに取り組まれる真摯な教育活動が、ともすれば忘れられる子供たちを勇気づけ独立独歩の道を歩ませる結果を生みだしていることを考えても教育機関として重要な位置を占めているといえよう。

陽のあたらない子供をなんとかしてあげよう。この願いは教師の立場にある者はだれも考えることだと思う。しかし、最近教育の近代化などと叫ばれている際に、登校拒否の生徒が年々増しているということはなんと皮肉な現象であろう。その要因は種々あると思うが、とにかくこの谷間に落込んだ生徒が夜間中学校に転入学し、適応性を回復していく事例もいくつかあげられた。しかし、これも夜間中学校が設置されている地域のごく一部の生徒がその機会を得たにすぎないのである。

前述の報告にあつたように長欠生徒の数はたいへん多く、この生徒たちを当面救う対策は横浜においては、現場の担任教師や専任カウンセラーの努力に任せられているのが現状で、それ以上の抜本的施策は考えられていないのであつて、今後この問題をどう処理するか教育行政上の大きな課題といえよう。

この姿は夜間中学校にも新しい問題を持ち込んできた。開設頭初はその入学理由が貧困、家庭崩壊、非行、資格取得などによるものが多かつたが、最近は登校拒否的な生徒が、専任カウンセラー等の紹介ではいつてくるようになり、生徒の層が変わりつつあるという点である。つまり、それによつて当然指導内容に今までとは異つた要素が要求されてくるのである。その試みは指導事例に示されているように、個々のケースは違つていても、心理療法的な指導の共通性は窺えることである。

重い腰をあげ、不安に満ちた表情で、精一杯の努力をしながら教室に通う生徒を前にして、いかに自信をとりもどさせ、生活の喜びを感じさせるか、教師に果せられる問題は際限がない。教師対生徒、生徒対生徒、縦と横の接点、人数は少ないといつても、それぞれ問題をかかえている生徒たちである。指導内容・指導方法についてはきめ細かな配慮がなければならない。

このことについて事例から観点をとらえてみると、

―――――――――― ○ ――――――――――

① 指導計画立案の面で

○担当者間で指導の共通理解を持ち、適応性を回復し、高める指導の方向づけをする。（カウンセラーとの連絡）

○指導内容を選び、なるべく共同学習に参加できるよう配慮する。

○気持を解放し、安定させる一方法として情操面を啓発する学習への配慮をする。

○交友関係調整、集団への参加等生活指導の段階的配列（基本的生活態度習慣）

○相談時間の設定

② 実践の面から

○先入観にとらわれ特別視することなく、ごく自然に集団の一員として扱う。

○教師間の情報交換を密にして、性格、特徴をつかみ助言活動を続ける。

○学級の受容体制を整え、孤立化させないよう観察、助言をする。

○話しかけを多くし、学習結果に対しては可能性を引き出すような評価をする。

○給食時など効果的に利用する。

○学級の仕事、役割など全て他と同じように参加できるようにしておく。

○全ての活動を通して、絶対評価の段階から徐々に相対評価へと移行していく。

○カウンセラーや他の専門家との緊密な連絡をはかる。

他にも細かな問題は多くあると思うが、摘出すれば以上のようなことがあげられる。

もちろんこれを画一的に盛り込むというのではなくケースによつて臨機の指導を行なうわけであるが、一応このような観点を持つて指導に当つたらと思うのである。

つぎに、教師の姿勢であるが、①まずあせらぬこと、②共感的受容の態度で接すること、③表情、動作の変化を注意深く見守ること、④共同で指導すること、などが考えられよう。

ここに記したことは、新しい事態に接して、あれこれ迷いながら思いついたことが多い。もつと整理され、系統化されなければ本格的な指導計画は立てられないかもしれない。しかし何んらかの手掛りはつかめたのではないかと思う。

それにしても現代のオートメ化されつつある人づくりでは、登校拒否の生徒は救えないことを考えると、現在まで夜間中学校が果たしてきた役割に鑑み、また今後このような生徒の入学が増すことの予想される時点で、教育行政の面から、改めて夜間中学校の明確な位置づけ、教職員の適切な配置、特殊な生徒に対する指導要領の設定など早急に考慮されることを要望したい。

また、われわれとしては、さらにその指導目標、内容、方法等について多角的に検討し、ひとりでも多くの生徒を救えるよう協同体制を整えていかなければならない。

つぎに、夜間中学校が登校拒否的生徒の治療に適している諸条件について考察してみると、次のようなことがあげられる。

① 抵抗の少ない環境

イ．動的環境の面から

生徒に最も強い刺激を与えるものは、他人の目であろう。これは、その種の生徒が自閉的現象を示し、他人からのかかわりが大きな圧迫感となつて、不安、恐れの反応を示すことからも云えるのである。

この点においては夜間中学校は、昼間と比べればたいへん、町の目、友の目が少ない。つまり、刺激が少なく、通学の条件に適しているのである。

ロ．物理的環境の面から

夜の学校は、昼のそれとまるで違つた環境に置かれる。全てをさらけ出す光、絶え間ない騒音、建物の重圧感、時間に追われる緊張感、これらの諸々の圧力からほつと解放されるのである。神経のいらだちから解放され安定する条件に適している。

ハ．家庭的雰囲気の醸成

生徒数が少なく、みな同じような悩み、苦しみをいだいており、それが、いたわり合いとなつて現われることから、家族的人間関係がつきやすい。また、同じ給食をとり、気楽な話し合いによつて相互の意志疎通が図れるなど、家庭的な集団の条件を備えている。

② 指導内容に巾

生徒の能力に応じた個別指導の形態がとられ、昼間のように学習項目の履修の強制がない。評価も絶対評価に依つている。劣等感を除去し、発展させる可能性を引き出すことをしやすい。

③ 教師の指導が徹底

学習、生活の両面の指導が徹底する。生徒の表情の変化、服装、行動など観察が容易にでき、即応の指導ができる条件が整つている。

④ 社会復帰を促す条件

夜間中学校のそれぞれの生徒が持ち寄る職場情報は、仕事の厳しさ、働く態度、職場の人間関係、経済生活、能力と仕事の種類など、生の問題が交換される。それが相互の批判、意見、助言によつて中庸を得た結論に導かれることが多い。これが自然に生活への姿勢を正し意欲を誘発する結果がみられる。また、学級における自主的役割、清掃、整とん、連絡、給食、準備など、気楽なといつても、一定のルールに従う活動は、集団生活における基本的生活様式を体得していける仕組みになつている。

以上４項目に亘つて考察したが、これは夜間中学校が心理的治療教室そのものだというのではなく、治療的指導に適う条件を割合い備えているということである。したがつて、それのみにとらわれるものではないのである。

東京都夜間中学校の共同作文集
"あかし"の生まれるまで

東京都夜間中学研究会総務部広報係

1. 経　　過

この三月、東京都教育庁指導部より、「昭和42年度、東京都公立中学校二部要覧」という冊子が発行、配布された。

わずか16頁の小冊子であるが、これが、われわれ東京の夜間中学の職員をたいへん勇気づけてくれた。

その理由は、次の二点に集約できる。

第一は、東京都教育庁が、従来、われわれ東京都夜間中学校研究会が止むを得ずやつていた夜間中学の広報活動の一つを、はじめて、しかも、公式に、やつてくれたということだ。公立学校の職員にさえ、夜間中学の存在は知られていない現在、少なくとも、各区の指導室に行けば、教育庁の指導部で発行した夜間中学の要覧があるということは、どんなにわれわれを力づけてくれたかは、「止むを得ず黙認」といつた他の官庁と比較すれば、理解していただけるかと思う。

第二に、この要覧中、昭和42年第14回全国大会での資料集から大幅に転載されていたということである。たとえば、夜間中学に関するわれわれの考え方、取り扱い方を、私見という形で示した「夜間中学に関する三三章」が、そのまま転記されている。このことは、われわれの"私見"を、公的機関がそのまま認めたということと、われわれには、とれた。このことも役所と折衝するたびに、いつも困難にぶつからざるを得ないわれわれにとつて、百万の味方を得たようであつた。

ここで示された教育庁の好意と勇気にこたえるため、東京都夜間中学校研究会は、この要覧に示された、在籍268名という数字の実態はこうだということを、作文集の形でうつたえようという案が立てられた。つまり、要覧の附録を作ろうというわけである。

この文集は、とりあえず、三月に都内の各夜間中学校で作られた卒業記念文集から抜萃しそれに解説をつけたもので、12頁の薄いものではあつたが、翌、四月に早速発行された。

ついで行なわれた43年度の第一回の総会で、東京都夜間中学研究会として、文集を定期的に発行し、夜間中学の存在と、生徒の実態を知らせる活動を、さらに強めようということが、本年度の重要方針として、決定された。なお、その際、作文集は配布しただけではだめで、読んでもらうために、配布したかたたちから返事をいただくということも決められた。

このようにして生まれた作文集は、現在、その第一号ができ、第二号は、現在、印刷中である。

2. 作文集をなぜ「あかし」としたか

4月発行の文集は、"夜間中学の子どもたち（くらし、学校、悩み、よろこび）"と、名づけられたが、次のものからは"あかし"と命名された。

この名称は、次の二つの意味を含んでいる

その第一は、"明"または"燈"である。

作文集で語られる生徒たちのなまなましい息吹きが、そのまま、われわれにとつての"ともしび"であり、また、他の生徒たちにとつてもそうでありたいという願いが、その名にはこめられている。

その第二は、"証"である。とかく忘れられがちな夜間中学、そして、夜間中学の存在そのものが、現在の日本の教育のひずみと、そして、それをなんとか克服しようとしている関係者の努力を証明している。そのための"証"であろうとする願いも、この作文集にこめられている。

3. 「あかし」の発行方法

東京都夜間中学研究会も、予算はたいへん貧しい。作文集を毎月出す程の印刷費は、とても、ない。そこで、夜間中学の教師が、自分の労力と、自校の紙で、原稿をガリ板で切り、それを、研究会総務部で集め、製本するという方法である。

この発行方法は6人の専任教員のいる東京の夜間中学ではじめてできることなのかもしれない。しかし、東京ででも、七校全部が毎月集まるというわけには、とてもいかない。各校の授業の進みぐあいにもよる。一校分でも、二校分でも、集まれば、かならず毎月出すようにしていきたいと思つている。

4. 作文集「あかし」のめざすもの

そのほとんどは、すでに命名の由来の項にのべつくされている。要約してくりかえすと生徒、職員にとつて希望のともしびであり、外部に向つては、存在の力強い証明でありたいということだ。

ただし、外部といつても、これは、いわゆる世間という意味で、教育の直接関係者、つまり、三省、地方教育委員会などは内部と、われわれは理解している。だから、内部の人からは、ぜひ、読後感など、いろいろ御教示を願いたい。

夜間中学生の一断面

―貧困と登校拒否―

東京都夜間中学校研究部
指導研究部

目　次

Ⅰ　なぜこのテーマを選ぶか

東京都に夜間中学が創られはじめた頃、その創設理由はすべてが学校周辺の貧困に依る長欠生徒の就学継続を目途としていたことは明らかである。換言すれば夜間中学校は敗戦後の経済的混乱期を抜け出れば、当然夜間中学校も解消されるものとする論が常識であった。

ところが、昭和３２年頃のいわゆる戦後処理を一応終えたといわれる頃から、社会的経済的な一応の安定とともに、全国の長欠者の数の上の減少にもかゝわらず、いわゆる高度成長策のヒズミといわれる「心因性の怠学児」を夜間中学校はそろそろひき受けなければならないようになっていった。東京都の長欠理由の中で率の上で「精神的理由」が「経済的理由」を越すのは昭和３３年である。

東京都の夜間中学は、昭和３２年、３３年、３４年と生徒数の激減をみた。そしてそれとともに「学校嫌い」の生徒の入学が目立ち、昭和３２年ごろから夜間中学関係者の間で、これらの生徒の対策の一つとして進度別の個人指導を中心とした授業形態の研究がはじまった。また、それとともに、「学校嫌い」の原因も検討を必要とするようになつてきたのである。調査項目に急に細分化の傾向が現われはじめた。

こんな中で、一昨年度までは都の研究会では、まず昭和３２年以来の個人指導の徹底が毎年研究の中心を占めてきたわけであるが、昨年より急に『神経症的』な生徒の問題が目立つ状態になったのである。

我々は、昨年これを『夜間中学生の指導上の問題点』で採りあげた。そして今年はこれを一歩進めてみるもくろみを建てたのである。しかし、ここでもう一つ付け加えておくことがある。それは夜間中学発足当時の主因と考えられる『貧困』は、時代の波とともに解消されたのであろうかということである。巷に貧困を見ることはへった。どんなアパートの四畳半の一隅にもテレビがある。世の一般の人々は、貧困とは山谷か西成でしか見ないような顔をしている。しかし、本当にそうなのだろうか。我々夜間中学関係者もひょっとすると、貧困というものを説明するに、唯印象というものをたよる以外に手段がなくなりつつあるような怖れはないだろうか。

私は、ここに夜間中学の誠に新しい問題とともに、夜間中学発足当時からの誠に古い問題を採りあげてみることは、新しい問題を認識する上からも必要ではないかと思った。そこで私は、この研究の前半に、新しい角度からではあるが、夜間中学生の生活の中にある貧困をとらえてみたわけである。

表１　昼間義務教育不就学の原因

学校	原因＼年度	28	29	30	31	32	33	34	35	36	37	38	39
曳舟中学夜間部	経済的	57		40	47	66		65			54		64
	家庭的	36		50	25	7		8			22		14
	病気	4		9	0	0		2			9		4
	学校嫌い	1		1	0	4		7			6		14
	その他	2		0	14	23		7			9		4
糀谷中学夜間部	経済的		65					70					70
	家庭的		9					16					5
	病気		11					11					9
	学校嫌い		5					3					16
	その他		10					0					0

Ⅱ　入学原因の変遷をみる

夜間中学校へ就学してくる者の「昼間義務教育不就学の原因」に関する調査は、都内においてもその数は決して少くない。しかし、これらの調査結果をまとめて、一つの夜間中学校の変遷をみる資料とするとなると、次の理由でこれはそう簡単にはいかないのである。

調査の項目は近年は細分化の傾向にあるし、また１０年以前の『学校嫌い』の一項目が、最近は、『低知能による学業不適』や『心因性学校生活不適』等種々に分化していることである。

このように厳密には往時と今との対比は困難であるが、私どもは兎に角大勢というものででも夜間中学の変遷の一つをみておく為に、表２をつくりあげてみた。}の符号で表中に示したように、その調査にはその分類項目に見当らず、今回の分類の２項目を包括するような１項目で代表されていた場合もある。

さて、このようなことを知っておいて表２をみることにしよう。

表 2

義務教育不就学の原因

o原因は複数選択 • ( ) 中はパーセンテージ

	調査の種類 (調査時点) / 調査者数 / 分類項目		(a) 本調査 今年度入学者 (43年7月)	(b) N氏の調査 (43.3月)	(c) 夜間中学校の指導上の問題点 都夜中生指研部 (42.9月)	(d) 41年度入学者調査 都夜中研究部 (41.9月)	(e) 入学原因調査 都夜中研究部 (40.10月)
			40	199	257	63	134
家庭因	欠損家庭		6	39		16	28
	家人の病気		3	17		6	12
	その他の問題		4	29		22	47
	小計		13 (32.5)	85 (42.7)		44 (69.8)	87 (64.9)
経済因	引揚		7	}82		}21	}73
	貧困		13				
	小計		20 (50.0)	82 (41.2)		21 (33.3)	73 (54.5)
学校環境不適応因	病気、身体障害、ケガ入院		7	23		}13	}10
	学校不適応	ノイローゼ的	10 (25.0)	22 (11.1)	ノイローゼ的な問題をもつ生徒 20 (7.8)		
		対人関係不適応	5	14		5	17
		学校ぎらい	3	37		3	20
		勉強に不適応	4	21		6	26
		非行	0	11		3	18
	小計		29 (72.5)	118 (59.3)		30 (47.6)	91 (67.9)

家庭因の減少———全般的に言うと家庭因による長欠は減少していると言えるが、やはり過去から現在まであい変らず言えることは、夜間中学生には『欠損家庭』の子供が多いということである。また、後で述べるように家庭の種々の問題点はいろいろな他の要因に転化するということである。

経済因再上昇———この問題は、直接日本経済の悪化にすぐ結ぶ資料とはならない。それではなにがこの経済因の上昇をさせているかというと、数年前から急に夜間中学校に数を増した外地引揚げ者であろう。韓国やブラジル引揚げ—引揚げは殆ど直接に貧困につながるとみてよい。

学校生活不適応の増加———見して明らかなように昨年から急に目立ちはじめた『神経症』的な長欠者の増加である。これは明らかに昼間の教育上の問題と関係が深いとみてよかろう。他の細項目については比較が不可能なので検討しないことにする。

以上、ごく簡単に義務教育から落伍する原因の主因と考えられる3因を大まかにみてみたのであるが、それでは今の夜間中学生の貧困とはどんなものになっているかを次にみてみよう。

（表2中の「本調査」とは、都内夜間中学7校中、新星、八王王五中を除き、他5校の7月末までの今年度入学者60名中調査できたもの40名を対象としたもの。）

Ⅲ　夜間中学生の貧困とはどういうものか

先ず、この章にでてくる表について説明しておこう。

① 調査方法 — 質問紙によるチエック式。

② 調査時点 — 昭和43年10月

③ 調査対象者

a）夜間中学生 — 都内2校（K校・F校）全員とH中を3年のみ。

(男—26、女19)

b）昼間中学生 — K校3年1クラス、F校1年1クラス。

(男—43、女—37)

この調査は2つの部分にわかれる。つまり （1）生徒自身の見た自分の生活状態。（2）耐久消費財の保有状況からみた夜間中学生の生活程度——である。以下一つ一つについて簡単にその結果をみてみよう。

（1）生徒自身のみた自分の生活状態

Ⅰ）生活が苦しかった経験の有無（表3）

a、夜間部の方が圧倒的に㊒に多い。

b、わからない　は男子に多い。男子は経済的にわりに無頓着か。

Ⅱ）あなたの生活程度（表4）

a、夜間部は　(中下)　と　(下)　に約半数で、生活程度はやはり昼間部より低い。

b、夜間部にも約半数が　(中)　または　(中上)　につけたものがある。　―　この解釈、経済的に無関係な怠学による長欠者の夜間中学入学増加のあらわれともみられるが、主観的自己評価の為に多少現実以上に高得点を付けたともみられる。

Ⅲ）生活程度の評価基準（表5）

a、財産収入により生活程度がきまると思うものが夜間部に多く、職種により生活程度が左右されると思うものは昼間に多い。これは、昼間の中学生が現実の生活に、特に現実の職業生活に触れていないためと、夜間中学生のリヤリズムによるものか、または、夜間中学生は職業というものを工員というもの以外に広く枠を拡げて見ようとする気を無意識にもたなかったのか。

Ⅳ）将来の生活程度は（表6）

a、「入れない」「下のクラスにおちる」が夜間部に多いのは、夜間部の生徒の生活の一つの暗さであろう。一つの階層的固定社会認識のあらわれであろう。

b、「入る必要なし」が昼間に多いのは現代青少年の社会階層の固定化の意識による無気力の現れか。

Ⅴ）生活程度をあげるには（表7）

a、「技術資格」の項が夜間中学生に多いのは、現実に夜間中学生のふれている職業社会をよくあらわしている。

b、「教育を」に昼間の多いのは社会常識と一致して理解できる

表 3

		あ　る	な　い	わからない	無記入
昼間中学	男	9	7	24	3
	女	12	11	14	0
	計	21 (26.2)	18 (22.5)	38 (47.5)	3
夜間中学	男	15	2	8	1
	女	13	5	1	0
	計	28 (62.2)	7 (15.5)	9 (20.0)	1

あなたの家庭では生活が苦しかったことがありますか。

（　）の中の数……%

表 4　あねたの生活程度は　（　）中の数……%

		上	中　上	中	中　下	下	無記入
昼間中学	男	1	5	30	6	0	1
	女	0	5	30	2	0	0
	計	1	10 (12.5)	60 (75.0)	8 (10.0)	0	1
夜間中学	男	0	2	11	6	6	1
	女	0	2	9	5	3	0
	計	0	4 (8.9)	20 (44.4)	11 (24.4)	9 (20.0)	1

表 5　生活程度の評価基準　（　）中の数……%

		財産収入	職　種	地　位	その他	無記入
昼間中学	男	14	5	19	1	4
	女	10	5	14	3	5
	計	24 (30.0)	10 (12.5)	33 (41.2)	4 (5.0)	9
夜間中学	男	13	1	7	2	3
	女	10	0	7	0	2
	計	23 (51.1)	1 (2.2)	14 (31.5)	2	5

表 6

将来、現在より上の生活程度の階級に入れますか。　　( ) 中の数……%

		入れる	入れない	入る必要がない	下のクラスにおちる	無記入
昼間中学	男	3 1	1	7	1	3
	女	2 4	2	1 0	0	1
	計	5 5 (6 8.5)	3 (3.7)	1 7 (2 1.3)	1	4
夜間中学	男	1 5	4	3	2	2
	女	9	2	2	2	4
	計	2 4 (5 3.3)	6 (1 3.3)	5 (1 1.1)	4 (8.8.9)	6

表 7

現在より一つ上の生活程度に入るに必要なことがら　　( ) 中の数……%

		人格向上	よく働く	もっと教育を	技術や資格	仕事を変わる	無記入
昼間中学	男	7	9	8	1 7	0	2
	女	8	7	3	1 4	1	4
	計	1 5 (1 8.7)	1 6 (2 0.0)	1 1 (1 3.7)	3 1 (3 8.8)	:	6
夜間中学	男		4	2	1 5	1	1
	女		4	2	8	0	1
	計		8 (1 7.7)	4 (8.9)	2 3 (5 1.1)	1	2

（2）耐久消費財保有状況から見た夜間中学生の生活程度

表８をみてみよう。まずここから言えることは、

① 「ガス湯わかし機」を全項目に関して、夜間部は昼間より、また全項目に関して東京平均の保有状況より低い。

② 全国平均と比較すると『レジャー的消費財』以外は殆ど、夜間部は全国平均以下である。

さて以上の２点を注意しながら、図１をみてみよう。この図は表８をもとに、夜間中学、昼間の中学、東京平均、全国平均をそれぞれ所得区分別のどこに当るか示してみたものである。ただし、平均が少しでも低いと下の区分においたので、第２区分の３０万～６０万に位置したとしても、その区分の保有平均よりは事実上は上廻るのである。

では、次に図１から表９を作ってみる。そうすると表９からどういうことが言えるだろうか。

③ 夜間部は第１区分の所得３０万円以下の保有状況にあるものが多い。

④ 東京の平均は所得９０万～１２０万円台の区分に多く集中していて、やはりこの４つの比較では、消費財の所有状況からみると所得も一番高いようである。

⑤ この表から推側すると、所得状況は、東京、昼間・全国・夜間の順と考えられ、夜間部は最下位にあると見られる。

以上のことから、多少遊戯的になるが、夜間部の生活を推測してみよう。私は各消費財の保有状況の平均は、夜間部では大体よく見積って、年所得３０～５０万円ぐらいとみたい。つまり、この区分で言うと第２区分の下位とみられるのではあるまいか。

⑥ 以上のことから、夜間中学生の生活は、生活保護すれずれちょっと上の、いわゆるボーダー・ラインの生活である。　―その裏付け―　昭和４２年度における生活保護法の保障する最低生活費は、標準４人世帯２９,３９１円であり、準要保護の基準を要保護の１６割とみると約年所得５０万円となる。夜間部の生徒の家庭は表１０でその家族数を見ることが出来ると仮定すると、平均、本人を入れて4.4名。

⑦ 夜間中学生の家庭の特性は上述②で見たように『家事合理化財』において非常に劣り、『レジャー財』でぜいたくである。これは青年を含む家庭の生活形態が現れているのかもしれないが、収入に対してこの方面で多少無理な背伸びが感じられ、生活をどこかでヒズませている現れが感じられないでもない。

以上のようにみてくると、ひとつの疑問が感じられると思う。つまり、それでは、第１区分の所得３０万以下の人々の家庭の子供たちは学校に行っているのだろうか？

この疑問にすぐ答える資料をもっていないが、４１年度の要保護家庭６６万世帯、１５７万

表 8

耐久消費財保有状況　(数字はパーセント)

区分	品名	昼間中学	夜間中学	全国平均	東京平均	30万円以下	30万～60万	60万～90万	90万～120万	120万～150万	150万～180万	180万以上
		( )内は実数 (43年9月現在)		昭和42年度国民生活白書による (43年2月現在)		全国所得平均						
レジャー消費財	テレビ	100.0 (80)	97.8 (44)	96.4	97.8	82.1	97.2	98.3	95.0	98.5	98.4	95.7
	ステレオ	40.0 (32)	28.9 (13)	24.1	36.4	4.2	11.8	20.4	30.3	40.5	51.9	56.7
	カメラ	86.3 (69)	66.7 (30)	59.8	80.8	14.3	37.9	61.1	75.0	84.6	87.9	92.6
	オルガン	17.5 (14)	6.7 (3)	15.9	17.5	2.0	7.9	15.9	23.3	24.4	23.0	24.2
家事合理化財	電気冷蔵庫	90.0 (72)	62.2 (28)	77.6	91.1	33.8	65.3	80.6	87.3	93.2	93.6	95.1
	電気洗濯機	85.0 (68)	62.2 (28)	84.8	87.9	44.4	75.0	88.8	94.0	94.1	94.6	97.5
	電気掃除機	58.8 (47)	33.3 (15)	53.8	71.0	16.4	33.7	54.1	67.8	75.3	79.4	88.4
	ガス湯わかし機	30.0 (24)	31.1 (14)	21.4	41.8	5.5	10.0	17.5	27.4	33.3	45.1	59.5
その他	学習机	93.8 (75)	64.4 (29)	73.2		38.2	57.7	75.0	85.8	88.2	93.1	91.2
	ミシン	82.5 (66)	57.8 (26)	82.6		44.6	74.9	86.4	87.4	92.8	94.0	95.7
	扇風機	93.8 (75)	71.1 (32)	75.6	89.9	42.9	64.5	76.4	85.1	88.9	91.3	93.5
	自転車	78.7 (63)	68.9 (31)	70.5		52.9	67.8	70.3	77.3	73.0	73.8	72.1

図1. 耐久消費財保有状況の表を所得区分に当てはめた一つの方式の図

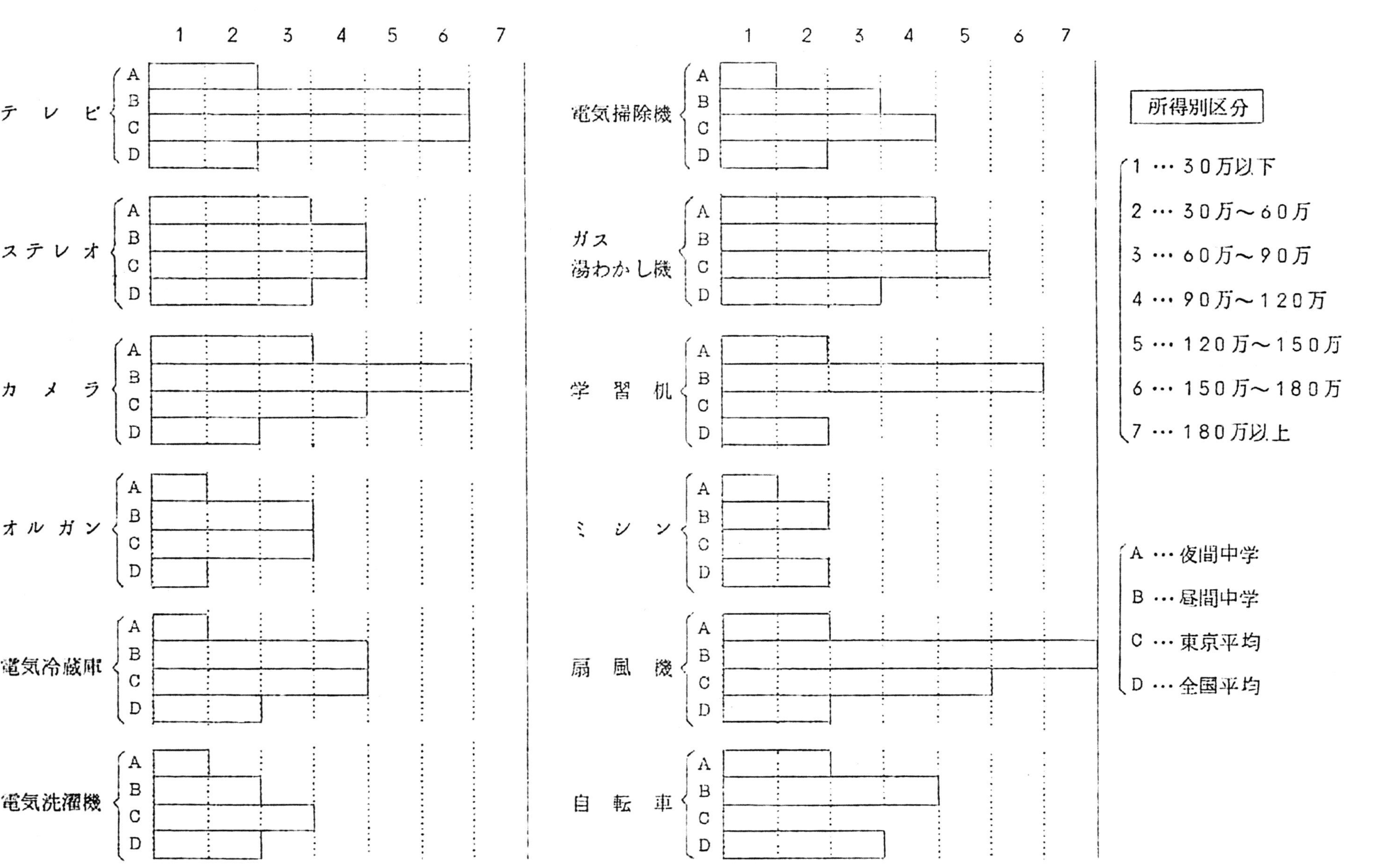

A—55

表 9　　いくつどの所得階層に属しているか

（但し、学習机、ミシン、自転車を除く）

	３０万 以　下	３０万〜 ６０万	６０万〜 ９０万	９０万〜 １２０万	１２０万 １５０万	１５０万〜 １８０万	１８０万〜
夜間中学	4	2	2	1	0	0	0
昼間中学	0	1	2	3	0	2	1
東京平均	0	0	2	4	2	1	0
全国平均	1	6	2	0	0	0	0

昭和４３年度都内５校の入学者

長欠時点での家族の人数（本人を含む）

（７月まで）

家族数	
２人	5
3	4
4	1 0
5	7
6	1
7	2
8	4
9	1
無回答	6
計	4 0

人中、１４才〜０才の人口の５０万人、うち義務教育適令児生徒、約２５万と見ると、まさかこのすべてが長欠児生徒とはとても言えないことはすぐわかると思う。そうすると夜間中学生の家庭は平均して、要保護家庭より多少良いのであるから、夜間中学生の昼間の長欠原因をどう考えたらよいかということになってしまうのである。

私は上の面について次の２点を挙げてその答としたい。

① 夜間中学生の家庭は、夜間中学に通う者が働くことによってやっとボーダーライン線に這い上ったのである。

② 夜間中学生の昼間の義務教育不就学の原因は経済因のみで考えてはならず、その他に家庭因等複雑な要因の複合型として捕えなければ理解できない。

（以上、東京都墨田区立曳舟中学校　村井　稔　担当）

Ⅳ　F夜間中学校生徒の生活条件

以上の説明で入学原因は複合的であることが明らかになったのであるが、ここでは、東京都F校について具体的に検討したい。

〔A〕　生活の条件

番号	年令	学令	1 身体	2 知能偏差値39以下	3 国語2以下	4 算数2以下	5 実父母を欠く	6 引揚げ又は混血	7 生活保護	×印の合計
1	17	2		×	×	×	×	×	×	6
2	27	2		×	×	×	×	×	×	6
3	32	3			×	×	×	×	×	5
4	17	3		×	×	×	×		×	5
5	14	3		×	×	×	×		×	5
6	13	2		×	×	×	×		×	5
7	13	2		×	×	×	×			4
8	13	2			×	×	×		×	4
9	15	2		×	×	×				3
10	14	3		×	×	×				3
11	19	2					×	×	×	3
12	14	3	×				×		×	3
13	14	3				×	×		×	3
14	17	1	×			×	×			3
15	20	3				×		×		2
16	16	3				×	×			2
17	15	3			×	×				2
18	14	3					×			1
19	15	2								0
20	15	3								0
21	14	2								0
22	16	2								0
計			2	8	11	15	14	5	10	
%			9	36	50	69	64	23	46	

日本語学校（1〜3）　特殊学級（4、9、10）　治療教室（20〜22）

〔B〕長欠の状況（○印は５０日以上欠〜）

番号	小学校 一年	二年	三年	四年	五年	六年	中学校 昼間部 一年	二年	三年	中学校 夜間部 一年	二年	三年
1	＼											
2	＼											
3	＼											
4			○	○	○	○	○○○○	→	→	○	○	○
5				○	○	○	○	→	→	- - -	- - -	- - →
6			○	○	○		○	→	→	- - -	- - →	
7	○	○	○	○	○		○	→	→	○	○	
8	○	○			○		○	→	→	- - -	- - →	
9						○	○○○	→	→	- - -	- - →	
10					○	○	○	○	→	→	○	○
11	＼											
12	＼											
13	＼											
14	＼											
15	＼											
16	＼											
17					○	○		○○	→	→	- - -	- - →
18	＼											
19			○		○	○		○○	→	→		
20									○○	→	→	
21								○○	→	→		
22								○○○	→	→		
計												
%												

(1)　A 図 の 説 明

A図は、F校の全生徒の生活条件を、客観的、簡単明瞭にあらわすために常識的な指標を用い、×印の多い者から順に並べたものです。

2………知能は、すべての知能検査の平均点

3.　4…国語、算数は、小学校4年5年6年の平均点を優先

7………生活保護は、現在、受けている者5名、他の5名も本校現籍中に受けた者

(2)　A 図 を み て の 感 じ

上図を見て、各人各様の感想をもたれることと思いますが、F校で話し合われたことは、次のことでした。

a、ずい分、ひどいなあ。

b、もっと生徒を可愛がってあげよう。

c、生徒数が少いのだから、素質と学力に応じた個別指導をやろう。

d、教育扶助金があるが、学校の授業に必要な最低必要額にしかすぎない。学校が憩いの場でもある生徒達には、もっともっと、環境を充実させ、豊かな気持で、勉強に励める環境にしてあげたい。

A図をみて改めて、夜間部生徒のおかれた状況の厳しさを再確認させられました。

Ⅴ　いわゆる長欠生徒（登校拒否児、学校嫌い）の過去と現在

(1)　B 図 の 目 的

この調査は、本人に原因する理由で、長欠になった者につき、小学校時代からの状況を知るためのものであるので、長欠原因が、引揚げ、疾病、家庭の破壊、昼間労働等々の原因が、一次的な者は除きました。

(2)　B 図 の 説 明

4番生徒は、小学校3年より、長欠状態となり、中学校1年に4年間、在籍し、除籍となり、改めて、夜間部の1年に入学しました。ここでは、長欠状態ながら、3年まで無事進級し現在にいたっています。

5番生徒は、小学校4年より、長欠状態となり、中学1年で、夜間中1年へ転入学、その後はあまり欠席もなく、現在、3年に在学しています。

小学校1年に斜線があるのは割愛したことを示しています。

(3)　B 図 の 特 徴

B図から、2つのタイプの長欠がみわけられます。

1つは、慢性的長欠児であり、もう1つは、1年限りで長欠になり、且つ原級留置になるほど休んでしまうタイプです。

慢性的長欠生は、A図で明白なとおり、種々の悪条件が重なり、登校するのが嫌になるのでしょう。

20～22番生徒については、登校を邪魔する外部要因はないのですから、神経性又は情緒の面で欠陥があると考えられます。

(4)　A ・ B 両 図 よ り

F校にとっては、今年はじめて、2つの新タイプの生徒が表われました。

1つは、日本語を話せない日本人たる引揚者の生徒（1～3番生）であり、もう1つは、昼間、働いては親が困るという生徒（20～22番生）であります。A図でみれば、上位3人、下位3人に、はっきりと分かれました。上位3人は韓国からの引揚者です。彼等は6つの×印を背負わされ、下位3人は、外的条件にこそ恵まれているが、自己自身との戦に勝たなければなりません。

さらに、知能偏差値が、35以下の者3人（4・9・10番生）を1つのタイプとみるならば、在来の夜間中タイプと合わせて、4つのタイプが考えられます。

すなわち、今までの夜間中学校型、日本語学校型、特殊学級型、治療教室型の4つのタイプです。

幸いにも、F校には、不良化した生徒がいませんので、この点では恵まれております。

22番生は、9月上旬、F校の昼間部へ復帰しました。

A図、B図をみて、私達は、夜間中学校は、実に複雑な要因をもった生徒の集合体であり、時と共に、その性格を変えていることを痛感します。いかなるタイプの生徒が入学しようが、それに充分適応し、時代の流れを的確に把握し、不遇な子供等を少しでもよくしてあげたいものです。

(以上　東京都葛飾区立　葉中学校　撫佐昭二　担当)

Ⅵ　夜間中学生のもっている教師の印象像

Ⅴで貧困家庭の生徒達ばかりでなく、俗に学校嫌いといわれている登校拒否児や学校恐怖症の生徒達までが、夜間に転校直後から急激に出席率がよくなることが示されたが、その要因は生徒自身の内面的な過程として登校への心的準備体制が整えられつつあったところに、夜間中学のもつ特殊な社会的・心理的な環境、とりわけ、教師との人間的な接触が大きな支えになっているのではないかと推察される。

（1）　目的：：　夜間中学生の過去・現在・理想の先生についてのイメージを把握し、比較検討することによって、夜間部教師への好意度を測定する。

（2）　対象及び方法　：　都内の夜間中学校より２校を抽出し、全員２０項目の対形容詞で作った意味微分法（S．D法）（付１）を用い、７件法で「この学校の先生達」（現在）、「以前の学校の先生達」（過去）、「理想的な先生」（理想）、の順で、この三つのイメージ（概念）についてその感じや印象を、付１の上から順に抜かさないようにしてできるだけ早くチエックさせていった。Ａ校には４３年７月１８日に、Ｂ校には同月１２日に実施した。尚、使用したＳ．Ｄ法の対形容詞は大人を対象とした他の研究に使うために印刷したものを、そのまゝ使用したので、生徒達にやゝ難解であったようである。

（3）　結果　：　各被験者のイメージ（概念）間の意味的類似性の指数を算出するため $D=\sqrt{\sum_{c=1}^{n} di^2/n}$ の式により距離Ｄを計算する。この式でｄｉは２つの概念が同じ尺度上でとる意味点の差を示している。たとえば、「理想的な先生」という概念が「非常にすぐれた」と評定されゝば７点「以前の中学校の先生」が「かなりおとった」と評定されゝば２点となるが、この尺度上のｄ３は７点と２点との差５となる。このようにして、２つのイメージの差の値の２乗をすべての尺度（ｎケ）について加算した数値をｎで割った値、つまり平均化した値の平方根がＤとなるわけである。このようにして算出した各被験者のイメージ間のＤについて全被験者の平均及び標準偏差（かっこ内の数値）を図示したものが次頁のⅣの１図である。図の三角形の内側の数値は両側の距離の差であり、※印は差の有意性の検定をした結果での有意水準を示している。理想と現在間の距離が理想と過去間の距離よりも有意に小さい。つまり、現在の先生像は過去の先生像よりも有意に理想的な先生像に近いものであると、夜間中学生は感じていることがわかる。このことは個々の被験者をとりあげて調べてみるとき、過去の先生の方が現在の先

理想・現在・過去の「先生」間の距離

Ⅵの１図

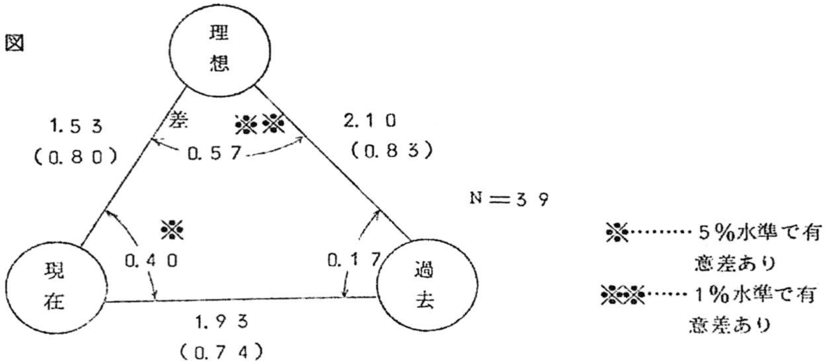

理想　現在　過去
理想－現在：1.53（0.80）
理想－過去：2.10（0.83）
現在－過去：1.93（0.74）
差　0.57 ※※
0.40 ※
0.17
N＝３９
※………５％水準で有意差あり
※※……１％水準で有意差あり

生より理想的な先生にどちらかといろと近かったと感じているものは、男子７名（３０.４％）、女子３名（１７.６％）、計１０名（２５.０％）にしかすぎなかったことからもわかる。更に現在の先生像と過去の先生像との間にもかなりの距離が在ることは図をみるまでもなく明らかなことが推論されよう。具体的なイメージをかいたものが、次頁のⅥの２図である。このプロフイールは全被験者の各尺度毎の平均を算出して作ったものである。各尺度の対形容詞は相良ら（文献①）が日本語の因子分析を通して抽出したもので、かえってわかりにくい面もあるが、数学でいう座標軸ｘｙｚ……のようなものと便宜的に考えていたゞきたい。尚、構成した対形容詞尺度でＮｏ１～５、６～１１、１２～１６、１７～２０を相良らは論理的評価、感性的評価、力動性、巨大性と名づけている。このプロフイールでは過去の先生像を昼間部の中学校の経験の有無によって「以前（昼間部）の中学校の先生像」と小学校だけの経験しかない生徒には「小学校の先生像」とに分けてみた。両者の間にプロフイール全体としての距離的な差異はほとんど認められないけれども、下位尺度では「まるい、自由な」という感性的評価因子と「大きい、広い」という巨大性の因子で小学校の先生の方が高く評価されていることが明瞭に示されている。現在の中学校の先生像と以前（昼間部）の先生像とは距離の平均値で示されたことが、プロフイールにもそのまゝ現われていて、上から順に下位尺度をみていくとき、ある一定の距離を保ちながら、同じような型のプロフイールがえがかれているが、たゞ１ケ所「積極的」を除いた「すばやい、はやい、活動的、鋭い」という力動的な因子の尺度では、ほとんど同じ評価点を与えていることである。従って、

VIの２図　理想・現在・過去の先生像のプロフィール

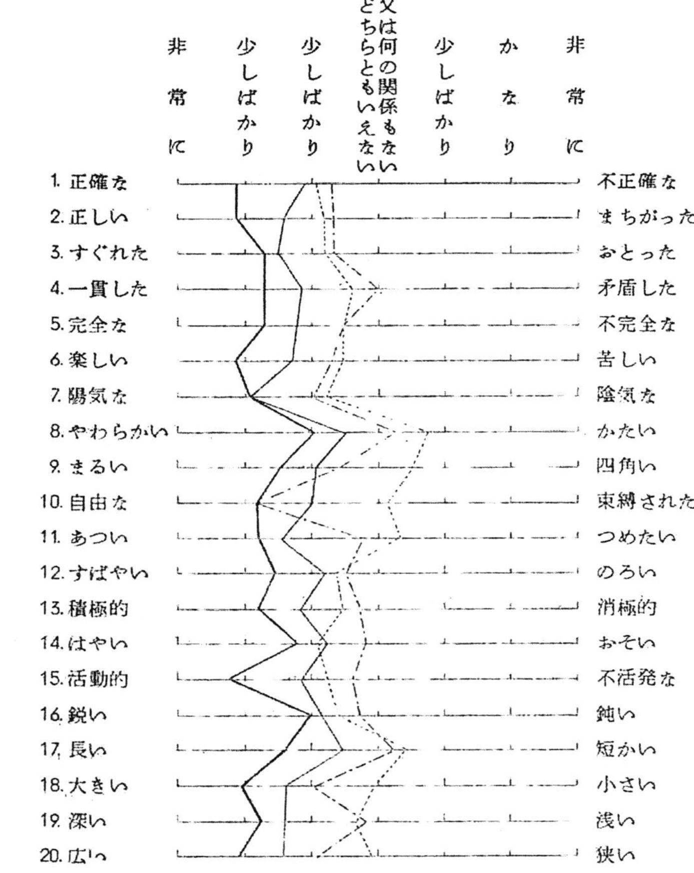

全体的な距離のひらきは当然のこととして、「陽気な、やわらかい、まるい、あつい」といった感性的評価因子と「大きい、深い、広い」という巨大性の因子で両者像がやゝ大きくひらいていることが、現在の夜間の先生像と以前の昼間部の先生像との差異を決定づけているクリテイカル・ポイントであろう。総じて以前の昼間部の先生達は「かたい、四角い、つめたい、束縛された、気が短かい、心の狭い、矛盾した」感じを受けるのに対して、現在の夜間の先生達は「陽気で、あつく、すぐれた、心の広い、深い、大きい」先生達であって、特に「陽気な」「鋭い」とは先生達の望むところまで到達しているものとみている。以前の昼間部の先生達よりも、はるかに好意的なイメージを持っているわけである。しかし、そういう、どちらかといえば理想的な先生像に近い現在の夜間の先生達に対しても、もっと「正確で、正しい、楽しい、自由な、活動的」で「偉大で、心の広い」先生であれと生徒達は望んでやまないわけである。

（考察と結論は次のVIIと一緒に）

VII　夜間中学生の情動的な一側面について

VIから夜間中学生が現在の先生達に対してかなり好意的な見方をしていて、ある意味では正の転移を持っていることが示された。義務教育でありながら、夜間へ通わざるをえなくなった生徒達は広い意味では何らかの形での社会的な不適応を経験したり、心的外傷を持っているものと思われるが、そのような生徒達が夜間に入って来て対教師、対仲間との関係を通じて、どのように心の傷を治していくのか、どのような方向に向って成長していっているのか、その内的な過程は全くわからない。しかも、彼らがどのような心理状態で、どんなパーソナリテイの持主で入って来たのかさえも不明である。対教師のイメージがポジテイブなものであることから、対教師との人間関係が大きくプラスに作用していることは予想されるが、これらの影響を明確にするためには、生徒側の諸要因、教師側の諸要因、その相互の作用の仕方等々を長期間にわたって追跡的、総合的に検討していく必要があるけれども、今回はそれらの諸要因の何万分の１かを占めていると思われる生徒側の一側面について現時点での様相を把握することにする。

（１）　目的　：　今後の夜間中学生の教育計画の一指針に役立てることを狙いとして、

夜間中学生の日常行動の中核を占めていると思われる情緒的、内的動機的な側面の一部を把握する。具体的には　（イ）自己認知の在り方から適応感を、　（ロ）意識段階での意味での自主性を、　（ハ）内的な達成動機を、　（ニ）パーソナリテイの偏りを把握する。

（2）　対象及び方法　：　対象はⅥの研究の生徒達で、Ⅵと同じ日に実施した。（ロ）（ハ）の研究では都内の区立Ｆ中学校昼間部２年生の１学級を対照群に選び、４３年６月３日に実施した。方法は（イ）では、先生の研究で用いたＳ．Ｄ法に「「現在の自己」（Ｒ）、「他者からみた自己」（Ｏ）、「理想の自己」（Ｉ）について記入させ、それらの自己間の距離、ＲＩ，ＩＯ，ＯＲを算出する。（ロ）質問紙で作った依存性テストで自主性を、（ハ）図示法によって達成動機の測定をする。（詳細は次の結果の項で）。（ニ）、（イ）（ロ）の調査での極端な反応型からパーソナリテイの偏りのある人の割合を調べる。

（3）　結果　：　（イ）各生徒達の記入した「現在の自己」（Ｒ）、「他者からみた自己」（Ｏ）、「理想の自己」（Ｉ）からⅥで用いた距離Ｄの算出式から自己についての現在、理想間の距離（ＲＴ）、現在・他者間の距離（ＲＯ）、理想・他者間の距離（ＩＯ）を出したものが別表１，２の「自己」のらんの数値である。これらの距離の大きさは（特にＲＩは）どれだけ自己自身について問題意識をその個人が、明確なはっきりと意識化したものでなくとも、内的な枠組の中に持っているかを示す指標、つまり適応（感）の指標と一般に認められているので、全生徒達の距離の平均Ｍと標準偏差ＳＤとを出して$M+\frac{2}{3}SD$を一つのめやすとして、これよりか大きな距離を示したものを、それぞれの「自己」について選んだ。（別表１，２の○のついているもの）。そして、ＲＩに○のついたものと、ＲＯとＯＩの両方に○のついたものと、、防衛的反応と思われるＡ校男子№２を加えた男子７名（２８.０％）、女子７名（３６.８％）、計１４名（３１.８％）を一応、不適応者と考えた。距離の分布を正規分布と考えるとき$M+\frac{2}{3}SD$は、その分布の２０.５％に当るのであるから、理論値２４.９％よりも高いといえよう。つまり、自己自身について不適応感をだいている（必ずしも意識しているとは限らない）生徒達が、かなりいるということである。

（ロ）依存性テストは都立大学、辻正三教授の作られたもので、「仕事をするとき、手伝ってほしい」「なにかを決心するとき、ほかの人の意見によって決心することが多い」「他人からさしずをうけるのがきらいである」といった道具的依存と、「ひとりでるすばんするのはさびしい」「ちょっとこごとをいわれるとかなしくなる」「一人だけで時

間をすごすことが多い」といった情緒的依存の２つの下位項目から成っていて、それぞれ１０項目づつ計２０項目で構成している。得点が高いほど依存度は高い。昼間部の生徒を対照群に選ぶことは、夜間中学年令構成が一定年令ではなく広範囲にわたることと、この種のテストが年令的に変化していくことから問題はあるけれども、一応の比較の意味で実施した。その結果が下の表である。

第１表　依存性テスト平均得点

	昼夜別	人数	道具的	情緒的	合計
男子	昼２年	２２	１４.４（２.２）	１４.１（３.２）	２８.５（４.０）
	夜間	２５	１４.０（４.３）	１４.４（２.９）	２８.４（５.１）
	差		0.4	－0.3	0.1
女子	昼２年	２０	１４.５（２.３）	１６.８（２.６）	３２.２（３.４）
	夜間	２０	１２.６（３.７）	１４.３（４.９）	２６.９（６.７）
	差		※※ 2.9	2.5	※※ 5.3

第２表

	男	女	計
昼２年	４５.５	６５.０	５４.８
夜間	４８.０	６０.０	５３.３

（道具的依存性得点＜情緒的依存性得点）の割合（％）

○男子では下位項目間及び合計で差はないけれども、女子は道具的依存と合計で統計的に有意な差（それぞれ１％水準）が示され、夜間中学校の女生徒は昼間部の女生徒よりも依存性が有意に低いことがわかる。このことは、夜間部女生徒の年令構成で調べてみなければ正確に差異を論ずることはできないけれども、夜間に入らなければならないような境遇にあって、しかも女であるが故に自分のことは自分ですべてをやり抜くように育てられてきているためなのだろうかとも考えられる。特に経済的な理由から夜間に入るようになった女生徒が多いＡ校が特に依存性が低いことや、登校拒否生徒が一般に男子よりも女子が少ないといわれていることなどを考え併せて。

次に情緒的依存性得点が道具的依存性得点より大である生徒数の割合をみたのが右上の第２表である。年令が進むにつれてこの割合は減少していくのが一般傾向であるが、男女・計のそれぞれについて、対照群と夜間中学の生徒との間に有意な差は認められなかった。平均年令から考えれば当然夜間中学生の方が得点でも、割合でも、もっと低くな

るべきであることを考えると、昼間部の２年相当の依存度であるということは、精神的な発達（知的能力ではない）の遅れを示しているともいえよう。登校拒否症の生徒の中に自我の未成熟に起因して症状の発生をみるものが、かなりの割合を占めていることを併せ考えるとき、自我の発育の遅れをいかに健全な自我に育て促進させていくかは夜間中学校の今後の大きな課題となろう。

（ハ）達成動機：言語表現の未発達な幼児の達成動機を測定するためにＥ・Ａｒｏｎｓｏｎが考案した方法（文献②）を用いた。幼児の錯画にみられるような図型（ ）が混然と描かれているものを、瞬間露出的に示し、それを再生させる。線の描き方、スペースの使い方、幾何学的構図の良否、Ｓ型や波型の模様などから全得点を算出するのであるが、今回は主得点の線の描き方だけを評価した。「達成動機とは困難なことをうまく成し遂げたい、競争事態で人よりすぐれた成績を得たい、すぐれた業績をあげたい、というようないわゆる何らかの価値的目標に対して自己の力を発揮して障害に打ち克ち、できるだけよくその目標を成し遂げようとする動機または要求を意味する」（文献③）のであって、この動機の強弱が個人の学習、その他多くの行動を規定する一つの要因であることは当然推測できる。しかし、こゝで注意すべきことは、これがそのまゝ行動に現わされるのではないということである。達成動機は自己実現とか成長への動機といったような人間の内発的動機の一表現なのであって、これが具体的な達成行動にまで至るのには、この動機の強弱に、成功するかどうかという成功への期待や誘因の強さ、つまり困難度との関係が直接的に相互作用していると同時に、失敗回避への動機づけとの関連をみていかなければならない。例えば、達成動機が失敗回避の動機よりも強い人は自分にとって中程度の困難度をもった仕事を選ぶのに、逆に失敗回避の動機が達成動機より強い人は極端にむづかしいか或は極端にやさしい仕事を選ぶ傾向があるといわれている。従って失敗回避への動機の一部ともなっている不安についても調査すべきであったが、時間的な都合と強いて不安を採り出そうとするならば、（イ）と次の（ニ）とも関連づけられるので今回は割愛した。結果は次頁右上の第３表のようになった。対照群は都内Ｆ中学校２年生（昼間部）である。男女とも統計学的には有意水準５％以内では有意な差は出なかったけれども、夜間の女生徒達が昼間部２年生の女子よりも達成動機が高い傾向のあることがうかがえる。このことは（ロ）での道具的依存性が夜間の女子生徒達が昼間部２年の女子生徒達よりも有意に低かったことと関連していることも示していよう。何故なら、達成動機が高ければ高いほど、道具的依存性は低く

第３表　達成動機平均得点

	昼２年	夜　間	差
男	３.７７ （８.９６）	４.０８ （７.２１）	－０.３１
女	０.５５ （６.６０）	３.１１ （７.０４）	－２.５６
計	２.２４ （８.１３）	３.６５ （７.０９）	－１.４１

（　）内はＳ．Ｄ

対象者数

	昼２年	夜　間
男	２２	２４
女	２０	１９
計	４２	４３

なることが考えられるからである。年令と共に達成動機もある程度高くなっていくので、年令的なことを考慮に入れゝば男女共に、特に男子については（ロ）に述べたようなことが矢張りこゝでいえるだろう。

（ニ）極端な反応型　Ⅵと Ⅶ（イ）のＳＤ法と（ロ）依存性テストでそれぞれ全反応数の$\frac{3}{4}$以上を極端に反応したとき、つまりＳＤ法は７件法なので「かなり」と「非常に」に、依存性テストは４件法なので両側の「はい」「いゝえ」に答えが２/３以上集中して、その中間の１/４以下の人を極端な反応型の人と考えた。別表１・２の極端な反応型のらんで○をしてあるものである。尚表中の×はＳＤ法で「どちらでもない又は関係がない」にまったくチエツクしていない人である。この極端な反応をする人のパーソナリテイの根底には不安が存在していたり、行動的にも健全なパーソナリテイの持主とは明らかに偏りがみられ、硬さとか時には病的でさえもある場合があるといわれている。依存性テストでの反応は男子６人、女子２でその割合を％で示したものが下の第４表である。対照群の昼間部と比較したとき男子が多いことがわかる。しかし、ＳＤ法でみると、つまり別表１、２の「先生」及び「自己」のらんを合わせて２つ以上の○印のついているものをこの範疇に入れるものと考えると、男女それぞれ７名で割合に直すと男子２８.０％、女子３５.０％、男女合わせて３１.１％で（イ）とほゞ同じ傾向と結果である。（イ）の場合はＭ＋$\frac{2}{3}$ＳＤという境界線を被験者集団に適用した結果であったが、この場合は極端な反応をする型から選び出したものであり、それが一致し、しかもこのうち６人（１３.３％）は（イ）と（ロ）の両方にまたがるものであることや、こ

第４表
極端な反応型の割合（％）

	男	女	計
昼２年	４.５	１０.０	７１
夜　間	２４.０	１０.０	１７.８

（依存性テストで）

んな簡単な仕方で表面に浮んできたものがこれ程多いことから、潜在しているものも相当数あるものと考えられるので、夜間中学生集団の中には相当数の人が深い心理学的な問題をかゝえていることは明らかであるといえる

（４）　**Ⅵ と Ⅶ の考察**　：　Ⅵから夜間中学校の教師が生徒からかなり好意的にみられていることがわかった。それに対して、過去の昼間部に在籍していた頃の先生には否定的な反応を大部分の人達がしていた。過去はとかく美化されやすく、従って過去の先生と理想の先生との距離がよく小さくなることが予想されるにもかゝわらず、現在の先生と理想の先生との距離よりも有意に小さく現われたことは、夜間中学生が広い意味での不適応現象を呈していて、それが対教師にまで波及したものであり、その反動の一つの現われとして現在の夜間の先生が好意的にみられているともみれなくはない。又現在の教師に好意的であることは一見喜ばしいことであるが、その質的なものはもう少し吟味してみる必要がある。夜間中学校の教師への好意が単に、親切だとか、思いやりがあるからとか、暖たかく迎えてくれるとか、自由だとか、何でもして貰えるとか、困ったとき問題を簡単に解決してくれるとか等々といったものから生まれたものであるならば、在学期間中生徒を学校に引きつけておくことにはなるかも知れないが、長い目で生徒の一生を考えるとき、いちがいに、手ばなしで喜んでもいられまい。というのは、これらのあるものは生徒の自主性や主体性を育て自立的な生き方を身につけさせるものではあるが、逆に使い方を一歩まちがえれば、依存的で主体性や自主性のないひよわな生徒に育ててしまう危険性を常に持ち合わせてもいるからである。世間でよくいわれる甘やかしとか、親切とか、相談相手になってやるというようなことはこの後者の側を多分に持つものであろう。相手の人を思いやり、気づかって、配慮して、何かをしてやるということは心理療法の特質でもあるが、この特質も両極の可能性を常に持ち合わせていて、その落し穴は相手の心配や慮をとり除いてやるための尽力の中で、配慮しつつ、他人の身になってやり、取り除くべきことがらを相手に代って身にひき受けてしまうことである。相手はその際、その地位より退けられ、ひとまず引き下ったそのあとで、御膳立ての成った配慮物を受け取るか、ないしは全然その儀にも及ばなくなるのである。このような顧慮はたとえそれが暗黙のまゝで、両者に気づかれないにせよ、相手は依存者とも被支配者ともなるおそれがあるのである。それに対して本来的な顧慮は相手のために尽力して、慮や心配を取り除くどころか、むしろ慮を慮なるぞよとしてわざわざ本来的に相手に返してやるのである。相手が心配している何物かに関するのではなく、相手を援けて、もっと彼みずからが慮なることを洞見せしめることによって、慮に向って自由となるように仕向けるのである。つまり、相手の独自の存在を認め、独自の生き方がその人の本来的なものまで純化され、伸びて行くのを援助しようとするのであり、これがとりもなおさず心理療法の仕方でもある。幸にして、客観的な資料こそ今回は提示することができなかったけれども、そして私見ではありますが、２年半近く夜間中学の先生方に接触して、夜間部の先生方は相手を自分とは分化したものとして相手の在りのまゝの人間を許容できる先生方が多いことから、前述のことは単なる心配にしかすぎないように思われる。しかし、いずれ教師のパーソナリテイや生徒に対する態度や、教育観や児童観等々について客観的に検討してみる必要性は十分にあろう。というのは、学校教育は生徒と教師の相互作用によって産み出されるものであるし、Ⅶでみられたように夜間に入って来ている生徒達が、その多少はともかくとして、いずれも心理学的な問題をかゝえていることから、学校が単なる学習の場だけではなく、全人格的な成長を促進するような心理的な治療の場ともならなければならず、夜間部の教師は単なる教師であってはならないからである。

最後に達成動機の育成についてふれておく。内外の文献から達成動機が幼児期（特に６、７才までの）しつけ（自律訓練）によってかなり規定され、制限的なしつけよりも要求的なしつけをより早くからおこなわれた児童ほど達成動機が高いこと、又達成動機の高い子どもは自律訓練をうけることにより、一層自律的になろうとする傾向があるのに、達成意欲の低い子どもは自律訓練を早くから多く課せられる子どもほど、実際には心理的に依存したい気持が余計に出て来ること、即ち、自律訓練という働きかけが、それを受け入れる姿勢のある子どもには一層有効に働くのに対して、その受け入れ態勢のない子どもにとっては、かえって達成意欲の面からみれば、マイナスの効果をもつということが報告されている。それでは一体、達成意欲の低い子どもの達成意欲を高めるのにはどうしたらよいのだろうか。

このことについては子どもの達成意欲を高める親の養育態度として、ある研究者は、卓越した基準、あたたかさ、権威的でない態度の３つをあげている。この後の２つの態度には両極の可能性があることに留意する必要があるが、こゝで大変面白いことには、本来的な意味でのこのあたたかさ、権威的でない態度が、心理療法を成功させるための必要条件の一部であって、しかも、心理療法で成功した患者達は非常に強い生命力の躍動というか、意欲、やる気を起こし始め、まさにエンヂンの始動を感じさせることである。

このことは子どもの心理療法（多くは遊戯療法である）でも同じことを治療者達はしばしば経験している。先にもふれたように心理療法というものは一般の医師のような対症療法ではなく、つまり、直接的に問題を解決したり葛藤を解消してやることではなくて、自己実現とか成長への動機と呼ばれているような内的な成長力に呼びかけて、その発芽をうながすのであって、だから木にたとえれば、木の傷ついた部分に直接手当をしてあげるのではなくて、木の根の方にじわりじわりと水や栄養を根気よく注いで木全体の成長を促進することによって、傷口をいやすのである。達成意欲を育てるということはこのような、いわば心理療法家的な態度と過程とを必要とするものと思われるが、詳細について触れることができないけれども、落ち入りやすい危険性をもふまえた上で、卓越した基準、あたたかさ、権威的でない態度が達成動機の育成に寄与することを明記しておくべきであろう。そして、望むらくは、このような内的な動機を育て上げ続けていきたいものである。

（5） Ⅵと Ⅶの結論

（イ）夜間中学生達が過去の先生達に比べて現在の夜間の先生達に有意に好意を感じていることがわかった。特にその好意度合は中学校の昼間部と夜間部の先生間に顕著な差異がみられた。

（ロ）夜間中学生全般に自主性とか達成意欲といった面での内面的な精神発達にやゝ遅退がみられ、特に男子について著しかった。加えて、パーソナリティが偏っていたり、不適応状態にある生徒が相当数いることがわかった。

人間というものはたとえ過去にどんなことがあったにせよ、自己自身の中に一つの能力をもっているものであって、この力を創造的に生かして行きさえすれば、現実の生活に充分に適応してゆけるものだ。

——F．アレン ——「問題児の心理療法」より ——

参考文献

① Sagara,M.etal a study on the semantic structure of Japanese language by the semantic differential method. Japanese Psychological Research 1961 Vol.3 146—156

② Aronson E. The need for achievement as measured by graphic expression. Atkinson J.W. (ed) Motives in Fantasy, Action, and society ——— a method of assessment and study Van Nostrand. 1958

③ 林 保編著 達成動機の理論と実際 誠信書房 １９６７

④ 宮本・岡野・依田著．達成動機の育成とその規定因 日本女子大学「人格形成の経験的基礎」日本教育心理学会第１０回総会宿題報告 １９６８

（以上 東京都葛飾区立双葉中学校 鳴沢 実 担当）

別表 1

A 校

氏名 ＼ 下位項目 ＼ 種類	依存性 道具的	依存性 情緒的	依存性 計	学校の先生達 IR	学校の先生達 RP	学校の先生達 PI	自己 IR	自己 RO	自己 OI	極端な反応型 依存	極端な反応型 先生	極端な反応型 自己	達成動機
男 1	23	21	44	1.52	2.81	3.05	2.17	1.96	1.86	○			—4
2	18	18	36	1.32	0	1.27	0.32	0.55	0.45	○			1
3	15	<17	32	1.58	2.95	3.46	2.07	1.57	2.60		○		4
4	16	12	28	0.92	2.05	2.49	2.18	1.23	2.46	○			—6
5	11	11	22	1.10	2.42	2.15	2.04	1.16	2.27		×	×	—6
6	5	<10	15	2.05	2.51	1.52	2.07	1.88	2.04		○	○×	14
7	14	14	28				1.61	0.95	1.95				0
8	6	<17	23	1.91	1.57	1.34	2.29	1.95	0.67	○	○○○×	○○×	—4
9	9	<16	25	1.43			1.52	1.55	1.53				4
10	13	<16	29	1.50	3.07	3.03	2.53	1.66	2.52		○○×	○○×	2
11	9	<11	20	1.12	0.81	1.38	1.79	0.81	1.57				0
12	17	13	30	1.52	2.16	2.46	2.39	1.29	2.24				6
13	14	8	22	3.24	2.05	2.09	1.20	0.95	1.57				4
14	10	<15	25	1.52	1.53	2.24	3.26	1.55	1.55			○	
15	18	14	32	2.23	1.40	1.87	1.36	1.18	1.80				3
16	12	<13	25	1.99	2.21	2.39	1.53	1.67	1.53				2
男平均	13.1	14.1	27.3	1.66	1.97	2.20	1.90	1.37	1.79				1.3
1	13	11	24	0.89	3.35	3.37	1.41	0.81	1.94		○○		—13
2	6	< 8	14	1.87			2.05	1.25	2.28		○○		3
3	14	<24	38	0.89	2.07	2.24	2.24	1.57	2.94				—2
4	7	<10	17	0.59	1.32	0.95	2.53	2.52	2.52		○○○×	○○○×	7
5	12	<16	28	0.89	2.92	2.79	2.29	1.07	1.80				10
6	7	< 9	16	0.74			1.76	1.25	1.96		○○E	○	18
7	13	7	20	0.84	1.66	1.55	2.50	1.38	1.50				8
8	12	<20	32	1.03	1.75	2.03	2.12	0.89	2.38				13
9	10	<19	29	1.32	1.60	1.60	1.86	1.53	1.72			○	6
10	15	<20	35	2.90	1.61	2.43	2.80	1.53	3.75				5
女平均	10.9	14.4	25.3	1.20	2.04	2.12	2.16	1.38	2.28				5.5
A校平均				1.48	1.99	2.17	2.00	1.37	1.98				

別表 2

B 校

氏名 ＼ 下位項目 ＼ 種類	依存性 道具的	依存性 情緒的	依存性 計	学校の先生達 IR	学校の先生達 RP	学校の先生達 PI	自己 IR	自己 RO	自己 OI	極端な反応型 依存	極端な反応型 先生	極端な反応型 自己	達成動機
男 1	15	<18	33	0.87	1.23	0.87	2.40	1.50	2.61				4
2	18	13	31	1.72	2.40	2.17	1.41	1.64	2.00	○			2
3	19	17	36	0.92	0.97	1.29	2.01	1.36	2.60		○○×		5
4	16	12	28	1.16	2.13	2.34	2.92	1.94	1.80				23
5	12	<16	28	1.43	1.76	1.40	1.53	0.95	1.20				4
6	18	13	31	1.55	1.53	1.96	3.65	2.37	4.08	○	○○○×	○○	12
7	19	13	31	0.45	1.03	0.89	3.23	2.00	3.10		○○○	○○×	—3
8	11	<16	27	1.66	1.61	1.63	1.52	1.27	1.52		○	○	20
9	13	<16	29	1.29	1.27	1.32	1.88	2.01	1.03				11
男平均	15.7	14.9	30.4	1.23	1.55	1.54	2.28	1.67	2.22				8.7
1	10	<14	24	1.05	1.61	1.58	1.73	1.57	2.39			○	
2	17	<21	28	2.82	1.73	1.98	2.55	1.52	2.04		○		—1
3	11	<13	24	1.80	1.95	2.40	1.76	1.10	2.23		○	○	5
4	17	13	30	0.63	2.09	2.40	1.34	0.87	1.43			○	—2
5	19	15	34	0.39	0.59	0.63	1.14	0.95	0.63				—3
6	11	11	22	3.46	1.29	3.20	2.67	1.20	2.78		○		7
7	10	8	18							○			4
8	18	16	34	2.26	1.98	2.74	2.12	1.36	2.31	○	○	○○×	2
9	18	18	36	2.06	2.90	3.19	3.13	1.50	3.18		○	○	—2
10	11	<13	24	1.63	3.22	3.41	1.86	2.03	2.93				—7
女平均	14.2	14.2	28.4	1.79	1.93	2.39	2.03	1.34	2.21				0.4
B校平均				1.51	1.74	1.97	2.16	1.51	2.21				

A B 校

	依存性 道具的	依存性 情緒的	依存性 計	学校の先生達 IR	学校の先生達 RP	学校の先生達 PI	自己 IR	自己 RO	自己 OI	極端な反応型 依存	極端な反応型 先生	極端な反応型 自己	達成動機
男平均	14.0	14.4	28.4	1.50	1.80	1.94	2.03	1.48	1.94				4.1
SD	4.3	2.9	5.1										7.2
女平均	12.6	14.3	26.9	1.48	1.98	2.26	2.10	1.36	2.25				3.1
SD	3.7	4.9	6.7										7.0
AB校平均				1.53	2.10	1.93	2.06	1.43	2.07				
SD				0.80	0.83	0.74	0.64	0.72	0.41				

付 1

	非常に	かなり	少しばかり	どちらともいえない又は何の関係もない	少しばかり	かなり	非常に	
不正確な								正確な
苦しい								楽しい
積極的								消極的
大きい								小さい
正しい								まちがった
陽気な								陰気な
のろい								すばやい
短かい								長い
すぐれた								おとった
かたい								やわらかい
はやい								おそい
浅い								深い
一貫した								矛盾した
まるい								四角い
鋭い								鈍い
広い								狭い
不完全な								完全な
自由な								束縛された
不活発な								活動的な
つめたい								あつい

A－74

Ⅷ 夜間中学はまだ必要だ

夜間中学校は、はじめの「I、なぜこのテーマを選ぶか」で述べたように、発足当初から現在まで、社会的影響を受けていろいろの変化をみてきたが、それでは、その変化に伴って、一つ一つの古くからある問題点が解決されてきたかというと、決してそうは言えないように思われる。つまり「貧困」一つをとっても依然として夜間中学には「貧困」なものが多いし、また夜間中学で行われる個別指導で夜間中学生が昼間の中学生が持つ実力と同等の学力をもてるとも言えない。

こうように見てくると、Ⅴで述べられたように、夜間中学校なるものは、本来の「夜間中学校型」以外に、「特殊学級型」「日本語学校型」さらに「治療教室型」と、時の流れと共にいろいろの任務を付加されてきている感じさえするのである。どうだろう、このように見てきたとき、「夜間中学校の任務」は終りに近づいたであろうか。近頃世間の単なる外面的（あるいは、依然として古い概念でいう）貧困の減少のみで、よく夜間中学校の存廃を論ずる向きもあるが、本当にそのように簡単に考えられてよいのだろうか。

夜間中学校は、好むと好まざるとにかゝわらず、いや応なく、いろいろな面での昼間の義務教育の平均的なものからの落ちこぼれを受け入れているのである。本当に特殊学級はあるのに、また教育相談室もあり、生活保護法もあるのに、夜間中学校はその個々の原因をとってみれば、以上の施設や法の対象となりうる者をうけ入れているのである。それでは彼等はなぜその施設や法の適応をうけて昼間に復帰しないのだろうか。我々はもう一度ここでこの問題を考えてみなければなるまい。

「なぜだろう」── 特殊学級も、教育相談も、生活保護法すら、それがあり、適応できるにもかゝわらず、いまだに人間の複雑な問題を総合的に根本的に解決し得る力は現在日本においては微弱であるということである。ある者は年令の点でその施設に入れないし、ある施設は経済的面の解決には全く無力に近い。またある法は人間の複雑な精神生活を考えるには余りに初歩的な具体的物質上の解決しか与えていない。しかも社会情勢に従って、人間生活の緊張過程の度合はつのり、人間の精神面と物質面とのからむ面は複雑さを急激に加えてきている。

このような面からの落ちこぼれ── つまりは、複雑さをもった、単なる一原因の解決ではどうにもその問題の解決にはならない複合原因の長欠児たちを、我々の夜間中学校はかかえているのである。そして、Ⅴでみてきたように、そのような長欠生徒が現に続いて存在しているとき、「夜間中学校」はまだ必要だと言わざるを得ないだろうと思う。

A－75

研究資料No. 5

「義務教育未修了者をどのようにして就学させるか」

東京都夜間中学校研究会

調査研究部　上　田　喜　三　郎　（新星中２部）

Ｉ　はじめに

―なぜ我々は義務教育未修了者の就学を呼びかけるのか―

１）多数の義務教育未修了者いるということ

昭和２２年４月から，戦後の新しい６：３制教育がスタートし、これまでは小学校（国民学校）の６年間で義務教育は修了していたものが、その上３年間つけ加えられることになつた。

これは、とにかく教育は高度なものを受けさせてやりたいと願う父母にとつては、全く都合のよい望ましい制度であつたが、子供に教育を受けさせることが経済的に苦しい階層や教育を受けさせる意味についての理解を欠く家庭にとつては、どちらかといえば面倒な問題として現れたことになる。

そういうわけで、６：３制発足間もない日本の各地では、中学校教育の必要性に対する父母の理解の不足を招き子供を積極的に通学させる必要性を認めない父母がいたし、戦後の経済的混乱期であつたため、生きるのがやっとの人々にとつては、行かせたくても行かせられないという事情もあつた。

戦災で破壊された都市部では特に、中学校の校舎は不足し、地方にあつても、中学校の校舎が新築されるまでしばらくの時が要求され、その間は小学校の校舎を借りての授業が行われた。そして、都市部では特に欠席を続け、そのうちに全く学校へ通学しなくなるといつた生徒が多数あつた。これは都市部でも住宅の密集する低所得者層の居住地において著しかつた。

このような中学校の長欠生徒の問題が遅ればせながら文部省によつてとり上げられたのは、昭和２７年からで、その年から毎年文部省による長欠調査が実施され特別の調査報告書が出されたのは昭和３３年まで、その後は学校基本調査の一項目として長欠調査の概要が報告されるようになつた。つまり戦後の最もひどかつたと予想される時代の資料はなく、昭和２６年はじめて青少年問題協議会が行つた長欠調査の後を受けて昭和２７年から文部省が実施したのであつた。しかし、一応の傾向が分つたためと昭和３４年頃から徐々に長欠生徒数が減少するところから、詳細な長欠調査報告は中止され、学校基本調査報告書の中に組み入れて発表されるだけとなつたようである。

東京都教育委員会が独自にまとめ発表していた長欠調査報告書の発行も今年度（昭和４３年年度）をもつて中止されると聞いた。長欠生徒の減少がその理由であつた。

６：３制教育のスタートした昭和２２年から現在まで２２年間長欠した生徒の数は２５年以前は不明であるし、さらにここで時に必要なことがら、つまり、中途より中学校（あるいは小学校も含む）へ通学しなくなり、ついに中学校（あるいは小学校）を卒業しないままに再度学校へ現れることのなかつた人達の数は全く不明である。

長く欠席を続けたため、学校から除籍されたもの、転校するために学校を去りはしたものの再び学校へ転入手続きをとらなかつたもの、それらの数は不明である。

中学校教育は義務教育となつた。憲法にも教育基本法にも、そのことが明記されている。しかし、高校進学者は中学校卒業者の７割に達しようという現代にあつて、いまだに義務教育としての中学校の課程を修了できないでいる数多くの人々がいるという事実を直視する必要がある。義務教育の未修了の人々が、たとえ学令としての満１５才の年令を過ぎていたとしてもさらに、現に中学校に在籍し長欠中の学令生徒はもちろん、義務教育を受ける機会は平等に与えられなければなるまい。

義務教育未修了の人々の中から義務教育修了のための機会を求める声はあまり公には出て来ていない。しかしそれは、義務教育を受ける機会を望みはしても、それを訴えかける手段に縁遠い故だといえなくもない。

義務教育を修了する機会を求める人々にかわって、義務教育を修了するための施設（例えば夜間中学）がさらに増設されることが必要であることを文部省に訴えかけると同時に現に夜間中学が全国に２１校ではあるが存在することを広く知らせることが必要となり、この役目こそ我々夜間中学の教師が、まず第一に引き受けなければならないことがらであろう。

たとえ年令は学令以上であつても、義務教育を修了する機会があることを広く世間に伝えることが必要なことは、夜間中学が７校もある東京都内の中学校師の中にさえ、夜間中学のあることを聞いて驚くことが少くない現実をみれば、明らかである。

義務教育未修了者数の推定については、人さまざまにいろいろと説かれるところであるが（財団法人長欠児童生徒援護会では、入学時、卒業時の生徒数の差を集計することにより、昭和３９年までに小中学校脱落者を約１１５万人と推定している。「昭和４０年度、長欠問題の現実と当会の活動体勢」より）先に述べた文部省の長欠調査結果を参考までに左に掲げる（表１）

毎年どれ位の未修了者があるのか、その一部をなす毎年除籍される生徒だけでも、全国的な調査の実施を文部省に望みたい。義務教育脱落者の問題は、教育を受ける基本的な国民の権利の問題として緊急を要する。

表１　長期欠席者数

年　度	１．小学校	長欠率	２．中学校	長欠率
昭和２７年度	158，767	1，43	181，779	3，75
２８	131，559	1，18	157，876	3，17
２９	121，428	1，04	154，535	2，84
３０	114，264	0，94	145，823	2，57
３１	110，923	0，89	129，285	2，25
３２	105，069	0，82	118，388	2，15
３３	92，276	0，70	84，199	1，80
３４	86，315	0，65	77，523	1，50
３５	79，818	0，64	75，866	1，29
３６	68，253	0，58	78，410	1，13
３７	57，560	0，52	72，981	1，00
３８	54，083	0，52	66，388	0，95
３９	47，658	0，48	59，447	0，92

1. 長期欠席者とは、年間５０日以上欠席したものをいう。
2. ３３年以前は公立のみ、３４年以後は国　公、私立合計。
3. 超過年令者で１年以上欠席しているものは除く。

文部省調査局統計課「日本の教育統計」昭和４１年より作製

２）未修了者対策のリーダー、夜間中学

上にみてきたように，過去にあつては義務教育を未修了となつた学令超過者，あるいは現に昼間の中学を長欠しつつある潜在的に未修了となる可能性を持つ生徒がいるのであるが，これらの人々に対して，文部省のとつてきた方策に何があつたであろうか。あるいはこの問題に対してどのような受け止め方がなされたであろうか。

積極的な取り組みがなされたものは何もなく，ただ消極的に取り扱われたものとしては,「当分の間」というただし書きのもとに，昭和２２年から施行された中学校の通信教育と,他方,教師の自主的発意により誕生をみたが，原則的には望ましくないとしつつも黙認されてきた夜間中学があつた。

前者,つまり通信教育は学校教育法の第１０５条によつて「中学校は当分の間，尋常小学校卒業者及び国民学校初等科修了者に対して，通信による教育を行うことができる」と規定され，さらに文部省令２５号の中学校通信教育規程第２条によつて「中学校の通信教育を受けることのできる者は，昭和２１年３月３１日以前の尋常小学校卒業者及び国民学校初等修了者に限る」と規定され，この文部省令は，昭和２２年１０月２９日より施行された。

従つてこの通信教育は旧制度のもとに義務教育を受けはしたが，教育制度の改革により新しい６：３制教育制度のもとでの中学校の教育を受けたいと希望する人達のための制度であつて，それも「当分の間」と但書がつけられたものであつた。そして全国各地の中学校に，あるいは高等学校に併設されていつた。そしてその歴史の中途から，新制度の中学校教育の脱落者にも受講させるようになつた。これは上述の文部省令第２５号第９条「校長は正規の受講資格はないが，相当の年令に達し，相当の経験を有する者に，特定の教科を修了しようとする者あるときは，当該教科を受講するに足る学力があると認めた場合に限り別科生として受講を許可することができる」の規定による。通信教育では中学校の卒業資格は与えられず，中学校の課程の修了証書が与えられ，中学卒業と同等の学力があるものとしてあつかわれる。

東京都立一橋中学通信教育部　花見昭の「昭和３２年度通信教育概要」によると，昭和３２年１０月３１日現在の一橋中学通信教育部の在籍生徒総数１７４名のうち３２名（約１８％）が新制中学の未修了者で，別科生の大部分を占める。また１７４名中本科生は１２１名，別科生は５３名であつたし，昭和３２年度入学者２７名のみをみると，その約半数の１４名が別科生で占められている。おそらく時を経るに従つて別科生の占める割合が増しているのではないかと予想される。

通信教育実施校数についてみると，昭和３２年２月１日現在，中学校に併設のもの４校，高校に併設のもの１５校，計１９校で，北は北海道の札幌南校から，南は九州の熊本一高まで全国にわたつて分布している。

現在手元にある乏しい資料から知ることのできる通信教育実施校は，上述の東京都千代田区立一橋中学，大阪市立天王寺中学，それに近年設けられた財団法人長欠児童生徒援護会が経営する，東京都台東区にある黄十字学園の３校だけである。

A−80

このように通信教育は「当分の間」という但書通りに現在ではただの３校となつている。しかし法規に基く存在としてこれまであつたし，現在もあるという点では他方の夜間中学とは本質的に教育制度の中で占める立場は異る。また通信教育のはらむ他の問題については別の機会にゆずることとする。

この通信教育の外には，現在全国に２１校ある夜間中学のみが，未修了者に対する門戸を開いているにすぎない。前記の長欠児童生徒援護会の推定する約１１５万人といわれる戦後の小中学校義務教育の未修了者に対して，全国に２１校の夜間中学。この夜間中学も広島県豊田郡豊浜村にある豊浜中学以外はすべて都市部にある。こうした「焼け石に水」の夜間中学ではあつても，その果す役割を考えれば，未修了者からは大きな期待の寄せられている学校であることは，夜間中学創設時代から変らないものであるし，これは現在でも夜間中学に勤務する教師の誇りとするところであろう。

東京都夜間中学校研究会編　「東京都夜間中学校１４年の歩み」（１９６４．１１）により計算すると，昭和２７年から３８年までの１２年間に，東京都内の夜間中学を卒業した生徒数は２７年の６４名から３８年の１２０名まで延べ１８６９名であつた。

昭和２９年３月発行の文部省と中央青少年問題協議会発行の「夜間に授業を行う学級をもつ中学校に関する報告書」第１部によれば，昭和２８年１２月現在の全国の夜間中学校総数は６８校であつたことをみれば，夜間中学開設当時からの卒業者数は相当の数にのぼり，義務教育未修了者に対してその果してきた，また果しつつある役割は大きなものがある。

このような，未修了者への対策において，大きな成果を上げる夜間中学ではあるが，上にみた昭和２８年の６８校から，昭和３９年の３１校，４０年の２７校，４１年の２５校，４２年の２１校，４３年の２１校と，その校数は減少をみている。

就学を呼びかけなければならない多数の未修了者があるにもかかわらず，なぜこのように夜間中学は閉鎖されるのか。ぜひ我々はその要因を明らかにしておかなくてはならない。

昭和４０年４月末現在の全国の夜間中学とその後の閉鎖の経過は次の表の通りである（表２）昭和４１年３月に２校，４２年３月に４校，４３年３月に１校と，４０年度以降７校の閉鎖がみられるのであるが，これらの閉鎖の要因が何であつたか，その概略だけでも明らかにしておく必要がある。

まず第一に言われることは，在籍生徒数の減少である。所管の教育委員会は，夜間中学の在籍数の減少から，もう夜間中学に入学する意思を持つものは存在しないという立場をとり，潜在する多数の未修了者，長欠生徒に対しては責任は持てないという立場から閉鎖にふみ切つて

A−81

いる。しかし，それと同時に，夜間中学校の校の校長の夜間中学に対する考え方如何が，夜間中学の存続か閉鎖を決するキイポイントでもあり，夜間中学の必要性から，校長があくまでも夜間中学の設置存続を意図する場合には，閉鎖は困難であろうと考えられる。一般の人々に広く知れ渡るまでに至つていない夜間中学であつてみれば，夜間中学のあることを広く知らせる

表2　　昭和4 0年度全国夜間中学設置校とその後

	都府県	学　校　名	そ の 後
1	福　岡 (1)	福岡市立東光中学	昭和4 1年3月閉鎖
2	広　島 (3)	広島市立二葉中学	
3		同　観音中学	
4		豊田郡豊浜村立豊浜中学	
5	兵　庫 (1)	神戸市立丸山中学校西野分校	
6	大　阪 (1)	岸和田 市立岸城中学	
7	京　都 (4)	京都市立朱雀中学	昭和4 2年3月閉鎖
8		同　藤森中学	
9		同　嘉楽中学	昭和4 3年3月閉鎖
10		同　皆山中学	
11	愛　知 (2)	名古屋市立天神山中学	
12		同　東港中学	昭和4 2年3月閉鎖
13	神奈川 (8)	横浜 市立鶴見中学	
14		同　浦島丘中学	
15		同　蒔田中学	
16		同　平楽中学	
17		同　港　中学	昭和4 2年3月閉鎖
18		同　西　中学	
19		同　戸塚中学	昭和4 2年3月閉鎖
20		川崎市立川中島中学	昭和4 1年3月閉鎖
21	東　京 (7)	足立区立第4中学	
22		八王子市立第5中学	
23		葛飾区立双葉中学	
24		墨田区立曳舟中学	
25		大田区立糀谷中学	
26		世田谷区立新星中学	
27		荒川区立第9中学	

昭和4 0年度	2 7校	同年度末の閉鎖校　2校 （4 1．3）	東　光（福　岡） 川中島（神奈川）
昭和4 1年度	2 5校	（4 2．3）　4校	朱　雀（京　都） 東　港（愛　知） 港　（神奈川） 戸　塚（神奈川）
昭和4 2年度	2 1校	（4 3．3）　1校	嘉　楽（京　都）
昭和4 3年度	2 1校	（4 3・4）新設1校　郁文中（京都）	

ことと，未修了者への就学のすすめを常に行わない限りは，生徒数が減少するのは当然であつて，夜間中学を管理運営する所管教育委員会や校長や職員が，未修了者への就学をすすめる意欲を失えば，夜間中学の入学生徒も減少するのは明らかである。

第二に，上の第1点と関連するのであるが所管の教育委員会の夜間中学に対する考え方が挙げられる。近年急激に夜間中学の減少した京都市教委では，学令生徒以上の入学希望者への入学を認めない立場をとつていると聞いた。

また教育委員会によつては，夜間中学を一つの手のかかる荷やつかいな存在として考え，できることなら早期に閉鎖にふみ切りたいと希望し，潜在する多数の未修了者にはふれないで，現存する長欠生徒数，長欠率の減少を理由に閉鎖の方針を打ちだしたとみられるところもある。

（註：京都市教委は昭和4 3年4月から学令超過者のために下京区の郁文中学に夜間学級を開設している。）

第三に，文部省の夜間中学に対する考え方，姿勢があげられる。各地方教育委員会では，文部省が夜間中学に対して，どのような姿勢をとつているのかに敏感であり，それと同様の姿勢をとる傾向がみられるところに，文部省の夜間中学に対する姿勢の与える影響がある。文部省は夜間中学を法律上認めているわけではないが，さりとて実際上存在し，ある教育機能を果している以上はその存在を否定できないとの姿勢をとつていると一般に考えられている。もしこれがこの通り文部省の考え方であるなら，ここには何ら夜間中学を積極的に援助し，その活動を活気づけるものはない。閉鎖されれば閉鎖されるより外仕方あるまいといつた消極的な姿勢であり，今後の夜間中学のあり方を示すものも，その存続の意図もみられない。こうした文部省の雰囲気が地方教育委員会に少なからぬ影響を与えていると考えられる。

以上，夜間中学の閉鎖の要因として3点を上げたが，いまここに，昭和4 2年3月をもつて

閉鎖された名古屋市立東港中学の場合を概観してみよう

名古屋市では昭和２７年，市教委が他の５大都市にならい夜間中学を設置して，多数の市内の長欠生徒救済に当る方針をたて，同年１２月市内に２校（天神山中学，東港中学）の開設をみるに至つた。ちなみに昭和２８年度の市内中学生の長欠率は，全市平均３．０６％の高率であつた。

最初は市教委の委図によりスムーズに開設運営されるに至つたが，時がたち，市教委の責任者の交替により熱意がうすれていつたこと，関心が少なくなつていつたこと，長欠生徒が少なくなつたことなどから，中途から手数のかかる面倒なものとして，どちらかといえば歓迎されない存在となつたようである。

「生徒が在籍する以上は，学級は閉鎖しないが，生徒数の激減によつて，学級を閉鎖せざるを得なかつた」（名古屋市教委指導主事談）というのが，昭和４２年東港中学の夜間学級が閉鎖された当時の事情に対する市教委の態度であるが，学級運営をただ１名（昭和２９年から３９年までは２名あるいは３名）の専任教師に任せ，市教委として積極的に義務教育未修了者への入学を呼びかけなければ，生徒数が減少することは当然であつたろう。

名古屋市内の２校は当初から，昼間の中学校へ通学できない事情にある学令生徒，および，超過学令者の未修了者が入学してきていた。

東港中学の在校生徒は昭和４１年度５名，４２年３月の閉鎖１か月前には１年生２年生共，在校生なく，３年生のみ５名という極端に片寄つた構成となり，同年３月末その５名の３年生が卒業すると同時に閉鎖となつた。「当時夜間学級の存続は，夜間学級担当者（三上教諭）や名古屋市内の新聞の報道で訴えられたけれども閉鎖の止むなきに至つた」（三上教諭談）

開設から閉鎖に至る東港中学の生徒数の変化は次の表の通りである。（表３）

表３　　名古屋市立東港中学校　在籍生徒数の推移

年度（昭和）	２７	２８	２９	３０	３１	３２	３３	３４	３５
生　徒　数	３５	４４	４１	４１	３３	２７	２３	２７	２６

３６	３７	３８	３９	４０	４１
２４	２２	２３	１７	１０	５

名古屋市教育委員会「中学校２部学級の現況：１９６７．３」より

多くの夜間中学の閉鎖で，まず表面的にとり上げられる理由は，生徒数の減少であつた。現在なお義務教育を中途で放棄している小、中学校生徒がいること，潜在的な超過学令者の未修了者が多数あることを考えれば，夜間中学に入学して来る生徒，在籍生徒数の減少がそのまま夜間中学を必要とする人々の減少を示すものではない。減少したといわれる長欠児童生徒についてさえも，昭和４１年度には全国の小学生３７９７４名，中学生４２４８８名の長欠者があつた。

従つて，夜間中学生の在籍生徒数のみによつて，その存廃を言々することは，問題の本質を見落すこととなるのである。がしかし，一方において生徒数の減少が今後とも夜間中学の存続をおびやかす要因として利用され続ける可能性はある。我々はこのことを明確にした上で，本質的には多数の未修了者の就学をすすめる活動を，夜間中学教師みずから行わなければならないと同時に，その方向への努力を各教育委員会に要請しなければならないし，さらには，夜間中学閉鎖の要因として利用されないためにも，これからのそうした努力が要求される。

それでは，従来，長欠中の生徒あるいは超過令年者の未修了者の就学はどのようにすすめられてきたであろうか。その問題については次の章で，これまでとらえてきた具体策について，東京都７校の現状をみることにする。

Ⅱ．未修了者の就学はどのようにしてすすめられているか――　東京都７校の現状――

ここに，ある興味深い報告がある。これは今年１０月に開かれた今年度第２回目の東京都夜間中学校研究会で，東京都夜間中学校研究会の総務部調査班が行つた「昭和４３年度東京都夜間中学校入学経路調査，新入生と広報機関との関係」である。

この中に，東京都内７校に在学している全生徒を対象として，夜間中学に入学するようになつた直接の動機となつたものを１人１項目とり出して集計した表があるが，これは，今後の未修了者への就学をすすめる方向を示唆するものとして大いに参考になる資料であり，ここにその集計されたものを挙げておく。（表４）ここに挙げられている各項目により夜間中学を知り，あるいはすすめられて入学してきた生徒数調査である。

４表から，２０項目上げた各項目を大きく４つのブロックに分けたものをみると，夜間中学を知つている知人，家族，雇主などのすすめで入学したものが生徒総数２３２名のうち８２名（３５％）で最も多く，次にマスコミ関係の６１名（２６％）で，これは主にテレビ，ラヂオ，新聞によるものがほとんどである。続いて学校を通じてのものが５０名（２２％），官公庁関係を通じてのものが３５名（１５％）であつた。

このことからマスコミ関係による報道の効果の大きさは注目されなければなるまい。

ところで，本年度までに，東京都内の７校の夜間中学はどのような就学をすすめる活動を行つてきたかについて，各校からの報告をまとめて，次に紹介し，今後の方向を求める素材としたいと思う。

表４　　東京都７校の在校生の入学経路　　昭和４３年９月３０日現在

項目	1	2	3	4	5	6	7	8	9	10	11	12	13	14	15	16	17	18	19	20	計
	都教委	区教委	福祉事務所	児童相談所	都立研究所	都民相談室	警察少年係	小・中学校	養護学校	各種学校	都広報	区広報	ポスター	TV・ラヂオ	新聞	雑誌・週刊誌	家族	知人	届主	その他	
人数	2	20	9	2	2	0	0	43	5	2	0	3	3	26	24	5	22	42	18	4	232
	官公庁関係							学校関係			マスコミ関係						縁故関係			その他	
	35							50			61						82			4	232

昭和４３年１０月　東京都夜間中学校研究会総務部調査班報告より

最初に６校の東京都夜間中学校研究会，調査研究部員その他からの報告を挙げる。報告によつては途中を抜かし，あるいは短かく書きかえたりしてあるが，その責任はもちろん私にある。

そして，その後で，昨年の全国大会の報告，その後の実践記録という意味で，世田谷区立新星中の場合をとり上げることにする。そして最後に次章で，今後のあり方をさぐる。

１）東京都の各夜間中学（新星中を除く６校）からの報告

(1)足立区立第四中学校（報告者：河西靖親，芝田武司）

ここ２，３年あまり積極的に働きかけていない。昭和３８――４０年頃にかけて入学生徒の減少傾向が著しかつたので，生徒募集活動もだいぶ積極的で，区内の中学校へ，区教委を通して長欠生徒の調査を依頼し，入学該当者をピツクアツプして家庭訪問を行つたり，ポスターを区広報掲示板に掲示してもらうとか，警察署，民生委員宅へ依頼するなどして，各教師が仕事

を分担して積極的に活動した。

昭和４１年度より，日韓条約の締結に伴つて，韓国から父母と共に引揚げた韓国籍の子供の入学者が増加して毎年１０人ぐらい入学，言語の問題でその指導に苦労する。そんな訳で，生徒募集の方はあまり積極的に行われなかつたが，今年度に入つてから割合活発に働きかけてきている。主要な活動内容は次の通り。

①　新しく内容を書き直してポスターを印刷する。３～４月に区広報，掲示板に掲示してもらう。

②　区広報「区のお知らせ」へ生徒募集の記事を掲載してもらう。（６月５日号）

③　区校長会，区生活指導主任研修会などで校長から働きかける。

④　新聞，雑誌，テレビなどへの取材協力。

(2)　八王子市立第五中学（報告者：石川元重）

①　生徒募集の方法について，毎年１学期に１回市内各中学校を訪問し，長欠者及び入学該当者がいるかどうか調べる。該当者があれば，担任及び校長と話し合いその後の方策を考える。担任のすすめですぐ入学する生徒もたまにはあるが，ほとんど夜間中学の教師が何回か家庭訪問を行い連れてくる。やつて来ない生徒も半数位はある。

また八王子市中学校校長会の席で，本校の校長から夜間中学の話をしてもらい，その存在を確認してもらう。案外効果がある。

さらに市内の中学校から電話で該当者の連絡があることもある。かつてその先生が教えていた生徒が長欠し夜間中学へ入学させて成功した経験を持つている場合か，あるいは他の先生に夜間中学の話をして積極的にすすめた場合である。このような先生は何年たつても，どの学校に転校してもそこに該当者がいれば積極的に働きかけてくれる。

本校では卒業の時に，その生徒の前の在籍校に卒業したことを報告し喜んでもらう。時には卒業式が終つてから前の在籍校へ連れて行つて，担任や校長に卒業の挨拶をさせる。

ここ数年続けていることだが，卒業の頃，夜間中学の生徒に関する記事を主要新聞に出してもらつている。新入生の中にはその新聞記事で夜間中学の存在を知つたとか，その記事を先生に読んでもらつたことがあるものもあり，そんなことが３，４年後に影響してくる。その他テレビ，ラヂオ，雑誌などで知ることが多い。八王子市の広報にもこのたび掲載された。

②　八王子市以外の地域

昨年私が校長の了解をえて，町田市，立川市の市教委と各中学を訪問し，夜間中学の説明をしたが，どこでも該当者がいたら連絡することを約束してくれた。町田市からは２名の長欠者

の連絡があり何度も家庭訪問したが，いろいろな問題でむずかしい。青梅市からも１人連絡があり１か月ばかり試験的に登校させたが，距離の点で通学に無理があつた。調布市からの１人は現在試験登校中で，半月くらい毎日休まずに登校している。これまで八王子市外から入学して卒業したものは２０名以上いる。所管教育委員会の間での話し合いで他地区からも自由に受け入れられるよう少しずつ準備を進めている。

③　八王子市における今後の見通し

１０年くらい前には，どの中学へ行つても長欠者の４，５名は必ずいた。そしてその中から家庭訪問などによつて毎年７，８名入学させた。家庭訪問には１人の教師が専門にそれに当つた。こうしたコースから入つてくる生徒がほとんどで，それ以外といえば他地区から，あるいは年令超過者が自分から入つてきたものだつた。

最近は中学校を訪問しても，ほとんど該当者がいないところまできている。そんな生徒も今年になつて３名ばかり入学させたが，指導のむずかしいのが多い。でも毎年何人か少数の非常にまじめな生徒がいるため，学校の明るさを維持している。

一方，各中学校の除籍された生徒の追跡をぜひやらなければならないので計画はしているが，まだ進展していない。年令は超過しているが非常にまじめに勉強し通学する生徒はこの除籍者の中から出ている。

今後，八王子市では各中学校の先生で，夜間中学を理解し，安心して入学該当者を任せてくれる人を増してゆくことが大切である。一人の先生をそうするには，一人の立派な卒業生を出すことである。

一方，外に対しての働きかけもいろいろと研究中，少しずつ実行に入つている。そしてまた効果の上つているものもある。八王子市においては入学該当者がなくなるということは当分考えられない。またそうするように，そう決心して我々は進まなければならないと思う。

(3)　葛飾区立双葉中学（報告者：山下幸一，猿渡登治）

―― 生徒募集を現在どのような方法で行つているか――

生徒数の減少ということは，夜間中学校全体としての存立にかかわる重大な問題であるが，当校にとつては，特にこの数年減少の一途をたどつているので最も切実な課題となつている。この数年間，生徒募集が積極的に行えなかつた障害がなくなつたので，今年は現校長の理解のもとに，最大の課題としてこの問題に取り組んでいる。全職員で種々検討を重ねて，今，具体的に進めている方法は次のようなものである。

①　区内各中学校の除籍，長欠生徒の調査と入学勧奨

区内２１の中学校を全職員で分担して，３～４校ずつ受け持ちを決め，１学期末より逐次訪問して除籍生徒，長欠生徒を調査して名簿を作製する。そして学校長，教頭，生活指導主任，学年主任等と懇談を重ねて，夜間中学への理解を深めてもらい，その上で該当生徒に入学を勧めてもらつたり，また事情が許せばこちらで直接家庭訪問をして，入学の勧奨をするようにしていく。目下，その名簿作製の作業を進めている段階である。

②　区の広報「かつしか」への生徒募集記事掲載

一般への周知徹底をねらつて，区の広報部に交渉し，「かつしか」に生徒募集案内を掲載してもらつている。

③　葛飾区教組機関紙「火曜通信」への生徒募集記事掲載

区内各中学校の教師の理解を深めてもらうために，支部委員会に依頼してその機関紙にとり上げてもらつている。

④　区教育研究所との提携

区教育研究所の教育相談部と連絡を図つて，特に近年多くなりつつある「学校ぎらい」や「自閉症」のような生徒で入学の勧められる者の発見に努力している。

⑤　生徒募集ポスターの掲示

一般へのＰＲと，働いている青少年の義務教育未修了者への周知徹底をねらつて，生徒募集のポスターを区内の要所に掲示してもらつている。この数年，生徒募集ができなかつたために，前に区教育委員会で作製したポスターの残部があつたのでそれを利用し，学校長から区教委へ交渉してもらつて，各出張所や区の機関，施設等で人目につきやすい場所を選んで掲示している。さらに駅頭の掲示も考えているが，広告料が高くて，今のところ予算がなくて実現できないでいる。また，公衆浴場や食堂なども理解が得られて料金や掲示期間等の協力をしてくれるところがあれば掲示したいと考えている。

(4)　墨田区立曳舟中学（報告者：渡貫実）

現在本校の行つている生徒募集の状況について述べれば，まず年度末近くになると，区内の各中学校に対して，長欠生徒及び除籍者にに関する実情報告を依頼する。そしてその資料をもとに，それを整理検討した後に，直接該当生徒保護者宛に入学案内を発送し，その返事を待つ。

次に新年度，学期の始まる前に，区内各中学校を各職員で手分けをして訪問，ポスター，入学案内を配布，該当生徒の紹介等を依頼する。

またポスター配布については，この時期に各学校関係団体，職業安定所関係，あるいは卒業生を通じて配布，そのＰＲに努めている。

更に，年間を通じては随時区広報部で，また雑誌，新聞，テレビ等で本校の存在がＰＲされることがある。

ところで，改めてこの夜間中学校の生徒募集につき考え直してみるに，いくつかその是正すべき点，あるいはより一層積極的に推し進めるべき点が浮んでくる。即ち基本的には，この夜間中学校の存在価値をどのように認識するかということから出発するのではと考える。

ここ数年間，いわゆる昼間部における長欠生徒への対策が当局より徐々に講ぜられてきているようである。その結果，かれらの学校復帰は逐次その成果をあげつつあるようだが，反面それらが夜間中学の生徒減少ということにも関連をもつているのではなかろうか。またその故か夜間中学の総合廃止という事実も起つてきている。しかしここで考えねばならぬことは，学令児については確かに，喜ばしい，かつそうあるべきことだが，その枠外にある者，つまり過年者についてはどうであろうか。しかもかれらは，いろいろな悪条件下において就学意欲を燃やしながらも，そのすべを知らず，あたら未来への生活向上への道も，義務教育未修了という事実のため，閉されている。これに対してこそ，夜間中学の存在価値は今後貴重なものとなる。

そこで今後の生徒募集の対象，焦点は，当然上述の過年者にしぼられねばなるまい。それにはまず，夜間中学の存在を，社会一般に周知せしめねばならない。このためには，より大きい組織体として，有機的にそのＰＲをする必要がある。そして夜間中学そのものも，単に市区町村立としてではなく，国あるいは都道府県立としての恒久的設置の考慮を切望したい。

(5) 大田区立糀谷中学（報告者：山本福久）

（これはその談話を要約メモしたものである。文責上田）

生徒募集はそれほど力を入れていない。しかし毎年入学希望者はかなりある。主な活動としては，ポスターの掲示，区広報への生徒募集記事の掲載依頼である。

今年の新１年生の中には，聞いてみるとテレビの「モーニングショウ」を九州で見て，夜間中学を知り，東京へ出て来たというのがいる。義務教育未修了であることに本当に困り，何とかして夜間中学へ行きたいと考え入学して来る生徒には，マスコミを通じて夜間中学を知つた生徒が多い。その他，中学校に卒業間近かまで通つていたが，卒業できなかつた生徒で，区の教育研究所の紹介により入学したものもいる。いわば学校が直接働きかけ，それによつて入学した生徒はほとんどいない。

生徒募集については，ポスターなどよりもマスコミを利用し，ラヂオ，テレビを通じてＰＲをすることの方が大切だとする意見もある。

本校では入学希望者が来校し，入学資格があれば，職員がその入学手続きを済ませ，教育委

員会に報告するのであるが，入学者の中には区外から来るものがいる。この区外からの入学者について区議会内では，それはおかしいという意見も出るらしく，幸い現状では，生徒の住所，勤務地を含めてほとんどが大田区内だが，今後のあり方が問題のようだ。

(6) 荒川区立第九中学（報告者：見城慶和）

―― 生徒募集をめぐる問題点 ――

① 二部学級の歴史にみる生徒募集の問題点

昭和３２年２月１５日，本校二部は都内８番目の夜間中学として誕生した。３１年度東京都全体の長欠率は１．８６％（２７年３．８７％，２８年３．１９％，２９年２．６８％，３０年２．０４％）であつたが，その中にあつて荒川区はその倍近い３．６６％の高率の長欠者をかかえていたことが，荒川区教委を夜間中学開設に踏み切らせる力になつたと考えられる。

このような区内の長欠事情から設立当初の３２，３３，３４年度は入学生のほとんどが区内の，しかも学令に近い生徒たちによつて占められていた。

年　度（昭　和）	３２	３３	３４	３５	３６
１年生	１４	１１	１２	１６	１４
２年生	１５	２２	１４	２４	１９
３年生	１３	２３	２６	３０	３０
計	４２	５６	５２	７０	６３
卒業生	１３	２２	２３	２９	２６

この間，区教委では区内各所に多色刷りの生徒募集ポスターを掲示し，広く夜間中学の存在をＰＲすることに努めた。しかしこのポスターは３６年５月に学校の近くの洋装店のウインドに色あせて掲示されていたのを最後に見当らなくなつた。３５年度になると入学生が前年よりも２０名近く増加したが，明らかにそれまでの３年間の入学希望者との間に質的な違いが現われはじめてきた。その特徴をまとめてみると次のようにいえよう。

ａ．区内の長欠者にまじつて，区外の長欠者，区外の居住者が目立つてきた。

ｂ．学令児に対して，学令超過者が増加してきた。

ｃ．自宅からの通学でなく住み込み通学の者が増加してきた。

d、上記a．b．c．と関連するが地方出身者で，口べらしのように，義務教育修了前に東京に就職した という地方の長欠児の入学希望者が目立つてきた。

以上のような傾向は次のようなことが原因して現われてきたものと考えられる。

a．区内の長欠者に，夜間学級の存在がよくＰＲされて，３２，３４年度の３年間で夜間学級に通学可能な者の多くが入学したこと。

b．したがつて，３５年度にもこの傾向は続くが，累積された長欠児というより，区内入学希望者の場合その年度に生み出された学令長欠者がほとんどであつたこと。

c．３３年度に「卒業記念８ミリ映画『ともしび』」，「ふくろう先生とみみずくたち」の放送や，塚原雄太著「夜間中学生」，３４年１月の「通り魔事件」等で，荒川九中二部が，マスコミを通じて広く全国に宣伝されたこと。

３５年度から現われたこの傾向は，３６年になつてますます顕著になつてきた。この年度の在籍生徒の出身県別を一覧表にしてみよう。

北海道　1	群　馬　3	千　葉　1	徳　島　1
青　森　1	栃　木　2	東　京　25	香　川　1
宮　城　1	茨　城　1	静　岡　1	福　岡　1
福　島　2	埼　玉　5	富　山　1	長　崎　1

東京の２５名は区内長欠者の外に周辺の北区，台東区，葛飾区，豊島区，板橋区出身の長欠者がまじつている。

② 生徒募集の現状と問題点

a．区外，都外の長欠者の増加

b．過年児の増加

このa．b．の二傾向はますます顕著なものとして現在に至つている。生徒数は毎年平均して，６０名から７０名の線で一定している。a．b．二傾向がますます顕在化する原因も同様で，次のようにまとめられる。

㋑ マスコミへの積極的参加

㋺ 自主制作映画「夜間中学生」（４２年５月完成）と全国上映運動の実施

㋩ 生活体験記録文集「ぼくら夜間中学生」（４２年３月完成）とその全国頒布

㊁ 区内に対するＰＲ.

区教委—— 区内の学校要覧の中に毎年収録

学　校—— 組合都教研や大会，組合新聞等でＰＲ

㋭ 上の㊁と関連するが問題点として次のようなことが指摘できる。区教委に関してはポスターを出さず，区広報に一度ものせていない。学校に関しては区内の長欠調査や個別訪問など一度もやつていない。

以上が荒川九中における活動の現状で問題点であるが，これらが具体的に生徒の構成にどのような結果をもたらしているかを，a．「生徒が夜間中学を知つた経路」，b．「生徒の出身地」からまとめ今まで結論づけたことの裏づけをしてみよう。

a．何を通して夜間中学を知つたか。

	マスコミ			先生から	雇主、同僚から	卒業生(二部の)から	公的機関				その他
	新聞	テレビ	ラヂオ				相談所	警察	福祉司	教委	
４０年度	5	10	2	9	2	8	2	1	1	2	1
４３年度	3	11	4	5	5	4	2	0	1	3	0

４３年度は９月１日現在

b．４３年度在籍生徒出身地別一覧

北海道　2	埼　玉　1	東京　19（荒　川　5　足　立　1　北　2　練　馬　1　板　橋　4　中　野　1　台　東　3　豊　島　1　新　宿　1）
福　島　1	神奈川　2	
茨　城　1	福　岡　2	
千　葉　4	引　揚　3	

引揚者はブラジルより　1，　韓国より　2。

2） 世田谷区立新星中学の場合

以上都内6校から寄せられた現状報告に続いて，昨年第14回全国大会で発表した新星中学2部の報告その後について，今回は特に今年度実施の区内の長欠生徒調査を中心に，それを担当した全6名の教師の実践記録を素材としてまとめてみたい。（昭和40年から42年までについては「第14回全国夜間中学校研究会大会要項資料」を参照して頂きたい）

今年度の未修了者，長欠生徒に対する就学対策の計画は大略昨年通りであるが，参考までにここにその大要を記す。

(1) 入学希望者受付けについての年間計画

① 基本方針

a．あらゆる機会をとらえて義務教育未修了者へ夜間中学の存在を認識してもらう。

b．昼間の中学にどうしても通学不可能なため長欠を続ける生徒への対策を実施する。

② 活動計画

a．生徒募集ポスター

デザイン，文案の決定。区へ印刷製作の依頼。配布，貼布。(隣接区を含む）。年2回9月10月－30日，2月1日－20日。各教師分担。

b．区広報

文案→区教委→区広報（隣接区である中野，新宿，目黒，港，品川の5区を含む全6区）

c．新聞記事

文案 → 各新聞社へ依頼
↘ 区の広報部→新聞社へ依頼（世田谷区の場合）

年2回10月1日～20日，2月1日～20日

d．区内入学該当者調査

㋑ 長欠生徒，除籍者のうち該当者を調べる。

区内各中学校（全28校）訪問→各学年主任と面談→入学該当者カードに記入。（表7）

5月10日～31日

㋺ 入学該当者カードの整理，検討。6月1日～6月10日

㋩ 入学該当者のみ家庭訪問。入学をすすめる。6月10日～6月30日。

㋥ 調査結果の整理，検討。7月1日～10日。

以上㋑──㋥まで各教師が分担して全員で実施する。

e．新聞雑誌への取材協力

f．ラヂオ，テレビ出演協力。

g．自主出版物，パンフレットの発行。

③ 総括および反省

学年末に一年間の活動の総括，反省を行い来年度に備える。

以上を年間計画表としてまとめると次のようである。（表5）

表5.　　昭和43年度．入学希望者受付．年間計画表　　新星中2部

月＼項	生徒募集ポスター	区広報	新聞記事その他	区内入学該当者調査
4				
5				10・区内各校訪問カード記入 ～ 31（各教師分担）
6				1・入学該当者カード整理 ～ 10・入学該当者のみ家庭訪問 ～ 30（各教師分担）
7				1・調査及び家庭訪問結果の整理検討 ～ 10
8				
9	10・ポスター配布周辺区を含む各区へ依頼 ～ 30（各教師分担）	10・生徒募集文各区教委を経て各区広報へ ～ 30（各教師分担）		
10			1・生徒募集記事各新聞社へ依頼 ～ 20	
11				
12				
1				
2	1・ポスター配布周辺区を含め各地へ依頼 ～ 20（各教師分担）	1・生徒募集文各区教委を経て各区広報へ ～ 20（各教師分担）	1・生徒募集記事各新聞社へ依頼 ～ 20	
3	・ポスター不足の場合来年度分の作製を区に依頼			
備考	学年末の3月にその年度の総括，反省を行い，次年度に備える。			

ところで，先にも述べたように，今年度の活動の中で，特に区内の長欠生徒あるいは除籍者を対象として実施した上記②のdの区内入学該当者調査の経過を，各分担教師の報告をもとに次にとり挙げ紹介しよう。

(2) 世田谷区の入学該当者調査実践報告

周知のように，法的にいえば，長欠生徒へ就学するように働きかけなければならない責任は本来市町村の教育委員会にあるので，いわば夜間中学の教師の長欠生徒対策への取り組みは，義務づけられているものではないが，教育委員会へ対策の実施を要望すると同時に，夜間中学自らが，その対策に積極的に加わつてゆく必要がある。各夜間中学の開設の要因が，主として長欠生徒対策であつたことを想起すればそのことは明らかである。長欠生徒に対する校長と教育委員会の役割については，学校教育法施行令の第１９条，２０条，２１条に明記されている。その第２１条に「市町村の教育委員会は（中略）その保護者に対して，当該学令児童又は学令生徒の出席を督促しなければならない」とある点については，各教育委員会へのその完全実施が望まれる。

ではこれから，今年５月から７月にかけての計画（表５．参照）にそつて実施された，区内の長欠生徒，除籍者を対象とした教師の学校訪問，該当者の家庭訪問についての実践記録を報告することにする。実施期日についてあるいは報告内容，報告形式については各分担教師によつて多少のずれがあり，また細部においては報告を要約したり，削除，かきかえしたところもあることを断つておく。

世田谷区内２８中学を対象として６名の教師が分担した。１人当り４校か５校。学校訪問によつて長欠生徒あるいは除籍者の中から，夜間中学入学をすすめる方がよかろうと考えられるものとして、入学該当者カードに記入されたのは全８中学の１４名にのぼった。各校の該当者１４名の分布と、その中から教師の家庭訪問のすすめで入学した２名は次のようである。（表６）

学校名はアルファベットでAからZまで，とa，bを用いて２８校を示した。

① ５校担当（報告者：池田定子）

早速L中学に行き長欠者M（男）について調査する。彼は１年のとき１度も出席しない。入

表６．　世田谷区内入学該当者調査結果　　４３年１０月末現在

中学校名	Y	D	H	K	L	P	B	W	計８校
該当者数	4	1	1	2	1	2	1	2	14
上記該当者からの入学者数	0	1		1	0	0	0	0	2

生徒の家庭訪問は該当者１４名を再配分して実施した。

A−96

表７．　入学該当者カード見本

昭和（　）年（　）月入学 新星中２部		学校訪問調査者（　　） 家庭訪問調査者（　　）
※印の項は家庭訪問の際に記入のこと		
学校名	世田谷区立　　中学校	調査年月日　昭和　年　月　日
学年組	昭和　年　月現在第　学年　組（在学．除籍）	
生徒氏名		生年月日　昭和　年　月　日生
担任氏名		聴取した教師名
生徒住所	TEL	
長欠状態	・長欠のはじまり（　）学年（　）月から（連続．断続） ・長欠期間（　）学年（　）月から （　）学年（　）月まで	

・長欠のはじまつた頃から現在までの状態の概要。訪問先の教師からの聴取メモ。

・夜間中学入学をすゝめるべきかの判定（可，　否）

※長欠理由：該当項目に○印。（　）内にメモ

- 家庭の貧困（　　）
- 保護者の義務教育の無理解（　　）
- 家庭のもつれ（　　）
- 対人関係（　　）
- 勉強ぎらい（　　）
- 勉強の遅れ（　　）
- 病気（　　）
- その他（　　）

※家族状況	氏名	年令	続柄	職場名，職業，TEL 他

※ 家庭訪問メモ

（注）現在長欠中で再び通学する可能性がほとんどない生徒と除籍者を入学該当者としてあつかいカードに記入する。
学校訪問して教師と相談し夜間中学の入学をすゝめるべきか否か，またその時期，方法などについて明らかにし，次の段階である家庭訪問がすぐ必要かどうかも明らかにする。

A−97

学式には母親のみ出席とのこと。担任も顔を見ない故あまりよくは知らないという。妹が1年に入学した故彼を2年に籍を入れたが学校に出る見込みはないと女の先生はあきらめの報告。小学校の時も母親がついて行つていたがそれでもあまり行かない。母親が父親と別れ，朝から晩まで働かなければならないようになつてからは学校にも出ない重い自閉症とか。家を訪問しても彼は出て来ない。母親が働きに行つている食堂に電話した。とても本人は学校に出ないだろうとのことで，L中の先生も学校にはでまいと折紙をつけていられ今のところは無理。I，O，Z，Bの各中学には該当者なし。生徒の訪問はB中学のK（男）を二子玉川園のほとりに訪問する。度々中村先生の訪問された後をうける。母親は異母で，よくしやべるが，本人は自分の言うことは聞かない故父親に話してくれと頼まれる。しかし父親の職場は毎日変るとのことで父親に手紙を書く。しかし返事はない。毎日父親の電気工事の仕事を手伝つているとか。

② 5校担当（報告者：木原武子）

2校は該当者なし。家庭訪問の様子を記す。

Y（女），K中学3年。6月10日学校訪問。教頭先生に除籍者または長欠者の有無をうかがうと，即座に「いるいる。ずつと休んでいる女の子がいたねえ，ほら」と，3年の担任のX先生に引きついで下さる。記録によれば，第1学年で52日，第2学年で82日をいずれも断続して欠席，第3学年の今年度は，担任の再三にわたるすゝめがあつて5月に行われた修学旅行に参加しただけである。家庭は姓の違う父親が盲目でマツサージを業としており，母親は病気。本人の兄は近県の教護施設に入園している。また一家は生活保護を受けている。貧しさも含めて家庭の事情から来る劣等感があり，欠席が続くうちには勉学も遅れ，すつかり通学の意欲をなくしていて見込みがないが，夜間部ならばあるいはうまくいくかもしれない，ということになり，本人と家族に夜間部をすゝめることとなる。

7月1日。第1回家庭訪問。いろいろむずかしかろうからと担任の先生が同道して下さる。小さな家の密集している一帯の路地奥の一軒である。声をかけて玄関に立つと障子があいて父親が出て来る。本人も呼び夜間中学があることを説明した上で，昼間部に休まず通学するか，それとも夜間部に転校してやつてみるか，考えておくように言つて辞す。

7月19日。第2回家庭訪問。前回の訪問の結果の返事が私にもK中学にもないので聞きに行く。父親と本人在宅。母親は病気で入院し父親も病気で自宅療養中なので，もうしばらく休ませて，2学期から夜間部にお願いしますとのことである。

9月3日。第3回家庭訪問。前回に，始業式の日時を教えておいたのに，とうとう来なかつたので，翌日始業前に呼びに行く。母親だけが在宅していて，やつと退院できたのでこれから

は学校に行かせます，とのことで始業時刻，道順など念をおしてくる。

10月8日。初登校。母親の言葉にも拘らず一向に姿を現わさないので，主事の中村先生にも行つて頂いて更に両親を説得してみようと話し合つていたところ，ひよつこりとやつて来た。その後母親の病気が全快していないことと欠席ぐせとのため，出席状況は悪い。おせんべい屋の手伝い，おそば屋の店の手伝い、深夜営業の朝鮮料理屋の店員、電機工場の工員などの職歴があり、本人の希望もあるので，R株式会社に実習という形で就職を斡旋。10月21日より実習開始。

T（女）B中学2年で除籍。6月6日。第1回学校訪問。教頭先生から各学年主任に紹介して頂き，各学年毎に除籍，長欠の有無をお聞きした。3年，2年ともに該当者なく，1年の職員室でそれらしい生徒が1名あつた。そのあと先生方との余談の中で，たしか今年除籍した生徒があつたはずだという話が出た。書類がなくて，住所その他詳細が分らないのだが，先生方に思い出して頂いておゝよその見当をつける。2学年を長欠のまま二度繰り返した後，昨年度末除籍になつたもので，今はもう就職して働いているらしい。地図を書いて下さつたので行つてみることにする。

6月28日。第1回家庭訪問。学校で描いて頂いた地図をたよりに家を捜してみたが，地図が大まかすぎてどうしても分らなかつた。

7月19日。第2回学校訪問。前回の学校訪問の際出張中だつたM先生が，当人宅をよくご存知で，詳しく地図を描き直して下さる。

7月19日。第2回家庭訪問。新しい地図ですぐ訪ね当てる。応待に出た主婦がそういう子はいないし，娘たちは皆とうに中学校を卒業しているといい，とりつく島がない。一応夜間中学の説明をして出て来る。すぐ学校に電話で問い合わせたが，前々から非協力的な家庭だつたということである。きつねにばかされたようなとしか言いようのない気持であつた。（外3名の家庭訪問報告が続いているが紙数の都合で残念ながら省略する。）

③ 4校担当（報告者：白勢政夫）

T中学は歓送迎会開催中のため，懇談ができず，学年主任に面会，入学該当者調査を依頼しただけで帰る。W中学では校長に面会。

M（男），T（女）の両名について説明していただく。両名は学習の遅れ，勉強ぎらい，家庭のもつれなどで長欠。42年度末に除籍。他の中学には該当者なし。

④ 4校担当（報告者：長久保光明）

F，C，A，の3中学には該当者はなし。D中学を訪問したときK（男）の話を担任がしてくれた。保護家庭で親の理解がなく勉強ぎらい。姉はやつと卒業した。担任の家庭訪問では再

三の家庭訪問でも本人が出て来ないので話し合いができない。母親も無知，無責任で登校させる意欲がない。もう一度訪問して二部の話をしてくれとのこと。　その後二部の方から家庭訪問する。２回目に本人が出て来た。一部屋くらいの出入口の分りにくいところに住んでいる。母親が体があまりよくないので行かないように脇で意見をいつている。本人は笑つているのみ。新聞配達をしているとのこと。その後１０月末になつて，２部に入学した。Ｓ中学のＨ（男）は怠学。家庭訪問したが，アパートはいつも錠がかかつていた。３回目に夜遅く訪問したら母親が出てきたが本人はいない。母親は本人は学校へ行かないでしようと，半分あけていたドアをすぐしめてしまつた。学校の話では付近で遊んでいるとのことだつた。

⑤　５校担当（報告者：中村昭政）

３校に該当者なし。家庭訪問の様子を記す。Ｍ（男），Ｙ中学３年。６月５日学校を訪問，担任から家族の状況を聞く。父死亡。母，姉（会社員），弟の４人家族で３年４月から断続的に欠席しているとのこと。内向性で無気力，知能も遅れていることが長欠の原因。修学旅行だけ担任のすゝめで参加している。夏休み中２回家庭訪問。１回目は住所を当てに探し歩いたが暗くなつたため見当らず，２回目夕方明るいうちに訪問。母親と面談。母親の話では１学期終り頃からときどき登校しているとのこと。夜間中学の話などしたが，昼間に通うようすゝめる。

Ｈ（女），Ｙ中学３年。５月３１日学校訪問。２年のときから病気で欠席がちになり勉強ぎらいで，３学年のときは１日も出席しておらず，原留となる。４２年７月家庭訪問して母親と会つたとき，はじめは中学校を卒業したと言つていたが，担任の先生の話などしているうちに，長欠していることを話す。夜間中学をすゝめたが母親の話では今家に居なくて姉の家に手伝いに行つていて夜間中学に行けないという。４３年２月再び訪問。本人に会つたが病弱で母親の内職の手伝いをしていた。中学校を卒業したい気持は充分あるように見受けられたが勉強のおくれと勉強ぎらいからはつきりした返事をせず，母親もそのうち学校に伺いますとのこと，未だ来ていない。

⑥　４校担当（報告者：上田喜三郎）

４校共学校訪問をした段階では入学該当者はいなかつた。しかしＮ中学より電話で連絡のあつた生徒があつた。北海道の炭鉱で生活できなくなつて最近上京した一家の姉と弟の２人で，両親が子供の面倒をあまりみない上，生活が苦しく，学力も低いので，出席がよくないとのこと。やがて１か月ほどしてまた学校を訪問してみると，今は通学しはじめるようになつたので何とかなりそうだとのことだつた。またＫ中学のＯ（男）の家庭訪問をする。父親と一緒に電気工として働いている。父親は居たが本人は不在。本人を連れて学校へどんなところか見に来

てくれるよう父親に話す。そのうち行こうとのことだつたがまだ来ていない。

Ⅲ．　今後のあり方を求めて

１）　基本的問題としては。

①　まず，昼間の小，中学校を長欠している生徒に対する文部省　市町村教育委員会の対策を望まなければならない。前に述べたように昭和４１年度には小，中学校児童生徒合わせて約８万人の長欠があつた。この中からどれだけの脱落者が出たかについては何ら調査がなされていない。せめて学令を過ぎ学籍から削除した児童生徒についてだけでも，文部省が調査を実施するよう望みたい。少なくともそれだけの資料であつても，長欠児童生徒対策の必要性を説き，その具体策を求める重要な資料となりうる。戦後新制度の教育が実施されてからこのかた，義務教育からの脱落者に関連する調査としては，私の知るところでは，ただ長欠調査のみであり，これだけでは上に述べたように不充分であるといわなければならない。

②　さらに，長欠している児童生徒へのかなりの対策が今後とられたとしても，なおそこから出てくるであろう脱落者については，どのようにして就学の道を開くのか，その対応策をどうするのか，文部省は明らかにしてもらいたい。

通信教育はあるが，義務教育段階の内容を通信教育で教育することは，学力の進んでいる生徒でなければ，かなり無理があるので，すべての未修了者に通信教育を適用することは無理である。

また，昨，昭和４２年１２月から実施された，義務教育猶予免除者のための中学校卒業程度認定試験も，今年度より少し受験資格の改訂がなされはしたものの，その受験資格に該当し，かなりの学力のある人々にとつてのみ役立つ制度である。ただ，教室で授業を受けることによつて勉学することが，中学校程度の学力をつけるには最もふさわしい方法であるにしても……。

通教育　，認定試験によつては就学できない特に学令超過者への対策として，夜間中学（名称はどうあろうとも，これに類する内容を持つ教育施設）の法的承認と全国主要地域への設置が必要な時期に来ているのではあるまいか。（学令生徒についてはしばらくの間例外として入学させることを認め，学令以上の未修了者を対象とするならば）

③　しかし，上の要望と併行して，現在，就学をすゝめる役割を果せるものは主に夜間中学なのだから，学令の長欠児童生徒へ，あるいは学令以上の義務教育未修了者へ，就学をすゝめる活動を，夜間中学は精力的に続けてゆかなくてはならない。ここから，今後の夜間中学が就学をすゝめるための活動の展望を持つ必要が生じるのであり，上の第Ⅰ章で概観した都内７校

の活動の現状報告の反省，検討の上に立つて，今後の見通しをたてることが要求される。

ここではごく簡単に，都内7校があるいは全国の夜間中学が共同して活動できる具体策を示唆するにとどめる。

2）　全都的規模で実施できる活動は。

これまでの都夜間中学校研究会調査研究部の何回かの部会で，各校の就学をすゝめる活動状況の報告があるたびに，各校毎に独自に実施するよりは7校で共同で実施，活動する方が能率的だし効果的な活動があるという意見が出された。そして何回か討議を続けて，共同でできる活動をまとめてみることになり，いくつかの項目が挙げられた。ごく大まかなものではあるが，次にそれを紹介して，今後のあり方を示す例として役立てることができればと思う。

① 生徒募集ポスターの作製。

都内7校の校名を入れ，都教委に交渉して作製できるよう働きかける。

② 都の広報，区市部郡の広報。

都の広報へはまだ掲載されたことがない。が7校連合の案内記事を依頼する。都の広報がテレビを通じて放送されることがあるのでそれも利用できるよう働きかける。区市郡部の広報についても検討する。

③ 主要新聞

学校案内，生徒募集などの記事の掲載を7校連合で依頼する。

④ テレビ，ラヂオ，映画。

取材，出演要請に対して，7校連合で参加できる機会があれば参加協力する。また連合の自主製作も考えられる。

⑤ 自主出版物

たとえば今東京都夜間中学校研究会で進められている「夜間中学便利帳」の出版など。

これらのことはいずれも，全国レベルでも考えられることであり，今後はそういう方向を目指すことが必要となろう。

以上いろいろ述べてきたが，これらの内容について種々ご指摘，ご批判をお願いして終りとする。

——・——

昭和43年度東京都夜間中学校入学経路調査
新入生と広報機関との関係

東京都夜間中学校研究会　総務部調査班

ま　え　が　き

東京都夜間中学校研究会総務部調査班は、学校基本調査と毎月末に各校から報告される調査集計と記録保存を仕事としている。月末調査に報告される在籍生徒数、新入生徒数、学校行事の他に本年度から新入生の入学経路調査欄を新設した。夜間中学へ入学してくる生徒が「何によつて夜間中学を知り、何が入学の動機になつたか」を調べることにした。

新入生入学経路調査の目的は、年々表面的に夜間中学生が減少の傾向にあるが、まだ全国的に多数の潜在する義務教育未修了者及び現在籍中の長欠者に、「一人でも多く夜間中学の存在を知らせ、一人でも多く入学する動機を与える」ことにある。この目的を達成するには、新入生個々の経路を手がかりとして、現在の実態を掴むとともに「今後の効果的な生徒募集の方法はいかにすべきか」を考え、実践していかねばならない。

本調査は今大会までに時間的余裕がなく、集計整理の段階までしか行うことができなかつたために充分な分析ができず、その上調査上の不備もあり不満足な形で発表することとなつていることをご諒解いただきたい。しかし、現段階の集計結果から展望してみると、不充分なデータではあるが、種々な問題点が浮び上がつてきたことに気がつく。以後この調査は継続して行い調査内容をさらに検討し、深く追究していきたい。

〔A〕 昭和43年度　4月～9月　月別新入生徒数

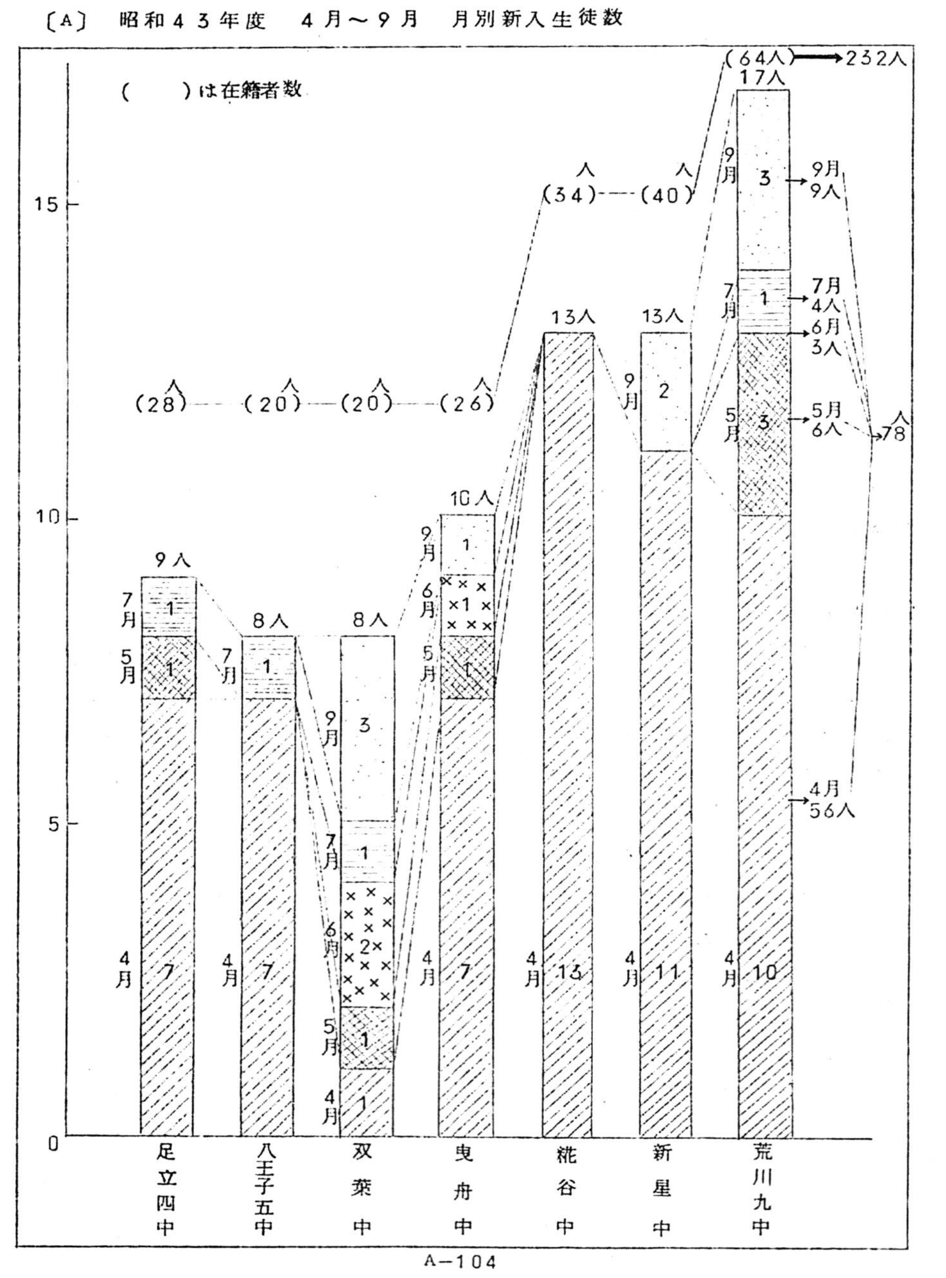

〔B〕 新入生の入学経路（表1）

学校	入学月	入学々年 1年	2年	3年	計	性別 男	女	年令 12〜15	16〜19	20〜29	30〜	中学校 在籍 1年	在籍 2年	在籍 3年	除籍	入学せず	外地	1 都教委	2 区教委	3 福祉事務所	4 児童相談所	5 都立研究所	6 都民相談室	7 警察少年係	8 小中学校	9 養護学校	10 各種学校	11 都広報	12 区広報	13 ポスター	14 TV・ラジオ	15 新聞	16 雑誌週刊誌	17 家族	18 知人	19 雇主	20 その他
足立四中	4月	6	1		7	3	4	2	2	1	2		1		2	4			2						1									1	1	2	
	5月	1			1	1			1								1		1																		
	6月																																				
	7月	1			1	1				1						1															1						
	9月																																				
	計	8	1		9	5	4	2	3	2	2		1		2	5	1		3						1						1			1	1	2	
八王子五中	4月	5	1	1	7	4	3	1	3	3			1		1	5									1	5								1			
	5月																																				
	6月																																				
	7月	1			1		1		1							1																			1		
	9月																																				
	計	6	1	1	8	4	4	1	4	3			1		1	6									1	5								1	1		
双葉中	4月		1		1	1			1				1												1												
	5月		1		1	1		1					1												1												
	6月			2	2	1	1		1		1						2			1														1			
	7月		1		1	1				1							1																		1		
	9月	1	1	1	3	1	2	2	1				1	1	1							2															1
	計	1	4	3	8	5	3	3	3	1	1		3	1	1		3			1		2			2									1	1		1
曳舟中	4月	3	2	2	7	5	2	3	3		1		1	1	2	1	2		2	1					1									2	1		
	5月			1	1		1	1							1															1							
	6月			1	1	1			1						1										1												
	7月																																				
	9月		1		1	1		1					1												1												
	計	3	3	4	10	7	3	5	4		1		2	1	4	1	2		2	1					3					1				2	1		
糀谷中	4月	8	3	2	13	9	4	1	5	6	1	2	1	3		7			3						2				1		3		1		3		
	5月																																				
	6月																																				
	7月																																				
	9月																																				
	計	8	3	2	13	9	4	1	5	6	1	2	1	3		7			3						2				1		3		1		3		
新星中	4月	6	4	1	11	7	4	2		3	6		1	1	3	6			1						2				1	1	1	3			1		1
	5月																																				
	6月																																				
	7月																																				
	9月			2	2	1	1	1	1					2					1														1				
	計	6	4	3	13	8	5	3	1	3	6		1	3	3	6			2						2				1	1	1	3	1		1		1
荒川九中	4月	1	4	5	10	8	2	4	4	2			4	1	3	2			1						4								1		3	1	
	5月	2	1		3	1	2	1			2				1	2									1						1			1			
	6月																																				
	7月		1		1		1			1					1																1						
	9月			3	3	2	1		2	1				2	1												1				1					1	
	計	3	6	8	17	11	6	5	6	4	2		4	3	6	4			1						5		1				3		1	1	3	2	
総計		35	22	21	78	49	29	20	26	19	13	2	13	11	17	29	6	官公庁							学校			マスコミ						縁故			
																			11	2		2			16	5	1		2	2	8	3	3	6	11	4	2

① 都七校のうちで新入生徒数が１０名に達している学校は、糀谷中、新星中、荒川九中の三校である。この三校の特徴としては、夜間中学の広報活動が他の四校よりダイナミックで、広域的なＰＲが威力を発揮している好例と見られる。

② 糀谷中、新星中はポスターと区広報の利用が活発で、両校が合同して周辺区の広報に夜間中学生募集の記事を掲載してもらつている。特に新星中では周辺七区にポスターの掲示を依頼し、更にその区の広報にも学校紹介記事や生徒募集広告を出している。

③ 荒川九中は現在ポスターも区広報も行つていないが、毎年新入生数、在籍数もトップを占めている。これは、新聞、ＴＶ、ラジオに荒川九中の記事や紹介が多角的になされ知名度が高いためと思われる。

〔Ｐ〕 新入生の入学経路 （表１参照）

〔Ｃ〕 新入生の概要（表２）

① 新入生徒数（月別）	4月 56人	5月 6人	6月 3人	7月 4人	9月 9人
② 入学学年	1年 35人	2年 22人	3年 21人		
③ 性別	男 49人	女 29人			
④ 年令	12～15才 20人	16才～19才 26人	20才～29才 19人	30才～13人	
⑤ 中学校について	在籍 26人	除籍 17人	入学せず 29人	外地6人	
⑥ 入学経路	官公庁15人	学校 21人	マスコミ 18人	縁故 21人	他3人

0　10　20　30　40　50　60　70　78→人数

① 生　徒　数

新年度開始時の４月に都七校で５６名の生徒が入学している。４月～９月までの全新入生７８名のおよそ$\frac{3}{4}$がこの月に集中している。

４月に入学した生徒の経路で目立つものは、在籍中学校の先生からが１２名、区教委からが９名、知人に教えられてが９名で、新年度開始という区切りの良さを契機として、それぞれ適切な助言と指導を受け、夜間中学の門をくぐつている。

② 新１年生について

新１年生が半数に近い３５名を数えている。その内訳は次のようになつている。

イ．年　令

２０才～２９才が１４名で最も多く、次に１６～１９才の１１名、３０才以上が４名もいて所謂る過年児と云うべき生徒が計２９名を占めている。中学校の学令である１２～１５才が僅か６名であることを考えてみると、夜間中学生の年令の高さが一向に衰えをみせていない。近年、外地（韓国、ブラジル、中共）からの引揚者が増加している傾向が夜間中学からは認められそのため高年令生徒の入学の状態は続くものと思われる。

ロ．昼間の中学校に通学していたか。

昼間の中学校に入学の経験なしが断然多く２６名、昼間の中学で長欠のまま除籍が３名、昼間在籍から夜間中学へ転入が僅かの６名という状態は、いかに多くの義務教育の脱落者が存在しているかの指標となるだろう。

ハ．夜間中学への入学経路

縁故関係（家族、知人、雇主）からの入学が１１名、学校関係（養護学校、通信教育を含む）から９名、区教委からが８名、マスコミ関係から７名という割合で夜間中学に入学している。

③ 全学年の新入生の昼間中学の経験

４月～９月までの新入生７８名の中で、昼間中学校を除籍された者が１７名もいる。昼間の中学校の除籍者を徹底的に追跡すれば、夜間中学へ数多

〔D〕 都夜中七校に在籍する全生徒の入学経路別表 （表３）

４３・９・３０

	註. 1 2 3 年年年 在校生 新入生	1 都教委	2 区教委	3 福祉事務所	4 児童相談所	5 都立研究所	6 都民相談室	7 警察少年係	8 小・中学校	9 養護学校	10 各種学校	11 都広報	12 区広報	13 ポスター	14 TV・ラジオ	15 新聞	16 雑誌週間誌	17 家族	18 知人	19 届主	20 その他	計	総計（在籍数）
足立四中	在		2	2 1					1									3 1	1 1 4	1 2		19	28
	新		3						1						1			1	1	2		9	
八王子五中	在								2 4 2						1				1 1	1		12	20
	新								1	5								1	1			8	
双葉中	在			1					1 2							1		2 3	1	1		12	20
	新			1		1 1			2										1 1		1	8	
曳舟中	在			1					3 1							2	1	2 1	1 1 3			16	26
	新		2	1					1 1 1					1				1 1	1			10	
糀谷中	在		2						1 5		1				4	1		3	2 1	1		21	34
	新		3						2				1		1 2		1		1 1 1			13	
新星中	在				1				1				1	1	1 2	3 2	1	1	2 5	1 2 1	1 1	27	40
	新		1 1						1 1				1	1	1	3	1		1		1	13	
荒川九中	在	1 1	2 3	2	1				1 3						4 6	1 3 8			5 2	4		47	64
	新		1						4 1		1				1 1 1		1	1 1	1 1	1 1		17	
小計（学年別）	在	1 1	2 7	3 1 3	2				5 8 14		1		1	1	10 8	1 8 12	1 1	10 6	3 11 17	2 8 4	1 1		
	新		8 1 2	2		1 1			3 9 4	5	1		1 1	1 1	4 3 1	3	1 2	2 2 2	5 3 3	2 1 1	1 1		
小計（経路別）	在校生	2	9	7	2				27		1		1	1	18	21	2	16	31	14	2	154	
	新入生		11	2		2			16		1		2	2	8	3	3	6	11	4	2	78	
計		2	20	9	2	2			43	5	2		3	3	26	24	5	22	42	18	4		232
ブロック別計		官公庁関係 35							学校関係 48			マスコミ関係 61						縁故関係 82					

A−109〜A−110

表4

〔E〕 マスコミ関係により夜間中学を知り、入学した生徒（表4）

43. 9. 30

	区広報実施	ポスター実施		11 都広報	12 区広報	13 ポスター	14 TV NHK					14 ラジオ NHK				15 新聞 朝日				16 雑誌			(20) その他 写真展		計	総計
							NHK	TBS	フジ	NET	（不明）	NHK	文化	関東	（不明）	朝日	毎日	読売	（不明）	雑誌	週刊誌	（不明）	写真展	都便利帖		
足立四中	○	○	在																							1
			新									1													1	
八王子五中	△（43年11月）	×	在								1														1	1
			新																							
双葉中	○	△（旧校舎部）	在															1							1	1
			新																							
曳舟中	×	○	在															2				1			3	4
			新			1																			1	
糀谷中	○	○	在				1	2			1								1						5	10
			新		1		1			1					1							1			5	
新星中	○	○	在		1	1		1			1				1	2		1	2			1	1		12	20
			新		1	1								1			2	1		1				1	8	
荒川九中	×	×	在								3		1		6		3	1	8						22	26
			新						1		1				1						1				4	
小計			在校生		1	1	10					8				21				2			(1)		43(1)	
			新入生		2	2	4					4				3				3			(1)		18(1)	
総計					3	3	26									24				5			2			63

〔F〕 生徒の見たマスコミの内容（表5）

	内容
TV	おはよう日本
	木島則夫モーニングショウ
	カメラレポート
	カメラルポルタージュ
	カメラは見た（夜間中学生）
ラジオ	ニュース
	ラジオ人生相談
	婦人の手帖
	人物登場（私は夜中の教師）
	不明（夜中生の手紙）
新聞	卒業の記事
	生徒募集の記事
	婦人欄
	生徒激励会（卒業を前にして）
雑誌 週刊誌	美しき10代
	週刊現代
その他	写真展（藤崎氏個展）
	都便利帖（夜間中学）

A−111〜A112

くの入学者を迎えることができるだろう。今後の募集対策として大きなる問題点である。

④ 夜間中学への入学経路（全学年）

官公庁関係（公共機関）からの入学者が１５名に過ぎないのは、長欠者に対しての指導、対策がよくなされていないのではないだろうか。東京都の昭和４１年度の小中学校・長欠者は6490名を数えている（東京都教育庁統計昭４１版による）。都教委をはじめ区教委や現場の中学校教師は、夜間中学と協力しあい積極的な長欠者救済の措置を講じていかねばならない。

〔D〕 都七校に在籍する全生徒の入学経路（表３参照）

① 昭和４３年９月３０日現在、都夜間中学七校に在籍する生徒は総計232名。このうち本年度の新入生は７８名（３３.６％）を占めている。

② 全生徒の単独の経路では、経路No.８の小・中学校が計４３名で最高数をマークしている。この経路が第１位になつたことは、夜間中学の存在が昼間の中学教師に周知されてきたことと、夜間中学の過去の実績が認められてきたことが考えられる。次は知人から夜間中学の存在を教えられ入学してくるケースが４２名もある。会社の同僚、近所の人、小学校の同窓生、夜間中学の卒業生など、いわゆるクチコミの影響も見逃すことの出来ない要素であろう。ただ、ここで考えなければならないことは、夜間中学の卒業生を除いた同僚や隣人たちが、夜間中学を何によつて知つたかと云うことであるが、勿論マスコミの力であることは疑いのない事実である。しかし本調査の主眼はあくまでも夜間中学入学への動機、つまり「何によつて夜間中学を知り、何を経て入学してきたか」を基本線としている。したがつて新入生個々の経路が多岐にわたり判定をしかねる場合、例えば新入生の一人が

ポスター（を見て夜間中学を知る）→新聞（に夜間中学生の記事があり心が動く）→知人（同僚に夜間中学を勧められ決心がつく）→入学

というケースは、入学への直接の動機ということで経路は「知人」になつている。

しかし、この場合でも、以前にポスターや新聞で前知識があり、本人自身が入学についていろいろ考えていたからこそ、知人の勧めによつて容易に入学できたといえよう。

③　マスコミ関係では、ＴＶ・ラジオと正確で広域的な報道力のある新聞などで、計５０名の生徒が入学している。このように生徒の入学の動機づけについてはマスコミの威力を認めないわけにはいかない。裏返えして云うならば、もつとこの種のマスコミ機関を利用しなければならないとも云える。ポスター、区広報の各３名は表面上の数字は少数であるが、多くの人々の心の中に潜在的に夜間中学を認識してもらう役割を果している。

都広報については、過去に一度も夜間中学の記事が載つていないので、現在、都に交渉の段階にある。

〔E〕　マスコミ機関により夜間中学を知り入学した生徒（表４参照）

〔F〕　新入生の見聞したマスコミの内容（表５参照）

①　ＴＶ・ラジオ

マスコミ関係で大きい効果のあつたＴＶ・ラジオでは２６名の生徒が入学を動機づけられている。見聞きした内容では「カメラルポルタージユ」、「カメラレポート」、「カメラは見た」など、ドキユメンタリー・タツチな作風が見る者の心を捉えている。中でも、荒川九中二部ＯＢの髙野氏を主柱とする１６ミリ自主製作記録映画「夜間中学生」はＴＶ局のネツトワークに乗り全国に紹介され、多くの人々に感銘を与えているようである。ラジオでは「夜間中学生の手紙」、「ラジオ人生相談」などを聞いた新入生もいる。

②　新聞による効果

新聞記事も２４名と多数の入学生を夜間中学へ入学させている。毎年３月、卒業式の記事を有力新聞に掲載してもらつている新星中、荒川九中、八王子五中、曳舟中では、この記事を読んだ長欠者のうち何名かは必らず入学してきている。実例をあげると、新星中では８名で朝日、読売、毎日の三

紙に各２名、紙名不詳２名である。荒川九中では昭和３８年から現在まで、読売を中心として卒業生の記事を欠かしたことがない。

③　その他

夜間中学を題材として撮影した写真家藤崎氏の個展を見て入学してきた生徒。都民便利帖（夜間中学の項）を見て入学した生徒などもあることに注目したい。

ま　と　め

今後の広報活動はいかにあるべきか。

①　区広報を都広報に拡大する

現在行なわれている区広報は、新星中、糀谷中の二校が他区にまで依頼し生徒募集の記事を出しているが、足立四中、双葉中は所属区のみの広報で終つている。現状では四校合わせても都内２３区の半分をカバーしているに過ぎない。

また八王子五中でも本年１１月より市広報に夜間中学の紹介と募集記事を出したが、広大な三多摩地区をカバーできるものではない。ここで問題となるのは、広報の行き届かない地域に居住する義務教育未修了者や長欠者を見捨てておくことになり、教育の機会均等を甚だしく阻害していることである。

今までのように学校単位で個々に広報活動を行なつている状態から脱却して、全都的な視野でＰＲできるよう一日も早く一本化していかねばならないことを東京都夜間中学校研究会は今春の大会で決議し、そのためには、都夜中研が主体となつて都教委に働きかけ、夜間中学生募集については当然都の長欠対策の仕事の一部としてとりあげて貰いたいと考えている。

また、各区で実施している夜間中学生募集のポスターも、都の夜間中学校七校全部を列記した形にし、都内全域に掲示したい。夜間中学入学希望者が、何処に住みまたは勤めていても、自己に至便な夜間中学を撰べるようにすべきであろう。

③　ＴＶ、ラジオ、新聞の積極的な利用

夜間中学に入学の動機づけを与える最も強力な手段はＴＶや新聞であることはすでに述べた。毎年３月の卒業期に各新聞社が一斉に夜間中学の卒業式風景を紙上に取り上げているが、この記事の影響力は大で、義務教育未修了者の胸に勇気と希望を与え、夜間中学の門をたたく者が多く、この調査は夜間中学の存在が、夜間中学入学希望者に周知されゝば、常に入学の可能性が出るという、夜間中学の現場の教師の声を端的に裏書きしている点で貴重であり、昼間の義務教育への就学が、教育委員会という公的機関を通して行われていることと対照的である。つまり、夜間中学は、依然として日蔭の中学校なのである。

懇談資料 No. 1

全国夜間中学校研究会15年の訴え

全国夜間中学校研究会（第五回大会迄は全国中学校夜間部教育研究協議会）は、昭和29年11月19日（金）、20日（土）、京都市教育委員会と京都市立中学校二部学級研究会が主催し、京都府教育委員会、京都市立中学校校長会が後援して、京都市立洛東中学校で、次のような趣旨で、第1回の大会を開いた。「中学校不就学生徒を救済し、義務教育を完遂するための、対策としての中学校夜間部教育の実態と方法とを研究協議し、これが改善を促進して、日本教育面の新生面を開拓し、これに寄与せんとするものである。」この大会を昭和29年11月20付の毎日新聞、京都市内版は「陽かげの学校（夜間中学）から解放を、切々訴える法制化」との見出しでトップ記事としている。第1回の京都での大会は、次の各校が貴重な研究の発表をおこなっている。駒ケ林中（神戸）、京都代表校、崇広中（三重）天神山中（名古屋）、城南中（新宮）、大社中（西宮）、小田南中（尼ケ崎）、東市中（奈良）、曳舟中、立川三中、糀谷中、足立四中（東京）。またこの大会では、「生活保護法による教育扶助費の取扱いについて」「夜間部生徒の就職進学対策について」の談話題と、実に、12項目の協議がおこなわれている。

1. 夜間中学校の法制化の問題
2. 定員確保の問題
3. 予算確保の問題
4. 特別学級の運営について
5. 給食制度の問題
6. 卒業認定について
7. 学習形態と学習効果について
8. 学習意欲のない生徒に対する教育的関係の成立について
9. 就学対策について
10. 出席率の向上の方法
11. 父兄啓蒙の具体的方法
12. 不就学の主原因たる経済的貧困と、この対策について

これらの協議の他に、講演が二つ。京都大学部教授 鯵坂二夫氏の「中学校における学習の基

本問題」と、西京大学助教授、寺本喜一氏の「学校の社会事業について」の二つであった。この二日間の大会の内容は、次のような「中学校夜間学級の法的措置に関する陳情書」となって関係各方面に訴えられたのであった。

> 中学校夜間学級の法的措置に関する陳情書
> 全国中学校夜間教育研究協議会

陳　情　書

中学校夜間学級の法的措置に関する陳情書

現今日本最大の課題は各国との友好の下、真の独立を確立するにあり、その根底に培うものは国民教育の振興にあると思います。

ひるがえって完成義務教育である中学校教育の現状を見るに発足日なお、浅きに比し多大の効果をあげつゝあるのは慶賀すべきも一面教育基本法並びに学校教育法において教育の機会均等は明らかにされているにもかかわらず全国に不就学の不幸な青少年が現在15,6563人の多きに達しているのはまことに遺憾であります。

われらはこの現状を見るにしのびず夜間学級を設けて主として経済的事由による不就学生徒を収容し中学校義務教育の完遂に努力して今日まで相当の成果をあげ得たものと確信しております。

今般全国中学校夜間学級設置校関係者約80名京都市に相会し各方面に亘って慎重に研究討議したる結果中学校夜間部教育の法制化の問題につき総意を結集して之が実現を切望する次第であります。ついては教育の機会均等を実現し一人たりとも不幸な不就学中学生をなからしむるため貴下の格別なる御高配を賜わるよう衷心より陳情申し上げる次第であります。

学校教育法第25条第75条を次のように是正又は追項することを切望いたします。

「前言」　　夜間学級法制定化の問題解決

現行中学校（昼間）に対して新しく夜間中学校を設立して夜間学級の経営難を排除するということではない、しかし夜間学級という既成事実から生ずる難問題、例えば定員の確保予算の獲得施設設備の充実就学の奨励等について各都道府県地方教育委員会のこれが実施を更に助成し、これが運営に支障なからしめるためには自ら関係現行法の不備を是正したり或は新しく法制の裏付を確立することが先決となる。

「本旨」　　現行関係法不備の是正と追項

（1）　学校教育法　第25条の是正

本行訂正　　経済的理由によって就学困難と認められる学令児童並びにその保護者に対しては市町村は必要な援助を与えなければならない。

（説明要旨）

「学令児童の保護者」という表現は「学令児童をもつ保護者」という意味に解せられて保護者が主体となる。今これを訂正文の如き表現に変えるならば児童と保護者を一応切っても考えられる。従って例えば就学奨励費、生活保護法による教育扶助費等の支給が学校渡しに集約されて支給の主旨に即することになる。

(2)　学校教育法　　第75条の追項

小学校中学校及び高等学校には左の各号の一に該当する児童及び生徒のために特殊学級を置くことができる。

1. 性格異常者　　2. 精神薄弱者
3. ろう者及び難聴者　　4. 盲者及び弱視者
5. 言語不自由者　　6. その他の不具者
7. 身体虚弱者

本項追項　　8. 経済的理由による就学困難並びに嫌学等を原因として著しく進学の遅滞をみるおそれのあるもの

（説明要旨）

第25条の是正に伴い第75条7項に8項を追補し、更に明確を期する。尚7ケ項の行文に比し8項の行文は長きに失するのであるが、かような主旨を強調するのであって之が適切なる字句行文については受ける側の配慮を望む。

以　上

昭和30年2月

全国中学校夜間部教育研究協議会
会長　伊　藤　泰　治
東京都足立区立第四中学校
（足立区梅島町10番地）

○第2回　昭和30年11月4日〜5日

東京都足立区第四中学校講堂

主　題　　不就学生徒救済と夜間学級の充実について。

〔研究発表〕

1. 地方民が盛り上げたる二部学級について。（東京双葉中・臼倉甚八）
2. 義務教育を履修するに困難な事情にある生徒救済の途。（名古屋東港中・福岡綱平）
3. 本校夜間学級生徒の環境及び生活と本校長期欠席生徒の実態他。

（京都・朱雀中・岡本武雄）

4. 京都市二部研究会における本年度共同研究結果概況

〔協議題〕

1. 第二部学級生徒のしつけ方に対する悩み及びそれについての効果的且具体的な指導方法を承りたい。（広島代表）
2. 準貧困学令児童生徒に対する就学奨励費について国庫補助の道を開かれたき旨の建議

（京都代表）

3. 給食の問題　（名古屋代表）
4. 長欠不就学生徒を部学級に勧誘する具体的方法　（横浜代表）
5. 不就学生徒の救済と夜間学級の充実について。（東京代表）

○第3回　昭和30年　月　日

名古屋市

〔研究発表〕

○夜間学級生徒の疲労の研究（東京・新星中）
○欠席原因調査から見た夜間学級教育と生活指導（名古屋・東港中）
○学校教師と地域社会の協力（奈良・若草中）
○同和教育と夜間学級経営について（新宮市・城南中）
○二部学級と産業教育（京都・皆山中）
○本校夜間学級6カ年の歩みと現生徒の実態（洲本・由良中）
○本校二部教育課程について（横浜・西中）
○二部概要（広島・二葉中）

〔大会決議宣言〕

1. 夜間二部学級関係教職員の定員数を確保されたい。
1. 夜間二部学級の就学奨励費による財政援助を強化されたい。
1. 夜間二部学級の特殊性にかんがみ、夜間二部教師に対する訪問教師及び夜間部主事の資格を付与する制度を確立されたい。
1. 夜間二部学級生徒の健康を守るため無償給食を実施されたい。

○第5回　昭和33年10月24〜25日

福岡県学校給食会館

主　題　　中学校夜間部教育の推進について

〔研究発表〕

1. 学習指導の問題（広島・観音中。横浜・西中。福岡・東光中）
2. 基礎学力の向上について。（兵庫・尼崎中。東中。横浜・平楽中。広島・二葉中。横浜・戸塚中）
3. 複式学級における学習指導法について。（横浜・浦島丘中、平楽中、蒔田中、戸塚中。福岡・山田南中）
4. 性向調査（東京・八王子五中）
   ○クレペリン検査結果に対する一考察（東京・糀谷中）
   ○諸診断テストの結果について（福岡・東光中）
5. 本校の道徳教育（名古屋・天神山中）
   ○二部生徒と外部生徒との交遊関係（横浜・西中）
   ○学校と家庭との結びつきについて（横浜・西中）
6. 人格的知能的発達程度に著しい差異を持つ生徒の集団指導（福岡・宇美中）
   ○虞犯少年の生活指導について（横浜・蒔田中）

○第6回　昭和34年10月16日〜17日

東京都大田区立糀谷中学校

（この大会で、全国夜間中学校研究会と改称）

主　題　　不就学生徒の救済と夜間中学教育の推進

〔研究発表〕

1. 不就学問題とその分析（横浜7校）

2. 二部学級生徒の情緒安定と成績について（京都１１校）

3. 夜間中学校の給食の現状（東京・荒川九中）

4. 平均と標準偏差の簡便正確な算出法（東京・双葉中）

5. 性格について（東京八王子第五中）

6. 生活記録に即した生活指導の実際（福岡・東光中）

7. 生活上の問題とその指導（名古屋・東港中）

〔協議題〕

1. 欠席勝ちの生徒に対する出席督促について（横浜）

2. 生徒の成績評価について　（名古屋天神山中）

3. 福祉教師（主として訪問教師）設置を要望する（京都１１校）

4. 常設研究活動組織（東京・双葉中）

5. 不就学生徒の解消についての方途（福岡・東光中）

〔談話題〕

1. 二部学級に入学する生徒の質的な変化に対応して夜間二部学級の教育は如何にあるべきだろうか。（名古屋・東港中）

2. 中学校夜間部に対する地域社会の協力について承わりたい（横浜・共同）

3. 三省に、夜間中学を設置しない地方及び都市の不就学長欠生徒対策を問う（京都１１校）

4. 二部学級に複式単級手当を支給されたい（京都１１校）

5. 夜間中学生のための健全な娯楽（東京・双葉中）

6. 就学対策について（東京・立川三中）

7. 夜間部生徒を疲れさせずに（心身両面）就学させる方途について（川崎・塚越中）

8. 教科書貸与、二部手当の名称を変えて税の対象にならないような方法を考慮、出席督励、給食代補助、専任設置（横浜・戸塚中）

9. 法制上の問題、定員確保の件（尼崎・明倫中）

10. 在学生徒の就職世話はどのようにやっているか。家庭への生徒の成績通知はどのような仕方でやっているか。（名古屋・東港中）

○第７回　昭和３５年１１月１１日〜１２日

京都アメリカ文化センター

主　題　中学校夜間部教育充実について

B 6

〔研究発表〕

1. 漁労に従事する子供等の労使関係と教育について（横浜・浦島丘中）

2. 通学区域と性道徳の問題（福岡・宇美中）

3. 生活記録に即した生活指導（福岡・東光中）

4. 夜間中学における訪問（福祉）教師について－背景、役割、実施効果の一例－（東京都共同）

5. 学習能力の実態とその指導について（名古屋・東港中）

6. フリッカー値による夜間生徒の疲労度について（京都市共同）

〔協議題〕

A　対外対策に関して

1. 夜間中学を法制化するには如何にしたらよいか、夜間部主事を教頭としての資格とすることについて（広島・観音中）

2. 地方公共団体よりの予算措置の強化について（福岡・東光中）

3. 教育委員会の夜間部に対する関心をどう高めていくか（横浜・浦島丘中）

B　学習指導について

1. 学力差のはなはだしいクラスの指導法について（福岡・宇美中）

C　就学奨励に関して

1. 不就学生徒の現状とその対策について（京都市共同）

2. 生徒募集の効果的方法について（名古屋・東港中）

D　総　括

1. 夜間中学教育の充実について（東京都共同）

○第８回　昭和３６年１０月３１日〜１１月１日

東京都南多摩高校

主　題　不就学生徒の救済と夜間中学校教育の推進

〔研究発表〕

○夜間中学生徒の通学理由の原因分析の実態

○貧困における家族共同的保障の問題について

○社会不適応非行少年と交渉を絶ち切ることができない夜間学級をどのように指導するか。

○夜間中学の実態と問題点について

○ギルフォード性格テスト

B 7

○東京都夜間中学生の学力知能性格の一面

○我が校の実態

○夜間中学校の視聴覚教育について

○夜間中学校の図工科教育について

〔 協議題 〕

○主事制の確立について

○事務職員の設置について

○就学対策及び就労状態について

○夜間中学と年少労働の問題

○出席督励について

○全国大会の持ち方について

○会則一部変更について

〔 談話題 〕

○不就学対策について全国的にどんな傾向かうけたまわりたい。

○各省は夜間中学をどうお考えになっているか

○非行青少年に妨害されつつ授業してきた実情

○第9回　昭和37年10月26日～27日

横浜市開港記念館

主　題　夜間中学校の問題点および今後の研究会の組織と運営について

〔研究発表〕

○全国夜間中学校生に関すく実態調査　（京都朱雀中、市河）

(A) 家庭について　(B) 通学について

(C) 職業について　(D) 心境について

(E) 今後について

〔 協議題 〕

1. 夜間学級の性格ならびにその教育の在り方を再検討する必要はないか（名古屋・東港中）
2. 夜間学級の学級定員および教員定数の算定は、どのように定めて実施されているか、その実状をうけたまわりたい（名古屋・東港中）
3. 不就学対策について全国の状況をうけたまわりたい。（横浜市）

〔 談話題 〕

○夜間中学校を三省はどう考えているか

○東京都における夜間中学校の経費確保について

○東京地区における夜間中学の現況について

○東京都における生徒減少の傾向について

○今後の全国大会のありかたについて

○第10回　昭和38年10月25日～26日

名古屋市教育館

主　題　最近における夜間中学校の実態と指導対策について

〔研究発表〕

1. 全国夜間中学校の学校調査結果について（名古屋・東港中）
2. 全国夜間中学校生徒の通学理由発生の原因と過程の分析（京都朱雀中）
3. 京都市における長期欠席生徒の実態とその没落過程の分析（京都市二部研）
4. 義務教育の完全実施上夜間中学を不可欠とする理由（東京・双葉中学）
5. 夜間中学における問題の多様性とその指導効果について（横浜・中学校夜間部主任会）

〔 協議題 〕

1. 長欠不就学対策としての生活指導専任職員の設置問題（東京・糀谷中）
2. 夜間中学校の法制化運動について（東京・双葉中）
3. 不就学生徒をとりまく社会的障害の解決策如何（横浜市校長会）
4. 生徒数漸減傾向に対する方策如何（名古屋・天神山中）

○第11回　昭和39年11月13日～14日

京都市家政学園高等学校大島会館

主　題　夜間中学における指導の現状とその充実について。

不就学、長欠生徒と今後の夜間中学

〔研究協議題〕

1. 学習指導について

○二部経営の概要（東京・曳舟中）　○学力充実のための現状（東京・曳舟）

○学年差、能力差の著しい生徒の学習をいかに効果的に進めるか（名古屋市共同）

○学習指導の問題（神戸・丸山中）

○全国夜間中学校の学校調査について（全夜中研研究部）

○夜間中学校における学習指導と生徒指導の個別化について（横浜地区共同）

2. 夜間部教育について（その一）

○東京都の夜間中学校生徒募集の方法（東京・新星中）

○二部学級生徒のリハビリテーションについて（京都市共同）

○二部学級の問題点（京都市共同）

○夜間中学存在意義に関する提案（京都朱雀中）

3. 夜間部教育について（その二）

○指導効果をあげるために教師の待遇如何（横浜地区共同）

○夜間学級と部落問題（京都・泉ケ丘中）

○第12回　昭和40年10月29日～30日

神奈川県立社会教育会館

主題　夜間中学校の現状を解明し、特に指導上の問題点を究明する

〔研究発表〕

（この大会では、研究発表の項目はなく、分科会での研究事項となっている）

○個人指導の徹底（中間報告）（東京・荒川九中、見城）

○夜間中学生徒の健康と保健（京都朱雀中、市河）

○横浜市夜間中学における生活指導について（横浜共同）

○東京都世田谷区立中学校の長欠実態調査（中間報告）（東京・新星中、上田）

○夜間中学校の存在意義（東京共同、広江）

○生徒募集を如何にするか（名古屋天神山中、丹羽）

○第13回　昭和41年10月28日～29日

八王子市立第五中学校

主題　夜間中学の問題点を解明し、夜間中学の内容を充実する方策について

〔研究発表〕

1. 夜間中学生と地域社会の協力について

2. 国語教育の実践（作文指導）（東京荒川九中）

3. 学習指導にシンクロファックスを使用を試みて。（東京・荒川九中）

4. 夜間中学生の入学に関する調査（東京共同）

○第14回　昭和42年11月1日～2日

東京都大田区立教育センター

主題　夜間中学の現状を再確認し、その必要性を解明する。

〔研究発表〕

1. 夜間中学と生徒の入学　ー東京・新星中学校二部の場合（東京・新星中）

2. 運動能力テスト結果から夜間中学生の体力問題を考える（東京・曳舟中）

3. 東京都夜間中学校卒業生追跡調査報告（東京共同）

4. 夜間中学生の生活指導上の問題点（東京共同）

5. 夜間中学生の能力実態　ー　知的能力と計算能力（東京共同）

懇談資料No.2

昭和43年4月12日（金） 第58回国会 参議院予算委員会第四分科会で、参議院議員山高しげり氏の夜間中学校についての質問に、文部省が正式見解を表明した会議録

○山高しげり君

私は夜間中学校について少しお伺いをしたいと思います。

41年の秋に、行政管理庁から文部省へ、夜間中学校をなるべく早く廃止をするよう指導をすることというような勧告が行なわれたようでございますが、そのことにつきまして、その後文部省としてはどんなふうにお考えいただいておるでしょうか。

○国務大臣（灘尾弘吉君）

夜間中学の問題は前々からの問題で、山高先生にもいろいろ御心配をいただいておるわけでございます。この夜間中学を合理的に整理していくといいますか、解消していくということで、文部省としても努力しなければならないと思っております。その状況等につきましては、所管局からお答えいたさせます。

○政府委員（天城勲君）

これはもういまさら申し上げるまでもないことで、義務教育において夜間授業を受けるということは好ましくないという前提で、いままでいろいろ措置をしてまいっておるわけでございますが、最近の状況をちょっと申し上げまして、いろんなこの中からわれわれの考えておることを申し上げたいと思いますが、これは当初のころは正確な数が必ずしも明らかではございませんでしたけれども、昭和28年度に約3,000人の夜間中学の生徒がおりました。その後いろんな方面からこれの解消に向って努力をしてまいったわけでございますが、42年度で21校466人という数字をわれわれは持っていたわけでございます。ここ数年の間にも遂次減っておりまして、学校も毎年減ってきておるような状況でございます。これは本来学令期にある生徒でございますので、当然昼間の就学をすべきでございまして、そのために必要な就学援助の措置はできるだけ広げてきておるわけでございますけれど、なお、現在466名の夜間中学生がいる。ただ、これの実態を全面的に把握しかねておるのでございますが、たとえば東京の例で申しましても、夜間中学におります生徒が257名おるわけでございますけれども、いま学令期にあります生徒は56名で、それ以外はみんな年令超過者でございます。この学令者につきましては，できるだけ諸般の処置をしながら，昼間に就学するように、各地でも努力していただいておるわけでございますが、実はこの年令超過者の問題は、本来の学令者の中学教育と違ったような意味を持ってきておりまして、過去においては不就学の状態であったとか、あるいは義務教育を修了する機会を逸したとかという人たちが、その後いろいろな関係から義務教育の修了だけはしておきたいということで来ておられる方もあるものですからこの問題は二つに分けて考えなきゃならぬと思っております。特に学令期にある子供につきましては、先ほどもちょっと申し上げましたように、主として経済的な面からの援助と、それから昼間の学校に行くことについての指導というような、両方を進めているのが現状でございます。

○高山しげり君

まあ28年の3,000人が現在466人まで減ってきた。たぶん28年のころにこのことが問題になりましたのは、不就学、長欠生徒というような問題から起こってきたように思いますけれども、いろいろな御努力もあり、またはほかの事情でだんだん減ってきたことは、それはそれでけっこうでございますが、なるべく早く廃止をするようにという指導をせよという勧告に対しまして相当の御努力があって減ったのか、自然に減ったのか、その辺があまりはっきりしないように思いますのは現状におきましても、もうこれ以上はなかなか減らせないのではないか。で、その中にはいま御指摘のように、学令の子供と、それから超過をしている子供のその内容にいろいろあるように思うわけでございます。廃止の方向に向って御指導をなさる場合に、具体的にもう少し伺いたいと思ます。たとえば学令の子供には、いまおっしゃったように、昼間に行くように努力をするとか、あるいは経済的な援助云々とおっしゃったのですけれども、もう少しその対策として具体的なものはございませんでしょうか。

○政府委員（天城勲君）

これは、夜間中学校の対策というのは、たいへん矛盾したことをしなきゃならぬような立場がございまして、本来解消すべき方向で努力するならは、少しでも少なくするように、子供の問題もございますし、学校の数も、あるものは減らしていくという努力をしなくちゃならぬことでございますが、同時に教育を受けている以上は、教育をしっかりしてやらなきゃならぬということでこのために、先生方の努力に対しても、労働に対しても報いなきゃならないし、まあもっと現実的なことになりますと、夜間の、冬は暖房の設備も考えなきゃならぬし、需用費も見なきゃならぬ、非常に相矛盾したことを重ねていかなければならないことでございます。どういうこと、どういう方法でということでございますが、これは地域によって、非常に学令児童で夜間に来なきゃならぬ子供の事情が異なっているようでございます。ある場合には、どうしても正規の住民登録を拒んでいるグループがあったりして、昼間の学校に行けない、親がある意味では所在を明らかにしない、することを拒否しているために、どうしてもつかみきれないで、一応先生方がたずねて子供を無理にひっぱってきているというふうな状況もあったりして、この辺の問題は学校問題だけでは卒直に言って解決しかねる問題だと私は思っております。

それから、年令超過者の問題につきましては、これはあるいは制度といたしましては、昔の尋常小学校あるいは国民学校の初等科六年の時代、義務教育6年の時分に修了した方々が、いまの時代だから自分も中学校教育を受けたいということをあとで考えて勉強されている方があるわけでございまして、これは実は制度的には新学制に移り変わるときから十分予想されたことでございまして、いわゆる中学校の通信教育という制度を残しておるわけでございます。現在も非常にわずかではございますが、東京と大阪では義務教育の中学校の通信教育を、先ほども申しました昔の尋常小学校と国民学校初等科修了者を対象として開いておるわけでございます。したがって、年令的には当時のあれですから三十四、五才以上の方になると思うんですけれども、こういう道は一応残してあるんでございますけれども、何らかの理由でそれ以後の人たちでも、何らかの形で義務教育を終えてないという人たちが再び勉強したいと、資格だけははっきりしておきたいという理由で来た者を拒むことはなかなかできないものですから、現在のところ、一方では学令期の子どもをできるだけ昼間に回すという努力はいたします。いたしますが、絶対に皆無になるかどうかにつきましては、教育的な努力だけでは私は限界があるのではないかと卒直に思っております。それから一方、高年令者の問題につきましては、だんだん数が減るとは思いますけれども、いまこの中学校を開いている段階で、これらの人を拒むということもできませんので入れておりますが、行く行くは成人講座、あるいは先ほど申しました通信教育その他の方向にだんだん解消していかなきゃならないのじゃないかと、このように思っております。

○山高しげり君

廃止の方向へ向かってまいりますのに、たとえば行管の勧告の文章の中にも「福祉事務所など関係機関との連けいを密にして保護措置を適切に行ない」云々と、確かに文部省だけで片がつく問題ではなさそうに思いますけれども、いまお話の中で、やはり対策について矛盾を感じるものがあると卒直におっしゃったわけでございますけれども、教員の処遇とか、それから暖房設備等のようなもの、そういう問題はそれでは考えなければならないけれども、これだけ考えてこういうふうに実行したというような内容があるんでございますか、ないんでございますか。

○政府委員（天城勲君）

これは全国的な状況でございますが、この夜間中学、現在２１校ございます。４６６人、これに対して１５７名の先生が特に当たっておられます。そのうち５７名の先生が特に当っておられます。そのうち５６名が夜間専任になっておる。したがって、普通の場合よりもこれだけ余分に教員をその中学に配当しているという形になっております。それから、一部は昼間の先生が兼任という形でやっておられます。したがって、こういう教員の設置ということが、夜間中学のために、これは何ということばを使ったらいいんでしょうか、必要やむを得ずということになるかもしれませんけれども、置いているわけでございます。そしてまた、夜間でおやりになるために、これは地方によって若干違うのでございますけれども、制度的に明らかに一律のものではございませんが、大体夜間の授業を担当するために、高等学校の定時制と同じようなまあ７％の手当を出すというような措置をいたしております。これは府県によって措置のしかたは異なりますけれども、そういう教員給与の問題、それから需用費といたしましては、施設は昼間の学校を使いますけれども、夜間でありますと、やはり暖房費とか、光熱水道、その分だけ校費で負担しなければなりませんで、東京の例で申しますと各区がこれを負担しているというような事情でございます。それからなお、これも場所によるのでございますけれども、夜間のために給食の問題が起きているため、給食費の補助ということをやっている地域もございます。

○山高しげり君

夜間の給食費の補助なんか、やはり東京の場合は区がやるわけでございますか。

○政府委員（天城勲君）

私、東京で知っているところでは、荒川の例で、区が負担しております。

○山高しげり君

文部省といたしましては、42年度が２０年の戦後教育の総点検の年とかいうようなお話も承ったのですけれども、４１年に勧告が出ておりまして、もう４３年度に入ったわけでございますけれども、総点検をなさいました中で、当然この夜間中学問題というものも浮かび上がってきた一つではないかというふうに考えるわけです。それを廃止の方向へ持っていくためには４３年度において文部省はどんなふうな努力をなさるという、そういう具体的なことはないわけですか。ただ自然にだんだん減るからそのうち減るだろうということでございますか。

○政府委員（天城勲君）

いま４２年度総点検ということをおっしゃいましたけれども、時期がそういう時期だろうと思うのでございますが、実は私たち、この43年度に夜間中学について具体的にどうするかという具体策を、率直に言って、持っておりません。ただ43年度にわれわれが、いま先生がおっしやった点検という意味では、非常に地域的に教育上困難な条件のあるところが出てまいっております。その条件が地域によって非常に違っております。よくいわれますように片方では過密化すると同時に片方では過疎という現象が起きている。また過密の中にいろいろな条件がございます。一方産炭地というような特殊な経済条件を持っている地域もございますし、僻地も、――実は従来から僻地のこれは具体的には級別指定の再検討という宿題を持っておりますので、こういういろんな教育上困難な条件を持っている地域について、かなり文教行政の地盤になるようなものを含めてまさに総点検をいたしたいという計画は持っております。その上で各地域に即した措置をいたしたいと思っておりますが、特に都会におきます夜間中学の問題も、当然いま言った広い意味でのそういう教育の困難な地域における教育の中に入っておるわけでございますが、具体的に夜間中学だけをどうするかという具体策までまだきめておりません。

○山高しげり君

産炭地の子供たちの悲惨な実情も私ども幾らか知っているつもりでございますけれども、お話に出ました僻地の子供の問題も同じようなことではありますけれど、私の知っているある教師は、僻地に数年間勤務をいたしまして、最近自分から志望をいたしまして大都会の夜間中学に勤務をしている人がございますけれども、その教育の実情については、とうていその僻地の困難性と夜間中学の仕事のむずかしさとは比べものにならないということを言っておりました。まあ、それはただ一人の教師の発言でございますけれども、数は少ないのですけれども、そうして確かに学校教育法にもないものが存在しているということ。私も何でも夜間中学を残しておきたいとは思いません。あそこに学んでいるあの子供たちが、あの人生をあの幼い年令に背負いながら進んで学んでいるという実情に対して、あの子たちがあの生活から抜け出すことが一日も早かれと祈る意味で、文部省の御当局にもぜひひとつあたたくこの問題を解決していただきたいと思います。で、それに関連して、一、二申し上げたいわけでございますが、この中学卒業程度認定試験というものがございますね。

○政府委員(天城勲君)

はい、ございます。

○山高しげり君

ございますね。それはその義務教育の猶予とか免除とか受けた者に限るわけでございましてその資格でございますね―― 試験を受ける資格 ――それは夜間中学在籍者にはその資格がないと聞きましたが、そのとおりでございますか。

○政府委員(天城勲君)

これは制定の趣旨が、御案内かと思いますけれども、主として身体上の理由でもって通学できなくて、中学義務教育をやれない子供たちに家庭でかなり勉強している子供たちがおるので最終的に義務教育の修了を認定するという意味から始まったのが目的でございまして、42年――昨年始めて発足したものでございます。したがっまして、実はこれを始めて実施いたしてみたのでございますけれども、いろんな予期しない人たちの希望も出てきておりますけれどもこの制度は、受験資格が15才以上の者、ということは、15才以下の者はたてまえとして本来中学校に就学すべきである、しているはずだと。制度上、就学できない者ははっきり理由が明らかで免除ないし猶予になっているのだから、そういう人たちが満15才までにその条件が回復できないで、したがって中学校をやれない者に対してそう道を開こう、こういう考え方なものですから、いま15才以下の者が当然中学に入る、こういう前提でおりますので、まず年令上の一つの問題がございます。それと同時に、いま当然猶予、免除を受けている者、こういう前提があるわけです。いまの夜間中学の子供たちは猶予、免除されていない、いわば本来就学している、要するに在籍しているのが一種長欠のような形でもって学校から抜け出してしまったというような子供たちなものですから、この本来の扱いにちょっとのらないわけでございます。

○山高しげり君

おっしゃるとおりではあろうと思いますけれども、そして、たいへん新しい制度ではございますけれども、そういう新しい制度が生まれる契機というものが、やはり正当に義務教育の上にのらない特別な子供たちがいるということから発足をしております以上、身体上の欠陥云々ということでたとえ始まりましたとしても、たとえば夜間中学に現在おります15才以上の子供の中には、おっしゃるとおりに、すでに在籍していたけれども、長欠の結果夜間中学に現在おるというような子供がおるわけでございまして、そこまでこれを拡大していただくというこ

〔副主査退席、主査着席〕

とはできないものか。あるところで文部省のある責任のあるお役人の方がおっしゃったのには、義務を果たさなかった者にチャンスは与えられないと、たえへん冷たいことはとしてそれがその関係者の方に伝わっておりますけれども、私はこういうことは残念だと思いますけれども、どんなものでしょうか。

○政府委員(天城勲君)

いま私、42年に始まったときの趣旨とその実情を申し上げたわけでございますけれども、ちょっと先ほど申し上げましたように、やってみますと、当初予想したよりも以外に、いろいろいろな条件の人が希望しているということがわかりましたので、この制度そのものは、たてまえはいま申し上げたような趣旨でございますけれども、実際問題としてやむを得ぬ事情で就学できなかった人たちが、なお中学校の義務教育を修了したという認定を得たいということでございますから、私は方向として当然含まれていい問題だと思っておるのです。ただ、何と申しますか、本来の趣旨から言って何か矛盾した制度を公然と認めるということも、われわれとして非常にやりにくい点もございまして、最初からいまのたてまえが、ちょうど夜間中学と同じようなちょっと矛盾したことになるもなるものですから、これは免除した者は「やむを得ない場合」ということをたてまえとしているために、だれでもかれでも、中学の教育を受けるわりにこれで認定を受けるのだという形はとりたくないという立場からいろいろ申しましたのかもしれませんけれども、いま夜間中学のまことにやむを得ないという現実に立った制度でございますが、その子供たちの教育ということを考えれは、当然認定試験は将来適用していいものだ、かように考えます。

○山高しげり君

たとえば正規の教育形態ではございませんけれども、そこに学ぶ者があり教える者がおって成り立っている現実の夜間中学でございますから、そこの中にいま申し上げる問題がありますことを、どうぞひとつお考えくださいまして、将来この認定試験は拡大させていただきたいと思いますが、大臣はいかがでいらっしゃいましょうか。

○国務大臣（灘尾弘吉君）

この問題は、年来の実は問題であります。人数はだんだんと減っておりますけれども、とにかく問題として残っておるわけであります。あるいは永久に若干の人は残るかもしれないという性質の問題だろうと思うのであります。しかし、こういう人たちが教育の機会を得ないまゝに大きくなるということは、いかにも気の毒なことであり、みじめなことだろうと思う。その意味において、また先生のおっしゃるのも全く私も同感でございます。ただ役所仕事でございますので、その間に何んでもかんでもいいというわけにもいかんところがあります。何かくふうをいたしまして、何とかうまく筋が立てはそれを救っていく、こういう点、研究してみたいと思います。

○山高しげり君

その方向づけだけでも結構でございます。もう一つ同じような関連でございますが、その夜

B18

間中学の子供たちをだんだん解消するために、あれも現在のような形でなく、特殊学級というような扱いは全然考えられないものでしょうか。

○政府委員（天城勲君）

まずその一は、昼間の学校に来られるか来られないかというところが問題でございまして、いま夜間ということは、昼間どうしても学校へ来られないという現実の問題があるわけでございます。したがいまして、夜間でやらざるを得ないという問題が一つございます。それから特殊学級というおっしゃる意味はどういう内容でおっしゃっているのか、現在の特殊学級というのは、一言でいうと、特殊な児童に対する教育でございまして、要するに、心身の障害児を対象とする教育でございますので、それと同じ範疇で特殊学級を考えることにはちょっと無理じゃないかと思います。ただ何か特別なクラスでもという意味でしたら、現在夜間中学も中学校における一つの特殊なクラス、実質的にそういう形をとっておるかも知れません。ちょっと先生の仰せの点が十分とれていないかも知れませんが、全然、特殊学級というのはどうしても心身の障害児に対する教育なものですから、ちょっと先生のおっしゃる意味とは違うかもしれませんから、どうぞひとつ。

○山高しげり君

たいへん常識的にこちらは申しております。心身障害児も特殊児童でしょうし、昼間の学校に行かれない子供も特殊な境遇にいる者ですから、そういう一つの範疇で特別なクラスと、この呼び名は何でもいいと思うのですが、あの子たちの存在に対して、道も開かないで消えてなくなれ、こういうことはどうも納得がいかないわけですけれども、いま大臣はそのことにお触れになりましたから、それはそれでよろしいのですけれども、何とか考えてやっていただきたいと、そう思うわけでございまして、あの子供たちが右から左に昼間のクラスになれるものなら問題はないのでございます。夜間学はねばならないという形態を何かの形で —— 一つのつなぎみたいなものでよろしいと思うのです — 将来なくしていくための暫定措置でも、ひとつ何かあたたく考えていただかなければならないと、あれ以上 —— あの子たちちっともひがんでいないことは不思議なようでして、おそらくここにおいでの皆さんは夜間中学においでになったことはないだろうと思うのです。ほんとうにいい子ばかりで、いい先生たちがあんなに一生懸命やっていらっしゃるのに、いつまでも、俗に申します日のあたらない教室というわけにはいかない。あの教室がなくなることが理想でございますけれども、その理想に至る間のことを私が切にお願いをしているわけでございまして、大臣は心に置いて下さるそうでございますから、もう時間もございませんから、最後に、この夜間中学がそもそも生まれてまいりました

R10

原因が、その当時の不就学、長欠生徒にあった。で、長欠児というのは減りましたけれどもやはり現在あるようでございますけれども、それを解消していくことが、自然的に夜間中学の廃止という結果を生むのだと思いますけれども、その長欠の問題でございますけれども、このごろは何人ぐらいございますでしょうか。

○政府委員（天城勲君）

パーセンテージで申し上げますと、４１年の統計では、小学校で0.３９％、それから中学で0.７６％でございます。前のことを申し上げるようですけれども、２７、８年ころは小学校で1.５％ほどございましたし、中学校は３％か４％くらいあったわけでございますが、減ってまいりました。数で申しますと、小学校で３８,０００人、中学校で４３,０００人弱でございます。

○山高しげり君

それで、子供たちは学校に籍があるわけですけれども、除籍者というものが出てまいります。ね。学校で子供の籍をお除きになることがあるわけですね。その除籍者の調査というものは文部省はなさっていらっしゃるのでしょうか。

○政府委員（天城勲君）

除籍者と言われる意味でございますが、実は義務教育におきましては就学義務がありますから、全部就学すべきだという前提で把握しておりますし、その中で、いろいろな事情で就学できない者については猶予、免除の措置をいたしますから、猶予、免除以外の除籍ということは普通には義務教育の中にはないわけでございまして、どうして義務教育の手から離れるのは非行の場合に、少年院、教護院に行く場合だけだと思っております。それ以外は除籍という処分はいまの義務教育の制度では、ないたてまえになっております。

○山高しげり君

たてまえはどうか存じませんけれども、東京都などは一ぺんその調査をやりたいということを教育長の人から聞いたことが私はあります。それから、ところによっては、地方の都市でそういう調べを持っているところが、非常にまれでございますけれども、あるやに聞いております。やはり、こういう落ちこぼれというものを拾って、何でこぼれたかというところまで掘り下げないと、夜間中学はいくら消えてなくなれと言っても、なくならないものじゃないかと思う、実質。あたたくと私がお願いするのは、そうでございまして、お役所のたてまえはちゃんといろいろおきまりでございましょうけれども、そういう人たちが何人かいるようでしたら、名前は何でもよろしゅうございますが、その落ちこぼれをひとつお拾いを願いたいと、いかがでございましょう。

B２０

○政府委員（天城勲君）

いわゆる長欠児童がなぜ長欠しているか、それから長欠にも期間的にいろいろございまして１年なら１年の全期間来ない子供、あるいは３カ月くらいとか、百日くらいとか、いろいろそういう調べはございますし、それから一応、その期間における長欠の理由は、いろいろ調べているのございますが、ただやはり、何割かは病気であったとかいろいろなことがございますが、いま実際に、おっしゃる、長欠しているうちに結局どこへ行ってしまったかわからなくなったという問題だろうと思うのですけれども、把握しようにもしようがなくて………そこを除籍とおっしゃいましたか。わかりました。そういうこまかいところの理由まで、私たち現在手元に持っておる資料では、最近の資料ではございませんが、全般的な資料はございますけれども、個々の原因を分析したようなところまで持っておりません。

○山高しげり君

やはりそのこまかい個々の分析というところから仕事が始まって、積み重ねていかれるものではないか。そういう掘り下げになりますと、文部省のお仕事か厚生省のお仕事か限界点もはっきりしないことが起ってまいりますけれども、現在の夜間中学の生徒のような、中には学校ぎらいがほんとうに学校が楽しくなったというような子供が非常に数が多いことを考えましても、昼間しあわせに学校に行っている子供たちの中に、あんな学校ぎらいがあるという事実と照らし合せて、たいへんな皮肉でもございますし、やはり教育関係者はお考えを願わなければならない問題がどうもひそんでいるようでございますので、まとまらない質問でございますけれども、現実を通してひとつ訴えさしていただいたわけでございます。

私、実はもう少し、最近答申が出ました家庭生活問題審議会の、あの家庭生活に対する答申等に関連をいたしまして、あの中からは、今後の文部省の社会教育のお仕事の中で期待を申し上げなければならないことが非常に多いようでございますので、そのことについても少しお聞きをしたいと思いましたけれども、きょうは時間がございませんそうですから、これで終わらしていただきます。ありがとうございました。

B２１

懇談資料No.3

昭和43年9月20日　――東京都世田谷区議会速記録より――

質問者　森田キミ議員

新星中学校二部存廃論とその他の問題について

―（看護婦の資格を得るために夜間中学に入学できた33才の生徒の作文の朗読の後）―

こういうわけでございますので、夜間中学の問題につきまして、こんなに強い要望があります。

それに対して先生方は、除籍者とか長欠者を中学校ごとに調査依頼をして、そしてその回収率は悪いそうですけれども、その中の120人ぐらいの人に入学案内を送ったり、家庭訪問をして120人尋ねたうちで、やっと三人だけ来てくれたと、それから6回も行っているんだけど、まだ来てくれない人もいるんだと、なみなみならぬ努力をしております。またラジオや新聞、テレビ等のPRもしておりますが、区としてですね、こういうことを学校だけにまかせないで、もっと本気になってこの調査、正確な調査や就学への努力をしてもらいたい、ということが一点でございます。であるべきではないけれども、しかしなくてはならないもの、それがこの夜間中学校であります。で、教育委員会はぜひ、区内からこのような長期欠席児童が生徒やおとなですね、そういう人たちがなくなるまで、新星中学の二部をなくすなんていうようなことは、お考えいただかないでほしいということを切々と訴えられましたんで、私はそれについて区長や教育委員長のお考えをちょっと聞きたいと思います。

それからその次に新星中の二部の施設について私もちょっと見てまいりましたけれども、校庭の照明灯が三灯ぐらいしかありません。で、照らしているところは100坪か200坪あるかないかで非常に薄暗い。その中で大体、体育をしています。で大体、なるべく明るい時間というんで、一番先の時間に体育をもってきておりますけれども、できるだけ照明灯をいまの三倍ぐらいにふやしてやったら、もう少し明るくて、放課後なんかも運動ができるんじゃないか、ということを感じます。

それから、校舎から給食室に行きます渡りろう下は、雨が降ると屋根は雨漏りをしますし、床は、北側の校庭から流れてきます雨水が、全部くるぶしを潤すほどに水が流れてきて、給食室に行けないんだと、こういうふうな状態です。

それから教室から家庭科教室や理科室、体育館に行くまでの長いろう下に電灯が一つもついてなくて足元は段がたびたびありまして、つまづいてしまいそうな非常な危険な状態にあります。

（中　略）

又、理科室の実験用具なんかも充実をされていないんで、実験も満足にできないんだと、こういうようなことを言っておられました。この点についても、ぜひ至急に配慮してほしいと思います。

それからその次に運営面につきまして、このような全国の夜間中学の先生方が集まりまして、研究大会を年に一回やっております。いままで東京で行なわれていましたから旅費もあまりいりませんでしたが、今度は神戸市で行なわれるということで、ぜひ先生方はたくさん行きたいと、4人ぐらいはぜひ行きたいんだと。しかし、その費用の出どころがないんで困っているんだけれどもというお話ですが、こういう問題もぜひ配慮してあげてほしいと思うし、それから校長さんはじめ教頭、事務主事、それから警備員、調理士、用務員等に対する夜間勤務に対するお手当というようなものもぜひ考えてほしいと思います。

これが以上、夜間中学に関する質問でございます。

○議長（岩城庄太郎君）　教育長

○教育長（太田彰君）

新星中学の二部と称する夜間中学が開設されておるわけでございますが、まあ、詳しく森田議員さんからお話しが出ましたので、内容的には何も申し上げることはないと思います。

で、いま存廃の問題でございますが、私は全然、また委員会といたしまして存廃の問題は全然討議しておりません。全国的にこの問題がいわれておるということは傾向としてあらわれております。と申しますことは、この変則的な、まあ、義務教育を受けなかった方々というものがすでに減少しておるわけでございまして、そういう経緯からいたしましての存廃論が、あるいはある方面においてあるかも知れません。先ほどお話がございましたように都下では7校ございます。郡部に1カ所と、この近くでは大田と世田谷でございまするが、足立方面とかございまして、世田谷におきましては、この入学者の傾向といたしましては、昭和41年が53名であり、42年が46名であり、43年が40名でありというように、だんだん生徒が減っておることは当然であろうかと思います。同時にまたこの内容といたしまして、区内在住者が10名でございまして区外が30名ということになっておるわけです。したがって、ここらの問題がやはり義務教育の施設は、区内としての扱いであるということが一応原則であるわけでございましたが、いま申し上げたように二部の施設は都内に7カ所しかございませんのでそういうセクト主義では考えておりませんので、他区の方々も利用していただくというように、都ともお話し合いの上で処置しておるわけでございます。

この制度というものが変則でございまして、都のほうといたしましても、講師の割り当てその他につきまして、いつも問題が出るわけでございまして、しかもまあ現段階におきましては、教育委員会といたしまして必要な施設であるという前提に立ちまして、かなりきめのこまかい施設内容、扱い等を、新星中学に施しておるつもりでございますので、まあ十二分とはいえないと思う点が若干ございますけれども、教育上の支障のない可能な範囲で、できるだけいい勉強ができるというしくみに努力しておるわけです。今後もそのようなつもりでやってまいりたい、このように思います。

○議長（岩城庄太郎君）　　27番

○27番（森田キミ君）

教育長、私のお尋ねしたいのは、具体的な、こう寒々とした施設の中で子供たちは勉強している。そして、しかも喜んで来ているんですから、何とか今、言ったような施設の造修ぐらい早くやっていただきたいということが一つ、それから、先生方の運営面におけるところの援助等についても、より一層考えていただきたい、ということを申し上げているんですよ。それについてどうですか。

○議長（岩城庄太郎君）　　教育長

○教育長（太田彩君）

そこが問題がむずかしと申し上げたのはその点でございますが、特に人件費等の問題ですねこれはやはり二部といえども、教職員の定数その他によって処置されるわけでございまして、区独自というわけにはまいらないわけですね。その点がひとつあるわけでございますので、まあできるだけ御期待にそうようには、先ほど申しましたように、きめの細かい措置といたしまして考えたいと思っております。（以下略）

B24

懇談資料No.4

昭和42年度就学義務猶予免除者の中学校卒業程度認定試験の実施状況等について

初等中等教育局高等学校教育課

この「就学義務猶予免除者の中学校卒業程度認定試験」は、昭和42年度から始められたもので病弱、虚弱、発育不完全等やむを得ない事由により、保護者が就学させる義務を猶予または免除された子女に対し、中学校卒業程度の認定を行ない、高等学校の入学資格を与えようとするものである。

1. 実施概況

(1) 出願のあった都道府県の数　　26都道府県

(2) 出願者数、出願者の障害別

出願者数　52人

障害別　弱視者2　肢体不自由者25　病(虚)弱者14　その他11

（注）「その他」は、神経症、被爆によるやけど、少年院在院者。

(3) 出願者の年令

15才	16才	17才	18才	19才	20才	21〜25才	26〜30才	31才以上
2人	2	9	5	6	2	14	8	4

(4) 受験者数、合格者数

受験者48人　合格者15人　一部科目合格者30人

(5) 合格者のうち、高等学校へ入学した者

高等学校の全日制課程　1人（東京　私立女子高校）

通信制課程　7（公立1人、私立日本放送協会学園6人）

准看護学院　1（茨城、国立療養所付属）

2. 猶予、免除を受けなかった次のような者について受験の要望があった。

(1) 就学中、病弱、虚弱、ノイローゼ、事故による疾病等のため、休学、病欠の手続きをしたが、その後学令を過ぎ復学等が困難であったために中学校を卒業することができなかった者。

(2) 就学中、猶予または免除を受けることのできる事由があったが、保護者の無理解等のため、猶予、免除の願いが出されなかった者。

(3) 旧小学校令または旧国民学校令による就学義務猶予免除者。

B25

学校教育法施行規則の一部を改正する
省令等の一部を改正する省令案要綱

1. 学校教育法施行規則の一部を改正する省令の一部改正

当分の間、次に掲げる者は学校教育法施行規則第６３条第３号に掲げる保護者が就学義務を猶予又は免除された者とみなし、これらの者について、文部大臣が、中学校を卒業した者と同等以上の学力があるかどうかの認定を行なうことができることとすること。

(1) 保護者が従前の規定による尋常小学校又は国民学校に就学させる義務を猶予又は免除された者

(2) 保護者が従前の規定又は学校教育法の規定による就学義務の猶予又は免除を受けず、かつ、尋常小学校若しくは国民学校又は中学校を卒業することができなかった者で、就学義務の猶予又は免除を受けることのできる事由に相当する事由があったと文部大臣が認めた者

2. 就学義務猶予免除者の中学校卒業程度認定規則（以下「認定規則」という。）の一部改正

(1) 当分の間、１により保護者が就学義務を猶予又は免除された者とみなされることとなる者は、認定規則第３条の規定により認定試験を受けることのできる者とみなすこととすること。

(2) 2.の(1)により認定試験を受けようとする者は、認定規則第７条第４号に掲げる就学義務の猶予又は免除を証する書類に代えて、文部大臣が別に定める必要な書類を提出するものとすること。

3. この省令は、公布の日から施行するものとすること。

B26

第一分科会　経営管理部門

司会者	東京都墨田区立曳舟中学校長	佐々木先生
助言者	文部省初等中等教育局中学校教育課長補佐	柴　沼先生
	神戸市教育委員会指導課	林　　先生
	仝　　　　　青少年課	北　仇先生
	東京都教育庁学務部学務課	棚　橋先生
	東京都足立区教育委員会教育長	吉　田先生
書　記		国　谷

1. すでに中学校を卒業した者が　国民的常識がないことを自覚し　中学校夜間学級に入学を希望した場合

一般的な場合　年令超過者にしても　区教委　市教委と協議し　その判断のもとに入学できるが　中学校卒業者は入学は認められない。

2 義務教育の概念

義務教育内容でなくて　義務教育年令で決めている

3 全国夜間中学校研究会に対する研究補助金

教職員の団体　何かにつながりのない研究団体　３０万以上の会費で事業をする研究団体でなければ　文部省は補助金は出せない
中央は３０万以上の会費でれるが　地方は１５万円でも補助される

4. 法制上　夜間中学校を二部授業として認めていただけるだろうか

年少者については認めることはどうか

5 夜間学級の予算　教職員の配当

東京都は独自のものを出している　一校３学級　専任教員６名を認めている
広島市は　二部学級２名　同和地区として配当教員を　また市費で指導教師２－３名がおり　備品　消耗品費は　二部学級を１校分として認めている
学校の施設について　東京都荒川九中の照明は東電のサービス期間を利用し水銀燈を設置した

6 学校基本調査表に除籍者数の調査事項をのせて欲しい

文部省統計課に頼んでみよう
文部省としても　総点検することになっている。またその時期にきている。

7. 学齢超過者のための夜中があることを文部省が全国へ流してもらえないかということを提案。

8. 広島―県から２名指導教員を割りあてられている。
治内教師は退職教員があたっている。

昭和43年11月21日　7.10 P.M ― 8.20 P.M

第2分科会 学習指導部門

司会者：　横浜市立鶴田中学校長　池田■一

記録係　横浜市立西中学校　石谷隆二

助言者　神戸市教育委員会指導主事　橘　健

谷口欣也

出席者：16名

◎授業形態について

横浜、神戸、京都の蒔田、岩山中は複式学級

京都の郁文中は完全個別指導

東京は一斉授業だが、体育、音楽、技術家庭は合併授業。

しかし、東京の荒川九中と双葉中は進度別授業。東京の新星中は一年が進度別。進度は、横浜は中学二年程度の学力をめざしている。東京は専任の先生が多いので、昼間部に近い進度をめざしている。

東京荒川九中――数、英は3段階の進度にわけて指導。数学は進度カードをつくり、効果をあげている。

劣等感は持たない。

学習の評価について　東京荒川九中…絶対評価（個人の能力に応じた評価）、東京・双葉、新星中…相対評価。

京都、神戸、横浜…励ましの意味がこめられている。

◎体育について　横浜…卓球などに重点。東京七校合同体育祭がある。総合、荒川九中には武道に照明がある。

◎教育環境について　京都…二部専用の教室、校庭に照明設備がある

◎教育扶助について　東京、神戸は一人の生徒につき年間1万円。

◎給食について

東京は各校とも調理室をもち、完全給食。

横浜…パンと牛乳などで一日一人65円。

京都…パンと牛乳とで一日一人　50円。

◎学習の自主的活動について

神戸…学校備えつけの図書を休み時間に利用している。

東京双葉中…高校進学をすすめて学習意欲をかきたてる。

小学校5，6年の国語のドリルをあてがい1日1枚でもやらせ、グラフを作り進度を記入する。

◎　師　教育というのは、教えることばかりではなく、学ぶことを助長するよう努めてほと昼間の中学校ではよくいうのだが私のその考えを、今、夜間部で実現しているように

第三分科会　出席者一八名（含むオブザーバー）

司会 [illegible]　神戸　丸山中　田中正信

書記　大田区　糀谷中　都築[illegible]

提案者　葛飾区[illegible]中　[illegible]実

助言者　兵庫県教育委員会　指導主事　内藤[illegible]次

文部省　初等中等教育局　中学校教育課　上田国[illegible]

話しのはじまり　提案者の発表内容の説明

経過　指導上の問題点について話し合うようすすめたが、期せずして「学校格差」の問題に話しが集中した。

横浜、東京等からいくつかの実例が出された。

そのまとめとして、指導上に困難があること。ただし、学校格差が話題になるきっかけとして、経済問題、家庭環境[illegible]があることが出された。

その対策として、さまざまなくふう—[illegible]、個別指導の作業などが出されたが、どれもこれに限るといった妙案は出て来なかった。

しかしここで、[illegible]—生徒指導主事などが、クローズ・アップされた。

次に横浜、東京、神戸などの実例が紹介された。

[illegible]失敗した例が数多く紹介された。

出席者からの口々に、[illegible]、学校の指導者ではなく、人の問題であることがのべられた。

文部省の上田事務官より、生徒指導主事を設置していくが、法制化はしていないことがのべられた。

それに対し、法制化されなかったのに、人員が割当てられた県もあり、それが望ましいのであるか、また、指導主事には特に[illegible]ものにしてほしいという意見がのべられた。

まとめ（助言者　内藤主事）　[illegible]学校指導と指導が[illegible]っており、特に、設置されたカウンセラーが法制化され増員されることが必要だ。その上、実態によるだけではなく研究していく必要がある。

大会宣言

われわれは、第十五回全国夜間中学校研究大会の研究の成果と討議を通して、わが国の義務教育には依然として未修了者が延数十万人も存在し、本年度の長欠児童生徒も数万人にも及んでおり、本格的実態調査も充分行われておらず、わずかに全国で二十一校の夜間中学校が各地教育委員会の良心により、現実的施設として設置されているのが現況である。

しかも、これらの夜間中学校は、いわば黙認という存在であり、全国的立場からすると、未修了者に対する行政的対策は、中卒認定制度があるに過ぎない。

これらのことは、文化国家日本の教育におけるひずみであり、教育関係当局の理想にも、大きく反する実態であるといわざるを得ない。

また、最近の義務教育での、長欠児童生徒の占める割合は、下降はしているものの、その原因も複雑であり、その対策は多岐困難を伴うと考えられるも、一日も遅滞を許さざるものと信ずる。

かかる情勢下において、一方夜間中学校の廃校が相次いでいるという現象は、義務教育未修了者に対する重大なる問題として誠に遺憾にたえない。

このような義務教育の実態を、われわれ現場の教職員は、憲法、教育基本法に示す教育の機会均等の理想からまた民主主義を愛し、守る人間の立場から絶対に黙視し得ないという結論に達した。

われわれは、今回の主題「夜間中学校の実態を把握し、その重要性を解明する」の研究討議を通じ、義務教育の未修了者及び長欠児童生徒の救済に具体的実際的対策が確立され、現に存在する夜間中学校が、これらの目的のために活用され、制度上定着されることを切望するとともに、われわれの研究実践を更に一層継続することを誓い、大会の名においてこれを宣言し、次の事項を決議する。

決議

一、夜間中学校の実績を認め、その定着化をすみやかに実現されたい。

二、長欠児童生徒救済のための諸法令を活用するようつとめられたい。

三、関係当局は、義務教育未修了者及び長欠児童生徒の本格的実態調査を実施され、その実態に即した抜本的施策をすみやかに講ぜられたい。

四、夜間中学校教育の特殊性に鑑み、関係教職員の優遇措置を即時実施するようはかられたい。

五、本研究会を文部省の研究団体として指定されたい。

右決議する

昭和四十三年十一月二十二日

第十五回全国夜間中学校研究大会

全夜中ニュース①　43・5・3・

京都は一校減
嘉楽中を停止

京都の嘉楽中は　今年三月、四名の三年生が卒業して、在校生が０名となったので、自然停止のかたちとなり、同校の二部学級専任だった川井永本、山田昌雄の二教諭は下京区の郁文中学に皆山中の加藤良三教諭とともに転任し、また、皆山中の宇野三郎校長も西ノ京中の校長となり、皆山中の校長には、松山謙氏が新任された。
　これで京都の夜中は、皆山中（専任佐田教諭）藤ノ森中（専任松尾教諭）の二校だけとなった。

必要あれば復活のかまえ

京都の嘉楽中の廃校について京都市教委生徒福祉課の仲田課長は「嘉楽中は在籍０になったため、自然停止になったので、廃校というのは当らない。嘉楽中の二部が必要な事情があれば復活させるつもりはある。」と語っている。

手当800増となった横浜市

横浜市の夜間学級では、今年度から夜間学級の手当が教諭で800円、校長が400円の増加となったが、これは、夜間学級をもつ中学校の校長たちの強い要望があったためで、このほか、生徒の募集についても、校長と教諭が協力して具体策をねっている。

七校中四校の校長が異動
東京都の夜間中

東京都の夜間中学の校長は、七校中四校が異動した〇印が異動のあった学校。

　足立区立第四中学校　勝山準四郎
〇八王子市立第五中学校　岸田林太郎
　葛飾区立双葉中学校　小日向毅夫
　墨田区立曳舟中学校　佐々木元信
〇大田区立糀谷中学校　知泉　晶
〇世田谷区立新星中学校　若井　保
〇荒川区立第九中学校　清輔　浩

　なお、この異動に伴って東京都夜間中学校研究会の副会長には、八王子五中の岸田林太郎氏が自動的に前校長の残りの任期をつとめる。

夜中へ具体策なし
文部省、参院予算委で回答

43・4・12に第58回国会参議院予算委員会第四分科会で、夜間中学校の問題に関して山高しげり議員は、約四十分にわたって次のような質問をおこなっている。

1. 行管庁が夜間中学校の早期廃止の勧告をしているが、その後夜中をどう扱ってきたか。
2. 夜中を廃止するにはどういう方法をとってきたのか、また、とるのか。
3 43年度中に、夜中に、どういう対策をとるつもりか。
4 中卒の認定試験は夜中生には認めないのか。
5 夜中を特殊学級として認めるつもりはないのか。
6 除籍者の調査を文部省はしているか。
7 義務教育からの脱落者を救済する方法はないか。

これに対して文部省天城勲初等中等教育局長は次のように答えている。（要旨）
「義務教育では夜間授業を受けるのは好ましくないという前提で夜間中学を扱っている。学令者については就学援助を、過年者については中学校の通信教育の道を残している。該当者も段々減ると思うが、行く行くは成人講座、通信教育などで解消したい。43年度に夜間中学に対しての具体的な対策はたてていない。中学卒業の認定試験の件は将来ひろげたい。除籍者や不就学については、将来何か策が立てば扱っていく。夜間中学を特殊学級として認めることは無理である。」

教えられたヒューマニズム

東京で、今年の異動で、夜間学級のない学校にかわった或る校長さん、しみじみと、私は夜間中学をやってみて、子どもを守ることがいかに大切かがわかった。たった一人でも、夜間中学を必要とする子どもがいる以上、夜間中学をなくしてはいけないと思った。私が在任中一番困ったのは、校長会などで、夜間中学などは、生徒がへったのだから、もうやめてしまったら、といわれたことだ。こういう人は、子どもを、どんなふうに考えているのだろう。私は夜間中学へ来てはじめて、ヒューマニズムとは何か、ということを覚えたのも大きな収穫だと信じている。

第15回全夜中大会
11月1日2日
●神戸市で

原稿募集

全夜中ニュースの原稿を募集いたします
原稿送り先
東京都足立区梅島一ノ二ノ三
　足立四中内
　　全国夜間中学校研究会事務局

全夜中ニュース② 43・6・5

全国夜間中学校研究会事務局
東京都足立区立第四中学校内
東京都足立区梅島一の2の23
03（887）

全国大会は11月21，22日
神戸市丸山中学で

さきに発行した全夜中ニュースで今年の全夜中大会は11月1，2日とありましたが、神戸から訂正の申し入れがありました。ニュースのミスで、大会の予定は11月21，22日で、大会の主題も「夜間中学の実態をは握し、その重要性を解明する。」としたいと、神戸市立丸山中学校々長玉本格氏から会長に申し入れがありましたが、くわしくは同氏が8月に上京するのを待って打ちあわせをする予定。

夜間中学の唯一の全国大会に、東京都では、最低各校3名の参加を、横浜では2名の参加を予定していることが、それぞれの地域で申し合わされています。

生徒確保に校長も努力
横浜市では調査実施

横浜市の夜間中学は、校長、専任が一体となって、夜間中学生の確保にあたっているが、去る4月24日に、市立中学校長宛に、「夜間学級に就学可能者の調査と依頼」を発送的校中38校分を回収約10名の該当者を発掘している。また、夜間中学年間計画は次の通り。

4月　校長、主任会（婦人コーナー）
6月　主任会、全国大会準備（婦人コーナー）
9月　主任会、全国大会まとめ、遠足打合わせ
10月　上旬に遠足
11月　上旬、卓球大会（西中）全国大会出席。
1月　上旬、文集作製準備会
2月　スケート教室、文集しあげの為の主任会。
3月　反省会、新年度の行事予定

夜間中学をもっと知らせよう
都夜中研の年次総会決意

東京都夜間中学校研究会は5月28日に、世田谷区立新星中学校図書室で第9回の総会をひらき、今年度の[illegible]動方針をきめました。

主題は、「夜間中学の実状と成果を再認識しよう」という昨年度のあとを受け、「夜間中学の成果を再確認し、いっそうの充実を期する。」で、美濃部東京都知事と夜間中学生との対話の実現を目指すほか15項目の運動方法をきめました。

財政面での会費値上げや、研究部7部を3部に統合するなど、都夜中研は昨年度以上の活発な運動を展開する決意を固めています。

学令超過者の夜間中を開く
（京都）郁文中学校に専任3名で

京都市教委生徒福祉課長仲田直氏は、4月に京都市では、学令超過者だけのために夜間学級を考えていると明言していましたが、5月から郁文中学校に過年者だけの夜間中学を開き、生徒数は8名ぐらい、専任教師は、廃校になった嘉楽中の専任2名と、旮山中からの転任の1名の計3名があたっていると、荒川九中の卒業生の高野雅夫君から連絡がありました。

地域スポット

本校では、漸次昼間へ来る生徒が増え、夜間生は減少しつつあります。また出席に就いては出漁者が多く、出席を強くすすめている現状であります。　広島　豊浜中

。。。。。

本校では前主任、佐藤幸郎氏は四月異動で神戸市立岩岡中の教頭になりました。
現在主任は末吉留久男氏。
神戸・丸山中

41年度 長欠者（小・中） 81,000人（全国長欠）
東京 6490人

あとがき

第一回の調査、いろいろとありがとうございました。おかげで、一応、全国の状況がわかりましたので、お手もとへおととげ[illegible]します。（事務局町田）

11月21日22日は神戸大会です。

全夜中研ニュース第3号 43.10.1

43.10.1

全夜中神戸大会へ全力

準備会もすでに二回

全国夜間中学研究大会、第十五回大会は神戸市立丸山中学校長玉本格氏の尽力と同中の末吉先生他全員の協力で、予定通り、来る11月21、22日の二日間、神戸市の私学会館、六甲荘を会場として開かれるが、勝山全夜中会長は、九月の新学期とともに、東京都夜間中学校研究会の幹事会の中に、第十五回全夜中大会の準備会を発足させ、（委員長 佐々木曳舟中学校長・副委員長 中村新星中学校主事）毎土曜日に会を開き、テーマ、仕事の分担、日程などをはじめ、すでに予算の立案までにいたっている。

テーマ・夜間中学の実態を把握し、その重要性を解明する。

日程

第一日は、会場を兵庫県私学会館（神戸市生田区北長狭町四丁目）とし、開会式、総会、講演、研究発表、各地区の現状報告、三者との懇談などをおこない六甲荘に会場を移してから分科会をおこなう。

第二日は、六甲荘で分科会の報告と研究協議があり、十時半に閉会にする予定。

講演者内定

第一日目の講演者は、丸山中玉本校長の努力で 神戸大学教育学部 高木太郎教授に内定。

司会者・議長等は全国的規模で。

大会の司会と進行は 神戸市立丸山中の末吉先生。総会の議長は名古屋・広島などから。研究発表の議長は横浜の校長から、三者との懇談は横浜の石井校長（全夜中研副会長）分科会は、第一（全般）を文部省と東京曳舟中学校長佐々木氏。第二（学習）を神戸市教委指導課と広島の校長で 第三（生活指導）を兵庫県教委と京都の校長で、と決定。第二日の分科会報告と質疑応答の司会は、東京大田区立糀谷中学校長の松泉氏。分科会のまとめと印刷の世話人は荒川九中塚原。

大会予算の総額は十九万円

九月二十八日の第二回準備会で討論した結果、今大会の予算は、東京が一校二万円、横浜が一校三千円、他地区が一千円の会費負担金を持つとして十九万円が最要の良い線であるとの結論が出ている。

一校の参加費
年間全夜中会費 1200円
大会参加費1名につき 500円
大会分担金
東京地区 20,000円
横浜地区 3,000円
その他の地区 1,000円
東京で3名参加とすると
1200+1500+20,000
計22700円

大会の役割など

進行 町田（足立四中）塚原（荒九）中村（新星）
会計 神戸丸山中と石川（八王子）
会場 末吉（丸山中）総務、文書、荒川、各中学。
受付 丸山中と足立四中。
接待 丸山中と曳舟中。

会場の展示物には生徒の顔写真を

今大会が神戸市でおこなわれるので、東京では、生徒が直接参加出来ない。せめて生徒一人一人の顔写真でもと、東京では、約百二、三十枚の顔写真を会場に展示することを九月二十八日の第二回の準備会で決めている。

第十五回大会へのしんぱい集

①参加者は何名になるのか
②京都は参加するだろうか。
③広島はどうだろう。
④名古屋はどうだろう。
⑤六甲荘に泊ってくれるだろうか。もう予約をして、内金も払い込んでいるのだから。
⑥三者は出席してくれるだろうか。
⑦京浜地区以外で、どんな研究発表が出るだろうか。出してもらえるだろうか。

神戸大会は11月21,22日

自費でも参加五名を
東京、新星中の意気込み

東京でも、第十五回の神戸大会への道は決して近くはない。東京都内七校は、すでに昨年から対市、対区交渉を続けてはいるが、公費では2名の参加が認められるのが普通で、荒川区のように3名を公費で出張させている実績を持っているところもあるが、一名にしぼられている区もある。世田谷区立新星中学の場合も神戸大会への参加費の支給については、九月末まで、いろいろと交渉中ではあるが、見通しは必ずしも明るくはないが、最悪のばあいは、自費ででも参加すると、同校の中村主事以下は大張切りである。

者の人選もほゞ終っている。

会員の全夜中大会は50名

七月二十四日東京で開かれた神戸市立丸山中学校の玉本校長と京浜地区の夜間中学校代表との話しあいでもその他の準備会でも、今大会で会員が何名参加するかが話題になるが、準備会では、次のような参加者を見込んでいる。

	校数 人員	
東京	7×3	21名
横浜	5×2	10名
名古屋	1×2	2名
京都	3×2	6名
大阪	1×2	2名
神戸	1×4	4名
広島	3×2	6名
	計	51名

しんぱいの答え

1 参加者の数は会員50名 関係官庁から5、6名、傍聴者約15名 計 約70名（十一10名）

2 京都、名古屋、広島などの参加見込みはどうか。
京都は、今年4月、京都市教育委員会生徒福祉課長が、今年の大会には、教員を大会に出席させると明言している。
広島は過去で、何回かの大会の開催を見送っているので、今回は参加するのではないか。
大阪岸和田市の岸城中は、校長も、教員も熱意をもっているので参加が期待出来る。
名古屋は全夜中大会の開催の経験もあるので、今回の大会の出席は八分通り間違いない。

6 なるべく多く宿泊するよう今後とも各校に依頼する。

東京では三つの研究発表を予定
神戸丸山中でも一つ

東京都夜間中学校研究会では、今年の第十五回の神戸大会には、①効果的な生徒募集の方法とその実践例。②夜間中学のユニーク性について③生徒の作文からみた生徒の実態。の三つの研究発表を出すことにし、発

研究発表原稿は10月20日必着で。

東京都墨田区文花一ノ八ノ六
曳舟中学校内
全国夜間中学校研究会大会準備委員会へ

大会開催通知は10月中旬に

第十五回全国夜間中学校研究会大会のための第二回準備委員会は九月二十八日（土）午後二時から足立四中校長室でひらかれたが、この準備会では、1.大会予算審議、2.会場の展示物について、3.分科会のテーマ 4.大会開催通知などについて話しあい、大会開催通知は10月中旬ごろまでに、宿泊申込書、大会資料調査票などを添えて各校に発送されるが、それまでに、全夜中ニュースを通して大会の内容の概略を知らせることになっていたので、この第3号は二枚となった次第。

へんしゅうあとがき

●全夜中大会も、とうとう第十五回目となった。全国の夜中全校が参加するには、どうしたらいいか。

●自費で東京から参加するには、実費で一万円はかかる。新幹線をやめて鈍行にすれば、二、三千円は助かると思っていたら、十月一日からは、鈍行がなくなるんだという。いっそ、歩くか。

全夜中ニュース発行
東京都足立区梅島一ノ二ノ三
東京都足立区立第四中学校内
全国夜間中学校研究会事務局

「ハリキル横浜」 全夜中大会へ十名も

研究発表も協同で

第十五回の全国夜間中学校研究会への各地区での意欲は、次第に盛りあがりをみせているが、十月二日には、横浜市立鶴見中学校長　石井宗一氏から、全夜中大会準備会への連絡によると、今年度大会へ横浜地区からの研究発表は「夜間中学が背負った新しい課題」（自閉症生徒の対策）で、最近夜間中学に入学した生徒が夜間中学で治癒して昼間に復帰しつつ、ある例をあげながら、自閉症がいかにして救われるかを、蒔田中学校の北川明先生を中心として共同発表するという。大会には十名が参加する。

東京で夜中生の連合体育祭

百二十名が参加して10月6日に

東京都夜間中学校研究会主催、青山ライオンズクラブ後援の第三回東京都夜間中学校連合体育祭は十月六日（日）午前十時から世田谷区立新星中学校々庭で、生徒約百二十名が参加しておこなわれる。

三省への質問を強化

横浜では勉強会を

文部、労働、厚生などの各省への質問を、思いつきではなくするため、横浜地区では十一月一日に研究会を開いて、内容を深める。

高田校長は勇退

横浜で二校の校長異動

横浜市立中学校長の定期異動が今年も九月一日におこなわれたが、この異動で次の二校の校長が発令された。（　）中は旧校長

蒔田中学校長　田島鳳松（高田四郎）

平楽中学校長　岸　清（内田吉郎）

全夜中研ニュース 4

発行者 全国夜間中学校研究会
東京都足立区梅島1の2の3の3
東京都足立区立第四中学校内

全夜中基礎調査に協力を

10月25日に回収したい

全国夜間中学校研究会では、今年の神戸大会での研究発表の資料として例年通り夜間中学の基礎調査を行なうことになり、10月16日、全国の夜間中学校に調査票を発送した。
今年も昨年同様、関係当局への質問、要望事項の記入欄を設けてあるので、是非記入してほしいと事務局では要望している。

大会準備着実に、22日当局へ

10月12日、全夜中研事務局のある足立四中で午後二時から第3回の準備委員会が開かれ、次の事項が決定又は確認された。

1. 開会式関係　開会のことば（神戸丸山中・玉本校長）日程説明（当該地区理事又は司会者）司会進行（丸山中学末吉先生、補助者、東京、双葉中、塚原先生）
2. 総会関係　議長（名古屋天神山から）会務報告（会長）会計報告（東京、足立四中、町田主事）会計監査（横浜蒔田中学校長）予算審議（提案者　町田主事）記録係（京都から）
3. 当局との懇談　司会者（横浜鶴見中校長）
4. 分科会　第1（全般）司会（東京、双葉中佐々木校長）記録（同中、国分主事）
   第2（学習）司会、記録とも広島
   第3（生活）司会、記録とも京都
5. 報告と研究協議　司会は糀谷中（東京）の祖母校長を予定しているが、未決定ではない。分科会のまとめと問題提起は荒川九中、塚原。
6. 全夜中研事務局　東京都足立区立第四中学校内。事務局長　町田義三。
   庶務　町田（東京足立四中）塚原（東京荒川九中）中村（東京世田谷新星中）
   会計　石川（八王子五中）
   受付　神戸丸山中と東京足立四中
   接待　神戸丸山中、東京曳舟中
   会場　神戸丸山中、東京糀谷中、東京双葉中、東京荒川九中

今後のスケジュール

- 10・19（土）第4回準備委員会
- 10・21（月）原稿締切り。
- 10・22（火）当局訪問
- 10・26（土）第5回準備委員会
- 10・31（木）大会参加申込み締切り。
- 11・4（月）大会要綱、研究物印刷発注
- 11・11（月）大会要項等出来上り。

資料ないか……

全国夜間中学校の研究大会もすでに今年で十五回になる。神戸大会は十五周年の記念大会となる。そこで、全夜中研が、その間、何を訴え、どんな研究をしてきたのか、主題、研究発表内容、協議題、討論題が何だったのか。せめて題目だけでも、今年の資料の中に入れておきたいと事務局では考えているが、次の回のものが集まらない。もし、ご存知の方があったら、お手数でも事務局までお知らせ願いたい。
第1回（京都大会）第3回（名古屋大会）第4回（横浜大会）第5回大会

130名の夜中生参加　青空を楽しむ

―東京都夜中連合体育祭―

10月6日、東京都夜間中学校研究会主催、青山ライオンズクラブ後援の第3回東京夜間中学校連合体育祭は、4日5日の雨続きのあとのだった一日の快晴に恵まれ、世田谷区立新星中学校々庭に都の全夜間中学校から、生徒百三十名、職員四十名の外、教育関係者、青山ライオンズクラブから会長さん以下二名も参加して、カード合わせ競走、五十メートル競走、ボール投げ、綱引、サッカー、十メートル、八百メートル、フォークダンス、ジェンカなど、十数種のレースやゲームを楽しみ、午後三時半、各校ともカップを受けて、充実した一日を送った。

中卒資格認定試験

受験制限なくす 文部省この12月から

43・10・2朝日新聞夕刊は、こう見出しをつけて、次のように、中卒資格認定試験を、今年から受験者のワクをひろげた、と報じている。

新制中学がスタートしてから二十年、この間、義務教育修了の中卒資格をとれなかった若者が、文部省の推計では、ざっと二十万人もいる。病弱者や身体障害者、交通事故やノイローゼ患者、あるいは、敗戦時の混乱や炭鉱閉山などの社会的変動で学校に通えず、中学を終えることが出来なかった若者たちだ。文部省では、昨年度から、中卒資格認定試験を始めたが「義務教育は強制」の建前から「特に、就学の猶予、免除の許可をとっていた者以外、受けさせない」と、きびしく受験資格を制限したため、第一回の受験者は、四十八人だけだった。このため、同省では、今年十二月の中卒資格試験では、この制限を取りはずすことにし、三日、文部省令改正の正式手続をとる。「義務教育の建前がくずれる」と、省内にも強い異論が出たすえでの改正だというが、半面、戦後の〃ひずみ〃は、それだけ深刻になって来ていたわけだ。

「就学不能」に通ずる年間五十日以上の長期欠席者の割合は、小学校に比べ、中学校では極端にふえてくる。四十一年度の文部省の調査では、小学校では、九百万人のうち三万八千人、だが、中学校では五百万人のうち、四万二千五百人が、年間五十日以上の長期欠席者だ。中学生の場合、長欠の理由には、病気の四七％のほかに、「学校ぎらい」が三割、「経済的に困難」も一割を占める。文部省では、こうした長期欠席から中学卒業が出来なくなっている無資格者の累積が二十年間で約二十万人に達しているとみるわけだ。

昨年実施した中卒資格認定制度では、大半の無資格者は救えなかった。保護者が、病気などの理由で、就学義務の猶予、または免除を届け出て、それを許可されているケースだけに限ったためで、その数は、文部省の調査では、二万五十人前後。しかし、これでは、休学、病欠のまま、学令を過ぎてしまった人たち、就職のしやすさで、進学の道を断たれたり、家庭の事情で、通学不能になっていた人たちには、受験資格さえない。こんどの省令改正では、そのワクをはずし、満十五歳以上の無資格者は、途中でやめなければならなかった理由さえはっきりすれば、受験資格があるようにし、旧小学校令や旧国民学校令の高等科に進めなかった人たちも、受験出来るようにした。

だが、こういったワクの撤廃にも「まだ、十分でない」という批判もある。

十二月七日に実施される資格認定科目は、国語、社会、数学、理科、外国語の五教科。文部省は「高校進学希望者も多いとみて、必修でない外国語も加えたが、程度はやさしい。基礎さえ出来ていれば大丈夫」としているが、長欠児童生徒審議会の松永健哉常務理事は、こういう。「無資格者の大半は、身障者や社会的変動、家庭崩壊の犠牲者だ。その人たちに国が手をのばせなかったのだ。中卒資格がないために、理髪師や調理師の免許もとれず、泣いている若ものも多い。外国語も入れた五科目実施では、この人たちは、また締め出されてしまう」

基本調査の項目は去年と同じ

全夜中研大会のための夜間中学校の基礎調査票は16日に全国の夜間中学校宛発送されたが、その調査項目は、学校名、所在地、電話番号、校長名、在籍生徒数（男女別）卒業生数、専任、講師数などで、数字の記入のほか、関係三省への要因、要望などを記述するようになっており、その内容を関係各官庁に提示して、積極的にも高い回答を期待する予定。

昭和42年東京大会の決議

1. 夜間中学校の実態を認め、その法制化をすみやかに実現されたい。
2. 長欠児童生徒救済のための諸法令を活用するようつとめられたい。
3. 関係当局は義務教育未修了者及び長欠児童生徒の本格的実態調査を実施し、その実態に即した抜本策をすみやかに講ぜられたい。
4. 夜間中学校教育の特殊性に鑑み、関係教職員の待遇措置を即時実施するようはかられたい。
5. 本研究会を文部省の研究団体として指定されたい。

京浜地区以外のニュースを事務局まで

全夜中研ニュース 5号 43.11.11.
全国夜間中学校研究会事務局
東京足立区立第四中学校内
東京都足立区梅島一の2の33
電 03 887-[illegible]

全夜中研ニュースNo.5 43年11月11日(月)発行

□神戸大会特集□

参会者50名、全地区を網羅する盛会に

全国夜間中学校研究会大会が関西で開かれることは、実に四年ぶり、第11回大会が京都の大丸会館で、昭和39年11月19日、20日に開かれて以来のことである。しかし、昭和40年の横浜大会では、まだ京都が来り参加、全国大会の名は実を伴っていたが、第14回の東京大会では、神戸丸山中がただ一校関西を背負って参加、やっと全国大会の面目を保つという実状であった。今大会では、すでに広島、大阪、名古屋などより参加の意志を表明しており、京都も参加を検討中ということで、全夜中四地域の全域をカバーしており、近来にない盛会が期待出来そうである。大会要項は目下印刷中で、発送が19日頃になるので、今大会のアウトラインをこのニュースでお知らせしたい。

第一日(21日) 兵庫県私学会館・大ホール

○受付け 八時半から

開会式 九時

(1) 開会のことば 玉本格(神戸市立丸山中学校長)
(2) 会長あいさつ [illegible](東京足立区立第四中学校長)
(3) 祝辞 文部省、その他の来賓
(4) 日程説明 神戸地区理事又は司会者(末吉達久男 神戸市立丸山中学校)

総会(九時三十分)

(1) 議長選出 (世話係 名古屋、広島地区)
(2) 会務報告 会長
(3) 会計報告 町田欽三(全夜中幹事・会計 東京足立四中)

講演(十時三十分)
神戸大学教育学部教授 高木太郎

研究発表(午後一時 司会 横浜地区幹事)

(1) 訪問教師について 玉本格
(2) 夜間中学生の移り変り(整理と考察) 横浜地区共同
(3) 作文から見た夜間中学生
(4) 夜間中学生の一断面
(5) 長欠者、不就学者の救済方法 以上東京都共同

夜間中学設置各地区の現状報告
文部・労働・厚生の三省との懇談 司会・・石井宗一(横浜蒔田中学校長)

文部省 初中局中学校教育課長補佐 柴沼晋
事務官 上西国蔵
労働省 婦人少年局年少労働課長補佐 三田久子

分科会(九時半 大ホール)

第1(全体問題) 司会者・・佐々木元禧(東京八王子五中校長) 助言者・・文部省、神戸市教委青少年課
第2(学習指導) 司会者・・広島地区、助言者・・神戸市教委指導課
第3(生活指導) 司会者・・京都地区、助言者・・兵庫県教委中学校教育課

第二日(22日) 大ホール 午前九時

各分科会での討議内容報告と質疑応答(司会者 東京幹事)

討議内容の報告者は各分科会書記

閉会式 十時三十分

(1) 理事会の決定事項報告(東京の理事)
(2) 大会宣言
(3) 新旧役員あいさつ
(4) 来年度(44年度)大会開催地発表
(5) 閉会のことば 副会長

会員の要望を三省へ
文書にして手交

第15回大会の学校調査と同時に、事務局では各校の三省への要望や質問の記入をお願いしたが、神戸・横浜、東京地区から、「44年度の予算はどう取られたか」「夜間中学を正規の学級として認めよ」「長欠・不就学対策を、当局は明らかにせよ」との要望、質問が寄せられたので文書にして、11月7日(木)に、事務局から三省に手交した。

理事会は11月20日 PM6:00 六甲荘で開きます

1969年度

第16回

全国夜間中学校研究会

大会要項・研究資料

昭和44年12月5日（金）・6日(土)

会　場　第1日　神奈川県青少年会館
　　　　第2日　横浜市教育会館

主　催　全国夜間中学校研究会
共　催　横浜市教育委員会

あ　い　さ　つ

全国夜間中学校研究会長
東京都足立区立第四中学校長
勝　山　準四郎

横浜市，川崎市教育委員会のご協力をいたゞき，横浜市夜間中学設置校の校長先生をはじめ諸先生方のご尽力によつて，第16回研究大会が，横浜市において，開催できまして，まことによろこびにたえません。関係各位に厚くお礼申しあげます。

第1回大会を京都で開会して以来会場は，東京，横浜，名古屋，福岡と変りましたが昨年の神戸大会まで，毎年会合を続け，夜間中学の実態に即しての，研究の成果を積みかさねてきた先輩各位に対しても，深く敬意を表するものであります。

本年度のこの第16回大会は，いち早く「夜間中学校の実態を再確認し，その問題点を解明する」との主題をかゝげ，このことに関係深い諸項目について，分担研究を進めてきた内容を発表するもので，その成果が，今後の夜間中学校の運営上に，生活指導上に，反映し，本大会の意図する所期の目的が果されるよう期待してやみません。

夜間中学校も，開設当初とくらべると，量的に，質的にいろいろと移り変わりのあることとは，いなめないことですが，そこに学ぶ生徒にとつては，唯一の学び舎であることに変りはありません。それなればこそ，よりよい条件のもとで，より手厚い指導ができるようと念願し，この大会が開催され，問題点が究明されて，その総意をもつて関係当局とも接衝をかさねてきながら，依然として，重要なことがらが，解決しないまゝ残つているわけです。私たちは，一面生徒指導の実績を積み上げつゝ，他面ねばり強く，その厚い壁にむかつて，問題解決につとめたいと考えている次第です。この16回大会が，このことについても，力強い盛り上がりと，転機点となられることを祈つてやみません。

終りに，周到なる計画のもとに本大会の準備にあたられた，地元横浜市鶴見中学校長石井先生はじめ準備委員諸先生のご苦労に対し，深甚なる謝意を表し，ごあいさつといたします。

あいさつ

横浜市教育長　平島　進

第１６回全国夜間中学校研究大会が本市で開催されるに当り一言御挨拶を申しあげます。ここにお集りの先生方，ならびに全国２０校の夜間中学校で夜ごとの指導を通じ，多くの青少年に希望と力を与えておいでになる関係職員１６５名に対し，心から敬意を表するものであります。

我が国の義務教育の普及率は，世界一であると自他共に認めておりますが，なお，かつ，１２０万人に及ぶ青少年が義務教育の課程を修了していない現状を黙視するわけにはまいりません。

本大会が昭和２９年１１月，はじめて京都で開催されて以来，皆さんの先輩ならびに同僚の方々は，「中学校に何かの理由で就学していない生徒を就学させ，義務教育を完全になし遂げさせてやりたい。」との使命感から，全国における夜間中学校の実態と，それに即した指導方法を研究され，現在に至ったわけであります。今回の研究課題は，夜間中学校の実態を歴史的に，また，現象的に捉えて確認し，その対策を研究されると聞いております。

夜間中学校が発足以来２０年，その間，中学校の卒業証書を手にし，自信と誇りとを持つて社会に船出した5.４０３名，わが横浜市だけでも1.０００名を越えております。

この実績をみるにつけても，過密化と拡散現象の中で，あえいでいる大都市。その谷間に光をともしている夜間中学校の存在価値を再認すると共に高く評価せずにはおられません。

本日ならびに明日の研究大会が関係者各位の英知と協力によって，充分な成果をあげられることを期待して挨拶と致します。

事務局を担当して

第１６回全国夜間中学校研究大会準備委員長
横浜市立鶴見中学校長　石井宗一

私は，夜間中学校の全国大会に参加するたびに，思を新らたして鶴見中学校の経営を考える。第１５回・神戸大会の資料「全国夜間中学校研究会１５年の訴え」をみるにつけ，発足当時の精神が現在にうけ継がれ，この道にたずさわる人達の認識を深め，活動の原動力となつている。

今回の研究主題「夜間中学校の実態を再認識し，その問題を解明する。」を決めるに当つては，まず，横浜市の夜間中学校会で各校の現状や問題点について卒直に語り，研究主題の方向を確めた。次に構想をねり原案を作り，主任を含めて研究大会案を作成した。５月中旬に勝山会長をはじめ東京のスタッフ・本市の校長および主任，それに担当指導主事が一堂に会し，逐条に審議し成案とした。

本大会の特長のひとつは，各地域の協力を得て研究主題に即した資料を次の観点で編集し，研究協議の資料とし，使いやすいものにしようとした。

1. 全国夜間中学校，１６年の歩みを整理し，発足当時と現在とを比較し，社会的要求の推移とその問題点を再確認する資料とした。
2. 学力差の激しい夜間中学生の指導内容の実際と指導法を，各地域より提案してもらい，共通の問題を捉えようとした。
3. 夜間中学生の生活指導，特に健康管理について，生々しい資料を求め，より深く生活の実態を知ろうとした。

特長の二つめは，従来も行つていた三省との懇談と分科会の報告を２日月の午後パネルデスカション形式で行ない，大会のまとめとした。

第３は，１１月２７日，勝山会長をはじめ，東京，横浜の関係者が青少年会館で打合せをし，当日を迎えるための態勢を整えたことである。

関係者の心からなる協力を得て，本大会の準備を進めてきたが，悲しい報告を書かなければならない。それは，夜間中学校の発展のため常に積極的に参加され，三省との連絡にも心を配られていた幹事（会計）の町田義三先生が８月下旬逝去されたことである。先生の冥福を祈る次第である。

もくじ

第１６回全国夜間中学校研究会大会要項

Ⅰ 主 題

夜間中学校の実態を再確認し，その問題点を解明する。

設定理由

① 夜間中学校の発足当時と現在とを比較し，社会的要求の推移とその問題点を再確認する。

② 学力差の激しい夜間中学生の指導内容の実際とその指導性について研究する。

③ 夜間中学生の生活指導，特に健康管理とその指導について研究する。

Ⅱ 日 程

第一日目（５日㈮）

九・〇〇	九・三〇	九・五〇	一〇・三〇	一一・三〇	一二・〇〇	一二・一〇	一・〇〇	二・〇〇	四・三〇
受付	開会式	総会	具体的に地区状況の報告	横浜の実態について（８㎜見学）	神戸の実態について（１６㎜見学）	昼食	全体研究発表	分科会での究明 ① 管 理 ② 学 習 ③ 生 活	

（会場 神奈川県青少年会館）

第二日目（６日㈯）

九・〇〇	一一・三〇	一一・三〇	一二・〇〇
分科会の報告をかねて三省を含めたパネル方式による協議会	閉会式	解散	

（会場 横浜市教育会館）

日程細目

◇ １２月５日の日程

1. 開会式次第（司会進行　横浜市立平楽中学校長　岸　清）

(1) 開会のことば　副会長　横浜鶴見中学校長　石井宗一

(2) 会長あいさつ　会長　東京都足立区立第四中学校長　勝山準四郎

(3) 祝辞　来賓　市教委・三省代表・文部省

(4) 日程説明　理事　横浜市立西中学校長　池田嘉一

2. 総会次第

(1) 議長選出　東京１名・地方１名

(2) 会務報告　会長　勝山準四郎

(3) 会計報告　幹事

(4) 会計監査報告　会計監査

(5) 予算審議

(6) 新役員選出

3. 各地の現状報告

(1) 東京地区

(2) 京都・大阪・神戸・広島地区

(3) 横浜地区

4. 研究発表　司会　神戸丸山中学校長　玉本　格

(1) 横浜５校の現状について（８㎜映画）　横浜地区共同

(2) 神戸丸山中学校生・１６年目の入学について（１６㎜）　神戸丸山中

(3) 東京７校の現状から見た問題点　東京地区

(4) 学習問題について　〃

(5) 生活面から見た東京の問題　〃

(6) 他地区の発表予定　（　　）

5. 分科会

(1) 第一分科会（経営管理部門）

司会者　神戸地区　（東京地区）

助言者　横浜市教委　九里指導主事及び三省より１名

書記　横浜地区

提案者　神戸地区　（東京地区）

- 6 -

(2) 第二分科会（学習指導部門）

司会者　京都地区　（横浜地区）

助言者　佐野先生・三省より１名

書記　横浜地区

提案者　横浜地区　横浜市立西中学校

(3) 第三分科会（生活指導部門）

司会者　大阪地区　（横浜地区）

助言者　長塚先生・三省より１名

書記　横浜地区

提案者　大阪地区又は広島地区

◇ １２月６日の日程

1. 分科会の報告とまとめをかねて，三省を含めたパネル方式による協議会

司会者　横浜市立蒔田中学校長　田島鳳松

助言者　文部省・厚生省・労働省の方々　飯田赳夫

書記　横浜地区１名・東京地区１名

参加者　三分科会の代表者，神戸，京都，大阪，広島，三省，勝山会長，飯田校長他

2. 閉会式次第

(1) 理事会報告

(2) 大会宣言　大会宣言文起案委員各地区一名

世話係　横浜地区上野巍委員

(3) 新旧役員あいさつ

(4) 次年度大会について

(5) 閉会のことば　新副委員長

- 7 -

＊ 重複記事が収録されているため、本史料８～２２頁は削除した。

Ⅴ　夜間中学校の現状から見た問題のかずかず

１ 横 浜 の 変 遷

○夜間中学校のあゆみ

横浜市立浦島丘中学校長 飯 田 赳 夫

昭和２２年に新学制による中学校が発足し，自動的に義務教育年限は延長されたわけであるが，周知のように当時は，世相の混乱と経済的生活の不安定によつて，巷に多くの浮浪児群の発生をみた。このため，これ等の子どもたちの上に義務教育年限の延長による，教育的向上のねらいと配慮は，少しも反映しなかつた。しかし，このことはそのまま放置されたわけではなく，昭和２５年には横浜市内に，それぞれの地域環境と不就学生徒の数を考慮して，行政区平均一校の割りで，鶴見中，浦島丘中，西中，港中，平楽中，蒔田中保土ケ谷中，浜中，大綱中，戸塚中の１０校の夜間中学校が設置された。

この夜間中学校を，本市の中で歴史的にみると，大正末年には小学校１８校に，昭和10年の後半には１２校に，それぞれ夜間学級をおいて，少しでも未就学者をなくすような行政措置をとつてきた事実がある。そして，それらのいくつかが，例えば浦島丘中学校のように，終戦まで小学校に特設されていた夜間学級を，新しい構想にもとづいて，発展解消の形で発足したものもある。それは昭和２３年以来子安浜漁業地帯に開設された二つの夜間学級の例があげられる。

しかし，この夜間学級は文部省の認めないもので，あくまでも横浜市教育委員会条令による青少年指導対策委員会の事業の一環として，不就学生徒に対し，少しでも教育の機会を与えてやるという意味で，夜間二部学級として設置を認めたという歴史をもつている。また当時占領下において，アメリカ軍政部の「日本人は法を定めておきながら，自分の手でそれを破つている。夜間中学校を設置するより，社会保障を充実して，不就学の対策にあたるのが当然であろう」という強い意見や勧告もあつたため，夜間という文字をさけて二部授業の延長としての，二部学級と呼んだ苦労もあつた。しかし，このことの必要性の認識が，いかに当時の教師の間に強かつたかもうかがえる。

夜間中学校もいくつかの道をたどつて今日にきているが，昭和４０年に，本市夜間中学校発足１５年を記念して〝横浜市夜間中学校１５年の歩み〟と題した小冊子を発刊した。その中には，当時の学校長や，夜間担任教師，生徒の記録を可能なかぎり集録したが，まだまだ不明の点もあり，完全な歩みとして残すことができなかつたが，資料の一つに，発足当時１０校であつた夜間中学校が現在５校に減つた推移を示す表があるので，このことについて少しばかり私の感想を述べてみよう。

年　度	２５年	３０年	３１年	３４年	３６年	４４年
校　数	１０校	９校	８校	８校	７校	５校
在籍数	２０６名	１８０名	１８３名	１８３名	１４６名	４１名

昭和２７年の文部省調査局統計課の資料をみると，中学校の長欠生徒は3.７５％であつたが，３９年度には0.９２％と減少している。これは貧困家庭が経済的な生活向上から減少してきたことを示すものであろう。事実，日本の経済成長は３０年代に入り急速にその歩を進め，消費ブーム，レジャーブームの波が押しよせ，大型消費時代，大衆消費時代といわれるまでになつてきている。そして若年労働者は稀少価値的存在となり，中卒者は今や完全雇用といえるまでになつている。このことは諸外国が日本につけた代名詞「エコノミック・アニマル」にもあらわれていよう。表にもみられるように，年々夜間中学校の減少にも現われている。しかし，まだその一部には経済的恩恵に浴しないで，正常な義務教育をうけることのできない生徒や，その他の理由をもつ不就学生徒のいることもみのがすことはできない。

昭和３９年度の神奈川県における中学生の就学状況をみると，中学校教育を受けるべき年令層の未就学生徒は2.１３９名となつている。その内訳は，病気９２７名，経済的理由による者１５５名，怠学1.０５７名であるが，経済的理由によつて正規の中学校教育を受けることのできない８％の子どもだけでも，夜間中学校の存在によつて救うことができたとしたら，教育面はいうにおよばず，社会的にみても，その役割と貢献度は大きいといえる。本市の夜間中学校の数が減少してきたことは，個人の経済的生活の好転によるものが多いわけであるが，今なお夜間中学校に学ばなければならない問題点の解明も考えなければなるまい。

○最近の実情

ある本に「昭和２０年代の夜学（主に定時制高校）生には，真剣なまなざしがあつたが３０年代からはあまりみられなくなつた」と，書かれているが，このことは生活から受ける苦悩から解放されてきたという点を考えてみなければなるまい。そこで，現在の設置校

に学ぶ生徒達の様態を概観してみると，およそ次のようなものである。

その中には，貧困であつたため，過去に義務教育を受けず，今日に至つて，いろいろの点から学歴の必要を求める学令超過者や，貧困ではないが怠学，非行等のために義務教育を受けなかつた者，親の無理解から学校へ行かなかつた者，まつたくの崩壊家庭であるために就学できなかつた者，といつたように，在籍者は多種多様の過去をもつている。しかも，最近の傾向としては，普通学級の集団についていけずに脱落した者もいる。これは今日的問題でもある学校嫌いの子どもであるが，昼間の大集団の中では，ますます圧迫され学校嫌いの度をまして，ついには怠学，そして不就学というケースをたどる子どもたちだが，夜間中学という小集団の中で，生き生きした姿をとりもどし，普通学級へもどつた例を私は数多く知つている。私の学校でも，そのような子どもが見事に高校に進学して，優秀な成績をおさめている例も現実にみている。

○夜間中学校の課題

今日の夜間中学校に課せられた使命は，過去のような貧困に起因する不就学者を救済するためばかりでなく，複雑な社会機構の中に適応できないで脱落しようとしている，性格的ひずみをもつた子どもたちをいかに救うかということにも志向して，行政ともども，積極的な，長欠者対策をとらなくてはならないであろう。

最近の夜間中学設置校はどこでも同様であろうが，せつかく籍がありながら，休む生徒が増加している。いろいろな原因もあろうが，怠学のくせがつくと，復帰することが困難になつて，ついには不就学となり，とり返しのつかないことになつてくる。このためわれわれは，でき得るかぎり，彼らが学校にこられるような配慮をしなくてはならない。その一つに各校に家庭訪問教師をおいて，毎日のように，生徒の家庭や職場をおとずれ，つねに学校とのパイプをつないでおくことが必要である。そのためには，各校にさらに１名の職員を配置しなければならないのであるが，これによつて夜間中学生が休むことなく日々登校してくれれば，その価値は大きいといえよう。

また，直接的な学習活動においても，夜間中学校に入学する者の学力差が大きいため，本市で主としてとつている複式学級による授業展開にとどまらず，指導の個別化を考え，教育機器の導入による学習指導を，より強力に押し進める必要があろう。そのためには，それに対応できる研究と研修を教師がする必要は当然であるが，教育効果を充分あげるた

めの施設，設備に必要とする費用もまた用意されなくては画餅に等しい。この点，さきに文部省に対して研究会補助金の要求をしたことがあるが，この要求は今後も継続して進めていかなくてはならないと考えている。

教育課程についても，授業時間の制約から，本市においては週２４時間どまりであるから普通学級の３４時間と比較して，極めて差が大きい。これは単に時間の不足を補うということだけでなく，いかに教育効率をあげるかを考えれば，さきに述べたような学習形態を是非ともとる必要があろう。また単に，不足時間の充足ということだけで考えれば，夏季休業中に不足した授業時間の確保ということもあろうが，さらに考えられることは，新教育課程に見られる能力適性に応ずる教育，一単位時間のとり方等，大幅な，学校独自の主体制が叫ばれている今日，単に時数にこだわることなく，効率的な授業展開にまつて，カバーできるとも考えられるわけである。この点今後の研究にまつことが望まれる。

また，夜間中学に対する職員組織も前述の家庭訪問教師以外に考慮しなければならない現状である。本市では，設置校に対して一名の専任をおいているが，あとは当該校の職員によつてまかなわれている。このような職員配当で充分教育ができるだろうかということになると，いささか問題がある。また職員の手当（待遇）であるが，本市においては，昭和２５年度は５００円，２８年度1,０００円，３０年度1,１２０円，３２年度1,３００円３４年度2,０００円，４３年度2,８００円，４４年度3,６００円，と時代とともにその数の変化をみてきたわけであるが，それはそのつど関係者の熱心な陳情や当局の理解ある措置の積み重ねである。幸い近年横浜市当局の理解もさらに深まり，その伸びもよくなり，関係者の一人として喜んでいる次第である。しかしよく考えてみると，夜間中学校の問題を単に地方自治体だけにその責を負わすことで，はたしてよいのであろうか，たしかに東京都のように比較的好条件のところもあるが，国としての施策の中ではいつたいどのように考えられているのであろうか，給与（手当）は申すに及ばず，給食費にしても，本市においては，当初，民間有志の寄附によつてまかなわれ，昭和３５年に至つて生徒一人２０円が支給されたのを皮切りに，今日６５円になつたが（今では，うどん，そばでも無理）これに対しても国はどのようにしようとしているのか，この現実を無視してよいのだろうか，と考えさせられるのである。

○夜間中学校の法制化

結論的には前述のすべてが，法制化の問題としてクローズアップしてくる。いわゆる夜

間中学校を法的に認めよ，という運動は，この施策を憂える教育者の中で長年にわたつて努力されているが，今だにその光をみない。特に本市においては，昭和３２年，大砂教育長，塩田次長（現助役）の，いわゆる市教委主悩部と研究会の立場での代表が，文部省に対し，また自民党等に再三にわたる陳情行動をおこなつて，夜間中学の法制化を強力に働きかけたこともある。さらに現文相坂田氏等に大変ご理解いただいたこともあつて，その結果，自民党文部専門室の石井先生が来浜し，職員，生徒と懇談会を持つなど，一応の成果をその時点ではみたものの，念願とした法制化はついに実のらなかつた事実もある。

翌３３年新大臣に就任した灘尾文相と，ラヂオ東京の企画による「大臣に聞く」というシリーズで対談し「文部省が夜間中学を認めないというならば，われわれはいつ止めてもよい」という私の発言に対し，文相は「是非不幸な子どもたちのためにも，さらに一そうのお骨折をお願いします」といわれた。福岡大会ではそのテープを先生方に聞いていただくなどの一こまも思いだされる。このように国は，心情ではたしかに認めているが，いわゆる法のたて前では許せないという態度を固執している。

そのため法律的にも比較的成立しやすいようにという考えのもとに，さる４２年度東京大会の際，特殊学級としての位置づけが望ましいという意見を提案し，みなさんの賛同を得たわけである。翌４３年第５８回国会参議員予算委員会で，山高しげり氏が，かなり突込んだ質問を文部省当局におこなつたが，天城政府委員は相変わらず，はつきりしない答弁をおこなつており，つづけて，「特殊学級として位置づけよ」という山高氏の見解に対しては，現在ではその範ちゆうに入らない旨の答弁がなされた。

このように法制化の問題は，いろいろとかなりの努力がなされているが，文部省は，たて前論のみで終始している現状である。しかし，現実には，不就学，長欠者に対する措置は不充分で，ただ現場の教師の熱意と地方自治体の責任で運営されている現状に対して，文部省のとつている態度は大いに不満である。

前述してきたかずかずの問題点は，集約すれば，すべて法制化の問題に帰着するであろう。その現実のためには，ねばり強い努力と，実績をつみ重ねなければならない。数年前の雑誌「世界」の中に「憂うべき日本の教育」という特集号があつたが，その中に，夜間中学のことが書かれており「教育の真の姿（原型）を夜間中学に見出したことは皮肉である」という一節があつた。教師と生徒の真のふれ会いが残されているこの夜間中学校に関係する一人として，法制化の問題に対して，今後ともお互い努力していきたいと心から念願する次第である。

2 東京の変遷

発足当時と現在

東京都大田区立糀谷中学校第二部

△昔は，仲間がいた。今はいない。

最近，昭和３０年前後の卒業生と語り合うチャンスがよくある。そして，昔は・・・・というとばが，よく口をついて出る。

△昔の仲間

糀谷中学校第二部は，昭和２８年９月１日に発足した。その年の６月の調査によれば太田区内の公立全中学校に在籍したまま長欠になつているものの合計数は，驚くなかれ３１４名。そのうち，貧困で働いているもの，９７名（３１％），貧困ではあるが，働けず，働いてはいないもの，７３名（２３％），家事を手伝つているもの，６７名（２１％），その他の原因は，７７名（２５％）である。また，３１４名のうち，大森，羽田の，主として東京湾沿岸漁業によつて暮らしを立てていた地域の長欠者が，１２３名（３９％），長欠の原因も，地域も集中していた。

だから，長欠していても，あるいは，夜間中学にやつてきても，「自分が，家族が，悪いのではない。悪いのは貧乏ということだ。」と，眉をあげ，こう然とし，同じ仲間がすぐつくれた。

△今の生徒

学校ぎらいから，夜間中学に変わつて来た生徒がいる。その生徒は，何をやらしてもちつとも長続きしない。言われると，すなおに返事はするが，実行しない。声も小さく元気がない。人前でしやべりたがらない。運動神経はあつても，倒れそうになるまでやる気力がない。顔色も悪い。

その生徒の家を訪問する。父も母も働いている。そして住んでいる家（いや部屋の方が適切）といつたら，倉庫の一部を区切つたもので，窓がひとつもない。倉庫のうち一番の奥まつた部分なので，入口からの光りも，全然とどかない。昼間でも，螢光灯のあかりがなければ，まつ暗だ。

その生徒は，学校を休んだのは，「自分が悪いからだ。」と思つている。

△今の生徒はずつと不幸

金さえあれば，誰でもマンションにすめる世の中だ。少なくとも，学校を休んでとじこもる少年が，くらがりで，一日中みているテレビでは，そう思える。少年の心に育つた孤独は深い。夜間部では，孤独な子ども達の心を開こうと必死になつている。

「東京都足立区立第四中学校第二部の現状」

昭和26年７月16日，足立区立第四中学校第二部は開設された。戦後のどさくさの中に少年時代を送り貧困のため一家の生計を助け，新制度の６，３制の中学に行かれなかつた多くの子どもたちが集まつて来ていた。東京のスラム街，本木をバックにもつ足立区にはとうぜんそうゆう生徒が多かつた。当時広い東京に一校しかない夜間中学のため，かなり遠い区から通学する生徒が多く，年令も30才を越える者がかなりいた。コッペパン１箇の学校給食も貧困の中で働く生徒にとつては，まつたく有難いご馳走であつた。自分の割り当てのパンを少し食べ残して，家で待つている幼い妹弟たちに持ち帰る者もいた。

開設当初から10年位の間の生徒は，貧しいながらもかなり向学心に燃え，進学希望者も多かつたが，18年後の現在の生徒は，特に貧しいというものの数は極めて少ない（生活保護受給者は５名で全生徒の17％である）が，一般に向学心に乏しく，真剣に進学を考えている者は少なくない。当初の頃の経済的理由によるものよりはむしろ，嫌学・怠学・身体虚弱・家庭崩壊・引揚等の理由によるものが増加してきた。特にこの２，３年日韓条約締結以後は，韓国からの引揚者（母親は日本人，父親は韓国人のケースが多い）が，過半数（16名で55％）を越えるほどになつた。これは当校二部としては全く新しい傾向である。現在韓国人向け，日本語学校の観がある。現在在籍生徒数（カッコ内は韓国または北朝鮮人の生徒）は１年12名(8)２年11名(5)３年６名(3)である。生徒の平均年令は19才で学令児は８名で全体の27％である。通学区域では他区は６名で22％である。韓国人生徒は国民性が違うせいか，言葉がよく通じないためか，なかなか規律が守られず困ることがしばしばである。現在日本人生徒の中で学力人格ともにすぐれ，かつ指導力のある者がいないことはまことに残念である。コッペパン１つの頃の給食と比べ現在は立派な完全給食となつているのだが，経済の高度成長で食生活がぜいたくになつたためか，最近の生徒の中には感謝の念で食べない者がかなり見受けられるのには考えさせられる。学習指導面では先ず韓国人生徒が過半数を越えその中には来日してまだ日の浅い者も少なくないので，日本語がほとんど分らず，中学校の段階の教科課程を教えること等まつたく不可能に近い現状である。一方日本人の生徒の間にも能力差学力差がはなはだしく，一斉授業をしながらも個別指導を加味しなければとうてい満足には教えていけない現状である。以前とくらべて能力・学力の高い者は非常に減少したようである。当校二部は，日本人の不就学者を１人でも多く発見し，立派に義務教育を受けさせるようにさせることと，次第にふえつつある韓国人生徒を如何にして指導していくかが今後の大きな課題と言えよう。

「夜間中学における問題点とその変遷」

東京都八王子市立第五中学校

本校における経営上，指導上の問題点については，学力，性格，家庭，職場環境，過年令入学等，地区外からの入学等いろいろ考えられるがそれらは，固定化したものでなく年度によつて違い，その上年々変化して来ている。そこでこれらのうち特に地域性から考へて，学力，性格，過年令，地区外，等についての問題点及び変遷について考へてみる。まづ学力についていえば開設当時の生徒は貧困だけの理由で入学した者が殆どで，学力，意欲等昼間の生徒とそれほど見劣りもせず一応中学校の教科書を使つての授業が出来た。が最近では自閉症，精薄のような精神異状の生徒が増えて来ている。従つて一斉授業よりも個別指導が主になり，内容も小学校の基礎学力をつけることが主になつて来ている。中には過年令であるが学力もあり，高校進学の希望をもつ者あり，それには特別の指導がなされるが中学校の課程を全部終了せずに卒業させなければならない。次に性格について考へてみると，開校当時の生徒には明るさがあり希望に満ちていたが最近精神異状の生徒が増えて来た。それを分けると精薄，分劣症，不良児，自閉症，低能等であり，特に最近の5年間の卒業生の80％にも達している。それらの原因は素質であり，家庭であり，そして幼年時代にさかのぼる。そして現在夜間中学の中に特殊学級的な，又厚生施設的な意義をもつようになつて来ている。過年令，その原因の主なものは貧困，病気であり，学習意欲は充分あり，高校進学のため，美容師や調理士の資格をとるため等のしつかりした目的をもちその殆どが目標に達している。これらの生徒は市外からも入学しており，開設当時から次第に増えつつあり，又今後も増える傾向にある。昼間から廻つて来る問題児の中にあつてこれらの存在はよき指導者でもあり，学校に明るさや希望を与へてくれるものである。そして彼等にとつて夜中の存在こそ彼等の人生に光明を与へるものであり，彼等もそれを感じている。

当校の既往と現状について

東京都葛飾区立双葉中学校第二部

当校は昭和28年4月の開設であり，本年3月の卒業式は第15回ということであつた卒業生は男子195名女子120名で，総計315名となつた。生徒の多かつたのは32年頃で，在籍者が100名を超えていた。その頃からみると現在は3分の1に減少した，が，それでは所謂夜間中学の対象になる生徒は，将来果して0になる日があるであろうかというに，そう望みたいのは，誰よりも夜間中学の教師である筈だが，それは幻にしか過ぎないことを，われわれは直接その衝が当たり，肌で感じとつた実感から断言したい。従つて「夜間中学の対象となる生徒は漸減して遂にはなくなるから，夜間中学の制度化は必要でない」とする文部省の考えも幻想にしか過ぎないのである。しかも文部省は既に長年に亘り，国民の義務教育に対する願望—理想としては誰もが昼間だけを望むのだから—の上に安座して，長欠者の過去や現状から洞察して，義務教育からの脱落者を救済する抜本策を構じようとしなかつたのである。なる程国民所得が増加したり，厚生施設が充実すると長欠，不就学者がある程度減少するではあろうし，机上の推論として説得力はあろう。しかし道路を整備したり，交通規則を厳しくしたからといつて交通事故の絶無を期すことができないと同じく，社会の実態はそんな単純ではないのである。何よりも大切なことは現実であろうが，夜間中学でなければ教育を受けることのできない生徒が，全国では現に数百名に及んでいる。しかも制度化してその活用を図るとしたら，生徒の数は直ちに何万にもなるであろう。（それは文部省が恐れるように，昼間通学中の者が夜に変るとかいうのではなく，現在長欠中の者や，過去の未終了者によつてである）

これを要するに，近年夜間中学の生徒が減少したのは，対象となる生徒が減少したのではなく，寧ろ文部省の政策的意図的な態度が災わいしたと言うべきであろう。即ち文部省の夜間中学否認の方針に迎合する地教委があつたりすると，関係教師の意欲も当然失なわれるわけである。それらの悪循環は，夜間中学の存在をいよいよ影の薄いものとし，世人の関心から除外される結果となつたのである。われわれは夜間中学の制度化を文化国家の恥部として忌避しようとする文部省の態度も解らないではないが，30才40才になつて義務教育を終えてないことを悔い，秘かに夜間中学の門をたたく国民のいる現実を直視することの方が，国民の教育を考える者の立場としては，より重要であると思う。本校には「今迄も勉強したかつたけれど，夜間中学のあることを知らなかつた」という生徒が毎年何人か来る。区内の者でさえそうだから，夜間中学のない区や地方はどうであろう。夜間中学の制度化は既に遅きに失するものである。

わが校のプロフィール

東京都墨田区立曳舟中学校二部

わが東京都墨田区立曳舟中学校（二部）を紹介するに当たり，先ずその所在する墨田区について簡単に述べよう。

墨田区は東京都の東北部に位置し，隅田川と荒川とにはさまれ，東は中川と江東区との境界を除きすべて河川によつて，中央，台東．荒川，足立，葛飾，江戸川の各区に接している。その昔下総台地と武蔵野台地との間を流れる隅田川河口のデルタ地帯に発達したもので，地層極めて軟弱で年々地盤沈下をみている。第二次世界大戦後戦災の荒廃したなかから急速な復興ぶりを示し，とくに戦前から発達してきた所謂零細家内工業も著しい発展をとげ，現在ではそれに伴なう公害問題（悪臭汚水騒音等）も大きな課題となつている。

従つてこれら中小の企業に従事する人口は極めてその密度が高く，いうところの過密地帯の様相を示しているといえよう。

さてわが曳舟中学校はこの墨田区の南東部に位し，交通の便としては総武線亀戸駅より東武線で三つ目小村井駅下車，線路沿いに歩いて12〜13分のところ，小村井駅と終点曳舟駅とのほぼ中央に当たる踏切り際に位置している。校地総面積1 1.2 4 0平方米，鉄筋三階建と四階建の校舎を有す。昭和２７〜８年頃当地域特有の密集する町工場に働く多くの青少年たちに対し義務教育完全終了のため唯一の手段として夜間部設置の気運が町内有志の間に猛然とおきた。そして昭和２８年５月曳舟中学校第二部が誕生したのである。そして第一年目の卒業生１８名を送り出して以来６〜７年の間は年毎に生徒数は増えていつた。然しその後漸次減少を見せ始め，とくにこの４〜５年の間は急激に少なくなり今日に至つた。本年３月までの卒業生総数は計４７７人である。この間昭和３４年６月完全給食を実施，又乏しい学校予算の中から除々に備品設備等も整えられる方向にむいてきたのである。現在の在籍生徒数２８，専任教諭６，用務員１，給食調理士２，専用教室としては１室だけで他は昼間部と併用で授業を実施している。生徒について最近の傾向としては，年令層が大分高くなつてきたことと，韓国からの引き揚げ者が特に増加してきたこと。とくに引き揚げ者については今後も益々増える模様，言語の問題が大きな渠頭となりつつある。因みに現在かれら引き揚げ者に対し週１０時間の特別時間割を組み日本語の早期習得に努めさせている。なお国語，数学，英語の３教科の授業については進度別クラス編成を実施している。　１年（１学級）男３女２，２年（１学級）男６女６，３年（１学級）男６女５，適令生徒２（３年），１（２年），１５才〜２０才7（２年），７（３年），２０才以上５（１年），４（２年），２（３年）

新星中学二部の現況

世田谷区立新星中学校二部

昭和29年５月１日，東京都世田谷区に夜間学級が開設されてから，今年で15年が過ぎた。この地域に夜間学級が設置されるについては，世田谷区内で最も貧困家庭が多く，長欠生徒も多いという理由があつた。海外引揚者住宅が校区の一部を占め，さらにその他の貧困家庭が多かつたからである。最初は主事１名，専任教師３名，時間講師６名，生徒は，１年生３，２年生３，３年生９合計15名でスタートした。以降毎年40名から60名までの生徒数を保つて現在に至つている。ここ数年来は約50名前後に定着した傾向にある。その間，昭和33年６月からミルク給食を開始，34年４月専任教師が６名となり，34年５月から完全給食となつた。昨年と今年，同じ10月１日現在の在籍生徒数をあげると次のようになる。

	昭44 男	昭44 女	昭44 計	昭43 男	昭43 女	昭43 計
1年	7	13	20	4	3	7
2年	10	6	16	7	7	14
3年	9	6	15	11	8	19
計	26	25	51	22	18	40

生徒の年令差は大きく，下は学令から上は60余才まで変化に富んでいる。これは，旧制，新制を問わず義務教育を修了していない人たちで，全く小学校へ行つた経験のないものから，中学校中途で止めたものまで学力の差が大きく，さらに生活経験の巾も大きくことから，学習指導上特別の工夫が必要になる。特に生徒１人１人をその学力，能力にそつてどう指導するかという点で個別指導が重視される。生徒の平均年令はここ数年やゝ上昇しており，41年度27才，42年度28才，43年度28才，44年度31才で今年はわずかに上つた。都内７校の中では年令の高い生徒の多い学校だといえる。生徒の年令構成は表にしてみると次のようになる。20才以下の生徒の職業についてみると，電気部品組立工，会社雑用，自動車修理工，事務員，ウエートレス，店員などで，仕事に対し安定性を欠き仕事をよく変える。そのたびに職業担当教師が相談にのり，職安その他と連絡をとり，職場訪問をし対策に当る。年令層が高くなるにつれ学級活動は沈滞する傾向が出ている。また毎年卒業生の$\frac{1}{2}$は定時制，通信制の高校へ進学する。現在の２部の持つ最大の悩みは，昼間の家庭科準備室をかりた小さな専用職員室以外はすべて昼間からのかりものであり，教室を使用する際不自由することが多く，生徒のためにぜひ２部専用の教室がほしいということ。つまり各学年１教室と生徒の談話室のようなもの１教室の計４教室が職員室以外にぜひほしいことでありさらに年令と学力のひじょに異なる生徒に，どのようにして効果的な個別指導をすゝめていつたらよいか，どういう教具を使うと効果的かなど学習指導上の対策についてである。

昭44.10.1現在	男 1	男 2	男 3	女 1	女 2	女 3	計	昭43.10.1現在
13才15（学令）	2						2	4
16−19	1	1	3		2	1	8	6
20−29	2	4	3	2	2	4	17	15
30−39	3	2	3	2	2	1	13	11
40−49				6			6	4（40−59）
50−59	1	1					2	
60以上				3			3	
						計	51	40

学齢長欠者の発掘が重要な仕事だ

東京都荒川区立第九中学校

荒川九中が当面している問題は，大まかにいつて３点である。第１は，生徒の年齢の高齢化に伴う問題，第２は「昼働き夜学ぶ」以外の生徒「学校ぎらい」の生徒の増加，第３は海外，特に韓国からの引き揚げ日本人の入学問題である。これらの問題が，本校の過去とは違つた，今日の顔をつくつている。第１の高齢化の現象は，本校の性格を，折り目正しいものにはしているが，バイタリテイのないものにもしてしまう。具体的には，身体を使い，集団をつくらなければならないキャンプ，運動会，遠足などの学校行事への参加率の低下となつてあらわれる。高齢化は，生徒である時間を制約してしまうから，この傾向は認めなくてはならないのだが，学校経営の三つの柱のうちの学校行事が形式的になつてしまい，中学校としての性格が曲折してしまう虞れがある。昭和３２年度の開設当時の生徒は小犬のように，活動的であり，時には教師にとびつく存在でもあつた。いまの生徒は，やや哲学者めいてみえる。教室内でのトラブルは殆んど起きない。学習方法の上での要望がおだやかに出されるだけである。引き揚げ者の日本語は，読み書きの点で低い。教室での授業が，日本語を媒体としている以上，ことばの障害は，学習以常の問題なのだが引き揚げ者生徒にとつては，そのことが正に学習なのである。一人の落伍者をも出さないことが夜間中学校の運営上の原則の一つなのだから，日本語を覚えたいという要望も満たされなければならない。ノイローゼの経験者のためには，ノイローゼの原因となつた要素を学校から払拭しなければならない。教室の中は，それらの復合した沈痛さが淀むことさえある。それを打開する為には，生徒の年齢構成を若くする必要があると思う。だから，本校としては，まず，区内の学齢長欠者の発掘がおこなわれなければならない，という声が教師の中におこりつつあるのだ。昭和３２年，本校が開設された当時の区内の長欠率は3.６６％の高率であつたが，現在では約$\frac{1}{3}$の1.１５％前後で，実数で約１００名程である。過去での夜間学級への救済率は，長欠者の１０分の１程だから，１００人の区内の長欠者のうち学齢者で１０名，準学齢者（１６歳から１９歳）位まで掘り起すことが出来れば，本校の性格は，中学本来の活気に満ちたものになるだろうと思う。夜間中学に高齢者がいては困るというのではない。我々は，やはり学齢層の掘りおこしに積極性を持つべきであり，案外学齢層が夜間中学から取り残さえているような気がするのである。「昼働き夜学ぶ」子どもたちが，いまは，収入の高さから，「昼働き夜も働く」ようになつているのではないだろうか。

開設以来１３年目，「夜間学級」の性格を原点にかえつて考えているのが本校の現状だ。

３大阪の変遷

(1)本校の歩み

大阪府岸和田市立岸城中学校

本校の創立は昭和２７年４月。当時，岸和田市は市内各小，中学校に内蔵する多くの不就学生徒の対策に全市的な運動として取り組んだ。各町内会，婦人会，地区民生委員，小中学校が，一丸となつて不就学生徒の就学督促に，毎日足をはこんだ。結果，その対策の一環として生まれたのが，市内各中学校における「補導学級」と名うつ夜間学級の開設であつた。即ち，多くの人が連日足をはこんで得た体験から，不就学生徒の経過と生活環境を分折した。こうして，岸和田市各小，中学校に発足したのが，「民生委員扶助金＝生活補助」・「教育扶助金」・「補導学級＝夜間学級」などの諸制度である。ただし，補導学級は中学校のみ開設されたのである。

かくて，補導学級（夜間学級）は岸和田市内各中学校に一学級づつ発足。生徒は不就学生徒の各家庭を訪問する民生委員，婦人会，教員の説得によつて，とにもかくにも少人数ながら夜間学級に登校するようになつた。こうして出発した補導学級（夜間学級）であつたが，その後数年のうちに，岸和田市内における夜間学級は，不就学対策の浸透とともに次第に姿を消し，本校のみが残存する結果となつた。

日暮れて，教室に流れる灯を求めて集う生徒は，それぞ滅家庭事情，職場こそ違え，以たもの同志の仲間 ── それを昼間の生徒に比較すれば，一面では同じ学年令者であり，他の面では一般社会人（職業人・家庭手伝）として，それぞれの職場に働く人であつた。従つて，これら夜間学級生徒にしてみれば，学校は教育の場であるとともに娯楽の場であり，憩いの場であり，小集団生活の場でもあつた。中学校生徒であるとはいえ，これら生徒達は，小学校すら満足に卒業していない状態で，その学力は小学校３～４年生程度，にもかかわらず生活年令は，１７～１８才程度というアンバランス，これが一つの教室で，自由な服装で気軽るく，「読み」「書き」「そろばん」というように，一人の教員を中心に学んでいる状景は，さながら昔日の寺小屋をしのばせるにふさわしいものであつた。それはたとえまがりなりにしても，こうして同じ仲間が，一つの教室に集い，読み，書き，そろばんを出来るということは，従来不就学生徒というレッテルの中で，昼間働いているときにくらべて，その生活に明るさをもたらしたことはまちがいない。学校におけるときのこれら生徒の雑談するときの明るさは，実にのびのびと，実にらいらくだ。たとえそれがプライバシーに当る問題でも，実にあけすけに語り合うようになつていつた。それは学校以外の社会においては，すでに一人前の社会人であつても，精神的には１２～１３才の学年令者の姿にかえつて，授業はつづけられていた。

以来すでに１７ケ年，夜間学級の灯はつづけられ，その間，男子５７名，女子１０６名合計１６３名の卒業生を数えるに至つた。毎年３月，昼間の生徒のはなやかな卒業式の蔭に，夜の一教室内で，地区民生委員の列席の中でささやかにくりひろげられる卒業式は，本校補導学級（夜間学級）開設の歴史を，そのまゝ物語るものである。

しかし，学校は大きく生まれ変つた。今日まで，岸和田市立岸城中学校補導学級であつた本学級は，専任教員はなく，２～３名の岸城中学校教諭が校務分掌の一分担的な役割としての兼任教員のみで運営され，生徒も昼の学級に在籍したまゝ，それぞれ進級，卒業されてきたが，本年（昭和４４年）４月より，大阪府教育委員会，岸和田市教育委員会管理の下に，その名も「岸城中学校夜間学級」として新しく発足，兼任ではあるが５名の講師教諭によつて構成され，現在男子８名，女子６名，計１４名の新しい生徒が連夜，向学の灯の下に集い，学びつつある状態である。また，この機において在籍する生徒も，すべて１５才以上の学年令超過者のみに限られた結果これまで１７ケ年つづけられた不就学生徒対策の一環としてつづけられた補導学級は，事実上その幕をとじることになつたのである。これも，次に述べるように社会的事情の推移の結果として然らしむところであり，理想的にはこのような学級のなくなることを一日も早からんことを望まれるところである。

(2)入学する生徒の変遷

開設目的がそうであるように，昭和２７年以来昭和４１年３月までは，不就学生徒の就学対策の一環として，在学，入学する生徒は１２～１４才の学年令者に限られていた。また，それら生徒は，不就学理由として家庭の無理解，貧困，学校ぎらい，本人の疾病，家庭内の病人看病などのために，学年令者ではあるがすでに職業人として会社に就労，また家事手伝としての一般社会人であつた。しかも小学校在学当時から長期欠席がちであつたため，大半の生徒が小学校卒業程度の学力すら，おぼつかないものであつた。それが，昭和４１年５月から２７才の女子（看護婦志望）１名の入学を契機として，昭和４２年３月卒業を境として，学年令者の在学はなくなり，現在に至るまで学年令超過者の入学志望に変つた。従つて生徒の住所も岸和田市内という学校通学区域を離れて，ひろく大阪府下，また京都府下からというようにその通学地域は拡大した。しかも純然たる職業人であり，プライバシーから本校に在学ということは会社はもとより，社会に対しても極秘の配慮をはからうことが要求されるようになつたのである。

なぜなら，この頃より，これら向学の青年達が明るい社会の一出事として，マスコミ機関 ―新聞，テレビによつて社会に報道されるということがあつた。その結果，社会の反響は大きく，隣接府県から激励の手紙，慰問金が数多く送られてきた。もちろん，新聞紙上の記事は，善意に満ちたものであつたし，送られてきた手紙の内容は，すべてヒューマニズムな感激を卒直に書かれたものであつたが，記事そのものが実名であり，その上に写真まで掲載されたため，その生徒自身のプライバーを傷つける出来事が起つたのである。

以来，これら報道関係の善意に協力しつつ，一方においてはそうした配慮をなしつつ，昭和４３年３月の卒業式を迎えた。この年の卒業生は，入学当初からはつきり定時制高校進学を目的としていたのであるが ― 補導学級開設以来，最初の定時制高校合格という喜びをもたらしてくれたのである。思うに本校夜間学級に入学志望の生徒の目的及びその年令者は，昭和４２年度生徒を境として現在に至るまで全くぬりかえられることになつたのである。

即ち，不就学生徒の学年令者対策から生まれた夜間学級は，今では社会の職業生活における貴重な体験の中から，また勉強したいという向学の心に燃えた中から，やはり義務教育課程における中学校を卒業しなければならない必要に迫られた人々が，再び夜，本校の門戸を叩くという現状に変えられてしまつたのは，ひとえに本市における不就学生徒対策の適正なる結果の収獲であると考えられると同時に，新聞，テレビなどの報道機関によつて広く社会に訴えられた結果，まだ社会の片隅に忘れられた多くの人達の不遇が，真の形の整つた，充実した夜間中学校の出現を待ち望んでいるかを考えさせられるものである。

(3)家庭の問題

現在，本校に在学する生徒の中，１４名中男子２名，女子４名は，それぞれ家庭においては父親であり，母親として，一家の支柱をなす人達である。従つて独身の生徒達にくらべて，その人達以上に数々の悩みと迷いと，それを上回る熱意と努力によつて，連日通学している。それだけに，ふと前途に蔭をおとす挫折感と疲労との心の中における戦いは，理解を超えて，何としてもそれらにこたえたいという教師の献身的な奉仕の心のみが，これら生徒達の支えであり，家庭における夫や妻，子供達の協力を，大きな励みとして今日の通学を可能なものにしていると考える。夜間，家庭の支柱たる人が家を留守にするということすら問題がある上に，それに伴う収入の減少（たとえば残業手当のない給料袋の薄さ）は，ただでさえ満されぬ心の上に，経済的な負担が重なつて，生徒本人のみならず家族の人々の上にまで，のしかゝつているのが現状である。これらは，いかに教師がよき相談相手であつても，所詮そこに一つの現界があり，生徒一人一人の人達自身の手で，それぞれ解釈していかねばならないものであると考えられる。

(4)本校の問題点

本校開設の歴史からみて，学校施設の利用，経費の捻出，担当教員の奉仕的な熱意は，まことに恵ぐまれたものであるが，そこにまた，次の問題点がその解決に重い苦悩となつて表われてきているのである。

①生徒一人一人の学力差が大きいため（教育委員会で認められた講師の人員配当は単学級であるが），現在，教員の奉仕によつて2学級編成で授業を行つている。しかしそれは法的にみて違法であるということ。しかも，その学力差が個人差によつて，教科毎に所属学級を変えたということ。例えば，上をA組，下をB組としたとき，A君は英語はA組，数学はB組。B君は国語はA組だが数学がB組としたこと。学力差によつて単学級では生徒一人一人が，せつかく通学してくるのに何分の学習効果が上げられないと考えたことが違法であることに自らが苦しむ結果となつた。

②生徒の年令差が大きく，また家庭事情，職業的地位からみて，法に相当する3ケ年間の在学が困難な場合，その前途に立ちはだかる法的解釈を一律に当てはめるべきか否か。

③以上の悩みは，各学年相当の人員（例えば10名以上）が在籍する場合，問題がないが，本年初め入級募集した際，単学級編成であり，入級した生徒数14名という少人数の場合，教師と生徒との親密はもとより，生徒間における一体感が強く，今更乍ら，来年3月卒業出来るもの，後に残り更らに1ケ年，2ケ年の通学となると，そこに残された生徒自身の心の中に与える挫折感を思うとき，今夜も教壇に立つ教員の心の重さは，全ての教師一人一人の苦悩となつているものである。何かそこに現状に即した法の解決が，切実に望まれるものである。

4 広島の変遷

「本校夜間部の歩み」

広島市立二葉中学校

本校二部学級は，昭和28年5月，新学制実施に伴い，長欠不就学に陥つた生徒を救済し義務教育の完全実施を目ざして開設された。即ち長欠，不就学に陥つている生徒の実情は大要次のようなものである。

1. 昼間勤労して家計の一部を補うため，昼間の通学の余裕がない。
2. 留守番，子守のため昼間通学が困難
3. 年少より仕事を見習うことが有利と考え就学を軽視する。
4. 性格上学校生活に不適応なもの，知能低劣又は疾病のため就学の機会を逸し，中途挫折したもの。

而して昭和35年頃まで最盛期として生徒数は暫時下降状態になつていた。入学しても中途挫折したり，出席不良のため卒業できない生徒が多くなつた。それらの生徒の事情は概して次のようである。

1. 経済の好転に伴い，就学条件のよい就職が多くなつた。
2. 収入増を考えて残業をする。したがつて夜間通学が困難になる。
3. 不馴れな仕事で疲労度が大きく登校を怠ける。

   したがつて欠席がちの生徒が増加した。

つぎに昭和39年40年頃から昼間勤労の生徒であることに加えて性格柔弱又は異常のためいわゆる問題児的な生徒の入学希望の傾向があらわれ生徒指導を一そう困難にさせた即ち

1. 入学直後，在校生を誘つて盗みをした。
2. 在校生とけんかした。
3. 入学生同志がけんかする。
4. 暴力をふるい校具を破損，汚損する。
5. 女子生徒を誘惑しようとして正常な男女生徒の交際ができない。
6. 女子生徒は男生徒に誘惑され易い。
7. 知能低く単独で登下校が困難，迷い子になり深更まで捜し廻つたこと再三

上記のような生徒を指導することは二部本来の目的ではない。しかし他に適宜な学校施設のないかぎり困惑しつゝも指導してきた。

反面入学希望の中，次の理由による年令超過生徒がふえてきた。

1. 家庭事情または，一身上の理由などで中途就学を放棄していたがどうしても卒業しなければならないと考えるようになつた。
2. 各種の資格をとるために卒業証明と相応の学力が必要になつた。
3. 旧学制の義務教育は修了しているが新学制の中学教育を修めたい。

これらの入学生徒は一応の目的と希望をもつているので学習態度も良好で熱意がありよく出席する。しかも彼らにはそれ相応の主体制と見識の持主であることがうかがわれる。即ち，

1. 教師はわれわれ生徒のよき相談相手になつてほしい。
2. 些細なことをこせこせ言わないで寛大に扱つてほしい。
3. 学習上のことに関してはきびしく指導してほしい。

年令上からは一般中学生よりはるかに先輩であり，又反面社会人として一般勤労者と接している関係上，一般常識は年令相応に進んでいるので，こうした生徒に適応するよう教科内容についても深い配慮が払われなければならない。

学習生活に遠ざかつていた生徒を先ず学習生活に順応させるのが主な目的であつたわれわれは，次には当然学校本来の目的に帰らなければならないのである。かくして開設当時から一貫している指導は次の通りである。

1. 学習に興味と意欲をもたせる。
2. 家庭訪問により不断の生徒の登校を督励し学校の意義と楽しさを知らせる。

しかし又，二部生徒の年令の相違，学力の高低差，学習の意欲の差など多種多様の生徒を如何に取り扱うか，しかも，二部学級生徒の特殊性，抵位性に甘んずることなく，一面これらの生徒が勤労者である社会人としての特性を伸ばし，一般中学生の水準にまで学力の向上を計ることが望ましいのである。

しかしそうするためには，より多くの困難と悩みがあつて学力の向上を計ることに性急であると登校を拒否したり学校への興味を失うおそれがある。われわれは実情に即したカリキュラムの編成と教科内容の工夫に努力してきた教師の熱意と生徒の意欲と相まつて目的達成に日夜専心している。

入学する生徒の原因の変遷

広島市立観音中学校

別表〔 I 〕のように原因を，貧困，親の無理解，本人の無理解，親本人の無理解，本人の病気，免許状をとるため，（調理師または理髪師，美容師の試験をうけるため，中学校卒業資格を得るため，又は，中学校卒業の証書を得るため），進学というように分類して見たが，貧困のため生徒の性格がゆがめられるとか，色々な事情で原因がからみあつて，このようにはつきりと区分することができないが，主な原因をとり上げてこの中にはめてみた。貧困にしても別表〔 II 〕のように崩壊家庭が多く，両親がないとか，片親のみでは収入が少いもの，継父，継母で家庭が円満に行かないとか，又親戚の家に世話になるもの病気で働けない者等で，生活保護，或は準保護をうけ，生徒は昼間つとめ一家の支えとなつている。これらはいうまでもなく二部学級の特色である。親の無理解は子供に対して導く力がないとか，もつと教育に対する考えがないものかと思われる場合でこれは割合少い

本人の無理解は学校嫌い，勉強嫌い等で怠惰な性質である。

本人，親の無理解はお互いが学校というものが義務教育であることが念頭になく全く無関心である。また知能のひくい子で昼の学校へ行けば，他の生徒からいじめられて欠席がちになり，年令も超過して二部学級に来るような場合もあつた。

本人の病気は足がびつこであるとか，視力が普通の学校でもついて行ける程度になつたが，学力が劣るため盲学校から転校してきた者，発育不良な者で年令が超過した廻年生もいた。耳の遠い生徒，発育不充分で昼間の学校について行けない生徒等であつた。

免許状をとるためとしたが，調理師，理髪師，美容師の試験を受けるのに中学校の卒業証明書が必要で入学した者，また，この中には終戦前の高等小学校を卒業しているが，中学校の卒業証明書をとるため入学したものもいた。又職場でこれは公務員であるが，終戦後中学校が義務教育となり，中学校課程の卒業の資格を身につけるため入学して卒業していつた者が二人いる。その一人は職場で表彰をうけた例もある。

進学した者は少数であるが，定時制商業高校三人，同工業高校が一人である。以上が表の説明のあらましであるが，何年程はこうであつた，あのようであつたという流れというか，特色というか，多い少いというか，きめてはない。色々なものが入り乱れている。

非行生徒もいて昼間学校でもてあまし，夜にまわつてくる生徒もいた。

最近の傾向として不良化生徒の入学である。例をあげれば，親と子供の間がしつくりいかない。姉妹喧嘩はする，はては家出したりお互が責任のなすりあいをしていたが，どうにか卒業して行つた生徒もいた。又盗癖があり素行がおさまらず，母親の無理解もあり鑑

別所の厄介になり保護司の保護のもとにあるもの，又異状性格というか，粗暴であり，盗癖があり家庭裁判所の判決をうけたりして保護司のもとにあるもの，気ままで家を飛びだし大阪，東京で仕事をしたり，シンナー遊びをしたり度々警察のお世話になり，これも家裁の判決をうけたもの，又，男女関係で昼の学級から二部学級に転入したもの等で，不良化で入学する傾向が特に見られる。真面目な生徒もいるが，これが不良化しないかと心配する点もある。又中学校は卒業がしたが実力がついていない。高校の通信教育を受けてもついていけないから入学させてほしいという二十三才の女性，又やはり中学校は卒業したが力がついていないので，勉強させてほしいという二十五才の男性もきたが，二人とも入学させることが出来ない場合もあつた。入学ではないが六，七年前の卒業生で高校の通信教育を受けたいが，卒業証明書がほしいという者が三，四人いたが，卒業していたからこそ通信教育もうけることが出来るとよろこんでいる。以上が入学の原因の変遷でもなく，動機といつた方が妥当であるかもしれぬ。

別表　〔Ｉ〕

入学した生徒の原因の変遷

年度別	男女別	貧困（両親がいないため，片親のみ病気等）	親の無理解	本人の無理解	親本人の無理解	本人の病気	免許状をとるため	進学	計
34	男 女	6 3		1 	2 				12
35	男 女	6 4		4 	1 	1 	 1	1 	18
36	男 女	6 1			2 		1 	1 	11
37	男 女	4 2			 1				7
38	男 女	2 1	2 	2 	 1		 1	1 	10
39	男 女	3 1		1 		1 	1 		7
40	男 女	1 2			2 1			1 	7
41	男 女	3 			2 	2 	1 		8
42	男 女	4 	 1	 1		1 	 1		8
43	男 女			1 	 1				2
44卒業見込	男 女	3 		 2	 3				8
計		52	3	12	16	5	6	4	98

別表　〔II〕

家族調べ

（卒業生のみ）

年度別	両親あり	父のみ	母のみ	義父	義母	その他（両親なし 他人の世話等）	計
34	2	4	5			1	12
35	4	6	8				18
36	3		5			3	11
37	3	1	3				7
38	2	3	5				10

年度別	両親あり	父のみ	母のみ	義父	義母	その他（両親なし他人の世話等）	計
39	2	2	2			1	7
40	0	4	2	1			7
41	4	1	2		1		8
42	1	3	1		2	1	8
43	1		1				2
44見込	3	2	3				8
計	25	26	37	1	3	6	98

参考表について

〔Ⅰ〕 入学または転入した時の学年（卒業生のみ）

一年から入学するものは漸次減少する傾向がある。二年，三年より転入する者が多く過年生も少くなつた。又戦前の高等小学校を卒業した者で入学するものはなくなつた。

〔Ⅱ〕 卒業した時の年令調べ

適令で卒業する者が多くなる傾向がある。過年生が少くなるのが目につく。

参考表 〔Ⅰ〕

入学または転入した時の学年 （卒業生のみ）

年度	入学した時の学年			計
	1年	2年	3年	
34		4	8	12
35	9	1	8	18
36	7	1	3	11
37	4	2	1	7
38	2	3	5	10
39		6	1	7
40	1	3	3	7
41	1		7	8
42	3		5	8
43	1		1	2
44見込	28	3	5	8
計		23	47	98

参考表 〔Ⅱ〕

卒業した時の年令調べ

年令	年度											計
	34	35	36	37	38	39	40	41	42	43	44見込	
15	5	12	7	5	6	3	6	3	4		4	55
16	3	2	2	2	1			1		1	1	13
17		2	1								1	4
18	1	1			1							3
19	2							2	1			5
20						1						1
21												
22										1		1
23						1						1
24												
25	1					1		1	2			5
26			1					1				2
27												
28		1										1
29					1				1			2
30												
31												
32												
33												
34							1					1
35						1						1
36												
37					1							1
計	12	18	11	7	10	7	7	8	8	2		98

5 本校の誕生とその後の変遷

◎なぜ誕生したか

神戸市立丸山中学校西野分校

日本最大の同和地区といわれる番町地区の人々は，第２次世界大戦のあの空襲の中で，お互いが協力して自分たちの力で町を，家を守り抜いたのであつた。

しかし徳川封建制度による未解放部落差別の歴史は長く，きびしい現実は戦後といえども，あらゆる機会から平等を奪い，隔離し，その結果定職にありつけぬ人々の生活は，しだいにすさみ，暴力と，麻薬・売春が横行したのであつた。

このことを憂えた心ある地区の人々や，番町青年団が中心となり，兵庫軍政部ＣＩＥのコレーテ女史が後援者となつて「番町地区改善対策委員会」が生まれ，忘れられた子どもたちの長欠，非行に対する防止救済対策として夜間学級が，神戸市立西野幼稚園内に神戸市立室内小学校・仝丸山中学校の分教場として設置されることになつたのである。

◎誕生当初の姿

昭和２５年１月１６日開設された本校に，入学してきた児童・生徒の数は１４９名で，教師４名，事務用務各１名で運営されたのである。在校生の年令はそのほとんどが，就学適令者で構成されていたのである。このことよりいかに年少者が戦後の混乱期とはいえ，無視されまた教育そのものが地区の人々に理解されなかつたかがわかる。しかしこの無理解もたぞこれらの地区の人々を責めるだけでは解決しないのである。いわれなき差別が，これらの地区の人々をして，このようにさせたのである。

「地区の改善は，人間の頭の改善にあり，しかして頭の改善の具体的方途は，教育によるの外なし」と，夜間学級設置の原動力となつた当時の地区改善委員会や，青年団等各種団体諸賢の見識と努力に，現在この方面に携る我々は一そうの敬意を表すとともに，将来にむかつて新な決意をもつものである。

当時入学してきた生徒は，経済的事情により昼間に通学する余裕がなく，生徒が家計の一部を負担しているもの。通学したい意志はあつても家族全員が就労し，昼間は留守番，子守等の家事にたずさわるもの。製靴等の技術を習得しはやく実業につき収入を得ようと学業より職業を尊重する近視的見地により長欠となるもの。学習や学校生活に意欲なく就学せず長欠となるもの。等々の生徒であつた。教育の向上が地域社会を明るくし，社会悪を少なくし排除することは明白である。

開設当初は上記学令生徒に学校生活にまず順応させるべく，地区父兄懇談会の開催等と

平行して幻灯会・映画会等を開いて興味をもたせ，生徒の声を聞いたり，父兄の理解を高めるようにつとめ就学の督励につとめられた。その後学習への意欲向上と平行して，独立できる技能を修得させるべく，県市の援助と理解のもと同和事業の授産所として編物及びミシンの女子として適切な教材指導を行つた。これにより女子の出席は非常に良くなり，地域の婦人層も次第にこれらの講習会に出席するようになつてきた。この同和事業も昭和３１年度まで継続され地区改善の一助となつたのであつた。

昭和２４年２月１０日，神戸市立駒ケ林中学校が全国にさきがけて夜間中学校を設置したが，その発生の直接原因はともかく大きな共通の問題をかゝえてつぎつぎと設置され，神戸市内だけでも９校をかぞえたのであつた。そしてその在校生は，学齢生徒で大半を占めていたのである。

◎本校の年齢構成の変遷

前記のように在校生の年齢はほとんどが学齢生徒であつたが，本年（昭和４４年度）では次のグラフのように学齢超過生徒の割合が増加している。

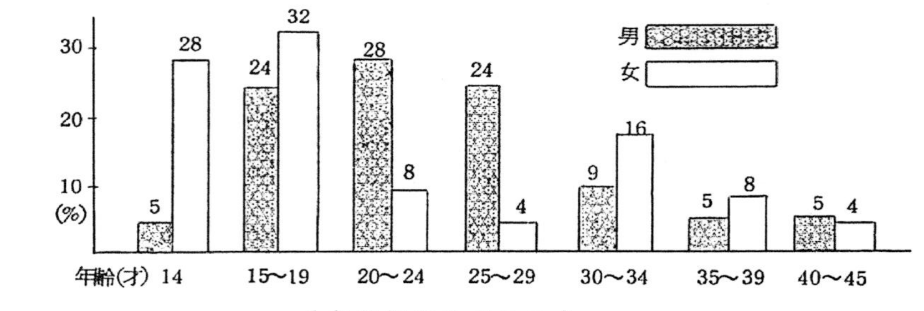

（年齢構成のグラフ）

男子生徒のもつとも高い割合を占めている２０才～３０才は，昭和１４～２４年の出生で，学齢時は終戦後の経済の混乱期で生活苦のため未就学となり一家の生計を負担し，または技術見習等を学業より優先的に考え誤つた職業感によるもので，現在の職業が溶接理美容，調理等の見習が多いことより判断でき，これらが資格試験のため義務教育終了証書を必要として入学を申し出たもので相当の技術をもつてすでに一人前として就労しているものが多い。

女子生徒のもつとも高い割合を占めている部分に，学齢相当生徒がある。これは全部が中学３年生で，２，３の身体的理由（昼間中学への通学距離が遠く疲労度が多い。長時間

の学習が困難等）を除いては，両親又は家族の就労を助けるための留守番，病人の昼間の看病等が多く，一部の生徒は学校長のアルバイト就労証明による就労生徒で，貧困が昼間中学へ通学させない理由となつているもので，どの生徒も昼間中学校よりの転入生徒であるが夜間中学校の生活に順応し，嫌学生徒はいない。「女の子は，男のように学問する必要がない」といつた昔ながらの考えが保護者にありとすれば問題である。夜間中学校へ転入以来，学習態度や学習成績の向上が目立ち，性格の明るくなつた変化に昼間中学の教師は驚いているぐらいである。学習意欲の向上は，これら学齢生徒に定時制高校へ進学志望あることにより裏づけられる。

◎訪問教師との関係

学齢生徒の夜間中学への転入学の裏には，訪問教師の活動を見のがすわけにはいかない。神戸市では，昭和３５年４月から全国に先がけて訪問教師制度を設け，「長欠，不就学児童生徒その他の問題をもつ児童生徒の家庭等を常時訪問し，直接指導にあたる。この活動を通じて，家庭や地域環境の調整と連絡にあたり問題解決につとめる」を趣旨とし，その活動により夜間中学校へ転入学を督励され，未就学から救済された生徒たちである。

昨年の夏，ある長欠生徒の家庭訪問をしていたＡ訪問教師が午前中にもかゝわらず街頭で小さな子ども相手に遊んでいる一少女を発見した。Ａ訪問教師の顔を見たその少女は恥かしげにその姿を露路へかくした。年齢から判断すると，中学一年ぐらいに思えたので，後を追うように露路から露路へ，少女は奥まつた家へ姿をかくした。Ａ訪問教師が続いて家へ入ると，２間ぐらいの間取りの奥に少女の祖母らしい老女が寝ており，少女以外に家人はいないようでＡ訪問教師は一応その場を引き揚げ，夕方再び同家を訪問昼間の少女の母親という女が応対にでた。昼間の少女はやはりその家の娘で，約２ヶ月前に子どもを，引きとつて夫と離婚し，となりの学区から引越してきたもので新しい学区では顔なじみもなく少女は転校手続きもできず収入を一人で負担するようになつた母親はなれない職場へ昼間の祖母の看病と炊事はこの少女Ｋ子の分担となつたのであつた。この様子を知つたＡ訪問教師は，早速転校手続きをとり当夜間中学への入学を督励その後のＫ子は新しい友達に恵まれ，毎日元気に，いや毎晩元気に通学，そして成績も昼間中学時代より向上，勿論学習態度も意欲的になつたのは当然である。これは訪問教師の活動により，夜間中学へ入学した生徒の一例である。

◎入学動機の変遷

夜間中学への入学の動機は，前述のようにそのほとんどが地区の「番町改善対策委員会」の諸氏，番町青年団の指導者の家庭訪問を主として，街に職場に教育から見捨てられた児童，生徒を発見し，入学をすゝめ勉強の必要を，さとしたもので，自ら入学してきた向学的な児童生徒は少く，したがつて前述のように学校生活への順応は困難を極めたのであつた。

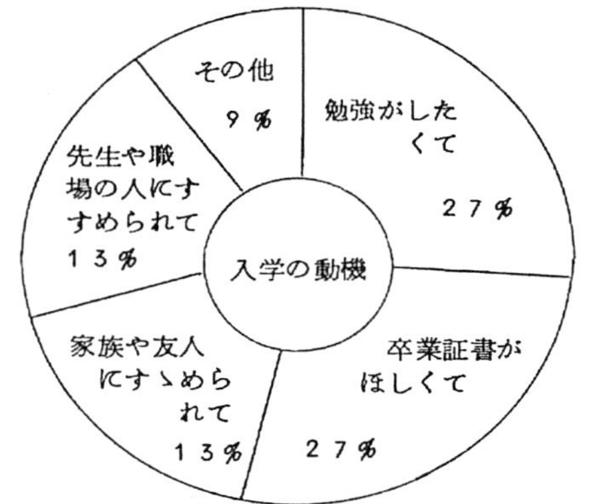

現在，本夜間中学に在学する生徒の入学動機は，左のグラフのごとく勉強がしたくて，卒業証書がほしくて，いつた自らの就学意欲によるものが，大半を占めている。特に卒業証書がほしいと申してる生徒の大部分は，現在就業中，又は将来就業しようとする職業が義務教育終了による資格試験受験のための，美理容師・調理師・溶接技師等である。これらの生徒は単なる卒業証書一枚なきため就職の門も閉められているもので，大企業や，公務員といえども公立病院や市の清掃といつた現業関係であることによつても，いかに義務教育未終了ということによつて差別を受けているかがわかろう。

◎今後の問題点

夜間中学が発生した敗戦直後の社会的背景は政治，経済，社会の混乱期であり，地域的には東京より西，主として都市周辺の中小企業や，低所得者の集中している地域や，本校の場合のように未解放部落である。これより〝納済的貧困と，教育民主化の不徹底，政治の欠かんによる民生不安定に起因する〟といえよう。夜間中学のもつ重要な問題として，まず夜間中学校の法制化がある。

行政官庁は，夜間中学の存在を正式に承認せず，むしろ行政管理庁のように，廃止への方向を勧告するなど，過去長きにわたつて数多くの長欠，不就学生徒を放置してきた責任上からいつても当然責められるべきものである。

夜間中学の法政化にあたつて，文部省は再三の申し入れにもかゝわらず現在の教育体制をくずし，労働基準法や児童福祉法違反に通じると，その法制化反対の理由をあげている。

これらの理由は，現状を考え検討するとき何ら夜間中学校を否認する理由につながつてこないのである。発生時と比較するときその構成年齢から判断してもわかるごとく，過去において義務教育から脱落した当時の長欠，不就学生徒がほとんどを占めているのである。

現に１４０万人という義務教育未終了者を，どうして救うかという対策への熱意の問題である。

昭和４１年７月から中学卒業程度認定規則（文部省令第３６号）が制定されたとはいえこれの受験者や合格者の数から判断していかに実情にそわないものであるかゞわかろう。

通信教育や，認定制度がいかに学校教育を立前としている義務教育にそわないかは言をまたないのである。逆に現状からみて夜間中学の存在が教育効果を如実に示しているのである。これら義務教育未終了が，存在している限り文部省は，教育本来の目的をみつめ「国民全体に対し，直接責任を負つている」という使命観と，民主主義の実現は「根本において教育の力にまつべきものである」という教育基本法の言葉を自からもう一度繰返すべきである。現在の夜間中学の存続は，設置されている都府県委員会の良心と，その掌に当つている数少い教職員，一部有識者の教育観だけとは義務教育普及率９９.９％と世界に誇る日本の教育行政担当官庁の態度とは，全く理解できない。時限立法の形でも法制化することは，不可能でない。多数の不遇生徒を救つた夜間中学校の実績を，教育制度を新しい角度から検討されている今日，問題解決の方向へ具体化させるべき機会である。

〝教育の機会均等の原則〟をさらに保証する方向に教育政策をおしすゝめていかなければ，問題が教育問題であるだけに悔はまさに千載に残ろう。

〝教育行政は教育の目的を遂行するに必要な諸条件の整備確立を目標として行なわなければならない〟と教育基本法第１０条は教えている。

夜間中学校は「なくすべきでなく，なくなるべきもの」で夜間中学の存在を必要としない，新しい日本が一日も早く訪れるようあらゆる面で，あらゆる機会を通じて，全国民の運動としておしすゝめていく必要がある。

Ⅵ　学習のよろこび　つまづき　ざせつ　その具体例

1.「テレビを見て入学したＫ君の場合」　神戸市丸山中学校中野分校

テレビ出演のこと

昭和４３年１１月２１日、全国夜間中学校研究大会が、神戸の私学会館で開催された。その時３日程前から連絡をもらっていたテレビのディレクターのＮ氏、アナウンサーのＳ氏、そして教養部担当のＫ氏の訪問を会場でうけた。『夜間中学校全国大会が関西で催された機会に是非夜間中学を、テレビを通じて全国に紹介したい、そして夜間中学直接の関係者として、文部省から出席の奥田課長に質問すると共に、在学生徒の声を聞かせてほしい。』以上のような申し入れをうけた。２３日の勤労感謝の日が放映日というので２２日の夕刻在学生徒のＫ子・Ｙ子・Ｋ男の３名と、神戸元町駅で出合うことにした。Ｋ子・Ｙ子の２人は母親らにつき添われて約束の時刻に姿をみせた。Ｋ男は残念ながら姿をみせないので、早速近所の家へ呼出し電話を入れ連絡をとったところ仕事に出ているという事であった。しばらくして再び電話を入れ、本人が電話口へ出たのは約束の時間を約１時間過ぎている頃であった。「先生、明日テレビに出るといっていたが、引越しの時に２日程休んだのでどうしても明日休むわけにいかなくなった。明日は勤労感謝の休日ですが収入等を考えるとどうも一」ということである。４，５年前の夜間中学生は、新聞社が写真を撮ったり、記事にすることを極度にいやがり、次の日から欠席するというケースも多かった。Ｙ子とＫ子もテレビ出演にはかなり心理的に抵抗を感じている様子がよくわかった。しかし何とか事前の話合いや、家庭訪問をくりかえすうちにその真意が了解されて、テレビ出演承諾まで持ち込めたのであった。

Ｙ子は１５才であり、再婚の母親が小さい弟や妹をのこして新聞配達に出るので、留守番と子守家事一切は彼女の分担となって、昼間の中学に通学できず夜間中学へ転入した生徒である。

Ｋ子は３２才。外地よりの引揚げ者で、家族は父の故郷へ落ちついたが、生活のため父は神戸へ出稼ぎに行きＫ子は大ぜいの妹や弟の世話で小学校へも満足に出席していない。父の呼び寄せで家族全部が神戸にきたのは彼女の小学校卒業前で、外地で洋服仕立職人をしていた病弱の父の収入では、とうてい多勢の家族を養うだけの額には及ばず、Ｋ子は中学２年生の時にはとうとう母親と街頭に屋台を引くようになり、昼間中学へは長欠学令満期による除籍となったのであった。以来飲食店々員、旅館女中と職をかえたが、収入は思うにまかせず調理の見習となって将来の生計を考えた。例年行なわれる調理師試験に受験を申し出たK子は、義務教育未終了のため受験資格のないことを知らされた。そこで中退した母校を訪れたK子は夜間中学校のあることを紹介され早速に当分校へ入学を申請したのであった。

テレビに出演し、自分の過去や現在の心境をしゃべったY子とK子はともに「胸の中がすっとした」といって、実に明朗になり、西野分校に和やかなふん囲気をつくってくれるようになった。今までの生徒の多くは作文を見ても、友達との会話を聞いても、生活や環境を隠そうとする傾向が強かったのであった。かって訪問教師としてY子の面倒を見ていられた市教育委員会の指導主事の先生はテレビ出演のY子の明るい素直な姿を見て大変よろこばれたくらいである。生徒がテレビに出演するなど、過去には思いもよらなかったことである。

◎ テ レ ビ を 見 た K 君

２３日Kテレビを、キースタジオとして全国に放映された。“なくさないで!! 夜間中学校”は予定の通り昼前に終了した。休憩室で出演した一同が雑談の最中担当のデレクターのN氏が放映中から再三夜間中学校に関する問合わせや、入学希望の申し出の電話があったと聞かせてくれた。電話の一人がほかならぬK君からであった。

K君は１６才で義務教育未終了、町の鉄工所へ勤める少年であって、かねがね就学の希望をもっていたが偶然に見たテレビで、前記のK子やY子の様子を知り意を強くして問合わせたものであった。

テレビ放映の２日後、テレビ局で教えられた本校の所在地を尋ねて姉とK君は姿を見せた。「先日のテレビを見て放送局から教えられてきました。入学の手続きを教えて下さい」とのこと。姉とK君は恥かしそうに語ってくれた。

◎ K 君 の 今 ま で

昭和２７年７月、K君はアル中といえるぐらい大酒のみの父と、病弱の母との間に姉兄について３番目の子どもとして生まれたのであった。父は若い時から酒を飲み満足に仕事につかず、母も幼い時から小さな弟妹の面倒や家事手伝で小学校にも出ていないということであった。K君が生まれ育ちそして住んでいる大阪の東南方面はスラムや歓楽街があり、人口密度が高く日雇い、雑役、零細企業に就労する人々が多くの生活保護世帯が比較的に多い地区である。兄も姉も義務教育未終了で、兄は住込みで働き何とか自活しており、姉は一家の犠牲となってホステスをして収入を得ており、申し出の今日も仕事を休んで弟を

連れてきたとのことであった。「私自身、字も書けず計算もできず、商売柄非常に困ることが多く、特に学校の話が会話に出るとその場にいることすら苦痛です。弟はせめて中学校だけでも出して私のような思いをさせたくない。私も今すぐ入学したいのですが一家の生活を考えると、比較的収入の多いこの職業をやめることができませんので将来通学できるようになればぜひ入学させてください」とのことでした。

K君は、幼時小児麻痺をしたとのことで小学校入学の通知を役所より受けたが、経済的に苦しく病身でもあるので一日も登校していないとのことであった。その後兄や姉が働くようになって生活もやゝ楽になり、さらにK君も１２才ぐらいから町の鉄工所で就労するようになって一家は経済的にも落ちつくようになった。しかしK君の頭の中からは、“学校を知らない。字を知らない”ということが片時も離れず鉄工所で働く同僚は次から次へ溶接工の資格試験に合格するのを側からみて毎日毎日を苦悶と、劣等感の中で過ごしてきたのであった。近所の子どもが通う学習塾へも行った。しかし年令の割に学力の遅れているK君は、進学指導を対象に対する私塾ではとうていお客ではなく、お荷物扱いにされ、とうとう志半ばにして通うことを断念せねばならなかった。小学校も卒業していない母親が、K君の家庭教師役となって頑張ったが、なかなか効果があがらず、無為な日が過ぎるばかりであった。両親や姉弟と住む六畳一間は８人家族を収容するのに充分でなく、K君の勉強できる場所はとうていあり得ないのでもあった。

◎ 入 学 し て か ら の K 君

姉につき添われて入学を申し出たK君は、次の日から母親と登校してきた。その理由はK君が小さい時から遠方へ出かける機会もなく一人で乗物に残ることなど全くなかった。その上字が読めないK君は、どこで乗り換えてどのホームから出ればよいのかわからないので、母親は駅や街の目立った特徴を看板や建物に求めてK君に教えたのであった。数日続いた母との登校で、K君も一人通学できるようになり、また勤め先の鉄工所の主人もよく理解してくれ、第一校時の中途から（午後６時頃）授業も受けられるよう職場を早く出してくれた。K君の「あ、い、う、え、お」からの指導は、国語担当の教師があたった。比較的聞くことのできるK君には、社会、理科、技術、音楽等は、他の生徒と共に授業を受けさせることにし、できるだけ劣等感をもったり、他の生徒から劣等視されないように留意した。しかし数学、英語は全くK君専用の特別カリキュラムによらなければならず、２桁の加減数式まで何とか頑張った数学と、A、B、C……をくりかえす英語はK君の努力にもかかわらず遅々として前進しない。しかし必ずK君はやりとげるであろう。たとえ

亀の進みのようにのろくとも。入学時に書けなかった氏名住所も、とうとう簡単な漢字まで含めて覚えた昨今であるから。手のひらにペンで消えないように書いて覚えた数字の文字は、今ではK君のものになったのである。夜間中学の存続と、設置を訴えて全国を歩いている東京荒川九中卒業の高野君も、しばしばK君を訪問して激励していると聞く。高野君から聞いたK君の母親のことば 「あの子が本を読んで笑った」。なんとK君にはみずから文字を読み、新しい知識を求める天地が開けつつあるのである。学校長から借りた麦書房発行"文字の本"や、直接発行から取り寄せた読本がK君に文字を、知識を教えた主たる教材になったのであった。絵から文字へ馴れぬ国語教師は、K君へ絵を画き、文字を書きプリントやカードを作って配りつづけた。文字を覚えたK君は、うれしくて最近姉に教えていると聞く。K君には友だちができた。学友ができた。毎晩肩を並べて帰っていく後姿を見るとき教育が、学校教育がいかに重要にして必要なものか、教育を受けないことは人間のあらゆる可能性まで奪うことにつながると切実に思われるのである。入学して1ケ年、学校生活にも馴れたK君に卒業生を招いて毎年行なう六甲ユースセンターの野外学習（一泊）は、キット収穫ある催しとなるであろう。K君の教育成果はまだまだ満足すべきものではない。毎晩遠い通学路を夕方のラッシューにもまれ仕事に疲れて登校するK君を思う時、より効果的な学習方法をみつけ出し実施することがK君に対する学校教師の責任と痛感するものである。

なお、後日K君の学校生活や、夜間中学校の実態がKテレビでドキュメンタリー映画として全国に放映された。その結果多くの人々に深い感銘を与えるとともに、テレビ局への問いあわせや当西野分校を訪れた人は数十人に及んでいる。これらの人々もたまたまテレビを見て知り、抵抗を感じながら思い切った一部の人で義務教育が未終了であるばかりに苦しみ悩んでいる潜在人数は驚くほどであろう。前述のテレビ出演や、啓蒙的な新聞報道が契機となって大阪市内に新しく夜間中学校が設置されたことは関係者として大変うれしいことである。

◎ K君を通じて

K君のような義務教育未終了者が全国に１４０万人といわれている。K君のような過去をもった人に対する責任は誰がどのようにしてとるのか。

教育基本法に掲げられている『教育の機会均等』『義務教育』の完全実施を阻んでいる原因を検討し、排除し法がすべてを包括するよう努めなければならない。法の外にとり残された問題こそ法の理念に則り為政者は真剣に考察対処すべきであろう。

- 54 -

進学競争に備えての家庭の教育過剰、学校における入試準備の教育、それらを誘発する学歴至上学閥偏重主義の社会風潮はまた新しい不就学の原因と、学校教育不信を再生産しつつあるのでなかろうか。人間性を抹殺した現在の教育制度は、社会保障の充実、産業構造の適応化、社会的道徳意識の高揚など全社会的視野から早急に検討し再考されるべき重要な問題であると確信する。

2.「T君指導の実践をふりかえつて」

広島市立二葉中学校

T君は2年の長欠生徒であった。担任のすすめと本人の意志により、二部学級入学を希望することになった。校長はこの生徒を激励し保護者は二部学級の内容について納得した。あとは彼が正常の生徒にかえるか否かにある。
彼T君は温順で極端に内向性のつよい生徒である。したがって他の者と話したがらない。何を聞いても無言である。勿論自ら発言するなどもつての外であった。
昼間の中学校における長欠の原因は大ぜいの仲間との接触がうまくいかず、結局学校嫌いになって欠席が続いた。担任は家庭訪問を頻繁に試みた。T君は母子二人の家庭である。母親は土木関係の日雇に出てまだ帰らない。担任の訪問を知ったT君は押し入れに隠れて出ない。留守番中は殆んど外出せず。終日描画に過ごしている。自由画は得意であり、好きでもある。こんな状態が2年の新学期の初頭から始まった。意を尽して登校をすすめても頑として応じない。担任は二部学級のことを話した。母親も本人も乗り気になって登校しようということになった。5月下旬の夕刻母親同伴二部学級の職員室にあらわれた。さて二校時が終ると２０分間の給食時間である。全員歓声をあげて給食室へ走る。T君は同調しない。教室の片隅に黙して動かない。こうした日が一月続いた。その間にも言を尽して根気よく促した。そんなある日ふと友に誘われて給食室にあらわれたのは外ならぬT君であった。心の中で雀躍する担任である。しかしT君はパンにもミルクにも手を触れない。黙して立つのみ。数日後パンを持ち帰らせることができた。それから一週間，口数少なく

- 55 -

友と語り給食を口にする彼を見た。しめた彼は自信をとりもどしたようだ。友と語る楽しさを感じたようだ。

学習時間のT君は端正な態度でよくきく。しかし教師の質問に対する応答はない。勿論自ら質問はしない。給食時間は彼に自信と力を与える恰好な場であった。友と語らい教師と話す活気が出てきて朗らかさを言動に表わすようになった。

この頃彼は住居のごく近くのT炭素会社とよぶ小企業で働くことになった。ここの雇主が実によかった。彼の素直さをほめ喜んでいた。後日自動車部品を扱うこの店の顧客廻りをするようになったときいて驚いた。彼は働くことの楽しさを味わい同時に学校がとても楽しいという。雇主からきいたことである。かくて彼は首尾よく中学校を了えた。そして公立高校定時制に入学した。ここでの4年間昼は働き夜は学ぶ勤労生徒のもはんとなり上位の成績で卒業した。彼は勤務先の雇主に恩願をもち引続きつとめている。彼が恒に口にしていたのは〝夜間がなかったらぼくはぐれていたかもしれませんよ〟考えさせられる彼のことばである。

3. 物いわぬ子らに代わつて

東京都夜間中学研究会総務部広報係

生徒の質が変った？

「最近は、貧困ではなく、学校ぎらいが多くなってね。」ということが、よく、夜間中学の関係者の間で言われている。

次の作文も、その「学校ぎらい」の生徒のものだ。

> 僕が糀谷中学校第二部へ入ったのは、僕が中学一年の時です。今思えば、なぜ学校ぎらいになったか、わからないのですが、僕のクラスにいい友人がいなかったせいだと思います。僕は幼い時から学校がどうもすきになれなかったらしいです。だれも学校のすきな人はいません。僕の時は中学一年の時それがばくはつして、母に反抗して学校へ行きませんでした。なぜ母に反抗したのかわかりません。その時の僕の心理が良くわからなかったと自分で思います。

「わかりません」と、T君は書く。しかし、T君は、母ひとり、子ひとりだ。T君の母は、ホテルの女中さん。T君は、学校から帰った大部分の時間をすごしていた。夕食は、いつも、自分で好きなものを、好きな時間に、ひとりで料理して食べた。ほんのわずかの母と子の時間。T君は、思いきり甘えた。朝、出勤のおそい母より、学校に先に出かけるのを、T君はいやがった。おなかの具合が悪いとかなんとかいっては、休みたがった。母も時には、それを許した。

T君の通っていた中学は、いはゆる有名校である。知能指数が、普通学級と特殊学級のちょうど中間ぐらいのT君には、教室での勉強は苦痛だった。友だちもできなかった。

T君の母は、T君が一流の高校に入ってくれることをのみ、願って生きてきた。その母の願いは、T君にも、よくわかっていた。

これでは、どうかすると、筆者ですら、学校ぎらいになりかねない。T君は幼い時から「鍵っ子」として育ち、適切な団体訓練が与えられなかった。だから、T君には、友だちができず、従って、母以外の誰かに、心を許した経験がない。

これが、現在の貧困の一つの表われだ。鍵っ子T君を預かる施設がありさえすれば、T君は、こうならなかった。

T君は「わからなかった」のではなく「わかる」権利を奪われていたのだ。

4. ある夜間中学生の証言　―東京荒川九中　Ａ君の作文―

物言わぬ子の代理として

1. 貧困による長欠は、まだ存在する。

<１９６６年

都内中学校長欠者　３０３２名

うち、家庭の貧困によるもの。　１５３名

家庭の無理解によるもの。　２０７名

その他、家庭に長欠理由のあるもの。　１２６名

以上の合計　４８６名

学校ぎらいによる長欠者数　１１８９名

> １９６６年、僕は１７歳で中学一年生として荒川九中二部に入学しました。何で二部に入学したか、やはり家庭がまずしい故です。僕の父が酒がもとで家を売りはらい、のちに自分の命まで奪ってしまったのです。それからの僕達の家庭生活は一転してしまったのです。姉は稼ぎましたから良いとして、父母、僕の三人はバラバラの生活になってしまいました。父はどこかへ行ってしまうし、母は母でどこかへ働きに行ってしまうし、僕はおじさんの所へ預けられました。十歳の時でした。
>
> それからは学校へも行かなくなり、働く様になったのです。初めの頃は子守りやお使いなどをやっていましたが、年がたつに従って、大人にまじって自分で出来る様な仕事をやって行く様になりました。学校の事なんか、もう、頭の中には全くなくなっていました。仕事をすれば、お金は入るし、そのお金は全部遊びに使い、たのしく暮していました。
>
> それは、何も考えず、ただ働いて食べてねるのくりかえしだと今ではそう思えます。

< Ａ君が学校ぎらいと判定されるおそれはないか >

ある。

Ａ君は、夜間中学の三年間で、このような表現力を身につけた。

公的調査では、長欠している原因は、担任教師の判断にゆだねられている。

担任が、Ａ君を訪れたとき、「学校の事なんか………」というＡ君の当時の一面にふれたとしたら、どうだろう。

2. 長欠者の非行を防いでいるものは、何か。

<昭和４３年９月

都内７校在校生徒数　２３２名

うち、新聞、ＴＶなどマスコミの力で入学したと思われるもの。　６１名　２６％

教育委員会、福祉事務所など、公的機関の力で入学したと思われるもの　３５名　１５％

家族、知人、雇主の力によると思われるもの。　８２名　３６％

<Ａ君を助けたもの

新聞

友人

雇主

> 学校へ入るまでの二年間ぐらいこの様な生活を送っていました。酒、タバコ、と色々な遊びもしました。やはり、自分の意志、貧困、環境がそうさせたのです。
>
> こんな生活を送っている時、ある新聞で夜間中学校の記事を見ました。その時、何とも言えない気持ちにさせられたのです。三十何歳かの女性が中学生なんて、まったく信じられなかったのです。僕も中学生として学べるかなと思いました。
>
> 新聞が私に学校を考え始めさせたのです。学校に行くには、今の職場ではだめだと思い、やめると言ったのですけれども、どうしてもやめさせてくれません。仕方がないのでその職場を飛び出してしまいました。飛び出したもののどうやって学校へ入学するか、どうやって夜間中学校へやってくれる職場を捜すかが第一の問題になって来ました。運が良い事に、友達の所に職捜しに行きましたら、僕の条件に合う職場を紹介してくれましたので、さっそく行って自分の条件を出しました。無理だろうかと思いましたが、
>
> 「学校へ行きたいのか、じゃあ、うちで働いて行けば良いじゃないか。」
>
> 学校の入学手続き一切を社長さんがやってくれました。この時の感激は今でも忘れません。

<夜間中学がなかったらＡ君はどうなるか>

非行に走る。

１４歳で、酒、タバコ、遊び。次の頁にある「人を信じない事」行先は一つ。

3. A君の学校生活

<昭和42年度荒川九中

日課

時 分	時 分	
5.45～	6.25	1限
6.30～	7.10	2限
7.10～	7.40	給食
7.40～	8.20	3限
8.25～	9.05	4限
9.05～	9.30	HR
9.30～	10.00	クラブ

週教科別時間配当

教科	時間	
国語	4	
社会	3	
数学	3	(進度別)
理科	3	
音楽	1	
美術	1	
保体	2	
技家	2	
英語	4	(進度別)
道徳	1	
学活	1	

夜間中学校へ入学したからといって、なかなか自分の今までの考え方などは、すぐ変わるはずがなく、一年間というものは、自分本位の考え方を持ち、人の事などぜんぜん無視し、態度の悪さ言葉使いの悪さなどで、何度かおこられた事もあります。これらの事は学校へ来る前までの環境が僕にそうさせたのです。人を信じないこともその一つです。

現在に至っても少しは残っていますが前よりは良くなりました。

勉強面では七年間の空白が大きく、小学生程度の勉強からやり直しました。

数学は掛算割算の初歩から、英語ではアルファベットからならい始めたのです。

友だちも出来、職場の話や夜間中学校へ入学したわけなどの話をしていくうちに、僕だけが前にいったような環境や、境遇じゃなかったことがわかって来ました。

二部へ入って来た人は、僕と共通のものが多くある事を知り、お互いに協力していかなければいけない事を知りました。

<A君の授業時間数は少なすぎないだろうか>

少なすぎない。中学卒業に十分に値する内容を持っている。

東京7校の週平均時間数は26時間。1年40週強である。

したがって、3年間で、3120時間だ。昼の中学は、4000時間。

昼の学校では、40人で、この時間を共有している。単純に計算すると一人あたりの密度は、その40分の1、100時間である。

夜の学校では、平均15人で共有するとして、208時間になる。

4. A君の学校生活をささえたもの。

<学校ぎらいの報告書より

学校ぎらいで長期欠席する児童、生徒は概して内向型で、親しい友だちがなく、学校では疎外されている子どもが多い。いっぽう家庭環境は、経済的にはあまり恵まれず、生活保護家庭が多いことが注目されるが、親の欠けている家庭も高率である。昼間まったく面倒をみてもらえない子どもが二割以上に及んでいる。

昭和41年度

東京都教育庁報告

一年生の終わりに近くなってからというものは、僕の生き方がはっきりしてきました。そのきっかけは学校生活です。

人間的にも、考え方にまでも、一年間で変わったのが自分でもわかったからです。

学校内での共同生活のむずかしさ、楽しさ、力強さなどが、僕に力強く伝わってきたからです。

人間は一人で生きているのではなく、多くの人達の中で生きていき、自分が生きていけるのだと思いました。

何よりも、僕には友達もいるし、先生方もいるのです。

この三年間で、人間的にも勉強の面でも、僕は大きく成長したと思います。

それから学校での思い出は数多くあります。遠足キャンプ、運動会、その他にも行事がありましたがどれ一つとっても楽しいものです。

<学校ぎらいは本人のせいか>

違う。その理由は二つある。

理由のⅠ　上に示した調査によれば、学校ぎらいと呼ばれる子どもたちの家が、教育扶助を受けている率は、一般の児童、生徒の場合の十倍に達している。このことは、直接、学校ぎらいと貧困の密切な結びつきを示すものである。

理由のⅡ　かりに、学校ぎらいの原因が、児童、生徒本人の性格にあるとする。しかし、性格異常でも、学校へ行かなくてもいいとはならないはずだ。異常なら、それなりの治療対策がとられねばならぬはずである。異常のままにほおり出しておく責任は、とるべきところがあるはずだ。

5.　A君の楽しさ、苦しさ、思い出。

<昭和42年度

荒川九中主要行事

1学期
- 健康診断
- 遠足
- 運動会（昼間と共同）

2学期
- 夏季施設
- 遠足
- 修学旅行
- 連合体育大会

3学期
- 三校対抗競技会
- 誕生会
- 卒業歓送会

> つらい事といえば自転車で通った一年半ぐらいの冬でした。手はかじかみ、顔は感じがなくなったのです。
>
> でも学校へ行けば友だちがストーブをたいていてくれたし、職員室のストーブも赤々と燃えていました。職員室は、僕達のへやでもありました。
>
> つらかったもう一つは生徒会の時です。いくら僕が一生懸命に議題について話していても、早く終わればいいのにと思っている友だちがいるように感じたことです。
>
> それを何とかしていくことが、僕に、人間の協力の尊さを教えてくれました。
>
> 一番の思い出は卒業式です。この日の感激こそ一生忘れられません。
>
> 昼間の生徒といっしょに参加した夜間中学生は十七名でした。
>
> 僕は堂々と卒業免状を手にしたのです。
>
> 泣きませんでしたが「蛍の光」は満足に歌えませんでした。
>
> たしかに目頭が熱くなりました。

<授業だけでA君は成長できたか>

ダメだ。

生徒会をやっていくことが自分を成長させた（43年度、A君は荒川九中の生徒会長でした。）と、A君自身が語っている。

このことは、当然すぎるほど、当然のことだ。

しかし、現実には、長欠者への対策（ことに義務年限を過ぎたものにつき）卒業資格さえ与えればいいというふうに、一部では、考えられているのだ。

6.　A君が学んだもの、そして誇り。

<高野雅夫くんのことば>

教育は空気と同じだ。

学ぶ権利を奪われるのは、空気を奪われるのと同じことだ。

文字を知らなかった時「夕焼け」を見ても、「美しい」と感じなかった。

文字を知ってはじめて僕は、「夕焼け」を「美しい」と感じることができた。

この権利を奪おうとするものへの戦いに、僕は生命をかける。

> これから先も僕は夜間学級を卒業できたことを誇りとし、なんの恥じる事なく生きています。
>
> そして今なお、夜間中学生のいるという事を、この社会には、まだまだ僕達のような生き方をしている人が多いことを忘れてはならないと思います。
>
> 社会では、人々は、それぞれの考えをもち、それぞれの生活を営んでいますが、それらが権利だということ、人間は与えられた権利を放棄してはならないと思います。
>
> 義務教育も、国民に与えられた権利です。年令に関係なく、国民は教育を受ける権利がある、みんなが、そう思わなくてはいけないと思います。
>
> 人間は生きる権利や学ぶ権利があるのです。誰でも平等に取り扱われるべきです。
>
> そのことが、僕を三年間教えてくれた夜間中学校で得たことであり、先生方の態度なのです。

<全国には、どれくらいの義務教育未終了者がいるか>

200万人である。

この数字の根拠は、国勢調査によっている。

六・三制がしかれた以前、小学校六年の課程を終了していないものの人数も含んでいる。

人間としての権利を問題にする限り、六・三制の以前、以後で区別する理由は、何もない。

かって東京都の全中学校の除籍者を調べたことがある。37年4月の除籍者は、216名である。5～3月の除籍者の平均は、22名。この差、184名が、37年当初、長欠のまま、義務年限を越え、自動的に除籍された数と、推定できる。これが積もり積もって、200万人に達したのだ。

5．夜間中学校の学習指導の実績と問題点

横浜市立西中学校

(1) はじめに

学年	1年		2年		3年		計		合
性別	男	女	男	女	男	女	男	女	計
鶴見中学校	0	1	0	3	4	0	4	4	8
浦島丘中学校	2	0	2	0	0	5	4	5	9
蒔田中学校	1	0	0	1	3	3	4	4	8
平楽中学校	0	0	0	0	3	5	3	5	8
西中学校	2	3	3	0	2	2	7	5	12
計	5	4	5	4	12	15	22	23	45

（表１—在籍数）

現在横浜市夜間中学校５校には（表１）にあるように４５名の生徒が学習に励んでいる。これら生徒への学習指導を進めていくにあたって、そこには幾多の問題が横たわっている。私たち教師は微力ではあるが、その問題点とぶつかり合いながら学習指導を展開している。ここに、私たちが日頃当面している学習指導の実際とその問題点をあげ、少しでも解決策が考えられればと思っている。

まず、横浜市の夜間中学校の生徒の実態を把握していきたい。

年令		13	14	15	16	17	18	19	20	21	23	25	27	28	30	33	34	36	46	計
1年	男	1		1	1	1										1				5
	女				1							1			1				1	4
2年	男	1	1	2		1														5
	女	1				1	1	1												4
2年	男				2		4		1	1			1	1			2			12
	女			3	2	1	2	1		3	1						1	1		15
計		3	1	6	6	4	7	2	1	4	1	1	1	1	1	1	3	1	1	45

（表２—年令構成）

	工員	店員	木工	会社員	運転手	家業	家事	なし	計
男	11	3	1	1	1	1	0	4	22
女	4	9	0	0	0	0	2	8	23
計	15	12	1	1	1	1	2	12	45

（表３－職業）

	経済問題	家庭事情	非行	自閉的	資格取得	怠学	その他	計
男	1	3	2	4	6	5	1	22
女	5	1	1	2	10	4	0	23
計	6	4	3	6	16	9	1	45

（表４－入学理由）

表－２・３・４　年令・職業・入学理由を見ると、それは非常にバラエティに富んでいるということである。昼間中学校との大きな違い、問題点がここに大きく存在しているように思える。

次に授業の実態を見てみると次のようになる。

授業形態はすべて、複式授業である。

5時	5時30分	6時
1校	2　校	2校

→ 終業時刻は５校とも８時３０分。

（表５－始業時刻）

35分	40分	45分
1 校	1 校	3 校

→ １日の時間数は３～４時間。

（表６－１時限の長さ）

	国	社	数	理	音	美	保	技・家	英	道・学
1 時間					5校	4	5	4		5
2 時間	1校	1	1	2		1		1	5	
3 時間	3校	4	4	3						
4 時間	1校									

（表７－教科週当り時間数）

表ー５・６・７を見ると横浜市夜間中の授業の実態が少しではあるが把握できる。各校まちまちの点があるが、それは各校に通学してくる生徒の実態に合わせているということができるであらう。

以上見てきたように、このような生徒をこのような授業形態を通して学習指導をしていくわけだが、先に述べたようにそこにはいろいろの問題がある。私たちはそれを見すごしてはいけない。一つ一つほり起こし、解決し進んでいかなければならない。夜間中学生のために。

(2) 学習指導の実際とその問題点

〔国語科〕

生徒の能力差に応じた指導・生徒の欲求に基づく指導、この二点を指導の重点としている。特に、前者では個別指導をとおし能力の伸長を図り、後者では社会的欲求の一つである書くことの基礎技能（作文の基礎技能）にそのポイントをおいている。そこで、次に生徒作品数編と卒業生からの寄稿をあわせ掲載してみる。

—生徒作品—

＊ 凡例基準に基づき、削除した。
（以下、「＊　＊　＊」と表記）。

＊　＊　＊

* * *

〔社会科〕

(1) 「先生、昼間の生徒はどんな勉強してるんですか。」「みんなと同じだよ。本も年表も。」「でも試験なんか、ずいぶんむずかしいんだろうな。」「そうか。じゃこんど来る時、試験問題持ってきてやろう、やってみるか。」

生徒との会話である。高校生、大学生の年令にある彼等の表情やことばのはしから、ピンとくるものがあった。

試験問題はむずかしかった。本や年表を使って調らべながら答えを記入することにした。これは彼等の心をたいせつにする意味からもよかった。その夜は予定より時間がだいぶ延長されたがやめようとはいわなかった。

ともすると、昼間の疲れから無気力になると思われがちだがそれがみえない。

歴史学習を通じて知る、時代による社会の移り変りのようすについては、学習後の話し合いの内容を聞いていると強い関心を持っていることがわかる。社会のしくみ、ものの考え方、男と女、戦い、その他、教科の学習内容を通して出てくる質問や意

見に答えていると、どうしても道徳的なねらいに結びついてくる。

彼等のおかれている環境や立場から、理想と現実、過去と現在、将来を感じとらえ考えていることがわかる。教科の目標よりも、生活体験からくる問題解決、生活指導の場となってしまうことがある。

納得し、さっぱりした明るい顔をみている、ホッとするが、夜間中学校における道徳指導、特別教育活動、教育相談をどう考えていったらよいであろうか。

(2) 本年４月、金沢区より西区の岡野中に転動してまいりましたが、同時にご縁がありまして西区では唯一の西中の二部の社会科（主に政・経・社）の教科担任となり早いもので、すでに半年が過ぎました。この間、全日制の生活とはことなるいろいろな事柄にふれ、教科指導を始め生活指導面でも貴重な経験をし大変参考になっています。中でも、毎日の勤務のあとに夜間中学にこの四月から休まず出席をしている数名の生徒の意欲的な学習態度には、まったく頭が下がり、また同時にそれらの生徒のためなら、何んとしても休まずに木曜日には出勤し、生活を共にすると思うと、その楽しさで教材研究にも自然と熱が入ります。しかし、反面、この半年をふりかえってみますと、今後解決しなければならない、いくつかの問題点があるように思います。箇条書きしてみると

1. 在校生の年令差・環境差などから生ずる学力差をどのように解決したらよいか。
2. 学習環境の整備が十分にはかられているか。
3. 教材・教具が整備されているか。
4. 教科間で学習指導・生活指導上の諸問題の話し合いと解決の場がもうけられているか。
5. 学習面で隣接校との交流が十分はかられているか。
6. 学習面で事業所・家庭との連絡が十分とれているか。
7. 中間、期末などのテストが実施されていないが学習の整理・まとめという観点から、何らかの方法は考えられないか。
8. クラブ活動の時間・内容等は十分研究され実施しているか。
9. 在校生の健康管理は定期的に実施されているか。
10. 生徒の悩み等を聞く窓口が設けられ、円滑に利用されているか。

以上ではありますが、これらの諸問題を検討され、更によりよい夜間中学校とし

て発展するよう期待すると共に、私自身も微力ではありますが今後共努力を続けてゆきたいと思います。

〔理科〕— 夜間中学校におけるカリキュラムの重要性 —

現実に夜間中学校の教育に携わってみると、義務教育の中学校だけに教科指導のむずかしさがあることはいうまでもない。運営面においても同様だと思います。先ず直面した課題の一つとして夜間学習における指導計画である授業時間数はもちろん、全学年同時展開という授業をいかに効果的に進めることができるだろうか。それには夜間中学独自のカリキュラムを考えざるを得ない。教科によっては非常に困難な問題点もあると思いますがどのような学習素材や資料を精選するかは今後の課題として重要な問題の一つではないかと思います。修業年数の延長や、職員の増員が可能ならば少しは緩和されると思いますが。義務教育の立場から高校や大学の夜間部と比較することは妥当ではない。少数でしかも全学年にまたがるそして一般中学校より少ない時間数等多くの問題点がのこされています。

〔音楽科〕— 一つの息づいている世界 —

クラブ活動の生徒も帰り、静寂さを取りもどした校舎に、三々五々集まるさまざまな年令、職業の男女、彼等はそれぞれ異なった生活環境、異なった過去をもち、それから当然派生したさまざまな現在に生きている。しかし彼等は夜間中学という一つの環境に入る時、たしかに何か新しい存在としての自覚をもつようである。そこに生じるひそかな連帯感、それが彼等を夜間中学へ引きつける何かかもしれない。

そのような彼等に音楽を教えて数年になる。彼等にとっては、ある意味で音楽という教科は必要不可欠のものではないかも知れない。そのような気持をもちつゝ接してきたが、ここ一、二年の間に明瞭な変化が現われた。以前は、あまりにも生徒間の格差の烈しいのに、いわゆる平常な授業ができにくく、つい時間つぶしになる時も往々にしてあった。ところが、この一、二年は、昼間の生徒と全く同じ授業形態をとり、且つそれが彼等にとってさしたる困難さを伴わずに受け入れられている。階名視唱、合唱、笛、ハモニカ、オルガンの練習と合奏、カリキュラムに示されたレコード鑑賞、それ等が時間の制約により、遅々としてではあるが確実に彼等のものになっていく。昼間の生徒以上に彼等は元気よく歌い、レコードを聞いて、「すてきだ。」という。指の不自由にめげず楽器の練習にはげむ彼等をみて、私はある感慨に打たれざるを得ない。たしかにここには一つの息づいている世界があると。

年令、職業のちがいから生じる個人差はあろう。それは教える側にとり確かに一つの悩みだが、それ等は彼等自身の連帯が或る程度救ってくれるようである。

今後のわれわれの課題は、この息づいている世界を、少しでも平常な状態に向けるよう大きく社会に働らきかけることではあるまいか。

〔保健体育科〕

「運動する喜び、スポーツをする楽しさ。」を目ざして指導を展開している。夜中の生徒は一般的に入学当初は身体を動かすことをきらう。もちろん運動の基礎能力や基礎体力も昼間生徒と比較すると劣っている。

しかし、授業回数も二、三回と過ぎていくと彼等は積極的にスポーツの中にとびこんでくる。へたはへたなりに一生懸命である。スポーツの中には学年も年令差もない。皆が一つになってとりくんでいく。内容は卓球・バトミントン等個人種目が主であるが、時にバレーボール、バスケットボールをとり入れている。人数が少ないため、どうしても個人競技になってしまうが、単に個人的な力を高めるだけではなく、チームワークの重要さを考えさせている。

なにしろ昼間の労働で疲れている身体で通学してくるのだが、その疲れも感じさせないほど、彼らはスポーツの喜び、楽しさを味わっているようである。

〔技術科〕

現在、技家は男子向き、女子向き内容として展開しているわけですが、女子を含めた今の夜学ではどのようにしたらよいかが大きな問題点です。男子の場合は学年を異にしても、共通する学習の進め方ができますが、この男子向きの授業の中に女子を含めて進めるには、彼女達の自発性に期待して自習を進めてきました。が、毎回同じような自習では彼女達が意欲を持てなくなる事は明らかのようです。今こんな問題を次のようにして少しでも女子向きの内容ができればと考えている次第です。

まず、学習の整理を主体とする。副教材を利用して教科書をまとめさせる。これは単に教科書をノートにまとめるのとは異なり、図解入りのため、前述のような自習の取り組み方と違う所に期待できそうです。

当然理解できない又、難問に対しては、私自身に与えられた大きな課題となります。その指導上、困難な女子向きの特に調理、被服関係の問題を当校に持ち帰り、解りやすく説明書きして、次回の夜学に彼女達に説明指導するという方法を用いるつもりです。決して良いそれではないかも知れないが、たとえ技学であっても女子向きの、男子向きに共通しない前述の項目を指導することができないための策です。単に教師個人の問題の解決策と言われればそれまでですが。もちろん当校技家女性の先生方に手助け願うわけです。

男子向きと共通する、製図、機械、電気、木工等は整理ノートを利用する反面、その時授業の中で細かく指導しなければならない。

男女同一の教科で現在ないだけに一方を主とすれば他は自習体制になります。たとえそれに疑問はあっても仕方がないと言った現況です。より効果のある自習を常に考える事が今の女子の間の問題解決の方法だと言わざるを得ません。

〔英語科〕

英語という教科は　Step by Step　の段階を経て行かなければならないだけに、昼間の授業でさえ学習意欲の落差が、そのまま学習効果のひらきとなってあらわれて来ているのが現状である。それが夜間になると一層顕著になってくる。少人数だけに個人指導がしやすい利点はあるが、年令構成の違い。個人環境の千差万別、意欲の厚薄、学年別の不明確さ、入学時の相違等によって極端な個人差がでて来ている。

特に、英語という語学は反覆練習しなければ上達が困難なだけに、登校してはじめて教科書を開くという状態では一年間にほんのわずかしか進展しない。それも、正しい発音で読んで、理解して行くには余りにも該授業の間隔がありすぎる。この悩みは他の教科でも言えるかも知れぬが、語学だけにそのことを痛く感じてならない。

しかも、これを補う一方法に、家庭学習が考えられるが、夜間通学の生徒の環境では望む側が無理と言えよう。

従って、学校内では、わずか数人に対しても複式授業をとらざるを得ない。アルファベットがやっと読めたり書けたり程度の生徒のグループ、一年の初歩がどうやら読めたり書けたりの段階の生徒、上級の教科書をこなせる者など、まことに指導

しにくい、集中し効果のある授業ができないだけに教師・生徒共にマイナスだと思う。

夜間中学では、昼間にとらわれないカリキュラム、実態に即した教科、生活に適した広い意味の授業をして行った方が生徒にとって幸福ではないだろうか。

〔数学科〕

数学において特にめだった点は学力に非常な差異があることだと思う。ある生徒はまだ４～５桁の加減算が十分でない。ある生徒は分数の乗除に手をやいている。そうかと思うと、ある生徒は方程式の理解まで進み、連立方程式の解法を説明を読みながら先へ進めるよい生徒もいる。

以上のような現状であるので、まず一斉に同じ所を学習することは無理である。従って個人々々の能力の程度によって学習を進めていく以外に方法はなさそうである。そこでまず考えられることは、ひとりひとりについて数学的思考や処理能力の程度を知ることである。それによってひとりひとりの欠陥を知り、進歩をはばんでいるものを探り、ひとりひとりについてそれぞれ対策を樹てて行く必要があると思われる。そこで当然ある生徒たちにとっては、中学校だけの教科書では間に合わないので、小学校の教科書とか問題集とかゞ必要になってくる。

個人指導が重視されるようになると、とかく数量的な計算能力に片寄り勝ちになると思われるので、その弊害をなくすために極力図形の部面も取り上げ、用語や記号の理解にも力を入れたいと思う。なお、本校では今年度数学科でシンクロファクスを入れたので、内容的にこなせる生徒には利用させて行きたいと考えている。

3. さいごに

各教科ごとにその授業の実際や問題点を西中学校夜間学級担当教師に述べてもらったがこれらをまとめてみると、問題点として

① 道徳教育のあり方について

② 特別教育活動のあり方について

③ 教育相談をどのようにしたらよいか

④ 学力差について（個人差が非常にある）

⑤ 指導計画（カリキュラム）のたて方について、また学習素材、資材の選択について

⑥ 時間数の問題について

等々あげられる。これら山積みされた問題点を少しでも解決していくため私たちは日夜努力を重ねているが、横浜市の現状として、教師はすべて昼間中学校と兼任であり、昼間中学の指導に大部分がさかれていることにも、問題があると思う。

しかし、昼間中学生がすべて帰宅した夜、「こんばんわ。」と元気よく登校してくる生徒の顔を見ると、昼間、夜間にとらわれることなく同じ中学生として、彼らに接し、彼らの顔を見ると、昼間、夜間にとらわれることなく同じ中学生として、彼らに接し、彼らのまわりに蓄積されている諸問題を考えていかなければならないと痛感する。

彼らの学力はたしかに低い。しかし学習意欲は旺盛である。また旺盛でなければ夜登校するなど不可能であろう。その彼らの学習意欲をさらに増し、中学生としての学習指導を適切にしていくことが私たち教師に課せられた使命であろう。

さいごに、夜間中学生への簡単なアンケートをまとめし、夜間中学生の学習指導上の理解に役だてていただきたい。

〔夜学中学生へのアンケート〕　解答数－３２人

1. きみが好きな学科、きらいな学科はなんですか？

	国語	社会	数学	理科	音楽	美術	保体	技家	英語
好きな学科	２１人	１２	１０	６	１３	１５	１２	１５	９
きらいな学科	４人	６	１３	１２	２	３	６	３	１１

2. 家庭学習はどのくらいしますか？　（１日平均）

	０分	３０分	１時間	１時間３０分
男	９	２	４	３
女	１０	３	１	０
計	１９	５	５	３

3. 参考書を持っていますか？　持っているとすると何の教科ですか。

持っている	１３人
持っていない	１９人

国語	社会	数学	理科	音楽	美術	保体	技家	英語
１０人	３	１０	７	１	１	１	１	１０

4. 夜間中学校卒業後の進路は？

現在勤務に続く	他に就職	普通高校	定時制高校	各種学校	その他
１２人	４	１	６	１	８

Ⅶ 生きるむずかしさ

1. 給食の変遷

広島市立観音中学校

学校で何とか給食をしなければということになり、今から十二年前頃に学校附近の福島西の食肉組合で牛の臓物を安く買って来て、これを煮つめそのだしで、うどん、を作り、一ぱい十円で生徒に売っていた。ねぎは本場である本校所在地観音町の百姓さんから安い価格で頂いていた。これが非常な人気をよび、空腹をかかえて学校へやって来た生徒は一人で六ぱい位も食べる偉大な胃袋の持ち主もいた。しかしこれは無料でないので、小使銭を持っていない者には、ただつばを飲んでいるだけなので、中には月末の勘定まで代金を貸してくれという生徒もいた。これは何とかならないものかと考えた。

それから市の給食会の方の好意で、放出物質の粉乳と砂糖、マーガリン、パン、燃料、(当時一人当二十円、現在四十一円)が支給されるようになり、それを七、八年続けて来た。しかしこれは給食というより間食といった方が適当かも知れない。それでも生徒にとって大変なよろこびであった。給食のパンを半分だけ食べて、あとを家で待っている妹に持って帰ってやるのだといって、授業は休んでもこの給食だけを目当に登校するという、いじらしいほほえましい情景もあった。この子供の将来に幸あれかしと祈らずにおられなかった。

去る昭和四十二年三月一日NHKテレビで朝と昼各々二十五分づつ、「夜間中学生とその教師」で広く我が夜間中学生の実態を社会に放送された。その一場面である給食の所で一回のパンと粉乳、マーガリンを生徒が教師と共にパクついている所を□給食会の□□社長が見られ、その翌夜わが二部学校を訪ねられ、給食状況と学校の様子を見られ、是非私に奉仕させてもらいたいと熱意をこめての申し出があった。いろいろ協議した結果その厚意をありがたく受けとることにした。

それから思いがけないご馳走が毎晩運ばれた。カレーライス、いなりずし、むすび、巻ずし、天ぷら、うどん、そば、かきめし、うなぎめし、あなごめし、味噌汁、吸いもの、八方さい、豚汁、関東煮、卵、焼魚、ソーセージ、みかん、りんご、海薄、のりの佃煮、等毎晩ちがった献立で、雨、雪の日も一日としてかかされたことなく、車で送りとどけられ昨年三月まで続けられた。

その間子供は大喜びで出席人員の少い時には、一人で三人前位平げて大あたりだったと喜ぶ生徒もいた。又四十二年十月より粉乳のかわりに市販の牛乳にきりかえられたので、会社よりの給食で満腹するので、従来のパンとチーズだけは生徒が夫々家に持ち帰り、夜食にしたり、待っている妹や弟に分けてやるようであった。教師側の欲目か生徒の目の光りも何となく生き生きしたようで、従来欠席勝ちの生徒も自ら学校へ足を運ぶようになった。

この□社長の厚意は今日の物価高で、材料、運搬等でも其の額は大変なものである。遠慮には及ばんといわれても如何にもあつかましいようなので色々と協議した結果四十三年三月で一応中止として戴くことにした。

中国新聞の記者がかつて学校を訪れた際、この給食の事実を知り、是非□社長宅を知らせてくれと要求され、記者も□さんと会ったようであったが、新聞だけはとかたく断られたようである。記者も遂にたまりかねてこの事実の発表を強行した事であった。

2. 過去をふり返つて　（或る一面）

広島市立観音中学校

「今晩は」と生徒がやって来る。また日が照っている。これが始めは奇異に耳に響くがそれが時が立つに従って何とも感じなくなる。その時自分ながら夜間中学校に飛びこんだことを自覚？し、不幸な生徒と共に苦しむのだという気になる。生徒は皆問題点を持っている。生れると同時にその背に重い不幸を負された子達である。ともすれば押しつぶされそうとしているか、生きぬく力というか、自活・自力という考えは非常に強い。しかし意志は弱いことは一般の共通点でないでしょうか。昼間働き夜間に学ぶことは如何に困難かが目の前に見せつけられる。

高校進学者は四人という数字が立ったが、これは非常に思い出が深い。その生徒は二人は過年生で、二人適令者であった。彼等には少し早目に登校させ受験準備をした。特に学力の劣る科目は個人指導を繰返した。もし合格しなかった時の本人の落胆を思い緊張の連続であった。合格の声を聞いた時、共に喜んだ事は一生の楽しい思い出である。進学した生徒、又調理師等になろうとか希望を持つ生徒のいた学年は、非常に楽しい授業も出来張り切っていた。一般の生徒もそれに引きつけられ真面目であった。又何年前だったか、昼の生徒の文化祭にまじって劇「安寿と厨子王」を演じ、大変好評を得た事もあった。その

後二部学級だけで劇「ベニスの商人」をしたこともあったが、校長もこれを部外者に自慢したほどの出来ばえだった。

こういったよい面ばかりでない、悪い面の方が多い。非行の生徒、問題生徒もいる。気分が荒れてやってくる。昼間の職場での又家庭でのうっ憤をそのまま学校に持ってくる。友人に先生方にあたりちらかすことがよくある。親ともなり兄ともなって相談相手になることが教師の務めだと考える。このような生徒がよく欠席する。学校以外に家庭訪問、職場訪問が大きな仕事である。生活指導も又学習指導と並行して行かねばならぬ。家庭訪問に行っても不在であり、紙に出席を促すことの意味を書いて帰る場合もある。又折角会えても、ただ「いかせます。いかせます。」といい、生徒はこない場合もある。きき目もなく誠意を疑い、憤りを感じることも屡々である。こんな生徒に暴力・非行も多い。一字でも覚えて帰ろう、一算でも多くして自分のものにしようとする生徒には気の毒である。生徒は平社会人であり、職場は零細企業が多く日々こき使われている。時には残業もし、祝日は休まない。学校は彼等にとって楽園である。

従って楽しいふんいきを生みだすよう私共は日々気をくばっている。万引したといって商店からつれに来るよう電話のあった事もあった。鑑別所行きを保護司から進められた親がそれを嫌い、親が何時も学校に来て、寒い廊下に立ちつづけたり、又運動場よりの窓から見守り、一緒に下校した例もあった。部外者の邪魔も度々重なった。或る夜部外者が多く来ていて空気がおかしいと思ったが、あとからわかった事だが、生徒がその地区
にいったしかえしにやって来たことだった。さういう繰返しの中で悪い生徒も卒業して行った。同一職場で続けている者もいるが、転職も多いらしい。時には学校にも遊びにくる。遊びにいく所もないらしい。しかし二部学級があってよかったなかったならばどうなっているかと彼等はいっている。幾多の生徒が救われて社会に出て役立っている。その姿を見るだけが我々の喜びであり、楽しみでないでしょうか。

最後に働くことだけに追いやられているすべての少年をして、真に心から勉学の機会を望み求めてやまない意欲を燃えあがらせると同時に、如何なる障害や困難があろうとも、それ等を排除して自ら解決する力を身につけさせたいものだ。

3. 東京都F校における高年令生徒（２５才以上）の希望と不安

東京都夜間中学校研究会指導研究部

1. なぜ問題とするか。

最近の夜間中学校への入学希望者の一つの傾向として、高年令者の希望が非常に多くなったことである。F校の場合も、その例にもれず、生徒の平均年令は２２才である。そして、その平均年令を押し上げる原因は高年令者の入学があります。

高年令者については、法律上からは新制中学校発足以前の生徒についての入学許可云々の問題が物議を醸し、いまだ未解決の状態のようであるが、その問題は論外としても教科指導・生活指導の両面にわたり、種々の問題を提起しております。

学校側としては、高年令者の入学希望が非常に切実なものであり、生活態度が至極まじめであるので、果して現在の教育システムで彼等の希望に十分沿い得るものかを危惧すると同時に、彼等が学校側の要求に応える柔軟性を持ち続けているかを心配せざるを得ないのであります。

高年令者が通学する場合、勉学を阻む障害は数限りなくあります。その障害がいかなるものであり、彼等はその障害をいかにして克服し、また克服しつつあるか、そして、今は彼等の目に見えないが、隠れた盲点として、彼等の前途に横たわっている障害がいかなるものであるかを知るために、彼等と教師が会合し、話し合った結果が、この文章となったのです。

2. F校の生徒数

	在籍数				２５才以上の生徒			
	1年	2年	3年	計	1年	2年	3年	計
男	3	5	11	19	1	1	1	3
女	2	3	8	13	2	1	2	5
計	5	8	18	31	3	2	3	8

$$百分率\frac{8}{31}\times 100 = 25.8\%$$

２５％といえば、全体の$\frac{1}{4}$をしめる数であり、さらに高年令者の年少者に及ぼす影響を考えれば（生徒会の役員等）これら生徒の考え方を充分理解しておくことが必要であります。

3. 生徒の生活状況

Ⅰ表

	性別	年令	学年	学歴	職員	生活維持者	生活保護	起床～就寝
A生徒	男	49	1	小卒	清掃夫	○		7　11
B 〃	男	30	2	中1	旋盤工	○		7　12
C 〃	男	28	3	韓国小卒	倉庫係	○	○	5　11
D 〃	女	42	1	旧女2	タイピスト	○		5:50　12
E 〃	女	37	1	小卒	主婦			7　11
F 〃	女	44	3	小卒	貸家管理	○		7:30　12
G 〃	女	26	2	小卒	主婦			
H 〃	女	36	2	韓国小卒	事務員	○	○	

Ⅱ表

	入学目的	勉学の障害			
		身体	職場	学校	勉強時間
A生徒	◎	○			○
B 〃	◎		○		○
C 〃	○				○
D 〃	⊚		○		2：00
E 〃	○				30分～1:00時
F 〃	○			○	2:00～3:00

生徒の生活状況では、高年令者としては当然のことでありますが、生活維持者さもなければ主婦として、それぞれに重い責任を背負っております。

4. 入学の目的

以上のような重い責任を背負いながら、法律上は強制もされない学校へ入学してきた生徒の入学動機は何でしょうか。「○」は単に学力をつけ、中学校卒業の資格を得ればよいとする者。「◎」は更にその上に高等学校への進学を志す者。「⊚」は更にその上に保母・看護婦などの資格を取得したい者の三者に区別しました。この目的調査を通じ、積極的に人生の目標を掲げて、その目標達成の一手段として学校を卒業せねばならないと必死な気持の者がたった一名であり、他の者は、高等学校へ進学し、高校卒業の段階であらためて職業について考えたいと答えたのは実に以外でした。年令が４０才を過ぎながら、高校・大学への進学を希望するその情熱は、実にすばらしいものでありますが、自分の進む路も把握できなくて、どうして長期の勉学に堪え得るのかと不安を禁じ得ないのであります。この点、職員指導とゆうか、人生についての考え方を充分に先生方、又は友人とも話し合う必要があることを痛感致しました。もっとも義務教育すら修了し得なかった者に、広い視野に立った上での職業選択を望むのは無理でしょうし、又、高令者なるが故に教師側も発言に遠慮があるのは当然でありましょうが、やはり充分に話し合うべきでありましょう。

5. 勉学の障害

以上のような意欲に燃えて入学したのでありますが、勉学の障害となるものが種々あります。話し合いを通じて問題としたのは、次の四つでした。

①肉体的条件—疲労感　②職場環境　③学校での出来事　④勉強時間の僅少さ

①肉体的条件—疲労感

疲労感については「疲れて困る」と答えた生徒は一人もありませんでした。これは本当に意外でした。ただ体育の授業のあった翌日は、体の節々が痛いと訴えたのみでした。しかし時折は電話で「荷物運びで疲れたから一日休ませてほしい」C生徒。「登校途中の電車の中で気分が悪くなったので、このまま帰宅します」F生徒。などの連絡があり、「満員電車で出勤途中、居眠りをして荷物を手から落して、ハット目がさめる」D生徒とゆう話を聞きますので、やはり生徒の気づかぬうちに、疲労度は相当進んでいるようです。

②職場環境

最近は職場の通学に対しての理解は相当に進んでいるようですが、高令者にとっては仕事と学校の区切りをスッパリ割り切るのは困難なようです。職場での責任も重くなり、他の同僚とのこともあり、通学するためには可成りの犠牲を払っているようです。B生徒は仕事の都合上6時まで勤務するので登校するのは1時限目の終り頃になります。D生徒は5時終業を10分繰り上げて登校させて貰うため、朝1時間早く出社しているに拘らず、同僚の女子職員との間がうまくいかず、心理的に相当悩んだようであり、40才を過ぎても感情のもつれはうまくはなかなか処理出来ないもののようです。

③学校での出来事

G生徒は級友との間がまずくなり、一学期の終り頃、すこし学校を休みました。トラブルの原因は授業中の雑談を注意したとか、せぬとかの些細なことなのです。44

才と20才の大人同志があまりにもおとなげないと第三者の立場からは思うのですが、当人にとっては実に深刻な問題のようです。学級づくり、仲間づくりの問題は若い人達ばかりでなく　高令者にも必要です。いや高令者だからこそ必要なのでしょう。ややもすれば、自己の殻に閉じこもり勝ちな高令者の口を開かせるのは仲間達です。勉学を妨げる感情の縺れの原因はどこにでもあるものです。

④ 勉強時間の僅少

勉強の最大の敵は勉強時間の不足であります。勤務している生徒にとっては1日2時間の勉強時間を確保することは非常に困難です。昼食後の休憩時間・通勤途中の電車の時間などのわずかの暇をうまく利用する技術を身につけ、自分の環境に応じた勉強方法を確立するには、まだまだ途遠しの感がします。勉強の必要を痛感しながら勉強時間の与えられない悩みは深刻であります。

6. 中学生としての感想　と　学校に対しての希望

以上のような障害がありながら、それに負けず一日も休まず学校へ通い続けるのは、彼等の胸の内に勉学の歓び、向上しつつあるとゆう実感があるからでしょう。そして、学校がこのようにしてくれれば更によくなるとゆう願いもあります。その気持を生徒の言葉で表現してみましょう。

A生徒

○先生のいわれることはタメになります。　尊いことです。

・モーターの取扱いなどの実技がもっと欲しい

B生徒

○勉強はタメになります。

・先生との接触する時間が短かいので残念。学力に応じて教えてほしい。

C生徒

○日本語も大分話せるようになり、本当によかった。

・教科書がむつかしい。

D生徒

○うまくいっています。あまり年寄りなので教える邪魔になるのではないかと心配します。

E生徒

○不安だったが学校へ来てよかったという気持。今までは見なかった本も見るようになった。

・最近　入学したばかりでわかりません。

F生徒

o 高校へ進学するためには、是非学校へくることは必要です。自分で勉強するのは能率があがりません。

・科目数が多くて気が散るので集中的に勉強できない。

以上のように学校に対する評価は肯定的であり、通学の歓びに溢れており、教師として大変に有難いのでありますが、反面、異句同音に

×折角教えてもらってもすぐ忘れる。

×小学校からデキナイ方なのですが高校へいけるかしら。

×環境が許せば進学したいのですが、どうなるかわかりません。et

自分の能力に自信が持てず、環境のままに動き積極的に環境を変えようとしない発言が多かったのも注目せねばなりません。

7. 結語　　学校生活をより実りあるものにするための提案

①高令者だけの会合をもつ

高令者の関心は若い人とは自ら異なります。同年代の人達が話し合うことにより、思わぬ問題が提起され、問題解決の糸口が発見されます。

②職業をはっきり決める。

少くとも職業の方向は決めること。先生方、友人とよく相談し自分の性格に適した職業を1日も早く決めること。

③自分なりの勉強のテクニックを創造すること。

若い人と違い高令者は、勉強の必要性は知りつくして、学校へきたのです。必要なことは、忙しい生活の中から勉強時間を見つけ出し、その時間を能率的に利用するテクニックを生みだすことです。

④　勉学への情熱を燃しつづけること。

高令にもかかわらず、若い人達にまけずに勉強しようとするその情熱はなにものにも代えがたい宝物です。いかなる障害もその情熱で克服されるでしょう。現在の情熱を燃しつづけ努力を積み重ねられれば必ずその努力は報いられます。

健康・情熱・努力。高令者生徒。それは社会の宝物です。

4. 生きるむづかしさ

横浜市立蒔中学校

昭和25年夜間中学校が横浜市で10校あり、発足した当時の社会状勢は、いわゆる戦後の混乱期であり、国民だれもが生きることに精一ぱいの努力をしていた。そんな状況のもとで、特に夜間中学校で学ばなければならなかった子供たちは、家庭経済の重要なにない手となって働くことを余儀なくされ、学習は二の次ぎというありさまで、かろうじて義務教育を終了していった例が多く残っている。

それが現在では社会状勢も大きく変わり、夜間中学校へ入学する生徒の様相も、夜間中学発足当時とは違ってきた。つまり、その入学理由が単なる経済的なものから資格取得のため、登校拒否（昼間）のため、家庭崩壊のため、怠学行為（知能が低い）のため等、多様化し、入学者の年令も学令にある者から成人に到るまでその巾は広くなってきている。特に最近では高年令の入学者が多い。このような現象は、先にも記したように社会状勢の推移、すなわち、急速な科学技術の発展、それに伴う経済復興、食生活、衣生活等民生の安定が窺えるが、しかし、反面異った角度から見つめると（夜間中学校へ入学する理由の変遷から）今だに義務教育未終了者が、全国的に数十万人いるといわれる現状、そのために将来性のある安定した職業に就きたくても就き得ないでいるという事実。―この対策として文部省では義務教育卒業の力を認める認定試験を行なっているが、実際にはごくわずかの者しか受験せず合格率も低い。また受験するまでの学力をどのような機関で身につけたらよいかその方策はない。―　あるいは、また激しい消費経済に、生活の価値観が変わりそれに由来する家族関係、人間関係のゆがみなど、いわゆる、国民教育、学校教育、家庭教育や経済政策の欠陥が生徒たちの生活に一層しわ寄せされているような感じを深くする。

このように、発展の蔭におこる矛盾、複雑な社会機構にとかく埋没しがちな人間らしさなど、求めるもの、迫るものの相剋は虚無的なものを生み、自己中心に物を考え、皮相な問題にとらわれ、享楽的な面に強く走るというような形となって現われている。最近の青少年の一般傾向の中にこれ等の諸問題を内蔵しているということは各方面から指摘されている。

この様な世相の中にあって夜間中学校へ通学する生徒は、自分の逆境に甘えず、むしろそれをステップにして困難な問題を克服していこうと努めている。「生きるむずかしさ」という課題に取り組むとき、生徒が戦っている逆境とは、どのようなものがあるか、どのようにそれを克服しようとしているか、将来に対してどう方向づけてやったらよいか、そ

の一端でも明らかにできたらと考えて、調査を行ない、考察してみた。

I　生徒の出席状況と対策の調査

この調査は横浜の夜間中学校5校の生徒を対象に行なった。その項目は次の通り。

Ⓐ本年度中退した生徒について、（年令・学年・男女別・退学の理由・昼間の状態・出席させる対策）

Ⓑ出席率の悪い生徒について　（年令・学年・男女別・昼間の状況・原因・対策）

Ⓒ出席率のよい生徒の事例について

上記の項についてはいろいろなケースが考えられるのでなるべく具体的に記述して回答願うようにした。

(1)結果の集約

A本年度中退した生徒

氏名	A	B	C	D	E	F
学年	1	1	1	2	3	3
性別 年	男 14	女 13	男 16	女 27	男 25	女 38
退学の理由	放浪癖あり怠学	貧困により居所不明	放浪・怠学	家事に従事時間的無理	職場の関係通学無理	主婦の立場通学無理
昼間の状態	定職なし	店員	定職なし	家事	工員	家業
対策	o家庭訪問・職場訪問・手紙で督励					

C出席率の良い生徒

出席の良い生徒はさほど問題はないわけであるが、生活と戦っている姿を見る上で調べた。

①出席率のよい生徒の比は

３７％

②通学意識

イ授業を受ける楽しみを感じている。（5人）

ロ社会人として、資格取得に意欲的だ。（2人）

ハ学力をつけたい。子どもへの責任から（2人）

ニ話し相手がいるので心の慰めになる。（4人）

ホ先生が親切で、勉強し易い。　（3人）

B出席率の悪い生徒

出席率の良し、悪しについてはその尺度に問題があるが、ここでは授業日数の半分近く欠席している生徒から全欠まで含めている。

①　学年・男女・年令別実態

女			年令	男		
3	2	1		1	2	3
3	1	3	13〜15	1	4	1
4	1		16〜20	2	2	0

②昼間の状況

o店員　5人

o工場に努めている　7人

o家事に従事している　2人

o請負人夫をしている　1人

o新聞配達をしている　1人

o子守りをしている　1人

o別に職についてない　3人

o病気療養　2人

※店員・工員といっても個人商店であったり、小さな町工場であり、時間的に年を通して一定していない。

③原　因

イ家庭の複雑な事情があり、気持が晴れない、いらだちから怠学する　4人

ロ知能が低く学習についていけない。特殊学級にも及ばない。　4人

ハ貧困のため、生徒の働きが一家の重要な支えになっている。　1人

ニ自閉症により、登校距否の状態にある。　2人

ホ本人の意志も弱く、永続性もなく、ただぶらぶら怠ける。　6人

ヘ個人経営の商店、工場に勤め、仕事の関係で出られない。　5人

(2)　考　察

Aの中退した生徒は6人であるが、その中で怠学が2人となっている。これは後の出席率の悪い生徒の原因と結びつけると、ホの項の怠けるために休むという6人との関連が考えられる。つまり目的意識を持たず。家庭においても親の保護能力が欠けていたり。職場においてもただ使えばよい主義の風潮から生み出されてきたものではないかと思われる。これは現在昼間の学校においても意外に多く見られる現象

である。教育の立場から考えれば、能力別、個人指導、学習や仕事に対する意欲の喚起、生きる自信をつける手だて、等ケースによることであろうが、最も大切なことは、主体の価値喪失現象をいかに食い止めるか、いかに覚醒させるかということで、これは単に生徒個人だけに取り組んでもなかなか思うようにいかない壁につき当ってしまう。他の機関との連携なくしてはできないことが多い。

他の退学理由通学無理というのと、これもやはり出席率の悪い生徒の原因への項との関連がある。せっかく意欲を持っても、時間的に、距離的に無理があれば、永い月日のうちには続かなくなる。このような生徒には、いわゆる、いつでも、都合のつく時に学習できる場の設置が望ましい。企業の中で考えてもよいし、社会教育の中で青少年部のような組織を作り、必要な課程を履習したり、義務教育終了の認定を与えるような方策を考えるべきではないか。

次にCの出席率の良い生徒について、考えてみると、目的意識を持ち、実生活の厳しさを体験している高年令の人ほど熱心であるように思える。資格を取りたい。教養を高めたい。もう一度基礎をやり直したい。子どもに対して親の自信が持てないから何とか力をつけたい。こんな気持をいだいている人は意外に多いと思う。夜間中学校がこういう切実な声に応えて着々とその役割を果たしていることをもっと世間に知らせるべきだと思う。

Ⅱ 夜間中学校を何によって知ったか

これは前記の問題に関連するが、夜中へ入学するまでには、どうすればよいかと、いうことで悩んでいた生徒も多かったようだ。知り得た生徒は幸せだったのかもしれない。何によって知ったかを調査した。

イ学校の先生から（１２）　ロ新聞によって（４）　ハ教育委員会の紹介（３）
ニ保護司から　（２）　ホ卒業生から（２）　ヘ図書によって（１）　ト兄弟に通学者がいたから（１）　チ近所の人に聞いたから

多い順に並べてみた。一般の人に話すと「そんな中学あるの」という答えがかえってくる。もっともっとＰ．Ｒして生きる障害につき当っている人達に灯のあることを知らせるべきだ。

資格取得のための事例

A君の場合

(1) 環境と経歴

横浜市□B町在住　　昭和９年□月□日生　　３５才
妻子あり　　１２才の女子（中学１年生）　１０才の男子（小学５年生）
昭和２２年３月　　宇都宮市立Ｓ小学校卒業
〃　２２年４月　　〃　　Ｓ中学校入学
〃　２４年３月　　〃　　〃　　２年修了

以降、第３学年は出席日数不足のため原級留置をうけた後、除籍される。

(2) 夜間学級に入学した動機

妻子をかかえ、某工業所に工員として勤務していたが生活の安定のために堅実な勤務先を探していたところ、たまたま知人の紹介により某役所臨時職員として自動車の運転手となったが、後日、正職員となるためのテストを受け見ごと合格、本採用の手続きをとろうとしたところ義務教育終了の書類が必要となり昔在学していたＳ中学に書類を依頼した結果除籍されていることが判明した。その瞬間がくぜんとし過去を悔んだが気持をとりなおし八方手を尽くしたが壁は厚く資格なしでは如何ともしようがなく、やっと当校に夜間中学のあることを教育委員会より知らされ入学を決意した。

(3) 性格

明朗で話し好き、人の面倒はよくみるし、思いやりもある。正直である。

(4) 夜間学級生としての生活

動機については上記の通りであるが決意をする迄には相当の悩みをもったようである。第１に自分の子供が既に中学生であり約２０年間勉強らしい勉強もしておらず入学してからクラスの一員になりきれるかどうか自信もない。又、一家の大黒柱としての務め、勤務時間の関係等時間的にも通いきれるかどうかという不安もある。３４才（当時）にもなって「中学生になる」ということの恥ずかしさもある。そこで４４年３月蒔田中学校の門をたたいたわけである。奥さんの励まし、同僚や上司の思いやりなど善意に囲まれて本人の不安も解消しついに入学を決心した。

３年に編入された４４年４月５日、始業式には新調の背広に着がえ明かるい顔で登校し、担当教師等の「果たして始業式には出席してくるであろうか。」という一抹の不安を解消できたわけである。以後特別な事情などで多少はあったが定刻にはきちんと登校し非常な熱心さで学習に取り組み、頭をひねり乍らもクラスメートに教えられたり励まされ、にがての数学・英語などその学力は徐々に向上してきた。家へ帰ってから勉強していると中学生の娘さんに「お父さん、そんな英語ないよ。」など冷やかされ乍らも通学することの楽しさを身をもって感じたようである。

学校側でたまたま役所は満３５才を超過したものは本採用にはしないという規則や臨時職員の期間にも限度があるということを知り職員会議の結果、本人の熱心さと、かってＳ中学校３年生時代は約半分位は出席していたことから残余の日数も修得できたという判断にたち校長認定によりその後１９年遅れの卒業式がめでたく校長室で挙行されたのであった。

入学式の時と同じ背広を着用、緊張した面持ちで式に臨んだＡ君は校長先生の激励のことば、在校生のお祝いのことばに声をつまらせ乍ら、門出に当たり勉強の大切なことを貴重な体験として語り卒業はしたが一年間はどうしても通学したいということを披露して式を閉じた。

以後、現在まで役所に本採用になり夜は通学しているが九月に肝臓をこわし病院通いで登校もままならないが早く元気になって、再び毎日明かるい顔をみせてくれることを期待している。

5. ある夜間中学生の記録

広島市立二葉中学校

ここに記述する[A]君は、卒業した年には二十八才の父親であった。小学校一年の長男と幼少な長女の二人が家庭にいる。彼は現在も[　]株式会社に勤務している。私は三年生の彼が一学期に一度校門内に入いり、うろうろして私達に挨拶だけしてすぐ帰った時の表情が忘れられない。出席日数をはるかに超過した回数の家庭訪問が認められ、やっと及第会議を通過した。兄の経営する零細企業の組織の一員として働き、四畳半の家の生計をかろうじて　維持していくために残業をし、子守りをすることを家での日課としながら、毎晩、子供達と親類の風呂に入ってやっと人間らしい彼に戻る。そんな生活の彼に残業なしで学校への登校を要求できない。めしの食い上げになってしまうからだ。母のない彼は中学適令期に不幸にも父親を失うことによって完全な孤独となり、製靴業その他転々と職を変えた。未成年者の間は親類、兄等いろいろ頼る人もいるのでまだよい。成人に達すると冷たい社会の風をまともに受ける。便所、水道、洗濯場、物干しは数軒共同で使用しなければならない苦しい状態で、家具の中で新品のテレビがまぶしく輝いているだけである。準要保護の援護物資の一つである雨傘を彼の家に持参した時は、古い傘がこわれて、明日仕事場へどのようにして雨天の中を行くかを考えていた矢先だけに大そう喜ばれた。この例のように二部学級は昼間の学校とは義務教育機構の一環としては同じ機構を持つものであっても全く内容的には異質なものである。生徒と教師の間柄も実に緊密で、個性、性格気質、健康の度合い、家庭経済情況、職場関係等一切のことを、昼間部の先生が受け持ちの生徒について知っている以上につぶさに知りつくしている。中には前歴をなかなか言わない生徒がいる。[A]君はこの例には入っていない。そんな過去の暗い生活を判然とさせない生徒でも長年の教師生活の第六感でその一端を把握するとあとは、鎖がとけるようにするすると、相手が前歴を語ってくれることがある。[A]君の妻は偶然にも当二部学級の初期の卒業生の一人であることが後にわかった。従って家庭訪問をした教師へ別に嫌なそぶりも見せないで終始理解ある態度を示した。

さて、問題となる残業のことだが、残業をしないでもよいように学校長はじめ担任もいろいろ考えてみたが残業廃止に持っていく名案がなかった。一人の苦労している労働者をみつめているとその背景には人手不足で困っている現状があり、そのことのよってきたる遠因は、社会条件、経済条件のあるひずみが、弱い一個人に押し寄せたものとするみ方もあろう。しかし、私は思う。「弱い者は麦になろう。」踏まれても逆に強くなる麦の気持ちを捨てないでほしいと思う。漢字の書き取りのプリントを渡すために家庭訪問をした際彼が少しいやな顔をしたので麦の話をしてやった。本人は、やや理解したやに見えた。そばから幼な妻が、しっかりやるようにと口を入れるとまた顔を曇らせた。恥しさを越えたものがあると思う。せめて妻なみに、新聞が読みたい。マンガの類ではなくて、ニュースとその解説ぐらいはわかりたいという切実な要求があったのである。

時に彼はこんなことも言った。ただ、文字を知るのでなく役に立つ生きた学問を身につけたい。一つの熟語でも、それがどんな意味を持ち、どのように生活の血となり肉となる知識なのか実感としてとらえたいという言味のことも言った。少なくとも生きて働く知識と文字が一体となれば、次の次元で創意工夫が働くものだと言う。つまり観念のからまわりでは何もならないという意味らしい。通り一ぺんの読める文字、書ける文字の知識ならいらない。だから、内容のある話をしてくれるようにということで、たとえ世間話でも必要なものは、その中から質問をして、紙にその文字を書きつけることによって概念を定着させるのだとも言った。私が思うに、たとえ残業がなく登校しても昼間部に準じた道徳学を加えた九教科の授業を果して受け入れるだろうか。既成の基礎知識の注入しか業としない私達には、きびしい別世界の技術に伴う学問、常識を用意しなければならない。そんな領域は、一般社会の責任だろうが、現状では極度に合理化、能率化されたそういった社会に、時間的にゆとりがないのである。必要感なしで読書したのでは明日のための、つまり、一家をささえる原動力にはならないとも彼は言っている。

ある時の家庭訪問で室町時代と当時の職人の生活について話そうと私なりに心に準備して行った。以前、彼が職人であったので日本人の生活史を知る一つの糸口になると思ったからであった。台所と玄関を兼ねた板の間の上のそまつな棚からしぶい光のする彫刻をおろしてきた。彼の言によればブルジョアの大邸宅の床の間にあればもっと見ばえがするのだがとも言った。すべて木の根っこで作ったもので半年ないし一年以上製造に要した貴重なものであった。今までに、時価数万円で買手がついて、惜しいけれど手放したものもあるそうであった。その中で、華道に使う台や、香炉、刀掛けなどを市内や、出張先の古美術商の店であかずに長時間眺めて、室町期、徳川期の彫刻の感覚をのちに創造力を加えて個性のあるものにまでしあげるのであるとのことであった。私の知識は、ささやかな専門書によって得たものであるが、彼は体験と、創造によって古物と同等の価値を持つような

美術品をうみ出している。そんなことを導入に使って、室町時代の生活史と文化史の解説はたやすく行なわれたと思う。その他、数学の分野では測量技術に関するものが仕事の性質上必要なものであることをのべていた。卒業後も何とか勉強したい旨のことを言っていた。

彼は卒業証書を手にした時に言った。二部に在学したことは自分の人生に強い意義を持つものになったが、それは活用できる知識、生きた学問が少しでも身について、もう一度自己を見直すことができたことだと思う。

昔のことわざに

「天は自ら助くるものを助く」

と言うのがある。しっかりその意味を知って胸を張って、大手を振って社会人として世につくす人物になって欲しいと思った。

神戸地区研究発表内容（１６㎜映画）

１６　年　目　の　入　学

◎９９．９％　　義務教育の普及率９９．９％といわれ世界最高をほこる日本。

◎１２０万人　　受験戦争・学園戦争にあけくれる現在の日本。そのうら側にあつて戦後６・３制の新制度開始以来，つもりつもつて義務教育未修了者の数は，１２０万人を越えるといわれている。

今回，関西テレビと本校では生活苦と病弱のため義務教育を受ける機会を失い文盲のため職場や家庭やすべての場で劣等感をもつた一少年が16年目にして，唯一の救済機関である「夜間中学」（神戸市立丸山中学西野分校）の存在を知り，入学を申し出て以来の学校や職場での生活を主に，友人関係や，同和教育と取り組む本校の教育にスポットをあて，今一度現在の教育のありかたを考えようというものである。

なお，この映画は先般フジテレビのネットで全国に放映され，一般視聴者，特に教育関係者に深い感銘を与えたもので同和教育や特殊教育の参考になると思われますので，ぜひ御利用御覧下さい。

神戸市立中学校同和教育研究部長
神戸市立丸　山　中　学　校　長　　玉　本　　格

附　　録

昭和44年度全国夜間中学校研究会役員名簿

名誉会長	飯田　赳夫	横浜市立蒲島丘中学校長
会長	勝山　準四郎	東京都足立区立第四中学校長
副会長	石井　宗一	横浜市立鶴見中学校長
仝	玉木　格	神戸市立丸山中学校長
理事	佐々木　元信	墨田区立曳舟中学校長
仝	池田　喜一	横浜市立西中学校長
仝	水野　清	名古屋市立天神山中学校長
仝	宇野　二三衛	京都市立皆山中学校長
仝	内田　安守	大阪府岸和田市立岸城中学校長
仝	玉木　格	神戸市丸山中学校長
会計監査	高田　四郎	横浜市立蒔田中学校長
仝	岸田　林太郎	東京都八王子市立第五中学校長
幹事（会計）	（故　町田　義三）	元東京都足立区足立第四中学校主事
顧問	伊藤　泰治	元東京都足立区立第四中学校長
仝	寺本　喜一	京都府立大学教授
仝	立石　実信	元横浜市平楽中学校長
仝	関根　重四郎	元東京都墨田区立曳舟中学校長
仝	小林　俊之助	元東京都太田区立糀谷中学校長
仝	住友　国春	元東京都八王子市立第五中学校長
仝	岡野　直	元東京都足立区立第四中学校長

夜 間 学 級 設 置 校 現 況 一 覧

（昭和４４年１０月１日現在）

番号	都県府別	学校名	所在地	電話	校長名
1	広島	広島市立二葉中学校	広島市山根町１７	0822—62	牧原次郎
2		広島市立観音中学校	広島市 南観音３—４—６	0822—32	増田勉
3		広島県豊田郡豊浜村立豊浜中学校	広島県豊田郡豊浜村豊島	084668 豊島9	長谷川敏
4	兵庫	神戸市立丸山中学校西野分校	神戸市長田区三番町３—１	078—55	玉本格
5	大阪	大阪府岸和田市立岸城中学校	大阪府岸和田市町田町２３０	0724—22	荒本和夫
6		大阪市立天王寺中学校	大阪市天王寺区北河堀町６１—１	06—771	坂倉清太郎
7	京都	京都市立皆山中学校	京都市下京区間町七条上ル	075—361	檜山謙
8		京都市立郁文中学校	京都市下京区大宮通綾小路下ル綾大宮町４９—５１—59	075—821	林田善亮
9	神奈川	横浜市立鶴見中学校	横浜市鶴見区鶴見町１２５３	045—501	石井宗一
10		横浜市立浦島丘中学校	横浜市神奈川区白幡東町１７	045—421	飯田赳夫
11		横浜市立蒔田中学校	横浜市南区花ノ木町２—４５	045—711	田島鳳松
12		横浜市立平楽中学校	横浜市南区平楽1	045—251	岸清
13		横浜市立西中学校	横浜市西区戸部町３—２８６	045—231	池田嘉一
14	東京	東京都足立区立第四中学校	東京都足立区梅島１—２—３３	03—887	勝山準四郎
15		仝 八王子市立第五中学校	仝 八王子市明神町４—１９—１	0426—42	岸田林太郎
16		仝 葛飾区立双葉中学校	仝 葛飾区お花茶屋１—１０—１	03—602	小日向毅夫
17		仝 墨田区立曳舟中学校	仝 墨田区文花１—１８—６	03—617	佐々木充信
18		仝 太田区立糀谷中学校	仝 太田区西糀谷３—６—２３	03—744	和泉昴
19		仝 世田谷区立新星中学校	仝 世田谷区太子堂１—３—４３	03—413	桜井保
20		仝 荒川区立第九中学校	仝 荒川区東尾久２—２３—５	03—892	清輔浩
計		２０校			

番号	開設年月日	在籍生徒数 Ⅰ 男	Ⅰ 女	Ⅱ 男	Ⅱ 女	Ⅲ 男	Ⅲ 女	性別小計 男	性別小計 女	合計	卒業生徒数	専任教諭数 男	専任教諭数 女	兼任並に講師数 男	兼任並に講師数 女	合計
1	28・5・1	6	2	13	5	8	3	27	10	37	134	3	0	2	1	6
2	28・5・1	3	3	4	6	7	12	14	21	35	231	2	0	2	0	4
3	26・1・18	2	0	3	0	8	0	13	0	13	135	0	0	3	0	3
4	25・2・16	1	1	6	8	14	15	21	24	45	265	2	1	2	1	6
5	27・4・25	7	6	0	0	0	0	7	6	13	167	4	1	0	0	5
6	44・6・5	46	42	12	9	9	11	67	62	129	0	6	1	1	1	9
7	25・5・1	0	0	0	0	0	4	0	4	4	251	1	0	3	1	5
8	43・5・1	1	2	3	0	6	2	10	4	14	3	2	0	6	1	9
9	25・5・20	0	1	0	3	4	0	4	4	8	223	0	0	10	0	10
10	25・5・1	1	0	2	0	0	5	3	5	8	259	0	0	9	1	10
11	25・4・1	1	0	0	1	3	3	4	4	8	154	0	0	9	1	10
12	25・5・1	0	0	0	0	3	5	3	5	8	208	0	0	10	0	10
13	25・5・1	3	2	3	0	2	2	8	4	12	171	0	0	10	0	10
14	26・7・16	5	5	7	4	3	3	15	12	27	535	4	1	3	3	11
15	27・5・12	1	2	2	6	4	1	7	9	16	171	6	0	1	2	9
16	28・4・20	6	3	5	5	13	7	24	15	39	315	6	0	2	2	10
17	28・5・1	3	2	7	6	6	5	16	13	29	478	5	1	3	1	10
18	28・9・1	6	3	6	2	10	4	22	9	31	352	6	0	2	2	10
19	29・5・1	7	13	10	6	9	6	26	25	51	300	5	1	3	4	13
20	32・2・15	4	10	17	6	23	14	44	30	74	248	6	0	3	1	10
計		103	97	100	67	132	102	335	266	601	4400	58	6	84	22	170

昭和４３年度併設を廃止した学校

学校名	所在地	廃止の時期
京都市立藤森中学校	京都市伏見区深草池ノ内町	43.3.31
名古屋市立天神山中学校	名古屋市西区天神山2—70	43.3.31

昭和４４年度開設した学校

学校名	所在地	開設時期
大阪市立天王寺中学校	大阪市天王寺区北河堀町６１—１	44.6.5

第16回全国夜間中学校研究大会出席者名簿

学校名	職名	氏名	分科会
広島市立二葉中学校	校長	牧原 次郎	1
神戸市立丸山中学校西野分校	校長	玉本 格	1
仝	主任	末吉 富久男	3
大阪府岸和田市立岸城中学校	教諭	西尾 忠男	1
大阪市立天王寺中学校			
仝			
京都市教育委員会	福祉主事	吉岡 勝美	
東京都足立区立第四中学校	校長	勝山 準四郎	1
仝	教諭	海老原 みよ子	3
仝	仝	長谷川 貞三	2
仝	仝	徳永 孝	2
仝	仝	河西 靖堯	3
仝	仝	芝田 武司	2
東京都八王子市立第五中学校			
仝			
仝			
東京都葛飾区立双葉中学校	校長	山本 信雄	1
仝	主事	広江 栄一郎	1
仝	教諭	撫佐 昭二	2
	仝	加藤 忠幸	3
	仝	鳴沢 実	2
東京都墨田区立曳舟中学校			
仝			
仝			
東京都大田区立糀谷中学校	校長	和泉 昜	1
仝	主事	清水 常吉	3
仝	教諭	井出 廸夫	3
仝	仝	都築 達郎	2
仝	仝	山本 福久	2

学校名	職名	氏名	分科会
東京都世田谷区立新星中学校	校長	桜井 保	1
仝	教諭	長久保 光明	1
仝	仝	白勢 政夫	2
仝	仝	近藤 恵得	3
仝	仝	上田 喜三郎	1
仝	仝	木原 武子	3
仝	仝	高橋 勝	3
横浜市立浦島丘中学校	校長	飯田 赳夫	1
仝	主任	加瀬 宣子	2
横浜市立蒔田中学校	校長	田島 鳳松	1
仝	主任	工藤 高正	
横浜市立平楽中学校	校長	岸 清	1
仝	主任	亀江 進	
横浜市立西中学校	校長	池田 嘉一	1
仝	主任	石谷 隆司	
横浜市立鶴見中学校	校長	石井 宗一	1
仝	主任	平井 周	2

正　誤　表

頁	行目	誤	正
7	24	新副委員長	新副会長
97	5	玉木　格	玉本　格
〃	7	池田　喜一	池田　嘉一
〃	11	玉木　格	玉本　格
〃	12	高田　四郎	田島　鳳松
〃	15	空白	幹事（会計）綿貫　実
〃	16	伊藤　泰治	（故　伊藤　泰治）
〃	19	関根　重四郎	（故　関根　重四郎
100	18	小日向　毅夫	山本　信雄
104	7	TEL横浜（044）	TEL横浜（045）

※　これ以外の頁の誤りには　訂正を施してありません．恐れ入りますが　ご判読下さいますようお願いします．

第１６回　全国夜間中学校研究大会
〔資料及び要項〕

発行年月日　昭和44年12月５日

発　行　所　横浜市鶴見区鶴見町１２５３
横浜市立鶴見中学校内
全国夜間中学校研究大会事務局
ＴＥＬ横浜（044)501-[illegible]

編　　集　全国夜間中学校研究大会事務局

発行責任者　大会会長　勝　山　準四郎
同準備委員長　石　井　宗　一

印　刷　所　株式会社　第一サンエー

第16回 全国夜間中学校研究大会

全国夜間中学校　学校・生徒調査概要報告

1969年12月5日

東京都夜間中学校研究会
調　査　研　究　部

Ⅰ　これまでの経過

昭和４３年春、東京都夜間中学校研究会の調査研究部では、これからの研究計画として、全国の夜間中学学校と、生徒の実態調査を行なうことを決定した。

そのとき私たちの間で目指された目標は次のようなものであり、それは今なおひきつがれてきているものでもある。要約すると次のようになる。

(1)　各地で閉鎖されてゆく夜間中学の状況をみるとき、夜間中学と生徒の現実の姿はどのようなものなのかを明らかにすること、全国各地域の夜間中学の置かれている立場はいろいろで、その学校のもつ主要面での比較を行なえる素材をまとめるのが主眼であった。

(2)　このように、全国・夜間中学の学校、および生徒の調査を行なうことにより、これからのあるべき夜間中学の方向をさぐる基礎資料になればと考えた。

このような目的のもとに、学校調査にあっては、全国２１校（昭和４３年４月現在）に対し、学校経営状況、歴史概要、学校生活、入学手続、卒業生、資料などについての調査票を作製した。また生徒調査にあっては、全国の全生徒を対象にして、仕事、生活、入学するまでの経路、義務教育脱落の原因、夜間中学入学の目的、夜間中学をどこで知ったかなどの項目について、調査票を作製、昭和４３年１０月１日現在の状況を記入して１１月末に返送してほしい旨、お願いして１０月中に全国各中学校に発送した。

１１月中にはほんの僅かしか返送されて来なかったが、１２月、さらに今年の１月、２月となって、少しずつ回答がよせられた。結局昨年度中には本格的集計に入ることができず、今年度を迎え、手元に回答のあったものから調査のまとめ作業に入った。

日々の多忙な中からていねいな回答を寄せられた全国の夜間中学校の先生、生徒の皆さんに感謝を捧げなければならない。

何分にも多量な調査票をまとめなければならないところから、毎月１回の部会だけでは時間の足りないことは明らかとなり、夏休み前までに約１週間、都立教育会館で朝から夕方まで集中的まとめ作業を行なうなど全部員が努力を続けてきた。そして、やっと今、その一部をまとめ上げるに至り、今日ここにその概要を報告する。

回答の寄せられたのは次のようである。全夜間中学からの回答はえられなかったけれども、２１校中の１４校、約７割近い回答をえて、ほぼ概要を知るための資料にはなろう。

	1	2	3	4	5	6	7	8	9	10	11	12	13	14	15	16	17	18	19	20	21	
学校名	二葉中	観音中	豊浜中	丸山中	岸城中	藤森中	皆山中	郁文中	天神山中	鶴見中	浦島丘中	蒔田中	平楽中	西中	足立四中	八王子五中	双葉中	曳舟中	糀谷中	新星中	荒川九中	計
学校調査		○		○					○	○	○	○		○	○	○	○	○	○	○	○	14
生徒調査	○	○		○					○	○	○			○	○	○	○	○	○	○	○	14

○印 ： 回答校

今のところまだ全体のまとめを仕上げておらず、今回はすでにまとめられたもののうち一部をここに報告する。来年春までには何らかの形でまとめ上げ報告書を出す予定であるが、私たちの調査が、これからの夜間中学のあり方を求める上での素材となれば幸いである。

（上田）

Ⅱ　学校調査

１　夜間学級の経営

(1)　夜間部のための特別予算措置

―― 夜間部のための特別予算措置 ――　（４３年度）

番号	学校名	一般需要費	備品購入費	消耗品費	給食費	その他	備考
2	観音中						昼間部と一緒で不明
4	丸山中		188,900		0	0	
9	天神山	31,000	0	21,000	3,000	役務費 4,000	
10	鶴見中	0	20,000	20,000	0	0	全市的一斉に
11	浦島丘	0	20,000	20,000	0	0	〃
12	蒔田中	0	20,000	20,000	0	0	〃
13	平楽中	0	20,000	20,000	0	0	〃
14	西中	0	20,000	20,000	0	0	〃
15	足立四中	消耗品含む 178,000	117,000		2,000	※13,000	※｛一般需用費 接待費
16	八王子五中	8,000	55,000	70,000	95,000	77,500	
17	双葉中						昼間部との一括予算
18	曳舟中	消耗品含む 186,000	105,000		0	0	
19	糀谷中	156,228	33,980	不明	59,370	157,837	
20	新星中	100,000	100,000	200,000	50,000	20,000	特に必要なら臨時にその都度
21	荒川九中	80,000	65,000	150,000	65,000	100,000	

この表からまず指摘できることは、夜間学級のための予算の額に開設地域や学校ごとで相当大きな相違が見られることである。これは、夜間学級がそれぞれの地方自治体の裁量と負担によって設置されているためである。

各校からの報告をもとにして、予算面からの経営上の問題点を探ってみよう。

②観音中学校

- 二部独自の予算がない。
- 現在給食はパンと牛乳を支給しているが、完全給食が実施できる予算措置を望んでいる。

④丸山中学校

- ３９年の４月から丸山中学校西野分校と改名し、独立校なみの予算を受けるようになったが、それでも年間で１８８，９００円にすぎない。

⑨天神山中学校

- 年間予算が５９，０００円で、備品の購入費は支給されないので、昼間部のものを借りてやっている。

⑩～⑭横浜地区

- 鶴見中・浦島丘中・蒔田中・平楽中の四校は，年間一律 40,000 円で夜間学校を経営している。
- そのため不足のものは全て普通学級のものに便乗している。夜間学級は昼間部の居候の形で存在している。

⑮～㉑東京地区

- 昼間部との一括予算で運営されている双葉中学を除いて，他の六校は夜間学級独自の予算を支給されている。
- 他地域に比較すると恵まれた予算措置を受けているが，学校ごとにみると相当の格差がある。

以上のように，地域や学校ごとで運営予算に相当の格差があり，予算が少ないためにいろいろな問題が生み出されていることが分かる。この夜間部のための予算措置額の多少は，教育の内容面や生徒の健康管理（給食など）の上に大きな影響を及ぼすばかりでなく，夜間中学が，より多くの義務教育未修了者に救済の手を差し伸べていけるかどうかを決定する重要な要因の一つである。

結局，国が夜間中学を正式に認め，一定水準の運営予算等を保障しないかぎり，こうした格差や問題点は解決されないし，ここ数年相ついでいる「生徒の減少による廃校」などという事態が続いて起こらないという保障はないのである。

(2) 夜間部生徒に対する補助

―――夜間部生徒に対する補助―――　（43年度）

番号	学校	生活保護	準要保護	その他のもの	補助を受けていない	計	備考
2	観音中	1	11		22	34	
4	丸山中	9	6		22	37	
9	天神山	—	3	—	—	3	
10	鶴見中	0	0	0	14	14	
12	蒔田中	4	5		2	11	
14	西中		3		6	9	
15	足立四中	6	14	給食のみ 9	0	29	
16	八王子五中	0	0	0	13	13	
17	双葉	5	16	0	0	21	
18	曳舟	3	17	0	長欠生徒 6	26	
19	糀谷中	0	13	給食のみ 21	0	34	
20	新星中	0	※ 40	0	0	40	※入学者は全員受ける
21	荒川九中	2	25	0	長欠を含む 37	64	
計		30	153	30	122	335	
％ 約		（8％）	（45％）	（9％）	（36％）		

回答のあった13校，生徒335名中，生活保護受給者は30名（8％）にすぎない。この中では神戸の丸山中学の9名というのが目立っている。

ところが準要保護は，153名（45％）が受給しており，夜間中学生の2人に1人は適用されている。中でも東京の新星中学・双葉中学・曳舟中学の三校は，夜間学級入学者の全員がこの準要保護を受けているが，このことは望ましい例として注目される。

また，その他の補助の所で，東京の足立四中・糀谷中の二校では，要・準要保護に該当しない生徒全員に給食費の全額を区から補助してもらっているが，これなども全国の夜間中学で実現したいことである。

これに反して同じ東京の八王子五中の場合，生徒に対する補助が何もないために，給食などは年間95,000円の予算と，月に生徒たちから1人100円ずつ徴収するお金で辛くもパンと牛乳の補食を続けているというような状況にある。従ってこれ以上に少ない補助で経営されている地方の夜間中学の経営の困難さや生徒たちの負担の大きさを窺うことができる。

次に補助を受けている生徒一人当りの補助金の内訳を一覧表にしてみよう。

―――生徒一人当たりに対する補助金の内訳と金額―――　（43年度）

番号	学校 ＼ 補助金の内訳	学用品代（年額）	給食費（月額）	通学費	クラブ活動費	夏季施設費	遠足費	3年生のみ 教科書代	3年生のみ 修学旅行費	備考
2	観音中	平均 5,000	800	なし	なし	全額 500	全額 800	全額	全額 5,700	
4	丸山中							全額		就学援助費をもらっている。学年男女で差がある
9	天神山中									記入なし
10	鶴見中	なし	1人1日 65	なし	なし	なし	なし	全額	なし	
12	蒔田中	なし	1人1日 65	なし	なし	全額		全額	全額	
14	西中	なし	1人1日 65	なし	なし	（行なわない） なし	なし	全額	なし	
15	足立四中	平均 9,725	1,320	なし	一部 735	全額 2,000	全額	全額	全額 6,800	その他卒業記念アルバム費 1,000円
16	八王子五中									記入なし
17	双葉中	9,000～10,000	1,235	全額 (6Km以上)	全額	全額	全額	全額	全額	
18	曳舟中	平均 9,725	1,350	なし	735	4,000	933	全額	一部 6,800	
19	糀谷中	10000	1,650	全額 3,300	750	0	1,300	全額	8,435	
20	新星中	平均 7,000	1,750	全額	一部 750	一部 3,500	一部 500	全額	一部 8,000	
21	荒川九中	平均 9,725	1,200	なし	一部 500	全額 2,500	一部 500	全額	全額	その他卒業記念アルバム費

(3) 施設・設備

回答のあった13校の施設・設備の［illegible］を一覧表にまとめてみると次のようになる。

(43年度)　※　●夜間部専用のもの　○昼間部と共用のもの

番号	学校名 ＼ 施設・設備	職員室	普通教室	給食調理室	給食食事室	生徒休憩室	生徒ロッカー	準備室	体育館	プール	図書室	理科室	工作室	音楽室	裁縫室	調理室	衛生室	テレビ室	卓球室	その他
2	観音中	●	○				●		○	○	○						○			
4	丸山中	●	●										●		●					
9	天神山中	○	●						○									○		
10	鶴見中	○	○					○	○	○	○	○	○	○		○	○	○	○	
11	浦島丘中	○	○				○	○	○	○	○	○	○	○	○	○	○			
12	蒔田中	○	○						○	○	○	○	○	○						
14	西中	○	○						○		○	○	○	○						
15	足立四中	●	○	○			●	●	○	○						○	○			
16	八王子五中	●	●						○	○			○	○			○			
17	双葉中	●	● ○	●		○	●		○		○	○		○				●		
18	曳舟中	●	○	○	○		●		○	○			○	○	○	○				
19	糀谷中	●	○	●		○			○	○	●	○	○	○	○	○	○	●		
20	新星中	●	○	●	●		●		○	○	○		○	○	○	○	○			
21	荒川九中	●	○	●			●		○			○		○		○				

夜間中学は，設置されている中学校に併設された二部学級という存在であるため，その施設や設備を見ると当然の結果として昼間部との共用のものが多い。

〔職員室〕　横浜地区の夜間中学と名古屋の天神山中学の五校を除いた九校には，夜間部専用の職員室が確保されている。（横浜地区の場合は夜間部専任の教員制度がなく，昼の先生がそのまま夜間部を兼任しているために夜間部専用の職員室がなくても別に支障はないのだろう。）

〔普通教室〕　二部専用の普通教室を持っているのは4校だけである。このうち双葉中学では，44年度になって　夜間部専用の一教室が校合新築のために取り壊されてしまったという。専用の教室を持たないということは，夜間学級をいつまでも文字通り「昼の居候・昼の間借り」という性格の中に閉じ込める原因になっている。

〔給食調理室〕　東京都の区内6校では，昭和33年から完全給食が実施されているため　専用の調理室が設置されている。また曳舟中学と新星中学の二校では「給食食事室」を持ち　教師と生徒が毎晩一緒に歓談しながら給食を共にしている。

〔生徒ロッカー〕　夜間中学の生徒たちは，仕事が終わると職場からそのまま通学して来る者が多い。だから生徒の専用ロッカーはこうした生徒たちにとって大変調法なものである。また専用ロッカーを持つことによって　学校の中に自分だけの場を専有しているという喜びを味わい　それが自分の学校という意識を育てる上でも効果をあげているようだ。

（見城）

Ⅲ　生徒調査

1　仕　事

まず　生徒はどのような産業に籍を置いているかという点について，次に，どのような仕事を実際に行なっているかという点について調査を行なった。これらはいずれも，5年毎に総理府が行っている国勢調査の分類を用い，前者については日本標準産業分類により　後者については，日本標準職業分類により分類集計した。

(1)　産業分類　（表1，2）

生徒の45％　約半数はF（製造業）に集中し，続いて　自宅で内職をしたり，家事手伝いをしている産業分類のできない生徒が24％，G（卸売小売業）とL（サービス業）がそれぞれ12％とつづく。所属する産業は，上にみたようにA，Bは全くないなど　一つのかたよりを示しており，いわば都市に住む人々のものであることが分かるが　夜間中学が大都市を中心にあることを思えば当然のことといえよう。

（表1）　夜間中学生の所属する産業　　（日本標準産業分類による）

記号	分類	性別	1 二	2 観	4 丸	9 天	10 鶴	11 浦	14 西	15 足	16 八	17 双	18 曳	19 糀	20 新	21 荒	男女別計	計	％	学令
A	農業	男 女																		
B	林業狩猟業	男 女																		
C	漁業水産養殖業	男 女																		
D	鉱業	男 女																		
E	建設業	男 女			2									1			3	3	1	
F	製造業	男 女	3	1	4 4	2	3	4	1	7 4	3 2	5 4	5 6	12 3	10	14 6	74 29	103	45	8 9
G	卸売小売業	男 女	1	 2	 1		1 1	1	1	1 2	1 2	1	1	3 2	3 2	1	15 12	27	12	4 3
H	金融保険業	男 女			1												1	1	略	
I	不動産業	男 女										 1					 1	1	略	
J	運輸通信業	男 女	2 1	1	2 1				1			1		1		1	9 2	11	5	
K	電気ガス水道業	男 女			1												1	1	略	
L	サービス業	男 女		 1	1 4	 1	 3	 1		 1	2 1			2 2	1 3	3 1	9 18	27	12	 1
M	公務	男 女													1 1		1 1	2	1	
N	分類不能の産業	男 女																		

記号	分類	性別	1	2	4	9	10	11	14	15	16	17	18	19	20	21	男女別計	計	%	学令
なし		M	1		1		3	1		3		5	1	3	2	1	21	55	24	5
		F	1	1	7			1		3	1	4	5	2	7	2	34			14
	計	M	7	4	10	2	7	6	3	11	6	12	7	22	17	20	134			17
		F	2	4	17	1	4	2	0	10	5	9	11	9	13	9	97			27
	調査者総計		9	8	27	3	11	8	3	21	12	21	18	31	30	29	231			44

（表２）　夜間中学生の所属する産業

（日本標準産業分類による）

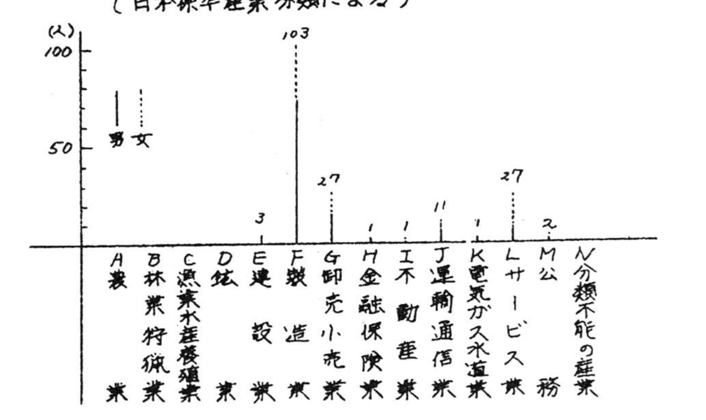

第１表中，「なし」とある意味は，上に述べた通りであるが，これについては次の職業分類のまとめの際，さらにくわしくふれることにする。

(2) 職業分類　（表３，４）

産業分類同様大きなかたよりを持つ。しかし，産業分類とは異なり，職業分類は，生徒個人個人が，毎日の生業として実際にどんな仕事に直接たずさわり何をしているのか，その職場での社会的位置を示すものであって，夜間中学生の生活を理解する上には産業分類以上に重要な意味を持つものである。

約半数の45％がI（技能工生産工程作業者）に属する。これは職場にあって体を動かし何らかの生産に直接たずさわっていることを意味する。続いてN（無職）の23％。L（サービス職業従事者）の12％，D（販売従事者）の10％とつづく，E，Fの農林水産関係者がいないのは産業分類の項でみたように当然としても，A，Bなど社会的にみて責任ある地位に属する人のほとんどいないのは，夜間中学生の労働状態についての特徴を示すものである。またC（事務従事者）も全くいない。

このことは，若年労働者が多いことと，たとえ，30代，40代の人がいたとしても，学歴のないことから，指導的立場にあることを困難にしたと考えられよう。

N（無職）について　その理由をみれば大きくなるわけで該当者の多いもの順にあげれば次のようになる。4～5例をあげてみる。学令生徒のものはあとであげるのでここでは除く。

（表３）　夜間中学生の職業　　（日本標準職業分類による）

記号	分類	性別	1 二	2 観	4 丸	9 天	10 鶏	11 浦	14 西	15 足	16 八	17 双	18 曳	19 梶	20 新	21 荒	男女別計	計	%	学令
A	専門的技術的職業従事者	男													1		1	1	略	
		女																		
B	管理的職業従事者	男																		
		女																		
C	事務従事者	男																		
		女																		
D	販売従事者	男	1				1	1	1	2	1	1		2	3	1	14	24	10	3
		女		2			1			2	2			2	1		10			3
E	農林業作業者	男																		
		女																		
F	漁業作業者	男																		
		女																		
G	採鉱採石作業者	男																		
		女																		
H	運輸通信従事者	男	2	1	2				1					1		1	8	8	3	
		女																		
I	技能工生産工程作業者	男	2	1	5	2	3	3		7	5	4	5	14	8	14	73	103	45	7
		女			5					3	3	5	6	3	1	4	30			9
J	単純労働者	男	1	2	2			1	1			2			1	1	11	14	6	1
		女	1		1											1	3			
K	保安職業従事者	男																		
		女																		
L	サービス職業従事者	男											1	2	2	2	7	28	12	1
		女		1	4	1	3	1		1			1	2	5	2	21			2
M	分類不能の職業	男																1	略	
		女											1				1			
N	無職	男	1		1		3	1		2		5	1	3	2	1	20	52	23	5
		女	1	1	7			1		4	1	4	3	2	6	2	32			13
	計	男	7	4	10	2	7	6	3	11	6	12	7	22	17	20	134			17
		女	2	4	17	1	4	2	0	10	6	9	11	9	13	9	97			27
	調査者総計		9	8	27	3	11	8	3	21	12	21	18	31	30	29	231			44

（表４）　夜間中学生の職業　（日本標準職業分類による）

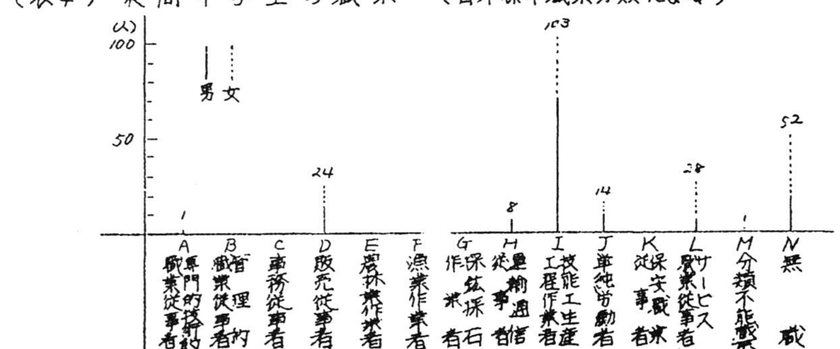

① 家事手伝い

○女，25才（二葉）結婚して家庭人となり離職している。
○女．35才（丸山）家事．
○女，25才（足立四）家事手伝い．
○男，17才（戸畑）父の病気の看病のため。
○女．18才（荒川九）父が農業，母が市役所に勤務しているので本人が家事を担当している．
○男，16才（花谷）祖母（重病）の看病。

② 病　気

○男，18才（二葉）精神的・身体的支障があって仕事し難い．
○女．16才（観音）病身。
○男，19才（鶴見）ノイローゼ（病弱）．
○男　16才（丸山）病気（心臓弁膜症）．
○男，36才（足立四）老人性白内障．先天性小眼球兼ぶどう膜欠損のため休職．

③ その他

○男．16才（鶴見）日中外に出られない．多くの人に会いたくない．
○女．58才（新星）借店舗があるのでその収入で生活．
○女．32才（双葉）韓国引揚げのため日本語がよく話せないため。
○男，17才（戸畑）自家業（ネームプレート打ち抜き）手伝いをするが意欲がからぬため．

統計上，無職は23％を占めているが，毎日の生活の中で何らかの仕事を受け持っているとか，病気でどうしても動けない人を除けば，全く毎日昼間何もする必要もなく自由に時間を自分のために使っている生徒は10名余にすぎない．N（無職）については，このような内容に注意しておいてほしい。

(3) 学令生徒

全回答生徒231名中学令生徒は44名であった。ここにその内容を列記する．夜間中学生の学令生徒の労働の実態をみてもらいたいと思う．

D．（販売従事者）

男．食堂の手伝い	女．菓子（商店）
古鉄・紙・ダンスホール仕切	廃品回収業手伝い
ガソリン販売（給油所）	店員（薬局）

I　（技能工生産工程作業者）

男．穴あけ（製作所）	女．靴の仕上げ（靴店）
メリヤス機械工（メリヤス会社）	作業服の部分縫製（内職）
靴の仕上げ（靴会社）	洋服仕立て（自宅）
〃　〃（〃）	ダンボール箱づくり（製紙会社）
バッジ加工（七宝加工所）	時計バンド（製作所）
男．組み立て（玩具工業所）	女．洋傘の組み立て（自宅）
自動車関係ボール盤（製作所）	ミシン店の手間仕事
	貼工（ゴム会社）
	〃（ゴム工場）

—10—

J　（単純労務者）

男．雑役（ダンボール屋）

L　（サービス職業）

男．ガソリン差し．洗車	女．女中（製作所）
	女中（診療所）

N（無　職）

男．13才（鶴見）　なし。
　　13才（双葉）　留守番やお使い。
　　14才（双葉）　なし。半ば怠惰（昼間の学校の登校拒否）。
　　14才（双葉）　昼食，夕食の準備と留守番。
　　12才（新星）　家事手伝（母は病身で働けない。）
女．13才（浦島丘）子守り（自宅）。
　　15才（足立四）家事手伝い。
　　14才（足立四）叔母の家に住み家事手伝い
　　15才（双葉）　大勢の人との生活に慣れない．
　　14才（双葉）　なし（自閉症）。
　　15才（荒川九）なし（）イローゼで長欠となりまだ本当になおっていない。家の経済はアパート代など入るので4人家族がその収入で暮してゆける）。
　　14才（新星）　看病（母が重病．父は盲目）。
　　15才（花谷）　母の手伝い。
　　14才（丸山）　雑務（妹．母は病気．父は盲人であり本人がその雑務をやる）
　　14才（丸山）　家事手伝い。
　　14才（丸山）　家事手伝い（母病弱．弟妹多く家事の手伝いをしなければならない）
　　14才（丸山）　なし（病気）
　　15才（丸山）　家事（病身。家事と弟の世話。母は家を外にして働いている）。

これら学令生徒に対する対策はどうあるべきか。これは従来より常にとりあげられ今なお求められている問いかけである。

2　労働時間

毎日何時から何時まで働いているかについて調査した。それから毎日何時間勤務しているのか，休憩時間も含めて計算しまとめたのが次の表である。（表5）　新聞配達店勤務など，不定期のものは統計から除外した。

—11—

8時間30分とあるのは8時間1分から30分までのものを，9時間とあるのは8時間31分から9時間までのものを含んでいる。

昼の休憩時間を約1時間とみればこの表からみる通り，8時間労働の場合の9時間が最も多いということの理由も分る。

時間のうち1時間半とか2時間というのは，パートタイム，片手間のアルバイトの仕事をしているものを示している。中には10時間，11時間，12時間というのも含まれ，かなりきびしい状況であることが察せられる。

仕事はじめは8時が最も多く，次いでその前後，7時から9時の間にほとんどが集中している。夜9時半ごろまで学校にいて10時半頃帰宅，11時半頃就寝する生徒にとっては，7時からの仕事に間にあわせるためには6時前に起床することが予想され，睡眠不足がちな生徒の日頃の様子もうなずける。

勤め先で仕事の終る時間は4時半，5時が最も多くその前後がそれに次ぐ。

（表5） 労働時間
（休憩時間も含む）

時間	男	女	計
1.30	1		1
2.00	1		1
⌇			
5.00	1		1
5.30	1		1
6.00		1	1
6.30		4	4
7.00	3	6	9
7.30	1	3	4
8.00	15	7	22
8.30	20	9	29
9.00	37	10	47
9.30	3	2	5
10.00	8		8
10.30	1	2	3
11.00	1	1	2
11.30			
12.00	1	1	2
計	74	46	120

夜間中学の多くが5時半始業であればそれに間に合うためにはどうしてもそうなるわけである。しかし中には例外として　6時，7時，8時まで仕事をしている生徒があり，しばしば残業のため遅くなることが記されてあった。

逆にいうならば，夜間中学の始業時間までに仕事を終えることのできないものは夜間中学へ進学できないのであるし，夜間中学へ入学していないということになる。たとえ入学したい希望をもっていても勤務時間の都合で夜間中学へ通えない人々がいる。

（上田）

3．学令生徒について，働かねばならない理由

回答者231名中，学令者は44名であるが，この中で昼職場で働いている者は28名（学令者の約63%），職についていない者は16名（約37%）であった。

また職についていない者16名をみると　そのうちの10名は家事の仕事とか病人の世話などで，家庭の重要な仕事を荷なっていることが分かった。報告の中からその一例をあげてみよう。「学令女生徒・姉・母病気，父盲人，本人が家庭の雑務をする。」（詳しくは1－（2）参照）。

（1）学令児の就労率

職についている 63%
家事や看病 23%
全く働いていない 14%

だから本当の意味で昼，働いていないのは，6名でその全員が，病身とか自閉症であるためと回答している。

次に，職についている者28名について，その働かねばな

らない理由を検討してみよう。

やはり圧倒的に多いのは，「家庭を助けるため（21名75%）」，次いで，「遊ぶのもよくないので（4名・14%）」，「その他（2名）」，「家計の中心となっているため（1名）」という結果が出た。図表（1）（2）を合わせて分析してみると，家事手伝い，看病等10名，家計を助けるための就労21名，家計の中心であるための就労1名で，学令児44名中32名（約74%）までが，何らかの意味で家庭の犠牲になっていることが分かる。　（見城）

（2）学令児の働く理由

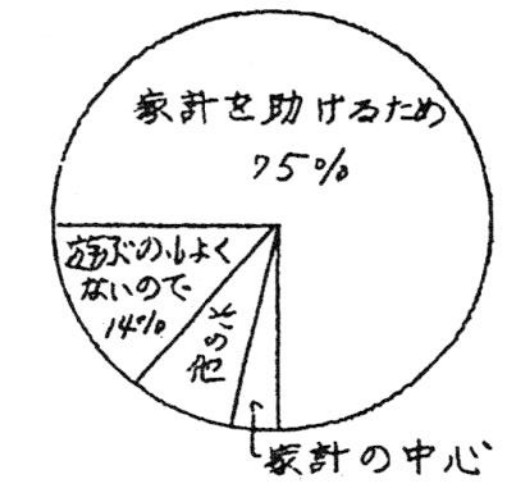

4．夜間中学入学の目的

「夜間中学入学の目的は何ですか。主なものから順に上げて下さい。」という設問に対して，231名が383項目を答えている。一人について1項目ないし2項目で答えているわけである。十人十色の表現を大まかにグループ分けして，年令層別の表を作ってみた。

年令層別・入学目的の表

目的	A	B	C	D	E	F	計	%
	12～15才	16～19才	20～29才	30～39才	40～49才	50～59才		
(1) 義務教育を修了したい	38	81	23	15	2		159	41.5
(2) 勉強したい	7	33	41	14	2	1	98	25.5
(3) 進学・国家試験受験・免許状取得のため	4	25	16	15	2	1	63	16.4
(4) 職業上の必要から		2	5	3			10	2.6
(5) 社会生活に必要だから		2	4				6	1.6
(6) 遅進生徒・学校嫌い・登校拒否生徒がたちなおるため	6	9	1				16	4.2
(7) 非行生徒がたちなおるため		3					3	0.8
(8) 引揚者が日本で生きるための準備として	1	10	6	1			18	4.8
(9) その他		1	2				3	0.8
(10) 特になし，記入なし	6			1			7	1.8
合計	62	166	98	49	6	2	383	100

グループ別に解説してみる。

（1）「義務教育修了のため」と答えたもの，あるいはそれに類する答えをしたもの41.5%。

義務教育である中学校を卒業したい，しなければならないと，本人や周囲のものが考えるのは日本国民として当然なことであり，何らかの事情で学令時に昼間に中学校に通学できない，または，できなかったものが夜間中学というものがあることを知って，そこでその教育権の復活をめざすのも当然なことであろう。しかし，ふつうの子

供たちが何となく通過していくごくあたりまえの人生の一部分について、「義務教育を修了したい」、「中学校卒業の資格を得たい」、「卒業証書がほしい」ということばをはかなければならない人達がいるというのはこれはたいへんな事ではなかろうか。とりわけ、学令の12才から20代までの青少年で、「働いて家計を助けながら義務教育を修了するため」、「自活しながら義務教育を修了するため」と、17名もが書いているのは、いったい日本国家は、子供に、子供自身の責任において、子供自身が教育を受ける義務を課しているのかと、がく然とするのである。次のような表現もあった。「中学を出ないと何もできないから」、「後になって非常に困るから」、「差別を受けないため」、「ばかにされないため」、「ふつうの人間になりたい」。なお、本人が義務教育から脱落しかかっているのを、周囲の「家族」、「先生」、「友人」、「カウンセラー」、「相談員」、「民生委員」、「保護士」などが熱心にすすめて復学させている例が21件ある。

(2)以下は、義務教育を受けることの意味をさらに具体的に述べた場合である。

(2) は、「勉強したい」、「学力をつけたい」、ことに「字も書けず、計算もできないから」、「読・書・算の基礎的な学力をつけたい」、そして「新聞・雑誌を読めるようになり」「人並みの教養を身につけたい」、要するに「実力をつけたい」。また、「学校が好き」「もう一度学生生活をしたい」、というもの、特に「英語を勉強したい」といったものを一括したもので、25.5%が答えている。学校といえば勉強とくるのはこれまた当然であるが、すべての年令層にわたって、勉学意欲の旺盛なことがわかる。

(3) は、勉強すること、義務教育を受けることはともかく、「高校・大学進学」、「各種学校進学」、「国家試験受験」、「免許状取得」のために必要なステップとしているもので、16.4%である。これもすべての年令層にわたっているが、年令層別比率を考えると、20代、30代に多いのがわかる。内わけをすると、「高校、大学進学」37件、「美容師」、「理容師」、「調理士」、「看護婦」、「洋裁」、「マッサージ師」、「プログラマー」、「デザイナー」、「教師」、「運転免許」等の志望が26件。

(4) は、「職業上必要(印刷業他)」、「職場で困ることが多い」、「仕事の上で自信を持ちたい」、「職場で人並みに待遇されるため」、「会社で本採用されるために」、「職場で部下が殆んど高卒なので、自分も力をつけねばならない」、など一括した。2.6%である。

(5) は、「社会生活に必要」、「一人前の社会人になるため」、「対人関係をうまくいかせられるようになるため」等をまとめ1.6%。

(6)、(7)はどちらかといえば、本人自身に原因があって昼間の中学校に行けなくなったが、夜中で自分自身を再起させようとしているものである。

(6) は、「能力にあった勉強がしたい(遅進生徒)」、「長欠してしまい、家でぶらぶらしていてもしかたがないので(学校嫌い)」、「人見知りしないで」「集団生活に

慣れ」(登校拒否生徒)るためをまとめて4.2%。

(7) は、非行傾向があったものが、「悪い友人関係を断ち切り」、「たちなおって」、「社会復帰を期する」もの、0.8%。

(8) は、いまだに続く中国、韓国、北鮮、台湾等からの引揚者、およびブラジル等の開拓に失敗して帰国したものが、先ず「日本語を習得」し、日本での生活のために「日本の義務教育を修了」しておかなければならないもの 4.8%である。

(9) は、その他で、「後輩とくに施設収容者の先達になるような気持で」、「親戚を見返したい」「弟に負けないよう」、「子供の勉強を見てやりたい。」0.8%。

夜中生のおかれたさまざまな生活状況が想像されるようだ。

(10) は、「特になし」、「記入なし」、1.8%である。一人を除いて、全員学令生徒であるのは、まだ自覚のできない年令でもあるからか。

以上、夜中生の切実な叫びを伝えたく、長くなるのを承知で、なるべくなまのまま引用した。 (木原)

5. 昼間の義務教育脱落の原因

夜間中学校入学理由調査は、昭和43年10月1日現在の全国の夜間中学校21校と、416人の生徒を対象としておこなった調査の一部である。

この調査にあたっては、各生徒の生活背景を十分に知っている現場の先生方にお願いして、直接生徒一人一人に面接して聴取してもらった。

このうち実際に集計できたのは231人である。

まず義務教育脱落の原因がおもに本人にあるのか、それとも外部的な要因によるものかを大まかにつかむ為に、Ⓐ昼間の中学校へ通学する意志があったにもかかわらず、長欠または夜間部へ転校、Ⓑ昼間の中学校へ通学する意志のなくなったもので長欠または夜間部へ転校、Ⓒその他、に分けた。(1図)

1図

		20 40 60 80 100 120 140
Ⓐ 通学する意志があった	112	(48%)
Ⓑ 通学する意志がなくなった	85	
Ⓒ その他	34	
韓国より引揚	15	
旧制義務教育修了	8	
その他	11	

上表の結果は「Ⓐ通学する意志があった」が全体の48%で意外に多く、本人の意志以外の原因で夜間中学に入学せざるをえない生徒が多い事を示すものと思われる。

この傾向は2図に示すごとく学令生徒においてもみられるのであるが(57%)、もし経済生活が好転して来ているとするならば、従来夜間中学入学原因とされた貧困によ

るものから、他の原因（しかも本人の意志以外の原因で）によるものへと変化してきているのではないかと思われる。
その他の項における「韓国よりの引揚」－１５人－は日韓条約以後におけるもので東京の足立四中、双葉中、曳舟中、荒川九中に入学しており今年に入ってからその数を増し足立四中などでは在籍生徒数の半数に達しており、まず日本語から教えなければならない状態である。

２　図　（学令生徒の場合）

		10　20　30
Ⓐ　通学する意志があった	25	（57%）
Ⓑ　通学する意志がなくなった	18	
Ⓒ　そ　の　他	1	

次に義務教育脱落の原因と思われるものを３図のごとく１２項目あげⒶ項－通学する意志があった－、Ⓑ項－通学する意志がなくなった－に分けてそれぞれ調査した。
義務教育脱落の原因は生徒によっては同時に何項目にもわたるので、無理に１人１項目とせずに面接調査者の判断によって重複している。

３　図

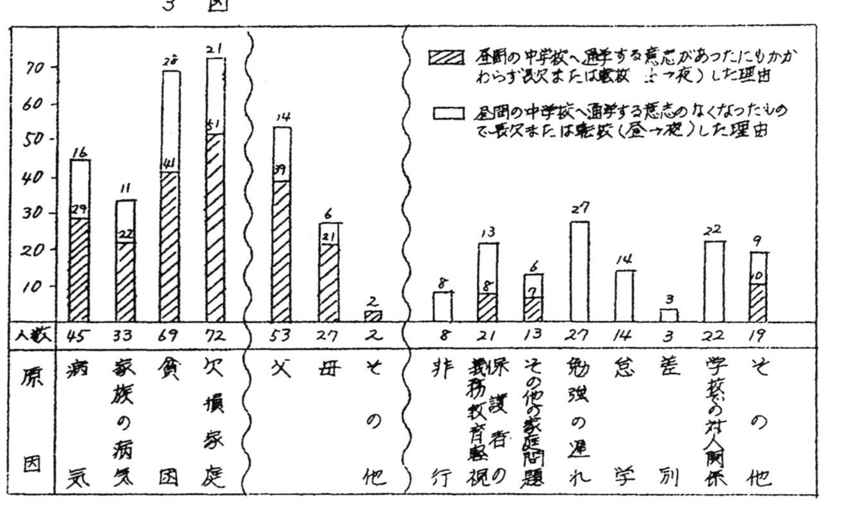

（イ）病気（４５人）－肉体的欠陥によるもの－２７人－精神的欠陥によるもの（自閉症、分裂症、ノイローゼ、精神病、てんかん等）－１８人。
（ロ）家族の病気（３３人）－父の病気１１人、母の病気１０人、（ハ）貧困と重複しているもの１１人（３３％）
（ハ）貧困（６９人）－全体の３０％、このうち他の項目と重複している者５１人（７４％）、で約$\frac{2}{3}$は単に貧困だけが義務教育脱落の原因となっている者ではない。

重複しているもので最も多いのは貧困－欠損家庭で２９人（４２％）である。
（ニ）欠損家庭－全体の３１％で、父か母、父母共に欠けているものが大部分で、父のいない者が５３人、もおり、昼間部と比べると非常に多いことがわかる。

４　図　（欠損家庭の内訳）

		Ⓐ項	Ⓑ項
老衰死	父		
	母		
	その他		
病死	父	18	8
	母	6	
	その他		
事故死	父		
	母		
	その他		
離婚（家を出た方）	父	7	3
	母	10	3
	その他		
再婚	父	2	1
	母	1	1
	その他		
家出	父	4	1
	母	2	2
	その他		
受刑	父	1	
	母		
	その他		
その他	父	7	1
	母	2	
	その他	2	

その他は祖父・祖父・叔父・叔母・兄弟等で　家計の中心になっていたもの。

（ホ）非行（８人）－数項目に渡るものが多く、原因は複雑である。
例　Ａ君……（ロ）、（ホ）、（ヘ）、（ト）（父アル中）、（チ）（ヌ）、、Ｂ君、（ハ）、（ホ）
（ニ）、（ヘ）、（チ）、、Ｃ君、（ニ）父酒乱、（ホ）、（ヘ）、等
（ヘ）保護者の義務教育軽視（２１人）－全体の９％
（ト）その他の家庭問題（１３人）－父がアルコール中毒者、兄が教護施設に入っている、姉妹の仲が非常に悪い、子守のため、父母の不和、二度目の母に生れた子供との不和等
（チ）勉強の遅れ（２７人）－全体の１２％、Ⓑ項「通学する意志がなくなった」のみ
（リ）怠学（１４人）－（チ）との重複した者が５人、従って勉強の遅れ、怠学の両原因による者は３６人で全体の１６％になる。

(ヌ) 差　別（3人）——水上学校から来たと馬鹿にされた。身体的欠陥．貧困．家庭問題。

(ル) 学校での対人関係（22人）——この内(チ)勉強の遅れ．(リ)怠学と重複しているものが12人いる。従って．36人＋10人＝46人はすべてB項「通学する意志がなくなった」者で．義務教育脱落の原因が経済的な理由によるよりもむしろ今日の昼間義務教育のひずみによるものと考えられる。全体の20％とかなり多い数を示している。

(ヲ) その他（19人）——家庭の崩壊後伯父の無理解．ブラジルへ小学校五年で移住したため．中華学校へ入学したため．主婦がわりに家事の世話をしなければならなくなったので．先生も生徒も迎えに来てくれなかった。先生のえこひいき．火事．試験期になると頭痛がひどくなる．盲腸で入院そのまま学校へ行きそびれる，勉強より仕事の方が面白くなって．等である。

（河西）

東京都夜間中学校研究会

調査研究部

河西靖晃	（足立四中）
芝田武士	（足立四中）
天花寺守男	（八王子五中）
松村幸秀	（八王子五中）
平　均二	（八王子五中）
山下幸一	（双葉中）
猿渡登治	（双葉中）
岩崎清信	（曳舟中）
山本福久	（糀谷中）
木原武子	（新星中）
上田喜三郎	（新星中）
見城慶和	（荒川九中）

「海外引揚者の入学について」

東京都夜間中学校研究会
学習指導研究部　横田祐介

はばかりながら、プリントをもとにして、しばらくの間御報告申しあげます。

人前に出る事を好みませず、而も、私の声は、大へん相手に不快の感じを与える事は、百も承知いたしておるものでありますが、さりとて、古株の一人として、事なかれ主義に徹するわけにもまいりませず、事は大変重大であればある程、身体きわまるものを感じております。

さて、今年度、引揚による日本語の全く話せない子供達の在籍は、東京都夜間中学校におきましては、在籍生徒、二五七名のうち三六名の多きを数えております。これは在籍生徒の一割四分に相当しまして大へん大きなウエートを示す数字であります。而も、在鮮当時の、又現在の教育的環境であるとか、又両親があるとか、片親であるとか、国際結婚であるとかは、東京都夜間中学校、各学校、まちまちで、片よったグループを形成しているようでございます。

ここで片よったグループと申しますのは例えば、墨田区立曳舟中学校は概して、貧困であるとか、足立区立第四中学校は恵まれた家庭の子供が多いとかという意味で片よっているのであります。

大へん弁解がましいのでありますが、このような現状では、客観的データーの大へん取りにくいという事でありまして、ここで私が御報告申し上げる事のできますのは、あくまでも私の学校の実情をお話し申し上げて、御かんべん願いたいと思うのであります

墨田区立曳舟中学校は現在、生徒の実動二八名、韓国の引揚による日本語の全く話せないもの八名でございます。その割合はザッと二対一、転員を入れますと三対一でございます。戦争にたとえますれば多勢に無勢と申しますか、その影響する所も大へん少いように感ぜられますが、己れを知っても相手を知る事の出来ない大きなハンデがございます。

子供達は日本語が全く話せないのですから〝手まね、足まね〟が必要なのでございます。〝暗中模索〟とはこの事なのでございましょうか。共鳴すると良く申しますが、手まね足まねよろしく頑張りましても、相手に感動や印象さえも全く与える事が出来ない始末でございまして、私なども変な先生の第一印象を与えているのでございます。

かくの如くして、これから生まれるものは悲観的で、教師自身の無力を悲しむと申しますか気の滅入るような毎日であった事は疑う余地もなかったのであります。

我々の仕事がもっともっと自由で、創造的な活動が許され、お互が勉強できる環境に恵まれていたとすれば、大へん魅力のある仕事であったのかも知れませんし、引揚の子供達にも、気まずい思いをさせないで済んだ面もたくさんあったのではないかと、その無力を反省させられているのであります。

而し、かくの如き悲観的な情報ばかりを並べて見ましても、如何とも整理のつかない現状であってみれば、手の施こしようがない事を知りまして、次のような基本精神を編み出し確認しあったのであります。

① お互に素朴な姿で、子供達に接触する事。
② 而し何の配慮も考えない態度も、彼等に屈辱感を与えるであろうこと。
③ かといって、かばいすぎても、まちがった教育になるのであろうこと。
④ 最終的には、なんといっても融和してもらわねば、なんの成果も期待できないであろうことであります。

〝作のない事を〟と申されるでしょうが、我々としましては、これが最上の手段とするより、手のうちようがなかったのであります。而も、一番のガンであります言葉は〝社会の中に生きるべきもの〟として、特別に対処しないという方針で、思いやりのある冷い姿勢でのぞんだのであります。

すなわち、ほかの子供達と一切区別しないという事であります。

而し、実際、ふたをあけて二週間、我々の気持の通ずるすべもなく、彼等の持つ旺盛な知識欲と共に彼等の心の中に大へんな〝アセリ〟を発見したのであります。

全然わからない学校がおもしろくない。などと、不信をいだき始め出席率も大へん悪くなり始めたのであります。これは、在来の子供達にも言える事でありますが、遊びと学習と訓練のうち、遊びの不足であった事を、今、反省いたしているものでございます。心に刺激が与えられなかったと言う事になるのでしょうか。不徳のいたす所であります。さきに言い忘れましたが、引揚の子供達は全員が、韓国の中学校を

No.1

卒業して来ております し、高等学校さえも卒業している者もございます。而し、戦后の混乱と、朝鮮事変という不幸を背負い韓国で生まれ、韓国で育った戦后の二世・三世でありまして、彼等をとりまく家庭に、そして社会に、どれほどの教育的な配慮が施こされていたか、大へん疑問であります。事実、韓国の教育は多様性を極め、その子の能力個性に焦点が合わせられ、而も、一般的教養の面に主体性がないと聞いております。確かに、主要教科の実力は、能力相当のものを持っていないようでございます。理由は何んであれ、最終的には先程申しました通り緩和してもらわねば、学校としての成果も期待できないという事から、大へん甘いようでありますが、臨時処置としての特別授業を実施する事になったのであります。

まず、主要教科、国社数理英につきましては、国語を主体として職員一丸、別に授業をもうけ、ほかの子供達から切り離すという事であります。まだ日も浅くその後の成果は、つまびらかではありませんが、大へん不勉強である私でさえも韓国には日本と同じ漢字があること、丸や棒は韓国のひらがなである事を体得しつつありまして、大へん勉強させられている所であります。

まず、一才から三才用の幼児の絵本を用意いたしまして、空とか海とか、山とか川など、反復練習を重ねたのであります。十時間で三冊位のスピードになるのでしょうか、引揚后四ヶ月、入学して二ヶ月の現在、小学校二年位までに進級いたしておるようでございます。これらは当然、加速度を持つと思われますし、社会の中に育成されてゆく面も大へん多いと思われるのでありますが、教科書自体が加速度的に編集されておりますようで、今日は一頁、明日は二頁、と言った具合には消化する事は無理のようでございます。私の御報告できます事は、これで終りでございますが、私自身の疑問点と申しますか、要約した結論と申しますか、今後の課題となるであろう事柄を私が感ずるままにのべさせていただきますと、まだまだほとんど言葉が通じないとはいえ、引揚四ヶ月、入学して二ヶ月、そろそろ親近感も出始めておりますが、技にいたり思わぬ障害にぶつかるであろう事であります。薬で言えば副作用とでも申しましょうか、日本を知るにつれ、知識が豊かになるにつれ、判断に動揺が生まれるであろう事であります。それは、やはり〝アセリ〟の一種であるかも知れません。

① 戦后、韓国で生まれ育った二世であり、三世であり、朝鮮事変という不幸のもとどんな社会でどのような事を習得して来ているか、考え方や、感じ方、行動のしかたに判然としないものがあります。あまり良い例ではありませんが、朝鮮というと「先生、朝鮮ではありません、韓国ですよ。」と反発します。要するに、北も南も全部韓国であるという意味らしいのであります。

② 子供の長所短所をはじめとして、韓国の風俗習慣等、新鮮なうちに親との交流が必要である事は、よくわかるのでありますが、親たちは子供を心配するのあまり、子供にハネかえる、マイナスの面を懸念しての事でしょうけれど、本当の実情を話してもらえないように思われる事であります。

③ 親たちは簡単に日本に適応できるでしょうが、子供は、一年や二年では簡単に適応できないであろうという事でありまして、家庭が教育の大きな場である事を忘れてもらっては困るという事であります。親は子供の不満におだかも〝はれもの〟にさわるかの如く、甘やかしてもらっては困ると言う事であります

④ 韓国に永住する気持が強かったのでしょうが、子供達は一言も日本語を話せないで引揚げて来ておりまして、日本における親類も少ないようである事であります。例えば職を探がすにしましても、言葉の不便を感じない韓国系統のお店や、会社に勤く傾向が強いであろうと言う事であります。

⑤ 同じ悩みを持つ親たちが、手をつなぎあって、励まし合うのは良いとしましても、日本人家庭との結びつきを積極的に、常に考えてもらいたいと言う事であります。

⑥ 入学の認定の学年でありますが、彼等にはそろって活力があり、知識欲旺盛で生活力があるようでありますが、適当な時期に卒業期を待つ事ができず、巣立って行ってしまうのではないだろうかと言う事であります。これは、能力の判定が大へんむずかしいという事に原因がありますが、あとになって卒業証書が必要になったからと言って、学校に不信をいだかれても困る訳けであります。

⑦ 青年期と申しますか、思春期の悩みの多い年頃、なまり、方言を始めとしたささいな事柄から、劣等感にさいなまされる時期が必ずあるであろう事であります。自分の能力が社会のかたい壁にぶつかり、その価値を発揮できない事に苦しみ、成長の限界を思い知らされ、絶望や挫折を感ずる時機が必ずやってくるであろう事であります。特に進学や就職、強いては結婚という事態に懸念せられる事であります。

no.2

⑧ 事が新しいケースであればあるほど、これが教師の連帯性に影響を及ぼす懸念も、多分に考えられ

る事であります。

⑨　私の感ずるまま子供等の性格の一端を申し上げて見ますと、お互に人間の解りやすい傾向なのでしようけれど、利己主義的な所があり、概して短気であります。個人プレーの傾向がありまして、忍耐力とぼしく、労を惜しむきらいがあるのではないでしょうか。反面、親近感強く知識欲旺盛で、情は大へん細やかのようであります。

⑩　最後の蛇足かも知れませんが、私自身、これまで何人かの日本で生まれ、日本で育った二世三世の外国人としての朝鮮人を卒業させて来た経験もございますが、卒業期にいたり進学に就職に、何かひっかかるものを感じた事を記憶いたしております。"お母さんのバカ、なんでお母さんは朝鮮人なの"と泣きわめき、母をうらみ、そして自からは朝鮮人である事をのろい、母なる国朝鮮をきらう気持にさえ追いこまれると聞いております。勿論、この度の引揚者については、実情は違うようでございますが、これらの事は絶対あってはいけない事でありましょうし、たとえ絶望や挫折があったとしましても、それを乗り切るだけのたくましさを何としても、身につけてゆかねばならないものであると痛感いたしております。

以上大へん大ザッパで取り止めがありませず申訳けないのでありますが、何か又、良い知恵がございましたら、お教え下されば幸甚のいたりでございます。

現状は、夜間中学校のみが彼等に与えられた、唯一の学校であるとして見ますれば、今後共、これが大きな課題である事は、まちがいないようでございます。

以　上

昭和四十四年十二月五・六日

全国夜間中学校　研究大会

No 3

大会宣言文

われわれは、今回、才十六回夜間中学校研究大会を開催し、研究と協議をした。わが国の義務教育未修了者は依然として、一二〇万人におよぶといわれている。この実態を究明するため、行政当局も、ようやく本格的な実態調査を行なおうとしている。しかし、全国には、わずかに二〇校の夜間中学校が、各地の教育委員会の良識により、設置されているに過ぎない。

夜間中学校は、いわば、黙認の形という存在であり、全国的立場からは、義務教育未修了者に対する施策として、中学校卒業認定制度と通信教育校がわずかに三校ある。これらのことは、文化国家を標榜し、就学率世界一を誇る日本の教育におけるひずみであり、教育の理想に反するものといわざるをえない。

われわれは、戦後いちはやく夜間学級を開設し、昭和二十九年の大会以来、長欠生徒および、義務教育未修了者の就学のために、あらゆる悪条件のもとにいくたの困難を克服して、今日までに、六〇〇〇名以上にもおよぶ卒業生に、将来の希望と光を与えて社会に送りだした。

現在、六〇〇名を越える生徒が、各自の目的に迎って夜間、勉学にいそしんでいることは、夜間中学の存在価値を高く評価されねばならないものと信ずる。われわれ夜間中学校の教職員は、義務教育未修了者を看過し、長欠生徒の不就学者を放置しておくことは黙視することができない。またこのことは、第一回研究大会以来の悲願でもある。

われわれは、今回の主題『夜間中学校の実態を再確認し、その問題点を解明する』の研究協議を通じ、現に存在する夜間中学校が、これらの目的のために活用され、制度上定着させることを切望するとともに、この教育の研究実践に、さらに、一層努力することを誓い、大会の名においてこれを宣言し、次の事項を決議する。

決議

一、憲法・教育基本法に示す教育の機会均等の理想から夜間中学校の定着化をすみやかに実現されたい。

二、義務教育未修了者および長欠生徒の本格的調査を実施され、その実態に即した、抜本的教育施策をすみやかに講ぜられたい。

三、長欠生徒の就学のために、諸法令を活用するように努められたい。

四、夜間中学校教育の特殊性に鑑み関係教職員の優遇措置ならびに、施設・設備の充実を即時実施されたい。

五、本研究会を文部省の研究団体として指定されたい。

右決議する

昭和四十四年十二月六日

第十六回全国夜間中学校研究大会

第16回全国夜間中学校研究会大会出席者名簿

No.	学校名	職名	氏名	出席分科会	宿泊 4日	宿泊 5日	5日パーテー出席者	
1	広島市立二葉中学校	校長	牧原 次郎	1	／	／		
2	神戸市丸山中学校西野分校	校長	玉本 格	1	／	⊗		
3	〃	主任	末吉 富久男	3	／	⊗		
4	大阪府岸和田市立岸城中学校	教諭	西尾 忠男	1	／	⊗		
5	大阪市立天王寺中学校							
6	〃							
7	京都市教育委員会	福祉主事	吉岡 勝美		／	○		
8	東京都足立区立第四中学校	校長	勝山 準四郎	1	／	○		
9	〃	教諭	海老原 みよ子	3	／	／		
10	〃	〃	長谷川 貞三	2	／	／		
11	〃	〃	徳永 孝	2	／	／		
12	〃	〃	河西 靖堯	3	／	／		
13	〃	〃	芝田 武司	2	／	／		
14	東京都八王子市立第五中学校	校長	岸田 林太郎	1	／	／		
15	〃	主事	石川 元重	1	／	／		
16	〃	教諭	阿川 貫至	3	／	／		
17	〃	〃	平 均二	2	／	／		
18	東京都葛飾区立双葉中学校	校長	山本 信雄	1	○	／		
19	〃	主事	広江 栄一郎	1	○	／		
20	〃	教諭	撫佐 昭二	2	○	／		
21	〃	〃	加藤 忠幸	3	／	／		
22	〃	〃	鳴沢 実	2	／	／		
23	東京都墨田区立曳舟中学校	校長	佐々木 元信	1	／	○	○	
24	〃	主事	綿貫 実		／	／	○	
25	〃	教諭	高山 環子		／	／	／	
26	〃	〃	横田 祐介		／	／	○	
27	〃	〃	岩崎 清信		／	／	／	
28	〃	〃	島原 泰雄		／	／	／	
29	〃	〃	高橋 英男		／	／	○	
30	東京都大田区立糀谷中学校	校長	和泉 昴	1	／	／	○	
31	〃	主事	清水 常吉	3	／	／	○	
32	〃	教諭	井出 廸夫	3	／	／	○	
33	〃	〃	都築 達郎	2	／	／	○	
34	〃	〃	山本 福久	2	／	／	○	
35	東京都荒川区立第九中学校	校長	清輔 浩	1	／	／	○	
36	〃	主事	塚原 雄太	1	／	／	／	
37	〃	教諭	日下田 進	3	／	／	／	
38	〃	〃	桜井 和夫	2	／	／	／	
39	〃	〃	見城 慶和	1	／	／	／	
40	〃	〃	山口 哲男	2	／	／	／	
41	東京都荒川区立第九中学校	教諭	河原 純	3	／	／	／	
42	東京都世田ケ谷区立新星中学校	校長	桜井 保	1	／	／	○	
43	〃	教諭	長久保 光明	1	／	／	○	
44	〃	〃	白勢 政夫	2	／	／	／	
45	〃	〃	近藤 恵得	3	／	／	○	
46	〃	〃	上田 喜三郎	1	／	／	○	
47	〃	〃	木原 武子	3	／	／	○	
48	〃	〃	高橋 勝	3	／	／	○	
49	横浜市立浦島丘中学校	校長	飯田 赳夫	1				
50	〃	副校長	小畑 義夫	／	／	／	司会 ○	
51	〃	主任	加瀬 宣子	2				
52	〃	教諭	塩入 寛夫	2				
53	〃	〃	小川 渾	2				
54	〃	〃	福島 常次郎	2				
55	〃	〃	内藤 利子	3				
56	横浜市立西中学校	校長	池田 嘉一	1				
57	〃	副校長	二宮 元彦	1				
58	〃	主任	石谷 隆司	2				
59	〃	教諭	吉原 昌夫	2				
60	〃	〃	山本 茂司	3				
61	〃	〃	栂野 英夫	3				
62	横浜市立蒔田中学校	校長	田島 鳳松	1				
63	〃	主任	工藤 高正	3				
64	〃	教諭	北川 明	3				
65	〃	〃	高田 紋子	2				
66	横浜市立平楽中学校	校長	岸 清	1				
67	〃	主任	亀江 進	1				
68	〃	教諭	吉川 春二	3				
69	〃	〃	三村 登	2				
70	〃	〃	田中 和生	3				
71	横浜市立鶴見中学校	校長	石井 宗一	1	／	○		
72	〃	副校長	岩堀 博充	1	／			
73	〃	主任	平井 周	3	／	○		
74	〃	教諭	山田 重弘	2	／			
75	〃	〃	渡辺 和彦	2	／			
76	〃	〃	上野 魏	3	／	○		
77	〃	〃	蒲谷 政彦	2	／	○		
78								
79								
80								

昭和43年度全国夜間中学校研究会決算書

収入　２６,６５５円
支出　２５,５２０円
差引　１,１３５円 ……次年度繰越

1. 収入

項目	予算	決算	備考
前年度繰越金	1,455	1,455	
会費	25,200	25,200	1200円×21枚
合計	26,655	26,655	

2. 支出

項目	予算	決算	備考
大会補助金	5,000	0	
通信交通費	5,500	7,210	通信費2,760 交通費4,450
本部会議費	7,000	7,580	役員会7回
専門委員会費	3,000	0	
渉外費	5,000	8,640	三省並に教育行政機関その他接衛
雑費	1,155	2,090	消耗品その他
次年度繰越金		1,135	
合計	26,655	26,655	

上記のとおり決算報告をいたします。

昭和44年12月5日

全国夜間中学校研究会長　勝山準四郎㊞

仝　会計幹事　~~岸　清~~ 峰嘗実㊞

上記のとおり相違ありません。

会計監査　田島鳳松㊞

仝　岸田林太郎㊞

昭和44年度全国夜間中学校研究会予算

収入		支出	
項目	金額	項目	金額
前年度繰越金	1,135	大会補助金	5,000
会費（21枚）	25,200	通信交通費	5,500
		本部会議費	7,000
		専門委員会費	3,000
		渉外費	5,000
		雑費	835
	26,335		26,335

全国夜間中学校研究会長　勝山準四郎

~~仝　会計幹事　岸　清~~

〈学校調査〉のまとめ　　NO.1

学校生活

(1)　一日の日課

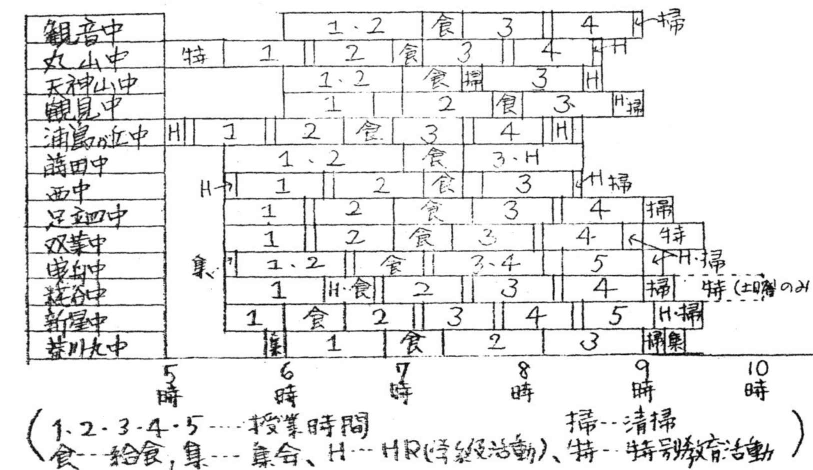

（1・2・3・4・5……授業時間　掃……清掃
食……給食，集……集会、H……HR(学級活動)、特……特別教育活動）

始業は早くて5時から、遅くて6時。終業は早くて8時30分、遅くて10時。その間に3時限ないし5時限の授業を行い、前後に集会・HR・特別教育活動をおき、あいまに給食をはさみ、掃除をすませて下校というのが夜中の日課である。各地域、各学校それぞれの実情に応じて日課の割りふりをしているようである。

(2) 授業形態

①関西・横浜地区

各校とも、全教科について、1～3年合併授業、同一教室内で、同一教科を指導している。

指導の実際については、

個別指導を主としている学校 ---- 観音中、天神山中、鶴見中、（個人差に応じて、教科書・課題を与え、順回指導）蒔田中、西中、

個別指導と一斉指導の併用 ---- 丸山中、浦島丘中

②東京地区

○主要教科については、

原則として、学年毎に、同一教室で、同一教科を、一斉授業。

ただし、各校とも少しずつ工夫をこらしているので列記する。

足立四中 --- 個別指導に重点をおいている。

特に、国語について、引揚者のために1学級を特別に編成。

双葉中 ---- 国・社・理は、個別指導も加味。

NO.2

数・英は同一教室内でグループ分けして段階に応じた指導を行う。

曳舟中---国・数・英は、学年別でなく能力別に3学級編成。単なる一斉授業ではなく能力差に応じて課題を与え個別指導。

新星中---国・数は全学年、英は2・3年について、各学年毎にさらに2学級に分ける。A級は、学年相当の進度で一斉授業。B級は進度に応じて個別指導。

荒川九中---英・数は、学年ではなく、進度別に4学級編成し、個別指導。（進歩の記録カードを持たせ、教師のアドバイスにより、目標をたてて学習させる。）国は、一斉授業形態の中で、技術操作により個別指導。理・社は、一斉授業であるが、学力や意欲に応じて各人の目標を段階づけてやる。

○実技教科については

1～3年合併で、同一教室内で、同一教科を一斉授業。ただし新星中のみ、学年別に行っている。

(3) その他、学習指導上の方策

○年令差・能力差・生活環境の違い・遅刻・欠席が多いなどの夜間中学生の特性から、どの学校でも個別指導に力を注いでいる。個別指導の実際については前に述べたとおり。

○教科書も必要に応じて、自学校のものを使用。

○各教科とも基礎的な面に力を注ぐ。

○数学・国語を多くしている。

○一日の授業の前半と後半を1週間おきに交代して遅刻者が困らないようにする。

○シンクロファックスなど教材・教具の活用

NO.3

(4) 教科の時間配当（1週間当り）

	1校時分数	国	数	理	社	英	音	美	体	技家	道	特	他
観音中	40	4	4	2	3	1	2	2	2	2	1	1	
丸山中	40	4	4	3	4	4	0.5	0.5	1	2	0.5	0.5	
~~天王寺中~~ 天神山	40	3	3.5	2	3	2	1	0.5	1	2	/	/	
鶴見中	45	3	3	2	2	2	1	1	1	1	1	/	
浦島丘中	35	4	3	3	4	3	1	1	1	2	1	1	
蒔田中	45	2	2	2	2	2	1	1	1	3	1	/	
西中	45	2.25	2.25	1.5	1.5	1.5	1.5	1.5	1.5	1.5	1	1	
足立四中	40	4	4	4	4	4	1	1	1	2	1	2	1(書写)
双葉中	40	4	3	3	3	3	1	1	1	3	1	1	
曳舟中	30	5	5	2	2	3	2	2	2	3	/	3	
糀谷中	50	4	4	4	3	3	1	1	1	3	/	1	
新星中	35	4	4	4	4	4	2	2	2	2	1	1	
荒川九中	50	3	3	3	3	2	1	1	2	1	/	2	

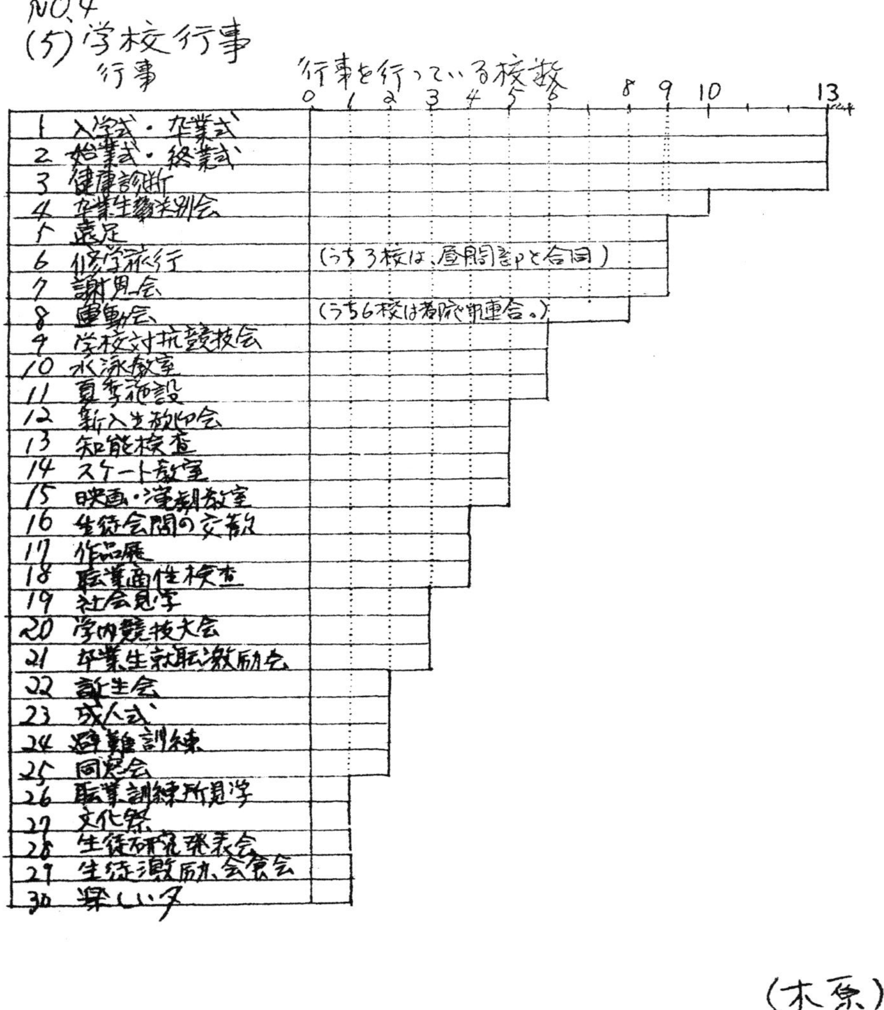
NO.4
(5)学校行事
行事
行事を行っている校数
0 1 2 3 4 5 6 8 9 10 13
1 入学式・卒業式
2 始業式・終業式
3 健康診断
4 卒業生送別会
5 遠足
6 修学旅行
(うち3校は、昼間部と合同)
7 謝恩会
8 運動会
(うち6校は昼間部と連合。)
9 学校対抗競技会
10 水泳教室
11 夏季施設
12 新入生歓迎会
13 知能検査
14 スケート教室
15 映画・演劇教室
16 生徒会間の交歓
17 作品展
18 職業適性検査
19 社会見学
20 学内競技大会
21 卒業生就職激励会
22 誕生会
23 成人式
24 避難訓練
25 同窓会
26 職業訓練所見学
27 文化祭
28 生徒研究発表会
29 生徒激励会食会
30 楽しい夕
(木原)

夜間中学の現状と教育の課題

１９６９．１２．１

大阪市教職員組合中央支部

大阪市立天王寺中学校夜間学級分会共同報告

(一) 夜間中学の歴史

1. 初期の夜間中学〔資料１〕

① 創設　昭和２４年２月神戸市立駒ヶ林中学校で始められたのが最初とされているが、それよりも早く昭和２２年１０月にすでに大阪で始められていることが明かとなった。

昭和２２年１０月（→２５年７月）　大阪市生野区大阪市立生野第二中学校（現在の勝山中学校）で夕間学級と称する授業を行なう。

昭和２４年２月　神戸市立駒ヶ林中学校で開始。

昭和２４年１０月（→２７年３月）　大阪市東成区大阪市立玉津中学校で実施。

昭和２５年５月　京都市、横浜市等に開設。

昭和２６年７月　都教育委員会の認可のもとに東京都足立区立第四中学校で併設。

昭和２７年　大阪府岸和田市立６中学校に設置。

② 性格　当該校在籍の不就学、長欠生の救済を目的とする。

2. 全国夜間中学研究会の結成

① 結成　昭和２９年１１月２０日
　その目的と事業

② 全国大会　本年で第１６回を数える。

3. 夜間中学の最近の傾向

① 廃止校の増加　昭和３０年前後には７０～８０校
　現在は２０校にまで減少
　全国２０校の現状

② 廃止の理由　長欠生の減少
　学齢超過者の増加
　文部省、教育委員会の無理解
　昭和４１年に行政管理庁の廃止勧告

③ 新設への民間の運動
　高野雅夫氏の運動
　大教組、市教組の組織的活動
　府、市会議員の活動
　→大阪府の正式認可による新設（天王寺中と岸城中の二校）

(二) 天王寺中学校夜間学級のできるまで

1. 高野雅夫君（荒川九中卒）の運動－〔資料２〕

○４３．１０．１３大教組訪問、自主映画「夜間中学」の上映運動、夜間中学設置の必要性などを訴える。　○１０．１３　市教組訪問－大阪市のことは市教組でということを大教組で聞いたので－　○１０．２１　市教組訪問－１０．２６市教組同和教育研究会で上映することを打合わす。　○１０．２６午後６時高津荘で高野君のアピール、映画「夜間中学」上映、参加者約７０名カンパ２千数百円集まる。　○１２．２８まで府、市教委、教育記者クラブ、マスコミ各社、教育大など大学、大教組はじめ市教組、府高、市高等教員組合解放同盟、府会各党議員団等を精力的にオルグ、宿舎の釜ケ崎付近また心斉橋でビラくばり、パンフ頒布などする。　○１１．２２～２３　全夜中大会に出席アピール。　○この間、上映回数４８回、観客８３４６人、行動日数９０日○４４．１．１６再び上阪、大教組、市教組、府市教委、さらに府市会議員団等に積極的運動をつづける。夜間中学の生き証人「入学希望者」をさがし、ぼつぼつ集まる。　○６．５　天王寺中学夜間学級入学式に出席。

2. 大教組、市教組の運動

○４３．１２．２７　大教組執行委員は「夜間中学」問題についてたびたび討議をつづけてきたが、正式に執行委員会でとり上げ、具体的に運動をすすめることを決定。　○４４．１．１６　大教組執行委員会として夜間中学設置要求（とりあえず大阪市内に発足させる）を決定、担当神谷執行委員をきめる。○担当執行委員を中心に資料収集などの調査活動、府教委交渉、出身府議中心の文教委員対策をすすめる。　○特に大阪市内設置を目標とするため、市教組と打合わせ、対市交渉、出身議員を中心に文教委員対策を積極的に行なう。○２月上旬、各支部分会（中学校）に対して夜間中学設置運動のアピールおよび夜間中学入学希望者発掘依頼の文書を出す。〔資料３〕　○３月上旬、市教組は対市交渉において夜間中学設置に伴う定員、人事、労働条件については必ず事前交渉を行なう旨を申し入れ、確認する。　○４月上旬、市教委汚職。○４月中旬、夜間中学について遅くとも５月初旬に予定どおり開校するよう申し入れる。　○５．２８、６．２　開校に伴う諸問題について具体的に対市交渉を行なう。

3. 社会党府、市会議員団の運動

○４３．１２．２０　大教組出身議員ならびに社会党文教委員と、大教組執

行部との昭和４４年度教育予算の打合わせ会に、高野氏出席、「夜間中学」問題を説明。　○社会党府会議員団として「夜間中学」問題を取り上げ、文教委員を中心に運動をすすめることを決定。　○４４．１中旬、大教組東谷委員長の要請、神谷担当執行委員の説明を受け、市会社会党議員団は「夜間中学」問題を取り上げることを決定、市教組出身議員、文教委員を中心に市教委に対する接渉行動をはじめる。　○４４．２．５　府会決算委員会で社会党文教委員井口議員が質問、吉沢教育長答弁「４４年度に夜間中学設置を検討している。…」　○２月下旬、市会予算委員会において社会党文教委員山下議員が質問、丸山指導室長答弁「夜間中学は大阪市に設置する。学校もきまった。本来なら４月１日から発足したいが、遅くとも４月中旬には発足したい…」　○３．１２　府会本会議で社会党文教委員井口議員が質問、知事、教育長答弁「とりあえず大阪に一校設置したい…」　○井口氏はその質問を中心にパンフを作成、夜間中学問題を広く府民に訴える。　○４月上旬、市教委汚職。　○４月下旬山下議員は社会党議員団を代表して市教委に対し、「２月下旬の予算委員会の市教委答弁は公式答弁である。たとえ汚職の関係あろうとも、一日も早く実現せよ。」と申し入れる。　○５月下旬、市教委５．１６付の調査、入学希望約３０名に対して、山下議員は大阪市会文教委員会を代表して、市教委とともに府教委に対し、１学級１５名以下とし、教員最低４名確保を申し入れる。

かくして、大阪市教委は４４．３．３１、大阪市立天王寺中学校に夜間学級をを設置することをマスコミに発表、６月５日にやっと入学式を行なった。生徒数８９名、４学級、専任教員４名（教諭３名、講師１名）

㈢ 天王寺中学校の現状と問題点

４４．６．５、生徒８９名、教員４名、３年２年各１組、１年２組で発足したが、その後、各マスコミの報道などをみて、ぞくぞく入学者がふえ、一応６．２８でしめ切ると、１２５名となった。なお、入学希望者がつづき、７、８月に学校、市教委で受付けたもの約５０名に達した。９．１付で、７８月に受付けた者のうち５名が入学する。その後も、入学希望や問合わせの電話が、学校に週に何回かかかってくる。

1. 当面の問題解決のために

発足早々、机椅子、照明、湯わかし設備などから、教科書（小学校用）、教材教具など、そして学級数、定員、職員構成など一つ一つ要求、獲得していかねばならなかった。市教組本部、中央支部、天中分会、さらに大教組、そして校長、教頭も一体となってすすめてきた。

○６．５、入学式、府市教委代表、社会党府市会議員団、市教組代表出席、問題点を話合う。　○６．１２、大教組対府交渉。　○７．１、午後５時、天王寺中において、府、市教委幹部と市教組本部、支部、天中分会、校長、教頭ならびに社会党井口府会議員出席の上、夜間学級問題懇談会ということで交渉を行なう。要求内容の主なこと次の通り。

△入学希望がふえ、収容しきれない。年度途中（９月より）北部に一校開設せよ。　△学級編成は１学級１５名、教員を増配せよ。事務、養護職員を配当せよ。　△机椅子、その他教材教具、需要費を配当せよ。　△教職員の手当。　△給食、修学旅行費等々。

具体的な回答なし。検討の上、後日の交渉で明かにする旨確認。　○７．１９、対市交渉一学級数６、教員７、養護１（事務は７．１付で１名配当）、非常勤３９時間、手当７％＋２０００円の回答。組合側は教員さらに最低１（計８）、校務員１ふやすことを主張。　○７．２４、対府交渉一特に定員について。　○７、８月、井口議員ならびに出身府議に対策。　○８．２６、２７、市教委は一方的に７、８月中に入学申込の約５０名に連絡して面接、５名のみを９月より入学を許可。　○８．３１、府教委はやっと教員定員１名追加、定員８を認める。

○７．１６、教員１名赴任、５名となる。　○９．１６、教員２名封任、７名となる。　９．１より６学級（１年２を４に、２３年はそのまま）に再編。

○９．２０、市教組同和校中心の緊急要求行動に、別紙〔資料４〕のように未解決問題を要求書にまとめて提出し、行動に参加一今田総務部長より前向きで取組む旨確認させる。　○１０．４同対審完全実施対市教育要求行動（於集英小学校）に参加、前回の要求に対する回答を迫る。生徒会の役員４名自主的に参加し、意見をのべる。今田総務部長より、特に給食については実施すると回答。　○１０．７同対審完全実施対府教育要求行動（於国民会館）に参加。
○１０．２９、市教組教育予算要求行動に別紙〔資料５〕のような４５年度教育予算要求を提出して交渉。

2. 各種のデーターよりみた問題点

① 年令層、学歴一〔資料６一１、２〕

３０～４０が多い。終戦前後に学童期をすごしている。女子が多いのは教育その他における女性差別の表われ。小未修、特に小３までは女子が多い。

② 職業別、生活状態一〔資料６一３・資料７一４〕

ほとんどが単純な労務職。男子の自営（２８％）、女子の家事（５２％）と多い。経済的、家庭的に比較的めぐまれた条件にある者でないと、通学できないのではないか、という一面がある。もっとめぐまれない人たちのための学校にするため教育条件を充実する必要あり。

③ 義務教育未修の原因一〔資料７一３〕

貧困が極めて多い。また、病気も多い原因の一つ。その他原因もほとんど貧困とつながる。若年層にいわゆる〝学校嫌い〟が多いが、それは果して如何なるものか。行政の貧困、差別、教育の貧困、差別に原因しないか。単なるアンケートだけでなく、一人一人の原因を追及、分析し、反省しなければならない。

④ 居住地、通学地域

学校が大阪市の南部にあるので、当然、南部居住者が多い。しかし、この調査でも、北部に一校はぜひ必要であり、また、東部にも必要と思われる。

⑤ 義務教育未修者について、もとの在籍校との連絡

１２９名の在籍者のうち、３５才までで大阪市の学校に在籍していた者２３名について、１１．１４付で、該当者についての指導要録の写しその他、教育指導上の参考資料の送付依頼を各校長宛に送った。現在まで（１１．２４）次の通りである。

1年A…I小学校、疎開等のため該当学年の学籍簿なし、小卒は確認。

1年B…T小学校、該当者は在籍の記録なし。

2年C…K中学校、中学1年全欠、記録欄「本人就職し、学習の意欲なし。原級に留めるを適当とす。」

1年D…H小学校、3、4年一欠席21と16、成績オール1、5年全欠。

1年E…K小学校、卒業確認（年次がおくれていたので探すのに時間がかかった）欠席ほとんどなし。指導要録はK中に送付しあると思われる。

⑥ その他の配慮しなければならない問題点

㋑ 外国人（朝鮮人、韓国人、台湾人）の扱い

㋺ 未解放部落出身者の扱い（ただし、本校では未調査であり、本人の申し出もない）

㋩ 中卒の証書をもらっているが、学力が伴わないので、入学を希望する者の扱い（すでに何人かの申込みがある）

四 夜間中学の教育指導上の問題点

天王寺中学校夜間学級として

1. 学習指導上の問題点

10月18日付のデーター〔調査2〕「あなたは過去に教育を何年生までうけましたか」をみてわかるように、過去の教育歴は未就学から中学校3年中退にわたるまで幅が広く、しかも過去に受けた教育の内容についても忘れてしまっている者も多いので、一律に指導することは不可能である。

(1) 学級編成について

㋑ 第1学年…4学級、進度別編成、学歴中1中退まで、1組は個別指導主体

㋺ 第2学年…1学級、中1修了または旧小学校高等科1年修了と中2中退

㋩ 第3学年…1学級、中2修了または旧小学校高等科卒と中3中退

(2) 各教科の指導について

㋑ 国語、数学、英語科…できる限り個人の学力相応のクラスで授業が受けられるような配慮。

a 各教科の指導内容と方法

b 時間割編成

㋺ 社会科、理科…一斉指導の中で個別指導を配慮。

a 社会科について

b 理科について

㋩ 音楽、美術、保体、技家科

a 生徒の学習意欲と個人差

b 各教科の現状（時数）

(3) 今後の問題点

㋑ 小学校未修了者および特に学力の低い者に対する方策。

㋺ 高等学校進学希望者と中学校の全教材指導。

㋩ 現行の教科時数配当の検討。

㋥ 個別指導の方法と対策。（学級編成基準、教員定数をどのようにしてすすめるか）

㋭ 夜間学級としてのカリキュラム。

㋬ 欠席生徒の授業に及ぼす影響。

㋣ 評価をどのようにするか。

2. 生活指導上の問題

(1) 生徒の喜びと充実感（学習の意欲）—〔資料8〕

(2) 生徒の生育歴、職業生活の経歴

㋑ 義務教育未修了の原因とその実態—〔資料9〕

㋺ 職場生活の実態

低賃金、臨時雇、日雇労務—職業選択の自由がない。—〔資料10〕

(3) 生活指導上の問題点

㋑ 自己中心的なものの考え方

過去の生活体験の傷あと

家庭婦人の視野の狭さ

㋺ 若年層の情緒不安定

異性関係、非行、行動の無節度、意志薄弱

㋩ 年齢差による思考意識の断絶

頭の固さ、固定化された考え方

㊁ マスコミへの反応と個人の秘密主義

(4) 指導の諸方法

㋑ 先生と生徒との話し合い—時間の不足・相談室の欠除

㋺ 家庭訪問・職場訪問—広地域にわたる困難性

㋩◯投書箱の設置

㊁ 意見交換の場としての「声」紙の発行

㋭ 問題の自主解決

生徒関係者の話し合い

大衆討議

3. 健康教育上の問題

(1) 生徒の年令

平均男29才、女38才で、10台16人、20台34人、30台47人、40台17人、50台12人、60台3人。〔資料6〕

(2) 四計測の結果—〔資料11〕

10台の男子を全国平均に比べると、身長、座高は全国平均なみであるが、体重と胸囲は平均より低く、胸囲は著しく悪い。〔資料12〕

(3) 健康診断の結果

㋑ 結核検診結果

C_2（要注意）5名—男2（26才、29才）女3（36才、50才、56才）

㋺ 肢体不自由者3名—男1（25才）女2（27才、29才）

㋩ 身体虚弱者

呼吸器系疾患6名—男2（26才、29才）女4（25才、36才、50才、56才）

消化器系疾患7名—男3（28才、28才、29才）女4（36才、40才、56才、68才）

循環器系疾患3名—男1（28才）女2（26才、36才）

㊁ その他現在疾病中の者

男9名—肺結核、急性肝炎、胃・十二指腸潰瘍、胃・腸病(2)、腎臓病、狭心症、交通事故後遺症、歯疾

女11名—胃・腸病、ヘルニア、大腸カタル、心臓病、貧血、じんましん、黒皮症、交通事故後遺症、左肘部打身、過労、神経痛

㋭ 視力検査の結果、色神検査の結果

近視の者33名中めがねのない者14名。

赤緑色盲者は3名で、ともに30台。

㋬ 既往症

男20名（16％）—肺結核3、風邪3、TB性脱胸、急性肝炎2、虫垂炎2、胃・十二指腸潰瘍、肝臓2、腎炎、胃切除、狭心症中耳炎2、交通事故後遺症

女33名（26％）—気管支肥大、肺結核4、ろくまく3、肺浸潤、気管支ぜんそく、盲腸、胃下垂、ヘルニア、胆石、黄胆、腎炎肝炎2、痔、貧血、心臓弁膜症2、リウマチ、交通事故後遺症、中耳炎2、神経痛2、凍傷、骨折、右膝関節、じんましん2

既往症は男女計53名で、全体の41％。

㋣ 特異体質

乗物に酔いやすい　19．8％、薬に副作用がある　7．4％、魚肉を食べるとじんましんがでる　6．2％、おできができやすい　6．2％、予防接種をすると副作用がでる　3．7％、鼻血がでやすい　3．7％、計47％。

(4) 問題点

① 全般的に過去の重い病気のあとをもった者が多い。

② 平均体重は入学時→9月　下っている。

③ 食事が不規則一早く給食を。

④ 個々の健康管理に留意させるため健康教育指導をより強化しなければならない。

(五) 人権と教育という立場で今後取り組まねばならない課題

1. 現在の小中学校の長欠生（就学免除者も含む）対策

① 長欠生に対する基本的調査（数、%、その原因、学校としてすすめた対策の内容、民生福祉対策は…）

② 長欠者（遂には義務教育未修者）について、その原因を除くためにどのように対策するのか（公的機関としての経済的、医療的援助、教育的指導援助）

○ 長谷川小、羽曳野中（家庭不適応児童生徒を収容）、養護学校（身心障害児童生徒を収容）の拡充強化

○ 訪問教師制度（重障害児童生徒のため）の設置

○ 平素の教育指導の質的の向上（学級定数縮少、教職員定数の拡充により）、個別指導の徹底一学習指導、生活指導、父母・保護者との連携の徹底

2. 夜間中学の拡充一特に経済的に恵まれない未修学者のために

○ 現行校（天中夜間学級）の充実とともに、北、東方面の設置

○ 現行制度一小卒または同等以上、中卒まで、15才以上一に対してどう運用するか（小未修、中卒ではあるが学力のともなわない者、その他）

3. 夜間中学に対しての法的保障措置

4. 教育権＝生存権を保障するための広範な運動を組織するために……

〔天王寺中学校夜間学級学級編成表〕　11.25現在

学年組	生徒数	10台	20台	30台	40台	50台	60台
1－1	男　7	1	3	2	0	1	0
	女11	0	2	3	2	1	3
1－2	男13	2	5	4	1	1	0
	女11	0	4	4	3	0	0
1－3	男14	4	6	4	0	0	0
	女　9	1	0	4	1	3	0
1－4	男12	1	5	3	2	1	0
	女11	1	0	5	3	2	0
2－1	男12	2	4	5	1	0	0
	女　9	1	2	3	3	0	0
3－1	男　9	0	2	7	0	0	0
	女11	2	3	2	3	1	0
合　計	男67	10	25	25	4	3	0
	女62	5	11	21	15	7	3
総　計	129						

〔教科配当時数〕　国語3　社会3　数学4　理科3　英語4　音楽1
美術1　保体2　技家2　特活1

〔職員構成〕　専任－教諭6　講師1　養護教諭1　事務職員1　校務員2
兼任－校長　教頭　講師16人47時間

全国夜間中学校大会の研究内容報告

(1)大会の模様………昨年（43年）11月21日・22日の二日間第15回目の全夜研の大会を（研究主題を「夜間中学校の実態を把握し、その重要性を解明する」と題して）兵庫県と神戸市の教育委員会の共催のもとに、兵庫県私学会館と六甲荘で開催されました。
参加者は、文部省、初・中教育課長の外、事務官及び、労働・厚生各省から年少労働者に関係する係官が出席、又東京・横浜・京都・神戸の都・県・市・区教育委員会から担当課員が種々現状に対する質問、意見を積極的に発表された。又他方主催者側の設置校は東京・横浜が主体になつて、京都・神戸・広島が付随的であつた。殊にこれを思わせたのは、東京・横浜の設置校の校長先生方がほとんど出席され、この二部学級に対して積極的に経営問題を討議されていた。又二部専任の諸先生方も熱心な校長先生の指導の下に、夜間中学の諸問題にとりくまれ研究資料の調査を提起されていました。これに対し、関西方面は全般に生徒減に伴う職員の減少で数的には勿論研究調査、協議に於いて稍々低調であつたことは、ゆがめ得ない事実であつた。しかし予期していた減少してゆく二部学級の全国大会の愁落の想などは全然なく熱心な研究発表や21日夜10時まで続いた各分科会の討議では、長欠生徒を一名でも多く救済し、少しでも多くの知識を身につけさせ楽しい二部学級の育成を願つての研究大会で、過去に時々みられたお祭りさわぎで気勢だけあげて終つた全国大会と意味を異にしていた。

(2)全国夜間中学校の現況………次に現在（43、10、3）全国に夜間中学校（京都の二部学級）の現況を見るに、東京がすべて群を抜いて大きく7ケ校で各校に主事一名をおき専任30名で、この外専任の講師を各校に2～3名をおいている。生徒数も236名荒川九中の如きは64名も在籍している。この他全国に設置されている二部学級の現況は次の通りである。

都府県別	設置学校数	学　級	専任数	講師数	生徒数	備　　　考
東　京	7	21	41	34	236	学年別又は能力別学級を各校に3学級おき各校に主事1名をおく。
横　浜	5	6	2	47	47	1ケ校能力別学級
愛　知	1	1	1	0	3	
京　都	3	4	5	15	17	郁文中・学年別2学級
大　阪	1	1	0	2	2	
兵　庫	1	3	3	3	36	学年別
広　島	3	4	5	8	81	二葉中・学年別2学級
計	21	40	7	109	422	

(3)研究発表………Ｉ日本一の同和地区と云われる　地区と訪問教師について（神戸丸山中）
神戸の同和地区の実態と長欠生徒問題について、二部学級で救済されているにもかゝわらず長欠生徒が3.4％～1.8％あつて「家庭の無理解」「家庭の貧困」を理由にしている。そこで神戸市に於いては、訪問教師の専従員(市費)を昭和35年度から設けている。其の趣旨は「長欠・不就学生徒、その他の問題を持つ児童、生徒の家庭を常時訪問し、直接指導に当る。この活動を通じて家庭の地域環境の調整と連絡にあたり問題の解決にあたる」ことで、現在8名いる。実際には福祉事務所・保育所・児童相談所・補導センター・家庭裁判所・其の他の機関を有効に利用させて、長欠生徒を漸次減少させつゝある。その中でどうしても昼間の学校に行けない者の為に、二部学級を利用させているので、この学級はどうしても必要である。

Ⅱ　夜間中学校が背負つた新しい課題 — 登校拒否生徒の対策 — 横浜市
横浜市の二部学級の生徒で経済的で二部に入学してくるものが減少し、その反面「学校ぎらい」で転入するものが増加した為、42年度の長欠生徒を調べた処953名もいる。その内学校嫌い38％、病気40％、経済的理由10％となつていた。その「学校ぎらい」を調査した処35校中15校に1～2名の者が昼間は困難だが夜間部なら出席しそうだと云う者があつた。其の結果二部学級に、学校ぎらいで転入した生徒を調べてみると、二部へ入級して卒業・進学・昼間部へ復学と云うケースが相当にあげられた。この様に現在では、二部学級が発足した当時と変り、情緒障害生徒の治療的役割を含んでいることが考えられる。

そこで42年・43年度に専任のカウンセラーに委託された。怠学長欠・登校拒否・神経症の生徒が、42年男子125、女子60、計185名　43年度（4月～9月）男子83女子58、計141名にも達している。この長欠生徒に対する指導として種々協議した処、教育行政面で（現在の状勢では）二部学級しかないのではないかと云う結論になつた。それは、教師は常に学習面の指導ばかりではなく、生徒の生活面・就職・家庭のいざこざを解決して行かねばならず、其の子らにとつて多勢の中の1人はたえられなくなり、同じような事情を持つ者の集りの中に安住し、その中から漸次解決への道を生徒と教師が一体となつて進む処にある………こうした実際例を挙げて説明している。
其の1は、昼間から夜へ心機一転させ、詩を作ることに興味をもたせて自信をつけさせた。
其の2は、父との関係を解き学習に自信をつけさせて、球技、給食などで仲間作りに成功した。
其の3は、一言も云わない生徒が、基本学習からやり、好きなスポーツもやるようになつて昼に復学した。

この様に今迄経済的理由で二部へ入学していた者から、神経的障害の生徒も二部に入学して出来得れば昼へ復学させるために、こうした者を大いに二部に入学させて、これに適合した教育指導、即ち個別指導を主にしている二部に、入学させる対策を講ずべきである、と説き更に、この課題に対する対策を ①指導計画を立案し ②実践面での心がけるべき事項、更にその環境として ③抵抗の少い環境をくわしく述べ ④最後に社会復帰を促す条件を指導されるよう述べられている。

Ⅲ 夜間中学生の一断面 — 貧困と学校拒否 — 東京夜中

この研究発表は、横浜が発表した学校拒否生徒の実態を更にくわしく述べ又、二部全体の生徒の入学理由を調べて「経済的理由」と「精神的理由」に分け、それぞれの理由から推して、二部学級の絶対必要であることを力説している。それと共に、これ等貧困家庭と学校ぎらいの生徒に対する教師のあるべき姿を述べている。

①はじめに「このテーマを何故えらんだか」で二部学級が設置された理由は、貧困生徒救済と云うことであつたのだから昨今のように、経済的理由が良くなれば当然解消される問題が、尚且つ昼間部へ行けないで二部へ来るのか。（詳細別項） ②「入学原因の変遷をみる」に於いて、１０年程前から理由の中に「学校嫌い」が一項目入り、最近では「低知能による学業不適」や「心因性学校生活不適」等に分化して来た。その調査状況を数種の結果を出して、複数選択として、家庭因４２.５％と、経済因４１.２％、学校不適（ノイローゼ、対人不適、学校嫌い、勉強不適、非行、病気）７０.４％と義務教育から落伍する原因をみている。更に③に於いて「夜間中学生の貧困とはどんなものか」で、生徒自身がみた自分の生活状態を、昼間の生徒と比較して、やはり苦しいことが多いが、経済をさゝえるものは財産収入であると夜間は云い、昼は地位であると云う点や、生活の向上に、昼は教育と云う社会常識と一致しているのに、夜間は技術・資格が必要と云う点で全く考え方を異にしている。次に耐久・消費財の所有状況は昼間部との間に相当の差があるが、全国統計と比較した時にはそうも格差を感じない。こゝで研究者は「夜間に通い働くことによつてやつとボーダーラインに達しているのであり、貧困だけをとり上げてはならない」と云つている。④「夜間中学生の生活条件」で入学の原因は複合的である理由を述べ、夜間中学生の貧困は本当に気の毒と云うべきであると云つていい。⑤次に「登校拒否児・学校嫌い」のタイプに、従来の夜間型と日本語学校（引揚者で日本語がしやべれない）特殊学級型（知能が低い）治療教室型（精神的・情緒的）の四つがある。⑥こうした「夜間中学生はどうした教師を理想としているか」では過去に経験した教師を良く知つていた。「心の広い、深い、大きい、すぐれた陽気で暖かい」教師で「正確で、正しい、楽しい、自由な活動的」な先生を望んでいることを、図表で表している。⑦「夜間中学生の情動的な一側面について」に於いて、夜間に通わざるを得なくなつた生徒達は広い意味では、何かの形での社会的な不適応を経験したり、心的外傷を持つているものと思われるが、そのような生徒達が夜間に入つてきて、対教師・対仲間との関係を通じて、どのように心の傷を治してゆくのかを窮めようとしている………その調査の中で登校拒否生徒は男子が女子より多く、実社会を経験していながら昼間生徒より自我意識が低いデータを出している。そしてその対策として、強い生命力の躍動・意欲・やる気を起させる為に、卓越した基準、あたゝかさ、権威でない態度をあげている。⑧「夜間中学はまだ必要か」という処では、色々な法律や、施設があり、対策がなされているのに義務教育の平均的なものから落ちこぼれている。それは、社会情勢の進歩が、複雑な人間生活の精神的・物質的に耐え得る範囲までも解決しない処まで先んじているからであつて、この落穂を二部は拾つてゆかなければならないと云つているようである。

Ⅳ 義務教育未修了者をどのようにして就学させるか — （東京新星中）

①昭和２２年６・３制教育が発足し、高度の教育を望む多くの父兄は之の新制中学を歓迎した。しかし反面経済的な理由で通学させられない者、又この教育の必要性を解しない父兄の子供は行けなかつた。こうした対策として昭和２５年頃、各地方では二部学級を設置してこの救済に当たろうとした。しかし文部省は之をよろこばなかつた。そうして日陰の存在としての二部学級は、消極的な方法で、僅かに救済の手をさしのべていた。こうして残つた長欠生徒は年令を過ぎると学校から除籍されていつた。この数は、昭和４０年に財団法人、長欠生徒後援会が調査した昭和２２年度から昭和３９年度までの小中学校の入学時、卒業時の生徒数の差を集計すると１１５万人と推定している。（他の調査では１５０万人） 中学校教育は、義務教育であることは教育基本法で明記している。昨年高校進学者は中学卒業者の７割に達しようとしている。それにもかゝわらず、義務教育としての課程を終了していないと云う事実を直視する時、たとへ満１５才の年令を過ぎていたとしても、義務教育を受ける機会は平等に与えるべきである。

この未終了者は義務教育修了のため機会を求める声は余り公に出て来ていない。しかしそれは義務教育を受ける機会を望みはしても、それを訴えかける手段に縁遠い故であると云える。そしてこれを救うため文部省に訴えると共に、長欠生徒を最も良く知つている我々二部教師が、まず第一に引き受けなければならないだろう。②これに長欠生徒の救済に対して文部省は昭和２２年10月に、旧制度による小学校卒業者に対する中学校の通信教育者の中の「別科生」としての制度を「当分の間」認めるとし、其の終了者には卒業でなく「中学校の課程の修了書」を与える中学校卒業と同等の学力があるものと認めると云うことである。こうして現在東京２、大阪１の３ケ校あるのみである。そうしてこの通信教育の外には、原則的には望ましくないとしつつも黙認している夜間中学（二部学級）が全国に２１校あるのみであつて、１１５万人に及ぶ未修了者に対する呼びかけは何らされていない。③そうして、むしろ面倒で、厄介な存在と考えられ、設置当初の未修了者に対する就学をすすめる意欲を失い夜間中学の生徒の減少と共に閉鎖されつゝある。これは文部省の夜間中学に対する「考え方」「姿勢」によつて来るものが多い、と云うのは存在を否定しないと云いつゝも何等未修者に対する考えもなく、夜間中学に対する積極的な援助や活気づけるものがなく、閉鎖されれば閉鎖されるより仕方ないと云つた消極的な姿勢にあるからだ………いずれにしても夜間中学生の在籍生徒数によつてのみ、その存廃を云々することは、問題の本質を見落すことである。④とは云うものの、一方に於いて、生徒数の減少は今後とも夜間中学の存続を脅かす要因として利用される可能性はある。我々はこの事を明確にした上で、本質的には未修了者の就学のすゝめ、活動を教師自らが行わねばならない。又他方、その方向への努力を各教育委員会に要請しなければならない。それでは、長欠中の生徒あるいは過年児の未修了者の就学をどのように進めればよいかを次の章で具体的に述べよう。

V　昭和４３年度東京都夜間中学校入学経路調査（新入生と広報機関との関係）……東京前夜研総務部調査班

この中に、東京都内７校に在学している全生徒を対象として、夜間中学に入学するようになつた直接の動機となつたものを、１人１項目とり出して集計した表があるがこれは今後未修了者への就学を進める方向を示唆するものとして大いに参考になる資料である。

これは２０項目あげて大きく４ブロックに分けたものをみると、夜間中学を知つている知人家族。雇主などのすゝめで入学した者が、生徒数２３２名の内８２名（３５％）で最も多く次にマスコミ関係の６１名（２６％）で、これは主にテレビ。ラジオ。新聞によるものが殆んどである。続いて学校を通じている者が５０名（２２％）官公庁を通じてのものが３５名（１５％）であつた。以上により今後の東京都７校が夜間中学へどのように就学させるか、活動計画を総合的に個条書きすると、

①各中学校の除籍、長欠生徒の調査と入学勧奨依頼

（直接該当生徒保護者宛に入学案内状の発送・職員の家庭訪問）

②生徒募集ポスターの作製

③都・区　広報に年二回程案内記事を掲載依頼

④マスコミに依頼（主要新聞・テレビ。ラジオ・映画）

（各中学校や官庁でつかみ得ない、地方出身者で、口べらしで上京し仕事をしている者、義務教育修了前に就職した者と云う地方出身者に対してはこの方法しかない）

以上の外数点あげておられる。上記４項目を主眼に、精力的に就学をすすめてゆこうとしている。

尚以上の研究の発表の外三省（文部・労働・厚生）に対する質問事項、昭和４３年４月　高山しげり氏の「夜間中学校についての質問」の会議録に対する文部省の意見、及び深夜にわたる各分科会の討論結果、更に最終日の陳情文については紙面の関係上割愛させて頂きます。

1970年度

第十七回全国夜間中学校研究大会並に年次総会開催のご通知

教育界にめまぐるしい変動のある昨今です。いろいろとご活躍のことと思います。
第十七回大会は、夜間中学生たちの心からの訴えをきき、夜間中学校のこんごの在り方を深く考え、長欠者や義務教育未修了者の対策を樹てたいと考えます。
どうかご出席くださって、いろいろお教えください。

昭和四十五年十一月三日

全国夜間中学校研究会会長　東京都足立区立第四中学校長　勝山準四郎
全国夜間中学校研究大会準備委員長　東京都荒川区立第九中学校長　清輔　浩

殿

大会概要

一、日時　昭和四十五年十一月二十日（金）二十一日（土）
二、会場　東京都荒川区役所および荒川区立第九中学校
三、主題　「夜間中学生の訴えを聞き、その対策を確立する」
四、日程

20日（金）	
受付	9:00（荒川区役所）
開会式	9:30
総会	↓ 10:30
各地の実状報告	↓ 11:30
昼食 理事会	↓ 12:30
研究発表	↓ 14:00
生徒の訴え 関係者の答	↓ 17:00
荒川九中へ移動	
授業参観	18:00
夕食	↓ 19:00 ↓ 20:00
21日（土）	
テーマ別分科会	（荒川区役所）9:00
昼食	↓ 11:30 ↓ 12:30
最終討論 分科会報告	↓ 15:00
閉会式	↓ 15:30

五、会費　1.　参加者一名につき五百円（食事代を含む）　2.　各校分担金　一校千円、東京地区二万円、横浜地区は三千円。　3.　全国夜間中学校の年間会費　一校千二百円
六、申込締切　大会参加申し込みは十一月十二日までに左の事務局必着のこと。
申込先・東京都荒川区東尾久二ー二三ー五　東京都荒川区立第九中学校内
全夜中大会準備委員会委員長　清輔　浩　宛
尚、電話連絡の場合は、東京(03)892［　］・事務局長　塚原雄太
七、宿泊案内　宿泊希望の方は日時・日数等を前項申込先宛至急にお願いします。
八、発表事項　地区ごとにご相談の上、発表原稿は印刷のつごうで十一月十日到着のものまでは大会要綱に記載いたします。
それ以後の分は各地区で印刷していただきます。原稿の量は、横浜地区・大阪地区は十五枚（四百字詰）以内、神戸地区十枚以内、京都地区十枚以内、広島地区十枚以内です。
九、交通機関　荒川区役所（上野駅で京成線に乗りかえ町屋下車。都電・三ノ輪行で荒川区役所前下車、徒歩五分。王子駅で都電三ノ輪行にのりかえ荒川区役所前下車）

キリトリ線

第17回全国夜間中学校研究大会
並に年次総会参加申込書

（〆切　11月10日）

・参加学校名

所在地

・研究題（発表者）

・参加者名

職名	氏名	宿泊 20日	宿泊 21日	分科会 第1	分科会 第2	分科会 第3

（参考）
前半　教科別分科会
後半　第一分科会　経営管理
　　　第二分科会　学習指導
　　　第三分科会　生活指導

第17回
全国夜間中学校研究会
大会要項・研究資料

昭和45年11月20日（金）・21日（土）

会場　第1会場　東京都荒川区役所会議室
　　　第2会場　東京都荒川区立第九中学校

主　催　全国夜間中学校研究会
共　催　東京都教育委員会
　　　　東京都足立区教育委員会
　　　　東京都葛飾区教育委員会
　　　　東京都墨田区教育委員会
　　　　東京都大田区教育委員会
　　　　東京都世田谷区教育委員会
　　　　東京都荒川区教育委員会
　　　　東京都八王子市教育委員会

あいさつ

全国夜間中学校研究会長
勝　山　準四郎

晩秋の気配ひとしお濃くなりました昨今，会員の皆様はいよいよご健勝で，光を求める生徒たちのご指導に当っておられることと拝察いたします。

さて恒例の全国大会を本年も開催するはこびとなりました。本年は東京都荒川区，荒川教育委員会，荒川区立第九中学校のご厚意により，荒川区役所，荒川九中を会場に設定し運営することになりました。今回は従来の研究発表の外，都内夜間中学に学ぶ生徒の代表が，その生活体験を通して，日頃求めることを訴える場を設けることになりました。生徒のなまの声を聞いて，そこに伏在する夜間中学の問題点を掘り起こして研究課題としたいと念願しているわけです。

本会も昭和２９年京都市で第１回大会を開催してから，回を重ねて第１７回となりました。

この間一貫して夜間中学の法制化を訴えつづけてきましたが，いまだにその実現をみるに至りません。法律の壁は厚いと言う外ありません。しかし私たち夜間中学に職を奉ずるものは，現に学ぶ生徒あり，更に学びたいと願う者のいる限り，この夜間の灯は決して消してはならないと信ずるものであります。

文部省も未就学者対策にようやく本腰を入れ，昨年はじめてその予算化をはかり，実態調査を実施されると聞いております。その面からも夜間中学の意義を再認識され，一歩前進されることを期待してやみません。

制度的には完備されていると思われているわが国の義務教育にも，幾多の矛盾や脱落のある現実に目をそらしてはならないと思います。

昨年大阪市が天王寺中学に夜間学級を付設し，本年又菅南中学に開設されたのも，この現実を直視されたからこそと考えられます。

東京においても明年江戸川区に１校開設されることになりました。新しき友を迎える本会としても誠に力強く感じる次第です。

年１回の，共に語り共に悩み，そして明日への前進を共に誓う本大会が，みのり多き会合となることを期待するのみであります。会員諸兄の大なる協力をお願いいたします。

最後に本大会に絶大なるご配慮をいただいた関係当局，準備委員会の諸先生に深甚なる感謝の意を表しあいさつといたします。

── 経過の報告 ──

第１７回全国夜間中学校研究大会準備委員長
第京都荒川区立第九中学校長　清　輔　　浩

○今年度の第１７回全国夜間中学校研究大会は，当初，大阪地区において開催の予定でしたが，諸般の都合により，東京地区開催に変更になりました。

したがって，東京都夜間中学校研究会としても早速，協議の上，準備態勢をととのえるとともに，諸般の準備を進めてまいりました。

○　**大会準備委員会をつくる**

研究大会の計画，運営などの諸準備を円滑にすすめるために，９月初旬，常務会の議を経て各校より準備委員を出して準備委員会を結成し，以後，毎週土曜日に定例準備委員会をもち，全般の計画を進めてまいりました。即ち，大会の主題，日時，会場，当日の日程，研究会の内容など全般について，都夜中の常務会ならびに研究会と密接に連絡の上，遺漏のないように準備を進めてまいりました。

○　**研究主題をきめる**

大会の研究主題の設定についても，昨年までのような進め方とやや視点をかえて，本年度は直接生徒の「なまの声」をききながら，今後の夜間中学校のあるべき姿と進むべき方向をさぐってみようということになり，研究主題として「夜間中学生の訴えをきき，その対策を確立する」ことをとりあげることになりました。

○　**研究会場きまる**

大会開催の担当区は荒川区にきまり，会場はとくに荒川区当局のご配慮により，新装なった区役所の新庁舎を拝借いたすことになりました。

○　**研究資料の活用を**

昨年度の横浜大会の成果の上にさらにつみあげるために，必要と思われる研究資料を，アンケートその他の方法で全国の各学校におねがいいたしましたところ，ご多忙中にもかかわらず，早速貴重な調査資料をお送りいただきありがとうございました。各学校でもっておられるなやみ，問題点や希望，要望，質問などもあわせて集録いたしました。夜間中学校に関する資料はこれだけですので十分に活用していただきますようおねがいいたします。

○　**日程・運営にご協力を**

大会の日程も２日間で大へんみじかい上に，大会・分科会を通じて，報告協議事項，研究発表，研究討議，授業参観など，もりだくさんの内容であります関係上，当日の運営面につきましても無理な点，または不備の点も多々あろうかと存じますが，何とぞご協力のほどおねがいいたします。

○　**お　わ　り　に**

この大会が働きながら学ぶ生徒たちの幸せの実現と，相互の連帯感を，さらに深めるためのみのり多い大会になりますよう祈念してやみません。

なお，この大会開催にあたり，会場設定や運営全般について，格別のご配慮をいただいた荒川区当局ならびに教育委員会に心からのお礼を申しあげます。

も　く　じ

第17回　全国夜間中学校研究大会要項

I 主　題

夜間中学生の訴えを聞き，その対策を確立する。

II 日　程

	9:00	9:30		10:30	11:30		12:30	14:00	17:00	18:00	19:00	20:00
二〇日（金）	受付	開会式	総会	各地の現状報告	昼食	理事会	研究発表	生徒の訴え 関係者の答	荒川九中へ移動	授業参観	夕食	

	9:00	10:00	11:30	12:30		15:00	15:30
二一日（土）	教科分科会	テーマ別分科会	昼食	分科会報告	最終討論	閉会式	

III 第 1 日 日程

1. 開会式次第

(1) 開会のことば

(2) 会長あいさつ

(3) 来賓祝辞

(4) 日程説明

2. 総会次第

(1) 議長選出

(2) 業務報告

(3) 会計報告

(4) 予算審議

(5) 新役員選出

3. あいさつ

4. 各地の現状報告

5. 研究発表

(1)	全国夜間中学校：学校・生徒調査概要	東京都夜間中学校研究会　調査研究部部
(2)	東京都夜間中学校事務量について	東京都夜間中学校研究会　総務部事務部会
(3)	英語授業の実態	神戸市立丸山中学校
(4)	天王寺中生徒の場合	大阪市立天王寺中学校
6.	生徒の訴え	東京都夜間中学校代表生徒
7.	授業参観	東京都荒川区立第九中学校

IV 第 2 日 日程

1. 教科別分科会

(1) 国　語

(2) 数　学

(3) 社　会

(4) 英　語

(5) 理　科

(6) その他の教科

2. テーマ別分科会

(1) 第 1 分科会　（経営管理部門）

(2) 第 2 分科会　（学習指導部門）

(3) 第 3 分科会　（生活指導部門）

3. 分科会のまとめ

議長選出

分科会の報告

第 1 分科会報告

第 2 分科会報告

第 3 分科会報告

質疑応答

最終討論

4. 閉会式次第

(1) 理事会報告

(2) 大会宣言

(3) 新旧役員あいさつ

(4) 来年度大会について

(5) 閉会のことば

全国夜間中学校，学校，生徒調査概要

(昭和43年10月1日現在)

東京都夜間中学校研究会・調査研究部

この調査結果の全容は，別の印刷物として出版するので，詳しくはそちらをみていただくことにして，ここではそれらの調査結果の中から，ごくかいつまんだ概要をしるすことにする。

目　次

第１章　調査の目的と経過

昭和４３年春，東京都夜間中学校研究会の調査研究部では，年間研究計画の一つとして，全国の夜間中学校と生徒の実態調査を行なうことを決定した。そのとき確認された目標は次の二点であった。

(1)　ここ数年間全国各地で夜間中学が閉鎖されてゆくが，義務教育を中途で脱落した人々，つまり，義務教育を受ける権利を奪われた人々が全国に放置されている現実をみるとき，夜間中学は決して閉鎖されてはならない必要な教育の場である。そういうときに当って，全国の夜間中学と生徒の現実の姿がどのようなものであるかを明らかにし，夜間中学の必要性を示す証拠としたい。

(2)　夜間中学の現状を知り，これからあるべき夜間中学を探る基礎資料とする。

こうした目的のもとに学校調査にあっては全国２１校に対し，また生徒調査にあっては全国の全生徒に対し調査票を作成，１０月中に各学校に送付し，昭和４３年１０月１日現在の状況を記入し，１１月中に返送したい旨依頼した。結局１１月中に返送されたのは僅かで，次年度，昭和４４年５月に入って，まとめ作業を開始した。多数の調査票の集計に追われ，やっと昭和４５年になって，まとめ上げることができた。回答が寄せられたのは次の通りである（第１表）。お忙しい中を回答してくれられた全国の先生と生徒の皆さんに感謝しなければならない。

（上田）

第１表　　回答校一覧

	1	2	3	4	5	6	7	8	9	10	11	12	13	14	15	16	17	18	19	20	21	
学校名	二葉中	観音中	豊浜中	丸山中	岸城中	藤森中	皆山中	郁文中	天神山中	鶴見中	浦島丘中	蒔田中	平楽中	西中	足立四中	八王子五中	双葉中	曳舟中	糀谷中	新星中	荒川九中	計
学校調査		○		○					○	○	○	○		○	○	○	○	○	○	○	○	14
生徒調査	○	○		○					○	○	○			○	○	○	○	○	○	○	○	14

○印……回答校

第２章　全国夜間中学校の歩み――そのあらまし

(略)

第３章　全国夜間中学校各校概要

(略)

第４章　全国夜間中学校各校概要の解説

1.　概　要

全国２１校の校名，所在地，校長名，などは第２表に。学級数，学年別生徒数，教員数などは第３表に。教員の持つ免許状の教科，実際の担当教科などは第４表にまとめた。（河西）

2.　夜間中学の経営

(1)　夜間部のための特別予算措置

第５表　夜間部のための特別予算措置　　　　（４３年度）

番号	学校名	一般需要費	備品購入費	消耗品費	給食費	その他	備考
2	観音中						昼間部と一緒で不用
4	丸山中		188,900		0	0	
9	天神山中	31,000	0	21,000	3,000	役務費 4,000	
10	鶴見中	0	20,000	20,000	0	0	全市的一斉に
11	浦島丘中	0	20,000	20,000	0	0	〃
12	蒔田中	0	20,000	20,000	0	0	〃
13	平楽中	0	20,000	20,000	0	0	〃
14	西中	0	20,000	20,000	0	0	〃
15	足立四中	消耗品含む 178,000	117,000		2000	*13,000	* 一般需要費 接待費
16	八王子五中	8,000	55,000	70,000	95,000	77,500	
17	双葉中						昼間部との一括予算
18	曳舟中	消耗品含む 186,000	105,000		0	0	
19	糀谷中	156,228	38,980	不明	59,370	157,837	
20	新星中	100,000	100,000	200,000	50,000	20,000	特に必要なら臨時にその都度
21	荒川九中	80,000	65,000	150,000	65,000	100,000	

以上のように，地域や学校ごとで運営予算に相当の格差があり，予算が少ないためにいろいろな問題が生み出されていることが分かる。この夜間部のための予算措置額の多少は，教育の内容面や生徒の健康管理（給食など）の上に大きな影響を及ぼすばかりでなく，夜間中学が，より多くの義務教育未修了者に救済の手を差し伸べていけるかどうかを決定する重要な要因の一つである。

結局，国が夜間中学を正式に認め，一定水準の運営予算等を保障しないかぎり，こうした格差や問題点は解決されないし，ここ数年相ついでいる「生徒の減少による廃校」などという事態が続いて起こらないという保障はないのである。

(2) 夜間部生徒に対する補助

第6表 夜間部生徒に対する補助 （43年度）

番号	学校	生活保護	準要保護	その他のもの	補助を受けていない	計	備考
2	観音中	1	11		22	34	
4	丸山中	9	6		22	37	
9	天神山中	—	3	—	—	3	
10	鶴見中	0	0	0	14	14	
12	蒔田中	4	5		2	11	
14	西中		3		6	9	
15	足立四中	6	14	給食のみ 9	0	29	
16	八王子五中	0	0	0	13	13	
17	双葉中	5	16	0	0	21	
18	曳舟中	3	17	0	長欠生徒 6	26	
19	糀谷中	0	13	給食のみ 21	0	34	
20	新星中	0	＊40	0	0	40	＊入学者は全員受ける
21	荒川九中	2	25	0	長欠を含む 37	64	
計		30	153	30	122	335	
% 約		（8%）	（45%）	（9%）	（36%）		

回答のあった13校，生徒335名中，生活保護受給者は30名（8%）にすぎない。この中では神戸の丸山中学の9名というのが目立っている。

ところが準要保護は，153名（45%）が受給しており，夜間中学生の2人に1人は適用されている。中でも東京の新星中学・双葉中学・曳舟中学の三校は，夜間学級入学者の全員がこの準要保護を受けているが，このことは望ましい例として注目される。

また，その他の補助の所で，東京の足立四中・糀谷中の二校では，要・準要保護に該当しない生徒全員に給食費の全額を区から補助してもらっているが，これなども全国の夜間中学で実現したいことである。

これに反して同じ東京の八王子五中の場合，生徒に対する補助が何もないために給食などは年間95,000円の予算で辛くもパンと牛乳の補食を続けているというような状況にある。従ってこれ以上に少ない補助で経営されている地方の夜間中学の経営の困難さや生徒たちの負担の大きさを窺うことができる。

次に補助を受けている生徒一人当りの補助金の内訳を一覧表にしてみよう（第7表）。

第7表 生徒一人当たりに対する補助金の内訳と金額 （43年度）

番号	内訳／学校	学用品代（年額）	給食費（月額）	通学費	クラブ活動費	夏季施設費	遠足費	3年生のみ 教科書代	3年生のみ 修学旅行費	備考
2	観音中	平均 5,000	800	なし	なし	全額 500	全額 800	全額	全額 5,700	
4	丸山中							全額		就学援助費をもらっている。学年男女で差がある。
9	天神山中									記入なし
10	鶴見中	なし	1人1日 65	なし	なし	なし	なし	全額	なし	
12	蒔田中	なし	1人1日 65	なし	なし	全額		全額	全額	
14	西中	なし	1人1日 65	なし	なし	（行なわない）なし	なし	全額	なし	
15	足立四中	平均 9,725	1,320	なし	一部 735	全額 2,000	全額	全額	全額 6,800	その他卒業記念アルバム費 1,000円
16	八王子五中									記入なし
17	双葉中	9,000〜10,000	1,235	全額（6Km以上）	全額	全額	全額	全額	全額	
18	曳舟中	平均 9,725	1,350	なし	735	4,000	933	全額	一部 6,800	
19	糀谷中	10,000	1,650	全額 3,300	750	0	1,300	全額	8,435	
20	新星中	平均 7,000	1,750	全額	一部 750	一部 3,500	一部 500	全額	一部 8,000	
21	荒川九中	平均 9,725	1,200	なし	一部 500	全額 2,500	一部 500	全額	全額	その他卒業記念アルバム費

(3) 施設・設備

回答のあった13校の施設・設備の状況を一覧表にまとめてみると次のようになる。（第8表）。

夜間中学は，設置されている中学校に併設された二部学級という存在であるため，その施設や設備を見ると当然の結果として昼間部との共用のものが多い。

＜職員室＞ 横浜地区の夜間中学と名古屋の天神山中学の五校を除いた九校には，夜間部専用の職員室が確保されている（横浜地区の場合は夜間部専任の教員ではなく，昼の先生がそのまま夜間部を兼任しているために夜間部専用の職員室がなくても別に支障はないと回答している）。

＜普通教室＞ 二部専用の普通教室を持っているのは4校だけである。このうち双葉中学では，44年度になって，夜間部専用の一教室が校舎新築のために取り壊されてしまったという。専用の教室を持たないということは，夜間学級をいつまでも文字通り「昼の居候・昼の間借り」

第8表　　　　　　　　（43年度）　＊　◎夜間部専用のもの　○昼間部と共用のもの

番号	施設・設備／学校名	職員室	普通教室	給食調理室	給食食事室	生徒休憩室	生徒ロッカー	準備室	体育館	プール	図書室	理科室	工作室	音楽室	裁縫室	調理室	衛生室	テレビ室	卓球室	その他
2	観音中	◎	○				◎		○	○	○						○			
4	丸山中	◎	◎										◎		◎					
9	天神山中	○	◎						○									○		
10	鶴見中	○	○					○	○	○	○	○	○	○		○	○	○	○	
11	浦島丘中	○	○				○	○	○	○	○	○	○	○	○	○	○			
12	蒔田中	○	○						○	○	○	○	○	○						
14	西中	○	○						○		○	○	○	○						
15	足立四中	◎	○	○			◎	◎	○	○						○	○			
16	八王子五中	◎	◎						○	○			○	○			○			
17	双葉中	◎	◎○	◎		○	◎		○		○	○		○				◎		
18	曳舟中	◎	○	○	○		◎		○	○			○	○	○	○				
19	糀谷中	◎	○	◎		○			○	○	◎	○	○	○	○	○	○	◎		
20	新星中	◎	○	◎	◎		◎		○	○	○		○	○	○	○	○			
21	新川九中	◎	○	◎			◎		○			○		○		○				

という性格の中に閉じ込める原因になっている。

<給食調理室>　東京都の区内6校では，昭和33年から完全給食が実施されているため，専用の調理室が設置されている。また曳舟中学と新星中学の二校では「給食食事室」を持ち，教師と生徒が毎晩一緒に歓談しながら給食を共にしている。

<生徒ロッカー>夜間中学の生徒たちは，仕事が終わると職場からそのまま通学して来る者が多い。だから生徒の専用ロッカーはこうした生徒たちにとって大変調法なものである。また専用ロッカーを持つことによって，学校の中に自分だけの場を専有しているという喜びを味わい，それが自分の学校という意識を育てる上でも効果をあげているようだ。

(4)　教職員の待遇

教職員に対して，夜間勤務特別手当がどの程度支給されているかを報告してもらい，それを学校ごとにまとめたのが第9表である。

この表から夜間中学勤務の教職員の待遇には地域によって相当違うことが分かる。

東京の場合，昭和35年4月から校長には5%，専任教員には7%の特殊勤務手当が支給さ

れており，昭和43年からは更に一律1,000円の手当もつくようになった。

一方，昼間部の教員が夜間学級を兼任している横浜地区の場合は，「謝金」という形で2,800円の手当が支給されているにすぎない。これについて夜間学級経営上の問題点として，横浜の報告には「職員組織は昼と兼任で，疲労する割に手当が少ない」とか「月額2,800円では夜遅くまで生徒を教えて，帰りにタクシーを使ったりするとすぐ赤字になってしまう」等の悩みが訴えられていた。

夜間中学関係者は過去20年間国に対し「夜間中学の法制化による正式認可を！」「夜間中学の財政的裏付けを！」と訴えてきた。しかし未だに夜間中学を正式に認めず，夜間中学の問題は地方自治体の裁量に任せ，全て地方自治体に負担させている。全国大会の度毎に文部省代表は「夜間中学関係者の熱意に対して感謝と敬意を表わします」などという賛辞を決って口にする。横浜から出された悩みは，こうした国の教育行政への抗議と受けとめるべきであろう。

また夜間学級設置校の事務員，用務員，警備員，夜間の給食作業員に対し特殊勤務手当が支給されていないことは重大なことである。東京では，夜間部設置校の事務主事部会を43年度から発足させ，夜間事務担当者の手当を要求しているが，こうした運動も全国の夜間中学の問題として取り組まなければならない。（見城記）

3. 学　校　生　活

(1)　1日の日課

一日の日課は早くて5時，遅くて6時から始まる。終業は早くて8時半，遅くて10時まで。その間に3時間ないし5時限の授業を行ない，前後に集会，ＨＲ，特別教育活動をおき，あい間に給食をはさみ，掃除をすませて下校というのが夜間中学の日課である。時間が限られ授業を大切にするが，教科以外でもこまかな配慮が行われている。特定の曜日を短縮授業とし，クラブ，学活，道徳に当てている例（足立4中）もある。

(2)　学習指導

①　個人差 ── 個別指導

夜間中学の学習指導上の問題点としてはまず，個人差が大きいことが上げられる。年令は12才から60数才までの巾があり，学校進学経験の全くない，いわゆる無学文盲から中学校中退まで学力の差が大きい。さらに入学時期は4月と限られず中途からどんどん入学して来るし，遅刻欠席も多いことから授業の進度は全くそろわない。そろえることはむずかしい。従って昼間と同じ一斉授業では指導効果は上がらず，生徒一人一人の進度に応じた個別指導が必要となり，個別指導の研究が，すべての夜間中学の学習指導上の主要課

題といえる。

② 少人数 —— 合併・複式授業

夜間中学は生徒が少ない。教員も少ない。従って，合併・複式授業が便宜的に行なわれることになる。学年別指導は比較的生徒数，教員数の多い東京地区で行われているだけである。合併の場合には，ただでも学力の個人差のある生徒を全校一緒に教えるのだから，さらに学年別カリキュラムを締り込んだりすると，指導の困難さは倍加する。しかし一方人数が少ないことが個別指導を可能にするともいえる。

③ 基礎学力に重点を置く

小学校・中学校の全課程を夜間中学の3年間で教えなければならないことが多く，時間数が絶対的に少ない。また全体にみると進度が遅れている。生徒の遅刻・欠席がかなり多い。また昼間の仕事に追われて夜も学校に通うことになり，予習・復習は期待できない。

中学校以前の段階から学習を始めなければならず，授業時間が少ない上生徒にも勉強時間が少ないこと，当然学習量は限定され，学習内容は取捨選択しなければならない。従って，各教科とも基礎学力に重点を置き指導している。教科の中でも特に基礎的な国語，数学の授業を他の教科より多くしているところもある。(観音中，鶴見中，西中，曳舟中）。関西，横浜地区は教員数に恵まれず，各校共，各教科について，1～3年合併授業，同一教室で同一教科を指導している。

ここで，義務教育9年間で必要な基礎学力とは何なのか，特に夜間中学にあっては，もう一度問い直してみる必要がある、

④ 視聴覚教具の活用

興味を持たせつつ個人指導の効果を上げるために次のような教具が活用されている。

鶴 見 中 —— テレビ

浦島丘中 —— 幻灯機

新 星 中 —— シンクロフアックス5台（英・数の市販シート）

英，国，レコード，映写機，幻灯機，区フィルムライブラリー

荒川九中 —— シンクロフアックス4台，テープレコーダー5台，幻灯機2台，16ミリ映写機，顕微鏡，レコード・プレーヤー，カメラ

授業前に準備し，授業的に整理するのにかなりの時間が浪費されるので，有効に利用するためには，例えばランゲッジ・ラボラトリーのような最初からセットされ50名の生徒が使用できる専用教室がどうしても必要である。

(3) 教科の時間配当，時間割，教科書

二～三例外はあるが，国・数・社・理・英を多目に，実技教科を少な目にしてある。これは昼間部の時間配当に準じたものだろう。時に国・数の時間を多くしている学校が4校ほどある。

また時間割については遅刻・欠席によるブランクがどの教科も少しずつですむように，時間割をこまかくする（新星中）。遅刻常習者が特定の教科だけ遅れないように，時間割の前半と後半を隔週に組み替える（西中，荒川九中）。

教科書は各地域毎に選定された検定教科書を使用している。ただし，小学校程度の学力の生徒が多いため小学校教科書も使用している学校も多い（西中，足立四中，新星中，他）。また独自のテキストを編んで使用しているところもある（荒川九中）。その他適宜，副教材を使用している。（(1)-(3) 木原）

(4) 学校行事

どんな行事が多く行われているか。多いものから順に上げると次のようになる。全13校中の校数を示す。①入学式，卒業式，始業式，終業式，健康診断（13校），②卒業生送別会（10校），③遠足，修学旅行，謝恩会（9校），④運動会（8校），⑤学校対抗競技会，水泳教室，夏期施設（6校），(6)新入生歓迎会，知能検査，スケート教室，映画演劇教室（5校），(7)生徒会間の交歓，作品展，職業適性検査（4校），⑧社会見学，学内競技大会，卒業生就職激励会（3校），⑨誕生会，成人式，避難訓練，同窓会（2校），その他略。

(5) 学級活動

① 短かいホームルーム

ほとんどの学校が何らかの形で実施しているが，その時間，形態はそれぞれの学校の実態に即して独自の形をとっている。毎日始業前10分の集会（荒川九中）。毎日授業終了後9.05～9.30（新星中）。毎日始業直前5分。終了後10分（曳舟中）。毎日給食時（足立四中，双葉中）。始業前または後（西中）。放課後（丸山中）。休み時間や食事時間。またその内容は出席の確認，日程その他の連絡，生活（家庭，職場）の問題。1日の反省など。

② 長いホームルーム

ほとんどの学校が月曜日か土曜日のどちらかに時間を設定している。時間はどの学校も最後の時間をあてている。その内容は，生徒の生活に関するもの（例えば家庭，職場），学級の問題，などの討議。生徒会活動，クラブ，誕生会，リクレーション，映画スライド上映，進路指導など。主に生徒中心に運営に当っている場合が多い。

(6) 生徒会活動

回答のあった12校のうち行なっている学校は5校で，全体としてはあまり活発だとはいえない。生徒会組織表は略す。年間活動計画の主なものを拾うと次のようである。新入生歓迎会。委員・生徒会役員選出。ピクニック。昼間部との交歓会。卒業生との合同集会。キャンプ。

夏休み作品展。連合運動会の計画，練習。文化祭。忘年会。学期末懇談会。新年会。学校対抗球技大会（夜間中学校による）。研究発表会，卒業生を送る会。校内卓球大会。生徒総会。新聞発行，など。

(7) 給　食

給食は，夜間中学生の健康維持の上で第一に重視しなければならないにもかかわらず，いまだに夜間中学の設置されている都府県地域によって大きな差があるのは問題である。

① 食事内容

東京都の各校と天神山中は，パン，おかず，牛乳の完全給食を実施，その他の府県の学校は，パンと牛乳だけの簡単な給食，いわゆる補食にあたるものである。

昼間の職場から学校に駆けつけて，夜遅くまで学習する生徒に対しては，少なくとも完全給食まで引き上げる努力がなされるべきである。特に新星中では週２回，双葉中では週１回のごはん給食を行ない生徒に喜ばれている。

② 補助金

これは第４章の「夜間学級の経営」の項にある表を参照してもらいたい。東京の各校と天神山中は1,２３５円から1,７５０円の間にあり，これに対しパンと牛乳のみの給食を実施している学校では１人１食の金額となっている。観音中が３２円，他は平均して６０円～６５円である。（(4)―(7)　山下）

4. 入学手続きと卒業に当っての取り扱い

(1) 入学資格

各校により多少の相違点がある。下に一覧表にすれば次の通りである。第１０表。この表にみるように各校共一応巾広く入学者を受け入れているが一部に小学校未修了者を受け入れないところがあるのは今後の問題として残ろう。

(2) 入学手続きに必要な書類と入学後の諸費用

入学手続きに必要な書類は，ほとんどの学校で，各学校独自に作っている入学申込書と，最終学歴の証明書を提出すればよい。ただその最終学歴証明書もなくて出せなければしょうがないわけで，どうしても出さなければ入学させないというほどのものではない。また一覧表にすると次の第１１表のようである。

(3) 卒業に当っての取り扱い

回答のあったどの学校も，その３年間の修業年限を経た生徒には，昼間部と全く同じ卒業証書が与えられる。

5. 卒　業　生

回答のあった１３校の開設以来昭和４２年度に至るまでの卒業生総数は3,５３２名である。

一覧表を次にのせる。第１２表。

また学校によっては同窓会を持っているところがあり，卒業生と在校生との親睦をはかったり，実社会での問題について共に話し合ったり，後輩の世話をしているところが少なくない。活動状況を一覧表にして次にのせる。第１３表。（芝田）

第５章　全国夜間中学校生徒個人調査

1. 個人調査一覧表

回答のあった全生徒の調査票より，主要な項目について全員の回答をそのまま記載したが，ここでは省略する。

2. 個人調査概要

調査時点における１４校の生徒総数，男女別，年令別生徒数を示すと次の第１４表のようになる。男子１３５名，女子９２名，計２３１名で男女比はほぼ３：２になっている。

この表から分ることはそのほとんどが新制中学が発足してからの義務教育未修了者だということだ。調査時点の３５才までの者がその範囲と考えられるが，それが２１５名で９５％強の割合を占めている。マスコミで高年令生徒に焦点をあてがちなので，一般に高年令化しているような印象を与えているが，実態は必ずしもそうではない。各年代別の人数と割合をとり出してみると次のようになる。

１０代	１３９名	６０.１％
２０代	５６名	２４.２％
３０代	３０名	１３.０％
４０代	４名	1.７％
５０代	２名	０.９％

このように，４０代，５０代合わせても６名で，僅か2.６％を占めるに過ぎない。

次に１０代の生徒について考えてみると，これは圧倒的に多く，全体の６０％も占めており，特に１３才から１５才にいたる学令生徒は４４名でその割合は１９％。１６才から１９才の者が９５名で断然多く４１.１％を占めている。このことから，夜間中学生は学令超過後の４年以内の者が圧倒的に多いことが分る。中でも年令別に見た場合，１６才の者が４２名ととび抜けて多い。１０代の他の年令はだいたい平均しているのに，この１６才だけが特に違っている理由についていろいろ考えてみたが確定的なものはでていない。一応考えられるのは長欠し学令を超過して昼間の中学校を除籍され，そのあとすぐ夜間中学に入学してくるケースが多いからではないかということだ。しかし根拠は薄弱であり，今後の課題となろう。（山下）

3. 夜間中学入学までの教育歴

夜間中学生が過去どこまで教育を受けていて，その後夜間中学に入学したかを主に7項目に分けて調査したのが次の第15表である。全国21校中回答校14校。回答生徒総数204名（男124名，女80名）。約半数に当る43％は，(1)中学校を長欠した後で，また15％は，(3)小学校在学中長欠した後で，10％は，(2)小学校卒業後長欠した後でそれぞれ夜間中学に入学している。小学校在学中の脱落者の問題も見落してはならないことをこの調査で知らさせる。(6)の旧制義務教育修了者はわずか6％にすぎないが，現在の資格制度のもとでは，国家試験受験の基本的資格としての新制中学卒業資格は切実なものであることを示す。また(7)のその他は主に韓国，中国，南米など海外引揚者で占められている。（柴田）

4. 昼間の義務教育脱落の原因

義務教育脱落の原因と思われるものを12項目に分け，各項目をⒶ昼間の中学校へ通学する意志があったにもかかわらず長欠または夜間部へ転校，Ⓑ昼間の中学校へ通学する意志のなくなったもので長欠または夜間部へ転校に分けて調査したものが第16表である。

まず，Ⓐ通学する意志があったものが112名（48％），Ⓑ通学する意志がなくなったもの85名（37％），その他34名（15％）──韓国より引揚15名，旧制義務教育修了8名等，であって本人の意志以外の原因で夜間中学校に入学せざるをえない生徒が多いことを示すものと思われるが，この傾向は学令生徒においてもみられる（Ⓐ項57％）。

義務教育脱落の原因は生徒によっては同時に何項目にもわたるので，無理に一人1項目とせずに面接調査者の判断によって重複している。

1図のように昼間の義務教育脱落の原因は実に複雑多様であるが，およそ次の4つの原因に要約できると思う，

(1) 貧困と家庭崩壊のからみ合い

父や母の欠損，貧困，家族の病気・事故，致命的な家庭内の問題等によって家庭機能の正常な運営が崩壊（家庭崩壊）してしまったために昼間の義務教育から脱落していった者である。

これらの者は昼間の中学校へ通学する意志があったにもかかわらず経済的な理由や家庭のいろいろな事情など外部的な要因によって昼間の中学校へ行けなかったものが多いのである。

欠損家庭72人，貧困69人，家族の病気・事故33人，その他の家庭問題12人，であるが，これら4つの原因の間において重複している者を除いた数は133人であった。これは全体の58％にも達する。従って約6割がこの4つの原因のいずれか，又は他の原因と重複しているかであって外部的な要因による脱落が多い事を示している。

(2) 昼間の義務教育に適応しきれなくなった者

勉強の遅れ27人，怠学14人，学校での対人関係22人，がおもにこれにあたる

重複しているものを除いた数は46人でこれは全体の20％にあたる。つまり夜間中学生の5人に1人はなんらかのかたちで昼間の義務教育そのものに適応しきれずに脱落していたことになる

(3) 本人の病気によるもの

約20％に達する者がこれにあたるが，この内精神的欠陥による者が18人もおり，(2)の学校での対人関係の項と密接につながっている者が多い。

(4) 韓国より引揚，旧制義務教育修了等

全体で34人である。中華学校（日本にある），北鮮系の学校に入っていたので中卒の資格を取るために夜間中学へ。ブラジルへ小学校5年で移住したので，台湾（中華民国）で高校修了，中共からの引揚者等である。　（河西）

第17表

		20　40　60　80　100　120　140
① 貧困と家庭崩壊のからみ合い	133人	
② 昼間の義務教育に適応しきれなくなったもの	46人	
③ 本人の病気	45人	
④ 韓国より引揚げ，旧制義務教育修了等	34人	

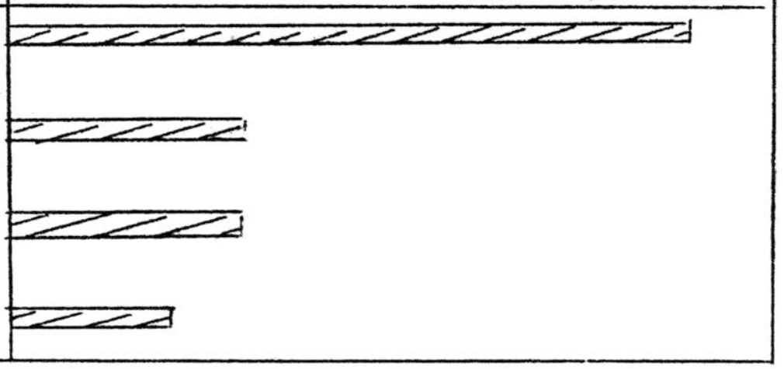

5. 義務教育未修了であることをどう感じたか

これらの意見，感想は夜間中学に入学するまでの経歴のうち，①昼間の中学を長欠した者，②小学校卒業後長欠した者，③小学校在学中より長欠し卒業しなかった者，の三項目に該当する者だけを対象にして，その長欠期間中，夜間中学に入るまでに，義務教育を終えていないことをどう感じたかということについて自由記述形式で回答を求めたものである。回答のあったものは計108名。回答者の最高年令36才。一人でいくつかの回答をしたものはそのまま取り上げた。まとめると次の(A)から(I)までの9つに大部できる。以下その概略を示す。

(A) 義務教育未修了のため将来へのあせり，不安を感じているもの。特に不安を感じたのは男子に多かった。全回答者の20％。

(B) 実際に職場や社会生活の上で義務教育の重要性を痛感させられた者。全体の約20％。

(C) 対人関係についてのもので圧倒的に多く約52％が「ひけめ」「劣等感」にさいなまれ，暗い毎日を送っていたことを述べている。「友だちにさえ顔をみられたくない」もの，「昼間外へも出られない」もの，「悪いことをしているような気持ではずかしかった」ものなど，対人関係での劣等感は年代，性別を問わず共通のもので，こうした人々をそのまま放置して

いることは大きな社会問題である。

(D) 同級生の姿が「うらやましく」て学校に行けない自分が「みじめ」で「つまらなく」「さびしい」気持に陥っているもの，学令より上の年代に多くみられる

(E) 進学，生活設計の面での悩み

(F) 「やむをえない」「仕方がない」というあきらめ型

(G) 反発的で，「両親を恨み」「学校などどうでもよい」というもの

(H) 学校拒否型

(I) 「何とも思わなかった」というもの。回答者は２０％を占め多かったのは意外であった。

以上みて来た通り，自分だけが普通教育を修了していないという社会的な負い目が大きくこれらの人々の精神を傷つけていることが明らかで，事実上生活に必要な基礎学力の不足と共に，生きる意欲をそぐものとして働いていることに注目しなければならない。　（山下）

6. 夜間中学を知ったきっかけ

(1) 「あなたがはじめて夜間中学という言葉を聞いたり見たりして夜間中学を知ったのは次の各項目のどれによりますか」という質問に対して次のような結果を得た。第１８表，

まずマスコミ（テレビ・ラジオ・新聞・雑誌）で知ったものが４６名（２４％），その内新聞で知ったもの２０名（１１％），テレビ１５名（８％）と効果の大きさが目立つ。学令者よりも高年令者がマスコミで知る割合は多い。

次いで小中学校を通じて知ったものが多く３４名（１８％）。家庭の事情などで昼間の学校へ行けなくなった時点で教師から話を聞いたものと思われる。

(2) 「あなたが夜間中学に入学する直接のきっかけとなったのは次の各項のどれによりますか」に対しては，次のような結果を得た。

あらかじめ与えられた項目の中の，小中学校の指導によるものが最も多く３３名（１８％）。指導方法は各地域で異っている。例えば横浜市では夜間中学に各地区の昼間部で勤務している教師が夜間講師として来ていて，自分の昼間部の生徒で長欠しているものに対し助言，指導している。また神戸市立丸山中では訪問教師の制度をもうけ，専任の教師が長欠児童生徒その他義務教育脱落者の各家庭を訪問し，勧誘，助言，指導に当っている。

次にマスコミが直接の動機づけとなって夜間中学に入学するものが多い。３１名（１７％）。これは学令以上のものに多い。

以上の調査を通じていえることは，夜間中学設置地域によって長欠児生徒対策　未修了者対策はまちまちである。本来，小中学校での指導が望まれるが，各地域の管轄教育委員会の積極的対策が必要である。

また学令以上の未修了者に対しても，単にマスコミの報道に依存するだけでなく，公的機関によるＰＲ対策が望まれる。　（猿渡）

7. 夜間中学入学の目的

「夜間中学入学の目的は何ですか，おもなものから順にあげて下さい」という問いに対して何項目でもあるものを個条書きで自由に回答したものである。年令階層別に主な目的に大別してまとめると第１９表のようになる。

以下，最も多いものから順に各グループ別にみてゆく。

(1) 「義務教育を修了するため」と答えたもの，あるいはそれに類する答えのものが最も多く４１.５％。義務教育から脱落したものが夜間中学の存在を知りそこで自らの教育権の復活をめざすのは当然といえよう。しかし，普通の子供たちが何となく通過していくごく当り前の人生の一部分について「義務教育を修了したい」「中学校卒業資格を得たい」「卒業証書がほしい」ということばを吐かなければならない人たちがこんなにいるというのは，実に大変なことである。とりわけ１２才から２０才台までの青少年で，「働いて家計を助けながら義務教育を修了するため」，「自活しながら義務教育を修了するため」と１７名もが書いているのには，一体，日本の国家は，子供自身の責任において，子供自身が教育を受ける義務を課しているのかとがく然とする。

次のような表現もあった。「中学を出ないと何もできないから」，「後になって非常に困るだろうから」，「差別を受けないために」，「ばかにされないため」，「普通の人間になりたい」。なお本人の意志というよりは，「家族」，「先生」，「カウンセラー」，「相談員」，「民生委員」，「保護司」，など周囲のものに「義務教育をすすめられたから」というものもここに含めた。

(2) これから後の項目は，義務教育を受けることの意味を具体的に述べた場合である。「勉強したい」，「字も書けず計算もできないから」，「読・書・算の基礎的な力をつけたい」，「新聞，雑誌を読めるようになりたい」，「実力をつけたい」など２５.５％。勉強意欲の旺盛なことが分る。

(3) 中学卒業ということを「高校大学進学」，「各種学校進学」，「国家試験受験」，「免許状取得」のためのステップとして必要としているもの１６.４％。中学校を出ていないため美容学校に入学できない，美容師の国家試験が受けられない。経験，実力は十分ありながらも見習いの身分でいなければならない。夜間中学生にはこのようなケースが多い。実力よりは肩書きがものをいう世の中の風潮が如実に現われている。こういう点を指摘したのは２０代３０代の職業の選択を真剣に考える年令層に多い。

(4) 「職業上必要（印刷業他）」，「職業で困ることが多い」，「仕事の上で自信を持ちたい」

「職場で人並みに待遇されるため」，「会社で本採用されるために」，「職場で部下がほとんど高卒なので自分も力をつけねばならない」など。

(5)　「社会生活に必要」，「一人前の社会人になるため」など。

(6)　これは次の(7)と共にどちらかといえば本人自身に原因があって昼間の中学校へ行けなくなったが，夜間中学で自分自身を再起させようとしているもの。「能力にあった勉強がしたい（遅進生徒）」，「長欠してしまい，家でぶらぶらしていてもしかたがないから（学校嫌い）」，「人見知りしないで」「集団生活に慣れる（登校拒否生徒）」など。

(7)　非行傾向にあったものが「長い対人関係を断ち切り」，「たちなおって」，「社会復帰を期する」ものなど。

(8)　いまだ続く中国，韓国，北鮮，台湾，南米などからの引揚者。また「日本語を習得」し日本での生活のために「義務教育を修了」しておかなければならないもの。

(9)　その他「後輩とくに施設収容者の先達になるような気持で」，「親戚を見返したい」，「弟に負けないよう」，「子供の勉強をみてやりたい」など夜間中学生のおかれているさまざまの生活状況が目に浮かぶ。

(10)「特になし」，「記入なし」の場合。一人を除いて全員学令生徒であるのは，まだ自覚できない年頃でもあるからか。

以上，生徒たちの夜間中学に望む声に十分応えるべく，現場の教師，教育関係者はもっともっと奮起しなければならないだろう。　（木原）

8.　生徒の仕事

生徒の従事している仕事について二つの面から眺めることにした。まずどのような産業に従事しているかについて（産業分類），さらに具体的にどういう仕事をしているのかについて（職業分類）である。

(1)　産業分類について　第20・21表

約半数45％はF（製造業）に集中，続いて自宅で内職したり，家事手伝いなど産業のいずれにも属さない生徒が24％。G（卸売・小売業）とL（サービス業）がそれぞれ12％と続き，A，Bは全くないなど，一つの偏りを示しており，いわば都市に住む人のものであることが分るが，夜間中学が大都市中心にあることを思えば当然である。

(2)　職業分類について　第22・23表

産業分類同様大きな偏りを示す。これは生徒一人一人が具体的にどういう仕事に毎日従事し，どんなことをしているのか具体的にその労働の内容を示すものであると同時に職場での地位もある程度知ることができ，その意味で夜間中学生の生活を理解する上では重要である。

最も多いのは45％を占めるI（技能工，生産工程作業者）で，職場で肉体を動かして何

らかのものを製造している現場労働者であり，夜間中学生に最も多いのは予想されるところでもあった。続いてN（無職）の23％。L（サービス職業従事者）の12％。D（販売従事者）の10％となる。E，Fの農林水産関係者がいないのは夜間中学設置地域の特性から当然である。またA（専門的技術的職業従事者），B（管理的職業従事者）など社会階層の上位に位置する人が皆無に等しいのも，C（事務従事者）が全くいないのも夜間中学生の年令が比較的若いということもあろうが，夜間中学生が義務教育を修了していないために，つまり学歴によって社会階層の上位に位する職業，社会的地位につく機会を奪われていることを如実に示している。教育上の差別が職業上の差別となって現われているのをみる。

N（無職）については，これらの生徒で働けるにもかかわらず全く仕事をしていないものはほとんどいない。つまり病気その他で働けないもの以外のほとんどは「無職」の項に含まれているが，家庭内で仕事を手伝っているものである。

(3)　学令生徒の就労

全回答生徒231名中，学令生徒は44名（19％）である。成長期にある年少者の労働は精神的肉体的に悪影響をもたらすもので，本来避けられなければならない。にもかかわらず，なぜ働く夜間中学生がいるのか。

一つに貧困に対する社会保障制度の不完全，社会保障制度，中でも生活保護に依存するだけでは人間らしい生活はとても及びもつかないことにある。そういう家庭の生徒は昼間の中学の学力中心の教育には対応できず精神的にも離反し反感をもち，あるいは無気力になりはじき出されてしまうことになる。

二つに，肉体的，精神的病気，異常により昼間の学校生活をコンスタントに耐ええない生徒である。

これらの生徒は昼間部に通えなくなって夜間中学へやって来た。昼間部へ返せば必ず長欠し脱落してゆくことが分り切っている生徒である。だから，学令生徒は昼間部へ返せという原則論では何ら現実の長欠の解決にはならず，夜間中学に通わせることこそ残された一つの選択としての意味をもつと考えられる。

学令生徒の職業の中で最も多いのは，夜間中学生全体の傾向と同様I（技能工，生産工程作業者）（16名）である。例えば，穴あけ，メリヤス機械工，靴の仕上げ，バッジ加工，玩具の組み立て，自動車関係ボール盤，作業服の縫製，洋服仕立て，ダンボール箱つくり，ゴムの貼工，洋傘の組み立てなど。さらにD（販売従事者）（7名），食堂手伝い，古鉄紙ダンボール仕切り，店員，ガソリン販売，廃品回収手伝いなど。L（サービス職業従事者）（2名）。J（単純労務者）（1名）。その他N（無職）（18名）。上にみたように仕事に従事しているものはほとんどがいわゆる工員，店員として働いている。また無職について

は，病気で仕事ができないもの（5名）を除くと，他の１３名は家族の看病，子守り，家事手伝いなどをしており何らかの労働に従事している。

歴史的にみて，これらの学令生徒数は漸次減っていたが，現在は横ばい状態で，これから先は同じような傾向が続くものと思われる。その理由として，ここ１０年来経済的生活レベルの向上が云々されるが，賃金は上昇したもののそれに見合う物価の上昇を考えれば，実際にはあくまでも貧困にあえぐ層はなくなっていないし，これからもこの傾向は続くだろう。また病気による生徒も経済状況にさほど関係なく生れてくる。こうみてくれば，学令生徒の義務教育からの脱落と年少者の労働の問題は，労働基準法第５６条の満１５才未満の児童の労働の禁止規定にもかかわらず，未就学の学令生徒に対する積極的対策が教育制度や社会保障制度の中にとり入れられない限りこれからも現われるであろう。　（上田）

9. 生徒の労働時間

毎日何時から何時まで職場で仕事に従事しているかについて調べ，休み時間を含めての勤務時間数をまとめたのが次の第２４表である。

表中，１時間半とか２時間というのは，パートタイムの仕事や，片手間のアルバイトをしているものを示した。また時間が不確定である新聞配達店勤務などは統計から除外した。

勤務時間９時間が最も多いのは，昼休みの１時間を差引くと８時間となり，最も標準的な労働時間が多いことを示すものである。

仕事始めの時刻は８時が最も多く，次いでその前後の７時から９時の間にほとんど集中している。夜９時半まで授業を受け，１０時半頃帰宅，夜１１時半頃就寝するとすれば，朝７時から始業の生徒にとっては朝６時前に起床しなければならず，授業中居眠りをする生徒の出るのもうなずける。

仕事の終る時刻は午後４時半，５時が最も多く，その前後がそれに次いでいる。夜間中学の始業はほとんどが５時半頃なので，それに間に合うためにはかなりの努力が生徒たちに要求される。中には例外として，夜の６時，８時頃まで残業のため働かなければならないため遅刻することがあると記されてあった。

夜間中学の始業時間に間に合うように仕事が終らないと，たとえ通学可能な距離に住んでいても通学できないわけであり，そのために職場を変わる人や，職をかえるわけにゆかず入学をあきらめる人もある。　（上田）

10. 学令生徒の働く理由

回答者２３１名中学令は44名で，この中，昼間職場で働いているものは２６名（男１２名，女１４名）で，学令者の６割を占めている。

また職についていない者は１８名（男５，女１３名）で，その中の１２名は家事や病人の世

話などで家庭の重要な仕事を担っていることが分かった。回答の中からその一例をあげる。「学令女生徒：姉，母病気，父盲人，本人が家族の雑務をする」場合がそうだ。昼間働いていないのは６名で，その中の４名は病身とか自閉症である。

次に職についている２６名についてその働かなければならない理由を検討してみよう。やはり圧倒的に多いのは「家庭を助けるため」２０名で，この中には，自分が家計の中心になっていると回答した者が１名含まれていた。次いで「遊ぶのもよくないので」４名，「その他」２名，という結果が出た。

(1)　学令生徒の就労率

図(1)(2)を合わせてみると学令生徒４４名中３２名（７４％）までが何らかの意味で家庭の犠牲になっていることが分る。（見城）

(2)　学令生徒の働く理由

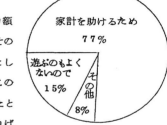

家計を助けるため 77％
遊ぶのもよくないので 15％
その他 8％

11. ２０才以下の生徒の給料

第２５表は，２０才までの夜間中学生の月給の手取り額を表にしたものである。回答者は９６名であったが，その中で学令の生徒４名と，過年児の男子２名は，小使いとしてもらう程度なので，月給不定と回答しているため，この表の中には含めなかった。この６名は，恐らくもらったとしても月に5,000円以下であろうから，これを含めれば，２０才までの夜間中学生の平均月給10,900円はもっと低くなるはずである。

住込みの者については，更に食費や住居費にいくら差引かれているかを調査した。その平均値は月額4,600円であることがわかった。第２５表では，通勤者に比して住込みの者の給料が低くなっているが，この食費と住居費の平均値を加えてみると，学令の女子で住込みの場合（7,500＋4,600＝12,100円)を除けば，他はあまり格差はないことがわかる。

とにかく平均が10,900円という低賃金もさることながら，この中に月給が１万円にも満たない者が１１名，給料という形でもらっていない者が６名もいることはそのまま夜間中学生の苛酷な生活をよく物語っている。

「親代りに面倒みてやっているのだ。」「義務教育の中学校へ通わせているのだ。」等の美名に隠された実態を窺い知ることが出来る。

荒川九中の例だが，生徒の労働条件があまりひどいので見かねて職場に交渉に行ったところ，『未成年者とは正式な労働契約は結べないというぐらい常識でしょう。』『私の所では労働者

として雇っているわけではない。』などと逆に教員が怒鳴られたようなことがあった。

前項（１０）で明らかになったように，夜間中学生の７割以上が，何らかの理由で家庭の犠牲となり，家庭を助けるために働いているのである。夜間中学生の低賃金を見る時，それでも子どもを働かせなければやっていけない彼等の家庭の貧しさが浮び上ってくる。　（見城）

12，生徒の生活環境

（略）

調査・編集

東京都夜間中学校研究会・調査研究部（昭和４４・４５年度）

河西靖堯（足立四中）
芝田武士（足立四中）
平　均二（八王子五中）
山下幸一（双葉中）
猿渡登治（双葉中）
岩崎清信（曳舟中）
島原泰雄（曳舟中）
山本福久（糀谷中）
木原武子（新星中）
上田喜三郎（新星中）
見城慶和（荒川九中）

全国夜間中学校　学校・生徒調査概要・付表

第2表　免許状と担当教科

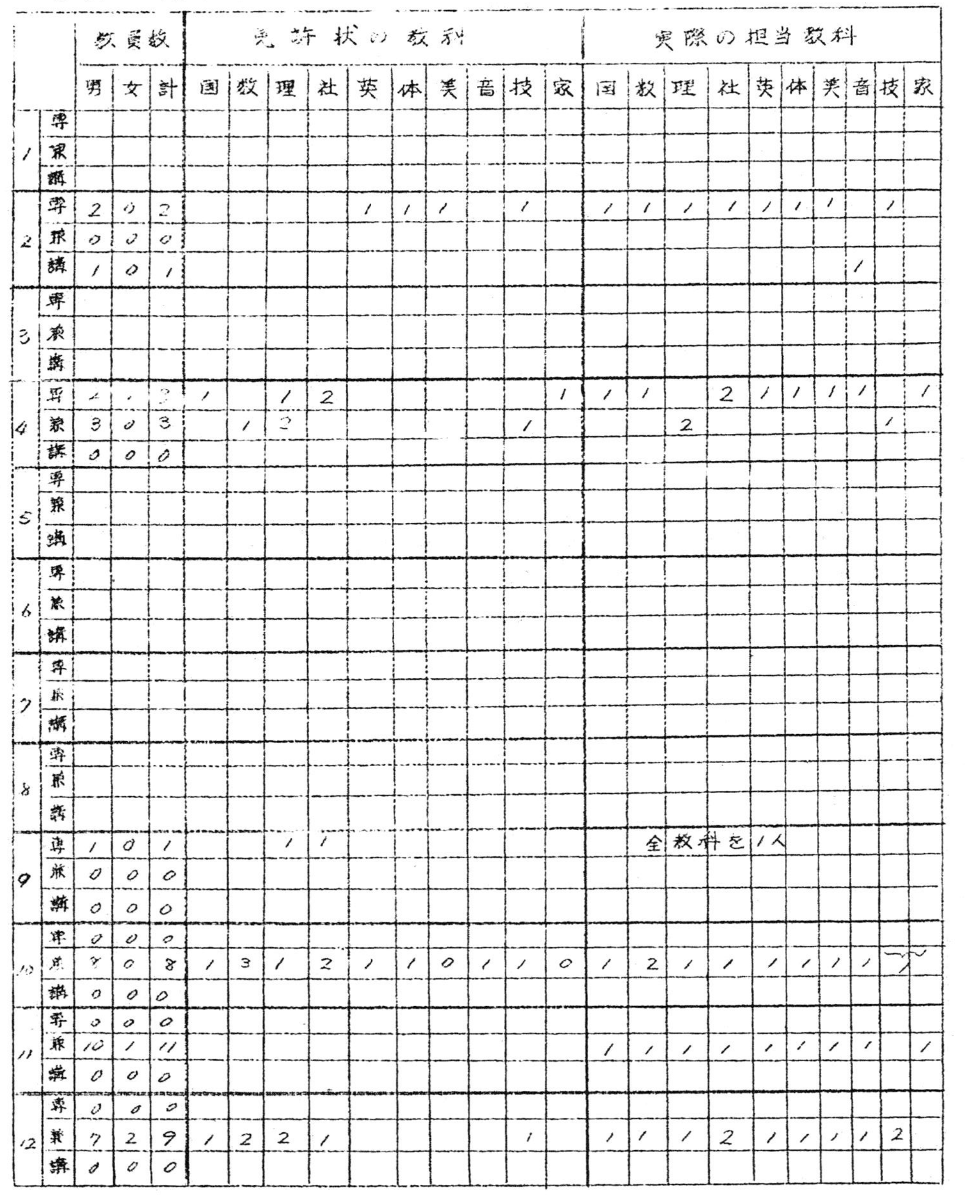

		教員数			免許状の教科										実際の担当教科									
		男	女	計	国	数	理	社	英	体	美	音	技	家	国	数	理	社	英	体	美	音	技	家
1	専																							
	兼																							
	講																							
2	専	2	0	2					1	1	1		1		1	1	1	1	1	1	1		1	
	兼	0	0	0																				
	講	1	0	1																		1		
3	専																							
	兼																							
	講																							
4	専	4	[illegible]	3	1		1	2						1	1	1		2	1	1	1	1		1
	兼	3	0	3		1	2						1				2						1	
	講	0	0	0																				
5	専																							
	兼																							
	講																							
6	専																							
	兼																							
	講																							
7	専																							
	兼																							
	講																							
8	専																							
	兼																							
	講																							
9	専	1	0	1			1	1							全教科を1人									
	兼	0	0	0																				
	講	0	0	0																				
10	専	0	0	0																				
	兼	8	0	8	1	3	1	2	1	1	0	1	1	0	1	2	1	1	1	1	1	1	~1	
	講	0	0	0																				
11	専	0	0	0																				
	兼	10	1	11											1	1	1	1	1	1	1	1		1
	講	0	0	0																				
12	専	0	0	0																				
	兼	7	2	9	1	2	2	1					1		1	1	1	2	1	1	1	1	2	
	講	0	0	0																				

		男	女	計	国	数	理	社	英	体	美	音	技	家	国	数	理	社	英	体	美	音	技	家
13	専																							
	兼																							
	講																							
14	専																							
	兼	11	0	11	2	1	2	1	1	1	1	1	1	0	2	2	1	1	1	1	1	1	1	0
	講																							
15	専	5	1	6	2	1	1	5	1				2		1	1	1	1	1				1	
	兼	0	0	0																				
	講	2	3	5											1					1	1	1		1
16	専																							
	兼																							
	講																							
17	専	6	0	6	1	2	1	4	2				1		1	1	1	1	1				1	
	兼	0	0	0																				
	講	2	2	4																1	1	1		1
18	専																							
	兼																							
	講																							
19	専	6	0	6	1	2	1	1	1				2		1	1	1	1	1				1	
	兼	0	0	0																				
	講	2	2	4						1	1	1		1						1	1	1		1
20	専	4	2	6	1	1	2	2	2						1	2	2	1	2					
	兼	0	0	0																				
	講	6	3	9											1	2				2	1	1	1	1
21	専	6	0	6	2	1	2	1	2		1				1	4	1	2	4		1			
	兼	0	0	0																				
	講	3	1	4						1		1	1	1						1		1	1	1

第3表　在籍生徒数　教職員数

	学級数			在籍生徒数							専任教諭数		兼任並びに講師数		合計	給食作業員 人数		資格		その他専任の職員		
				1年		2年		3年														
校号	1年	2年	3年	男	女	男	女	男	女	合計	男	女	男	女	合計	専任	兼任	栄養士	調理士	事務員	用務員	警備員
1				5	2	4	5	7	4	37	3	0	3	0	6							
2				3	3	4	8	6	10	34	2	0	1	0	3	1	0			1	1	0
3				0	0	5	0	5	0	10	0	0	4	0	4							
4	1	1	1	2	8	2	7	9	8	36	2	1	3	0	6					0	1	0
5				0	0	0	0	1	1	2	0	0	2	0	2							
6				0	0	0	0	3	1	4	1	0	3	1	5							
7				0	0	0	1	1	1	3	1	0	3	2	6							
8				0	0	2	1	1	4	8	3	0	5	1	9							
9	0	0	1	0	0	0	0	2	1	3	1	0	0	0	1	0	0	0	0	0	0	0
10	複式学級		1	0	0	1	0	6	7	14	0	0	8	0	8	0	0	0	0	0	0	0
11	複式学級		1	1	0	2	2	3	0	8	0	0	10	1	11	0	0	0	0	0	1	0
12	複式学級		1	0	2	0	2	1	3	8	0	0	7	2	9	0	0	0	0	0	0	0
13				0	0	0	0	2	3	5	0	0	9	0	9							
14	複式学級		1	1	0	2	0	5	1	9	1	0	10	0	11	0	0	0	0	0	1	0
15	1	1	1	7	5	4	3	6	4	29	5	1	2	3	11	2	0	0	2	0	0	0
16				4	6	6	0	2	2	20	6	0	2	2	10							
17	1	1	1	1	0	7	2	4	8	22	6	0	2	2	10	2	0	0	2	0	1	0
18	1	1	1	3	2	6	3	3	9	26	4	1	3	1	9	2	0	0	2	0	1	0
19	1	1	1	7	2	12	3	6	4	34	6	0	2	2	10	2	0	0	2	0 (巡回用務員	1 /	0 国内交信)
20	1	1	1	4	3	7	7	11	8	40	4	2	6	5	15	2	0	0	0	0	0	0
21	1	1	1	1	4	18	7	22	12	64	6	0	3	1	10	3	0	0	0	0	0	0
合計				37	37	92	51	106	91	416	51	5	88	21	165							

第4表　全国夜間中学校、校名所在地一覧

（昭和43年10月1日現在）

番号	学校名	所在地	電話	校長名	開設年月日	管轄教育委員会名	管轄教育委員会所在地	教育委員会電話
1	広島市立二葉中学校	広島市山根町 17	0822－62－□	牧原 次郎	S 28. 5. 1	広島市教育委員会		
2	広島市立観音中学校	広島市南観音 3－4－6	0822－32－□	増田 勉	28. 5. 1	同		
3	広島県豊田郡豊浜村立豊浜中学校	広島県豊田郡豊浜村豊島	084668 豊島 9	長谷川 鼓	26. 1 18			
4	神戸市立丸山中学校西野分校	神戸市長田区三番町 3－1	078－55－□	玉本 裕	25. 2. 16	神戸市教育委員会	神戸市生田区加納町 6－7	078－33－□
5	大阪府岸和田市立岸城中学校	大阪府岸和田市町田町 230	0724－22－□	荒本 和夫	27. 4. 25	岸和田市教育委員会		
6	京都市立藤森中学校	京都市伏見区深草池の内町	075－641－□	中沢 良三	25. 5. 1	京都市教育委員会		
7	京都市立皆山中学校	京都市下京区間町七条上ル	075－361－□	檜山 勲	25. 5. 1	同		
8	京都市立郁文中学校	京都市下京区大宮通綾小路下ル 綾大宮町 51－2	075－821－□	林田 万亨	43. 4 1	同		
9	名古屋市立天神山中学校	名古屋市西区天神山 2－70	052－521－□	水野 清	29. 12. 10	名古屋市教育委員会	名古屋市中区三の丸 3－1－1	052－961－□
10	横浜市立鶴見中学校	横浜市鶴見区鶴見町 1253	045－501－□	石井 宗一	25. 5. 20	横浜市教育委員会	横浜市中区港町 1－1	045－641－□
11	横浜市立浦島丘中学校	横浜市神奈川区白幡東町 17	045－421－□	飯田 廸夫	25. 5. 1	同	同	同
12	横浜市立蒔田中学校	横浜市南区花ノ木町 2－45	045－711－□	田島 鳳松	25. 5. 1	同	同	同
13	横浜市立平楽中学校	横浜市南区平楽 1	045－251－□	岸 清	25. 5. 1	同	同	同
14	横浜市立西中学校	横浜市西区戸部町 3－286	045－231－□	池田 嘉一	25. 5. 1	同	同	同
15	東京都足立区立第四中学校	東京都足立区梅島 1－2－33	03－887－□	勝山 準四郎	26. 7. 16	足立区教育委員会	東京都足立区千住 1－50	03－882－□
16	同 八王子市立第五中学校	同 八王子市明神町 4－19－1	0426－42－□	岸田 林太郎	27. 5. 12	八王子市教育委員会		
17	同 葛飾区立双葉中学校	同 葛飾区お花茶屋 1－10－1	03－602－□	小日向 数夫	28. 4. 20	葛飾区教育委員会	同 葛飾区立石 5－13－1	03－697－□
18	同 墨田区立曳舟中学校	同 墨田区文花 1－18－6	03－617－□	佐々木 元信	28. 5. 1	墨田区教育委員会	同 墨田区横網 1－9－1	03－623－□
19	同 大田区立糀谷中学校	同 大田区西糀谷 3－6－23	03－744－□	和泉 昴	28 9 1	大田区教育委員会	同 大田区中央 2－10－1	03－772－□
20	同 世田谷区立新星中学校	同 世田谷区太子堂 1－3－43	03－413－□	桜井 保	29. 5. 1	世田谷区教育委員会	同 世田谷区世田谷 4－21－27	03－422－□（釜） 429－□（土師）
21	同 荒川区立第九中学校	同 荒川区東尾久 2－23－5	03－892－□	清輔 浩	32. 2. 15	荒川区教育委員会	同 荒川区	03－802－□

－付5－　　－付6－

オ7表　夜間中学教職員の待遇

番号	職種 / 学校名	校長	教頭	専任教諭	兼任教諭	講師	事務員	用務員	警備員
2	広島市立観音中	手当　有	手当　有	手当、有 1人			ナシ	ナシ	ナシ
4	神戸市立丸山中	ナシ	ナシ	1号俸アップ 3人	1号俸アップ 3人			ナシ	
9	名古屋市立天神山中	委託料 8%＋600円	ナシ	委託料 8%＋600円 1人					
10	横浜市立鶴見中	二部手当 2400円	ナシ		二部手当 2800円 8人			2部手当 2,000円 1人	
11	横浜市立浦島丘中	二部手当 1960円	二部手当 2800円		二部手当 2800円 9人			二部手当 980円 1人	
12	横浜市立蒔田中	二部手当 1,200円	二部謝金 1,800円		二部謝金 1,800円 7人			二部謝金 600円 1人	
14	横浜市立西中	謝金 1960円	謝金 2800円		謝金 2,800円 10人			謝金 980円 1人	
15	東京足立区立4中	夜間特殊勤務手当 5%＋1,000円	ナシ	夜間特殊勤務手当 7%＋1000円	ナシ	ナシ	ナシ	ナシ	ナシ
16	東京八王子市立5中	同上	ナシ	同上 6人		ナシ	ナシ	ナシ	ナシ
17	東京葛飾区立双葉中	同上	ナシ	同上 6人		ナシ	ナシ	ナシ	ナシ
18	東京墨田区立曳舟中	同上	ナシ	同上 5人		ナシ	ナシ	ナシ	ナシ
19	東京大田区立糀谷中	同上	ナシ	同上 6人	ナシ	ナシ	ナシ	ナシ	ナシ
20	東京世田谷区立新星中	同上	ナシ	同上 6人		ナシ	ナシ	ナシ	ナシ
21	東京荒川区立9中	同上	ナシ	同上 6人		ナシ	ナシ	二部時間外勤務手当 年間 17,520円 2人	二部時間外勤務手当 年間 12,000円 2人

第10表　夜間中学入学資格（学歴　居住地）

番号	学校名	入学希望者の学歴 1	2	3	4	5	居住地 6	7
2	観音中	ハ	ロ	ロ	イ－B	入学させる		○
4	丸山中		ロ					○
9	天神山中	ハ	ロ	ロ	イ－B		名古屋市	
10	鶴見中	ロ	ロ	イ－B	イ－B	夜間中学であればなんとか出席可能なものについて可		○
11	浦島丘中	ロ	ロ	イ－B	イ－B	担任、校長、父兄の意見を意見書に記入して㊞		○
12	蒔田中		ロ		イ－B	[illegible]	記入なし	
14	西中		ロ	イ－B	イ－B	カウンセラー又は担当教師の依頼により可		○
15	足立十中	ロ	ロ	イ－B	イ－B	昼間の中学校側や保護者の意見により		○
17	双葉中	ロ	ロ	イ－B	イ－B	昼間の中学校の意向を確かめて入学許可		○
18	曳舟中	ロ	ロ	イ－B	イ－B	本人及び保護者の希望		○
19	糀谷中	ロ	ロ	イ－B	イ－B	昼間の中学校側の意見と保護者の意見		○
20	新星中	ロ	ロ	イ－B	イ－B	昼間部の通学が不可能と考えられる者		○
21	荒川中	ロ	ロ	イ－B	イ－B	昼間部通学不可能であれば制限なし		○

注　ただし国家試験受験、資格取得の必要にせまられている者について

略号説明

1. 小学校未修了者
   - イ　中学の学令者のみ可
   - ロ　学令以上も可
   - ハ　不可
2. 中学校未修了者
   - イ　学令者のみ可
   - ロ　学令以上も可
   - ハ　学令以上は不可
3. 旧制小学校未修了者
   - イ　入学可（A. 年金制度あり　B なし）
   - ロ　不可
4. 旧制小学校卒業者
   - イ　入学可（A 年金制限あり、B なし）
   - ロ　不可
5. 現在昼間の中学校に在籍し長欠中の学令生徒
6. 特定地域の居住者のみ入学可
7. 通学可能ならば居住地は特に問題にしない。

－付8－

第11表　入学に必要な書類、通学に必要な諸費用

学校番号	学校名	必要書類 戸籍謄本	戸籍抄本	住民票	誓約書	入学申込書	最終学歴の証明書	その他	通学に必要な諸費用 副読本（年額）	給食費（月額）	PTA会費（月額）	生徒会費（月額）	学級費（月額）	その他	備考
2	観音中					○	○	必要があれば住民票	記	入	な	し			
4	丸山中				○	○		学令生徒は就学通知書	※600	※630	0	0		0	※要　非要保護者は不要
9	天神山中					○	○		記	入	な	し			
10	鶴見中					○			0	0	0	0	0	0	
11	浦島丘中					○		意見書　在学証明	0	0	0	0	0	0	
12	蒔田中						○		0	※1200	180（免除）	70（免除）	0	0	※公費　生徒からは徴収しない
14	西中						○		0	0	0	0	0	0	
15	足立十中					○	○	生徒委託書	0	0	0	0	0～50	500～600※	※教材費その他
17	双葉中					○			※500	※1235	0	0	0	0	※補助金で充当
18	曳舟中				○	○	○		0	0	50	0	0	0	
19	糀谷中					○			0	0	0	0	0	※750	※年間クラブ費として
20	新星中			○	○	○			0	0	50	40	0	0	
21	荒川九中					○			0	※1300	0	50	0	0	※要、非要保護者は不要

－付9－

第12表　年度別卒業生数

学校	性別	昭和（年度）25	26	27	28	29	30	31	32	33	34	35	36	37	38	39	40	41	42	合計
2 観	男				6	18	14	13	17	11	9	13	10	4	7	6	4	8	5	145
	女				10	10	12	13	6	10	3	5	1	3	3	1	3	0	3	83
	計				16	28	26	26	23	21	12	18	11	7	10	7	7	8	8	228
4 丸	男	20	10	13	6	19	7	3	9	7	9	6	4	4	6	5	4	8	8	148
	女	8	11	8	3	10	9	2	6	3	4	5	8	9	9	2	6	6	3	112
	計	28	21	21	9	29	16	5	15	10	13	11	12	13	15	7	10	14	11	260
7 天	男			4	9	10	10	11	10	4	3	3	7	5	0	2	4	2	1	85
	女			6	8	16	15	16	11	12	12	5	6	4	5	6	1	0	1	124
	計			10	17	26	25	27	21	16	15	8	13	9	5	8	5	2	2	207
10 鶴	男	5	4	0	0	2	7	4	2	1	3	2	4	2	5	1	0	1	4	47
	女	0	0	0	0	0	0	0	0	0	0	0	0	0	0	1	2	0	2	5
	計	5	4	0	0	2	7	4	2	1	3	2	4	2	5	2	2	1	6	52
11 浦	男	23	11	39	14	22	13	18	23	21	8	5	11	9	4	10	2	2	5	240
	女	0	1	4	0	1	2	3	2	3	4	0	0	2	0	2	1	2	4	31
	計	23	12	43	14	23	15	21	25	24	12	5	11	11	4	12	3	4	9	271
12 蒔	男																			
	女																			
	計			40	18	24	13	11	9	9	13	13	24	13	4	3	5	3	2	202
14 西	男															2	3	2	2	
	女															2	2	2	2	
	計	0	0	18	28	23	12	12	13	11	12	7	8	3	4	4	5	4	4	170
15 足	男																			
	女																			
	計			50	13	71	53	54	44	30	35	18	25	22	25	12	14	9	11	526
17 双	男					12	11	19	25	21	13	14	20	4	15	5	7	6	6	178
	女					16	13	16	11	15	6	6	5	6	3	4	6	4	5	114
	計					28	24	35	36	36	29	20	25	10	18	9	13	10	9	292
18 安	男				25	36	44	33	34	22	17	20	20	17	13	19	10	7	7	318
	女				3	11	29	17	13	18	7	10	8	6	5	7	4	3	6	147
	計				28	47	73	50	47	40	24	32	28	23	18	26	16	10	13	465
19 糀	男				7	32	31	22	24	17	12	14	14	17	10	8	11	6	8	233
	女				4	5	12	14	18	16	8	9	9	3	6	1	2	1	3	111
	計				11	37	43	36	42	33	20	23	23	20	16	9	13	7	11	344
20 新	男					10	8	14	16	15	14	15	9	12	13	8	8	13	6	161
	女					5	12	13	10	11	13	12	6	4	5	5	9	7	9	121
	計					15	20	27	26	26	27	27	15	16	18	13	17	20	15	282
21 荒	男								9	5	8	22	17	19	10	16	9	9	13	
	女								4	17	15	8	9	5	8	6	11	6	4	
	計								13	22	23	30	26	24	18	22	20	15	17	231
合	計			182	194	353	327	308	316	279	218	216	225	173	160	134	128	148	118	3532

第13表　同窓会活動

学校＼項	有	無	名称	回数	活動状況
2 観		○			
4. 丸	○		特になし	1	卒業生を送る会　校外学習に参加 在校生との交流
7. 天	○		特になし	1	例年1月3日に集合して話し合い
10. 鶴		○			
11 浦	○		特になし	3	各学期の終業式の日に集り，レエクリエーション　在校生との懇談等
12 蒔	○		蒔田中学校同窓会	1	校内紙発行
14. 西		○			
15. 足		○			
17. 双	○		双葉中学校第2部同窓会	必要に応じて	
18. 安	○		墨田区立安南中学校夜間部同窓会	1	
19 糀	○		大田区立糀谷中学校第二部同窓会	必要に応じて	
20. 新	○		新星中学校二部同窓会	1	・例年4月第3日曜日　総会 ・学校行事への　・後輩への援助活動
21 荒	○		荒川九中二部ＪＢ会	1	・後輩のための援助活動 ・名簿作成　・文集・新聞の発行

才14表　年齢別集計表

No		学齢			(16～19)				(20～29)										(30～39)										(40～49)						(50～59)					小計	計
		13	14	15	16	17	18	19	20	21	22	23	24	25	26	27	28	29	30	31	32	33	34	35	36	37	38	39	40	41	42	43	44	45	55	56	57	58	59		
1	M						2						1	1		1	1					1																		7	9
	F													1			1																							2	
2	M						1	1		1		1																												4	8
	F		1		3																																			4	
4	M				3					2			1						1	1			1	1																10	27
	F		6	3						1								1				1	3	1									1							11	
9	M					1						1																												2	3
	F						1																																	1	
10	M	1			3		2	1																																7	11
	F				1						2														1															4	
11	M	1		2	2					1																														6	8
	F	1			1																																			2	
14	M				1	1																											1							3	3
	F																																							0	
15	M			1	2	1	2	1				1	1	1																										11	21
	F	1	2	1	1	1				2				1																										10	
16	M	1	1			1	1	1								1																								6	12
	F					1	1	1	1	2																														6	
17	M	1	3	1	2	2	1		1							1																								12	21
	F		2	2	2	1		1												1																				9	
18	M		1		3	1	1		1																															7	18
	F		1		3	3	1		1	1																														11	
19	M	1			6	3	3	2	2		1					1		1		1								1												22	31
	F			1	2						1	1	1											1			1													9	
20	M	1	1		2		1	1	2	1	2	1										1			2		1													17	30
	F		1			1				1			1	1			1				1	1	1		1	1														13	
21	M		1		4	1		7	1	1			1		1			2							1															20	29
	F		2	3	1		1													1	1																			9	
計	M	6	7	4	29	11	14	14	7	6	2	5	4	2	1	4	1	3	1	2	0	2	1	1	4	0	1	1	0	0	0	0	1	0	0	1	0	0	0	135	231
	F	2	15	10	13	7	4	3	2	7	3	1	2	3	0	0	2	1	0	1	3	3	4	2	2	1	1	0	0	1	1	0	1	0	0	0	0	1	0	96	
		8	22	14	42	18	18	17	9	13	5	6	6	5	1	4	3	4	1	3	3	5	5	3	6	1	2	1	0	1	1	0	2	0	0	1	0	1	0		
計 (%)		44 (19%)			95 (41%)				56 (24%)										30 (13%)										4 (2%)						2 (1%)						

第15表　夜間中学に入学するまでの教育歴

		1 長欠し昼間の中学校を		2 長欠し小学校卒業後		3 小学校在学中より長欠し卒業せず		4 すぐに昼間の中学校より		5 小学校卒業後すぐ		6 修了し旧制義務教育を		7 その他		計		総計
		男	女	男	女	男	女	男	女	男	女	男	女	男	女	男	女	
1	二葉中	3		2		1	2									7	2	9
2	観音中	3						1	3							4	3	7
8	郁文中						1									0	1	1
9	天神山中	2	1													2	1	3
10	鶴見中	7	1								2		1			7	4	11
11	初島丘中	2	1	3		1					1					6	2	8
14	西中					1				1		1				3	0	3
15	足立十中	2	3	1						1	2	1		6	5	11	10	21
16	八王子5中	1	2	2		2	4	1								6	6	12
17	双葉中	5	2	2				1	4	1				3	1	12	9	21
18	曳舟中	4	7				2	2			1			1	1	7	11	18
19	糀谷中	12	5	1		2		3	2			1	1	3	1	22	9	31
20	新星中	6	5	2		4	4					3	3	2		17	13	30
21	荒川9中	9	5	3		4	2	1	1					3		20	9	29
男女別計		56	32	16	4	15	15	9	10	3	6	7	5	13	8	124	80	204
総計		85		20		30		19		9		12		26				
%		43		10		15		9		5		6		12				

第18表

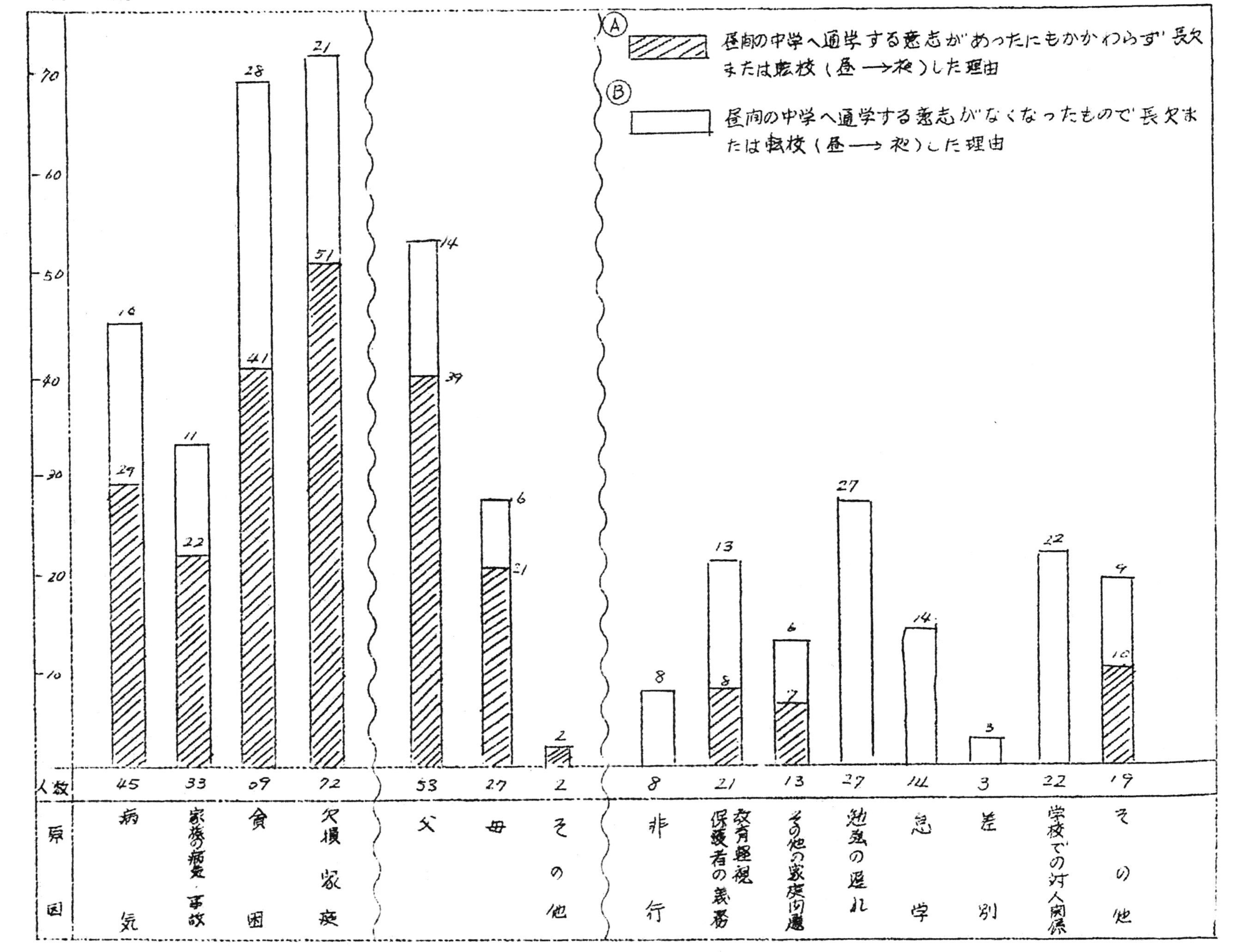

Ⓐ 昼間の中学へ通学する意志があったにもかかわらず長欠または転校（昼→夜）した理由
Ⓑ 昼間の中学へ通学する意志がなくなったもので長欠または転校（昼→夜）した理由
70
60
50
40
30
20
10
人数
原因
45 病気
33 家族の病気・事故
69 貧困
72 欠損家庭
53 父
27 母
2 その他
8 非行
21 教育軽視 保護者の義務
13 その他の家庭内事
27 勉強の遅れ
14 怠学
3 差別
22 学校での対人関係
19 その他

– 付14 –

才18表　夜間中学を知ったきっかけ

① あなたが、はじめて「夜間中学」という言葉を聞いたり、見たりして「夜間中学」を知ったのは、次の各項目のどれによりますか。

② あなたが夜間中学に入学する直接のきっかけとなったのは、次の各項目のどれによりますか

	1	2	3	4	5	6	7	8	9	10	11	12	13	14	15	16	17	18	19	20	21	22	
	都府県教委	市区教委	福祉事務所	児童相談所	都府県教育研究所	都府県民相談所	保護司	警察少年係	小中学校	養護学校	各種学校	都府県広報	市区広報	ポスター	テレビ	ラジオ	新聞	雑誌	家族	知人		その他	回答者総数
問①	1	7	4	2	2	1	3	0	34	1	0	1	1	3	15	6	20	5	26	30	9	11	(人) 182
問②	8	12	4	2	0	2	0	2	33	0	0	1	2	2	12	5	14	4	23	28	11	12	(人) 177

才19表　年令階層別　入学目的　（1人で何項目でも自由記述回答）

	目　　的	A 12～15才	B 16～19才	C 20～29才	D 30～39才	E 40～49才	F 50～59才	(人) 計	%
1	義務教育を修了しただけ	38	81	23	15	2		159	41.5
2	勉強したい	7	33	41	14	2	1	98	25.5
3	進学、国家試験受験 免許状取得に必要だから	4	25	16	15	2	1	63	16.4
4	職業上の必要から		2	5	3			10	2.6
5	社会生活に必要だから		2	4				6	1.6
6	遅進生徒、学校嫌い、登校拒否生徒が再起を期して	1	9					16	4.2
7	非行生徒が再起を期して		3					3	0.8
8	海外からの引揚者が日本で生活を始めるための準備として	1	10	6	1			18	4.6
9	その他		1	3				4	1.0
10	特になし　記入なし	6			1			7	1.8
	合　　計	62	166	99	49	6	2	384	100

第20表　夜間中学生の所属する産業（日本標準産業分類による）

記号	分類	性別	1 二	2 観	4 丈	9 天	10 鶴	11 湘	14 西	15 足	16 八	17 双	18 受	19 能	20 新	21 荒	男女別合計	計	%	学令
A	農業	男																		
		女																		
B	林業狩猟業	男																		
		女																		
C	漁業水産養殖業	男																		
		女																		
D	鉱業	男																		
		女																		
E	建設業	男												1			3	3	1	
		女			2															
F	製造業	男	3	1	4	2	3	4	1	7	3	5	5	12	10	14	74	103	45	8
		女			4					4	2	4	6	3		6	29			9
G	卸売小売業	男	1				1	1	1	1	1	1	1	3	3	1	15	27	12	4
		女		2	1		1			2	2			2	2		12			3
H	金融保険業	男															1	1	略	
		女																		
I	不動産業	男																1	略	
		女										1					1			
J	運輸通信業	男	2	1	2				1			1		1		1	9	11	5	
		女	1		1												2			
K	電気ガス水道業	男															1	1	略	
		女																		
L	サービス業	男			1						2		2	1	3	9	27	12		
		女		1	5	1	3	1		1	1		2	3	1	18			1	
M	公務	男												1		1	2	1		
		女												1		1				
N	分類不能の産業	男																		
		女																		
なし		男	1		1		3	1		3		5	1	3	2	1	21	55	24	5
		女	1	1	7			1		3	1	4	5	2	7	2	34			14
	計	男	7	[illegible]	10	2	7	6	3	11	6	12	7	22	17	20	134			17
		女	2	4	17	1	4	2	0	10	5	9	11	9	13	9	97			27
	調査者総計		9	8	27	3	11	8	3	21	12	21	18	31	30	29	231			44

第21表　夜間中学生の所属する産業

（日本標準産業分類による）

(人) 100 50

男 女

A 農業 / B 林業狩猟業 / C 漁業水産養殖業 / D 鉱業 / E 建設業 3 / F 製造業 103 / G 卸売小売業 27 / H 金融保険業 1 / I 不動産業 1 / J 運輸通信業 11 / K 電気ガス水道業 1 / L サービス業 27 / M 公務 2 / N 分類不能の産業

—付17—

第22表　夜間中学生の職業　（日本標準職業分類による）

記号	分類	性別	1 二	2 観	4 丈	9 天	10 鶴	11 湘	14 西	15 足	16 八	17 双	18 受	19 能	20 新	21 荒	男女別計	計	%	学令
A	専門的技術的職業従事者	男													1		1	1	略	
		女																		
B	管理的職業従事者	男																		
		女																		
C	事務従事者	男																		
		女																		
D	販売従事者	男	1				1	1	1	2	1	1		2	3	1	14	24	10	3
		女		2			1			2	2			2	1		10			3
E	農林業作業者	男																		
		女																		
F	漁業作業者	男																		
		女																		
G	採鉱採石作業者	男																		
		女																		
H	運輸通信従事者	男	2	1	2				1					1		1	8	8	3	
		女																		
I	技能工生産工程作業者	男	2	1	5	2	3	3		7	5	4	5	14	8	14	73	103	45	7
		女			5					3	3	5	6	3	1	4	30			9
J	単純労働者	男	1	2	2			1	1			2			1	1	11	14	6	1
		女	1		1											1	3			
K	保安職業従事者	男																		
		女																		
L	サービス職業従事者	男											1	2	2	2	7	28	12	2
		女		1	4	1	3	1		1			1	2	5	2	21			
M	分類不能の職業	男																1	略	
		女											1				1			
N	無職	男	1		1		3	1		2		5	1	3	2	1	20	52	23	5
		女	1	1	7			1		4	1	4	3	2	6	2	32			13
	計	男	7	4	10	2	7	6	3	11	6	12	7	22	17	20	134			17
		女	2	4	17	1	4	2	0	10	6	9	11	9	13	9	97			27
	調査者総計		9	8	27	3	11	8	3	21	12	21	18	31	30	29	231			44

第23表　夜間中学生の職業（日本標準職業分類による）

(人) 100 50

男 女

A 専門的技術的職業従事者 1 / B 管理的職業従事者 / C 事務従事者 / D 販売従事者 24 / E 農林業作業者 / F 漁業作業者 / G 採鉱採石作業者 / H 運輸通信従事者 8 / I 技能工生産工程作業者 103 / J 単純労働者 14 / K 保安職業従事者 / L サービス職業従事者 28 / M 分類不能の職業 / N 無職 52

—付18—

才24表　1日の労働時間（休憩時間も含む）

時　間	男	女	(人) 計
1.30	1		1
2.00	1		1
∫			
5.00	1		1
5.30	1		1
6.00		1	1
6.30		4	4
7.00	3	6	9
7.30	1	3	4
8.00	15	7	22
8.30	20	9	29
9.00	37	10	47
9.30	3	2	5
10.00	8		8
10.30	1	2	3
11.00	1	1	2
11.30			
12.00	1	1	2
計	74	46	120

注．8.30とあるのは，8時間1分から8時間30分までのものを含む

才25表　20歳までの生徒の月給（備考　百円の単位で四捨五入した。）

	学齢児（13～15歳）				20歳までの逓年児（15～20）				合計
	男子		女子		男子		女子		
金額	住込み	通い	住込み	通い	住込み	通い	住込み	通い	
1000	1								1
2000	1		1						2
3000					2				2
5000			1			1	1		3
7000							1		1
8000			1		1				2
10000				2				1	3
11000									
12000		2		3			1		6
13000	1				1	1			3
14000				1	1	1			3
15000		2	1		1		1	4	9
16000				1	1			3	5
17000	1				1				1
18000						4	1	1	6
19000						3		1	4
20000		1			3	6		3	13
21000					2	1			3
22000						2			2
23000		1							1
24000						1	1	2	4
25000	1				1	1			3
26000					1	2			3
27000					1				1
28000						1			1
29000									
30000						2			3
32000						1			1
35000						1			1
40000						2			2
平均	5人 11,600	6人 16,200	4人 7,500	8人 14,500	16人 16,800	30人 22,700	6人 13,300	15人 17,500	90人 10,910

英語授業の実態

神戸市立丸山中学校西野分校
豊　永　雅　資

私は今年本校に赴任したばかりでまだ日も浅いのですが，拙いながら今日までやって来た授業の一端を報告して皆様のご批判とご指導を頂きたいと思います。

本校の生徒は年令的にみると，次第に学令の者が少なくなり，２０代，３０代の者が多数を占めています。その上出席率の上からも高年令のものが熱心なようです。最終学歴からみると，小学卒程度がもっとも多く，中学中退者がこれに次いでいるようですが，これとても一部の者を除いては名目的なものが多く，その上，長らく学窓から遠ざかっていたこともあって学力が落ちていると考えられます。

本校では国，数，英三教科に関しては一応学年の枠をはずし，生徒の能力を考慮してA，B２クラスの能力別編成を行っており，英語についても全校生４３名をAクラス３２名，Bクラス１１名に分け，Bクラスでは主としてアルファベット，ローマ字などを教え，Aクラスでは英語の初歩を教えることにしています。ここでは，Aクラスに限ってのべてみます。

○ 生　徒　数

学年	１年	２年	３年	計
人員	3	12	28	43

○ 年令別構成

年令	１０代	２０代	３０代	４０代	５０代	計
人員	8	16	14	4	1	43

○ 学歴別構成

最終学歴	未就学	小１	小２	小３	小４	小５	小６	中１	中２	中３	計
人員	2	0	2	1	1	1	19	4	7	5	43

小６は小学校卒業，中３は中退者を示す。

○ 英語クラスの編成

A	３２	２．３年
B	１１	１．２年

○ 出席状況（長欠者を除いたAクラスの１９名対象
１０月３１日までに実施した英語授業７９時間について）

平均出席時数　49.7／79時 → 62.9％

(生徒別個人別出席時数)

時数	出席率	職業	時数	出席率	職業
69	87.3	無職	36	45.5	バス車掌
68	86.0	調理員	34	43.0	美容師
65	82.2	公務員	24	30.3	工員

＜生徒の意識＞　作文より

自分は英語の授業はなんとなくにがてです。それというのも自分が現在勉強した英語も，家に帰ると，はや忘れてしまっているから。ローマ字もおぼえたと思ったらいつのまにか忘れてしまっている。（男・小卒・22才）

……私も勤務の関係ですれちがう車や，看板の文字に目を通します。入学するまでローマ字がどうとか，口にもしなかったのがおかしいぐらいに自分が感じるようになりました。こういうさとりが，学校へ通ってよかったな，と職場のグループに話をします。この年代でえらくなろう，もっとりこうになろうという気持はありません。せめて単語程度を身に付けたいと思っています。

（男・小5・38才）

……英語の方は，A，B，Cもわからなくて一から始めましたが，なかなかむつかしくて思っているほどすすみませんが，でも一つ一つすこしずつおぼえていくのがたのしくてしかたありません。以前は町をあるいていても，英語やローマ字がぜんぜんよめなくて，ずいぶんはずかしい思いをしたことがありましたが。今でもそうですが，でも前にくらべて，ダイエーとかダイマル，それにえきの名前とかがどうにかよめるようになっただけでも，私にしてみればうれしいのと，本とうによかったと思います。家に帰ってもときどきふくしゅうをしていますが，なかなか思うようにおぼえられません。いっしょうけんめいに考え，又書くということは，本当にいいことだと思います。上の子供が中学の時に英語のべんきょうをしている時，そばでのぞいていても，ぜんぜんわからなくて，なにをかいているのかしらぐらいの気持でおりましたが，今では，私はぜんぜんわかりませんが，それでも英語を書いているんだなあと思うようになりました。先生のおしえてる英語は私にはまだわかりません。そのうちなんとかわかるようになるかもわかりません。たのしみにがんばります。（女・小4退・33才）

小学校を卒業しなかった私は，日常知らぬ間に英語を使っている事が，学校に来るようになって始めて知った。そして先ず英語の時間にA，B，C……26文字を書きながらおぼえ初めました。そしてようやく26文字をおぼえて，次はアイウエオ，ローマ字をおぼえ初めて，ようやく頭の中にタチツ……とおぼえたと思うと，英語の読み方がちがって，又，むつかしくなって来た。家に帰って練習も出来ず，職場からまっすぐ学校に来るので，なかなかむつかしい。やすくて早くおぼえることを考えてください。（男・不就学・43才）

私は今まで印刷の仕事に関係しておりましたが，今まで一番困ったのは英語がわからないことでした。仕事も貿易の物が多かったのです。それでなんとかしてせめて読めるだけでもよいからと思い，目につくものはなんでも見たのです。ずい分苦労しましたが，簡単な文句ならどうにか読めるようになりましたが，しかし基礎がわかっておらないので，いっこうに進歩しません。家ではなかなかできないし，今はねむる時間も充分にない位で，先生に教えてもらったことでも家では復習もできず甚だ申し訳けないと思います。しかし，長い間には少しでもわかればよいと思います。外人と話をすることもないので，せめて読めるだけでもよいと思います。やはり基礎を充分に知りたいです。（男・小卒・54才）

＜教材の指導法＞

以上のような条件を考慮して，次のような指導計画を樹てることにしました。

教　材　1. 教科書にとらわれず，基礎的なものをとりあげる。
2. 従って自主教材をプリントして使用する。
3. 4時間（1週）で完結する。
4. 1文型を単位として考える。
5. 定着するまで形を変えて，くり返し提示する。

指導法　1. 文型の説明と読み。
2. 例文の訳を言ってみる。
3. 例文を筆記体で書く。
4. その文型を使って自分で英文を作ってみる。
5. 友人の作った英文を読む。
6. 評価（読み，作文，単語テスト）

この項目をすべてやるのでなく適宜取捨選択して行ないます。次に実際の授業を書いてみます。

＜Be 動詞＞

教科書をはなれ，生徒の実生活に関係のある教材を，と考えましたがなかなか簡単に作れるものではありません。幸い手元にあった「My School Life Reader」（林野滋樹著，兵庫・高砂・松陽中教諭）を参考にさせてもらうことにしました。先ず「吾輩は猫である」という本を知っていますか，英語で言ったら I am a cat. ですというふうに導入して，

I am a pupil of the Maruyama Junior High School.

を教え，次に自分のことを言ってみましょうというわけで，次のような英文を作らせました。

I am a woman.

I am a boy.

I am a cook. （調理員）

I am a printer. （前出，印刷所勤務）

I am a public officer. （市吏員）

同時に筆記体を少しずつ分けて練習させました。

<カルタ作り>

１２時間にわたってBe 動詞の肯定，否定，疑問をやり，３人称の説明を終った所で生徒の方から，どうも授業の内容が難しいとの申出がありましたので，再び大文字の練習に戻り，Asahi Evening News の Topicを使ったりしながら，筆記体の練習につとめました。この頃，Bクラスでも担任の先生が，アルファベットの練習用紙を何度も作成してはくり返し練習をさせておられたので，Bクラスの生徒のためにも使えるものとして，アルファ ベットのカルタ作りを３時間にわたって行ないました。林野先生の指導されたA，B，Cカルタの例を説明した後，読み札の文を考えさせました。みんな興味を持って作っていたようです。筆記体の書けない者は活字体でもよいことにしました。

G　車はあってもgarageがない。

H　私のHospital きれいだ。

A　私はAugust 生れだ。

B　私は Bus の車掌。

G　いつもの glass で酒を飲む。

D　doctor のせわになりたくない。

L　love なき世界は闇だ。

E　egg はタンパク質が多い。

T　お酒を飲んで Tiger になるな。

P　Potato 戦時中を思い出す。

この間へ（辞書の引き方）を入れる。

<プリント学習>

初めのうちは，その時間に教えるべき内容，文型を板書して，それを説明していましたが，生徒がノートに写す時間が長くかかるので，１週間（４時間）の主要な教材をまとめてプリントすることにしました。

<辞書の引き方>

本校の生徒は職場より学校へ直行する者が大部分ですから，時にはノートを忘れるものもある始末で，中にはノートも教科書も教室の後の戸棚に置いて帰る者もあります。そこでその点も考えて，英和と和英辞典を生徒数だけ購入しました。授業時間が限られているので，与える単語の数がどうしても少なくなり，教材の内容も貧しくなりがちです。それを補い，さらに日常分らない英語をみつけたら，自分で気軽に辞書を引けるようにしなければなりません。少し早いとは思いましたが，Do you learn English? と一般動詞の疑問文を教えた３８時間目に，辞書の使い方を練習しました。Alphabet の順番があやふやな者もあり，和訳の漢字につまずく者など，てんやわんやでしたが，一応のルールはのみこめたようです。

No.16　We Can Do Many Things.

(1)　We can sit.

We can stand.

We can run.

We can swim.

We can throw a ball.

(2)　We can count.

We can sihg a song.　（略）

<英作文>

プリントが一枚ないし二枚済めば，例文をみながら自作の英文を書かせます。英借文とも言うべきでしょうが，自分で考え，作ることに意味があると思っています。

次の例はNo.6　I use pencils.

No.7　I don't use pencils.

No.8　Do you use pencils?

を学習した後で作ったものです。

I use lemon.

I don't use cosmetics.

You use a cigarette lighter.

I don't use earrings.

<評価>

平常の評価はプリントが一枚終った時に，プリントを読ませたり，英文を訳させたりして，理解度をみています。１学期末考査の成績は次の通り。（１００点満点）

生徒名	A	B	C	D	E	F	G	H	I	J	K	L	M
得 点	23	58	54	56	93	36	47	78	66	31	64	50	68
年 令	45	43	38	44	20	36	45	35	23	16	20	54	33
学 歴	小6	未	小5	高小	中3	小6	小6	小6	小6	小6	中2	小6	小4
出席率	53.1	68.3	82.2	48.1	87.3	77.2	86.2	43.0	45.5	51.8	60.7	62.0	77.2

平均 55.7点

<反省と今後の課題>

短かい期間ではあるが本校で教えた感想を述べてみますと，生徒たちはみんな自分から望んで入学しただけあって，学習意欲は誠に旺盛である。正しい姿勢，喰い入るような眼，一分一秒も無駄にしまいとする態度にはこちらが圧倒され，自然と緊張してくる。又，理解が不十分である時は，こだわりなく質問してくるので，こちらも生徒の理解力を知って授業を進めていくことができます。しかし反面，生徒の責任ではありませんが不利な面も多くあります。先ず学力が低い（そのために入学したのだから），学力差がはげしい。記憶力の減退。集中力が乏しい（昼間の疲労から。特に高年令者）。生活上の問題のための欠席が多い（家事，家族の病気，夜勤　出勤残業　etc）。

夜間中学校の存廃が問題とされている昨今，精力的に存続運動を続けるとともに，その教育内容についても，入学してくる人たちを失望させぬよう努力を重ねたいと思っております。

彼らがどうして義務教育を修了することができなかつたのか

— 夜間中学生の実際例 —

昭和45年10月

大阪市立天王寺中学校夜間学級

◎第1例　1年　S．Y　男27才

昭和25年，大阪市□□□の小学校に入学した。

彼の両親は共働きで生活に追われ，子供の学習にはあまり関心がなかつた。Yは1年の夏休み後，夏休み中の宿題や日々の宿題ができないで登校することが多かったが，先生はそのことについても何も指導しなかつた。学校に行っても勉強がわからなくなり，学校に行くのがいやになり，ずるずると休みだした。

初めのうちは，担任の先生も家庭訪問をして出席するように言つたので，母もYを学校へ連れて行くようにした。しかし，Yは勉強がわからないため学校がおもしろくなく，昼間両親が家にいないのをいいことにして，学校をぬけ出し，家に帰つてしまうようになった。帰つても友だちもなく寂しかったが，学校でわからない授業時間中じっとしているのよりはましだった。友だちからばかにされ，ほとんど学校生活の経験はなかったが，卒業証書はもらった。Yは，ほとんど文字の読み書きはできず，算数もかけ算はおろか簡単なたし算も知らなかった。

中学校に進んでも，これではついていけるはずはなかった。最初のうちはもの珍らしさもあって登校はしたが，1年の2学期からは全く登校せず，義兄の工場へ働きに出るようになった。中学校の担任の先生はYの職場まで来て，彼の就学をうながしたが，小学校1，2年の学力もないYにとっては，特別な指導の手が加えられなければ，とうてい学校に通うことは無理であったといえよう。

Yは決して知能のおとる生徒ではない。夜間中学校に通い出してから，Yはクラスでもすぐれた学習成績を示していることからみても，小学校1年のころの指導が適切であったなら，今さら夜間中学校に通わなければならないといったことは避けられえたであろう。

◎第２例　１年　Ｋ．Ｅ　女２０才

昭和３２年に□の小学校に入学した。Ｅが３年生になったとき，母がかぜから肺炎になり，５人姉弟の一番姉であるＥが弟妹の面倒をみなければならず，学校を午後早退して子守や家事を手伝った。そのころから，国語や算数の学習がおくれ始めた。

その時，学校側の適切な処置があればＥはまだ救われていたであろう。Ｅの家は学校のすぐ裏にあったにもかかわらず，担任の先生は一度も家庭訪問をしなかったという。

４年生になって，授業に全くついていけず，母が病身で家事と子守の手伝いに忙しかったため学校は長期欠席となった。そのまま月日が過ぎた。学校からは何の指導もなかった。

当時，Ｅはまだ幼く，親も女の子だからと，Ｅが学校を休んでもさして気にとめていなかったが，中学に行く年令になると，学校に行きたくてもついていけず，Ｅは「学校に行きたい」「寂しい」という思いを絶えずかみしめていた。

１５才の時，母が死亡した。その後，Ｅは印刷会社に勤めたが，１年以上にもなると，字が満足に読めないのでは仕事にならず，勤めをやめざるをえなくなった。１８才で現在の職場についた。

◎第２例　１年　Ｈ．Ｍ　男５１才

大正９年，朝鮮の済州道に生まれた。父母は貧しい農民（半漁）であった。１９１０年（明治４３年８月２２日「日韓併合ニ関スル条約」が調印されて以来，朝鮮全土は日本帝国主義の植民地支配の下に苦しむことになった。Ｍの父の抵抗は次のことになってあらわれた。

「学校へ入学させたら，長男は兵隊にとられる」

Ｍは２３才まで村の夜の漢字学校へ時折り通った以外は，全く学校と名のつくところへは行かなかった。漁師や農民の手伝い仕事をして生計をたてていたが，やがて，この若者のもとへ徴用令が届いた。「炭鉱へ行け」と。

Ｍは大阪在住の姉をたよって単身で渡航，初めて日本の土をふんだ。義兄のもとで，以来２０年間生野区の工場のかたすみで機械の部品造りに朝早くから夜おそくまで働いた。

長男は薬大を，娘は短大を出て，今は生活も安定したが，文盲に近い父親を子供たちは理解しようとせず，何の相談も持ちかけてはこない。「学問がないからか？」と自問自答したという。

テレビで夜間中学ができたことを知ってとんできた。教育委員会で「小学校も出ていない人は……中学校の勉強をするのだぞ」といわれたが，あくまで食い下って入学にこぎつけたという。

◎第４例　１年　Ｈ．Ｔ　女　４２才

岡山県倉敷市生まれ。兄２人（後にいずれも戦死），次女として生まれたが，姉は生まれて間もなく亡くなっていたので，Ｔが事実上の長女の役割りを受け持たされることになった。

父の職業は馬方で，馬を引いて地方へ出かけていく。最初は倉敷に住み，小学校入学時は広島にいたとＴは言う。３年生ごろまでは通学したというが，弟や妹が次々と生まれ（弟３人，妹３人）父は酒をのみ母ともめる。学費が持っていけない。学校の欠席が多かった。そうした中で，母が実家へ帰ってしまった。Ｔはあとの一家の世話をしなければならなかった。Ｔは１８才までずっと兄弟のめんどうをみてきた。

１８才の時，思いきって妹と上阪，□区でミシンの仕事を覚えた。Ｔは字も充分に書けない，数字も英語も知らない。１８才から４２才の今まで同じ仕事ばかりやらされた。彼女はずっと独身で，今だに臨時雇いであるという。早く卒業して資格をとりたい，そして好きな職業につきたい。それがＴの願いである。

◎第５例　１年　Ｋ．Ｎ　女　２２才

和歌山県御坊に一家は居を構えていた。父は学歴がなく，日雇いで生計を立てていた。父母のほか祖父母，妹２人，弟１人の８人暮らしで，極めて生活に困窮したため，一家はブラジル移民として昭和３４年ブラジルへ渡った。Ｎは小学校４年当時，弟妹は入学前であった。

ブラジルでは，現地の教育施設に入学することはできるが，ポルトガル語が使用されているので入学してもことばがわからない。日本人学校もなく，Ｎの学校教育は中断されざるをえなかった。その上，一家の生活を支えるために重労働の毎日で疲労が激しく，家庭での学習の時間的余裕もなかった。

このような状態で９年の歳月が流れた。が，生活に少しの余裕もできず，毎年，新しい雇主を捜しては居所を変えなければならないという悪条件の連続であった。昭和４３年，ついにブラジルでの夢が破れて，日本へ帰らざるをえなかった。

帰国後，Ｎは中学校へ入学したいと手続きに行ったが，Ｎはすでに２０才，年令超過のためにその目的を果たすことはできなかった。失意に沈んでいた時，知人から大阪に夜間中学があることを聞き，単身で来阪，住込みの職場を探して，現在働きながら通学している。Ｎは９年間のウップンを晴らすように，喜びにもえて毎日を真剣に学習している。

◎6例　1年　K．H　女　38才

出生は名古屋市付近の漁村。家業は漁業。父は不具者，母はHの幼いころに死亡，継母を迎えた。貧困のため苦労を重ね，小学校へもやってもらえず，近所の子守や家事手伝いをして家計を助けた。何一つ子供らしいくつろぎの場がなく，友だちもできず，寂しい毎日を送った。このような状態が15才くらいまで続いた。戦争が激しくなって長野県に疎開して後も，工員やお伝いをして生活を助けるために働いた。食糧難のため栄養失調になったが，それでも働かねばならなかった。ついに極度の疲労のため倒れたが，何とか他人の親切にすがって一命をとりとめることができた。間もなく終戦となり，生まれ故郷に帰った。

戦後の混乱期に父と死別，継母とも別れて，食堂の給事などをした。教育がないため，いつも人からだまされ続けた。心を打ちあけて話せる友もなく，一人思い悩むばかりであった。結婚話があっても知能が低いと思われ，すぐに話はこわれた。30才を過ぎて，やっと女は教育程度の低い方がよいという男性にめぐり合い結婚した。しかし，夫や夫の親類がHをばかにし始め，妻とは名のみで，子供ができても，子供の教育はまかせられないと何一つ口出しさせてもらえないという状態である。Hは子供の教育の少しもやりたいという一心で，夜間中学に入学した。

◎第7例　2年　Y．M　男　25才

Mは生まれた時から身体が弱く，5，6才ごろかぜをこじらせてからは，一時医者にも見放されるほどであった。小学校に入学してからも欠席がちであった。担任の先生もよく家庭訪問をして登校をすすめたが，学校は近鉄線の一駅向こうにあり，その上，病弱のMはがき大将の友だちによくいじめられたので，学校へ行くだけの気力が出なかった。（Mが同和地区に住んでいるということが，いじめられた原因であるとはMは言っていない）こうして，ぼんやりと寝たり起きたりの生活を続けているうちに学校との縁も切れてしまった。

その後，健康の方も少しはよくなったので，家の仕事を手伝ったり，また働きに出たりもした。しかし，文字の読み書きもできず，計算もできないので，すぐにいきずまって，転々と職場を変わらざるをえなかった。大阪の親類の家に同居して，そこの商売（飲食店）を手伝っている時に夜間中学のことを聞いて入学した。今でも身体の疲労とたたかって，Mは一生けんめいに学習をしていこうと努力している。

◎第8例　2年　D．K　女　52才

大正7年，朝鮮の済州道に生まれた。村全体が非常に貧しく，Kの家も兄弟姉妹の多いせいも

あって生活は苦しかった。Kは貧しさのため学校へやってもらえなかったが，勉強したくてたまらなかったので，当時村にできた学校へ行って，家族には無断で勉強した。（この学校は塾のようなものと思われる。夜の燈火用の油を持って行けば，だれでも教えてくれたという。）両親はそんなKを見ても何とも言わなかったが，祖母はKを無理やりに家に連れて帰ったりした。祖母は常に，「女が勉強して何の役に立つか」といって，勉強したがるKをとがめ，働かせようとした。日本の支配下にあった当時の生活は苦しく，祖母の立場としては無理もなかったとKは述懐している。

16才の時，このような生活がいやになって，親類を頼って一人で日本へやってきた。19才で現在の夫と結婚した。日本へ来てから，ミシンの下張り工場などで働いたが，文字がわからないため，非常な苦労をした。結婚してからも，戦争中は馬力の運送屋をしたり，戦後は買い出しをしたりして働いた。現在は，子供たちをみな大学まで行かせることができるようになった。Kは夜間中学のことを聞いたとき，小さいころのかなえられなかった夢を実現させるため，喜んで入学を申込んだ。Kの夫も自分が学校教育を受けていないので，Kの入学を認め，協力をしているし，子供たちも母の学習を激励している。

◎第9例　2年　N．N　男　28才

大阪府出身。五人兄弟の末っ子に生まれたが，4才の時母と死別。経済的困窮と父子家庭のため一家離散の運命をなめた。Nは父親とともに生活し，小学校3年までは教育を受けた。父は病弱で生活に困っていたので，Nも学校へ楽しく通ったという記憶はない。友だちもあまりなく，どうしても父を助ける手伝いに心が動いたという。

父の転職にともない，住所を転々とし，父の屋台そば屋の手伝いなどで13才まで過ごす。13才で泉北地区の織物工場に住込工員として就職。以来，字が読めない，計算ができないため，かたみの狭い思いをし，自分で漢字を覚えようとしたり，珠算を習ったりしたが，思うようにいかず，常に劣等感の苦しみを味わってきた。現在の職について，ようやく収入に困らなくなったので，夜間中学のことを知ってすぐに入学した。

◎第10例　2年　M．M　女　23才

昭和22年，大阪で生まれ，逆境の流転が始まる。戦後の混乱期で多くの人々が生きていくのに四苦八苦していた時代，Mは生後数か月目に生みの父母から捨て去られた。子供のなかったF夫婦に養女として引きとられ，小学校に入学するまで比較的変動のない生活を送ったが，養父の

転職により鹿児島県の奄美大島へ転居，以後転々とした生活が続いた。生活苦，弟の誕生，養父母の離婚などの中で，小学校３年までは，学校をいくつか変わり，学用品の不足や学校への納入金の遅れなどを子供心に気にしながらも，何とか学校に通うことができた。しかし，養母と二人で生活することのむずかしさから，養母はある人の援助を受けることになり，再び大阪へ帰った。□区の小学校に転入したが，約半年後４年生の半ばで，援助を受けている人の親戚宅へ家事手伝いと病人看護のために預けられた。学校へは通わせてもらえなかった。約一年後，養母のもとに帰った時は弟が生まれていた。養母が働きに出なければならなかったので，弟のお守りと家事一切がＭの仕事として待っていた。

１４才になって，今後の自分の生きる道を考え，養母に何か自分の手に職をつけたいと申し出て美容院へ住込み見習いとして働きに出ることになった。自分から自分のことについて申し出たのは，これがはじめてであった。その後，ずいぶん苦しいことがあったが，自分しか頼るものはないと歯をくいしばってがんばってきた。しかし，義務教育の終えていないＭには，どれだけ手にに技術がついても美容師にはなれない。新聞で夜間中学の開設を知って開校と同時に入学した。Ｍには明るい見通しがついた。どれだけかかっても，必ずやりとげます，と口数はあまり多くはないがＭの口ぶりから強い決意がうかがえる。

◎第１１例　２年　Ｓ．Ａ　男　２５才

岩手県の貧しい山村に生まれた。父は山仕事，母は町へ働きに出ていたが，生活が苦しく，兄も中学１年で中退し，父の仕事を手伝った。Ａは小学校５年ごろから，母の仕事のある日には小さい弟妹の子守のため学校を休まなければならなかった。中学に入学したが，貧乏で昼弁当もつくってもらえず，昼食時には一人運動場でみんなの食べ終るのを待つという日が続いた。この昼食時の苦痛が，Ａの中学中退の大きな原因となった。

中学を１年で中退したあと，兄と同じく山仕事の手伝いをしたり，鉱夫の仕事についたりしていたが，１９才の時知り合いを通じて大阪へ調理見習いにきた。Ａは決して調理の仕事を望んでいるというわけではない。他の職種を選びたいと思っても，中学を出ていないＡには仕事の種類はどうしても限定されてしまうのである。Ａは学校へ通うために仕事の多忙となる夜，職場から出してもらっているので，日曜日も自分のためには休まず，職場の同僚たちとの人間関係の調整に気を使っている毎日である。

◎第１２例　２年　Ｅ．Ｏ　女　３５才

３才の時，父を失ない，小学校４年の時，母も失なった，Ｏは７２才と７０才の老夫婦のもとに養女となっていった。養父はＯを百姓仕事に使うために養女としたらしく，「女は学校へ行く必要はない」といって学校へ通わせず，一日中畑仕事に従事させていた。こんな状態が小学校４年生時分から１５才になるまで続いた。このような生活に疑問を覚えたＯは，１５才のおり家出をし，実兄のはからいで名古屋の工場に勤めることになった。

以来２０年近く勤務したが，字を知らず，計算もできず，会社には中卒ということになってはいたものの，仕事も全く限られた範囲のことしか与えられなかった。その間，結婚話もあったが，中学校を出ていないために断られたこともあった。大阪に夜間中学のできたことを新聞で知った時，小学校４年の時無理やりに学校をやめさせられたＯの，勉強に対する長い間の願望が一度にＯを動かした。Ｏは直ちに会社をやめ，大阪の天王寺がどこであるかも知らないままに，大阪へやってきた。会社の退職金で当分の生活をまかなうことを覚悟して。

◎第１３例　２年　Ｍ．Ｙ　女　２８才

１才の時，父は戦死した。母は病弱で，生活苦から，Ｙは東大阪の施設に入れられた。ところが小学校卒業と時を同じくして，母は病気で倒れてしまい，幼い義弟と病母をかかえて，民生保護だけではどうてい生活ができないので，体の小さかった１２才のＹも紙工所の工員として働かなければならなかった。人一倍勉強の好きであったＹには，このことは大きなショックであった。体をハンマーで殴打されたようで，口では表現できない苦しみ，情なさであったと，Ｙは当時をふり返って言う。

その後，Ｙはいろいろの仕事をしてきた。苦痛に耐え，ただガムシャラに。しかし，勉強への望みは常にＹの心にあった。中学の通信教育制度を知った時，すぐに受講して４年間学習を続け，国語，社会，数学の三教科については３年の課程を修了した。夜間中学のことを新聞で知り，現在２年に編入してもらって毎日熱心に学習している。

◎第１４例　３年　Ｈ．Ｔ　男　１７才

小学校３年のころ，両親が離婚，母は再婚した。Ｔは父に引きとられた。父親は酒が好きで，子供の世話もせず，その日暮らしの生活をしていた。小学校４年のとき，肝臓炎で父が死亡したので実母のもとにひきとられた。Ｔには一人の妹があったが，母と義父の間には二人の弟妹ができた。小学校６年のころ，義父は罪をおかして刑務所入りをした。母は生活のため昼も夜も働いたが，一家の生活は非常に苦しく，民生保護を受けて細々と暮らした。しかし，小さな弟妹の世話から毎日の炊事，洗たく等のため，Tは学校も休みがちになり，中学校1年の夏休みごろから遂に登校しなくなった。

その後，母は夜の水商売に転じ，昼はTが工場等で働いたが，収入も低く，アルバイトの形で職場を転々とした。本校に入学してからも1年半に3度職を変えている。現在の会社で本採用になるチャンスはあったが，そうなると残業などもしなくてはならず，どうてい夜間の学校へ通学することはできなくなるので，給料も低く，各種の社会保険にもはいっていない。

現在，母の仕事もおちつき，Tも比較的安心して勉強できるようになった。Tは本校卒業後，高校に進学，さらに大学まで行きたいと，希望は大きい。

◎第15例　3年　H．T　男　18才

家業は，藤井寺市の神社の神主。Tが小学校4年生のとき，母は病死した。父もそのころより肺結核のため療養しなければならなくなった。Tは父の看病のかたわら，二人の妹の世話をひき受け，中学2年までは何とか通学できたが，過労のためTも肺炎を病み，3年生に進んで間もなく病状が悪化し，登校することができなくなった。担任の先生はもう一年やりなおすことをすすめたが，父は落第というのでは世間体が悪いと学校をやめさせてしまった。神主という職業柄とはいえ，無理解な父親の態度であったといってよいだろう。

昨年秋，父は死亡，妹たちも成長して手がかからなくなった。Tはやっと中学校を修了することを希望して，もとの中学校へ復学しようと考えたが，教育委員会で夜間中学のことを教えられて本校の3年に編入した。

レポート

引揚者生徒の日本語教室について

東京都墨田区立曳舟中学校第二部

(1)　引揚の背景

戦後25年，日本の高度経済成長は，ついにGNP第2位という位置まで発展した。戦前の日本の韓国進出の蔭に現在の彼らの存在がある。そしていく多の問題をはらみながら彼らは日本人としてより韓国人として成長してきた。言語・習慣・食事etc，彼らの生活のすべては韓国人である。

父と母のいずれかが日本人のケース，まれに両親日本人のケースがあるが，敗戦後韓国の日本人は“韓国人らしく”生きないとその生命さえあやぶまれたという。

韓国からの引揚の歴史は古く，敗戦後まもなくから現在に至っている。

厚生省引揚援護局・社会局の話によると，今後も在韓日本人の引揚は続くという。敗戦後25年を経た現在の引揚者は，その子弟の年令がかなり長じているのが特長であるが，その彼らの生活のすべてを日本に移した時，非常なまさつが生じているのが現状であろう。そのまさつは生活面・言語の面，すべてである。

(2)　引揚者の期待

個人がそれぞれ日本帰国に少なからず期待を持っている。

日本での就職・生活・対人関係，そのすべてが母の国（あるいは父の国）をみたことのなかった彼らにとって新鮮であり，不安と希望で満ちているだろう。

彼らは韓国での生活を多く語ろうとしないが，敗戦後の彼らの生活はやはりきびしいものだったろう。その裏返しの期待を持つのは人間としてあたりまえのことであろうが，現実は職場でもそううまくいっていないのが現状であろう。短期間で職を変ったり，退職したりしている生徒が多いのは，“こんなはずじゃなかった”という彼らの期待はずれの気持があるのではないだろうか。

(3)　受入れ側の問題

日本が1910年から1945年まで支配していた朝鮮――日本人の心の奥に，朝鮮人べっ視の感情が流れてはいないだろうか。私自身，長いこと，朝鮮人べっ視の感情をぬぐいきれなかった一人である。

現在の引揚者対策は，厚生省引揚援護局，社会局などが担当しているが，その引揚政策は貧困である。日本語を知らない2世に対する公的な日本語の教育機関の開設もなく，家族の生業の指導などもやっていない。すべて私的な縁故関係にたよっている実状である。

引揚者は国籍を日本に持つとはいえ，言語・習慣の問題から，引揚者は「引揚者」にすぎず，日本人離れし，日本人になりきれない，しかし法的には日本人である。このような彼らと一般日本人とは，やはり根本的に一致できないものがあるのではないだろうか。

(4)　引揚者生徒の教育と夜間中学

── 日本語の専門指導機関を ──

引揚者の性急な問題はコトバであり，できるだけ早く日本語をおぼえるということであろう。その専門教育機関がない現在，言葉は生活の中からおぼえざるを得ないので，彼らが夜間中学校に来るのは言葉の問題以外はない。しかし曳舟中学校の現状は生徒のほぼ1/3を引揚者が占めているので，彼らと教室を共にした場合，他の生徒の教育を疎外することになる。従ってこのような状況では，他の生徒と席を同じくすることは双方にとってマイナスとなるであろう。引揚者の旺盛な知識欲はほとんど日本語についてである。私は日本語の指導だけを専門にする公的な機関設立を早急にのぞむ。今後，更に引揚者は増加するであろうし，すでに韓国で高等教育を受けている者も多い現状では，やはり日本語を教える機関が必要であろう。これは彼らの旺盛な知識欲に対しても答えることになるだろう。

(5)　現在の問題点

言葉の理解度がまちまちな中で，彼らを一緒に教えるために録音による教材を使っているが（ＮＨＫ録音教材）音からの教育の効果はあるように思う。主に日本文学で彼らの関心をひきそうなものが主であるが，これから生活面などの習慣等の勉強もやりたいと思う。やはり耳・目から入る感覚はリアルだから，この方面にも視聴覚教材を使用したい。

更に言葉をほぼ理解した生徒の中からは，半日本人としての自分の生き方についてｅｔｃ の問題を提起しており，これらの生徒に真に答えるには私の生き方についても問われており，その相互批判の中からこの問題について追求したい。

東京都夜間中学校事務量分類表

昭和45年6月10日現在調査

東京都夜間中学校研究会総務部

事　務　部　会

大分類	中分類	小分類	内容	発生件数			所要時数			年間時数
				年	月	日	測定	単位	時間	
人事	出勤簿	給与に関する	計算（整理）		1		15	分	0.25	時間 3
	休暇整理簿	〃	計算（整理）		1		15	〃	0.25	3
	具申	（採用・退職）	非常勤講師含む	3			5	時間	5	15
	履歴書	採用退職昇給	整理	5			4	〃	4	20
	内申	昇格・昇給		5			3	〃	3	15
	勤務状況報告	給与に関する			1		2	〃	2	24
	勤務整理簿	〃			1		2	〃	2	24
給与	給与	異動報告	給料		1		30	分	0.5	6
			扶養		1		30	〃	0.5	6
			調整		1		30	〃	0.5	6
			特勤		1		30	〃	0.5	6
			課外		1		30	〃	0.5	6
			通勤		1		30	〃	0.5	6
			昇給差額	5			3	時間	3	15
			諸控除		1		30	分	0.5	6
			追給	3			3	時間	3	9
			返納	3			3	〃	3	9
			その他	3			3	〃	3	9
	期末・勤勉	年に3回	報告（割合等）	3			5	時間	5	15
	時間外	毎月請求支払	雇傭員関係		1		2	時間	2	24
	報酬	毎月請求支払			1		3	時間	3	36
旅費	管内	在勤地内外	毎月請求 支払請算		1		5	時間	5	60
	管外		〃							
		修学旅行	年に1回	1			7	時間	7	7

—44—

大分類	中分類	小分類	内容	発生件数			所要時間			年間時数
				年	月	日	測定	単位	時間	
旅費	管外	夏季施設	毎月請求支払 清算 年に1回	1			5	時間	5	時間 5
		遠足	〃 年に2回	2			10	〃	15	20
		全国大会	〃 年に1回	1			5	〃	5	5
財務	予算	申請	要求	3			3	時間	3	9
		計画	学期	3			4	〃	4	12
		執行	年間50万円(約)	20			3	〃	3	60
	管財	備品台帳	管理・教材		1		3	時間	3	36
		備品廃棄処理	〃	3			5	〃	5	15
		消耗品払出	〃			3	15	分	0.25	75
		備品払出	〃		4		1	時間	1	48
	補助金	給食	毎月請求		1		3	〃	3	33
		遠足	全員参加	2			3	〃	3	6
		夏季施設	〃	1			3	〃	3	3
		修学旅行	3年のみ	1			3	〃	3	3
		特別教育活動	クラブ等	1			3	〃	3	3
		学用品		1			3	〃	3	3
		通学費		1			3	〃	3	3
		分担金	都夜中研	1			3	〃	3	3
		〃	全夜中研	1			3	〃	3	3
		卒業アルバム		1			3	〃	3	3
	被服貸与	教員	全員に	1			1	時間	1	1
		雇傭員	〃	2			1	〃	1	2
	営繕	教室	照明，その他		4		30	分	0.5	24
		給食室	〃		4		30	分	0.5	24

—45—

大分類	中分類	小分類	内容	発生件数 年	発生件数 月	発生件数 日	所要時間 測定	所要時間 単位	所要時間 時間	年間時数
給食	会計	支出命令書	請求書点検		5		4	時間	4	時間 220
		小切手発行	〃		10		15	分	2.5	27
	物品	検査	伝票整理			1	15	〃	0.25	75
		申請書	小麦粉その他		1		1	時間	1	12
		消耗品購入	払出し		6		30	分	0.5	33
		備品要求(計画)	区教委へ	3			2	時間	2	6
		契約書作成	業者間	1			1	〃	1	1
		決算書作成	区教委報告	1			5	〃	5	5
					4		2	〃	2	96
保・健	安全会	名簿の作成	年度はじめに作成	1			2	〃	2	2
		医療費の請求	昼間区教委に連絡	6			1	〃	1	6
		医療費の支払	〃	6			15	分	0.25	1.5
		医療券の発行	〃	6			15	〃	0.25	1.5
		医療券の請求	〃	6			1	時間	1	6
		医療券の支払	〃	6			15	分	0.25	1.5
福利・厚生	共済	住宅貸付	申請，返済	3			1	時間	1	3
	〃	一般貸付	〃		1		10	分	0.5	6
	互助	貸付	〃		1		30	〃	0.5	6
	区厚生資金	〃	〃		1		30	〃	0.5	6
	労金	〃	〃		1		30	〃	0.5	6
	医療費の支払				1		30	〃	0.5	6
	組合員証	更新手数		1			2	時間	2	2
	〃	原簿整理		1			1	〃	1	1
	諸給付	手続			1		15	分	0.25	3
	〃	受領			1		15	〃	0.25	3
	〃	支払			1		15	〃	0.25	3
	異動	報告		1			1	時間	1	1

大分類	中分類	小分類	内容	発生件数 年	発生件数 月	発生件数 日	所要時間 測定	所要時間 単位	所要時間 時間	年間時数
庶務	文書	収受				5	6	分	0.1	時間 150
	〃	発送	郵券払出			5	3	〃	0.1	150
	企画	教務・行事				1	30	〃	0.5	150
	調査，統計	報告			5		2	時間	2	120
	出張命令簿	〃				3	6	分	0.1	90
	超勤命令簿					3	6	〃	0.1	90
	諸証明発行				15		6	〃	0.1	18
	諸届					2	6	〃	0.1	60
	諸願					3	6	〃	0.1	90
	渉外	入学希望その他				5	15	〃	0.25	375
学籍	入学手続		途中入学もある		3		15	分	0.25	9
	卒業台帳			1			1	時間	1	1
	時間数合計									2,571.5

生徒は訴える

私はこうして夜間中学生となつた

東京都夜間中学校研究会指導研究部

本年度の全国夜間中学校研究大会の主題は「直接生徒の訴えを聞こうではないか」ということになった。勿論我々夜間中学を担当している教師達の教育研究がいささかもその重さを変えたわけではない。重要なのはこうした現場教育の研究が常に“生徒”という原点にしっかり根を下していなければならないことである。しかも夜間中学の問題は義務教育一般の中できわだってはっきりとした二つの面を持っている。その一つは長欠児つまり何んらかのかたちで一般義務教育からはじきだされた者達のみを対象としている点であり，第二はその落とされてきた，あるいは失われた年月の生活の中での教育をどうすれば埋めてゆくことができるかということである。

今年の主題はこの第一点「長欠児」そのものに直接眼をそそごうというのである。調査による統計上の而も不完全な数字によって「パーセント」などと名づけられたそんなものではなく……。

夜間中学はその存続について云々される程にあやふい存在である。ここ数年あいつぐ廃校によってその数は減少してきた。ところが夜間中学卒業生高野雅夫氏の信念とその奮闘は大阪と東京に新たな夜間中学を発足させる原動力となった。このことは，我々現場教師と教育委員会を始めとする教育行政担当者にまなこを洗って「長欠児」問題をみなおすことを要求している。更に注目すべきは，この夜間中学校がその開設以来常に法令に基づいて，それによって造られたものではなく，正に教育を必要とする人々の存在と，その要求から生れ出たものであるというそのことである。今その生きた証人達の声を心して聞くべきではなかろうか。

「夜間中学／」
ぼくはそこへ来て
人間としてのよろこびを知った
0が○や×の記号ではなく
1や2と同じ数であることを知った　僕の驚き
二十才になってはじめて
自分の名が書け　僕の書いた字を

他の人に読んでもらえた感激
あゝ僕は叫び出したくなる
「夜間中学は一体誰がつくったのか」と
「夜間中学／」
わたしはそこへ来る前に
マンガの本を買ってはその絵をみて
人並みに読んでいるふりをしていた
いま　その本を出して　もう一度それを
そこに書いている字がみな読める
絵ではわからない文字の世界／
あゝそれがわたしの前に開け
知識がどんどんわたしの中へ入って来る
万才／　夜間中学／　それはわたしに
新しい生命を与えた

発言生徒氏名

学校名	氏名	性別	学年	年令
東京都足立区立第四中学校	A	女	2	18
同　葛飾区立双葉中学校	B	男	3	31
同　墨田区立曳舟中学校	C	男	2	24
同	D	男	2	23
同	E	男	3	54
同　大田区立糀谷中学校	F	女	2	18
同	G	女	2	45
同　世田谷区立新星中学校	H	男	2	23
同	I	女	2	22
同	J	男	3	22
同	K	女	卒	38
同　荒川区立第九中学校	L	女	3	17
同　墨田区立曳舟中学校	M	男	3	22
同	N	女	3	22

発言生徒メモ

双葉中学校　3年　B　(31才)

東京に生まれ，戦争末期に山形県の山奥に疎開，父・母・姉との4人暮し，戦後東京に帰ったが，父に定職なく，母の収入で生計をたてる。

中学1年に在学中母親が失踪。父の酒乱と無職に耐えられぬ結果であった。中学を退学し，職業を転々とする。

昨年偶然に夜間中学を知り，直ちに2学年に編入し現在に至る。

曳舟中学校　E　(男)　54才　鍛冶工

戦前家が貧しいため学校に行けず，形だけ小学校を卒業し鍛冶工となって働いてきましたが，鍛冶工は危険な仕事であり，また最近年もとってきたので国家試験を受けて何かの資格を得たいと思ったが，国家試験はすべて中学卒となっているので中学だけはぜひ出たいと考え夜間中学に入学しました。

曳舟中学校　C　24才　埼玉県出身

幼くして両親を失い一家離散，本人は生花業花幸店に引取られ現在にいたる。23才で夜中を知り，主人の協力のもと基礎学力の充実にまい進している。

趣味　つり，将来生花店経営希望。

曳舟中学校　D　23才　福岡県出身

4才で父を失い，弟ともども祖父に引取られ，農業のかたわら小学校を卒業する。

22才にして兄弟協力上京，昼はコックとして夜は夜中に通い，食堂経営を目指し一家の再建に努力している。

趣味　ラジオ・テレビ組立。

新星中学校　H　23才　2年

幼児時母死去。父と生き別れ養護施設で成長。中学生の時非行化。中学2年で中退，北海道など各地で過ごす。23才新星中学2部入学。養護施設を出たあと18才までの後輩の指導に当っている。

新星中学校　K　38才　卒

脳性小児マヒのため手足，口が不自由。歩けないため小学校へは母が背負って通学させ卒業する。その後何度かの手術で自力で歩けるようになる。

脳性小児マヒなど肢体不自由児のケースワーカーとして働きながら進学のため新星中2部に入学。卒業。

新星中学校　I　2年　22才

母子家庭のため，家計が苦しく，小学校も卒業できないまま，13才の時，母の実家の新潟にやられた。そこでも子守として使われ，学校には行けないまま現在に至った。現在は，新星中2部に学び，昼間は　　　に勤めている。

新星中学校　［J］　22才

中学校2年の時，人間関係がうまくいかなくなってしまった。その後，誰とも会わず，どこへも行かない日々を送っていたが，21才になって，先のことを考え，新星中2部に入学した。

現在，昼間は勤め，学校においても積極的な日々を送っている。

糀谷中学校　［G］　45才　2年

家業マッサージ師。夫君病気のため，本人が無資格で営業中。資格をとるため各種学校に入学を希望したが拒否され，やむなく夜間部に入学。

昼間部PTA役員，生活保護受領中。

糀谷中学校　［F］　18才　2年

貧困，父アル中，母精神病のため，小学校より長欠，アルバイト。（尾道市出身）

上京，働きながら入学，入学時はひらがなも書けなかった。

足立区立第四中学校　［A］　18才　（女）

昭和27年3月20日韓国に生まれる。韓国の小学校を卒業し，昭和39年3月来日。同年12月に，腎炎にかかっていることがわかり，通院し，3カ月後に入院する。闘病生活を4年程続け，ほぼ治る。その間に，足立区立新田小学校を卒業する。

昭和44年9月，足立四中二部に入学。現在［　　］小学校に事務助手として勤務。

生　徒　作　文

私の体験

双葉中学校　3年　［B］

私は昭和13年，東京で生まれました。当年31才の中学生です。お恥ずかしいのですが，私の生活経験を，お話しいたします。

私達の家族は父母・姉・私の4人暮しでしたが，終戦前に山形県の山奥に疎開しました。終戦後，東京へ帰ったのですが，ひどい住宅難で，間借り生活を始めました。

当時，父には定職が無く，母の収入で生活しておりましたが，母は苦しい生活の中から私達2人を私立の中学校へ進学させてくれました。姉は愛国学園，私は市川学園へ進みました。

しかし，母は父が酒乱で定職が無く，暴力をふるうのに愛想をつかしたのか，突然に失踪してしまいました。私が中学1年生の時です。母の収入で生活していた私達は，その日から全く行きづまってしまいました。姉も私も学校を中退して職につきました。

当時は就職難で，義務教育さえ終えていない者を使用してくれるはずがありません。私は，新聞配達，レストランのボーイ，銀座のキャバレー等々，転々と職をかえましたが，水商売は性格に合わず，31年に現在の工場へ旋盤工の見習として職を得ました。それから，14年その工場で働いております。

就職時に，私は履歴書に，中学校卒業と書きました。中学校を出ていないのでは，使ってくれないと思ったからです。働きながら，私は毎日のように，なんとか，学校は卒業したいと思いつづけておりました。反面，履歴書を偽ったのが，常に心の圧迫となり，気持が荒んで，工場主とも喧嘩が絶えず，仕事を変えてしまおうかと考えておりました。

そのような状態の時，私は工場の仕事で，葛飾の区役所へ行きました。そこで夜間中学校のポスターを見たのです。私は飛び上って喜びました。今までも，うすうすは夜間中学校があるのではないかと感じていましたが，現実に，こんな近くにあるとは思ってもいませんでした。

これなら通えるぞ。学校が卒業できるぞ。と，ぞくぞくする喜びが体一ぱいに広がりました。しかし，それから入学するまでが大変でした。30才にもなって，学校が入学を許してくれるだろうか。工場主が通学を認めてくれるだろうかと次々に心配が持ち上ってきました。通学が許されなければ，職を変えようと決心して，社長と交渉しました。社長は六時まで仕事をするのを条件に許してくれました。学校では双手を挙げて，入学を歓迎してくれました。

入学を許可され，今まで荒んでいた私の心も平静を取り戻し，将来への希望が湧いてきました。今後は私の努力次第で，高校だろうが大学だろうが進学できるのです。このような充実した生活が送れるのも，すべて夜間中学校があったからだと私は感謝しております。

それにつけても，私は私の姉や，私の身近にいる義務教育を終えていない人のことを考えてしまいます。　みんな履歴書を偽り，そのため，毎日毎日おびえた気持で暮しております。私の姉は，結婚して1児の母ですが，パートタイムで働く時，高校卒と偽るようです。本当は姉も夜間中学へ来たいのですが，結婚し母となると，余りにも障害が多く，経済的にも余裕がなく，通学は無理のようです。

私は思うのです。日本全国では相当数の人が履歴を偽り，働いており，暗い気持でいるのではないでしょうか。その暗夜から抜け出す方法も知らず，又，夜間中学校の存在を知っても，地理的に通学が出来ず，経済的に余裕がなく，やり切れない気持で暮しております。

私自身の体験から，夜間中学校はまだまだＰＲが必要です。多くの人が夜間中学校の存在を知らないでいます。

そして，知ったとしても，通学するためには，相当の困難があります。仕事の時間が少くなり，経費もかかります。経済的には高度の成長を遂げた日本です。その力を，その人達の救済のために惜しみなく使って欲しいと思います。一人でも多くの人が，あの暗い気持から解放され，充実した毎日が送れることを心から希望します。

荒川区立第九中学校　［　O　］　２９才　２年

私は沖縄で生まれて，第二次大戦で両親を亡くしました。その頃私は５才ぐらいでした。

その時代は食糧難のときで，食べるのもやっとのことでした。親類の家に世話になっておりましたが，一カ所にはおいてくれないので朝夕親戚から親戚へと歩きました。その頃から私は小学校へ人並に行っておりません。私には本と帳面を買ってくれる人がなかったのです。同級生が学校に行っているとき私はよその家で働いておりました。私の仕事は主に馬の草刈りだったのですから，よく学校の近くで草を刈っていました。その頃私ははずかしさはなかった。みんなが中学校を卒業した頃から，私は今からでも学校へ行きたいと思ったのです。とにかく生きるために，むちゃくちゃに働きどうしで，今考えてもよくこれまで体がもったと自分でも不思議な気がするような生き方をしてきました。こんなゆとりのない生活で体がだんだん疲れてだめになってきました。なんとかして本土の日本へ行きたいという念願がようやくかなって本土に就職できましたが，いつも学校の事を夢に見て眠れない日が続きました。

こんな時，たまたまラジオで夜間中学があることを聞いたのです。交番で尋ねたりして学校がやっとわかったのですが，校門をはいるのがはずかしくてガタガタしました。

こうしてやっと入学できたのです。本土に来たのも自分で考えました。夜間中学も人からすすめられたのではありません。むちゃくちゃに働いてきて体がまいってきたとき，これではだめだ，自分でなんとかしなければ自分の人生は開けないと思い知ったのです，あまえたらだめです。き

びしいです。今夜間中学校で勉強していることも，生きていることも夢をみているような気がします。

荒川区立第九中学校　［　P　］　１９才　３年

私は九州の大分県から，この６月３０日に上京して来ました。家族は両親・姉１人・妹２人と弟２人で，私は次女です。私の家も昔は貧乏でしたが，今は大分楽になりつつありますが，それでもまだ学費なども援助を受けています。私は中学を２年までしか終えてなく，去年の３月まで３年間町内の雑貨店で働かせて頂いて，その間いろんな人と接触してきて人間関係の難かしさがひしひしと自覚され，良い社会勉強になり私自身人間的に成長したように思います。

それから上京するまでは家の手伝いをやっていました。私の母は病弱なので，元気でいる時よりも病気の時の方が多く，あまり激しい仕事はできないので家事一切，それに田畑などもすべてやりました。別に嫌だなあと思ったこともありませんし，働いている事自体に何か生き甲斐を感じて一生懸命やってきました。ただ経験が浅いせいか手足の筋肉が痛くなります。どんな仕事にしても一生懸命やれば興味が湧いて来るように思えます。

私がこの荒川九中を知ったのはもうずいぶん前のことですが，就職してから義務教育の重要さが実感として自覚された始末なのです。笑われるかもしれませんがそれが真情です。それで何とかもう一度学ぶ楽しさを味わいたいと思いこの荒川九中に入ることを密かに決意しました。ところがこのことを両親に話したら頭から拒否され，一度は諦めようと思ったものの諦める事ができず一押し二押しで説得し，やっとの思いで承諾を得ることができました。

とても嬉しかったです。決して憧れで上京して来たわけではありません。学校でみんなと一緒に勉強することを唯一の喜びとして抱いてきました。私自身，働きながら学ぶことにとても興味をもっていましたので，両方は大変だと思っていますが決断した以上は精一杯頑張っていこうと思っています。

僕の半生　　荒川区立第九中学校　［　Q　］　２９才　２年

僕は栃木県宇都宮市内で生れました。僕が４才の時に母が死んで，父も行くえがわからなくなったのです。このころから僕の苦労がはじまったのです。僕は兄弟３人のまん中でした。

今思うと僕が一番貧乏くじをひいたようです。僕一人がおじいさんとおばあさんの所にひきとられました。このおじいさんは，このあたりで指おりのやくざ者で「けんか［　］」などといわれていました。そんなものだから，学校に上った時から「お前のじいさんはやくざ者」などといわ

れて泣いた時もあります。しかしそんなことはまだ良い方でした。このおじいさんは僕のことをきらっていました。なにか気にいらないことがあると一晩でも二晩でもすわらせておくのです。「きょうは飯ぬきだ」などといわれて泣きながら母のおはかに行くのです。そしてはかの前で手を合せて「かあちゃんはなんでおれをおいて死んだんだ」と泣いた時もありました。この時まだ2年生でした。それから2年後，田舎に奉公にだされました。4年生の時でした。そこでも僕には苦労が待っていました。毎日草刈や馬の手入れで学校などは1年間に半分も行けませんでした。そんなものですから，たまに学校に行くとみんな知らん顔しているのです。そんな自分にも二つの楽しみがありました。一つは1年に2回兄弟にあえるのです。でもかえって来て，たんぼで重いもっこを持っていると兄や弟と楽しく遊んだことを思いだし泣きだしてしまうのです。するとうしろの方から「何やってんだー」とどなられました。もう一つは僕が毎日草をやる馬が僕の気持をわかってくれるのです。馬小屋でねた時もあります。自分がおこられるとその馬にあたるのです。それでも僕にほほをすりよせてくるのです。その馬も僕が6年生の時に死んでしまったのです。どうしておれのすきなものはみんなはなれていくのかと思いました。中学2年になった頃にはもう学校に行かしてくれませんでした。きんじょの人は「Q さん学校に行かないの」ときくので，「うん，おれ学校はきらいなんだ」といいました。

その後14才の時，その家をとびだして父のいる所を探しました。茨城県の方にいたのです。僕は父のところに行くことをきめました。お金は2百円しかないので，宇都宮から結城市まで歩いて父の所をたずねました。しかし自分で想像していた父とはちがっていました。父はもうQ（姓）ではなかったのです。養子にはいっていました。すでにそっちに子供もいたのです。ここで僕はのけ者でした。自分でもどうしたらよいかわからなくなり，信じる人はだれもいなくなったのです。

こうなったら手に職をおぼえようと東京に来て機械工にみならいではいりました。しかし給料は「おしえてやるんだから」といわれて，月に千円しかもらえませんでした。その後仕事ができるようになって職場をかえるといったら1万円になったのです。

このころから友達ができ，わるくなりはじめました。自分が弱かったのでしょう。毎日酒をのんだりけんかをしたりして歩いていたのです。

2年後，この工場をやめてバーテンなどをしていました。しかしこんなことをしていては今までの苦労が何にもならないと自分にいいきかせ，バーテンも1年でやめました。そして今の会社にはいったのです。ここで仕事をおぼえるのに苦労しました。そして6年目にやっと一人前の人間生活ができるようになりました。今では手に職をつけてよかったと思います。

しかし，もう一つの苦労は勉強ができないことです。自分では仕事ができても人におしえることができません。今まであきらめていた勉強も一生懸命やればできると思い，文部省に相談に行

きました。そして夜間中学校を教えてもらったのです。

荒川区立第九中学校　R　59才　2年

私は荒川区　に住む息子5人の母親です。3人の息子は荒川九中を卒業しています。私は小学校3年きり出ていません。読むこと，書くことができないために，長い人生でずいぶんはずかしい思いをしてきました。去年3月26日終業式の日でした。3男が「母さん今日は校長先生との面接だよ。いきなよ」といった。「でもこの年令ではね」というと，「としなんかかまわないよ。いこういこう」といわれ，年のことなぞわすれて3男について校長先生の面接にいきました。私のほかに6人位入学希望者がきていました。私の順がきたとき，「息子さんの方かと思ったら，お母さんの方が入学希望ですか」といわれましたが，はずかしいとは思いませんでした。学校に行けば字が書けるようになる。人様の前で字が読めなかったり，書けなかったりするほどはずかしく，なさけないことはありません。

自分が読み書きができないでつらい思いをしましたので，まずしいながら息子5人には高校まで行かせました。自分では何にもかも知っているつもりでいましたが，入学してみて，読み書きだけでなく，その他いろいろな面で自分がいままでひとりよがりだったことがわかりました。私は夜間中学に入学してほんとうによかったと思っております。

荒川区立第九中学校　S　47才　1年

私は茨城県の貧しい農家に生まれ，8人兄弟で上から2ばん目です。6才で入学しましたが，両親が田畑仕事に行くため，小さい時から弟や妹のおもりをしなくてはならないので，たびたび学校を休みました。なんとしても行きたく，弟をおぶって4キロの道を歩いて学校に行ったこともありました。でもみんながじろじろ見るので，はずかしいのと，弟が泣くと廊下に出なくてはなりませんのでほとんど勉強はできませんでした。

農業のいそがしい時は休んでばかりいました。まともに行ったのは冬だけですから，3年行った事にはなっておりますが，その半分の1年半ぐらいでしょうか。そのうち兄弟たちが大きくなり，たくさん食べるようになりました。親たちは，自分で作物を作っていながら小作農でしたから，朝早くから夜おそくまで働いても，子供たちに食べさせる事が出来なくなり，姉，私，妹の順に，次々働きに出されました。そんな事で，文字はもちろん，言葉もしりません。娘時代にこんな事もありました。なんにも出来なくてはこまると思っていたところ，さいわいつとめ時間にひまがとれたので，洋裁をならいはじめたのですが，洋裁をやるには，わり算がひつようなので

す。それは，なんとか暗算で出来ましたが，私の事などなんにも知らない先生が，生徒の寸法を取るから私に書けというのです。胸も背も腹も，なんにも書けない私です。顔から火の出る思いをしました。

長い間なんとか学校に行きたく思っておりました。夜間中学のある事は知っておりましたが，小学校も出ていない私など，とても行けないと思っておりました。ところが3年前，テレビにでられた先生が，小学校を出ていなくてもよいし，年令はいくつでもかまわない，いつからでもよいとおっしゃってくださいました。

さっそくお願いにまいりましたが，校長先生が，家庭のほうが大事とおっしゃってくださり，その時は入れてもらえませんでした。でもそれからは，九中があるかぎりいつか入れていただけるという希望ができ，いつもテレビで聞いた先生のお言葉が，耳からはなれませんでした。2人の子供も大きくなり，下の娘が高校に入りましたので，又お願いにまいり，今度は入れていただいたのです。できないながら家庭が許すかぎり，一生懸命がんばるつもりです。

荒川区立第九中学校　T　18才　1年

私は岩手県の生まれで小さいころ山々に囲まれて育ちました。小さい頃からからだがよわく妹も病気でなくなりました。体が弱いからといっていつまでも父母に苦労をかけたくないと思い愛知県にはたらきに出ました。

愛知県といえば，婦人服や紳士服地の織物の本場であり，はじめははた織りもたいへんでした。でも学歴のことでは別にさべつはつけられませんでした。私は何をやっても人並にできないので仕事も時間をかけてようやくやれるようになってきた3年めごろでした。ラジオで夜間中学生の書いた作文が放送されていました。そのころから私も学校にはいりたいと思うようになりましたが，やっと仕事にもなれてやりがいがでてきて，どうしようかとまよいました。3年間はとにかくつとめるようにと父母にいわれたので3月まで待とうとがまんすることにしました。その間にもいくつかの職業安定所に行ってたずねましたが，相手にされませんでした。私は愛知県になかったら東京に出て，なにがなんでも入学しようと思い，3年目の3月が来るのをまち，やっと会社をやめ両親に夜間中学に入学したいと話しました。いまさら学校なんて，といわれましたが，私はわらいたい人はわらえばいい，と勇気をだし，恥をしのんで上野の職安をたずねたのは4月でした。職安から区役所に行って初めて人間として話しを聞いてくださって色々と調べ，学校にれんらくして私に教えてくれました。この人に私は本当に感謝しています。

やっと学校に行けるようになり勉強にもせいがでてきたのですが，なかなか会社の社長さんに学校のことを話すことができませんでした。やっとの思いで話しましたが，その時から私に対する態度がかわってきました。だまっていればよかったと思いましたがいつまでもかくしてはおけません。使いづらかったら，やめてくれというだろうと思い毎日がんばっています。使われている身のつらさをいまさらの様に悲しく思います。たとえばかでもみんなからしたしまれる人間になりたいと思っているのに，だんだんわるくなって行くような気がしています。

なにもかもいやになり，人間なんて信じられないと思う時があります。でもどんな人でも，この世の中で1人で生きていくことはできないと思います。私は人にしんせつにされると，すぐあいい人だなと思いこんでしまいますが，それでもさいごは，人間なんて本当に心から話しあえる人っていないように思います。

荒川区立第九中学校　L

私は昭和28年に埼玉県の小さな村で生まれました。当時私の父はまったく働かず寝てばかり居ました。別に体が悪かったわけではありませんでした。父は職業軍人で18才の時に志願をし，海軍に入ったと聞いています。日本が戦争に負け，父は気力を全く無くしてしまったのでした。両親は上海からの引き揚げ者で，埼玉は父の田舎です。母は5才の時から向うで育ったので日本を知りませんでした。なれない土地での母の苦労はなみたいていのものではなかったと思います。私の姉兄は，姉2人，兄2人の5人です。私が生れた頃は，13才と10才になるかならないかの姉が，子守りや農家の手伝いをしたりして，私達6才と4才の兄，それに私を育ててくれました。母は，私が手を離れるようになると，すぐに，東京に出て洋裁店に住込んで働き，そのお金を田舎の私達に送ってくれました。そんなわけで私がもの心ついた時には私のそばに母と云う人は居ませんでした。父は働かず，寝てばかり，小さい兄も家から少し離れた所の村に子守りに行って，その家から学校に行かせてもらっていたので家に居ず，時々帰って来る母も，私はよその人だと思っていました。本当に笑い声など，絶たいと云っていいほど無い家庭でした。今思えば，とても家庭などといえたものではなかったんですけど……。

父は小ちゃい私をどうすることもできず，おばあさんの所にあずけられました。なんにも解らない私は，ただおばあちゃんちにはおひな様があるから大好きでした。おばあちゃんは，夏でも冬でも，3月のお節句の時のようにかざってみせてくれました。きっとあわれでしかたなかったんだと思います。

小学校に行くようになってからは，はっきりと，私の家はびんぼうなんだ，と自覚しました。入学式の日，母も居ず，ただおっかない父と学校に向かいました。皆んな真新しいランドセル，私のは……。もちろん私だってまだ小さかったし，はずかしいと云ってもそれほどのものでもありませんでした。ですが，何か皆んなとはちがっている，やだな，と感じたのもその小さかった私でした。

「□さん」，とそう呼ぶ女の先生の声，だれも返事をしませんでした。そして，その子は私のことでした。両親は離婚をしていたんです。私は母の□の方に入っていました。それまで近所の同級生は，「なんでＬちゃん，□なんだ」と聞きました。すごくいやでした。下駄箱にも，持つ物にも，全部□と書かなければなりませんでした。そんな毎日でしたがやっと□にもなれて，お弁当を持って行けなくても，会費を持って行けなくても，それでもなんとか小学校の２年までは行けたのですが，３年の１学期も始めの頃，田舎からでて，すぐ上の兄と母と３人で東京でくらすようになりました。それからはずっと，学校に行けませんでした。それは父に東京の居所を知られないために私の転出を取れず，学校に手続きができなかったこともありますが，それよりも，まだ田舎に居た時のことですが，ただびんぼうということだけで兄に３年生の時に学校でなにかのお金が見つからなくなった時，その先生はすぐに，ちゃんとさがしもせずに兄のせいにしてしまいました。そのお金は後で出て来ました。母はおこって，人権擁護委員にうったえましたが，ここでまで，１人のびんぼう人よりも，学校のていさい，先生のめんつの方を大切にして，けっきょくうやむやにすまされてしまいました。それで母は，そんなバカな学校には子供をやれないと云って，兄をそれからずっと学校に行かせませんでした。びんぼうから，又学校からをも，子供を守るためには善悪を別として，母にはそうすることしかできなかったと思います。その時の兄の担任の先生は母の言葉になにも返せなかったと聞きます，びんぼう人は，やっぱり先生だって差別をしたのです。

そんな理由で小学校を終っていない兄も，この九中２部を卒業しました。私も小学校を終らないままに２年おくれて１５才の時に１年生として九中２部に入学しました。

学校に来るようになって始めて，ちぢこまっているのではなく，おこるべきなのだと云う事を知りました。強くなれました。

私はこれでもまだ良い方です。姉兄はまともに小学校も中学校も卒業していません。上の兄は，コックで小さいながらも自分で店をやっているのですが，売上や，なにかを計算していて，「割算できねえんだよな…おれ」ともらします。「おお，お前教えろよ」と何度も云いました。でも何度やってもけっきょくわからないんです。中学の年にはずっと酒屋に住込んで働いていたのに，中学なんて，始めと終りごろにちょっと行っただけなのに，まるでお客さんみたいになんにも解らないのに，この兄も就学率99.99％の１人なんです。２３才になって割算が解らない兄が…。

荒川区立第九中学校　Ｕ　２２才　１年

私は，この年になるまで，手紙一本書いたことがありません。そのせいか，余りうまく書けません。おゆるし下さい。

私は父と二人で暮らしております。母は，私がまだ幼いころ，家庭が貧しかったため家出し，いまだに帰ってきません。

私には姉が二人いますが，二人共お嫁に行ったので，今は父と二人暮らしです。

父は昭和３１年の時，脳溢血でたおれ病院に入院したことがあります。そのせいか右手がきかなくなってしまったけど，まだ会社づとめをしています。現在６５才になりますが，とても元気です。

私も父に負けないように頑張り必ず自分の努力で，すこしでも悩みごとのない日をおくりたいと思います。

私の悩みというのは，人と話をしても言葉のあやをしらないのです。新聞を見ても読めない自分がどんなにつらいものか。…… 日本人に生まれ，日本語が満足にできないのです。何回も家で勉強やろうと思いましたが，なかなか家では思ったように行かないので，この学校にかよい勉強する事にしたのです。

将来は家を一軒たて，円満な家庭生活をしたいと思います。

「一寸の虫にも五分のたましい」

この言葉がとても好きです。

荒川区立第九中学校　Ｖ　２１才　２年

ぼくは，２１のせいねんです。うまれたのはソレンです。というより，むかし日本のりょうどだった，からふとです。

むこうの学校をでました。ちいさいときソレンの子どもに，だいぶいじめられました。それは，ぼくは日本じんだからです。

よく，けんかして，そしてけがしながら，うちへかえったことがあります。

父と母は，ソレンゴをわかりませんでした。それで，父と母は，やがくにかよいました。そしてソレンゴをおぼえました。

こんどは，ぼくが日本ごがわからないので，いまこうやって，やがくにきて，べんきょうをやっています。

夜間中学にくるまで

荒川区立第九中学校 W 23才 1年

私はものごころがついた時から、母の愛というものがなんであるかわからなかつた。おこづかいをくれたり、あそんでくれたりどこかへつれていってくれたり、学校に行かせてくれたりするのが、ふつうの母親のつとめではないかと思う。私は母がほんとうの親とは思えず、まま母なんだろうかと考えることがあった。

私は父がかわいそうでたまらない。よその母親がうちの母であったらと、よその人がうらやましかった。

私達きょうだい4人はどうしてよその人みたいに、ふつうの生活ができないのだろうと悲しかった。近所の人たちは、みんなあいてにしてくれません、同じ年頃の子供達からは「お前はなんで学校へ行かないのか」「ひろいこじきの子」「きちがいの子」、などとからかわれた。母に「なぜ私達を学校にやつてくれないのか」と訴えたこともあるが、そうすると母は「そんなこと私のしったことか」とおこり、ひどい時にはぶつたり、けったりのらんぼうをする。父がとめに入ると「あんたまで子供のみかたをするのか」とやつあたりをします。たまりかねて父もなにかいうと、けんかになり一晩中つづきます。そして家の中は大さわぎになり、母は目の色がかわってしまいこわい人間になります。

家にはふとんなんかない。たゝみはぼろぼろだし、なんきん虫は出る。かゆくって眠れない日もあるし、冬の寒い日にぼろをかぶってふるえながら眠るのはつらいことです。ごはんもふつうの日で二食、母のきげんが悪いと一食になったり全々たべられなかったりする。

育ちざかり、食べざかりの私達にこれはつらい。私達のことを心配して学校のことなど話しをしに来てくれた人もあります。母は「そんなこと人がなんといおうと私のしったことではない。うまいことといって子供をさらうんだろう」といいしまいには目をむいて棒を持つてきて「早く出ていけ」とどなります。

でもいくらおっかない母親でも親は親と、父はいう、父は母をせめることはありません、どんなにつらいことがあっても、じっと母をかばいつゞけてきました。

私のすぐ上の姉にあたる子が小さい時自動車事故にあって死にました。その時のショックで母は気がへんになりました。そして勝手に子供を外へやると亦事故にあうと思いこんでいるのか、私達を目のとどかない所に絶対にはなしません。そのことは父から話しを聞いて知っています。けれども毎日いっしょにくらしている私はこんなふうになった母親をにくみ、またうらみました。

私達きょうだいは、こんな家にいたらなにもできないまゝになってしまうので、いつか家を出ようと相談していました。私達にとっては家を出るにしてもそれからどうするか、なみたいていのことではない。せけんのことはしらず、まんぞくに人と話しもしたことがない、字は書けない、

計算もできない。よの中にでるからにはかくごがいる。

いよいよ家を出る決心をした時弟は「俺はいやだ」といいだしました。なんども話しあいましたが「男はべつだ」とこたえました。姉と私と妹の3人で家を出ることになりました。

私達をやとってくれるところがあるのか、やとってくれても私達に仕事ができるだろうか、いろいろ心配はありましたが、気持を大きく持って、勇気を出してやりました。

今私達はちゃんと仕事をして夜になると夜間中学に通っています。ふつうの人とつきあい勉強もできるこのよろこび。

私達は新しい生活をはじめました。でも気にかかるのは、私達がいなくなったあと弟が1人でどんなふうに母とくらしているか、弟がこれから社会の中でどうやって生活してゆくかということです。

夜間中学へ入学した感想文

G 2年

私は、大正末期に生まれ、昭和初期、ハナハト当時の義務教育を優等生の仲間入りして、小学校を卒業しました。進学を親にせがんでみたのが、女の子故、許してもらえなかった。でもあきらめきれず、通信教育を少しやってみた。ひまがないため、中止。30余年を経た今、夜間中学生になるなんて夢にも思ってみなかった。病床の主人をかかえ、末だ小学生の子供もおり、反抗期の盛んな子もあり、一体自分は続くであろうか、と迷った。でも中学を卒業せねば、目的を達成する事が出来ない。やってみようと決意、そして、夜学校へ行き岩間先生に面接し新学期から入学を許可されました。

こり返ってみると1年間、いろいろな事があり、冬は特に辛く感じました。下校の途中寒さのため走って帰る毎夜。そして、カバンを持ったまま風呂やへ飛込み身をあたゝめて家へ帰る。ああこれで無事1日が終わったと床に就く。

その目的というのは、国家試験にのぞむ事です。指圧師として、生業をしていた主人が、病床にあり、20年助師とし主人と共にやってきました。いくら技術があっても、資格のない私、何時先立たれても、一家の柱になってゆかねばならぬと、あせりの余り今年1月在学証明で指圧の学校の手続をして見ました。卒業証書でなければ、専門学校へ入学する事ができないとの事で、張りつめていた私の心が、しゅんかん挫折しそうでありました。

学校法人をうらんでみてもしようがない。定は定と、善意に解釈し、夜間中学校、昼専門学校では、主人の面倒も何も彼も犠牲にして終うと、己にむち打って登校しています。

封権社会、民主社会のかときに在る私達年代の人達は、戦時、戦後と、大きく変化しその中で、

戦後教育を受けた子供達に様々な態度、行動をされ、実にふりまわされている様な有様です。親としての自覚は勿論あるが、まだまだ不勉強を未熟さを痛感します。

次に私の希望としては、夜間生は、義務教育で現在9科目を学んでいますが、時間も昼の生徒と生活が違い、9教科をマスターする事が困難です。家庭科、体育等、時間をはずし大切な教科を増やしたらどうかと思います。どの教科も大切ですが、特に私は、英語、数学がむずかしくて、のみこみ悪くて忘れるのが人一倍早いので困ってしまいます。

先日私が、2時間通してやってほしいと、先生に案をのべてみましたところ、2時間通したらあきてしまう、との意見もでました。

年代、生活まちまちの集まりです。遠くから通う子を思うと、私は学区内に住み親子で同じ2年生です。勉強の差は大きく負けてしまいます。でも嫌な気もおこさず登校しているので大変助かります。時には教えてもくれます。

私にとって学校の良い点は、家庭をはなれ毎日4時間勉強に頭が切替えられる事です。それから、説明をして解らぬ勉強を教えてもらえる、子供の勉強を、はあく出来る自分になれる点です。

足立4中　2年　A

生まれてはじめて見る海であった。青くてとてもきれいな、なんだかすいこまれそうな海だった。ここから船に乗って日本へ行くのかと思うと、不安、そして、希望で胸がいっぱいであった。

出発の日、私たち家族は、船の甲板の上で親類たちとわかれをつげた。また、私の生まれた国とも……船の汽笛が長く尾をひいてなりひびいたと思ったら、船は陸からはなれだした。今まで笑ってわかれをいっていた人々たちの声が、すすり泣く声に変っていった。そのせいなのかもしらない。なぜかとても悲しくなって涙がとまらなくなってしまった。人の前では泣いたことのない母が泣いていた。そんなことには、かまわず船は陸からどんどんはなれて、いつのまにか陸は見えなくなってしまった。

船の乗りごこちは、けっしてよいものではなかった。船酔いがひどくなりだし、いろんなことをしながら気をまぎらしながら、早く日本に着けばいいのにと思った。

つぎの朝、「こくらがみえて来たよ。」という声に私は目をさました。いそいで身じたくをして甲板に出て見た。遠くに陸が見える。あれが母の故郷なのか。これから私たち家族は、この国で一生暮らすのかと思っているうちに、船は港に着いた。「これが日本なのかなあんだ、べつに変りないじゃないか」と思った。しかし、旅館に着いて、旅館のへやを見たり、食事を見たりしてはじめて、ここは日本なのだという確信がもてた。食事時におすいものをはじめて見た時、おゆの中になにかが入っている。こんなのがおいしいのかしら、これから毎日こんなものを食べて

生活するのかと思うと、とても不安だった。こくらで一晩泊って、つぎの日むかえに来てくれた祖父の弟とともに鳥取に行った。鳥取へは1ケ月ぐらい住んでいた。私たち家族みんなが祖父の弟の家でいそうろうしたわけだった。その家が大きくてよかったもののせまかったら大変だったと思う。

東京に上京したのが、今から六年前の5月ごろだった。東京には親類が多くあった。私達はアパートのへやをかりて生活をはじめた。母は勤め口をさがし、私達姉妹は、学校へ行くようになった。妹が小学3年、私は韓国で小学校を卒業して来たけれど、まだ日本語がわからなかったため小学校4年に入った。言葉がわからないので、海のまん中の無人島に一人残されている感じだった。しかし、それがよかったのだと思う。冬休みに入った時は、もう日本語はだいたい話せるようになった。

体のぐあいがおかしくなったのは、このころだった。朝起きると目がはれている。おかしいなあと思った。これが腎臓の症状だったのだ。

病院の生活がはじまったのは、正月が明けてからだった。家の近くの病院に約3ケ月間通った。しかし、病気の方はいっこうによくならなかったので病院をかえた。その病院は東大病院だった。この病院での治療は約2年間で、はじめ入院する時には、1ケ月くらいで直るといわれたが、4ケ月たってもよくならず、見舞いに来る母をつかまえては、早く退院したいとせかした。それから何日が後に退院したのはいいのだが、家へ帰って1日目にもう風邪をひき、また、すぐ入院しなくてはならなくなった。この時が一番わるい時だったらしい。尿が出なくなりだして3ケ月ぐらい、おなかは大きくなるばかり、体中が水分でふくれてしまい、どの機能も圧迫されて苦しい3ケ月だった。

しかし、手のくだしようがなかったわけではない。この薬を飲むと良くなるとわかっている薬があったらしい。しかし、それをつかわずに、べつの薬でできないものかと、べつの薬をつかったためにいっこうによくならなかった。結局先生が見るに見かねて、はじめの薬をあたえてくれた。やはりその薬はよくきき、私の体は風船の空気がぬけるようにしぼんでいった。尿がみんな出たためである。

だいぶよくなってから東大病院の紹介で家の近くにある病院に入院した。一番はじめに行った病院の見える所にその病院はあった。この病院でも私の病気はよくならず、約6ケ月で、また、病院をかえた。その病院は下谷病院といって、台東区の入谷にある病院だ。この病院での治療が一番長かったと思う。何度入院して何度退院したかは、おぼえていない。

しかし、この病院でも一度死ぬんじゃないかなあと思ったことがある。尿が出すぎて体にある塩分がたりなくなってしまい、けいれんをおこしたことがある。その時は家族がみんな来たことがある。真夜中なのにみんな来たので、私はそんなにわるいのかと思ってがっくりしたことがあ

る。しかし、それは、看護婦さんが電話でおおげさにいったので、みんなびっくりして来たそうだ。

一昨年の9月に退院してから今まで元気でいる。もう入院しなくてもすむようになったようだ。この足立4中の2部に来るようになったのも、病院のおかげです。2週間に1度ずつかよっている時、ふと電車の外を見たら夜間中学校という看板を目にしたのです。夜間高校というのはしっていましたけれど、夜間中学というのを見たのは、はじめてでした。私はそれからすぐにこの足立4中の2部に入学しました。先生方は、みんな親切でした。この学校に来てとてもよかったと思います。友だちもできました。まだ、心の友はできませんけれど………

これからは、今までにあったいろんなことをやくにたて、勉学にそして生活にはげみたいと思います。

7年間の学校嫌い

東京都世田谷区立新星中学校　3年 J

私は7年の間、学校嫌いと呼ばれていました。学校へ行かなかったばかりに、怠け者、不良、あるいはまた、少し頭がおかしいのではないかとさえ言われました。

しかし、私はそうではありません。もちろん今では、学校嫌いでもありません。

ところが、当時において、また現在でも、私が何故学校へ行かなかったのかを、理解してくれる人は少ないようです。

私は、ごく普通の家庭の普通の子供として育ちました。小学校の高学年になってからは、昼は学校、夜は学習塾、日曜日は進学教室と、そんな生活を強いられました。悪い意味での教育ママ的人間の、指導下にあったようです。

しかし、そのかいあってか、ある私立大学の附属中学に入ることができました。

小学校時代には、体育が苦手で、また大勢の人の前で話したりすることが嫌いでしたので、それらのものからは、逃げまわっていました。

自分自身、そんな自分を非常に情なく思っていましたが、どうすることもできず、またどういう訳か、特別にそれをとがめる人もなく、そのまま何となく、小学校を卒業するまで、そんなことを続けていました。そして中学入学。心機一転して体育の授業にも出るし、もともと負けず嫌いな私は、何ごとにも張りきっていました。

ところが、それまで殆んど運動らしいことをしていなかったので、いざやってみると、とてもだめ。いつも皆に笑われてばかりいました。

それでは勉強の方で、と思ったのですが、これがまた、何倍かの競争を通りぬけて入って来た

連中ばかりで、なかなか、上位にはあがれない。そんなことを繰り返すうちに、段々と自信がなくなって来てしまいました。授業中に当てられてもさっぱりわからない。それが恐かった。そして、気持ばかり焦るけれども、勉強が手につかない。だから成績が下がる。そこで、また焦って必死になってやる。だが、勉強の方は、はかどらない。もちろん成績はますます下がる一方。それから学校を時々休むようになり出しました。休めばそれだけ更にわからなくなる。そんな悪循環の中にはまってしまったようです。

そんなことをしているうちに、自分は、一体何のために、勉強をしているのか疑問に思えてきた。いくら考えてみてもわからない。良い成績をとって何になるのか。良い大学へ入るためにか。そして大学を出て一体どうしようと言うんだろうか。何もかもがわからなかった。的確に答えてくれる人は誰もいなかった。そんな自分がみじめであった。勉強をしようという意欲がなくなってしまった。

級友達が、何の疑いもなく勉強しているのを見てうらやましいと思ったし、反面、彼等を軽蔑もした。彼等のやることすべてがバカバカしく思えて行動を共にするのも嫌だった。

意見も合わなくなってきましたし、たびたびケンカもするようになった。この頃になると彼等と顔を合わすのが嫌なばかりに休み時間中も1人で図書室にいることが多くなった。

もち論、友人達も私から離れていきました。というよりは、いなくなってしまっていた。気がついた時には、大きな学校の中の、大勢の人々の中で、たった1人きりになっていました。少くともその時はそう感じていたし、また、どうして自分が皆に嫌われねばならないのかも良くわからなかった。その時の自分には、大きな疑問と、むなしさと、悲しさだけが残った。何のために生きているのかもわからなかった。そして、それらの疑問に答えてくれる人は誰もいなかった。学校へ行くのがたまらなく嫌であった。というよりは、級友や先生達と会いたくなかった。親、兄弟とも会いたくなかった。彼等には、何を話しても無駄だと思えたし、また事実その時はそうでした。自分の考えていることを理解してくれる人はいませんでしたし、ましてや説教でもされようものなら、黙りこんでいるか、もうれつな勢いで喰ってかかるかしました。両親は、なだめすかして、何とかして学校へ行かせようとしていましたが、それがだめだとわかると、今度は、どなったり、なぐったり。目を覚ましたとたんに頭の上に時計がとんで来たこともありました。なぐられて目を覚ましたこともありました。人がわからなくなり、この世に自分は一人ぼっちだと思った。自分も含めた人間すべてが、嫌悪の対象になりました。

こうなってしまった2年の初め頃から、学校へは全くいかないようになりました。

そして、それからは、やはり、昼間、外を歩くのは恥ずかしかったので、自分の部屋にとじこもっている日が多くなりました。本を読んだ。しかし、自分の疑問に答えてくれるものはなかった。本からは何も得られないと思い、この時からあまり読まなくなってしまった。

自分の存在する理由がかわらず、生きていく目的が無かった。死んでしまおうかとも何度か思った。だが死ねなかった。そこで考えた。どうせ何年か後には死んでしまうんだ。それならたとえ1年でも、2年でもいいから、とに角生きていられる間は、生きていようと。さいわい趣味は多い方だったので、やることにはことかかなかった。それも一人でできることが多かった。1つは、電気であり、音楽であり、それが結びついてオーディオとなった。写真も好きであった。

写しとめられた時の流れの断片。未来から現在、現在から過去へと移ってゆく時間との一人きりの対話。過去という死んだ時の中にいる自分をその中にみつけることができた時に、初めて自分をその中にみつけることができた時に、初めて自分の存在を確認することができた。

草花を植えたり、動物を飼ったりするのも好きでした。とくに植物は、どんな小さなものでも、自然の持つ厳しさと、やさしさとを持っていた。語りかけには、姿で答えてくれた。そんな素直さが、人間にはない、自然との対話が好きだった。

しかし、その間全全く人付き合いが無かったわけではない。何人かの親しい友人とはときどき会っていました。学校の友達や先生も時々訪ねて来てくれましたが、その時は、さすがに会う気がしなくて、2階の窓から飛び降りて逃げ出したりしたこともありました。そんなことをしているうちにも月日はどんどん過ぎていってしまい、そして大きな疑問と、不信と不安とだけがそのまま残っていました。そのころ近所に住んでいた心理学者と親しくなり、度々そこへ行くようになりました。ここでは私の疑問に思っていることをずいぶん話したものです。

そして、そこで偶然に新星中学の生徒と会えたのです。

夜間中学の話をはじめて聞いた時に、今更学校などと、考えた。それに、そこへ行くことは敗北者であるかのような気がしていました。初めのうちは、すすめられはしたものの、とうてい行く気にはなりませんでした。ただ、勉強することそれ自体には未練があったので、とに角行って見ようかという気になりだしました。前の学校をやめてから丁度7年目のことです。恐かった。忘れかけていた昔の嫌な記憶が一度に戻って来るような気がしました。それに、あれだけ周囲の人に反抗しておいてこれからまた、学校へ行くとは言い出せなかった。そこで、一人で手続きをして、入学してしまった。もっとも、これは後になってからバレて、担任の先生にしかられましたが。

入学して先ず感じたことは、暗くていやな感じだったこと。皆と仲々なじめなかったこと。慣れるまでには、3カ月近くもかかりました。毎日が嫌でならなかった。幾度やめようと思ったかわからない。でもやめなかった。しばらくたって慣れてみれば、何のことはない。別に暗いふん囲気ではないし、敗北者達の集まりでもなかった。暗いのはケイ光燈がこわれていたせいだったかな。そこにいる人達も、来ている理由はさまざまでしたが、良い人達ばかり。何のことはない。自分が変な先入感を持っていただけだった。もっとも変わり者は多いようですが。

入学して3月程して勤めに出だした。それまでは、アルバイトしかしたことがなく、正式に入社するのははじめてだった。しかし、皆がやっていることを、自分にできないわけは無い。そう思って入社した。もちろん学校へ通うことを条件に出して終業時間を1時間早くさせた。もっとも給料はそれだけ引かれるのですが。ところがやはり、仕事と勉強の両立はむずかしい。会社や、同僚達はよくしてくれるのですが、何しろ時間がない。

前日、あまり遅くまで勉強していると、会社でつい居眠りが出る。疲れているとそれだけで、勉強の方はさっぱり頭に入らないし、成績の方はだんだん下がってくる。目下のところいかにしてそれを両立させるか、いろいろ考えてはいるのですが、すぐには良い方法は見つかりそうもありません。

とに角、今は、仕事も勉強もただ一生けん命やるのみ、と考えています。相変わらず、何のために、何故生きているのかと問われたら、答えようがありませんが、以前のように、止って考えたくはない。動き回り乍ら、その中で考えて行きたいと思っています。

最後に問題点、疑問点、要望などまとめて終りとします。

1. 学校、先生に対して

① 生徒に勉強をつめ込むばかりで、何故生徒一人一人の精神面にまでふれる教育をなさないのか。

② 教師は何故、生徒から悩みを持ち込まれた時に、共に真剣になって考えてくれないのか。

③ 登校拒否などの問題が起これば、騒ぐわりには、事前の処置は、何もとらないのではないか。

④ そのような生徒が出た場合に、単にその学校内の一生徒の問題として扱い、内部だけで、片付けようとするのは何故か。

⑤ 実際にそういう問題が起こった場合にその後の処置は、どのようにしているのか。
（自分の場合は、1年程は、先生方も来てはくれたが、その後は全く放置されたままであった。）

2. 保護者に対して

① 中学生にもなれば、当人の考え方をもっと尊重できないものか。

② 比較的両親は、子供扱いをすることが多く、本人の真剣な訴えを、聞き流してしまうことが、多いのではないか。

③ 親は、自分の考えによって、進学率の高い学校、あるいは有名校へ、本人の気持を無視して入れたがることは、ないだろうか。

3. 教育関係者（文部省、教育委員会など）に対して

① 親、あるいは教師が、進学率を教育の目安としているのは、教育制度全般に、根本的な

欠陥があるのではないだろうか。

② 今のままの制度では、教科書的内容のつめ込みに終わり、生徒の情緒的なもの、あるいは、個性を押しつぶしてしまっているようなことはないだろうか。

③ そのようなところから、登校拒否などの問題児と言われる人が出てくるのではないのか。

④ 夜間中学について

夜間中学の存在を公的に認めないのは何故か。

⑤ 事実として存在し、なお必要とする多くの人々がいるにもかかわらず、一部に反対の声があるのは、何故か。私には納得できない。

⑥ このさい公的に認め、必要数だけの学校を設置し、未就学者に積極的に働きかけるつもりはないのか。

⑦ 関係当局のセクト主義によって、我々の夜間中学が、宙に浮いているのではないだろうか。

⑧ 最後に、教育関係全体の問題として、夜間中学を取り上げ、真剣にこの問題にとりくんでほしいことを要望いたします。

僕のこと

西野夜間中学３年 X １８才

小学校のころの事を、まず初めに書いてみようと、おもいます。

１年生のときは、別に何もなくすぎました。２年生のとき、足のスネの所が、いたくなり病いんに行ったり、たくさんくすりをのんだり、しました。おかげで〝スネ〟のいたさはなくなりました。でもくすりをのみすぎたので心ぞうが悪くなりました。

それからです、小学校をあまり行かなくなったのは、というより全然行かなかったといった方がいいかも知れません。毎日家でぶらぶらしていました。時々先生が迎えに来てくれましたが、その日だけ行って、あくる日からは行かない、そんな事が何どかありました。

３年生、４年生、５年生、６年生、いつの間にか卒業式です。休んだ日の方が多かった僕です。卒業証書は、もらえないとおもっていましたが、どういうわけか証書はもらえました。本当にありがたいとおもいました。

そして中学校へ………

やるぞ！　せいふくを着て本当にそうおもいました。

でも、中学校へ入ってから、すぐ先生によばれて「特しゅ学級へ入ったら？」そう言われました。すごくいやだったことをおぼえています。そんな事を言われてから自分自身なにかひけめ

たいなのをかんじるようになりました。そして又、中学でも休むようになって来ました。

友だちもいなかったし、勉強もわからなかった。

１年生の時は１/３ ぐらいだと思います。学校へいったのは………

２年生の時はまったくいっていません。たんにんの先生も知らないし、友だちの顔もしりません。

３年生の時は１年生の時さそわれた特殊学級に少し行っていました。そして、ふつうのクラスにも一おう〝せき〟はおいておくということでした。でも、そのクラスには一ども行かないままでした。

卒業間近、しりあいの人たちからもう一ど１年生から行ったらどうだ。と言われました。僕も行く気でした。でもいざ行くと言う４月になった時、やめてしまいました。勉強に自信がなかったし、入学式の日に行かなかったので、それからも行きにくくなってしまいました。それから又何ケ月かぶらぶらしていました。仕事もいかなかった。

そんなある日、しりあいの人から、こんど夜間中学へ行ったらと言われました。その時、僕のおじさんも行っていましたのでこんどは本当にいきました。夜間中学に入ってからは、勉強も楽しいし、友だちもできました。

学校へ行くのが楽しい今の僕です。………

私を紹介します

丸山中学校 Y ２２才

私は、昭和２４年に加古川のいなか町にある母の実家で生れました。

私の母は、親兄弟のすすめる結婚に失敗して、別れて来たそうですが、その時、私をみごもっていたそうです。だから私は、生まれたその日から父なし子です。その事はついこの間まで知りませんでした。それというのも私がもの心ついた時には、今の父がいたからです。

母が父と知り会った頃は、「親兄弟から突き放され、幼子を抱え、住む家もなく困りはてていたのだ」と母から聞かされました。今の父は、お酒を飲んだりパチンコへ行ったりして、家にはお金を少ししか入れてくれませんから、母は幼い私に弟をおぶらせて、働きに出なければなりませんでした。それから３年、私が小学校２年生、弟が３才の時に妹が生まれましたので、私が学校を休んで妹の面倒を見ていましたが、当時９才の私には、赤ん坊の世話はむりだったのか？生まれて１カ月ほどで死んでしまいました。お葬式も、石炭箱に入れ自転車に乗せた、そまつなものでした。

そして１年たち２番目の妹が生れるのに、お産の面倒を見て下さる方がないから、死んだ先の妹が生れる時に面倒を見て下さった人の家へ行く事になり、私たちも一しょに行きました。３

年生の3学期頃でしたので、4年生から学校へ行くことになりましたが、以前と比べて学校が遠くなった上に、母が休みの日にしか学校へ行けなかったので、勉強は、どんどん遅れるし、学校へ行けばいじめっ子に、いじめられるので、とうとう学校へ行かなくなったのです。5、6年生の頃から近くのマッチ工場で働くようになりました。母が休んでいた時の借金もたまっていた事も、ありましたが、弟や妹の面倒を見ているよりは楽だし、少しまとまった小使いがもらえるのが、何より楽しみだった。そのお金をためて、「家を建てるんだ」と言うのが、幼い頃から住いに苦労してきた私の夢でした。私が働きに出るようになってから小さい妹、弟2人の面倒をお産の時に見て下さったおばあさんが、見ていて下さいました。前の家にいた頃、隣どうしだったと言うだけなのに、親切なおばあさんでした。私のおじ、おばなんかは、私を見るたびに「学校へもやってやらないで」と母を責めるだけ、私が学校へ行けなかったのは、母だけのせいではないと思っています。同級生が中学校へ進む時、2、3年生の頃の受け持ちだった先生が「中学校へ行かないか？」と言って下さったけれど、何もわからないから、とっても行く勇気はありませんでした。

それから約10数年、色々と職業を変わり、現在ではバスの車掌として働いていますが、学校へ行かなかったという事を、しみじみ悔やんでいます。以前はそんな気にもしていませんでしたが、見習いの時に「長坂寺」と言う停留所を「ながいたでら」と言って恥をかいた事もありました。

それからは、家で勉強をしようと思いましたが勉強のしかたからしてわかりません。そんなある日、ラジオで夜間中学校が大阪に出来ると聞き、さっそく大阪へ行きました。そこで、神戸にも古くから夜間中学校があると聞いたので喜びいさんで、丸山中学校西野分校へ行きました。学校へは、2度と行けないと思っていただけに、とっても嬉しかったのです。先生がたは、優しくおしえて下さり、数学にしても、たしざん、ひきざん、かけざん、わりざんのほかに、いろいろなけいさんのしかたがあることなど知らない私でした。

仕事のつごうで毎日学校へ行けないのが、悩みの種ですが、今の仕事をしたからこそ勉強も、やる気になったのだからやめる事は、できません。学校の先生方は、「勉強とは、強いて勉めるものだ」と教えて下さいました。私も本当にそうだと思います。私もこれから無理に勉強して、高校へも進みたいし、旅行が好きだから観光ガイドも勉強したい、そう考えられるようになっただけでも、夜間中学校へ来てよかったと思います。

人としての権利

丸山中学校　Z　43才

私は昭和2年の夏。京都府下で有名な。［　　］、という片田舎（当時）で10人兄弟の6

人目として生まれました。父親は近所でも有名ぐらい酒呑みで昼夜なくゴロゴロとして、たまに入る仕事の賃金もみな酒代になり、家庭もかえりみない状態でした。（父にも父なりに何か理由があってのことだと、現在の私は思っていますが）

私達が大きくなり物心ついた頃、近所の友達はみな学校に通うようになっても、私達兄弟は小学校に通うことができませんでした。それもそのはずです。あとでわかったことですが、私達は戸籍に入っていなかったのです。戸籍のない者に入学通知がくるはずがありません。私は幼な心にもなぜ自分だけ学校へ行けないのか不思議でした。

兄や姉は10才以上になるとつぎからつぎへと家を出て、あちらこちらと奉公に行きました。それも収入の少ない一家の口へらしのためでした。私にも12才の夏に順番がきました。10才の妹と「電車でいい所へ連れてやる」。という母の声によろこんでつれていかれたところは、魚屋でした。家の中に入ると16才ぐらいから20才ぐらいの奉公人が7、8人おりました。私は丁稚奉公、妹は子守としてその日からあずけられました。

初めて電車に乗ってきたところで、家はどの方向か見当もつきません。その日から妹1人が身よりという丁稚奉公の生活がはじまりました。土地不案内の当時はつとめ先の魚屋さんが、一体どこなのか、市場は何というところか、見当もつかず不安でした。なれるにつれて、近所に明治天皇の桃山御陵や乃木神社のある京都市伏見区であることがわかりました。市場は伏見納屋町市場といいました。主人や先輩の物まねで「買いなはあーれやどうやー」という呼声に節をつけて、元気な声でお客さんにいえるようになりました。

しかし学校に行けなかった私は12才になっても字が読めません。店には「さば35銭」「あじ25銭」「たい50銭」と書いてある値札、名札がわかりません。字の読めない老人が買物にきて、品物や値段を聞かれて困ったことがたびたびでした。字を知らないということが、これほど恥ずかしいことだと思いませんでした。字を覚えないと明めくら同然だ。何とか字を覚えようと、家に帰ってから魚の値札や名札、数字と「あじ」「さば」「たい」のかなの字を覚えました。かなの字を覚えると、当時で3円という大金で辞典を買い、1人で夜おそくまで漢字の勉強をしました。書くことより読むことに努力しました。必死で何とか小学校卒業程度の漢字や数学を勉強しました。

現在公務員の1人として就職できて、平凡ながら家庭円満に暮すことができたのも、当時の必要にせまられた勉強のおかげです。学校教育の経験のない私は、友人が夜間中学で勉強しているのを聞いて、その友人に紹介してもらい入学させてもらいました。私達義務教育未終了の者が勉強できる夜間中学校が、通学費もかゝらない家の近所にあるとは、全く知らなかったのです。入学手続して家に帰ると、高校卒業と在学中の娘は「お父さん、今さら中学校へ入学するなんてやめて」。といいましたが、お父さんも義務教育を受ける権利があると言い、思い切って入学を申し出たのでした。

入学して強く感じた事は、私一人が学校も知らずに苦労してきたと思っていたのに、多くの仲間がそれぞれの理由があって、現在勉強していることです。若い時に苦労したり、病気したりで、義務教育を終了してない人々と共に、勉強している毎日の学校生活で、私は私なりに、いろいろのことを得ました。今までわからなかったローマ字の看板が読めるようになりました。むづかしい漢字や数学も、ある程度わかるようになりました。勉強を通じて考えることを知りました。

学校生活を通じて友達もできました。現在の私としては、戦争や病気、家庭の事情で義務教育を終了していない人が、全国で１２０万人いるということですから、それらの人々が一人でも多く夜間中学校へ入学してほしいと思います。

自分自身のため何かを覚えることです。

自分自身のために

現　　在

横浜市平楽中学２年 AA

つい４カ月前まで、普通の学校へ私も通い不平を並べたてながらも楽しかった集団生活。今、この作文を書きながらも廊下越しに聞こえてくる生徒たちの声になつかしさを覚えます。本当につい４カ月前の事だったんです。私もあの生徒たちのように、でも今は１人、校長室でこの作文を書いています。しかし、こんな昔の事ばかりを私は追い求めません。それは、今の私は幸せだからです。

〝夜間生というのはとかく、
　こどくになりやすく、
　自分のからにとじこもりやすいんです。
　人の目ばかり気にする人が、
　夜学生には多いんです。〟

なぜ私が幸せか？私も夜学生です。でも友達がたくさんいるからなんです。友達は夜学生ばかりではありません。普通の学校にいってる人たちもいます。それにその人たちは、私を夜学生だからといって、好奇の目でみたり、からかったりする人はいません。いい人たちに見守られて勉強できる。ほらこんなに幸せな事はないでしょ。ただ私の欠点をひろうするわけじゃないけど、私自身で、自分は、少し見栄張りの所があるなと思っているんです。みんな友達のはずなのに、知らない人に会うと、「見られてる。夜学生だと思って」、と一人合点して、恥しくなって校長室に、逃げるようにきてしまうんです。なおさなきゃいけないんですね。だって、いつまでも、そんなことしてたら、なれませんもの、学校生活に。勉強の方でも、きらいな学科を３時間もやらされると思うといやになる事さえ、あります。さぼろうかな？って考える事もです。でも、そんな時、普通の学校いっている人の顔が頭を、かすめるんです。「負けるものか。」と、がぜんファイトが、もりあがる次第です。「負けるものか。」というのは、私の母の遺言同様なんです。小さいころから泣き虫だった私に、母は、「負けちゃいけないよ。AAが正しいんなら、悪い人なんかやっつけるの。『負けるものか』ってね。」と、よく話してくれました。特に、今、私は負けそうな立場に、おかれています。夜学という苦しい立場に、でも、だからこそ、がんばるんです。「普通の学校に、通ってる人を、追いこすファイトで。」という一念をもたねばやりきれません。「負けるものか」は、私の心のささえなんです。それに今、たとえ、さみしくてしようがなくても、「ああ、そうかそうか……。」と、なぐさめの言葉１つかけてくれる人だっていません。だからこの「負けるものか」は、大切な私の宝物なんです。それから、私、昼間働いています。みんなより一歩先に大人になったみたいだけど、やっぱり、もう少し、みんなと、勉強やら、スポーツをしたかったとも思います。もう１つ、今の、私の心のささえは夢です。将来の夢です。日一日と今、成立されかかっています。将来私は、人のできない、やれないような事で人のためになる事をしてあげたいと思っています。夢かもしれません。でも、将来を夢みないで、人生を送るなんて、とてもつまらないと思います。私は！

私、作文なんて得意じゃないから、話がまとまらないかもしれません。ごめんなさいね。本当いうと、今、言いたいのは、「人を信じ、人に義をしめし、愛をもって、人に負けないりっぱな人になれるように。」です、この中の１つでも、２つでも、できれば、私はいいと思う。みんなができれば…………。

終

〝夜間中学を訪れる或る群像〟

世田谷区立新星中学校第２部　近　藤　恵　得

４月　９日	劇団小劇場、俳優見学、夜中生の２０才前後の生活人生感について話し合う。
５月１５日	トキワ松学院（目黒区碑文谷） 生徒４名来校、夜中生は何を考え、どんな生活を送っているか、本校生徒２名との対談も含めて談論。
５月２５日	日映科研、シナリオライター来校、〝夜中生の実態〟を映画にとりたい、特に長期の見学を許してほしいと、１学期末の約束が現在も仕事のあい間をみては下校時まで生徒と生活。
５月２７日	日大生（４年）卒論テーマとして〝夜間中学〟をとりあげたいと来校　義務教育でなく生徒本人にとって〝権利教育〟であることの認識をあらたにし帰る、

資料提供。

6月下旬　ムサビ？云々のパンフの小片をもった学生風（？学連）２名、生徒に合わせろ！と来校、クラブ指導中につき少々のやりとりのあと校門外にひきとり願う、放課後生徒１、２名と談論の様子、帰ったことをみとどけて下校。

7月中旬　映画“若もの”続“若ものゝ旗”、スタッフ３名来校、登場人物中夜間中教師（給料がやすいのでひるアルバイト夜間中に情熱を傾ける青年教師）の設定で夜間中の教師の実態を生徒は夜中教師をどうみているかを含めて懇談。

9月１２日　日野高校（滋賀県蒲生郡日野町）生徒会新聞部より特集をして“夜間中学校”を出したいために資料がほしい、学校関係、生徒関係（文集等）夜中研（あかし等）送付

9月中旬　国立東京第２病院附属高等看護学院生、２名来校、学院新聞に“差別と偏見”についての特集をだしたいとのこと、３時間にわたって熱っぽく談論！

１０月　２日　宜真高等学校（大阪府池田市）新聞部より文化祭に発表したいがアンケートに答えてほしいとのこと、解答送付し、同様に他に２校資料送付。

１０月２３日　日体大附属桜華女子高校、生徒会役員５名来校、文化祭に発表したい、実態を知りたい、本校生徒２名を含めて懇談のち見学、……文化祭招待をうける。

………etc

ここに関心と認識が、そしてそこに指向が強く生じていることを感ず。……

１１月９日記

—76—

****
資料
****

働きながら学ぶ青少年に関する世論調査

第二部　夜間中学

昭和45年3月

東京都広報室

目　次

注　東京都では，４４年１１月の知事による視察以後，プロジェクト・チームを作り，夜間中学のあり方を検討しつつあります。

この調査は，そのために，東京都の夜間中学生・教師全員について，東京都が調査したものです。

1 調査の概要

1. 調査目的　昼間働き夜間に学校で学んでいる青少年は、学校生活になにをもとめ、勉強や先生、友人などについてどのような考え・意識をもつているか、また教師自身の考え・意識はどうか、などを調査し、今後の働きながら学ぶ青少年のための就学対策の参考資料とする。

2. 調査項目

生徒の部	教師の部
Ⅰ 義務教育の経験	Ⅰ 夜間中学への赴任
Ⅱ 夜間中学への入学	Ⅱ 生　徒
Ⅲ 学校生活	Ⅲ 学校生活
Ⅳ 夜間中学に関する意見	Ⅳ 夜間中学に関する意見
Ⅴ 生活の意識と実態	

3. 調査設計

1. 地　域　東京都
2. 対　象　公立中学校夜間学級(注1)に在籍する生徒と教師
3. サンプル　生徒…２８９　教師…７９
4. 抽出方法　悉皆抽出（全数調査）
5. 調査方法　生徒…調査員による個別面接聴取法（面接場所は生徒の在籍する学校）
   教師…郵送留置、個別訪問回収法
6. 調査時期　生徒…昭和４５年３月１６日～２３日
   教師…昭和４５年３月１６日～２５日
7. 実施機関　財団法人東京都政調査会

4. 回収結果

1. 有効回収数（率）　生徒　１５６（８０.４％）注２
   教師　６５（８２.３〃）
2. 事故数（率）　生徒　３８（１９.６〃）
   教師　１４（１７.７〃）

5. 対象者の特性

				実数	構成比
1. 男女別	生徒	男		82	52.6%
		女		74	47.4〃
	教師	男		52	80.0〃
		女		13	20.0〃
2. 年令別	生徒	12～15才	23	14.7%	
		16～19才	51	32.7〃	
		20～29才	43	27.5〃	
		30才以上	39	25.0〃	
	教師	20・30代	26	40.0〃	
		40代	26	40.0〃	
		50才以上	13	20.0〃	

注1. 夜間学級のある中学校
墨田区立曳舟中学校
大田区立糀谷 〃
世田谷区立新星〃
荒川区立第九 〃
足立区立第四 〃
葛飾区立双葉 〃
八王子市立第五〃

注2. 生徒の有効回収率は、常時登校生徒数（全サンプルから欠席日数100日以上の生徒を除いた194サンプル）に対する有効回収数の比率である。

なお、生徒の部の調査項目Ｖ「生活の意識と実態」のうち「実態」の部分は全サンプルについて行なった調査である。

2 調査の結果

生徒の部

I 義務教育の経験

(1) 小 学 校

小学校へ「きちんと通った」生徒は、ほゞ半数の49％（76人）にすぎず、「全然行かなかった」ものは8％（12人）、「長い間（時々）休んだりしてきちんと通えなかった」は44％（68人）となり、半数は小学校への正常な通学経験をもっていない。

小学校へ「全然行かなかった」または「きちんと通えなかった」と答えたもの（80人）が、その理由としてあげた内容をみると、家庭の事情（両親の欠損、病気、家業の手伝い、転居など）が4割、本人の病気（小児リューマチ、病弱、栄養障害など）が2割5分、経済的理由（兄の手助け、学費が納められない、働く必要など）が2割、学校嫌い（ノイローゼ、小心など）が1割、その他（戦災、在外国など）となっている。

(2) 中 学 部

昼間の中学校へ「入学できなかった」は30％（46人)、また「全然(ほとんど)行けなかった」19％（30人）と「長い間（時々）休んだりしてきちんと通えなかった」31％（48人）をあわせると50％となり、昼間の中学校への通学状況はきわめて悪い。

「入学できなかった」理由はつぎのとおりである。

経済的事情	30％（14人）	学校嫌い	2％（ 1人）
家庭の事情	13 〃（ 6〃）	年令の関係	2〃（ 1〃）
病 気	9 〃（ 4〃）	両親死亡	2〃（ 1〃）
小学校未修了	9 〃（ 4〃）	その他	26〃（12〃）
施設に入ったため	7 〃（ 3〃）		

「全然行けなかった」または「きちんと通えなかった」もの（あわせて78人）のあげた理由はつぎのとおりである。

経済的事情	28%（22人）	家庭の事情	8%（ 6人）
病　　気	23〃（18〃）	友人関係	5〃（ 4〃）
学力の差	10〃（ 8〃）	父への反発	1〃（ 1〃）
学校嫌い	9〃（ 7〃）	その他	15〃（12〃）

なお、「入学できなかった」もので、「入学したいと思った」と答えたものは41%（19人）、また「全然・きちんと通えなかった」もので通学継続の意思をもっていたものは49%（38人）である。

(3) 義務教育未修了の影響

義務教育をきちんと修了していなかったために、その後の生活にうけた影響については、劣等感、屈辱感に悩まされるなど〝精神的影響〟をあげたものが4割ともっとも多く、字の読み書き、計算などができないための〝日常生活上の不便〟をあげたものが3割、就職、進学、免許取得の困難など〝社会生活上の差別〟をあげたものが2割などとなっている。

(4) 義務教育未修了の知人

中学校を出ていない知人の有無については、生徒の35%（55人）が「いる」と答えている（回答者が友人の名前、勤務先などを知っていることを前提としたものである）。

それらの知人が夜間中学に入っていない理由として、つぎのような回答があげられている。

回答例・家の仕事で来られない。
- 職人として独立していて、今更という気持ちをもっている。
- 現在、新潟におり、大阪と東京などにしか夜間中学がないので、個人教師をつけている。
- 北海道にいて来られない。
- 子どもを学校へやったり、家で人を使ったりしていて、勉強し

たいと思わない。

(5) 義務教育修了資格の取得方法

義務教育修了資格の取得方法として「夜間中学」のほかに「中学卒業程度認定試験」と「通信制中学」があることについては、ほゞ8割の生徒が「知らなかった」と答えている。

Ⅱ 夜間中学への入学

(1) 夜間中学を知った時期と経路

夜間中学のことを知ったのは、入学の「直前～1カ月前」28%、（43人）と、「1カ月～6カ月前」30%（46人）が多く、あわせて6割近くを占めており、一方、「2年以上前」21%、（33人）と「1年～2年前」18%、（28人）をあわせると4割近くになる。つまり、夜間中学のことを知ってから、実際に入学するまでにあまり時間のかゝっていないものと、1年以上もかゝったものとの、2つのケースがあるといえよう。

夜間中学を知った経路としては、「知人・友人の話」20%、（31人）「テレビ・ラジオ」19%（29人）、「新聞」15%（24人）、「家族の話」14%（22人）、「小中学校の先生」10%（15人）など、マス・コミや家族・知人による率が高い。以下、「都区の相談室」6%（9人）、「都・区教委」4%（6人）、「雇主」3%（4人）、「雑誌・本」3%（4人）、「ポスター・ビラ」3%（4人）、「区広報」1%（2人）、「その他」3%（5人）。

(2) 入学の意思

夜間中学を知ったとき「入学したいと思った」ものは77%（20人）と多く、「入学したいと思わなかった」12%（19人）、「どうとも考えなかった」11%（17人）である。

入学のきっかけとしては「自分で入学しようと考えた」ものが５８％（９０人）でもっとも多い。以下、「家族のすゝめ」１９％（２９人）、「知人・友人のすゝめ」８％（１２人）、「小中学校の先生」４％（６人）、「職場の上司・同僚」３％（４人）、「教育委員会、相談所の人」２％（３人）、「夜間中学の先生」１％（２人）、「その他」６％（１０人）。

入学について「とくにためらわずに決意した」生徒は６７％（１０５人）である。「入学するのをためらった」は３３％（５１人）で、その理由として「年をとりすぎていると思った」３３％（１７人）、「恥ずかしかった」２０％（１０人）が多い。以下「身体が続かない」１０％（５人）、「学力が劣っていると思った」１０％（５人）、「家庭生活がうまく行かなくなる」６％（３人）、「お金がかゝると思った」２％（１人）、「その他」２０％（１０人）。

夜間中学に入学することについて、誰かに「相談した」ものは６７％（１０５人）、相談の相手としては「家族」が７１％（７５人）と多い。以下、「雇主・上司」９％（９人）、「知人・友人」８％（８人）、「小中学校の先生」６％（６人）、「その他」７％（７人）。

入学することについて「反対の人がいた」場合は１３％（１９人）と少く、反対者として「家族」をあげたもの（８４％、１６人）が多い。以下、「知人・友人」「雇主・上司」「小中学校の先生」各５％（1人)。

(3) 入学目的と通学意識

夜間中学への入学目的としては、「義務教育の修了」３０％（４６人）「進学・国家試験・免許状取得のため」２６％（４１人）、「社会生活上の必要から」１９％（３０人）が多い。以下、「職業生活上の必要」１０％（１５人）、「なんとなく」４％（６人）、「その他」１２％（１８人）、「N．A」１％（２人）。

―6―

夜間中学通学についての生徒自身の意識としては、「誇りに思う」と答えたものは６０％（９３人）、また「恥ずかしいと思ったことがある」は３８％（５９人）、となっている。

夜間中学への通学に対して、家族や近親者が「はげましてくれる」69％（１０７人）、「何も言わない」２４％（３８人）、「隠している」４％（６人）。

職場の上司や同僚については「はげましてくれる」が５２％（５７人）「隠している」１６％（１８人）、「何も言わない」１６％（１７人）、となっている。

Ⅱ 学校生活

(1) 学校の成果

夜間中学へ来て「いちばんうれしかったこと」をあげてもらったところ、友達ができたこと、先生がよく教えてくれること、勉強や運動ができるようになったことをあげる生徒が多い。

回答例・昼間の中学とちがって、遅れたところを先生がよく教えてくれ、
　　　　皆が親切にしてくれる。
・バレーボールをやったこと。
・先生に会ったこと、友達ができたこと。
・友達がたくさん出来、体育が苦手だったがこゝでは気にならない。
・日記をつけて、先生にみてもらう。
・小学校とちがって学校生活がうれしい。
・字がよめるようになったこと。
・計算ができるようになったこと。
・英語を少し読めるようになったこと。
・給食がうまいこと。

―7―

夜間中学で勉強したことのなかで、「いちばん役にたつたこと」としては基礎的な知識を得たこと、性格的に明るくなつたことをあげる生徒が多い。

回答例

- 勉強がだんだん好きになつた。
- 文字を知った。
- 日本の社会のことがわかるようになつた。文字を自分で書くようになつた。
- 気持がしつかりして来て、ひねくれた気持がなくなつた。
- 普通の人と同じようになつた。
- 字が読めるようになつて計算が出来たこと、勇気を持つようになつた。
- 字が書けるようになつた。英語の単語、社会の法律などが分つたこと。
- 人と気軽に話せるようになつた。
- 中学に行けない人々を知つて勉強になつた。
- 学校生活の中で責任のある役割を与えられ、社会生活上の自信がついた。

(2) 先　　生

現在通学している学校の先生について、生徒の指導が「とても熱心」と答えたものは５５％（８５人）、「熱心」は３０％（４６人）となり、あわせて８５％は先生の姿勢を積極的に評価している。なお「普通」１２％（１８人）、「あまり熱心でない」３％（４人）、「ＮＡ」２％（３人）。

先生とよく話し合う雰囲気が学校に「ある」と答えたものは７１％（１１１人）、「少しある」１２％（１８人）となり先生の姿勢に対する評価と同じく肯定的評価が８３％もの高率となつている。なお、「あまりない」１２％（１９人）、「ない」５％（８人）。

先生に対する希望を自由にのべてもらつたところ、約６割の生徒は「とくになし」「いまのまゝで十分」と答えているが、その他の回答では、もつときびしくしてほしい、生徒の中に入つて来てほしい、という要求が多い。

回答例・授業をやるときはきちんとやつてほしい。悩みをうちあけるときは、親身に相談にのつてほしい。

- 卒業してからも話相手になつてもらいたい。あまり甘やかさないように。
- 一人一人の育つた環境のちがいを理解した上で教育してほしい。
- サラリーマン的にならず個性を出してほしい。
- 自分たちの中に入つて来てほしい。やることはきちんと（授業面で）、きびしくしてもよいから。
- 授業以外の話をもつと分るまで教えてほしい。もつと先生と接しやすいムードを。
- 一生懸命指導してくれるので感謝の気持で一杯。

(3) 授　　業

授業の内容や方法について自分に「ぴつたりである」と答えたものは２５％（３９人）、「だいたいついて行ける」は５３％（８２人）となり、両者をあわせると肯定的評価は７８％となる。なお、「あまりついて行けない」１２％（１９人）、「ほとんどついて行けない」２％（３人）、「その他」８％（１２人）、「ＮＡ」１％（１人）。

授業に対する希望として、約６割の生徒は「とくになし」「いまのままでよい」と答えているが、その他の回答では、基礎学力をつけること、一人一人のレベルにあつた授業をすること、授業時間をのばすこと、という要求が多い。

回答例・遅れている人にも、その人にあわせた授業を。

- 皆なに消化できる授業にしてほしい。もつときびしく、もつと柔軟にやってほしい。

・授業時間がもう少し長ければよい。

・レベルアップしてほしい。時間をふやしてほしい。余分な行事（誕生会等）を減らしてもよいのではないか。

・進度別編成で、自分としてはもう少しレベルの高い授業をうけたい。

・一人一人の力がちがうので家庭教師とはいかなくとも一人一人の学力を考えてそれに応じた授業をするべき。

・基礎学力をみっちり教えてほしい。

なお、熱心に勉強したい科目として国語（３３％、５２人）、英語（２３％、２７人）、数学（２６％、４０人）をあげた生徒が多い。以下、「社会」５％（７人）、「音楽、美術、工作」３％（５人）、「理科」３％（４人）、「体育」１％（１人）、「その他」６％（１０人）。

(4) 友　人

生徒の８７％（１３６人）は、夜間中学で「仲の良い友人ができた」と答えている。「沢山できた」４７％（７３人）、「少しできた」４０％（６３人）。なお、「まつたくできない」８％（１３人）、「その他」５％（７人）。

友人ができてよかつたこととして、「なんでも話し合える」３９％（５３人）、「いろいろな人との接触で勉強になる」１７％（２３人）、「いつしよに勉強したり遊べる」８％（１１人）、「友達であるだけで満足」４％（６人）、「日本のことを教えてくれる」４％（５人…引揚者）などがあげられている。

(5) 学校行事その他

生徒の８１％（１２６人）は学校行事に参加し、その９０％（１１３人）は「楽しかつた」と答えている。「参加しなかつた（１８％、２８人)」理由としては、入学後の期間が短かいため、学校行事が未経験、仕事の都合、健康上の理由などがあげられている。

学校の施設や設備・備品などについて、「満足している」は６３％（９８人）、「不満」３４％（５３人）である。

不満の内容としては「図書や教科書・教材の不足」１９％（１０人）、「教室やサークル部屋の不足、不備」１７％（９人）、「実験用具の不足」１１％（６人）、「スポーツ用具の不足」９％（５人）などがあげられている。

給食の内容に「満足している」は８４％（１３１人）、「不満」１５％（２４人）である。不満の内容としては、「献立が単調」２９％（７人）、「質量を向上してほしい」２５％（６人）、「米食の方がよい」１７％（４人）などとなつている。

Ⅳ 夜間中学に関する意見

(1) 一般的意見

夜間中学のことで考えたり、希望したりしていることを自由にのべてもらつたところ、夜間中学の増設や存続、PRを望む生徒が多い。

回答例・廃止してほしくない。もつと生徒数をふやしてほしい。

・夜間中学にもつと多くの人が迷わずに入つてほしい。

・義務教育未修了者にもつと夜間中学の存在を宣伝してほしい。

・法律で認めてほしい。

・皆が夜間中学を理解してほしい。

・もつと誰でも気軽に来られるよう、学校の数をふやすとか、手段を講じてほしい。

・現実には、中学は夜で学ぶことなどない方がよいと思う。

(2) 転校指導論

「夜間中学は好ましくないから昼間の中学へ行くべきだ」と転校をすすめる意見に対して賛成的意見は3％（5人）、中間的意見は27％（42人）、反対的意見は70％（109人）となっている。

回答例　賛成的意見

・自分自身、実際には不可能。だが、その意見は正しい。

中間的意見

・本人が行ける状態であればよいが、実態はそうでないので悲しい。

・そういう状態にある人にはよいが、そこからはみ出してしまった人には酷である。

・夜間をやめろといわれるより、昼間へ行けといわれる方がつらい。

反対的意見

・満足に義務教育もうけられぬ人のために必要だ。

・バカにされるから、絶対に行かない。

・昼間の学校はいや、夜間のよさが身にしみている。生徒も先生も親切。

・反対。働きながらの条件では、夜間でなければならない。

・困る。生きる以上、昼間は働かなくてはならぬ。自分が行けなくなってしまう。

・年令的事情で昼間へは行かない。

(3) 廃　止　論

「夜間中学は法律で認められていないもので、廃止すべきだ」という夜間中学廃止論に対しては、賛成的意見はゼロ、「別になんとも思わない」という中間的意見は9％（14人）、そして反対的意見は91％（142人）となっている。

回答例　反対的意見

・法律で認められていないからやめた方がよいとはいえない。

・廃止すべきでない。昼間の中学へ行けなかった多くの人が勉強したくなったとき必要。

・昼間中学で長欠児の面倒をみよ。たゞ単に廃止というのは反対。

・まちがいだし、反対だ。むしろ積極的に制度的（法律的）に充実するのが当然。

・昼間の中学に皆行けるように法的に生活を保証すれば廃止してもよいが、それが不可能なら正式に制度として確立すべきだ。

・現に生徒が来ている以上、昼間へ行けない事情がある訳だから必要だと思う。

・現実に昼間に行けない人がいるのだから。職業上の資格の要件として義務教育修了証なし、というのなら本人にはいゝが。

V　生活の意識と実態

(1) 意　　識

同世代の人とくらべて、自分自身を「恵まれていると思う」と答えた生徒は49％（76人）、「思わない」40％（62人）、「NA」12％（18人）である。

″今いちばんほしいもの″について自由に回答してもらったところ、「経済面の向上」「時間」「土地・家・よい住宅環境」「学問・教養」「楽器」「各種免許」などがあげられている、

他人とくらべて、自分の性格のすぐれている点としては「がんばること」「健康」「社交性」「親切」などがあげられ、おとっている点としては「学力」「短気」「運動神経が鈍い」「非社交的」などがあげられて

いる。

なお階層意識としては、上9%(13人)、中56%(87人)、下26%(40人)となっている。

(2) 実　態

〔25頁、生徒の実態の部　参照〕

教師の部

I　夜間中学への赴任

(1) 夜間中学を知った時期と経路

夜間中学のことを知った時期としては、夜間中学の教師になる「5年〜10年前」29%、「直前〜半年位前」26%、「1年〜5年前」25%が多い。なお、「10年以上前」15%、「半年〜1年前」3%。

夜間中学を知った経路としては、「自分の学校に設置されていたから」がもっとも多く25%、ついで「校長の話」19%、「同僚の話」17%、「テレビ・ラジオ・新聞」などマスコミ関係9%などとなっている。

(2) 赴任の理由

夜間中学の教師になることを希望した理由を自由に回答してもらったところ、「依頼されたから」「欠員があったから」など、とくに理由のない場合を除くと、夜間に行われる特殊な義務教育に対して、関心や意欲、問題意識をもったため、とする回答が多い。

回答例・以前から社会教育の分野にも関心をもっていた。夜間中学の様子を知るに従って、やり甲斐のある職場だと思うようになった。夜間中学の場合、社会教育、社会福祉の仕事にも関連した問題が非常に多い。

・勤労青少年のための教育については、昼間の生徒への教育よりは関心があった。昼間の時間を利用して勉強したいことがあった。

・憲法で保障された義務教育をなぜこんな変則的な形でやらなければならないのか？夜間中学とはどんな学校なのか？夜間中学生とはどんな生徒なのか？を自分の目で確かめることを自分の教員としての出発の最初の課題として追究したかったので。

・校長から依頼されたことと、自分も定時制を経験したことから強く希望した。

(3) 職業意識

夜間中学の教師であることを「誇りに思っている」は５７％、「誇りになど思わない」５％、「とくにどうとも思わない」３４％であり、今後とも夜間中学の教師を「続けたい」は７４％、「続けたくない」６％、「どちらとも言えない」１９％である。

Ⅱ 生　　徒

(1) 話し合い

生徒と「よく話し合う」と答えたものは６６％、「なかなか話し合う機会がない」３２％、「ＮＡ」２％である。

〔定時制高校教師の場合は（「働きながら学ぶ青少年に関する世論調査」第二部定時制高校・教師の部）、「よく話し合う」５５％、「なかなか話し合う機会がない」４５％〕

生徒の気持や考え方について「理解できる」は６３％、「少しは理解できる」３５％、「ＮＡ」２％である。

〔定時制高校教師の場合は、「理解できる」３８％、「少しは理解できる」６０％、「全然理解できない」２％〕

生徒から「信頼されていると思う」と答えたものは６９％、「あまり信頼されているとは思わない」３％、「よくわからない」２５％、「ＮＡ」３％である。

(2) 授業への態度

授業に対する生徒の態度について、「よく聞き理解してくれる」という肯定的評価は７７％、「授業に集中してくれない」という否定的評価は１１％である。なお、「どちらともいえない」３％、「ＮＡ」９％。

－１６－

〔定時制高校教師の場合は、「よく聞き理解してくれる」４９％、「授業に集中してくれない」４３％、「ＮＡ」８％〕

(3) 学　　力

生徒の基礎的学力を全体的にみて「すぐれている」としたものは１人もなく、「普通」１１％、「劣っている」８６％である。「ＮＡ」２％。

生徒の基礎的学力が劣っている原因・理由について自由に回答してもらったところ、家庭の貧困・崩壊、本人の精神的、身体的理由などによってこれまで勉強する機会がなかつたから、とする回答が多く、その他、現在の義務教育のあり方そのものに問題をみる意見も出されている。

回答例・基礎学力を身につけることのできる家庭環境になかつたから（貧困な生活の体験者がほとんどを占めている）。また、小・中学校での学校教育を十分にうける機会が家庭的にも、経済的にも、心理的にもない、経歴を持つた生徒が多い。

・家庭での生活が崩壊しているために、親が行うべきしつけや教育が全くといってよい程なされていない。

・現在の義務教育は量的処理は９９.９％だろうが、質的には１クラスの中で半数が切り落されてゆく現状だ。

・生活環境に恵まれていない子ども達が多く、前期義務教育をきちんと受けていないため、性格的な面で学校嫌いとなり、通学せず長欠となり、学力が身についていない。

・小学校時代からすでに長欠の原因を持ちつゞけてきた生徒の基礎学力は、ほとんど無いに等しく、最近増加してきた小学校中退または不就学については「いろは」からはじめなければならない。

(4) 勉強への意欲

生徒の勉強に対する意欲または姿勢について、「悪条件にめげず頑張っている」という肯定的評価をする教師は８３％と多く、「教えること

－１７－

をなかなか理解しない」または「勉強しようという意欲がない」という否定的評価をする教師はあわせて12％（9％、3％）と少ない。なお、「NA」5％。

〔定時制高校教師の場合は、「悪条件にめげず頑張っている」48％、「教えることをなかなか理解しない」15％、「勉強しようという意欲がない」32％、「NA」5％〕

(5) 生　徒　観

夜間中学生から感心させられたことについて自由に回答してもらったところ勉強の意欲や、飾り気のない卒直な生活態度をあげる教師が多い。

回答例・少しも飾るところがなく、身体全体でぶつかつてくる態度。

・自閉症で1年半家から一歩も外へ出られなかつた生徒が、夜間部へ来て明るくなり、3年生の時、生徒会会長までやつて休みがちな生徒の家へ行つては、登校させるように努力するなど、すばらしい活動ぶりを示してくれたこと。

・近くのバタヤ街からくる生徒で昼間おくすることもなく荷車を引いて働き、夜は休むことなく通学していた女生徒。

・等、夜間中学を愛していること。

・本物と偽物を見分ける力を備えていると思う。

・自分の収入で家族を養いながら、しかも重労働に耐え、時間を作つて夜間中学を卒業まで頑張り通した。

・卒直で真面目でひとつも昼間の生徒達に対して劣等感を持つていないこと。また仕事を非常に大切にしていること。

夜間中学のことをよく知らない一般の人から「夜間中学生とはどんな生徒か」ときかれたと仮定して自由に回答してもらつたところ、「夜間中学生とは逆境にあつても素直で明るく、真面目に努力している生徒」とする回答が多く、その他、義務教育から疎外されたもの、あるいは社会のひずみを背負つているもの、といつた回答も出されている。

回答例・義務教育を受けることのできない、或いはできなかつた人達であり、勉強しようという意欲にあふれている人達。

・日本の義務教育の不完全さ歪みのあらわれともいえる。旧制新制の義務教育の未修了者、旧制の義務教育は修了したが調理師、理容師等の資格を得るため中学校卒業資格を必要とするもの。

・義務教育から切り捨てられた生徒たち。日本の貧困を代表する人々。人権がいかに守られていないかということの生証人。

・真面目でむしろ昼間の生徒より教えやすい。

・学令中の者は、これが昼間の長欠者であつたかと疑いたくなる程、学校好きになる。特に学校嫌いといわれた生徒においてその変り方は顕著である。又逆境にありながら表情が明るいのは、学校こそ彼らの生きがいのようなものだからであろう。

・向学心に燃え、自立心が強い、と。

Ⅲ 学校生活

(1) 生徒との関係

先生と生徒との関係について、「うまくいつている」は77％、「うまくいつていない」2％、「どちらともいえない」20％である。なお、「NA」1％。

夜間中学の教師としてもつとも悩んでいる問題としては、学力や年令、生活環境などのちがう生徒に対する授業方法や生活指導上の困難さを指摘するものが多い。

回答例・学力や能力の差により授業展開がむずかしい。欠席しなければならない事情の生徒が多々いるので進学が遅れがち。

・義務教育から脱落してゆく生徒（長欠者）に対して、何も対策が立てられてないこと。学校嫌いという原因で長欠になる生徒が増加する欠陥が義務教育の中にある。

- 夜間中学でさえ救えない生徒がいること。就学援助費、教師の熱意もってしても、精神面の適切な治療をしなければ救えない生徒が増加している。（例、出席督促に家庭訪問すると押入れにかくれてしまう生徒等）
- 中学校の教師として普通の教育といわれている点で難しいが、その上，彼らの一人一人が持っている生活上の問題は、深く大きくて心にかゝりながら解決のメドをさえつかめない。
- 毎日欠かさず出席できない生徒に、系統的な指導をどうやってするかということ。

(2) 夜間中学のよさ・わるさ

夜間中学に対する現状評価として、まず「よさ（長所）」について自由に回答してもらったところ、生徒数が少ないためにゆきとゞいた個別指導ができること、また教師と生徒、生徒相互のつながりが親密になれることを指摘するものが多い。

回答例・人数も少ないので、授業も一人一人十分ゆきとゞいて、まるで個人教授のようによく理解できるようだ。昼間の悩みを打ちあけ、家族的雰囲気になり楽しそうである。

- お互いが昼間の義務教育をなんらかの事情で脱落しているという認識からくる解放感をもち、家庭的な親和感で結ばれている。一人でも多くの義務教育未修了者を救う場として貴重な存在であること。
- 同一環境に生活する者の共同体。特に知能の低い者も特別に指導できる。谷間の生徒たちに心のよろこびを与えられる。
- 何といっても教師が、学年担任の区別なく、全員と密接につきあえること、従って、昼間部で俗に「お客様」という疎外された生徒が出ない。
- 教師と生徒が裸と裸のぶつかり合いができる。

また、「わるさ（欠点）」としては、昼間働いているため生徒の遅刻、欠席が多いことや勉強時間の不足を指摘するものが多い。

回答例・同じ義務教育でありながら、教育に十分な時間がとれない。学力差がはげしい。

- 昼の労働がきつすぎて、生徒たちに疲れが目立つこと。学習時間が少ないこと（クラブやスポーツなどがなかなかやれない）。生徒が家庭で勉強する時間がないこと。
- 一般社会人として就労し、昼間部中学生とは全然生活が異っている生徒ばかりであり、また労働場所、条件も様々なので出席率が目立って悪いこと。
- 時間不足のため、宿題を出しても、やる時間がないので出せない。経済面のこともあるので、教材、実習書など思うようにできない。勤めの関係もあって、一時限の授業の遅刻が多い。
- 生徒の健康管理がむずかしい。

(3) 施設・備品

学校の施設や備品について「不満がある」６２％、「満足している」３５％である。

不満の内容としては、夜間中学専用の施設・設備・備品がないこと、あるいは教材・教具の不足を指摘するものが多い。

回答例・独立した専用の設備や教室がほしい。昼の生徒に気兼ねしながら不便さをしのんで授業している。借教室、借備品、借設備ではどうにもなりません。生徒の作品展示にも事欠く実情。

- 教材、教具が少ない。（教科書をみるよりも教材あるいは形があるものを見せる方が納得が早い）
- 教材の不十分（体育器具など）。運康管理、医療設備、医務室の完備。
- 小人数で夜間中学の授業に適した教材の困難さ。

Ⅳ　夜間中学に関する意見

(1)　転校指導論

「生徒指導にあたつては、夜間中学は好ましくないからできるだけ昼間の学校に転校させるよう指導すべきだ」という転校指導論に対して、賛成意見１５％、反対意見６５％、「どちらともいえない」１５％、「ＮＡ」５％である。

賛成意見のほとんどは条件付であり、「できれば」「転校させる条件があれば」とするものが多く、反対意見の内容としては、夜間中学の実情を知らぬ空論とする指摘が多い。

回答例・昼の中学では遅進児に個別指導するゆとりがない。また、夜間中学生が昼を脱落した原因が除かれなければ、昼にもどすことは不可能だ。（生徒の肉体的条件、精神的なもの、家庭の経済的条件、親がわりにならなければならないというような物理的条件等、学校のテスト体制、機械的カリキュラム、指導法、マスプロ教育）

・夜間中学の実態を知らたい人のことばだと思う。教師も親もかわいい生徒であり子どもであるものに、夜の教育をさせねばならないのはよくよく事情があるからである。転校できない人だけが夜に在籍している。

・理屈としてまことにもつともではあるが、現実にそれができないため、夜間中学の制度があり、そのため数こそ少ないが救われている生徒が多く、いることは事実である。生徒達が教育を受ける権利としてこの制度は是非必要であり、今後とも存続させてゆくべきものと思う。

・勿論、全員が生活の不安がなく昼間に通学できるようにするのが理想だ。

・生活保護法から考えた場合、中学校は昼間行くのがあたりまえ

のことでしよう。しかし、その年少者の中学生も家計を助ける一人でもあるのです。生徒は労基法には反しても働きながら夜間中学校に行くようになるのが現実です。

(2)　廃　止　論

「夜間中学は法律で認められていないもので、廃止すべきだ」という廃止論に対しては、賛成意見６％、反対意見は８５％にも達し、「どちらともいえない」８％、「ＮＡ」２％である。

反対意見では、廃止論は現実を無視したものであるという内容のものが多い。

回答例・教育の場においては法律がどうであれ、現に昼間の中学校へ行けない生徒がいるのであるから、やるのであって、廃止するなら夜中に通う生徒が完全にいなくなったら廃止すべきである。一人でも居る以上存続させなくてはならない。

・権利としての教育を受けられない以上、国はこれを保障すべきである。当然廃止してはならない。

・全国に中学を出ない生徒が何十万といえる現在、たゞ法律をたてにとって廃止とは貧乏で学べなかったものは学ぶ権利がないのだというのと同じで、基本的人権を奪ったのと同じである。従って廃止については反対である。

・法律では夜間中学を廃止していない。夜間中学は現状では憲法や教育基本法の精神に沿っているものである。法は人間のためにあるのであり、義務教育から振り落されてしまった人が何十万人以上もいる現状では夜中を認めないことの方が法をふみにじっているともいえる。

・夜間中学に相当する勉強は成人教室や通信教育でやればよいという意見もあったようですが、実際に夜間中学の様子を見れば分るように、学校という雰囲気、学校内の人間関係といった学校生活を通してのみ可能な条件を考えてもらいたいと思う。そして「この年にして義務教育も終っていない」といったコンプレックスや学校に対する憧れを持った人々に対して夜間中学が

どれ程希望の灯になっているか理解願い度い。夜間中学は法律的にもきちんと制定すべきだと思う。

・昼間部で全員救済できればいいと思います。

〔 生徒の実態の部 〕

1. 義務教育脱落理由

内訳	年令別				性別		計（%）	
	12～15才	16～19才	20～29才	30才以上	男	女		
旧制小学校卒				19	6	13	19	6.6
炭坑地帯での生活苦			2		2		2	0.7
身体障害者	1	1			1	1	2	0.7
病気による長欠	3	12	7	4	20	6	26	9.0
幼時期の打撲による持病			1			1	1	0.3
貧困	10	15	26	22	47	26	73	25.3
性格（内向性・自閉症…）	5	14	12		23	8	31	10.7
母親の過保護による登校拒否	1				1		1	0.3
友人関係（世間の偏見…）		2	2		1	3	4	1.4
家庭の不和（離婚……））	3	5	10	2	12	8	20	6.9
家庭の無理解（生計のため本人就労…）	5		2	4	3	8	11	3.8
親の無関心と性格異常		1				1	1	0.3
交通事故により長欠・母死亡による家事	1	1				2	2	0.7
親の無理解と生活苦			2		2		2	0.7
親の精神異常による外出禁止		1	2			3	3	1.0
弟妹の世話（両親死亡・病弱…）		2	7	6	7	8	15	5.2
家事（母の身体障害…）				1		1	1	0.3
韓国からの引揚げ		15	17	5	22	15	37	12.8
引揚げ者のため昼間の学校で拒否	1				1		1	0.3
特殊学級に入れられた	2				2		2	0.7
家族が渡航		1	1		2		2	0.7
転校	1		1			2	2	0.7
父の職業上居住地不定（旅役者……）		1	2		3		3	1.0
別になし		1			1		1	0.3
不明	7	7	5	8	17	10	27	9.3
計	人 40	人 79	人 99	人 71	人 173	人 116	人 289	% 100.0

2. 家　族

区分	項目	人数	%
両親	孤児	4	1.4
両親	所在不明	1	0.3
両親	生別れ	2	0.7
両親	両親ともに死亡	13	4.5
両親	父死亡・母所在不明	1	0.3
両親	父家出・母死亡	1	0.3
両親	父死亡・母生別れ	4	1.4
両親	父死亡・母病気	1	0.3
両親	父死亡・義母	1	0.3
両親	父所在不明・母入院中	2	0.7
両親	父アル中・母不明	1	0.3
両親	両親別居	22	7.6
両親	病弱	2	0.7
両親	父入院中・母病弱	1	0.3
両親	父厳しく・母甘やかす	1	0.3
両親	不明	1	0.3
	小計	58人	20.1%
父親 死別	本人病気	1	0.3
父親 死別	（家族とは）同居	26	9.0
父親 死別	（家族とは）別居	10	3.5
父親 死別	母入院中	2	0.7
父親 離別	（家族とは）同居	9	3.1
父親 離別	（家族とは）別居	1	0.3
父親 義父	（家族とは）同居	3	1.0
父親 義父	（家族とは）別居	2	0.7
父親	別居（外国在…）	11	3.8
父親	生別れ	1	0.3
父親	所在不明	3	0.1
父親	アル中	1	0.3
父親	その他（病気中…）	10	3.5
	小計	80人	27.7%
母親 死別	（家族とは）同居	9	3.1
母親 死別	（家族とは）別居	7	2.4
母親 離別	（家族とは）同居	4	1.4
母親 離別	（家族とは）別居	2	0.7
母親	行方不明	3	1.0
母親	生別れ・父別居	1	0.3
母親	病気（神経症）	3	1.0
母親	神経症・父別居	2	0.7
母親	義母	1	0.3
母親	その他（病気中……）	2	0.7
	小計	34人	11.8%
兄弟姉妹	病気中	2	0.7
兄弟姉妹	異母兄弟	1	0.3
	小計	3人	1.0%
夫婦	夫が病気中	1	0.3
夫婦	夫が病死	2	0.7
夫婦	夫と離別	1	0.3
夫婦	後妻	1	0.3
	小計	5人	1.7%
	その他	10	3.5
	問題なし	3	1.0
	N　A	96	33.2
	計	289人	100%

3. 住　宅

(1) 住居形態

住居形態	人数	%
持家	70	24.2
社宅	7	2.4
借家	33	11.4
公共住宅	49	17.0
民間アパート	45	15.6
借間	16	5.5
寮	24	8.3
勤務先	25	8.7
N　A	20	6.9
計	289人	100%

(2) 広　さ

広さ	人数	%
6畳未満	56	19.4
6～9畳未満	47	16.3
9～12畳未満	58	20.1
12～15 〃	24	8.3
15～18 〃	6	2.1
18畳以上	23	8.0
N・A	75	26.0
計	289人	100%

(3) 居住形態

居住形態	人数	%
家族と一緒	168	58.7
兄弟だけで	24	8.3
一人で	51	17.6
友人・同僚と	4	1.4
住み込み	30	10.4
N　A	12	4.2
計	289人	100%

(4) 居住地

居住地	人数	%
中央	2	0.7
港	3	1.0
新宿	4	1.4
文京	10	3.5
台東	6	2.1
墨田	16	5.5
江東	10	3.5
品川	5	1.7
目黒	1	0.3
大田	20	6.9
世田谷	18	6.2
渋谷	2	0.7
中野	4	1.4
杉並	3	1.0
豊島	4	1.4
北	11	3.8
荒川	33	11.4
板橋	5	1.7
練馬	4	1.4
足立	25	8.7
葛飾	32	11.1
江戸川	6	2.1
23区小計	224人	77.5%
三鷹	1	0.3
昭島	5	1.1
調布	11	3.8
小平	1	0.3
東村山	2	0.7
国立	1	0.3
田無	2	0.7
南多摩	1	0.3
北多摩	3	1.0
三多摩小計	27人	9.1%
都外	18	6.2%
N　A	20	6.9%
計	289人	100%

4. 職　業

(1) 就労の有無

有	215	74.4
無	74	25.6
計	289人	100 %

(2) 就労の理由

生活をするため	76	35.5
自家営業のため	13	6.0
家計の援助	12	5.6
世間体	3	1.4
通学・勉強をするため	3	1.4
日本語の勉強のため	2	0.9
昼間遊んでいても仕方ない	2	0.9
保母になるための見習い	1	0.5
仕事を覚えて資格取得	1	0.5
非行からの立直り	1	0.5
早く社会に出たい	1	0.5
N　A	100	46.5
計	215人	100 %

(3) 職　業

専門・技術的職業従事者 （看護婦、見習、トレース、インテリア・デザイン、保母助手、美容師、電話ケーブル工事、デザイン、縫製師、レイアウト、指圧師、発信機製造、自動車修理員、体温計製品検査）	20	9.3
事務従事者 （経理事務、大使館事務）	10	4.7
販売従事者 （ガソリン・スタンド、自動車部品販売、駅弁販売、デパート店員、鮨店員、店員、精肉店店員、クリーニング店店員、外交員、牛乳セールス、革バンド行商、生花商店、テント・シート販売、菓子商、紙商店、自動車修理販売）	25	11.6
運輸・通信従事者 （運転手、郵便局）	7	3.3
技術工程、生産工程作業者 （電線加工、溶接、ゴム加工、印刷工、シャーリング、鉄工員、メリヤス工、洋傘加工、玩具づくり、電気器具組立工、ガス圧せつ工、ハンダ加工、電気部品製作、ペンキ塗装、プラスチック加工、袋物製造、牛乳（製造）、プレス工、クーラー分解、旋盤工、自動車部品製造、コイル巻き、せんべい焼き、包装作業、写植、テレビ基盤・配線、トランジスタラジオ基盤・配線、サージ工、革バンド製作、刃物製作、運搬機製造、染色工、庭師、菓子製造、電気工、スポンジ製造工、コンクリート打ち、ハンドバッグ製造、タイピスト）	74	34.4
単純労働者 （清掃員、建築解体業、化粧品の箱詰、食品包装、国鉄雇員、土工、配管工、自動車部品組立、測定器組立、雑役）	11	5.1
サービス職業従事者 （レストラン、調理手伝、ウエイトレス、手伝、食堂、病院食事係、施設給食係、牛乳配達、新聞配達、すしや見習、コック、職業紹介業、廃品回収業）	26	12.1
分類不能の職業 （不定、芸能プロ、養豚業、出版社・役員、舞踊、小唄師匠、店舗管理、学童擁護員）	15	7.0
N　A	27	12.6
計	215人	100 %

(4) 就労形態

区分	人数	%
常用勤労者	125	58.1
パート・日雇	25	11.6
自営	14	6.5
内職	4	1.9
手伝い	17	7.9
その他	28	13.0
N A	2	0.9
計	215人	100%

(5) 労働時間

区分	人数	%
5時間未満	6	2.8
5〜7 〃	10	4.7
7〜9 〃	93	43.3
9時間以上	71	33.0
N A	35	16.3
計	215人	100%

(6) 賃金形態

区分	人数	%
日給	66	30.7
月給	90	41.9
N A	59	27.4
計	215人	100%

(7) 月収

区分	人数	%
5千円未満	6	2.8
5千〜1万円〃	7	3.3
1万〜1万5千〃	9	4.2
1万5千〜2万〃	17	7.9
2万〜2万5千〃	50	23.3
2万5千〜3万〃	22	10.2
3万円以上	60	27.9
N A	44	20.5
計	215人	100%

(8) 非就労の理由

区分	理由	人数	%
手伝い	家事及び手伝い	20	27.0
	親類の手伝い	1	1.4
	病人の看護	1	1.4
	小計	22人	29.7
病気	ノイローゼ（自閉症）	5	6.8
	病弱・身体が弱い	17	23.0
	入院中	2	2.7
	対人恐怖症	1	1.4
	両親別居によるショック	1	1.4
	小計	26人	35.1%
勉学	日本語修得のため	2	2.7
	勉学のため	1	1.4
	昼間学校（実務）へ通う	1	1.4
	小計	4人	5.4%
その他	今春入学・卒業で未就労	2	2.7
	ちょうど失業中	2	2.7
	内職見習い中	1	1.4
	引越して間もない	1	1.4
	特に働く必要なし	1	1.4
	小計	7人	9.5%
N A		15	20.3
計		74人	100%

（性別）

区分	人数	%
男	171	59.2
女	118	40.8
計	289人	100%

（年令別）

区分	人数	%
12才〜15才未満	40	13.8
16才〜19才	79	27.3
20才〜29才	99	34.3
30才以上	71	24.6
計	289人	100%

〔フエース・シート〕

		実　数	構成比
生徒の部	学校別		
	足立四中	13	8.3
	双葉中	26	16.7
	曳舟中	22	14.1
	荒川九中	29	18.6
	新星中	29	18.6
	糀谷中	25	16.0
	八王子五中	12	7.7
	学年別		
	一学年	47	30.1
	二学年	50	32.1
	三学年	59	37.8
教師の部	教員資格別		
	教　諭	38	58.5
	講　師	21	32.3
	校　長	6	9.2
	夜間中学経験年数別		
	3年未満	25	38.5
	3～10年〃	23	35.4
	10年以上	17	26.2
	昼間の仕事の有無別		
	あ　り	31	47.7
	な　し	32	49.2
	N　A	2	3.1

＊ 重複記事が収録されているため、削除した。

昭和４５年度 全国夜間中学校研究会役員名簿

名誉会長	飯田赳夫	横浜市立浦島丘中学校長
会長	勝山準四郎	東京都足立区立第四中学校長
副会長	石井宗一	横浜市立鶴見中学校長
理事	山本信雄	葛飾区立双葉中学校長
同	池田喜一	横浜市立西中学校長
同	宇野二三衛	京都市立皆山中学校長
同	荒木和雄	大阪府岸和田市立岸城中学校長
同	玉本格	神戸市丸山中学校長
同	牧原次郎	広島市立二葉中学校長
会計監査	田島鳳松	横浜市立蒔田中学校長
同	岸田林太郎	東京都八王子市立第五中学校長
幹事（会計）	渡貫実	東京都墨田区立曳舟中学校主事
顧問	寺本喜一	京都府立大学教授
同	立石実信	元横浜市平楽中学校長
同	小林俊之助	元東京都太田区立糀谷中学校長
同	住友国春	元東京都八王子市立第五中学校長
同	岡野直	元東京都足立区立第四中学校長

＊ 凡例基準に基づき、本史料２～３頁は削除した。

夜間学級設置校現況一覧

番号	都府県	学校名	所在地	電話	校長名	開設年月日	在籍生徒数 I 男	I 女	II 男	II 女	III 男	III 女	性別小計 男	性別小計 女	合計	卒業生徒数	専任教諭数 男	専任教諭数 女	兼任並に講師数 男	兼任並に講師数 女	合計	備考
1	広島	広島市立二葉中学校	広島市光町2−15−8	0822−62	牧原次郎	28.5.1	6	2	13	6	7	3	26	11	37	137	2	0	3	1	6	
2		同　観音中学校	同　南観音3−4−6	0822−32	増田勉	28.4.1	3	3	5	6	6	6	14	15	29	236	2	0	3	0	5	
3		広島県豊田郡豊浜町立豊浜中学校	広島県豊田郡豊浜町豊島	084668 豊島9	長谷川敏	26.1.18	0	0	2	0	3	0	5	0	5	142	0	0	22		22	宿直職員
4	兵庫	神戸市立丸山中学校西野分校	神戸市長田区三番町3丁目	078−55	玉本格	25.1.16	2	1	9	3	14	14	25	18	43	275	3	1	2	1	7	
5	大阪	大阪府岸和田市立岸城中学校	大阪府岸和田市野田町230	0724−22	荒本和雄	27.4.1	1	2	1	2	5	3	7	7	14	173	1	0	4	1	6	
6		大阪市立天王寺中学校	大阪市天王寺区北河堀町61−1	06−771	白井重行	44.6.5	21	38	27	30	12	9	60	77	137	17	10	2	7	0	19	事務1名
7		同　菅南中学校	同　北区西扇町11−1	06−312	桑島正二	45.4.1	17	35	10	5	7	3	34	43	77	0	7	1	3	0	11	事務1名
8	京都	京都市立郁文中学校	京都市下京区大宮通綾小路下ル綾大宮町51−2	075−821	林田善亮	43.4.1	1	3	0	4	1	4	2	11	13	7	2	0	7	0	9	
9	神奈川	横浜市立鶴見中学校	横浜市鶴見区鶴見町1253	045−501	石井宗一	25.5.20	3	0	1	0	3	1	7	1	8	224	0	0	10	0	10	
10		同　平楽中学校	同　南区平楽1	045−261	二見清	25.5.1	0	1	1	1	1	3	2	5	7	126	1	0	9	0	10	
11		同　浦島丘中学校	同　神奈川区白幡東町17	045−421	飯田赳夫	25.5.1	1	0	0	1	5	4	6	5	11	276	1	0	8	1	10	
12		同　蒔田中学校	同　南区花ノ木町2−45	045−711	田島鳳松	25.5.5	1	1	0	0	2	4	3	5	8	211	1	0	8	1	10	
13		同　西中学校	同　西区西戸部町3−286	045−231	高根敏臣	25.5.1	1	2	4	1	3	2	8	5	13	203	1	0	9	0	10	
14	東京	東京都足立区立第四中学校	東京都足立区梅島1−2−33	03−887	勝山準四郎	26.7.16	6	5	7	7	5	5	18	17	35	541	5	1	3	3	12	
15		同　八王子市立第五中学校	同　八王子市明神町91	0426−42	岸田林太郎	27.5.12	1	0	2	3	3	5	6	8	14	201	6	0	2	1	9	
16		同　葛飾区立双葉中学校	同　葛飾区お花茶屋1−10−1	03−602	山本信雄	28.4.20	4	5	7	4	8	8	19	17	36	334	5	0	3	2	10	
17		同　墨田区立曳舟中学校	同　墨田区文花1−18−6	03−617	大津正夫	28.5.1	1	2	8	8	12	7	21	17	38	489	5	1	3	2	11	
18		同　大田区立糀谷中学校	同　大田区西糀谷3−6−23	03−744	和泉昴	28.9.1	8	6	9	2	7	3	24	11	35	364	6	0	2	2	10	
19		同　世田谷区立新星中学校	同　世田谷区太子堂1−3−43	03−404	桜井保	29.5.1	5	8	8	15	8	5	21	28	49	307	5	1	6	3	15	
20		同　荒川区立第九中学校	同　荒川区東尾久2−23−5	03−892	清輔浩	32.2.15	6	10	13	9	19	12	38	31	69	265	6	0	3	1	10	
21	京都	京都市立皆山中学校	京都市下京区間之町七条上ル	075−361	橋爪清	25.5.1	0	0	0	0	0	0	0	0	0	255	0	0	0	0	0	
		計　21校				計	88	124	127	107	131	101	346	332	678	4,785	69	7	117	19	212	

C 4　C 5

第１７回　全国夜間中学校研究大会
〔資料及び要項〕

発行年月日	昭和４５年１１月２０日
発　行　所	東京都荒川区東尾久2丁目２３番５号 東京都荒川区立第九中学校内 全国夜間中学校研究大会事務局 電話　東京(03) 892—
編　　集	全国夜間中学校研究大会事務局
発行責任者	大会会長　　勝　山　準四郎 同準備委員長　清　輔　　浩
印　刷　所	高橋タイプ

第　１　７　回

全国夜間中学校研究会

昭和４５年１１月２０日(金)・２１日(土)

――大会記録集――

大会記録集もくじ

＊ 凡例基準に基づき、本史料１～２頁（部分）は前除した。

記　　　録

記録者　双葉中　山　下

〈第１日〉

１ 開　会　式

(1) 開会のことば

(2) 会長あいさつ

三省、東京都、荒川区当局の多数の来賓のご臨席を得て、ここに第１７回全国夜間中学校研究会を開催できることを先生がたと共によろこびたい。当初大阪で開催の予定が、諸般の事情で変更せざるを得なくなり、急に荒川九中さんで引受けていただくことになって、準備等にご苦労の多かったことを感謝したい。会場を提供していただいた荒川区、及び区教育委員会、荒川九中の先生がた、大会準備委員会のお骨折りに対し厚くお礼申し上げたい。夜間中学校も法制化の問題など多くの困難をかかえている現状の中で、本大会が実のある成果をあげて、明日への発展に役だつよう、熱心な研究をお願いしたい。

(3) 来賓祝辞

・荒川区長

この度、第１７回の夜間中学校研究大会をこの区で開催されることをおよろこびしたい。昼間働きながら夜学んでいる生徒諸君、またその生徒のために努力しておられる先生がた、ご苦労様です。特殊な態様から、日ごろのご苦労は並大抵ではないと考える。

当区でも、家庭の事情や欠陥から就学できない生徒のために、昭和３２年に区立九中に夜間を開設し、就学の希望を満たすようにしてきた。現在までに３００有余名の卒業者を数えている。運営全般について、都教育委員会の援助をいただき、お礼申し上げたい。本大会がりっぱに終始することを念願してあいさつとしたい。

・文部省初中局長（中島秋夫氏）

お招きをいただき感謝している。困難な事情の中で、日夜努力しておられる関係者のかたがたの努力に対し敬意を表したい。第１７回という数字が示すように、長い間努力しておられるのに、その苦労が実らない。文部省としても、その基本的なあり方について考えなければならないという方向へ動き始めた。夜間中学は年令、学力等さまざまで、多様な面をもっている。多様性という点では、社会教育の中でも熱心に努力されているが、しかし、夜間中学は義務教育という点で違う。全国２０の夜間中学があるが、また、義務教育未修了者は、全国に散らばっていると予想される。でも、その実態把握は極めて困難である。今年度９５万の予算で、行政に乗せるための実態調査を実施し、来年度予算に７４０万ばかりを計上して、今、夜間中学の動いている都道府県から先に調査していく予定である。本大会は、生徒の直接の訴えを聞く機会と思って喜んで参加した。むずかしい問題があるが、皆さんと共に、一歩一歩進んでいきたい。

・厚生省児童育成課長補佐（木[illegible]氏）

第１７回大会の開催を心からよろこびしたい。生徒の訴え、先生がたの研究に直接触れて、それを今後に生かすようにしていきたい。

・労働省婦人少年局企画課長（福岡秋夫氏）

全国各地からお集りいただいて、ご苦労様です。

夜間中学生は、半面労働者でもあるということで、私共とも密接な関係があるわけだが、きょうは、従来の大会と違い、生徒さんのなまの声も聞けるということなので、期待している。

・荒川区教委　根本委員長

他の委員も全部出席しているが、代表として一言お礼申し上げたい。

第１７回大会を東京で開かれることになり、荒川区で引き受けたことを光栄に存ずる。第１回大会を京都で開かれてより、毎年、全国の夜間中学の先生がたが共に、きょうを語り、明日を誓い合ってこられたのは意義深いことである。

きょうは、また、従来と違い、生徒の意見も発表されるとのことで、その成果に期待している。夜間中学を正式に認めるかどうかは法的にむずかしいので、まだ法制化されていない。しかし、だからといって教育の活動をおろそかにしてはならない。１人でもそういう生徒がいる限り夜間中学の灯を消すわけにいかない。皆様がたといっしょに努力していきたいと存ずる。夜間中学に学ぶ生徒の幸福のためになる大会となるようお祈りしたい。

・東京都義務教育課長（水上忠氏）

全国各地から、夜間中学校関係のかたがたが多数お集りくださって第１７回全国夜間中学校研究会が開かれることをお喜びし、日ごろのご苦労に感謝申し上げたい。

義務教育未修了者に対する教育行政の立ち遅れから、いろいろご苦労をかけているが、東京都の立場を申し上げて、お祝いに替えたい。われわれは、未修了は不就学の問題と考えている。不就学者には、次の２が考えられる。

(1)　就学猶予、免除者

これは約２０００人で、その９０％は身体的な理由に基づくもので、その中で昨年度の６００人を対象に調査している。

(2)　長欠者

これは、一旦、学籍を持ちながら、身体的な理由とか、家庭崩壊とか、学校ぎらいのために就学しなくなっている者で、４４年度は、小学校２８００人、中学校２０００人がいる。

就学援助の施策はいろいろあるが、それだけではどうにもならない生徒が出てくる。そこで、行政として、どう対処したらよいのか遅まきながら手をつけ始めた。過去の行政の立ち遅れから、また現在の行政の不足から夜中に学ぶ者がいるので、どうするかを現状として考えていうと思っている。美濃部知事も、対話集会とか、都政調査を通して、夜間中学に積極的な関心を示し、プロジェクトチームを作った。プロジェクトチームの結論が出る予定である。

立ち遅れてはいたが、少しだけ明るさが見えてきたことはうれしい。先生がたの熱意と、設置された区市町村の努力の賜物と思う。きょう、あすのこの大会が、今、学んでいる生徒諸君のためにも、まだ来ていない未修了者のためにも、そして存在すら知らない人たちのためにも、明るい灯をともす大会となってほしい。

● 荒川区中学校長会長

この区には、中学校が15校あるが、その中に夜間中学を設置しているのが1校、特殊学級をもつものが2校ある。いろいろな機会をとらえて連絡をはかりながら、活動を進めている。荒川九中では、清輔校長を初め、各担任が献身的な努力を続けて、成果をあげておられる。きょう、あすの大会が、今後いっそう発展の基となるよう念願してやまない。

○ 祝電披露　　東京都知事　美濃部亮吉

「ダイ17カイゼンコクヤカンチユウガッコウケンキユウタイカイノセイコウヲイノル」

(4) 日程説明（曳舟中　大津校長）――「大会要項」のP.4、P.5によって説明

――――※――――

2. 総会

(1) 議長選出　　鶴見中　石井校長

八王子五中　岸田校長

(2) 業務報告（勝山会長）

昨年12月、横浜の第16回大会で採択された宣言について、その実現に努力し、文部省、厚生省、労働省の関係方面に伺って、色々とお願いした。先程の話の中にも前向きの姿勢が出てきたのは喜ばしい。法制化についてのお願いは、確約は得られなかった。次に情報の交換に意を用い、全夜中ニュースを印刷、配布した。それから、学校の実情がまちまちのようであるが、都の調査研究部が手がけてきた学校・生徒の調査が、ようやく印刷製本の段階にこぎつけた。都の研究部でやったものだが、内容は全国夜間中学のものとなっている。全般的に、少し東京中心に傾いてしまったことをお許しいただきたい。

(3) 会計報告（曳舟中　渡貫主事）　　別紙「決算報告書」によって説明。

(4) 会計監査報告（八王子五中　岸田校長）

「総額は小さいが、処理はめんみつになされており、領収書等もよく整備されている。」

(5) 予算案審議（曳舟中　渡貫主事）　　別紙「予算案」によって提案

――――×――――

○ 都指導部　宇留田課長紹介

――――×――――

日程(6)の新役員の選出は第2日にくりさげることを会長が提案、承認

3. 各地の現状報告

・広島地区（二葉中　牧原校長）

大会要項CのP.4～5によって説明

豊浜中については、連絡不充分で、詳しく報告できないが、二葉中・観音中の場合は生徒も漸増している現状で、同和教育を中心において進めている。教員配属は4名であるが、昼間との協力のため2名は昼間へ応援に行っている。家庭訪問に主力をおいているが、知育の向上という点で先生がたの苦労が大きい。

・神戸地区（丸山中西野分校　末吉先生）

神戸市長田区三番町3丁目という所在地は7000世帯が住んでいて神戸市の人口密度の20倍という過密さである。いわゆる番町地区といわれる同和地区である。開設は20年で275名の卒業者を出している。夜間中学の中ですら不就学が出ているような所であることを理解していただきたい。

・大阪地区

1.（岸城中　西尾先生）

昭和27年から始めたが、当初は、府教委すらも認めていないので、岸和田市独自で不就学生徒を卒業させる対策として進めた。昭和42年度、卒業生を出してから学齢者はなく、高年令者だけになった。昨年大阪府公認となり、専任を1名置けるので、私が当たることになった。ただ、学令者は入れないということなので、昼間の不就学者は、15才まで待てといわなければならないのが悩みである。

2.（天王子中　縄田先生）

昨年、天王子中、今年、菅南中の2校が開設されて大阪市内に夜間中学がようやくできた。近隣の、東大阪、堺、豊中、枚方市などからもやってくる。来年はこの衛生都市内にも、もう1校できるのではないかと思っている。今年、給食費、修学旅行費の一部が改善された。給食費は1食25円前後で、牛乳1本、パン1個である。有償、無償に分かれている。修学旅行費は1泊2日で3500円、ただし全員ではない。このほか、奨学金という形で学用品や通学費の支給を要求している段階である。

現在の目標は、就学条件を整えることである。それから、卒業生の発案で、「夜間中学校を育てる会」が9月に発足し、朝日新聞が5日間連載でとりあげてくれた。やや突っ込みの足りない点もあるが、一応は一通りふれている。

第2回の運動会の際（10月23日）も、「時期はずれのナイター運動会」という見出しでとりあげてくれた。学習の面では、小学校教育不充分の者が30名もいて、学力差が多いので、学習の進度別に学級を編成している。菅南中では2学期から無学年制として、国語と数学の2教科についてはクラスを解いてやっている。昨夜、桃谷中の理科の授業を参観したが、あまり学力差がないように思った。皆、小学校は卒業したのだろうか。

時々「中学校は卒業しているのだが」という生徒が電話してくるが、大阪府の条件に合わないので入れられない。聴講生などの方法はとれないものか。

3、「夜間中学校を育てる会」の事務局（蒲田中　髙橋先生）

天王子　中の卒業生の発案で、6月17から活動を始めた。精力的に動いてくれているが、東京の高野君につぐ者だと思っている。9月27日に設立総会をもち、10月・11月と市教委との交渉を持った。その結果、市教委の姿勢が変わってきた。当面の活動として、10月と11月に生徒募集のためのビラまきを実施した。また市教委との交渉の中で、補助金を出してほしいという要求を出したが、かなりの線まで進歩している。

• 横浜地区（鶴見中　山田先生）

プリント「昭和45年度横浜市夜間中学校の現状」で説明。

夜間中学校は横浜市に5校あり、鶴見中の場合は、校長、副校長、職で10名いるが、職員は昼間と兼任である。給食費は1人1日約65円である。予算としては、消耗品費20,000円、備品費20,000円で細々と経営している。過去は、各校独自のカリキュラムでやっていた。今は、バス旅行、球技大会　油絵大会など合同行事としてやっている。授業は複式授業でむしろ個別指導に近い。授業時間は各校によって違いがあるが、始業は5：30～6：00　終わりは8,00～8：30となっている。生徒数は各校共、だいたい10名前後で、4月初めの　5校合計は48名（長欠を含む）となっている。長欠者に対しては、昼間との兼任なので思うように行かない。年令構成は12才～37才までバラバラに分布しており、入学の理由は、1つのパターンになかなかあてはめにくい。

• 東京地区（荒川九中　塚原先生）

～10～

まず、読みたいものがあるので、読みあげてみる。

「憲法　第25条　すべての国民は、健康で文化的な最低限度の生活を営む権利を有する。

2項　国は、すべての生活部面について、社会福祉、社会保障及び公衆衛生の向上及び増進に努めなければならない。

第26条　すべての国民は、法律の定めるところにより、その能力に応じて、ひとしく教育を受ける権利を有する。

2項　すべて国民は、法律の定めるところにより、その保護する子女に普通教育を受けさせる義務を負う。義務教育はこれを無償とする。」

「教育基本法第3条（教育の機会均等）

すべて国民は、ひとしくその能力に応ずる教育を受ける機会を与えられなければならないものであって、人種、信条、性別、社会的身分、経済的地位又は門地によって教育上差別されない。」

いつも以上のことを念頭において、取り組んでいかなければならない。

先日、福岡で行なわれた第22回同和研究会に出席させてもらったが、この大会でとりあげられる「差別」ということについて、われわれ、夜間中学校でももっと掘り下げていく必要があると思う。

東京には現在7校あるが、基本的な問題については都夜中研の活動等を通して足並みをそろえるように努力しているが、給食や準要保護の認定、修学旅行費の補助など細かい点については、区の扱い方がい

～11～

ろいろ違う。区によって差別がみられるのはどうしてだろうか。また、ある区では、学令者の入学を１週間さしとめたという例や、準要保護の認定に際して、福祉事務所が「学校に行くより、内職でもするほうがいい」というサジェストをしたというケースも起こっている。生徒たちの苦しみや実態は、福祉事務所の人なんかにはわからないのだ。われわれ教師にだってよくわかっているとは言えない。

東京の現状は、やや温室的で、あまり危機感みたいなものも感じていない。しかし、過去に廃校になっていった所の実情を知る者にとっては、常に警戒を怠ってはならないと考える。

生徒数は、昨年よりふえている。都の努力が実ったとは思えない。相談に来た生徒に１週間待てという姿勢の区教委が現にあるのだから。ふえた原因については、今のところ、どうしてかわからない。

先程文部省は、行政はむずかしいと言われたが、生きることがもっとむずかしい。困難に耐えながら生きることのほうが、どれだけつらいか知っていただきたい。

・全夜中事務局（荒川九中、日下田先生）

豊浜中から、アンケートの回答として現況報告があったので、つけ加えたい。

専任教諭はなし、一覧表の兼任２２名というのは、昼間の先生が随時に教えることを意味している。漁村のため、漁期には、ほとんどの生徒が漁に出るので、教えられないという悩みをかかえている。

―――――― × ――――――　（13,00まで昼食）

・京都地区（勝山会長）

~12~

現在、都文中の１校だけになっている。全部で２１名で、過年児対象としてやっている。職員は専任２名で当たっている。年間１万円ぐらいの補助を受けているようである。P.Rもしない。相談に来た子供だけを扱っているという現状である。一番の問題点は、学年末の職員の定員確保である。市教委は認めても、府教委が定員を認めてくれないという、行政上のチグハグが原因している。学習面では、高年令者の指導がややりにくいという連絡であった。給食は１日５２円でパンと牛乳を与えている。修学旅行は１泊２日の宿泊訓練ということで実施している。

・江戸川区（区教委　渋谷先生）

来年から、江戸川区にも夜間中学ができることが決定した。来年の大会には江戸川区の席もできると喜んでいる。

今年３月、区議会に高野雅夫さんが陳情、文教委員会で採択決定し、７月に、教育委員会に対し準備を進めるよう指示された。当区は、東京の東のはずれで、千葉県に接した所である。今まで夜間中学のことには、区としては関心が薄かった。ようやく今度の決定で動き出した次第である。

基本構想としては、「１人でも必要とする人がいるなら開設する。学区についても、制限を設けず、区外でも千葉県でも引き受ける」ということで発足したい。区の教育研究所に委員会を１０月に設置し、今準備を進めている段階である。荒川九中の見学、入学希望者の調査などをし、区内のどこに設置するか検討中である。

交通事情、校内施設、住宅環境等を考えて、次の２つに焦点をしぼっているので、近日中に決定すると思う。個人の考えだが、第１

~13~

候補地に決まる可能性が強い。

第1候補地　　国電平井駅を中心とした小松川地区

第2候補地　　区役所を中心とした　　松江地区

来年、4月1日に開設できるように、すべての準備態勢を整えつつある。きょうは、江戸川区にも開設されることをお伝えするために参上した。私は昨年まで荒川九中の昼間に居たので、夜間のこともいくらか理解しているつもりなので、それを生かしていきたいと思っている。何分初めてなので、よろしくご指導いただきたい。

4 研　究　発　表

(1) 全国夜間中学校：学校、生徒調査概要（東京都夜間中学校研究会調査研究部）

「大会要項　P.7～　P.26」によって説明

・全体的な経過と、入学までの教育歴、入学の目的、(新星中　上田)

・生徒の仕事，労働時間，働く理由（荒川九中　見城）

・夜間中学を知ったきっかけ（双葉中　猿渡）

・義務教育からの脱落原因と脱落中の感想（双葉中　山下）

(2) 東京都夜間中学校事務量について（糀谷中　手塚事務主事）

「大会要項　P.43～　P.44」によって発表

昨年度から、東京都7校の事務主事の話し合いを持ち、共通の問題について検討を加えてきた。話し合いの中で、各学校の実態は、区・学校・事務主事の考えによってさまざまであることがわかった。

第1の問題点は、現在、事務主事は、夜間中学校兼職の辞令をもら

っていない。手当ももらっていない。こうした条件のなかで、どのようにかかわり合っていくべきか、ということであった。

本年度の目標を、昼間と同じような条件の整備に置いたが、これには、人的な面、経済的な面など考えられるが、本年度は、まず人的な面をとりあげることにして、推進している。

大会要項のP.44の統計は、7校の平均をとってある。夜間中学校にも、独自の事務がこんなにあるということがわかっていただければよいと思う。東京都は、他府県に比べると、まだ恵まれているのかも知れないが、夜間中学校は厳然として存在しているのだから、全国的な規模で、専任の事務主事補の設置等、運動を進める必要があろう。

(3) 英語授業の実態（丸山中、西野分校）　代理　玉木校長

発表者の先生が一昨日　交通事故で、絶対安静ということになったので、レジメを読んでご批判いただきたい。

発表以外のことで一言、つけ加えることをお許しいただきたい。7月8日に福岡で同和教育研究会がもたれたが、同和教育と夜間中学の問題は切り離せない深いつながりがあると思い、塚原先生に協力を願って出席していただいた。

「差別を知らないことも差別である。」という高野君のことばの通り、差別の実態をわれわれは見究めなければならない。沖縄から来られた先生からも、現地の差別の実態について話があった。

本大会の主題は、「夜間中学生の訴えを聞き、その対策を確立する」となっているが、生徒たちの声に耳を傾けて真剣にその対策を考えると共に、訴えることもできない生徒もいることを忘れてはならない。

(4) 天王子中生徒の場合

これからの生徒の訴えに問題がからんでいるので、割愛させていただきたい。

———— × ————

5. 生徒の訴え　　司会者　双葉中　樋佐先生

（司会者）発表生徒は、全部で12名である。この大会の主題が「夜間中生の訴えを聞き、その対策を確立する。」ということであるから、ひとりひとりの意見について、何か対策を考えることにしたい。12名の話が終ったところで、各省の先生方のご意見をいただき、その後、質疑応答にしたい。その時は、発表しなかった生徒も自由に発言してもらう。生徒の申し出で、生徒に司会をやらせてくれとのことなので、荒川九中の［A］さんにお願いしたい。

○双葉中3年［B］（31才）

小さな町工場で働いている者であるが、中学1年の時に、父の酒乱と無職に耐えられず母親が失踪して家庭が崩壊し、退学してしまい、義務教育未修了のまま、職業を転々としてきた。区役所の区民ホールで、生徒募集のポスターを見て、夜間中学を知り、学校に相談した。学校では暖かく迎えてもらい、2年に編入した。14年間、中学を卒業したとウソをついて就職していたので、やめさせられるのを覚悟で主人と話し合い、残業をすることで、学校に通うことを認めてもらった。今、やっと、落ち着いた毎日である。そして、まだまだ私のような境遇の生徒が多いことがわかった。

（文部省）今の発表者のような未修了者が全国にどのように分布しているかを調査するための予算がついている。今、開設されている都府県のあることをP、Rしたい。

○曳舟中［C］（24才）

今、夜間中学で学んでいることを感謝している。24才にもなって、どうして中学生でなければならないのでしょう。何かが私の中に巣くっている。計算も文字もわからないままに23才までを過ごしてきて、差別、疎外、周囲との断絶をいやというほど味わってきた。今はもう、ただ基礎学力をつけるために努力している。今までのことも勉強になったと思っている。

（司会者）学令者でありながら、今のように、どうしても働かなければならないという者は、どうして見つけるのか。

（厚生省）　先の［B］さんの発表でもそうだが、福祉事務所などのあることのP、Rが不足だと思う。

（荒川九中塚原）その者が、一字も字が読めなかったとしたら？

（厚生省）　ケースワーカーなどの訪問によって、知らせられよう。

（労働省）　2人の発表を聞いて、働きながら学んでいる者については、労働福祉の点で私たちももっと力を入れなければならないと思う。

○曳舟中［D］（23才）

夜間中学はやはり、同じような仲間の集まりの場で楽しくさえなってくる。昼はコックとして働き、だれにも負けない自信がある。未寮の先生がた、夜間中学のことを世間の人にもっと知らせてもらいたい。学校をもっと楽しくするために、施設や教材を多くしてほしい。友だちと語り合う部屋が1つほしい。卒業は3年でなくてもよい。4年でも、5年でもかかって、じっくり力をつけて卒業したい。

○曳舟中 E

韓国から、母の国日本へ引揚げてきた。学校外でもことばの練習はできるが、学校でやったほうが充実できる。現在持っている希望について話し合う時など、熱中して韓国語がとび出してしまう。早く日本語を身につけたい。

曳舟中 F

自分の経験から考えて、入学は、引揚げてすぐのほうがいい。曳舟中にはいって日本語の時間があったのでよかった。ことばがわかるようになったので、これからは、ただ、日本語の勉強だけしていればよいというのではなく、日本の中学の勉強をしっかり受けたい。

足立四中 G

韓国で21年に生まれ、小学校を卒業した。父がなくなったので、日本の祖母が呼んでくれて、39年に引揚げてきた。船の中で、日本のお茶を飲んで、こんな苦いものを飲むのかと不安だった。上陸してみると、町の様子は、韓国と同じように思った。しかし、食べ物が違うので困った。鳥取から東京へ出てきてことばがわからないので、小学校4年に入れてもらった。その後、肾臓をわずらって4年程かかった。病院に通っていて電車の中から足立四中の「夜間中学校」という看板を見て、その日のうちに母親に相談して、区へ行き、校長先生に会った。先生も生徒も暖かく迎えてくれた。今までは病院生活だったので、友だちもいなかった。今は、病気もよくなって楽しく学校に通っている。

~18~

（文部省） 引揚者3人の発表を聞いて、文部省としても、手落ちであったと思う。今、外務省とも連絡をとって、その対策を考えている。

（東京都） 帰国者の問題については、学歴、学年の問題もあるが、それよりも、ことばの問題のほうが大きい。夜間中学だけでなく、江戸川葛飾区などには、中、小学校にもたくさんはいってきている。現在、日韓語のわかる先生を講師に頼んでいるが、いつまでもこれでは解決しない。釜山にはまだたくさんの人が待機していると聞いている。それで、来年度以降どうしたらよいかと考えて都立研究所と指導部とわれわれの課と、江戸川、葛飾の先生がたと委員会を作って協議したい。

○新星中 H （23才）

20年前、上野のガード下の浮浪児だった。戦争による被害者だったのだと思う。小さい時に母が死に、父に生き別れしたので、深川の養護施設で成長した。ケースワーカーに里子として引き取られる。養護施設の中の子どもたちに対して、自分だけこんな生活をしていてはすまないと思って家出した。ソバ屋、すし屋などを年と身分をごまかして転々とし、北海道まで行く。仕方なく水商売にはいる。「親のいない子特有の病気」とでもいうのだろうか、すぐとび出して、巷のネオンなどに自己逃避する。同じ若年労働者たちと盗みをして警察につかまる。審判の時、里親になってくれていたケースワーカーがやってきてくれた。これが、ぼくの転機となった。今、そうした子たちのアフターケアの仕事をしているが、幼児期の家庭の重要性をしみじみと思う。そんな子が、毎年4000人近くいる。施設の中で不安を感じ、性格を

~19~

をゆがめていく。養護施設を出てからも、ほとんどの者（80%）は零細企業に就職し、そして転職し、それから転落していく。

18才までの両親のいない者をなぜもっと面倒をみてくれないのか。就職しても、転職しても、うまく行かなかったら、帰るところがないのだ。ぼくの場合は、支えてくれるケースワーカーがいたから立ち直れたが、支える人のいない者は、どうすればいいんです？

自分たちで、厚生省や都へ交渉したが、うまくいかなかった。事実として、こういう者がいるということを知っていただければそれでいい。

（厚生省）　アフターケアの経費など出して、改善するようにしている。園に帰っても、ちょっとくつろげるよう方法を作れるようにしたい。

（発表者 H ）　卒園者が来ることを、タバコなどの関係で、望まない施設が多くなっている。

（厚生省）　成人したら、当然タバコを吸ってもいいので、今後そういうふうに指導していきたい。

○新星中 I （38才）

脳性小児マヒのため、手足、口が不自由ではあるが、小学校時代は、両親や先生や友だちに守られて楽しい生活を送った。その時、戦争が激しくなり、勤労動員などが盛んで、どこの女学校でも私のような者を入れてくれる所はなかった。初めて、自分がかたわであることを、身体障害者であることを　みじめに思った。

父が開いた塾で勉強だけはしていたのだが、学歴がないために、どこの学校でも小卒では問題にしてくれない。私は、夜間中学の

あることを知らなかった。

ケースワーカーとして働いているが、ようやく夜間中学のあることを知って入学し、1年の時は休まずにがんばり通した。2年の時、病気にかかり倒れてしまった。

この時、検定制度ができたので、試験を受けてやっと合格した。しかし、中学校の勉強をしっかりやりたいと思って、また、3年に入れてもらった。

身体障害者の行ける学校は、今は、全県下に1校ずつはできるようになった。しかし、ほんの僅かのパーセントの人しか、学校に行っていない。私のような重い障害者でも、こうして普通の学校で教育を受けることができたというのは、障害者のためのあかしだと思っている。

（労働省）　昭和36年に、身体障害者の雇用率を高めようという法律ができて、42年には、さらに抜本的に改正している。

（発表者 I ）　労働省の言われる身体障害者というのは　指一本ない人でもはいっている。私のような重い障害者ははいっていない。

（文部省）　今の発表を聞いて、生きる迫力を感じ、ほんとに敬服した。直接の担当ではないから詳しくはわからないが、障害者の教育についての対策をすすめていることをお伝えしておく。

○新星中 J （22才）

母子家庭で、家計が苦しく、母の実家の新潟に預けられた。9歳の時、一旦母が迎えに来てくれて、浅草の山谷に住んだ。「山谷」ということだけで差別され、学校に行くのもいやになった。子守として朝8時から夜11時まで1500円でやとわれ、皿洗いまでやらされた。義理の父が、学校へはやれないというので、ま

た。新潟へ行かされた。その時、見かけた青年学級のポスターで、何とか字だけは覚えたいと思って申し込んだが、レクリエーションが内容で、予想がはずれた。青年学級の友だちから、東京の夜間中学へはいれと勧めてもらった。実の父がわかっていたので、それを頼って上京し、飲食店に勤めた。そうして思い切って新星中の門をくぐった。店の主人に「義務教育を終っていない人は、一人前ではないんだよ」とよく言われるが、自分のせいではないのに、こうも、どうして差別されるんだろうと思う。どうしても義務教育だけは終了しておかなければならないと思っている。

○新星中 K （22才）

私は人の前に出るのがきらいなのだが、こんな人間でも夜間中学に来られるのだとわかってもらえればいいと思う。私は、いわゆる学校ぎらいであったため、馬鹿だ、変わり物だ、しまいには頭がおかしいと言われたりした。家ではごく普通の家庭で、小学校を卒業して、ある私立大学の付属中にはいった。選ばれた者だけなので、成績が下がってきた。なんで勉強するのかわからなくなってきた。大きな学校の中で、だれ1人友だちもいなかった。先生も両親もだれも理解してくれなかった。生きることがばからしくなった。人と会うのもいやになった。ついに2年の時から、学校にも行かなくなって、閉じこもってしまった。本を読んだ。でも、自分の疑問は解決されなかった。死のうかと思った。しかし、死に切れなかった。近所の心理学をやっている人と知り合いそこで夜間中学のこと聞いた。「今更……」とも思ったが、勉強はきらいでもないので、自分勝手に手続きした。学校に行かなくなってから7年たっていた。初めは暗い感じで、いやだったが、

慣れてみると、そんなに暗さもないし、敗北者の集まりでもなかった。なぜ生きているのかと聞かれたら答えようはない。でも前のように止まっていたくはない。要望として、先生かたへ、なぜ勉強だけ詰めこむのか、なぜもっと精神的な面に力を入れないのか、登校拒否の生徒に対して、別の処理をしないのか、なぜ内部だけで考えようとするのか。教育関係のかたへ、進学率だけを中心とした教育ではなくて、心情面をなぜ重視しないのか。最後に、夜間中学のことについて、法的に認めないのはなぜか、必要な人がいるのになぜ認めないのか。

○糀谷中 L （45才）

マッサージ師の夫が病気になったので、マッサージの資格をとるために学校に行こうとしたら、旧制小学校卒では入れてくれなかった。仕方がないので、中学校で3年卒業してから、あらためて門をたたこうと決意して立ち上がった。年とっているので、若い子たちに悪い影響を与えないようにと思ってがんばっている。

私には9人の子供がいるが、いろいろなことがあって、断崖絶壁に立つような思いをしたことが何回もあったが、義務教育だけはなんとかしてと思って、卒業させてきた。夜間中学校も中途半端な姿ではなくて、しっかりと認められた学校にしていただきたい。

○荒川九中 A

父は職業軍人で、終戦後何もする気がなくなってしまった。2人の姉も、11才，13才であったのに子守りに出された。兄が3年の時に金がなくなり、疑いをかけられた。母は人権擁護委員会に届けたが、一貧乏人は守ってもらえなかった。私が小学校2年

の時、母は子供を連れて、父に隠れて東京へ出てきた。東京へ来てからも学校へは行かなかった。兄も姉も行かなかったので、平気だった。14才の時、このままではと思って、夜間中学にはいることにした。もちろん、かけ算九々もできなかった。大阪ではなぜ学令児を入れないのか、規則でしばるのでなくて、そんな生徒に合うような規則を作ってほしい。

○荒川九中 M

北海道の出身で、中学校を卒業している。職安に行った時「あんたの学歴ではやれる様な仕事はないよ」と言われてくやしかった。

朝日新聞で、夜間中学の存在を知った時は、心が明るくなった。うそをついて夜間中学に入学した。あとで悪いと思って、先生に話した。「中学を卒業している人は、夜間中学にはもう来られないんだ」と言われた。「前の学校の校長さんは、あんたのためを思って卒業証書を渡したのだ」とも言われた。いろいろと先生とやりとりをして9か月過ぎてしまった。友だちにまで「そんなことがばれると、夜間中学までつぶされるよ」と言われる。私のような一枚の卒業証書に泣く、形式卒業者を夜間中学へ入れてください。

文部省、厚生省、労働省のかたがた、夜間中学校の先生がたに質問したい。「私のようなかけ算九九のできない者を、中学卒業者と認めますか」「私のような形式卒業者を夜間中学校に入れてください。そして、私のような形式卒業者を一人も作らないでください。」

この質問に、よくわかるように答えてください。

（文部省）　なぜ、形式卒業者を出すのか、ということが、根本の問題

～24～

であろう。指導要領、指導要録があって、どれだけ進んだかをチェックすることになっているから、九々も知らない、文字も知らないのをほっておくのは、本来はあり得ないはずだ。今は、落第をさせないので、そのままで、卒業させてしまったものと思う。

（生徒司会者）　形式卒業者を、夜間中学に入学させることはどうか。

（文部省）　認定は、学校長にまかされている。一応、前の学校長が認定して、卒業させた者をもう一度中学に入れるのは原則としてできない。しかし、夜間中学はそうした人の学力をつけてやる場だから門戸を開いてよいと思う。

（荒川九中　塚原）　そんな人は、全国に何万といるはずだ。そんな簡単な立場では、夜間中学は爆発してしまう。

（文部省）　社会教育機関との兼ね合いで、やれないだろうか。

（天王子中　隠田）

今の文部省の発言は、とてもいいみやげができた。天王子にもよくそんな人が来る。大阪府、市の教育委員会及び他の設置府県へも文部省から指導していただきたい。塚原さんの言うように爆発しそうになったら、どんどん夜間中学も作るよう文部省からも働きかけてほしい。

（関連質問）大阪の場合、学令児を入れないのだが、今の文部省の精神からいうと、学令者も入れてよいことになるが、それでよいか。

（文部省）大阪府教委の、なるべく昼間部へという方針だろうと思う。それから、先程の意見につけ加えると、私は今までの社会教育の経験から、教育の場を与えるということは、前向きの姿勢で考えるべきだと思っている。施設なども、未修了者の分布調査を本年中に実施して、それから対策をたてたい。

～25～

（天王寺中）　学令児の制服は、去年の文部省のかたは、文部省の指示だと言われたが、今は、大阪府教委の考えだと言われた。それで間違いないか。

（文部省中瀬）　去年、答えたのは、私であるが、学令児を入れる前提では困ると確かに指導した。文部省、府、市教委の意志疎通があったのは事実である。

（荒川九中　塚原）　文部省は、昭和35～6年ごろから、未修了者の調査をすると言っていながら、10数年そのままだが、ほんとに実を結ぶのか。調査は、1人に1カ月かけるような実質的な調査にしてほしい。ただ「行きたいのか、行きたくないのか」というような簡単な調査では困る。われわれがやっているのは、夜間中学の教育ではなく、過去の、そして現在の長欠者の対策をしているのである。教育の内容も、もっと質的に高める必要がある。

（文部省）　調査方法については頭を痛めているが、よく検討したい。質的に高めるということについては、もっと人間性を高め、人間的な迫力をつけるというような教育にしなくてはならない。

（荒川九中　見城）［M］は、「先生はどう考えるか」と聞いている。去年の大会の時、中瀬先生は、夜間中学は日教組などと手を組んではうまく行かないと言われたが、われわれが、やはり、子供の声をもとに、いろんな機会をとらえて叫ばなければならない。今度の日教組大会にも、1もえもわからないような子を作っていることを出そうじゃないか。

（曳舟中　韓国語講師）　韓国引揚者の問題について、来年度はこうするとか、検討してみるとか、理念的な答があったが、こういっている間にも引揚げてくる人たちをどうするか、また、引揚希望者

～26～

が6万とか8万とかいわれている。教材もない。どう指導したらよいのか。来年ではなく、もっと、今どうすればよいかというリアルな答をいただきたい。

（東京都）行政的に立ち遅れているのは事実である。引揚者のほうにも、夜間中学に行けば教えてくれるという安易なムードがある。昨年から、とりあえず、時間講師を置いたが、引揚げ生徒が、曳舟中に集中してきたので、こういう問題という性質のことからである。今やっているのは暫定的な措置で、指導方法、教材などについては、専門の都立研究所などと委員会を作って具体策を立てようとしている。

（曳舟中　講師）　引揚げの生徒たちは、日本語だけではない。いろいろなことを学びたいと希望していることも知ってほしい。

（新星中　近藤）　教育新聞に、「夜間中学校を認知？」という標題があったが　？の意はどうなのか、個人の意見を聞きたい。

（文部省）気持としては、昼間の中学校よりも、むしろ個人の内面に、迫るようなりっぱな教育が行なわれているのだから、現実を無視することができないと思う。

6　授　業　参　観

荒川区立第九中学校の第1時限（Pm 6.00～6.40）の授業

1学年（国語）：類別した漢字のとりたて指導

（指導者、見城慶和・出席生徒11名）

2学年（英語）：文型のドリルと単語の読み方

（指導者　小柳芳八郎：出席生徒13名）

3学年（数学）：数学の個別指導

～27～

（指導者　河原　craft・　出席生徒１１名）

〈第２日〉

１、教科別分科会

１）国語部会

司会　曳舟中　島原　先生
記録　荒川九中　見城

（司会）　各校でどのような国語の授業をしているか、最初に実情を報告していただいて、そこから　そこから問題点を拾って話し合いましょう。

（荒川九中、見城）　国語は週４時間。それを大きく「文学の読み」と「言語要素（発音、文字、語イ、文法）の指導」の二本立てでやってます。昨年見ていただいた授業は「漢字のとり立て指導」です。漢字を覚えることだけが国語の勉強だと思い込んでいるような傾向があるので、逆にそれを利用して、教材にたまたま出てくる新漢字を扱うような、出たとこ勝負の漢字書かせではなく、当用漢字を意味の上から大きく十類に分け、それを部首ごとに整理して与えて行くやり方を今年から始めました。

毎週一枚プリントを作ると生徒に約束して始め、生徒も喜んでやってますが、私の方がどうもバテ気味です。

作文についてはほとんど例外なしに最初は嫌がります。どの生徒にも、入学するとすぐに自己紹介を書いてもらうことにしています。ど

～28～

んなに短い作文でも、出来るとすぐに一枚文集「こんばんは」にプリントしてみんなに読んでもらいます。この一枚文集をなるべく頻繁に出すことによって、書いた者には自分の作文が印刷されたという喜びを持たせ、他の者には書かずにはいられない気を起こさせることをねらってますが、年１，２回の記念文集より効果があるようです。

（双葉中、山下先生）　去年までは学年ごとに授業してました。今年は、引揚げの生徒が入学してきましたが、国語の力についみると、小学校程度も无いのです。これでは彼らを中学の課程の中に組み入れても意味がないということで、学年クラスを解体してＡＢＣに分けました。Ａは中学３年程度の教科書を、Ｂが２年と１年、Ｃは、本当はもっと分けたいのですが、小学校の勉強を含めたクラスとし、小学校の経験のある先生に担当してもらってます。

中にはひら仮名やらなければならない者もいます。国、数、英の三教科についてのみこの方法でやっています。加論無鬼許でやるのですが、半年やってみて、この方が一人一人のために程度に応じた指導が出来ているように思います。Ｃクラスは、教科書展示に出された教科書をもらってきたり、小学校４、５、６年のワークなども使っています。自信がついたら、先生と相談してクラス変更も出来るようにしてありますが、今のところ、まだ変更した者はいません。

（天王子中・細田先生）　私も社会をやりながら国語も教えてます。私の学校には国語専門の専任がいません。英、数、国の三教科で能力別にして進度別に一年を３クラス、二年を３クラス、三年は１クラスに分けています。（しかしこれだと矛盾があって、国語はできるが数学がまるで駄目な者がいたり、クラスによっては２０名ちかくになってしまって個別指導がやりにくい。

～29～

毎晩の出席が、70名から80名くらいで、教員11名では全く足りないのです。国語などは学年を3～4クラスに分けて指導したいが、現在のようにアルバイトに頼っている実状では不可能なので、現在教員の増配を教委に依頼しているところです。

今の三年は力が一定しているが、二年は力の差があるので難しい。最初、一組は小学校1年の仮名の練習、二組は小学校4年程度、三組は中学校程度、というように分け、教委の配慮で教科書も小学校のものを20冊ずつもらって使っています。

漢字を覚えさせることに追われています。夏休みに暑中見舞を書かせたが、生まれてはじめて書いたという者が多かった。漢字を使うことと作文を書くこととの統一などが今後の課題です。

一年の一組あたりは年令が高く、平均で35才くらいで、小学校の教科書を使っていると気にするんですね。内容的にも足りない点が多すぎるのです。夜間中学にふさわしい教材が作られる必要がありますね。

（丸山中・玉本先生）　一昨年の全夜中大会の時、そうした教材というものをみんなで作る必要があると話し合ったんですが、ぜひ実現しましょう。私の学校でも、例の映画になった N 君、麦書房の「文字の本」でやってもらって効果が上がったし、右井勲さんの「一年生でも新聞が読める」なども使っている。

英、数、国についてはA.B.Cに分けているが、昼の学校のように分けることを嫌がりませんね。知る事に熱心だから、その心配はない。

（天王子中・縄田先生）　見城さんの漢字のとり立ての文字を、文章の中に入れて使わせるといいと思う。それから辞書の見方をしっかり教えること。作文はすぐに文集にしてやることなど大事だと思う。最

～30～

近私の所でも、「人権作文集No.3　おとなってかって」というのを私が編集責任になって出してますが、生徒に励みになりますね。

（司会）　書くことと漢字力の統一ということが出ましたが、私は書かせる時はまず平仮名で書かせて、後から辞書を引かせるようにしています。

（双葉中　山下先生）　私も、なるべく書きなぐりで書かせ、はじめから原稿用紙は与えないで、わら半紙に書かせてます。しかし大人は漢字を使わないと体裁が悪いと思うのか無理して使って妙な当て字を使ったりする傾向があります。

（司会）　原稿用紙を始めから与えるとビビッちゃうんですね。私の所では百字の原稿用紙を生徒に自分で刷らせて、大きな字で好きなように書けるようにしてます。書いてくれるようにするまでが大変です。

（丸山中、玉本先生）　年配の人ですが、読むのは難しい物も読める。しかし、書く時には書けない。不思議ですね。

（司　会）その場合、黙読だといいんですが、音読させると助詞など適当に入れて読んでしまう。文章を自分でこしらえてしまう。そんな時もどこまで訂正していいのか迷います。

（新星中・藤井先生）　高年令者の问題は、私の学校でも抱えています。新星では各学年をＡＢに分け　Ａは学年担当を、Ｂは中学と小学校段階を、というようにしています。ひら仮名指導からしなければならない生徒も居りますので、小学校クラスを一つ作れないかと思います。あまりにも漢字などが読めない場合、他の教科でも支障があると思います。又、引揚者など黒板の字を写していても　何を書いているのか分からないという状態があります。そのような生徒が「自分は国語だけがやりたい。」という場合、他教科との関係で困ります。また、

～31～

学令から40, 50, 60代までの年令の層も合わせて考えると、夜間中学独自の教材が、皆の協力で出来たらいいと思います。

（司会） 結局「小学校クラスの生徒の指導」「学力差」「教材の問題」などに絞られてきました。

（広島、二葉中、牧原先生） 昨年の話しを聞いていて、中学の課程を全部完全にやるとしたら、とっても、何年かかるか分かりません。子どもの願いはそうではない。せめて免状がほしい、せめて読み書きが出来ればいい、と切ないですね。実際のところできないですよ。教員もいないし、生徒の出席も常ならずですからね。非常に困難です。遅々として進まず、わずかに読めて書けて、という識字学級的な実状です。

（天王子中、縄田先生） 私の学校は去年の6月に発足しましたが、以前からあった岸城中は辺鄙な田舎にあるために、一番便がいい所というので天王寺に出来たのです。去年3年に編入した卒業生の多くは高校に進学して、相当の成績をとっている。ところが一年生に入学して来る者は非常に学力が低い。しかも学校の数が少ないので人数的に大規模校になり、東京のようにマンツーマン式にいかない。学力差が大きいので、来年は数学や国語は四段階に分けてやろうと考えてます。

国数は指導者が四人、英語は三人でやります。

各教科ごとに、この教材、この資料を、というようなものを責任者を決めて連絡し合い、交換し合ったらいいと思う。授業の中身を充実していくことを協力してやりませんか。

（丸山中、玉本先生） 国語科だけでも連絡係をきめ、そうしたシステムを作って 皆で知恵を持ち寄ってやりましょう。生徒の生活とあまりにもとび離れたものをやっても意欲は湧かない。「はぐるま」など、これは京都部落研の佐古田好一さんが中心になって作ったものですが、この中にある「かわいそうなぞう」など、漢字はないけれども内容は非常に深い。内容が自分の生活に密着していれば、生徒はとびついて来ます。

（桃谷中・都築先生） 宣言の起草で遅くなりました。困っていることは、作文を書くこと自体をものすごく負担に思う生徒がいることです。$\frac{1}{3}$はよく書くが$\frac{2}{3}$は書くのが嫌いで、この点が何年やってもうまくいかない。

（蔭南中、飛島先生） 夏休みに暑中見舞をくれたのです。生徒にとっては生れてはじめて書いたものです。私の返事を出す。するとその手紙を大事にとっておくんですね。こんな手紙の往復から自信や力がついてくるようです。

国語科だけでも横の連絡をとり合って、来年の大阪大会までに何かまとまったものを作ってみませんか。生徒自身も何を学んだらいいか分からない。先生も困っている。みなで力を合わせて出来るだけ系統化していくはは有義だから、東京が中心になってやって下さい。

（丸山中・玉先生） 私の所にも、N君の「あいうえお」を覚えた指導もあるし、皆で出し合ってみましょう。どうです、都築先生と見城先生にやってもらったら。

（司会）とにかく資料を知らせ合うだけでも意義があるので、お二人の先生よろしく。

（丸山中・玉本先生） 来年はその経過報告をしましょう。悩みはみな同じですね。

2）社会部会記録

司会　双葉中　渡邊先生
記録　足立四中河西先生

出席者が自由に社会科教育だけにこだわらずに話し合う。

塚原（荒川九中）　一、二年の地理、歴史の分野を別にして、三年の政治、経済、社会の分野では、社会保障とか国際関係とか云うふうに問題別に分けそれに関連する事柄を含めてあらゆる角度から知らべ、考えさせ、検討していくやり方をとっているが、問題意識は十分に持っている。しかし国語の力がないので、教科書を読解させるのにはほねがおれる。

勝村（篠崎中）　地理などでは、国語の勉強と同じように漢字には仮名をふったりしてゆっくり読みながらやって行かないと理解できない。又オーバーヘッドスライドなど視聴覚機器をつかって興味をもたせる方法も取り入れている。

塚原（荒川九中）　しかし授業時間が短いので設置に時間がかかるのが悩みである。教科ごとの専用教室か助手がいてくれれば良いのだが……
……。

岩井（天王子中）　学習院では各教科の専用教室があって教師の指示により授業前に準備がすべて整うようになっている。たしかに時間がないのでセットに時間をかけたくない。

塚原（荒川九中）　しかし設置することも勉強かも知れないが、二部専用の教室さえもある学校はわずかなんだが……。

二部の生徒は高年令者も多く、荒川九中では半数くらいが有権者で政治に関する問題意識も強よくその点では授業がむずかしい。政党支持などの問題が出た時に、では先生は何党をどう云う理由で支

～34～

持するのかと云われるが、自分の立場をはっきり答えている。

勝村（篠崎中）　岩井（天王子中）　大阪ではほとんどが有权でありやはり同じような問題がおこる。

塚原（荒川九中）　歴史では三年のような年令による授業のむずかしさはあまりない。

勝村（篠崎中）　しかし高年令生徒のうちでも戦前の歴史教育を受けた者は戦前の歴史観を持っておりまずそれを打ちこわす事からはじめなければならない。民主々義の基礎をしっかりおさえる必要がある。

塚原（荒川九中）　少しでも疑問がある場合は進度にこだわらず徹底的に疑問をときほぐす。時間の関係から昼間のように全部できるわけではないから、自分自身で問題意識をもって学習する態度、習慣を身につけさせる事がだいじである。

荒川九中では〝歴史の辞典〟を作らせている。自分自身で歴史上でてくる重要な事柄を調べて一冊のノートにまとめいつでも活用できるようにしている。

生徒の評価は荒川九中独自のものを作ってやっている。各教科で異なるが出席状況、学習態度、知識があるかどうか、の3つについて評価する。A.B.C、の3段階の評価である。学籍簿、進学の内申書は5段階であって昼間の生徒の中に入れてやっているが、5がないかわりに1もない。

教師は現在の国家体制においてはあくまでも体制側に属するものであって、生徒の立場を完全に理解できるものではない。しかし生徒と協調はできる。生徒の完全な味方にはなり得ないというぼくらの姿勢までも含めて教育は行なわれるべきであり時に社会科教育に

～35～

においてはこれが必要である。高校へ進学するのはあくまでも結果であって目的ではないと云う発想が必要なのではないか。

岩井（天王子中）　昼の先生に会うと"先生らくでしょう"とよく云われるが、このような発想には全くがっかりする。

塚原（荒川九中）　二部の教育はあくまでも昼間のおとしまってあって、教育はあくまで昼間であり、二部をつうじて今日の昼間の教育を見てもらいたい。二部の生徒は昼間の生徒にくらべて、あかるくものおじしないし活発である。二部に入ればだめになっていくと云う事はない。少しづつながらも進歩していく。二部に三年間在学していれば問題意識をもった生徒はそだつ、二年でまあまあ、一年ではちょっと無理である。特殊学級から来た生徒が夜間中学に入ってそのうち三人進学している。

結局二部の社会科教育は、教師が常に問題意識をもって生徒に取り組む姿勢が重要であり、小学校、中学校、高等学校、時には大学にまで渡る広い範囲の問題に応じられる実力を持っていなければならない。

勝村（僧南中）夜間中学に適した教科書を独自に作って教えている学校はないか。

塚原（荒川九中）　東京では各校ともいろいろと考えたが、1人1人がすべて発展段階が違うので夜間独自のカリキュラムを作るとしたらそれこそ1人1人のを作らなければならず統一したものは無意味である。

司会者　　社会科の場合　個別指導能力別クラス編成は可能なものだろうか、

多数の声　　教科の性質から望ましくないのではなかろうか。おたが

~36~

いに疑問を出し合い討論することによって問題解決をはかっていくものであろう。

勝村（僧南中）　大阪では1学級の定数は30人と同和地区と同じである。学令児は入れないことになっているが大きな問題である。

司会者　　時間がきてしまったのでこのへんで打ち切りたいが、どなたかまとめに一言お願いいたしたい。

岸田（八王子五中校長）（都指導室の能村指導主事が辞退したので）

私はこんどの大会ほど感動したことはない。特に昨日の生徒の訴えは胸にせまった。夜間中学校も義務教育であるから、指導要録のわくはあろうか、生徒1人1人があるがままの時点から夜中の教育は出発すべきである。八王子五中などはあまりにも特殊な生徒が多くまさに夜間中学校の特殊学級である。

3）数学部会報告

司会　記録（荒川九中）日下田

二部学級における教科指導の問題点が最も端的にあらわれるのが数学ではないかと考えられる。数学部会の出席は多くなかったが、各校ともそれぞれ苦心しており　工夫を重ねていることが伺えた。要約すると内容として日常生活に必要な思考を要する基礎的な数学の面があり、二部生の実生活の面から前者にも相当なウエイトが要求され、また抽象的な思考の面では生徒の年令（ブランクの期間）実生活にかかずりわるエネルギー等から、非常に理解するのがむつかしい状態である。加えて随時入学という条件のもとでの指導は非常に困難である。

結論としては非常に完備された機材の利用でも出来ればともかく、現段階としては人手と、てまをかける以外にはなく、進度差が大さく

~37~

個別指導の方向にゆかざるを得ない。手段として補助教材が必要となるが、市場のものだけでなく、生徒の実情にあわせた、教師の手作りのものが貴重であり、各校でそれぞれ研究活用されている。痛感されたことは、小学校段階での欠落がいかに重大かということである。このことは一教科に限らず、長欠児童を出さないきめのこまかい教育の対策が考えられなければということに通じる。夜間学級の教科指導の困難は続いてゆくが、今後ともお互に情報、資料等を交換し、より充実させてゆこうということで話し合いを終った。

4) 理科部会

司会　芝田武士
記録　高橋勝（新星中）

出席校
大阪市　天王子中学校
東京都　荒川区立第九中学校　桜井
〃　足立区立第四中学校　芝田武士（司会）
〃　世田谷区立新星中学校　高橋勝（書記）

1、生徒の学力について、
どの学校でも理科学習を進める以前の読解力、計算技術等基礎的な学力が低く理科学習を進める上に大きな障害になっている。
理科的な考え方ができていない。ごく簡単なことでも具体的な諸現象から、抽象的な法則性を帰納することができない。
理学学習以前の基礎学力を先に身に付けさせるシステムが必要だ。ただし生徒各自の職業に関係した分野の知識は非常に詳しい場合もある。

2、教師の負担
1年から3年までの第一第二全ての分野を1人の教師が担当するのは負担が大きすぎる。教材研究、授業のための準備が間に合わない。
3、施設備品について、
大阪天王子中学校では教室配置が恵まれていることと、昼間の教師の協力によって全く昼間と同じ場所で同じ機具器材を使用して授業している。
東京の場合は全部の学校が施設には大変不便を感じ、備品の不足も多いようである。従って夜間中学独自の予算の裏付けが欲しい。
学校長から二部の理科授業に関して昼間の方へ協力を要望して欲しい。
4、カリキュラムをどうするか。
夜間中学の立場から指導要領の内容精選を考えた夜間中学のカリキュラムを組んで行くべきだし、機具機材もこうした線に沿って整備する必要がある。
5、夜間中学のあり方（理科の授業に関連して）
夜間中学が或る程度認められてきた現在、いつまでも昼間におぶさった形ではない。早く独立した方が授業がやりやすい。東京の場合都立にした方がよいのではないか。
以上のようなことが話し合れた。

5) 英語部会

司会　東京都世田谷新星中　上田
記録　東京都荒川九中　小柳

1. 各校の現況報告

（荒川九中）

時間数は各学年40分授業で週4時間、1、2年は一斉授業、3年は進度別に2クラスに分け1人の教師でやっている。一般に高年令者が多いので学習の理解、定着に困難を感じている。全学年アルファベットからローマ字をやり、教科書に入った。旧版に比しVocabularyが多く程度も高くなっているので夜間の生徒向きと思われないが、三省堂のNEW CROWNの改訂版を使用している。又途中入学者や欠席勝ちな生徒のためにも自学自習出来るように教科書の解説や練習問題のプリントを作成し学習者の便を計っている。授業はテープコーダーも使用しているが、生徒全員に出来るだけ多く英語を云う機会を与える様配慮している。

Rocognition より production に重点をおく関係から oral な時間が多くなり、ただでさえも文字に抵抗のある、家庭学習の時間もとれない生徒に Writing ability を伸ばすには時に困難を感じている。

今後の教室での指導にもこうした時間を出来るだけとるよう配慮して行きたい。教員の定数や予算の面からも英語科に於いては進度別が充分には行なわれていないが、将来の進捗の具合によっては、1、2年においても進行別が必要になってくると思われる。中学1年の英語を充分身につけることが今後の自立学習の面からも最も重要と思われる。学期の途中入学者に対するおくれの指導と云う点で現状では放課後10分位文字の指導から行なっているが、何か充分な対策を考える必要を感じて居る。

（大阪鶴内中）

~40~

夜間の生徒には年令の高いものが多く、若い時の学習の「ねらい」が昼の学習のそれと同じもので良いか迷っている。Oral な学習と云う点で昼にはL.L教室もあるが、夜間それを使って効果と云う点で期待がもてるか問題だ。

生徒は英語の文字を知り、駅の名前や掲示が読めるようになったと喜んで居りそうした効果はあるようだ。

（世田谷区新星中）

1年1クラス一斉授業、2，3年進度別、A，Bに分けている。区で学習指導の困難な点を理解し、講師を充分とってくれるので現在2名でやっている。1年：英語絵単語カードを用いて発音指導をやっている。1年～3年レコードを使用している。又、シンクロファックス（市販のもの）1組を揃え希望をする生徒には貸出しをし、勉学の便に供している。又1年生には三省堂の英習帳を各自に買わせ特に初期に於いては文字を覚えることに徹底して時間をさき指導を与えている。CROWNのNEW EDITIONは中身が多く程度も高く現状では全部やりきれず苦慮して居る。区の一括採択でなく学校に合ったものを教師が選択できるように強く要望する。高校進学希望の者もあり、内容をSKIPしてやって進んでいるクラスは終りの課が数課残る程度、遅いクラスは1学年おくれた所で終るのが現状である。授業は教科書を読むことが専ら中心で hearing，speaking を中に折り込んでやっている。Writing は1年生の初期にやるだけで専ら2，3年は家庭学習に委ね、時折りノートの点検で補っている。途中入学者と時間数が少ない点が問題があるが現在2クラスに分かれて指導しているので、現状は何とか間に合っている。他教師も2クラスの進度別であるためH.Rの時のクラスのふん囲気として進度別のもつ問題点が出そう方の

~41~

でその点でどうしたらよいか教師が多いのは良いがむずかしい所があるように思う。

（大阪信内中）　2年生が1年の教科書を使用学習する場合の下級の学年の教科書購入の費用の点はどうなっているか。

（世田谷新星中）　途中入学者もあるので見積数を多くして配布してもらい、その分を臨時に貸与してやり繰り。区に特別配慮している。

（荒川九中）　上級学年になればなる程現状は学年相当なものを使用することが不可能なので、区で別途購入してもらい使用させている。

（葛飾双葉中）　教科書展示会に出されたものを終了後譲り受け（小学校課程を含め）使用している。

（大阪信南中）　1年生が55名居り3クラスに分けている。小学校の国語、数学の能力でクラス分けを行ない、一斉授業の固定学級で始めたが、10月から国、数だけ学年枠を外し能力別に4クラスに分け行なっている。生徒の自由意志で強制はせずやったのだが、又生徒の強い希望でやったのだが、色々と問題が出ている。HR学年より下の学年に入って学習している者がていさいが悪いということで、いやが現在困っている。

（葛飾双葉中）　国数英は進度別、分け方は生徒の自由意志、希望でやっているが難かしいと思うものは自分から下級のクラスに変るようだ。又人間関係でクラスを動くものもあり、生徒の自由意志ということも線をはっきりしてやらないと駄目だ。クラスの構成は低い方は小学校段階、中級は中学校1、2年段階、上級が進学クラスと分けて居る。英語で云えば初級は1年生全員と2、3年の進度のおくれている者、上級は3年の教科書がやれる者、残りが全部中級である。上級は進学ということで3年の教科書をBasic Sentencesを中心に本文

は大部分SkiPしてやっている。文法はひと通りやらないと生徒が不安なのでそうやらざるを得ない。発音記号は折を見てやっている。文法中心である。

（大阪信南中）

進度別　能力に応じた組分けも学年の中で別けてやるなら抵抗も少ないが学年をとばして一緒にしてやると色々なことになると思う。現在1年が3クラス、2年が1クラス（13人）3年が1クラスで、来年になると1年の3クラスが進級し、うちの学校もおのずと能力別もうまく出来るようになってくると思う。天王子中はそういう様になっているのであんまり問題がないようだ。

（大田区糀谷中）

うちの学校は対照的である。全ての教科を全学年一斉授業画一的にやっている。高校進学した者に聞いて見ると、英語は授業について行けるし困るようなことがないと言うので、画一主義でやっている。1時間後の授業の中で遅れている生徒が、「演習」が出来るよう練習しているうち進んでいる生徒は先きの課に進むのを待たせてそこを書いて練習させるという風にやれば3年まで充分、一斉授業でやって行けると思う。都立高校は中学2年生辺りから教えてもらえるので、中学1年生のテキストを徹底的にやる方針でやっている。教科書はPrince使用。進度は1年で12課、2年でテキスト20課位、3年で1年テキスト完了、2学期より2年の教科書に入り、5科まで完、その後文法をやり3年の関係代名詞にちょっとふれ学年を終るシステムを取っている。それで進学して丁度良い様だ。

（墨田区両吾中）

内容や取り扱いは糀谷中と同じだが、数年来クラス分けは能力別に

やっている。

今年度から新しい試みとして毎日20分6.20～6.40全員NHKのラジオ基礎英語講座をきかせている。その成果は今後にまつよりないが個人的な意見として使用テキストとして夜間中学独自なものを作成する必要がある様に思う。以前云われていたプログラム学習を進度を細分化して検討してみる必要があるように思われる。途中から入学して来た者や始めから居て進度のおくれでついて行けない者にも相当きめの細かい指導が与えられるよう思う。進度別の学習編入は入学時に簡単なテストをやって適当な学年に入れている。英語はABCが口で云えても書けない者は1年、ABCだけは書ける者2年、3年はそれ以上と別けている。

（神奈川県横浜平楽中）

夜間中学には専任が1名も居ない従って昼の教師が毎日1名残って1教科を3時間通して教えている。生徒の在籍は10名居るが8名は長欠で現在通学している生徒は2名であり　専任が居ないため来られない8名の生徒はどうしようもないと云う現状である。授業は1対1で教えているので昼の生徒程でないにしても可成り進んでいる。一番の問題点は昼間フルに働いて夜3時間やるとても疲れてしまうし、翌日の昼の授業にも影響が出てくるし、どうしても片手間とならざるを得ないので専任1名はどうしてもほしい思う

（東京葛飾双葉中他）

人口数から云っても相当な人口を抱えている神奈川が専任制をとれないのは理解出来ない。学校の管理者や当局の取り組み方が足りないのではないか。実際に生徒が居ないのだろうか。

（神奈川県横浜平楽中）

昼の長欠生徒が相当居り、それが放置されている現状であるがそれが夜間に吸収出来れば相当な力になるのだがそういうこともやっていない全くの野放し状況である。教育委員会も現状を知っていないのではないだろうか。鶴見に1校あるがそこもかい滅状態である。生徒数は平楽が一番すくなく2名だが他は平均7.8名は居るようだ。

（大田糀谷中）

隣接の川崎から7名通学している。学校に来ても専任の教師が居ず充分に面倒も見てもらえなければ生徒もいやになり減って行ってしまうだろう。

2　英語科としての要望と今後の方向

1）夜間中学に専任が是非ほしい。講師を配当してほしい。

2）夜間中学独自の教科書を作るよう考えて行きたい。その資料として適切なものがあれば持ちより集大成して行くようにしたい。

註）参加出席学校名

大阪浪南中
神奈川県平楽中
東京世田谷新星中
　　葛飾双葉中
　　墨田曳舟中
　　荒川九中
　　大田糀谷中

6）音楽、美術、家庭、体育部会

司会・記録　高　橋（墨田区曳舟中）

この四教科はいずれも人間の根元的な教育の分野にはいるもので、夜間中学では特に知的に未発達、未習熟の生徒にとってはかなり重要なものである。積極的に学習意欲を刺激し、かくれた個性や感覚を引き出す効果を持つものである。更に体を通しての経験により、考える

力を引き出し、他教科で味わえない完成の喜び、満足感を味わうことが出来る長所がある。そのことが知的学習、論理的な思考を助け全人的な発達を進めるものになるので、夜間中学ではきわめて大切な役割を果している。しかし現状では、他教科との時間数の関係上十分な時間をとり得ないでいる。この点、今後の研究余地を持つものである。

なお、この四教科についての全体的統計は討論参加校が少なくて集計出来なかった。

2 テーマ別分科会

1）第1分科会（経営管理）

司　会　（丸山中）　玉木校長

記　録　（双葉中）　山下

―――――×―――――

〈問　題　提　起〉

1（天王子中）白井校長

昨日の全体会で、たくさんの問題が出されており、改めて提起する必要もないくらいだが、次の三点をとりあげてみたい。

(1) 法制化　　夜間中学校は鬼子的な存在である現状からみて、早く法制化を進めてもらいたい。

(2) P.Rについて　　夜間中学校の存在を知らない人が多い。もっと積極的な移度が必要である。

(3) 増設の推進　　全国的にみると、分布が極端に偏っている。これではごく一部の者しか救われない。もっと全国各地に増設できるよう

にしてほしい。

2.（丸山中）不吉先生

これまでに4年間、全国大会に出席させてもらっているが、最初の年に、文部省の奥田課長が「総点検している」と言われて、それ以来、毎年同じことばしか聞かれない。どうなっているか確認したい。

3.（荒川九中）塚原先生

(1) 生徒が差別を受けている。

このことは、人間の生きることにかかわる問題であるから、1人も落伍が出ないようにしていただきたい。取り上げて研究するというのなら、いつ結論が出るというのか、文部省はいつごろどうするのか、都はいつごろどうするのか、そういう点まで明確にしてほしい。

(2) 夜間学校がなぜ非合法なのか。

建前論では昼間の中学校であるべきだというが、もっと前の建前からいえば、全部が義務教育を受けることこそ、建前であるはずだ。

(3) 長欠対策をどうするのか。

夜間中学の問題を考えるまえに、長欠児を輩出しているのが問題である。これをどうするつもりなのか。

〈質疑応答・意見〉

• 中瀬（文部省）

問題提起の中にあった「法制化」というのは、どんなことを、どんな形でやりたいのか、先生がたの意見をまず伺いたい。

• 白井（天王子中）

天王寺は昨年の発足なので、いろいろ大阪市教委も配慮してくれて、むしろ東京の先輩の学校よりすぐれた面もあるくらい、施設などもやってもらっている。しかし法的に認められていないために、「無理してやってやるのだ」「特別にやってやる」という考え方がその根底に流れている。

昨日の M さんの訴えのように「カラ卒業者」を救う道も、法的にしばられて不可能である。

また、昭和22年に数え15才であった旧制義務教育修了者には、国家試験を受ける資格がないが、与えてほしい。

こうした点を解決できるようにするために法的な位置づけがほしいのである。

・坂原（二葉中）

夜間中学校発足の原点に立ち返って、考え直してみる必要がある。「夜間中学校」ではなくて、「二葉中学校二部」という形で、法制化されていると思っている。中学校の二部授業という立場にすれば、それでよいのではないか。その点からしても、大阪市教委のとっている「学令者は入れない」という方針はおかしい

わたしは、法的な根拠はあると考えるので、法制化うんぬんよりもなぜ全国に21校しかないのか、もっとふやすにはどうしたらよいかを考えるべきだと思う。

・和泉（糀谷中）

ご質問の意味がよくわからないので、文部省の方に再質問したい。「法制化」というのは、夜間中学校の位置づけの意味か、あるいは社会教育的な意味においての位置づけのことか。

・中島（文部省）

「法制化」ということが毎年言われているのに発展性がないので、先生方の受け取り方に差があるのではないかと思ったので質問したのである。

法制化といっても、二部として位置づければよいという考え方もあろうし、また、社会教育的な機関としての法制化という考え方もあるだろう。それらを含めて先生方の受取り方をお聞きしたかったのである。

・岸田（八王子五中）

法制化の問題だけでも討議し切れない。専門委員会でも作って考えることにしてはどうか。現実に生徒がいるのだし、決してヤミでやっているわけではない。いろいろな問題をしぼってまとめていくようにしてほしい。

・上田（新星中）

勉強不足で「法制化」というだけで、その中味が今まではっきりしていなかった。前に伊東泰治先生も法制化の限界について話されたことがあったが、われわれも法律的なことについてもっと研究してみる必要があるのではないだろうか。

・塚原（荒川九中）

法律のことをわれわれが研究する必要はないと思う。それは、文部省、教育委員会がやるべきだ。その意味では、上田さんの意見には疑問がある。われわれは生徒の指導に専念したいのだ。だが、現実に生徒募集をしてはいかんとか、公にPRできないとか、あるいは教員の定員確保がむずかしいとかいった問題がある。法的な裏づけがないから、校長さんだってやりにくい。それで、どういう法律をつくってというのではなくて、われわれがやりやすいように、ただ法律の中に入れてもらえばいいんだ。法律化とは、そういうことだと思う。

・水上（東京都）

東京都としては、不就学者の対策という立場で夜間中学のことを考えていこうとしている。行政の立ち遅れで出て来ている義務教育未修了者をどうするかということは大きな問題であるが、その対策の一環として夜間中学校、通信制中学校をわれわれは考えていきたい。

夜間中学校が廃止されるのかどうかという点については、行政管理庁の勧告が出された時、文部省もわれわれもはっきりした根拠を持っていなかった。そこで、都としては、義務教育未修了者の対策として位置づけをして明確なものにしたいと考えている。

夜間中学校とすると、修業年限のことなども出てくるので、「中学校二部」として、あくまで、普通の中学校の二部授業という形で方向づけをしていきたい。通学範囲についても、通信制中学校と同じような考え方で「広域学校」として近隣の区市町村からも通学できるようにし、財政的な裏づけを都で考えていくようにしたいと考えている。

・飯田（浦島丘中）

全国大会は、ただ文部省に陳情するだけではいけない。われわれはどういう位置づけてほしいのかを言って、文部省の方に考えてもらうようにすべきだ。

横浜の場合は、特殊学級に準ずる考え方をとっている。特殊学級の二部授業と考えれば、先生も12名まで増員することもできるはずである。

・広江（双葉中）

大阪の場合、文部省は「学令者はとらないように指導したということだが、学令者はどうするのか。教師としては耐えられないことだ。10数年、文部省は夜間中学校を正式に認めていないが、この辺で認めたらどうか。

・塚原（荒川九中）

~50~

法律だって作ろうと思えば簡単にできるはずだ。現に、同和教育の方で、「同和対策特別措置法」ができたのだから、「義務教育未修了者及び長欠者救済特別措置法」とでもいうような立法措置がとれるはずだ。

・乗島（潜布中）

塚原先生の発言のように、「同和対策特別措置法」ができて、73億という予算もとれることになった。ただし、これには社会教育も含まれてはいるが、これだけの財政的な基盤があればりっぱなものができると思っている。

・中満（文部省）

簡単に立法措置がとれるような話であるが、これには、たいへんなエネルギーの蓄積が必要である。同和教育関係の立法措置にしても長い年月と多数の人をつぎ込んでようやく実現したもので、エネルギーの蓄積なしに簡単にできない。

・水上（東京都）

法律もよいだろうが、現実にそういう子供たちがいるのだから、現状を認めていけばやれるはずだ。方法は教育委員会で考えればどのようにでもできるはずだと思う。

・広江（双葉中）

それではやはり差別だ。文部省が認めてくれなければ、各教育委員会でも堂々と夜間中学をつくる勇気が出ない。だから、少なくなってきたのだ。いくら文部省が昼間だけでやりたいといってもそれは理想だ。20数年の実績をみて、認める方向へ進んでほしい。声なき声を聞いて取り上げるのが民主々義だ。埋もれた子供たちが声を出して、運動を自分たちでもり上げる力はないのだ。

・中満（文部省）

~51~

ここえ、3年来、文部省としては認めないという言い方はしていない。積極的に認めるとは言わないまでも、少し考えを変えてきている。大阪から相談があった場合も　だから認めたのだ。

・広江（双葉中）

でも、大阪の場合、「学令児は入れるな」というふうに指導しているが、それはどうしてか、やはり、正式に認めたくないからではないのか。

・中瀬（文部省）

学令児は昼間の正常学級に行くのが正しいので、まずそれを指導したまでである。昼間の方へ行くように指導してほしいと言ったのである。善意から出た指導でしかない。

・広江（双葉中）

今ごろ、昼間より夜へ行かせたほうが得だなんて考えるそんな親はいないはずだ。

・塚原（荒川九中）

善意とか何だとか、そんなものでは解決できない。生徒たちにとって教育を受けるのは、権利でなくてはならないと思う。江戸川だって来年できるんだというだけの問題ではない。うらにたいへんな苦労があるんだ。

・中島（文部省）

昼間へ行くのが、ほんとの権利ではないだろうか。なるべくそうしてやりたいと思う。

・水上（東京都）

文部省の言うように、昼間へ行くのが原則で　東京都としてもそう考えたい。

・牧原（二葉中）

~52~

ただ、当局を責めるだけではいけないと思う。現場の悩みを出し尽して、その集約を文部省に持ち帰ってもらって、それに対する答を出してもらうようにしなければ進展しない。今のようなやりとりだけでは、来年から先生も出しにくくなる。

・塚原（荒川九中）

会場準備として進行上発言すると、この問題は、全体会でまた検討する時間がある。

・浜資（曳舟中）

さっきも発言があったように、現場の例を出し合って、きよう解決しなければならない ― 明日では遅すぎるということを話し合うべきではないか。

「学令者は入れないか」という指導がなされたのではないかと思われる実例があったので出してみたい。

本所中の生徒で、昼間の学校へはどうしても行かなくなり、「夜間中学なら通う」と本人も言っているケースで、校長、担任も認めて転校させようとしたのに、教委の方でストップしてしまった。許可がおりないと伝えたらその生徒は泣き出して、帰ってしまった。そのまま過ぎて11月6日にようやく許可が出たが、本人はもう来なかった。1人の生徒を救いそこなった。教委の方でも、もう少し細かい配慮をしてほしい。

・司会者

正式会員ではないが、今、M さんから発言を求められたので、昨日の発言者でもあり、特別に許可したい。

・M

昨日の私の二つの質問にはっきりわかるように答えていただきたい。

(1)　私のような形式卒業者を、なぜ夜間中学に入れてくれないのですか。

~53~

(2) かけざん九々もわからない者を、先生がたは中学校卒業者と認めますか。

・臼井（天王子中）

私も、形式卒業者のことで問題をかかえている。これはさかのぼってそういう卒業者を出したことが問題なのであるが——。

生命を預かる。生きている者を預かっている現場の者として、申し合せはできないかも知れないが、われわれの良識とか判断で解決していかなければならない。やはり受け入れるべきであろう。

・牧原（二葉中）

M さんの意見をここで話し合って、答を出してあげるべきだ。

・飯田（浦島中）

そんなケースの子が来たら、「勉強したい」という人なら、喜んで認めている。

・塚原（荒川九中）

それなら、M は鶴見に行くか。ぼくは、資格もない、学力もなんにもない人をまず救いたい。現場を預かる者として　ぼくは受け入れられないよ。

・和泉（糀谷中）

糀谷の場合は、聴講生として受け入れている。力については問題もあろうが、元の北海道の学校でも、卒業の認定には学校としても、そうとう考慮したはずだと思う。あなたの将来を考えて証書を出したのだと思う。

・中嶋（文部省）

形式的には、卒業したと認定せざるを得ない。

・A（荒川九中生徒）

~54~

それでは、M さんはきょうからどうすればいいんですか。

・塚原（荒川九中）

横浜へ行って入れてもらえばよい。

・M

かけざん九々もわからない者を、先生がたは中卒者と認めるのですか。

・司会者

形の上では、やはり卒業したと認めないわけにはいかないと思う。

・塚原（荒川九中）

権利をいう学校を選ばずに、やさしい善意のある学校を選べばいいではないか。

・飯田（浦島丘中）

こんな席で、1人の子を危機に追い込むようなやり方は、望ましくない。個人的なガイダンスの問題だ。

・塚原（荒川九中）

それじゃ、退場します。

・（荒川九中卒業生）

塚原先生の真意は別なところにあると思う。

・飯田（浦島丘中）

夜間中学は、善意と良識と努力で発足し、やってきた。もっと多くの市・町・村で、夜間中学校を必要とするところがあるはずだから、立法措置によって　指定地域を作って設置できるようにも運動した。

文部省でも今は、積極的とは言えないにしても、少し認める方向に来ている。われわれの足もとである現場と地方教育委員会を固めて、文部省に出すようにすべきだ。教育現場の前進は、まず足もとを固め

~55~

ることが根本だと確信している。

・水上（東京都）

東京都としては今、昭和44年度の就学猶予者の悉皆調査と訪問調査を進めているところである。さらに、45年度の長欠者の調査を進め、その結果に基づいて対策をたてたいと考えている。

・中満（文部省）

文部省としても、だんだんと考え方を転換してきている。率直に言って、数年前までは全面的に否定していた。しかし、昨年の大会でも申し上げたように、一昨年から前向きに考えるようになってきている。

夜間中学校の義務教育未修了者に対する救済の効果を高く評価している。法制化となると、行政のバランスもあるので、まだその段階まで行っていない。「法制化」とは、先生がたが何を望んでおられるのか知りたくて、最初に質問したわけである。でも、今は法制化する動きはない。

ただ、予算の面ではかなり前進している。今年度は95万の予算で、義務教育未修了者の実態調査と、夜間中学校、通信制中学校の実態調査を行なうことになった。未修了者の実態調査は、実際には方法的にむずかしいが、国、公共機関の利用、NHKのスポット、新聞、民放などを通じての呼びかけなど考えられよう。

来年度は、742万34円の予算を計上し、さらに調査研究をすることになっている。その調査研究の具体的な内容は、次の4項目であるが、この実施については、先生がたのご協力をお願いしたいと考えている。

(1) 調査研究検討会議の設置

(2) 調査研究協力校の指定

21校を全部指定し、1校20万の自由に使える金を配当したい。あとで報告書を提出してもらう。

〜56〜

(3) 調査研究委嘱校連絡協議会

各校2名ずつ参加してもらう。

(4) 調査研究発表会

各校3名ずつ参加してもらい、この大会と同じような形で、全体会・分科会を持つ予定である。

この予算は、大蔵省とすでに折衝ずみなので、確定と言ってもよい。文部省全体をあげて、夜間中学を認めているという一つの証拠をこれで示すことになるのではないだろうか。これからも努力していくつもりなので、よろしくお願いしたい。

2）第2分科会（学習指導部会）

司会（糀谷中）都築運郎

記録（新星中）藤井恒代

I 教科部会の報告

1、国語

○進度差に応じた個別指導の具体策として、夜間中学生の実情に即した教材、実践例、指導法を交換しようという目的で、「全国夜間中学校研究会国語サークル」（仮称）が全員一致のもとにつくられた。事務局は東京におかれ、早速活動を始める予定である。

2、数学

○現在、進度差プラス系統的な積み重ねができる方法として、各校それぞれグループ別指導、個別指導などが行なわれている。

○数学の意義としては、実生活面での必要性という点と、論理的な思

〜57〜

考を育こということがあり、これを合わせて考えなければならない。

○個別指導の徹底化のため、生徒の実情をみながら、視聴覚教材等の教材を整備、また、我々の手で教材を作って行くことが必要である。

○以上のことについて各校間の交換、連絡が必要である。

3、英　語

○　授業形態としては、一斉、段階別等、分け方にそれぞれ工夫して行なっている

○　教科書は一括購入ではなく、各校毎に選択できるよう要望すると同時に、やはり独自のカリキュラムの自主的編成が望まれる。

○　横浜では兼任講師であるが、片手間になりやすく、夜間の専任がほしい。

4　理　科

○　教材、教員等昼間のものを遠慮して使っているが、やはり夜間中学校として独立して理科振興法の適用を受けたい。

○　指導要領にどう応じるか、問題がある。つまり時間数の絶対量が足りないということ。また、読み書きの基礎の上に成立しているのが理科であるが、筆記だけに追われて理解の段階までいかない生徒がいるということなどである。

5、社　会

○　文字の抵抗（専門用語等）を克服しながら内容を深めていく困難さがある。

○　社会科の性格から一斉授業になるため、時間数が足りないこと。また学力差などをどう克服していくかが問題である。カリキュラムの精選が必要である。異色の指導法としては、荒川九中の　歴史の

～58～

辞典を生徒のことばで生徒自身につくらせていることなどがある。

○社会科の目標としては、ものの見方、考え方を学ばせること、学習の方法の基礎を身につけさせることにあると考える

Ⅱ　以上のことに対する指導室からの質問

（質問者、荒川区指導主事　笹井　昭二）

○夜間中学の指導計画はあるのか？

答・ない。また昼間の中学は夜間中学の基準にはならない。

○学級の定員はどうなっているのか。特殊学級などは決っているが。

答・東京では特別決っていない。大阪、神戸では同和学級に準ずる。

○兼任、専任の問題ではどうなっているか。

答・東京については6名の専任が決っているが、大阪では兼任あるいは免許外教科を教える場合が多い。横浜においては、兼任の上、一日一教科という変則的なものである。

Ⅲ　質疑応答及び問題点の提起

1、定員の増員について

○　定員については、東京では三学年三クラスとして六名、他は生徒数をもとに定員を決めているのが現状である。この定員による教員の不足は、進度別を個別にではなく段階的に、あるいは、免許外の教科を教えざるを得ない状態を生み出している。

○　笹井指導主事より質問。　各区で夜間中学担当指導主事がいるか。

答・担当指導主事がいるのは、京都、世田谷、八王子のみ

2、学力とは何か。

○笹川指導主事より「社会科部会で出た『ものの見方、考え方を育て

～59～

ればよい。自分で勉強する方法を教えればよい」との意見は、学校とは何かを考える上で、重要であると思う」との発言に対し次のような意見が出た。

- 基礎学力のないものに方法を教えることはできない。
- 学習するということがわからない生徒がある。
- 夜間中学の前段階が必要である。
- 夜間中学の中に促進学級をつくる必要がある。
- ものの見方、考え方については、高令者においてはすでに固定化している。それよりも、生徒が何を要求しているかを把握すべきである。

3. 引揚者の問題について、

○曳舟中より引揚者の問題が提起された

○引揚者を引き受ける場合の一番大きな問題は進度差である。これは引揚者の時期が一定していないことから起こる。このため曳舟中学では、一年が引揚者、二年が元来の一二年、三年はそのまま三年、というような変則的な学年制を取らざるをえない状態である。このような状態では、単に引揚者の問題というより、学校全体、夜間中学の性格の問題である。

○引揚者と夜間中学生は本質的に同じか。

- 学力のかたよりはどちらにもみられる。
- 国籍等、民族的な問題は引揚者独自のものである。
- 引揚者については、別の枠で定員を要求すべきである。
- 引揚者については、夜間中学で引き受けるべき筋のものではない。曳舟中でみられるような学校全体への影響となって現われる。しかし現実の問題として、日本語教育をやってくれるところは他にないし、事の是非は別として、こういう生徒をひろい、こういう問題に対して現実の策を進めて行くのが夜間中学ではないかと考える。

～60～

生活指導分科会

司会　平野中校長　二見　清先生
記録　天王子中　岩井　好子

問題提起

生徒（高令者）の喫煙について（足立四中）

今まで禁止していたが、かくれて（便所その他）すっているので、先生が立会で許可したが、他校はどうか。

曳舟中

入学時にたばこをすうかどうか傾向し、中学生なのだから、すいたい時は申し出るようにいったが、誰も申し出ない。遠足の時もすわなかったが、先生も、かくれてすっている。引揚者は便所ですっている。

足立四中

中学生の立前ですわないように。申し出ればゆるしている。用務員室で

菅南中

喫煙室、談話室ですっている。生徒心得にも載せてある。

天王子中

職員室で先生も一緒にすっていたが、生徒の増加後は教室で空カンを用意し火の用心に気をつけさせて、学級管理をさせている。

～61～

菅南中

かくれてやってることに問題がある。規則で止められる問題ではない。生徒同志で解決させてはどうか。

天王寺中

喫煙でも服装でも社会常識が身についた生活をしている生徒に昼間同様の規則では、生徒の中に入っていけないのではないか。夜間の生活指導はそ　な形式的な考え方ではならないのではないか。

東井中

服装も普通のものが良いと指導している。赤や黄はどうかと指導したら、学校へ入る前に着換えているようだ。髪の毛の長いのを指導したら10cm位しか切って来ない。しかし規則だけでは駄目で一人一人ケースバイケースで指導しなければならない。

双葉中

生活指導はどういうシステムでやっているか、提案校より提案してほしい。

提案校　　天王寺中より、徳田先生

昨日、東京の各中学の生徒からの発言がありましたが、天中では生徒は発言しようとしない。過去のことを聞かれたくないという気持がまだ強い。マスコミからは逃げる。隣の人や親類やその他にもかくして来ている者もあり、自らの過去を話しそして権利を主張することはできない。

現在、劣悪な状態で働いている「O君」の場合もその就職の相談を受けたことから、彼の家庭事情もはっきりし（部落出身）学校が保証人になって今はガソリンスタンドに3万5千円で就職した。

～62～

「P君」については、家族（妻）の理解が得られず、現在家を出て沖仲仕をしながら通学している。

その他、在日朝鮮人の問題の中に共和国支持者もあり、日本の義務教育を受けないための困窮者が多い。このように言葉で一人一人の生徒にも苦しい悲しい過去と現在を持っている夜間生徒の指導は全教師が担任意識や形式的きまりより脱して、生活指導をしなければならないのではないか。

現在では授業時間が多く、カウンセリングも服装しも充分できないので、同和校なみの教師の定員獲得に教員組合としても運動しなければならないのではないか。

蒲田中より　　高田先生

私は、夜間中学へ進んで、きたものですが、生徒には過去の苦しみや悲しみ易い子にしてはならないと思う。

自分の反省もさせるが、平和な職場や、家庭人となれる円満な人間形成をし、過去の暗い生いたちや苦しみを感じさせないように生活指導をしている。

昨日の生徒の訴えも苦しかったことを発表し、その言葉で涙していたが、発表したことによって明るくなる子もあるが反対に沈んでいく子があるのではないか。過去を忘れるように指導したい。

東井中から

夜間生徒は何でもやれない、出来ないという観念があり、引込み思案でいる。学校という団体の中で、創作の喜びを得させ、自信を持たせたい。

双葉中

生徒の生活をふまえて具体的な指示を与えていかなければならない

～63～

のではないか。

月間週目標…………例えば「健康に気をつけましょう」「勉強しましょう」というような抽象論的生活指導ではプラスにはならない具体的に権利を主張していかなければならないシステムとしての生活指導はどうしているか、各校、聞かせてほしい。

天王寺中

夜間中学でのどのような人間に育てるかということは、自分の過去すなわち、無权利であった過去を素直に本当に話せる。そしてその中から権利にめざめ主張し、そして行動できる人間になるよう指導していきたい。

市、府、教委交渉（大阪教員組合の）北にもう一校増設（現在の菅南）時に給食実施については天中生徒会も参加し　教師と行動することを通して具体的な権利の主張を指導していることになるのではないか。

双葉中

心理学に堪能な人が週目標をたてるべきではないか。個人個人具体的に指導しなければならないのではないか。

天王子中　縄田先生

昨日の生徒の訴えには力強さを感じた。苦しさ、悲しさは感じなかった。自分の権利を主張し、行動できる人間にさせたい。あの発言者の中にやりがいのある仕事を持っている。社会的に貢献している。そのことは、自分が受けた差別を基礎にして自分と同じ立場の人と同じ差別解放の斗いのために斗っている。そのことが、やりがいのある仕事であり、そんな指導をおし進めたい。

荒川九中

~64~

学校でも家庭でも同じふん囲気が夜間では大切。苦しみ、悲しみにおぼれてはいけない。共に苦しんでいく夜間でなければならない。

司　会

言葉の表現は違っても心は同じと思う。仕事の手始めは、個々の生徒の指導の対策をたてる。悩みや苦しみをどうとらえ、どうポイントを押え、どう組み上げるかが大切。

天王子中　岩　井

生活指導という言葉には大きな意味をもっている。夜間中学生は、人にもいえないどうしようもない過去や現在の苦しみ、あきらめを持っている。これらは夜間教師だけの力ではどうにもならない。生徒は週に1度しか顔を見せない学校長や夜間の教師そのものも信頼はしていない。どうすれば、どうすれば生徒の信頼を得られるか、何がやれるか、何をやるか。大阪では、給食報料の時、「先生は、僕らに、うそをいった」「あてにはならん」この不信を生徒とともに数回の市、府教委交渉の行動を通して、「先生は僕らのことをやってくれてんねん」この事が、大きな転起になった。教師は教師として何がやれるか。この問いかけが、行動が、夜間教師には大切なのではないか。

菅南中

欠席の生徒をどうするか、登校しにくい状態になった時はどうするか。に悩んでいる生徒のためを思ってやった能力別編成が、生徒の欠席を多くしたのではないかと反省しているが、出席率80％であったのが現在60％に下ってきた。

双葉中

授業半分、家庭訪問半分の指導が大切

~65~

平栄中

通信教育をやっている。手紙を入れ採点し、愛情こめてやっている。

司会者

職場でどう権利を主張するか、通学保証を事業主にさせるかが問題

慈善事業ではないという事業主もある。

社会からどう見られているかということではなく、社会をどう見ていくかと積極的に考えさせる生活指導でなければならない。

天王子中

現在 第1回卒業生が呼びかけて出来た「夜間中学を育てる会」即、大阪のどこにいるかわからない夜間中学生を探す運動、「教育をうける機会を得させる運動」にとり組んで、夜間教師、卒業生、在校生、市民、民主団体、教員組合、現在330人が運動を展開しているが、「権利を主張し、具体的に行動に示さなければならない。そして教師仲間である日教組をも告発し教師の原点である夜間中学を全教師のものとしなければならないし、1人の子供も取り残さない（長欠生）教育を全教師のものにしなければならないのではないか。

3 分科会のまとめ

分科会報告　第1、第2、第3、の各分科会

質疑応答

（双葉中　堀江）1．旧制義務教育修了者には、各種学校の入学資格を与えてほしいかどうか。

～66～

2、形式卒業者は、定時制高校の問題ではないか。

3、全国大会に11年も出ているが、同じ血の者だけで話し合うだけでなくて、問題に合うんでなくて、問題に合う学者など招いてはどうか。

（文部省）

1　マッサージ師の場合、厚生省令で中学校卒ときめているのではないか。

2、形式的には、定時制高校に入学の資格がある。もう一度、中学に入学する必要があるのかどうか、学力をつけるだけなら、ほかに方法があるのではないか、ガイダンスの問題だと思う。

（双葉中　堀江）「生徒の訴えを聞き、その対策を確立する」とうたっているんだから、1の問題だけでも何とかならないか。

（文部省）省令の改正が必要だと思うので、簡単にはいかないと思う。

（東京都）各種の資格試験を調べてみた。国でやる試験を都が代行している形でやっていることがわかった。プロジェクトチームの結論が出たら、国に対して改善を要求する（拍手）

（荒川九中　塚原）ガイダンスの問題だという話だったが、教育基本法では「あらゆる場で」とあるが、M の問題は学校教育の中でやれというのかどうか明確にしてほしい。

（文部省）第1分科会でも、そんな話が出たので、個人的な問題をみんなの場で話し合うのはどうかと思っただけである。

（荒川九中　塚原）M 個人の問題なのだろうか。北海道の村全体の問題を訴えているのだ。こんな者がいるということをみんなに知ってもらいたかったのだ。ガイダンスは、1日に2時間、3時間と夜遅くまでやり、何百時間もやっている。

～67～

（文部省）　文部省としても、せっかく出席するのだから　何か実のあるものを持って帰りたい。建設的な意見を一歩々々積み重ねてほしい。

（M）　ここで、私の質問に答えられないようなら、どこに行って、だれに聞けばいいのか教えてほしい。

（勝山会長）学校長が、卒業を認定した以上　ほかの者は、何も言えない。そんな子を出さないと話し合うより　それ以上　どうもできない。

（二葉中校長）　国語分科会での教材、教案の交換、体験などが決められたのは大きな収穫だと思う。夜間中学こそ、ほんとの教育実践だと思う。

（天王寺中　徳田）

1、この大会で話し合うだけでなく、大会宣言以外にも　各省　関係当局へ陳情し、また外に向かっても呼びかけようではないか。

2、今まで話し合ったことを冊子にまとめてほしい。

3、今までの夜間中学がどんな経過をたどってきたかを知ることができる。「夜間中学の歴史」がほしい。たった1人で長欠対策に尽くした先生があったら、そういうことも掘り起こしたい。義務教育の歴史の一環としてそうしたものをまとめたい。

（荒川九中　日下田）　会長さんが、こんな形式卒業者を作らないと約束されたが、実際にはなかなか約束できない。むずかしいことだと思う。

（一橋通信制中学）　初めて、この大会に参加させていただいた。夜間中学は通信制中学とも非常に関連性が深い。第1分科会に出て、いろいろ話を聞いたが、夜間中学にさえ通えないものが多くいるのではないかと思った。来年度もぜひ招待していただきたい。

~68~

4 閉会式

(1) 閉会のあいさつ（二葉中　牧原校長）

第17回夜間中学校全国大会を終りますと言えば、それですむのだが、一言お礼を申し上げたい。東京の先生がた、こんな立派な会をやってくださってほんとにありがたく思っている。生徒のなまの声をきき　盛りあがりのある大会だった。特に事務局の先生がたのご苦労に深く感謝申し上げる。

(2) 理事会報告（勝山会長）

昨日、昼休みの時間に理事会を開いて、46年度の役員、明年度の大会開催について協議した。新役員を次のようにお願いしたい。

名誉会長	（浦島丘中）	飯　田	会計監査	田　島
会　　長	（足立四中）	勝　山	〃	岸　田
副会長	（丸山中）	玉　本	会　　計	渡　貫
〃	（天王寺中）	白　井		
理　　事	横浜地区	（後日決定）		
	京都地区	林　田		
	大阪地区	桑　島		
	兵庫地区	木　吉		
	広島地区	増　田		
	東京地区	山　本		

(3) 大会宣言　（糀谷中都築先生朗読）

（荒川九中　塚原）　大阪の長田さんから出た関係の団体とも力を合わせていくという趣旨の文を入れてほしい。

~69~

塚原さんの意見をつけ加えて、万場の拍手で採択

(4) 新役員あいさつ（勝山会長）

多年、長い功績のあった石井校長先生が副会長をやめられたが、ほんとにご苦労であったと感謝したい。頼りない会長であるが、新役員力を合わせてやっていきたいので、よろしくお願いしたい。

(5) 次年度大会開催について、（啓南中　東畠校長）

この大会に、初めて入れてもらった新米であるが、真剣な話し合い生徒諸君の切々たる訴えを聞いて感動した。たびたび訪ねてくれた高野さんに 何か教えてくれというと「よく整っていますね」というぐらいしか言ってもらえなかったが、施設や外観で自己満足していてはいけないということが、出席してみてよくわかった。次年度の大会が大阪にきまったが、大阪地区のみんなで協力して成功できるようにしたい。

(6) 閉会のことば（玉木副会長）

今回の実り、成果として残っている生徒の訴えをだいじにしたい。真剣な二日間にわたる討議の中で、学習面については、教材の確立が誓い合われて一歩前進が見られたし、教師自身、差別や民主々義の問題にとりくむ姿勢を強めることができた。P.Rの問題など、この夜間中学校の姿を他の学校へも知らせるよう、積極的におしすすめたい。全国同和教育研究会にも提案したように、増設への切きかけへも力を入れなければならない。

文部省、東京都の先生がた、ありがとうございました。予算も一歩前進したとのことで　たいへん心強く思っている。まだ不満も残るが、この大会の成果をもとに がんばりたい。なお、大阪は、天王寺開設3年目で大会を引き受けられて、ご苦労も多いと思うが、東京の協力

〜70〜

＊ 重複記事が収録されているため、本史料７１～７３頁は削除した。

夜間学級設置校現況一覧　　(45.10.1 現在)

番号	都府県	学校名	所在地	電話	校長名	開設年月日	在籍生徒数 I 男	I 女	II 男	II 女	III 男	III 女	[illegible] 男	[illegible] 女	合計	卒業生数	専任教諭数 男	専任教諭数 女	兼任並に講師数 男	兼任並に講師数 女	合計	備考
1	広島	広島市立二葉中学校	広島市光町2-15-8	0822-62	牧原次郎	28.5.1	6	2	13	6	7	3	26	11	37	137	2	0	3	1	6	
2	広島	〃　観音中学校	南観音3-4-8	0822-32	増田勉	28.4.1	3	3	5	6	6	6	14	15	29	236	2	0	3	0	5	
3	広島	広島県豊田郡豊浜町立豊浜中学校	広島県豊田郡豊浜町豊島	084669 豊島9	長谷川敏	26.1.18	0	0	2	0	3	0	5	0	5	142	0	0	22	0	22	両校兼務
4	兵庫	神戸市立丸山中学校西野分校	神戸市長田区三番町3丁目	078-55	玉木格	25.1.16	2	1	9	3	14	14	25	18	43	275	3	1	2	1	7	
5	大阪	大阪府岸和田市立岸城中学校	大阪府岸和田市野田町230	0724-22	荒木和雄	27.4.1	1	2	1	2	5	3	7	7	14	173	1	0	4	1	6	
6	大阪	大阪市立天王寺中学校	大阪市天王寺区北河堀町61-1	06-771	臼井重行	44.6.5	21	38	27	30	12	9	60	17	137	17	10	2	7	0	19	事務1名
7	大阪	〃　菅南中学校	〃　北区西扇町11-1	06-312	桑島正二	45.4.1	17	35	10	5	7	3	34	43	77	0	7	1	3	0	11	〃
8	京都	京都市立郁文中学校	京都市下京区大宮通綾小路下ル	075-821	林田善亮	43.4.1	1	5	0	1	8	6	9	12	21	7	2	0	4	1	5	
9	神奈川	横浜市立鶴見中学校	横浜市鶴見区鶴見町1253	045-501	石井宗一	25.5.20	3	0	1	0	3	1	7	1	8	224	0	0	10	0	10	
10	神奈川	〃　平楽中学校	南区平楽1	045-261	二見清	25.5.1	0	1	1	1	1	3	2	5	7	126	1	0	9	0	10	
11	神奈川	〃　浦島丘中学校	神奈川区白幡東町17	045-421	飯田興夫	25.5.1	1	0	0	1	5	4	6	5	11	276	1	0	8	1	10	
12	神奈川	〃　蒔田中学校	南区花ノ木町2-45	045-711	田島鳳松	25.5.5	1	1	0	0	2	4	3	5	8	211	1	0	8	1	10	
13	神奈川	〃　西中学校	西区西戸部町3-286	045-231	高根敬臣	25.5.1	1	2	4	1	3	2	8	5	13	203	1	0	9	0	10	
14	東京	東京都足立区立第四中学校	東京都足立区梅島1-2-33	03-887	勝山準四郎	26.7.16	6	5	7	7	5	5	18	17	35	541	5	1	3	3	12	
15	東京	〃　八王子市立第五中学校	八王子市明神町91	0426-42	岸田林太郎	27.5.12	1	0	2	3	3	5	6	8	14	201	6	0	2	1	9	
16	東京	〃　葛飾区立双葉中学校	葛飾区お花茶屋1-10-1	03-602	山本信雄	28.4.20	4	5	7	4	8	8	19	17	36	334	5	0	3	2	10	
17	東京	〃　墨田区立曳舟中学校	墨田区文花1-18-6	03-617	大津正夫	28.5.1	1	2	3	8	12	7	21	17	38	489	5	1	3	2	11	
18	東京	〃　大田区立糀谷中学校	大田区西糀谷3-6-23	03-744	和泉昴	25.9.1	8	6	9	2	7	3	24	11	35	364	6	0	2	2	10	
19	東京	〃　世田谷区立新星中学校	世田谷区太子堂1-3-43	03-404	桜井保	29.5.1	5	8	8	15	8	5	21	23	49	307	5	1	6	3	15	
20	東京	〃　荒川区立第九中学校	荒川区東尾久2-23-5	03-892	清輔浩	32.2.15	6	10	13	9	19	12	38	31	69	265	6	0	3	1	10	
21	京都	京都市立皆山中学校	京都市下京区間之町七条上ル	075-361	橋爪清	25.5.1	0	0	0	0	0	0	0	0	0	255	0	0	0	0	0	
		計　21校				計	88	126	127	104	138	105	353	333	686	4383	67	7	114	20	210	

~74~　~75~

第17回全国夜間中学校研究大会

〔大会記録及び大会宣言〕

昭和46年3月10日発行

発行所　東京都足立区梅島1－2－33
東京都足立区立第四中学校内

全国夜間中学校研究会事務局

編集　東京都夜間中学校研究会
調査研究部

編集責任者　研究会長　勝山準四郎

印刷所　巧芸印刷（Tel 941－　）

数学科個別指導について

荒川九中二部

1. 夜間中学生をめぐる学習条件

a_1 公的規準

夜間中学も公教育の一機関であるから公的規準に制約される。目標の制約、内容の制約、量時間の制約。—最低規準

生徒の入学動機も、人なみの中学教育を受けたいということで、公的規準は無視できない。—「均しからざるを憂う」

a_2 生徒の生活条件

労仂による心身の疲労、生活環境からくる精神不安、生活のための時間制約などから、学習量におのずから限度がある。

a_3 学習意図の多様性

生徒の入学目的はさまざまである。人なみに教育を受けたい。少しでも自己を向上させたい。ただ資格が必要だ。進学のため。心のささえとして等々（勿論、複合している）

a_4 学習段階の多様性

当然のことながら段階のばらつきは昼間のクラスより大きい。それに学年の途中から入学する生徒もいて差をひろげている。欠席が多いこともそれを助長している。

2. 個別学習実施の根據

b_1 条件 a_4 から、一斉授業を行っても効果が限られてくる。分布に山がないから授業でとり上げることが一部の生徒にしか有効にひびかない。

b_2. 条件 a_2, a_3 から、それぞれの生徒ができる所から出発し、できる速さで進み、できる所まで到達するという方法手段をとらざるを得ない。

b_3 個人別学習は条件 a_3 にも適合する。

b_4 個人別学習の型態では、条件 a_1 を必ずしも満足させない。しかし数学の学習では特に形式的に与えられたカリキュラムを履修させても無意味であるから、各生徒の意欲を信頼し、またそれを刺戟することで、できるだけ a_1 を克ちとるよう努力する。

b_5 学習指導要領に必ずしも矛盾しない。総則、指導計画作製、一般方針によると（関係分抄録）

- ○発展的、系統的指導ができるようにする。
- ○学校の実態を考慮し、生徒の経験に即応し…… 指導する事項を選定し配列して効果的指導を行う。
- ○生徒の心身の状況によって履修することが困難な各教科は、その生徒の心身の状況に適合するように課さなければならない。
- ○各教科の指導を能率的、効果的にするため、生徒の発達段階や経験をよく理解しておくこと。
- ○生徒の興味や関心を重んじ、自主的、自発的な学習をするように導くこと。
- ○生徒の個人差に留意し、それぞれの生徒の個性や能力をできるだけのばすようにすること。
- ◎好ましい人間関係を育て、学習環境を整えるようにすること

3. 個別学習の形態（今年度）

C_1 学習内容を系統づける。学習単位を進度表にまとめ各生徒に配布し、進度表に従って学習を進める。

C_2 週４時間のうち３時間は個別学習、１時間は一斉授業を行う。

C_3 個別学習の手順は下図の通りである。

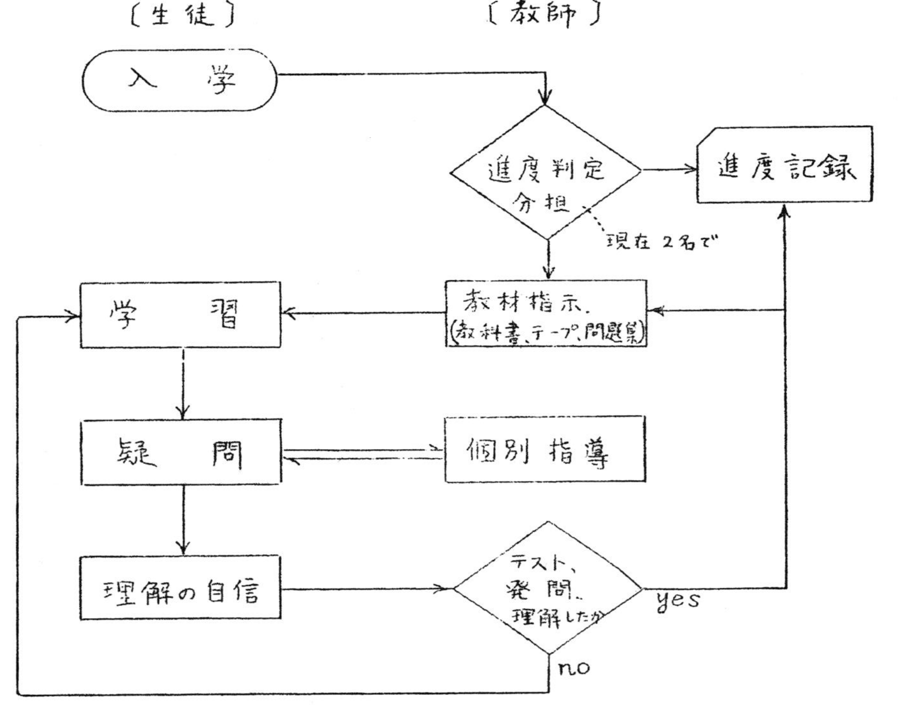

C_4 週一時間の一斉授業ではプリントにより図形教材や実用算数をとりあげる。今年度は、集合（1学期）、長さ、面積、体積（2学期）、重さ、力等の物理量（3学期）の予定。

C_5 生徒相互に教え合う風潮を奨励し、やることはちがっていても連帯感を失わないよう注意している。

進度表の項目

A1 整数の加法
A2 〃 の減法
A3 〃 の乗法
A4 〃 の除法
A5 小数の加減
A6 〃 の乗法
A7 〃 の除法
A8 分数の加減
A9 〃 の乗除
A10 四則混合
A11 正と負の加、減
A12 〃 の乗、除
A13 〃 四則混合
A14 無理数の計算
A15 近似値計算
A16 計算尺

B1 式の値
B2 整式の加減
B3 単項式の乗除
B4 多項式と単項式×÷
B5 多項式の乗法
B6 因数分解
B7 分数式

X1 比例式
X2 1元1次方程式
X3 連立2元1次 〃
X4 連立3元1次 〃
X5 1元2次 〃
X6 不等式

↑
計算の系列
（個別）

R1 和と差の関係
R2 積と商の 〃
R3 大小関係
R4 相等関係
R5 比例 〃
R6 反比例 〃
R7 一般の比例
R8 一次関数
R9 二次関数

P1 整数の表現
P2 小数の 〃
P3 分数の 〃
P4 比の 〃
P5 正負の 〃
P6 文字式の 〃
P7 等式、不等式の 〃
P8 座標とグラフ
P9 集合の表現

L1. 整数の構造
L2. 交換則、結合則
L3. 分配則
L4 計算の順序規則
L5 指数法則
L6 等式の法則
L7 不等式の法則
L8 集合算の性質

↑
表現、関係、規則の系列
（個別または一斉）

G1 点、線、面
G2 角
G3 移動と対称
G4 平行線公理
G5 合同
G6 相似
G7 三角形
G8 四角形
G9 多角形
G10 円
G11 多面体
G12 回転体
G13 軌跡
G14 作図

M1 角度
M2. 長さ
M3 面積
M4 体積
M5 三平方定理
M6 三角比

↑
図形、計量の系列
（一斉）

4. 問題点、．課題

d_1 個別学習は能率があがらない。単位時間あたり各生徒が受けとる情報量が少い。

d_2 各単位教材の綿密なプログラムを作らなければならない。（急務）

d_3 d_2に従ってテープを作ること。

d_4 d_1を克服するために、生徒相互のたすけ合いが必要。現在も行われているが、さらに推進させる必要あり。

d_5 進度差からくる劣等感、焦燥感がないとはいえない。

夜間中学の教育の課題と実践

1970.10

大阪市立天王寺中学校夜間学級共同報告

(一) 夜間中学の歴史

1、最初の夜間中学

戦後の混乱期に新制中学が発足したが、どこの学校にも不就学生徒が多かった。この不就学生徒や長期欠席生徒を何とか救おうとして、現場の教師たちによって始められたのが、夜間での授業という形態であった。こういう教師たちの熱意の真先にあらわれたのが、大阪市立生野第二中学校においてであった。生野第二中学校は後に勝山中学校と改称されている。同校の記録によると、

「昭和22年10月1日、不就学者が多数（85名）なるに鑑み夕方学級を組織してこれら生徒の救済を行う為本日より一週二回の授業を開始」

と記されている。同月17日の毎日新聞は、この夕間学級の紹介記事を写真とともに掲載している。

生野第二中学校に続いて、東成区の大阪市立玉津中学校において、昭和24年10月から夜間の授業が行なわれている。

しかし、この両校における夜間学級の授業はいずれも三年間で廃止の運命をたどっている。これは文部省の指導を受けた教育委員会の、夜間中学に対する無理解によるところが大きい。

2、各地に設立

兵庫県では、昭和24年2月、神戸市立駒ヶ林中学校に「長期欠席不就学児童生徒救済学級」が神戸市教委の激励のもとに始められた。

昭和25年にはいって、教育委員会の指導のもとに、京都市、横浜市でも夜間の中学教育が行なわれるようになった。横浜市においては、市内各区に一校ずつの夜間学級が設置された。

昭和26年、東京都においても、足立区立第四中学校が都教委の認可をえ

て夜間の授業を開始した。

各地にこのようにして、夜間中学が続々と誕生、昭和28年12月1日現在で、文部省と中央青少年問題協議会との調査によると、東京都5校、神奈川県12校、愛知県2校、京都府14校、大阪府3校、兵庫県16校、奈良県3校、和歌山県8校、広島県3校、福岡県5校の計71校を数えるにいたった。

3、全国夜間中学校研究会の結成

昭和29年11月、これらの夜間中学でのいろいろの問題を解決しようとして全国夜間中学校研究会(全夜中研)が組織された。同会の会則によると、

「全国中学校夜間部相互の連絡をはかり、あわせて中学校夜間部教育の実態と方法とを研究協議し、これが改善を促進して日本教育の新生面の開拓に寄与すること」

が目的としてかかげられている。

そして、11月19、20日の両日にわたって、第1回の研究大会が、京都市で開催され、以後、毎年大会が開かれ、昭和44年までに16回の大会が持たれた。(1、京都・2、東京・3、名古屋・4、横浜・5、福岡・6、東京・7、京都・8、東京・9、横浜・10、名古屋・11、京都・12、横浜・13、八王子・14、東京・15、神戸・16、横浜)

4、廃止の情勢に抗して新たな動き

昭和30年前後をピークにして、その後、世情の安定化にともなって、夜間中学は次第に廃止されていった。多いときは全国で4,900人の生徒が在籍していたが、年とともに漸減した。不就学、長欠生の減少したことは事実であるが、しかし、昭和22年~39年までに義務教育から脱落した者は、82万4,321人といわれ、そのうち夜間中学の門をくぐったのは3万人にも足りないという現実が忘れられようとしていた。昭和44年3月、大阪府議会で府教委吉沢教育長は、義務教育を修了しない者は全国で142万、大阪府下に約5万人いると公表している。

こうした現実の姿に目をつむる文部省や、夜間中学の廃止を勧告した行政管理庁の態度に対して、夜間中学卒業生の高野雅夫氏は、夜間中学の廃止反対を叫んで、自主製作の記録映画「夜間中学生」の16ミリフィルムをかついで全国行脚を始めた。

高野氏の熱意は、大阪の世論を動かした。昭和44年、大阪府教委は府下に夜間中学の設置を認可した。大阪市立天王寺中学校と岸和田市立岸城中学校の二校に公認の夜間学級の燈がともされたのである。翌45年には、さらに大阪市立菅南中学校にも夜間学級が設立された。

義務教育未修了という差別に苦しめられ、それにともなう生活苦のために文化と社会から断絶されている、まだまだ多くの人を救う努力は、今後もより活発に続けられなければならない。人間尊重のかけ声が真実のものであるかどうかは、就学率99.9%の数字からはみ出された0.1%の人々の人権をいかにするかにかかっているといっても過言ではない。

大阪に新たな動きが始まっている。純然たる民間での動きが夜間中学校を作らせた。さらに、卒業生、教員、在校生を中心として、より多くの市民たちによって、夜間中学運動の母体も作り上げられた。高野氏のまいた一粒の種は、大きな実りを呼びつつある。

(二) 天王寺中学校・管南中学校・夜間学級のできるまで

1 高野雅夫君（荒川九中卒）の運動

○43・10・13 大教組訪問；自主映画「夜間中学」の上映運動．夜間中学校設置の必要性などを訴える。
○ 10・13 市教組訪問 大阪市のことは市教組でということを大教組で聞いたので
○ 10・21 市教組訪問 10・26午後6時高津荘で高野君のアピール映画「夜間中学」上映、参加者約70名・カンパ２千数百円集まる。
○ 12・28 府市教委、教育記者クラブ、マスコミ各社・教育大など大学・大教組はじめ市教組・府高、市高等教員組合、解放同盟、府会各党議員団等を精力的にオルグ。宿舎の釜ケ崎付近また心斎橋でビラくばり、パンフ頒布などする。
○ 11.22～23 全夜中大会に出席アピール。
○この間、上映回数48回 観客 8346人 行動日数 90日
○高野氏の運動、テレビ新聞などに報道される。
○44・1・16 再び上阪、大教組、市教組、府市教委 さらに府市会議員団等に積極的運動をつづける。夜間中学の生き証人「入学希望者」をさがし、ぼつぼつ集まる。
○各マスコミは夜間中学問題をとりあげる。
○ 6・5 天王寺中学校夜間学級入学式に出席。

2 大教組・市教組の運動

○43・12・27 大教組執行委員は「夜間中学」問題についてたびたび討議をつづけてきたが、正式に執行委員でとり上げ具体的に運動をすすめることを決定。
○44・1・16 大教組執行委員会として夜間中学校設置要求（とりあえず大阪市内に発足させる）を決定
○担当執行委員を中心に資料収集などの調査活動、府教委交渉、出身府議中心の文教委員対策をすすめる。
○特に大阪市内設置を目標とするため、市教組と打合わせ対市交渉、出身議員を中心に文教委員対策を積極的に行なう。
○２月上旬各支部分会（中学校）に対して夜間中学設置運動のアピールおよび夜間中学校入学希望者発掘依頼の文

書を出すとともに夜間中学校設置要請署名運動を提唱する。
- ○ ３月上旬　市教組は対市交渉で夜間中学校設置に伴う定員、人事・労働条件については必ず事前交渉を行なう旨を申し入れ確認する。
- ○ ４月上旬　市教委汚職
- ○ ４月中旬　夜間中学校について遅くとも５月初旬に予定どおり開校するよう申し入れる。
- ○ 5・28，6・2　開校に伴う諸問題（定員・人事・手当・労働条件・教育施設その他）について具体的に対市交渉を行なう。

3　社会党府市会議員団の運動

- ○ 43・12・20　大教組出身議員ならびに社会党文教委員と大教組執行部との昭和44年度教育予算の打合わせ会に高野氏出席。「夜間中学」問題を説明
- ○ 社会党府会議員団として「夜間中学」問題を取り上げ、文教委員を中心に運動をすすめることを決定
- ○ 44・1・中旬大教組東谷委員長の要請、神谷担当執行委員の説明を受け市会社会党議員団は「夜間中学」問題を取り上げることを決定、市教組出身議員・文教委員を中心に市教委に対する接渉行動をはじめる。
- ○ 44・2・5府会決算委員会で社会党文教委員井口議員が質問、吉沢教育長答弁「44年度に夜間中学校設置を検討している…」
- ○ ２月下旬市会予算委員会において社会党文教委員山下議員が質問、丸山指導室長答弁「夜間中学校は大阪市に設置する。学校もきまった。本来なら４月１日から発足したいが遅くとも４月中旬には発足したい……」
- ○ 3・12 府会本会議で社会党文教委員井口議員が質問、知事・教育長答弁「とりあえず大阪に一校設置したい………」
- ○ 井口氏はその質問と答弁内容を中心にパンフを作成、夜間中学校問題を広く府民に訴える。
- ○ ４月上旬　市教委汚職
- ○ ４月下旬　山下議員は社会党議員団を代表して市教委に対し「２月下旬の予算委員会の市教委答弁は公式答弁である。たとえ汚職の関係あろうとも、一日も早く実現せよ。」と申し入れる。
- ○ ５月下旬市教委5・16付の調査入学希望約30名に対して山下議員は大阪市会文教委員会を代表して市教委とともに府教委に対し、1学級15名以下とし教員最低４名確保を申し入れる。

4　各マスコミの報道　天王寺中夜間学級新設

かくして大阪市教委は44・3・31大阪市立天王寺中学校に夜間学級を設置することを各マスコミに発表
６月５日にやっと入学式を行なった。生徒数89名
４学級、専任教員４名（教諭３・講師１）
当初マスコミは高野氏のユニークな運動としてとりあげたが運動の発展につれてその内容は人権と教育の本質にふれる問題にまですすみ府市民の共感をよびおこして大阪における夜間中学設置運動に一定の役割を果したといえよう。

5　菅南中学校に夜間学級開設

- ○ 44.6.5.　天王寺中夜間学級が開設されたが　入学希望者は当初の予想を大きく上まわり89名入学のあと、さらにぞくぞくふえ、6月末には127名、8月末には約50名の入学希望者がでてきた。
- ○ 44.7.1.　天王寺中学校において府市教委幹部と市教組本部支部天中分会校長教頭ならびに社会党井口府会議員出席の上　夜間学級懇談会という形式で話合いを行い、教職員定員、施設設備等の要求とともに次のように要求した。
  - ・ 入学希望者がふえ収容しきれない。年度中（９月までに）夜間学級を大阪の北部に一校開設せよ。
  - ・ 府教委は年度内はむつかしいが、いろいろ検討することを約束する。
- ○ 44.10　府教委は市教委に対して大阪市北部に夜間学級を設置するために検討するように指示してきた。
- ○ 市教組ならびに天中夜間学級分会も　在校生の居住地分布希望分布などのデーターをあげて　少くとも大阪市北部に一校、さらにできれば　府下東部（東大阪市など）に一校必要であるという要求をかかげて　たびたび交渉をすすめた。
- ○ 44.11.　大阪市教委は府教委に対して大阪市北部に夜間学級を設置すべきであるという資料を提出。
- ○ 44.11.30　大阪府市両教委は　45年度夜間学級生徒の募集要項を発表した。それには　天王寺中、岸城中大阪市北部に一校ということで校名は発表されなかった。

それはつぎのような理由からである。
大阪市は当初から北部の一校は菅南中学校と内定していたが　夜間学級ということについて地元有力者層よりの反対を受け、その説得に手間どった為であった。
○しかし、市教委のねばりづよい説得活動により12月19日に北部の一校は菅南中学校であることを正式に発表した。

(三) 夜間学級の現状

1　生徒数および学級数

	学　年	1	2	3	計
天王寺中	生徒数	59	57	21	137
	学級数	3	3	1	7※
	(府教委は6学級編成しか認めていない)				
菅南中	生徒数	52	15	10	77
	学級数	3	1	1	5

2　教科別週授業時間数（天王寺中）

教科	国	社	数	理	音	美	体	技	英	学活	計
時間数	4	3	4	3	1	1	1	1	4	2※	24

※　学活２のうち１はクラブ活動

1年1組は　国-5　社-2　数-5　理-2

3　学級編成

（天王寺中）生徒の過去の教育歴は未就学から高小卒まで幅広く分布しており（別表１参照）しかも過去に受けた教育内容についても忘れてしまっているものが多いので一律に指導することは不可能である。
そのため、つぎのように学級編成をし、個別指導を主として授業できるようにしている。

第１学年　３学級　進度別編成
　　１組は国数のみ、さらに２分し個別指導
第２学年　３学級　進度別編成
　　国数英の３教科は１・２両組を同じ時間帯にくみ、生徒の交流を可能にしている
第３学年　１学級

別表1　45年度1年生教育歴別分数
（天王寺中、4月入学時調査）

不就学	小1修	小2修	小3修	小4修	小5修	小卒	中1修	高小1修	高小卒	計
8	10	4	6	6	3	26	ナシ	ナシ	2	67名

（菅南中）　各学年とも国数については進度別4段階グループ編成を行ない　無学年制の指導を充実して基礎学力の向上に期待をかけている。

(四) 夜間中学教育の課題

1 「義務教育」を告発する

6・3制実施以来昭和22年～38年の間に24年をピークとして　全国小・中学校不就学者数が　小学校 467,683人中学校 221,049人 といわれている。

（「夜間中学定時制高校の研究」所収）

それから7年、幾年、減少したとはいえ不就学者はあとをたたない。22年～38年当時の児童生徒は今日19～38才になっている。彼等がその後どのような生活をよぎなくされたか、就学をすすめるどのような行政が積極的になされたか、誰も知らない。大人となって社会人となって自らの必要から　就学の機会をもとめて　通信教育、夜間中学に入学してくるのが現状である。

今までの調査研究では不就学の要因をその子の家庭・両親の生活状態・教育関心度ならびに本人の性情に見ようとして　教育行政など行政の怠慢は不問にしてきたか、小さな声でしか語られなかったといえる。

私たちは中学生の生活歴をとおして、社会的に語られなかった疎外された「義務教育」の実態をまず見つめることから始めようと思う。

＜天中生の調査から＞

○義務教育の経験

小学校へ　1　きちんと通った　44%
　　　　　2　全然行かなかった　15
　　　　　3　休んだりしてきちんと通えなかった　41

2.3 その理由
- 家庭の事情（両親の欠損・病気、手伝い、転居…）　68%
- 本人の病気　16
- 在外国　（ブラジル・朝鮮　）　11
- その他　5

昼間の中学校へ

入学できなかった	69%
全然行けなかった	15
きちんと通えなかった	16

「入学できなかった」理由

経済的事情	33%
小学校未修了	30
家庭の事情	27
本人の病気	4
両親死亡	4
その他	2

「全然行けなかった」「きちんと通えなかった」理由

経済的事情	28%
家庭の事情	39
本人の病気	11
両親の死亡	11
学力の差	11

今後の課題

人権と教育という立場から

1　現在の小中学校の長欠生（就学免除者も含む）対策

2　小中学校不就学者（除籍者を含む）追跡調査とガイダンス

3　夜間中学などの育成と拡充

4　在外邦人の義務教育の補償（帰国邦人も含む）
　　日本人小・中学校をおかない外地の

2．教育の課題

○義務教育をきちんと修了していなかったために、その後の生活にうけた影響として、

劣等感・屈辱感に悩まされるなど精神的影響の他に、

日常生活上の不便さ	50%
（字の読み書き、計算、[illegible]）	
職業上の差別	[illegible]%
（賃金、職業選択、[illegible]）	
進学・資格免許取得の困難	19%

結婚の条件上の不利・子女に対する家庭教育の困難等があげられている。

○入学目的

義務教育を修了したい	65%
進学・国家試験・免許状取得のため	35

○　上記のデーターから　夜間中学教育は生徒の------学力・進学・進路....をおさえながら補償できるよう最善をつくすことを義務づけられているといえる。

①　学力補償

前記データーに見られるように生徒の義務教育経験は多様にわたり、中学校とはいえ、小学校課程から始めなければならない役割も課せられている。

また、働きながら学ぶ生徒が多数をしめているので　家庭学習を当然のこととして　教科指導をすすめることは不可能に近い。

以上の事を前提として　進度別学級編成・個別指導・を現在実施しているが、

今後の課題として　教科指導の教材・方法などの追求・学力の内容の検討　徹底した進度別指導の実施が残されている。

② 通学補償

現在通学している生徒は時間的に通学可能な人人である。生活のため残業・仕事に従事して通学できない人はやはりいる。
「就学の時間」を確保できるよう、精神的・経済的補助が要求される。
学習補助費
- 給食（パン・ミルク）の実施 9月1日から毎日
- 修学旅行費補助（一部 3.500円[illegible]）

居住地から学校まで国電私鉄地下鉄バスを利用する者が大多数。
- 通学パス代の補償… 要求
- 学用品代 … 要求
- 大阪市以外に 東大阪市・堺市などに 夜間中学が開設されるよう…要求

③ 進路補償

- 高校 定時制
- 各種校…調理 理容 看護婦
- 国家試験

(五) 夜間中学を育てる会

義務教育未修了のため就職結婚などの差別に苦しみ、市民権を奪われたままになっている人人は全国で140万人大阪で5万人ありしかも現在なお府下で毎年数百人の長欠生が学令をすぎると事務的に除籍され、夜間中学予備軍となっている。

現在府下三校の夜間中学生は約二百数十名で未修了者のごく一部にすぎず大部分の人人は「教育を受ける権利」を奪われたままになっている。

今春、天王寺夜間中第一期生として卒業した 君（34才）は中卒の学歴がなかったため臨時採用の下積み生活をよぎなくされてきたが夜間中学を卒業と同時に本採用された。その喜びから「1人でも多くの義務教育未修者が安心して夜間中学に来られるように、また長欠除籍で義務教育未修者がでないように」と訴えた。これを聞いた同期の卒業生や後輩の在校生・関係の先生、市教組役員を中心に「夜間中学を育てる会」発起人会が1970年8月30日に発足した。

9月27日に第1回会員総会を開催したが会員数は300人を越えている。その内訳は卒業生在校生教師学者文化人民主団体婦人団体雇用主などと多岐にわたっている。毎日新聞9月28日朝刊にも「市民をバックに夜間中学を育てる会発足」と大きくとりあげられた。

本会の活動計画

1. 夜間中学問題についての調査研究資料収集ならびに宣伝啓蒙活動。
2. 夜間中学生の就学奨励と就学条件教育環境の改善及び福利厚生活動。
3. その他この会の目的達成に必要な事業
   数万人もいる府下の未修者に夜間中学の存在を知らせ、入学を積極的にすすめる。
   そのために
   - 府市に受入態勢充実を要求
   - 会独自で ポスター・チラシなどの宣伝活動
   - かっての教え子の中で除籍され、義務教育未修のままになっている人人を再発見し夜間中学入学をすすめる運動を教員1人1人が行なうようよびかける。

● 昼間の小・中学校で ....

今後は 義務教育未修了者、除籍者をつくらない運動 などをすすめるよう働らきかけていく。

昭和45年度

夜間中学校事務関係資料

東京都夜間中学校研究会事務部

夜間部設置校における事務職員（主事補）定員増にともなう事務分担について、勤務や職務内容について、どのような条件で取り扱かわれることが望ましいか、職務上の任務について下記ように検討いたしましたので報告いたします。

1、職務上の責任区分

事務主事、（行政職）の任務

1、給与取扱責任者
2、物品出納員
3、物品供用者
4、現金取扱責任者

事務主事補（行政職）の任務

1、給与取扱　補助事務
2、物品出納　補助事務
3、物品供用　補助事務
4、現金取扱　補助事務

2、勤務時間と職務分担は、

(1) 仕事の性格、並びにその処理上、事務体形を一本化していくことが必要なので、勤務時間と職務分担は既配置されている事務職員と同様とすること。

(2) 職務内容は、既に負担している事務、並びに今後事務室処理を必要とする公務の共同負担。
その内容は、

○人事……具申、内申、調査等（昼間処理が必要）
○給与……請求、支払、清算等（　〃　）
○旅費……〃、〃、〃（　〃　）

—1—

○ 財務……計画、購入、支払い、払出等 (昼間処理が必要)
○ 給食会計……支払い、清算、 (〃)
○ 保健……申請支払等 (〃)
○ 福利厚生……相談、申請、支払い等 (〃)
○ 庶務……文書の発送、収受、 (〃)
△ 庶務……証明書の発行等(但し生徒の)(夜間処理が必要)

3、学校における、公務部門体系組織図

4、勤務時間の内容(昼間部、夜間部の別)例、

第17回　全国夜間中学校研究会

生徒の訴え

昭和45年11月20日(金)・21日(土)
会場　荒川区役所
　　　荒川区立第九中学校

〃私は、夜間中学校に感謝します。〃

墨田区立曳舟中学校夜間部　三年
発言者　A

いい年をして、なんで中学校に通わねばならないのでしょうか。私は、ごらんの通り五体満足です。而し、私の体の中には何か悪性の菌が巣くっているのです。私の体をどんどんむしばんでいるようなのです。今更なんで社会に甘えて中学生でなければならないのでしょうか。ただ、過去を振り返るとき、満足に学校にも行けず、友達から取り残されて行く私がくやしくて、夜も泣いて過した事をはっきり覚えております。

私は満足な数学の計算も出来ません。読み書きも上手ではありません。而し、一生懸命注事をしました。仕事もだれにも負けないで早く覚えました。主人に忠実に奉公しました。
而し、この年になって仕事がうまく運べば運ぶだけ、まわりのふん囲気の中に、差別感というのでしょうか、被害意識というのでしょうか、疎外感というのでしょうか断絶を感じます。なんで人間はお互いに協力することよりも、お互いにいがみ合う事に興味を示さなければならないのでしょうか。
自分は、中学校を出ていないんだと、友達に話す勇気もありません。本当に話しあって勉強を習う事も出来ません。せめて中学校を出ていれば、と、卒業していない事がこんなに苦しい事だとは、この年になるまで全くわかりませんでした。私は、本当に病的なのでしょうか、私は、欠かん人間なのでしょうか。而し、喜こんで下さい、現状は仕事に学校に無中ななのです。女々しい事を話して申訳けありません。いやな過去を語る必要もありませんでした。私の歩いて来た、いばらの道はやはり大きな勉強の道だったのです。私の人生は未来に理想を切り開いてくれました。
この、だん上で朗読できるなど夢にも思ってはいませんでした。私の人生は理想的だったのです。私は、生涯堅実にそして理想的人生を歩む事を誓います。夜間中学校にお世話になった御恩はいつの日か、お返しすることを誓います。

〃私の、ただ一人の友、[A]君〃

墨田区立曳舟中学校夜間部　二年
発言者　[B]

[A]君は、私の良き友です。将来を誓いあっています。
私は長い田舎の百姓生活で、彼にも負けない辛抱強さを持っています・彼は長い都会生活で洗練された生活を続けて来ました。勉強も私より少し出来るかも知れません。運動神経も私より少しすぐれているかもしれません。私はコックです。四年もやっていれば誰れにも負けない自信があります。ほうちょうを持たせれば誰れにも負けない自信があります。私はたくさんの職場も変りました。而し、誰れにも負けない根性があります。人生の中のきたないことも良く知っているつもりです。世渡りの自信もついて来ました。
夜間中学校は、やはり同じ悩みを持つ友の集りでした。毎日が楽しい憩いの場でさえあります。私は、卒業と同時に調理士の試験を受けなければなりません。現在は、仕事と勉強の喜びを身を持って感じています。勉強がわからなくても、学校へゆくと頭がすっきりします。気持にゆとりと自信を見出します。[A]君とは、手をつなぎあって苦楽を共にがんばります。二人でお店を経営しなければなりません。彼の方が貯金が少し多いのですが、たいした事はありません。現在の私には不安も不満もありません。而し、最後に少しわがままを言わせていただきます。立派な来賓の先生が沢山卒業式にいらっしゃいます。大へん心強く涙の出るようなうれしさを感じますが、夜間中学校のことを、もっともっと知ってもらいたいと思います。それから、私は授業料を払っても良いと思っております。而し、友達と思うぞんぶん話しあえる部屋が是非欲しいのです。私達の教室もきれいにかざりたいのです。仕事のあいまを見て、学校に行って見たいと思っても同居の間借りではつい遠慮してしまいます。卒業は三年間でなくても良いのです。四年かかっても良いのです。自分に必要な勉強をみっちり身につけて卒業して行きたいのです。これは、わがままというものでしょうか。身分不相応という言葉に抵抗を感じます。

夜間中学校で学ぶ私達の意見
―みんなの話し合いの中から―

墨田区立曳舟中学校夜間部　三年
発言者　C

私達は自分の母の国（父の国）に大きな希望と夢をもって上陸しました。言葉の不安も慣習の違いも、私達の希望の前には小さなものでした。私達は自分達が努力さえすればいろんな障害をのりこえることができると考えています。そしてそう努力してきました。

現在曳舟中学校では在籍者の半数以上が引揚者が占めている実状です。しかも引揚者の日本語の理解度は、引揚げの時期がちがうのでバラバラです。私達は昼間働いて夜学ぶことは、いろいろな意味で大変努力のいることだと思います。私達は昼間の職場で言葉はおぼえることができますが、やはり学校で友達と席を並べて勉強する時、非常に充実感を感じます。日本の生活に慣れ言葉の理解も進むと、私達は私達をとりまく問題が多いことがわかりました。そしてこの問題の解決のためには、短期間ではできないと思います。解決への第一歩は、早く私達が日本の中学生としての自覚と教科における勉強をすることだと思います。ですから私達の胸の中は〝勉学したい〟気持でいっぱいです。この自分の気持と、言葉にうまく表わすことができなくて苦労します。

私達は、現在もっている私達の希望についてみんなで話し合いました。話し合いの時、私達は真剣さのあまり、日本語がでなくて韓国語が飛び出すとかという一幕もありました。でも勉強をしたいという気持はみんな同じにあったことがわかりうれしいと思いました。

夜間中学で勉強して感じたこと
―引揚者の立場から―

墨田区立曳舟中学校夜間部　三年
発言者　D

① 上陸当時困ったこと。
② 下関から東京までの間で困ったこと。
③ 入学前までに困ったこと。
④ 入学後から現在までのことについて。

⑤　今後のことについて。

①～③については親（母親）が苦労したと思うが、自分たちは言葉が全くわからないので何が苦労なのかもわからなかった。

入学については、引揚後できるだけすぐ入学した方がいいと思う。一人だけでなく集団の中から学ぶことが多かった。

入学後から現在までについて、日本語の時間があったので比較的楽しく言葉をおぼえることができた。言葉が大体理解できた現在では言葉だけでなく、その他の日本の教育、特に社会科・国語など小学校高学年のことから序々に中学生の教科について教えてほしい。

今後日本の社会の中で生活するのだから、もっと広範なことして一貫した教育を受けたい。引揚者は〝日本語〟の勉強だけをやっていればいいのではないことも私達は自覚したい。そして、あくまで私達は今後の社会生活の中で、できたら高等教育を受けたい。

女子の立場から出た意見には、日本のエチケット、料理、家庭科など、実際の生活をしていく上で必要な日常のことについても教えてほしいという意見がでた。

私の歩んで来た道から

ー社会に対する要望ー

新星中学校夜間部生徒

A

〈略歴紹介〉

(施設前) 私は終戦後、間もなく中野に生れました。母は三才の時に父と離別し、父はやくざの世界に走り、麻薬(ヒロポン)におぼれ廃人同用だったかに思います。

上野のガード下をネグラに浮浪者の生活でした。昭和三十年十二月三十一日都で行った浮浪者刈り、つまり強制收用に運良く引つかかり、深川の保護施設に收用されましたが、保護者がいないので養護施設へと生活が変りました。

(施設中) 小学校一年を飛ばして二、三年と深川の保護施設で送り、四、五、六の三年間養護施設で生活を送ってから、深川の保護施設のケース・ワーカーに里子として引き取られました。やっと普通の家庭生活の子供になれたわけです。

(学校を中退した事情) 中学に進級し、家族の一員としての生活が始まり、胸は一杯供心にも夢と希望にふくらんでいた毎日でした。一年が経ち二学年の二学期にクラスの友達にさそわれて悪い事をしてしまい、家の人に申し分けが立たなく思い家出をしてしまいました。その時には育てて下さ

2. った方の希望にも沿えなかったことが何とも心苦しい気持でした。

（家出後） 家を飛び出して自然に学校も中退してしまった私は昔とったきネヅカではありませんが、とにかく食べる心配があったので牛乳屋に就職しましたが落付かずクリーニング屋に転職しました。しかしここも駄目で転々と転職したわけですが、たまたまクリーニング屋で知り合った同僚から北海道に帰る折に君も来ないかと誘われて、渡りに船と一路北海道へ向いました。その時にはとにかくこれで都内から脱出できるということばかりで頭がいっぱいでした。

北海道に着いてからまず二人で職を探しましたが、私の場合保証人がいなく、ましてや東京の人間だということで大部分敬遠されました。結局人の出入りが激しく、保証人のいらない水商売になってしまって最初はボーイからバーテン見習いそして水商売ではないが運送屋に就職しました。ここでは朝は五時から夜八時頃までこてんぱんに使われました。そこの運送屋には十八才、十九才、二十才の若い人達と十五才の私がいました。

とにかく遊び度い盛りの年令でした。夜になると派手なネオンや音楽がたまらなく刺戟します。金のあるうちは遊び歩くんですが、わずか一ヶ月に三千円位の給料ですから一、二回出歩けばおしまいです。それで済む訳けがなく最初のうちは前借をしていましたがそのうちに魔がさしたというか出来心というか遊ぶ金ほしさに盗みを働くようになってしまいました。最初一人がやりました。それにみんなが同調して盗みを働く、結局気が付いた時は誰一人その道から抜け出すことができなくなっていました。しかし悪いことは長く続くものではなく、いもづる式に全員警察につかまり、そして約二ヶ月間鑑別所の生活を送って社会に戻りました。それから又一年間北海道で

3. 働いた頃里親になって下さった方の照会で東京に戻り印刷会社に就職しました。

私は印刷会社で働くかたわら養護施設出身者のアフターケアー運動の一員になりました。たまたま私達のチャリティー試写会で荒川九中の夜間中学という映画を上映しました。それが非常に印象に残り、また僕の友達が身障の身でありながら夜間中を三年間頑張った話しを聞きこの習に学し現在に至って居ります。

〈なぜ中退し、非行化したか〉

1 幼時期における家庭の重要性

幼時期、親から離れ、異った環境で生活する。これ程子供に大きな不安を与えるものはないと思う。やむなく施設に入

4. ざるを得ない子供は、全国で二十四万人近くもいる。勿論私もその一人であった。入ってみると全く異った環境で生活するので[illegible]に感じるが、保母が子供の緊張をほぐし、周囲の子供達と仲よくさせ、共同生活の中で手際良く人間形成がなされる。従って非行化の心配はあまり無く、母性愛を求める心は満たされず、精神的な情緒不安定、性格的[illegible]に悩まされるばかりである。だから[illegible]施設に入らなければ当然進学は出来ず、と[illegible]。だから学校へ行きたくない[illegible]して学校には[illegible]して平等でなくなっており、この問題は養護施設児童に限らず、幼児期に親から離れた一般社会の児童にもいえる事である。特に[illegible]地区といわれるスラムにおける[illegible]崩壊家庭等の児童に多い。そこで[illegible]に幼児期における親との[illegible]が重要であるかが分ると思う。

2 施設の問題

施設に入所した児童は義務教育を終了すると同時に就職する。勿論進学の道もあり進学するのは許されるが、それは少数である。[illegible]

る。そのため離職する児童も多く、一度離職すると帰る家もないため生活環境も労働条件も一層悪い所に就職せざるを得なくなり、やがて浮浪者の群れに入ったり非行化への道へと転落する少年少女も少くない。

では何故（同じ）十八才に満たない少年少女達であるのに、進学する者は十八才まで国が保証して、進学しない者は僅か十五才で事務的、且ところてん式に社会に送り出されてしまうのか。明らかに差別ではないでしょうか。

ちょうど厚生省の方が見えていられるようなのでアフターケアーの問題にふれて見たいと思います。児童福祉法に満十八才までの児童を平
5. 等に国が保証しなければいけないと言っております。ところが実際は満十五才で町工場や商店に勤め住込して行かなければならない者が八割を占めております。これは児童福祉法の違反でもあると思う。従って国は十五才から十八才までの者を養護施設に準る施設、つまりアフターホームで生活させるべきではないかと思う。多くの方々が何とか制度化しようではないかと色々と都や厚生省と接渉して来ましたが、未だにうまくいっておりません。家の無い子供達はそういった施設が実現するまでに時間がかかろうとかかるまいと現実問題としてたくさん存在しているのです。

る厚生省をはじめ東京都は、子供達に住む家を与え、悩み苦みを少しでも少くするような具体策を立てて欲しいと考えます。一人立ちして行くためにはどうしても家が必要である。それがアフターケアーであると思います。

3　では何故彼等に住む家が大事か

家庭的な雰囲気のもとで彼等の健全な育生を計り、彼等がやがて成長して一人前の社会人となり、家庭を持った時に、自分の歩んで来た道を自分の子供には二度と踏ませてはならないと強い確信を持って自分達の家庭を大切にすることができるようになった時、アフターケアーの役目は充分に果されたことになると思います。

僅か十五才位で社会に出て相談相手も無く、孤独との戦いに破れ、淋しがり屋で気の弱い人間が非行化するのは当然ではありませんか。厚生省あるいは都は満十八才まで生活できる場を早急に作って欲しい。

〈まとめ〉

養護施設児童に限らず一般の児童にもいえる事だが、非行化し、あるいは長欠、学校嫌い、家庭問題等様々なケースはあるが夜間中学に来なければならないようなケースになる前にもっと解決策のある場合も多いのではないかと思います。

最後に一言、きめの細かい福祉対策、又は行政の一元化を計って下さい。

教育と義務

世田谷区立新星中学校第二部

B

私は、昭和二十二年の夏に東京で生れた。父は女の子をのぞんでいたので、私が生れた時はたいそう喜んでくれたそうだ。というのは、日本全国が同じであったように、私達の生活もたいそう苦しいものであったと聞いている。

私が四歳になると妹が生れた。妹が生れてからの生活は苦しくなるいっぽう。父は家によりつかなくなってしまったと母は言う。父のいない家庭は、まるで母も私達も心ぼそいものであったろうと思う。父を自分勝手な人だとののしる母、貧しさと子供と、どこへもやり場のない気持、父は私達の前からきえてしまった。妹は十二月の雪のふる夜に死んだ。妹は不幸な星の下に生れてきた子供だった。私のたった一人の妹だったのに。母と私と二人きりになってしまった。そして私は小学校に上るまでという条件のもとに、母の実家である新潟へあずけられた。私はとにかく泣きむしだった、と父は話をしてくれたことがあった。

母が迎えにきてくれたのは、九歳になってしまってからだったので、学校へは一年おくれての入学となってしまった。今、思となっている。人間とはおもしろいもので、学校へ行けないのかと思うと、あせりとはがゆしさを感じてくる。何んとかして行けないものか、しかし一年のブランクがある。もうだめかもしれない、と一人でなやんでいたこともあった。父は働かなくなり、苦しい状態で私は子守に出た。毎日もらうお金は生活費になってしまった。そして学校へも行けないまま六年生になっていた。父は中学校へは上げられないという理由から、再び私を新潟へとあずけた。

そこで、十二歳から六年間おせわになった。学校はむりだった。いやな事、苦しい事もあったが、新潟は私の第二の故郷だと思う。冬のおとずれが早い北陸の田舎町。新潟との時は、青春をうけていない病院

ばの中はいつもくらかった。市役所で青年学級というもののあることをしった。本を読むことはできても書くことができない私は、字をおぼえたい一心でもうしこんだ。青年学級は週二回あった。しかし、内容はかなりちがっていた。働く若者があつまり、歌、スポーツ、山登りなどであり、気がぬけてしまった。伯父の家にせわになっていることの遠慮、何かをもとめたかった。ばの中では、人なんて信用できない、親をにくみ、自分をどうしてよいかわからなかった。自分だけがひがい者のように思い

こむのはいやいこうの自分。身体も小さく、口数も少なく、いや、学校では話をしなかったように思う。そのころ母は再婚して、新しい父と母と私は山谷に住んでいた。私のほかに山谷から四・五人の子供が学校に行っていた。山谷に住んでいる子供、ただそれだけの理由で冷たい眼を向けられなければならなかった。友達も少なく、勉強もできない、そして学校を休むようになってきた。そんなころ、私達の受けもちになられた先生に親しみを感じた。何事にも消極的な私をはげましてくれた。口では何も言えない私に、作文を書いたのしさを教えてくれた。体育の時間、理由を作り教室にのこる私をひっぱり出してドッヂボールさせた先生、何んにもしないで家に帰りたい私、泣かない私。今思い出すと、ほかには眼を向けてくれる人がいなかったように思える。すばらしい先生だった。四年生の時に転勤された。その時のかなしみを今でもわすれることはできない。

家の生活は、父と母二人の日給を合せても明日の生活にこまってしまう状態だったので、父と母の争いもたえなかった。私はそのころ学校へ行かないようになっていた。争いのはてに母は私をつれて国立に住み、学校は転校した。しかし母は父の元にもどってしまい、学校だけが転校させの国立

こんでいた。そんなかたくなな心を、すこしずつなごましてくれた人、それが青年学級の人々だったのだ。皆で海へ行く時、山へ行く時、家のもの達に話をきり出せない私を、行かれるように皆で伯父にたのんでくれた。これも忘れることはできない。皆は中卒であり、高卒だった。ひけめはつねに私の心につきまとっていた。ある時、友人にいろいろ話をしたところ、友人の言うには、新聞で夜間中学が東京にあることを知ったそうで、私に東京行きをすすめた。しかし、夜間中学のあることは私は前々からしっていたのだが、何しろ小学校四年生までしか終了していないのだ、中学なんてとんでもない。友人に話すと、あなたはこのままではいけない、東京へ行きなさい、とくじけそうになる私の心をひき立たせてくれた。決心した。東京へ行くどんな障害にも勝たなければいけない。そして、中学へ行き、勉強しようと思いたった。伯父にはおんがある。その場にいられないほどのことも言われた、みじめだと思う。これでも母の兄かとうらみもした。たえねばならない、何があっても、でもむりだった。東京へは行かせない。その一言で、どんなにたのんでもむりなことだと思った。青年学級の友達がお金を出し合い、東京までの汽車ちんと、仕事の見つかるまでのお金をかしてくれた。うれしくて、ことばにはならなかった。朝、一番の汽車にのり、東京へ

田舎では大さわぎだろうなどと考えていた。さすが上野についた時にはすこし心ぼそかったが、父の家をしっていたので、そこへひとまずせわになった。学校へ行きたいという話もした。田舎から出てきたのが九月だったので、父が言うには、学校は来年の方がいいとのことであった。まず東京になれることがはじめだとも話してくれた

私は深川の寿司やさんに住みこみで働くことになった。二十歳になっていた。

しかし、それまでお勝手のことなどしたことがなく、めんくらってしまった。友達もなくさみしかった。でも四月までのしんぼうだと思い、はりきっていた。とにかくお店はとってもけい気がよかった。心配が出てきたのは、ご主人が学校へ上げてくれるかということだ。やはり奥さんはいろいろな理由をならべて行かせないようにしている。なぜ田舎から出てきたかを話し、おいとまをいただいた。

仕事もかわり、学校へ上げてもらえることがかなった時のよろこび。新星中学へ初めて奥さんと来て、池田先生が「四月八日入学式ですよ」と言ってくれた時、私は顔を上げることができなかった。仕事、学校の両立のむずかしさを感じた。また学校の

2 印象は若い人が少ないということだった。とにかく、学校へきていればたのしかった。心が休まる思いがした。はりきってもいた。

そのうち、いろいろな問題にぶつかり始めた。元来、勉強のできない私だから、考える力が弱い。数学、国語、英語、科学、まだまだ書ききれない。数学は小学四年生の教科書から始めた。学校は大好きなのだが、勉強はにがて、今でもこまっているが、私は私のペースでやっていくよりしかたがない。幼いころとだいぶせいかくもかわってきた。こう書いていると楽天的な人間になったかのようだが、あせりはあった。

私は、なんて被害者意識が強いのだろう、もっと広い眼で世間を見られないのかしら。何をしていても答を得ることなんてできはしない。はじめから「なぜそうしなければならないか!!」という答を知っていたからだ、と心に言いきかせた。

自分のためだけではない。ここでまけたら、生きるしかくがなくなってしまう。夜間中学にきている人の中には、さまざまな経験をしてきた人がいる。私はいろいろなことをしった。自分のように、貧困で学校に行けない者達ばかりではないということを。私は頭もわるい。勉強なんて家に帰る 13 としない。英語だけは毎週のように宿題

学校へ行くため、仕事の方でよい顔をされず、ここも四ヵ月でやめるはめになってしまった。今までに二ヵ所かわっている。二年に進級、それまで担任であった先生がおやめになった。仲のよかった友達も転校していった。二年生の新入生が勉強を共にするようになり、弱きになってしまう。なんと意志の弱い私であろう。数、英、国、理がA・Bにわけられ、四科目全ぶBになった。できないもののねたみか、クラスの人達によく思われていない。学校も休みがちになり、なぜ中学校に通うのか、なぜ仕事をしなければならないのか考えてみた。がむしゃらに本を読み、もの思いにふけった

を出されるのでやるが、時々スランプにもおち、また元気がでる。それは学校に、それなりの魅力があるからだと思う。

全国に、まだ義務教育を受けられない人達がいる。その中の一部の人達は夜間中学をしらないだろう。また、しってはいるが、学ぶことのできない人が多いのではないだろうか。「いろいろな理由」から、通信教育で卒業された人の話をきいたことがあった。三年どころではない、四年・五年とかかって卒業したのだ。私達が一人一人もっと夜間中学生として認識すべきだと思うし、はずかしがる、かくすことじたいおかしい。先生がたや夜間中学の存在をさけび

14つづけられた人々の努力を、むだにできないと思う。意志の弱い私だから、時々社会のきびしい眼にまけそうになる事がある。まける時もあるが、がんばらなくてはいけない。

夜間中学と私

世田谷区立新星中学校第二部
昭和卌年3月卒業生

生後というよりは母の胎を出る瞬間にして脳性麻痺という十字架を背にした私でしたが、さいわいにして教育者の家庭に育った為、父も母も何はともあれ学校だけはという事で、歩くことも出来なかった私を乳母車に乗せて、六年間を小学校へ通ってくれたのでした。無論当時の事ですから、肢体不自由児の為の養護学校といえば麻布に光明学園が全国で唯一校あるのみでしたが、私の父母は「たとえ体の不自由な子供であっても、成人して社会へ出れば、健康な普通人と共に生活して行かなくてはならないのだから、小さい時から温室に入れてはいけない。温室の花は風に当ればすぐにしぼんでしまうが、野の雑草は雨や風にもへこたれない」といった主張の許に、再三再四校長先生や当時の視学の先生達に頭を下げて、とうとう全然歩けなかった私を、兄や近所の子供達の通っている小学校へ入学させてくれたのでした。私にとって、それは実に楽しい毎日でした。自分が歩けないから等というコンプレックスなど何一ついだく事なく学校生活を過す事が出来、今日の私の人間形成の基礎を築いてくれたものは、その時の父母との正しい愛情と共に、教師や友人達が私を決して差別してあつかわなかったという大きな献愛があったからといえましょう。さらに、親としての又教師としての真の教育があったのではないでしょうか。

　しかし、そうした小学校生活をおえ、中学校へ進学しようとしていた私の夢は、無残にもあの戦いの為に破られてしまったのでした。ペンを捨ててくわをとれという命令に従って、私達少年少女にも動員令が降り、工場や農場で働く事の出来ない私には、いくら勉強をしたいと思っても受け入れてもらえる中学校など一つもありませんでした。何もしに学校へ行っていたのかと思われる連中が、さっそうとした中学校の制服を着て私の前を得意そうに通学している姿をみる時、私は生まれて始めて自分が不具者である事を悲しく思いました。

　それから後は田舎への疎開、空襲による戦災、そして終戦とめまぐるしいばかりの時代の変化は更に続き、国民のすべてが食に飢えていたように身体に障害のある私には他の人の数十倍にも身に応えると共に、それが又敏感な年代にある者として精神的にもいろいろ考え悩むようになり、母の心配は募って行くばかりでした。父も私の為に私塾を開き先生を依頼し、四、五名から十名余りの生徒らに英語や数学、さらに女子青年には漢文物語の講義をする等といった具合にして、高等学校に入学しても進学は困難と思われる私をそうしたクラスに入れて、中学の課程をあるいは文学の世界を教えてくれる事を忘れなかったのでした。

　こうして学んで来た私は、一心不乱にわた昭和二十七年春足の治療の為に上京し、肢体不自由児施設へ入園したのでしたが、ちょうどその頃は、養護学級の生徒募集が出ていた時でした。高等学校の年令に私もならず、医師や看護婦など施設の職員諸先生で、特殊学級を持たない当園児童の年令を越えた者達でクラスを編成して勉強を教えていらっしゃる中学のクラスに私も入れて頂いて、勉強を始めました。しかしそれも束の間、児童福祉法による年令超過によって、せっかく養護学校となり正規に卒業証書をもらえるようになりましたのに、私にはそれをもらう事も出来ずに退園しなければならなかったのでした。今から思ってみるともう中学や高校へは入れてもらえなくなっていたのでした私、といっても大学はもちろんの事養護学校においてさえも、年齢を基準にしていないからとの理由の許に受験さ逆にも、その資格がない為に受けさせてくれるところはどこにもありませんでした。当時はまだ養護学校の数も少なかった為、多くの肢体不自由児を持つ親達が我が子の入学の為に四苦八苦していたのですが、そんな親達の姿をみればみるほどに私の父母がその昔あんなにも骨身をけずって私を小学校へ入れ、通学してくれたのに、今更「小学校だけでは！」などという言葉を聞くという事は実に心外であり、それと共に心の中にむかむかしてくるものは（私が学校が嫌いで行かなかったというのならばそう言われても当然と思うだろうが、戦争の為に行けなくなった者に対して何故そのような事を言われなければならないのか）と思うと腹が立ってならず、それならば何故今日多くの同病の子供達を小学校へも入れてやらないのかと、国や都あるいは学校に対して食いつきたい気持で一杯でしたし、又事実食いついて、とうとう都立の社会事業学校に入れてもらったのでした。最初の内は聴講生という事でしたが、幸か不幸か私が一日も休まず出席し、卒論に、肢体不自由児の実態調査を単独で実施し発表した為、それを高く評価されその努力の甲斐が認められ、おかげで正規の学生としての卒業証書と社会福祉主事となる資格ともらう事が出来たのでした。しかし今度は就職させてくれるところがありません。そこで今しばらく学ぼうと思い今度は社会事業大学にて同じ勉強をより深く聴講し、ようやくの事で日本肢体不自由児協会にケース・ワーカーとして就職したのでした。しかし正規の大学を出ていないのと身障者である事を理由に、正規職員としては採用してはくれません。学歴が支配するこの社会においては、たとえ学校時代は何をしてサボっていてもいいのでしょうか、といいたくなる程に私その矛盾に泣き悲しんで来ました。そしてやっと見つけたのが一枚の雨ざらしになってはられてあった夜間中学のポスターなのでした。それは昭和四十年六月の事でした。

夜間中学全国大会体験論（A　20歳）

学歴で人間の価値は決められないと人はよく言いますね、こういう言葉を耳にすると頭へくる〈この運悪虚!かっこいいことぬかすな!!〉と叫びたくなる。

昨年の四月、「家出後、函館の職安に行ったら、係のヤツが私の履歴書をながめるなり、こう言った。「あんた中卒で就職するったって19才なんじゃ仕事はかぎられているよ。きヾデイか女工かお手伝いだよ」この一言で無学の私は身体中がわなわなとふるえ、心の中で〈こんな所に来るんじゃなかった〉とくりかえし何も喋れず口惜し涙を流した。

生活に追われ四才頃から、子守り、ココブ拾い、農家、パチンコ屋、飯場の飯炊き、バーのホステスなど手取り早く金になり、学歴を必要としない仕事だから学について、考えた事がなかった。学とはなんだろうの?

「山、川」などの簡単な字以外は新聞も読めないし、九九もわからない足し算、引き算の計算は指や足でやれば出来るが34×89式になると、前からやるのか後からやるのか全然見当がつかなかった。時計の見方や電話の掛け方など日常生活に必要な知識がなにもわからず毎日苦しんだ。こんな私でも九年間の義務教育を受けた事になっているのです。卒業証書をくれた情け深い中学校があったんです。

今年の一月朝日新聞で「夜間中学」の存在を知った時、心がパーッと明ろくなったが、すぐ暗く悲しい気持に変り今迄、有難いと思っていたはずの卒業証書が憎くたらしくなった。どうしても、文字や足し算、引き算を覚えたくて〈卒業していない〉と嘘をつき学校に入学したが、嘘をついたのが辛くて、先生に本当のことを打ち明けた。学校側では「卒業者は規則として入学させられない」「なぜの?私は今迄学校で何も習っていない。稼がなくちゃ食えなかったんで学校休んでばかりいた」「この学校では卒業しているー」と言って欲しくない」「あんた、そんな事言うけど前の学校の校長さんは、あんたのためだと思って卒業証書を授したんだよ」

こんな言葉のやりとりをしながら一ヵ月たった。ある生徒から「バカなヤツ、今更騒ぐより、おとなしく、先生たちの言うことを聞いて勉強したほうが自分のためなのに卒業していることがバレたら、あんたばかりか他の人達も来られなくなり夜間中学も廃止されるよ」と言われた時、とっても悲しく、やりきれぬ怒りが腹の底からこみあげてきた。

先生が言うのなら、まだしも仲間が仲間である者を差別する!!許せない!

私もそうだが、人間はなぜ自分たちにとって不利な事や得にならない事だと目をつぶり、口をつぐむのだ!今の夜間中学がそうだ!

〈なぜかくすのですか?法律がどうあれ私たちは何も身につけていないんです。ただの紙切れを押しつけられただけなんです。それなのにどうして本当のことを言ってはいけないんですか〉

〈あんたら、どんな悪いことしたの?なぜ、こそこそかくれなければならないんだ、何がこわいのよ、自分だけが勉強出来れば良いのさ式に考えていたんじゃ、形式卒業者はどうなるの?!あんたら、もう忘れたの?学のないために受けた社会の白い眼や差別を!!お願い一思い起して、あの時の怒りで泣き寝入りしている仲間のことを考えて!!〉

法律や国のしくみがどうなっているのかむつかしくて分からないが、"法律"は私らに死ねと言っているみたいだ。

〈白痴、バカ、貧乏たかれ〉などとののしられながら、学校に行きたくとも行けず夢中で働き必死に生きてきた。今ようやく〈勉強したい〉と思ったら法律が目の前に立ちふさがり私の道をじゃまする。

もうがまん出来ない、負けるもんか!!過去に受けた差別を二度と許すもんか!!

私の家族は生れたあとの栄養不足が原因だという17才で脳性マヒの弟、8才で弱視の妹

定時制高校さえあきらめて、イカ釣や土方の出稼ぎに行く18才の弟

〈おらも早ぐ学校でって土方の出稼ぎにいかねばねえべなあ…〉おらいでする話はゼニの事しかねえ〉とボッツリつぶやいた12才の弟、

文盲のまま、パチンコ屋、つれこみ旅館、今はバーのホステスになりどっかのおじようさんみたいに着飾っている、トラホームの姉24才、蓄膿性の姉23才

お人好しでいつも他人に利用され出稼ぎする神経痛の父53才、

心臓病のままバカみたいに働いている母49才。

私自身も小さい頃の肺炎がもとで両耳があまり聞えない ― 我が家には健康で満足な人間は一人もいない!

もし、お金があったら、病院に行っていたら、学校に行っていたらこんな事にならなかったのだ。

私や私の家族をこんなめにしたヤツを殺してやりたい!私たちが何をしたと言うのだ。

われわれ形式卒業者を作ったヤツは責任を取れ!

生活のため犠牲となった文盲の人達や形式卒業者も差別なく夜間中学に入学させろ!

そして私のようなかけざんの九九も時計の見方もわからないような形式卒業者をこれ以上一人も!つくらないでほしい!そのために私や私の家族が食うものもくわないで働らいた税金をつかうべきだ。

最後に、文部省、厚生省、労働省、教育委員会、全国夜間中学の先生方に質問があります。

一、私のようなかけざんの九九もできないような人間を中学卒業者だとみとめますか?

二、私たち形式卒業者をなぜ夜間中学校に入学させないんですか?!

以上の質問を私に分るようにこたえてください。

昭和45年12月1日

全国夜間中学校研究会
会長　勝山　準四郎
仝
会計　渡貫　実

玉本校長殿

第17回（昭和45年度）全国夜間中学校研究大会決算報告

このことについて　下記の通り　ご報告いたします

記

収入	¥ 271,700
支出	¥ 271,700
差引	¥ 0

Ⅰ 収入の部

項	目		金額
分担金	東京七校	20,000 × 7	140,000
	横浜五校	3,000 × 5	15,000
	その他七校	1,000 × 7	7,000
補助金	本部より	20,000	
	青山ライオンズ	50,000	70,000
参加費		500 × 61	30,500
資料売上	大会要項他	300 × 24	7,200
祝金	民生局，厚生省		2,000
合計			271,700

2 支出の部

項目	金額	内訳	
1 印刷費	51,680	アンケート他	7,500
		大会宣言（500）	2,860
		学校一覧	1,820
		研究資料付表	19,500
		分科会記録	20,000
2 印刷製本費	120,000	大会要項　300部	
3. 通信連絡費	7,110	三省訪問	1,300
		電話料	3,000
		郵便料	2,810
4. 接待費	14980	宿泊案内	13,680
		来賓茶菓	1,300
5. 会場運営費	59,900	会場準備夕食	2,800
		昼食代	52,000
		九中給食費	2,100
		会場借用謝礼	3,000
6. 庶務費	8,230	封筒	4,000
		事務消耗品	4,230
7 予備費	9,800	手伝謝礼（PTA）	4,000
		警備員謝礼	2,200
		記念写真（12枚）	3,600
合計	271,700		

全国夜間中学校現況調査

7 2 7

都府県名	番号	学校名	所在地	電話	校長名	開設年月日	在籍生徒数 1年 男	1年 女	2年 男	2年 女	3年 男	3年 女	性別小計 男	性別小計 女	合計	卒業生徒数	指導者数 専任教諭 男	専任教諭 女	[illegible] 男	[illegible] 女	合計
広島	1	広島市立二葉中学校	広島市山根17	0822-62-	牧原次郎	28. 5. 1	6	2	13	5	8	3	27	10	37	134	3	0	2	1	6
	2	広島市立観音中学校	広島市南観音3-4-6	0822-32-	増田 勉	28. 5. 1	3	3	4	6	7	12	14	21	35	231	2	0	2	0	4
	3	広島県豊浜村立豊浜中学校	広島県豊田郡豊浜村豊島	084668豊島9	長谷川 敏	26. 1. 18	2	0	3	0	8	0	13	0	13	605	0	0	3	0	3
兵庫	4	神戸市立丸山中学校西野分校	神戸市長田区三番町3-1	078-55-	玉本 格	25. 2. 16	1	1	6	8	14	15	21	24	45	265	2	1	2	1	6
大阪	5	岸和田市立岸城中学校	大阪府岸和田市野田町230	0724-22-	荒本和夫	27. 4 25	0	0	3	1	5	5	8	6	14	163	0	0	5	1	6
	6	大阪市立天王寺中学校	大阪市天王寺区北河堀町61-1	06-771-	坂倉清太郎	44. 6. 5	46	42	12	9	9	11	67	62	129	0	6	1	1	1	9
京都	7	京都市立皆山中学校	京都市下京区間之町七条上ル	075-361-	樋[illegible]	25. 5. 1	0	0	0	0	0	4	0	4	4	251	1	0	3	1	5
	8	京都市立郁文中学校	京都市下京区大宮通り綾小路下ル綾大宮町49-51-59	075-821-	林田善亮	43. 4. 1	1	2	3	0	6	2	10	4	14	78	2	0	6	1	9
神奈川	9	横浜市立鶴見中学校	横浜市鶴見区鶴見町1253	045-501-	石井宗一	25. 5. 20	0	1	0	3	4	0	4	4	8	223	0	0	10	0	10
	10	横浜市立浦島丘中学校	横浜市神奈川区白幡東町17	045-421-	飯田赳夫	25. 5. 1	1	0	2	0	0	5	3	5	8	273	0	0	9	1	10
	11	横浜市立蒔田中学校	横浜市南区花ノ木町2-45	045-711-	田島鳳松	25. 5. 1	1	0	0	1	3	3	4	4	8	205	0	0	9	1	10
	12	横浜市立平楽中学校	横浜市南区平楽1	045-251-	岸 清	25. 5. 1	1	0	0	0	4	5	5	5	10	208	0	0	10	0	10
	13	横浜市立西中学校	横浜市西区西戸部町3-286	045-231-	池田嘉一	25. 5. 1	3	3	3	0	3	2	9	5	14	171	0	0	10	0	10
東京	14	足立区立第四中学校	東京都足立区梅島1-2-33	03-887-	勝山準四郎	26. 7. 16	5	5	7	4	3	3	15	12	27	535	4	1	3	3	11
	15	八王子市立第五中学校	東京都八王子市明神町4-19-1	0426-42-	岸田林太郎	27. 5. 12	1	2	2	5	4	1	7	8	15	196	6	0	1	2	9
	16	葛飾区立双葉中学校	東京都葛飾区お花茶屋1-10-1	03-602-	山本信雄	28. 4. 20	6	3	5	5	13	7	24	15	39	315	6	0	2	2	10
	17	墨田区立曳船中学校	東京都墨田区文花1-18-6	03-617-	佐々木亢信	28. 5. 1	3	2	9	6	6	6	18	14	32	477	5	1	3	1	10
	18	太田区立糀谷中学校	東京都太田区西糀谷3-6-23	03-744-	和泉 昴	28. 9. 1	6	3	6	2	10	4	22	9	31	354	6	0	2	2	10
	19	世田谷区立新星中学校	東京都世田谷区世田谷4-21-27	03-413-	桜井 保	29. 5. 1	7	13	10	6	9	6	26	25	51	300	5	1	3	4	13
	20	荒川区立第九中学校	東京都荒川区東尾久2-23-5	03-892-	清輔 浩	32. 2 15	4	10	17	6	23	14	44	30	74	248	6	0	3	1	10
合	計	20校					97	92	105	67	139	108	341	267	608	5157	54	5	89	23	171

備考　昭和44年度全国大会の折作った全国夜間中学校生徒数と昨年の冊子の生徒数と較べたとき，いくつかの疑点を発見したので改めて再調査し，この調査をまとめました。

卒業生の数は，昨年度の冊子の統計に昨年度の卒業生数を加えて出してあります。しかし，岸城中学校の卒業生数は，昨年度は165，今年度は163となっていますが，163が正しいとの連絡がありましたので，そうさせていただきました。

卒業生数で過去に廃校になった学校が多々ありますが，その分の調査は行なっていません。

昭和44年度　第16回大会事務局　　　昭和45年1月31日

菅南中学校　大阪市北区西扇町11-1　Tel.(06)312-

全国夜間中学校研究会史料収集・保存・管理委員会

（全国夜間中学校関係史料集編集委員会）

浅野　慎一	摂南大学教員・編集事務局
江口　怜	摂南大学教員・編集事務局
葛木　知行	元東京都夜間中学校教員
川地　亜弥子	神戸大学教員
金　孝誠	天理市夜間中学校教員
草　京子	元神戸市夜間中学校教員（故人）
黒川　優子	元東大阪市夜間中学校教員・編集事務局
見城　慶和	元東京都夜間中学校教員
澤井　留里	元東京都夜間中学校教員
須田　登美雄	東京都夜間中学校教員
関本　保孝	元東京都夜間中学校教員
竹島　章好	大阪市夜間中学校教員
都野　篤	元東京都夜間中学校教員
宗像　善吉	
村井　達生	東京都夜間中学校教員
山崎　靖彦	豊中市夜間中学校教員
横関　理恵	拓殖大学北海道短期大学教員

※本史料集の刊行にあたり、日本学術振興会科学研究費・2017－2020年度「戦後日本の夜間中学とその生徒の史的変遷：ポスト・コロニアリズムの視座から」（基盤研究C 研究代表者　浅野慎一）、同2021－2024年度「戦後日本の夜間中学にみる公共圏の史的変遷：ポストコロニアリズムの視座から」（基盤研究B 研究代表者　浅野慎一）の助成を受けた。また編集作業において、深山徹氏に多大な協力を得た。

全国夜間中学校研究会70周年記念事業

全国夜間中学校関係史料集　第３巻

第Ⅰ期 成立と模索の時代 1954－1970年・全３巻　第１回配本（全３巻）

編集・解説　全国夜間中学校研究会
史料収集・保存・管理委員会

2024年10月25日　初版第１刷発行

発行者　船橋竜祐　　　　発行所　不二出版株式会社
〒112-0005　東京都文京区水道２-10-10
電話　03（5981）6704　http://www.fujishuppan.co.jp
組版／昴印刷　　印刷／富士リプロ　　製本／青木製本
乱丁・落丁はお取り替えいたします。

第１回配本・全３巻セット　揃定価82,500円（揃本体75,000円＋税10%）
（分売不可）　ISBN978-4-8350-8801-3
第３巻　ISBN978-4-8350-8804-4

2024 Printed in Japan